U0504343

国家哲学社会科学成果文库

NATIONAL ACHIEVEMENTS LIBRARY
OF PHILOSOPHY AND SOCIAL SCIENCES

自然和人：近代中国两个观念的谱系探微

王中江　著

创于1897　The Commercial Press

王中江 现任北京大学哲学系教授，博士生导师，教育部长江学者特聘教授，兼任清华大学凯原中国法治与义理研究中心研究员、华东师范大学中国现代思想文化研究所研究员、中国政法大学国际儒学院教授、中华孔子学会会长、华夏老子学研究联合会会长。曾先后任河南省社会科学院研究员、哲学研究所所长、中国社会科学院历史研究所研究员、清华大学哲学系教授。出版《近代中国思维方式演变的趋势》、《进化主义在中国的兴起——一个新的全能式的世界观》、《简帛文明与古代思想世界》、《儒家的精神之道和社会角色》、《道家学说的观念史研究》、《根源、制度和秩序：从老子到黄老》、Daoism Excavated: Cosmos and Humanity in Early Manuscripts，以及 Order in Early Chinese Excavated Texsts: Natural, Supernatural and Legal Approaches 等 20 部著作；发表学术专题论文 180 余篇；主编有"中国哲学前沿丛书"、"出土文献与早期中国思想新知论丛"、《新哲学》、《中国儒学》（合作）等。

《国家哲学社会科学成果文库》
出版说明

为充分发挥哲学社会科学研究优秀成果和优秀人才的示范带动作用，促进我国哲学社会科学繁荣发展，全国哲学社会科学规划领导小组决定自2010年始，设立《国家哲学社会科学成果文库》，每年评审一次。入选成果经过了同行专家严格评审，代表当前相关领域学术研究的前沿水平，体现我国哲学社会科学界的学术创造力，按照"统一标识、统一封面、统一版式、统一标准"的总体要求组织出版。

全国哲学社会科学规划办公室
2011年3月

目　　录

第二篇　自然、超自然和人

第三篇　自然、实在和人

第四篇　自然、物质和人

第五篇　自然、文明和人

第六篇　自然、生命和心灵

Contents

Part Two   Nature, Super-Nature and Human

Chapter Three Yan Fu's Theory of Nature and Human: From the Perspective of Science and Evolution...117

Chapter Four From "Nature", "Humanity" to "Moral Independence": Zhang Taiyan's Modern Disenchantment and Value Rationality 142

Chapter Five Nature, Human Affairs and Morality: Analyzing Hu Shi's Naturalism Under the Comparison of Eastern and Western Philosophy........................ 171

Part Three Nature, Reality and Human

Chapter Six Feng Youlan's Construction of Value Rationality : The "Universal

Chapter Seven How to be Kind to Nature? : The Theory of "Boundary Between

Nature and Human" and "Unity of Human and Nature " in Jin Yuelin's

Chapter Eight   The "Unity of Human and Nature" and the "State of Spirit": The Wisdom of Zhuangzi and Concern of Modern Philosophers

Part Four Nature, Material and Human

Chapter Nine   Chen Duxiu's Multidimensional Description of Human

Part Five Nature, Civilization and Human

Part Six   Nature, Life and Mind

前　言

　　哲学思想在不同时代发生革命性转变，直观上就能看到的，便是哲学术语、话语和言说方式本身发生了明显的变化。没有比中国古典哲学向近代哲学转变更能反映这种变化的了。它是一个古老的、自身体量巨大的传统同另一个外部的、巨大的哲学传统相遇之后，通过比较和融合所产生的结果。此前，中国哲学传统曾遇到佛教的大规模"入侵"并改造了后者，同时也使自身有所变化。人们现在不时批评说，古老的中国哲学传统被西方哲学改造得面目全非。但是不要忘记，这个古老的中国哲学传统，实际上也一直在改编、重组着它所遇到的西方哲学。中学被西学浸透和西学被本土化，是一个双向的过程。想象一个原本的、"自身"从不变化的、固有的哲学和文化，除了使之变得封闭之外，不能为它带来任何的转化。即使是文化翻译，按照钱钟书的说法，也是让一部好的作品在另一种语言中脱胎换骨。

　　整体上说，近代中国哲学话语、言说方式和范式的转变，是通过三个方式展开的：一是翻译和传播西方哲学，并由此产生出许多哲学新思潮；与此相关，二是翻译了许多哲学新术语、新概念，同时也对中国古代哲学的思想和术语加以重新解释和转化；三是提出了不中不西、亦中亦西的哲学理论，建立了一些新的哲学和范式。近代中国 20 世纪 20 年代前后的哲学家，主要是通过前两种方式展开其哲学活动；20 世纪 20 年代之后的哲学家，则走向了哲学理论和体系的建构。

　　人们对于近代中国哲学和思想上述三个方面的研究，在第一个方面和第三个方面取得了突出的成绩，其问题之广泛和研究之深入有目共睹。例如，围绕像进化论、实证主义、科学主义、新实在论、新儒家和文化保守主义等重要问题所展开的研究，既系统又深入，成果最多，积累也最多。相比之下，学界对第二个方面即近代中国哲学和思想中的新名词、新术语和关键词等的研究，则非常薄弱。特别是对于具有贯通性并且相互对应的"自然"和"人"这一对概念，还没有系统的研究。这种薄弱性，同人们对古代中国"天"、"人"观念和"天人关系"的研究相比，也能看出来。也许是因为古代中国哲学中的"天人观"源远流长、博大精深，而近代中国哲学中"自然与人"学说的发展历史比较短暂，不像古代那么悠久，导致人们对中国古代哲学中的"天人观"进行了许多研究，发表了众多论文，也出版了不少专门性的著作，但迄今还没有出现专门研究近代中国的"自然"和"人"这两个观念的成果。本研究正是从以上背景和现状出发，运用观念史、跨文化对话和比较的方法，经过许多努力和探索完成的。全书以问题和人物为线索，除了"前言"、"结束语"和"附录"，共分六篇十五章。

作为近代中国观念史研究的一个领域，为了既追寻其观念的历史演变过程，又探讨其思想构造和形态，既从整体上把握观念的主要特性，又展现出其在不同阶段和不同哲学家那里的复杂表现，本研究成果主要包括了以下一些彼此相关的重要方面和内容。其中一个重要的方面，是以"自然"和"人"这两个观念在东西方传统中各自具有的特性为出发点，探讨近代中国如何将东西方传统中的"自然"和"人"这两个观念结合起来，建立起了既有东西方传统的基础又不同于东西方已有传统的近代中国的"自然"和"人"的观念。可以肯定，近代中国哲学中的"自然"和"人"这两个观念，既非单纯中国传统的产物，也不是纯粹西方的产物，它们是中西两种传统在近代中国交汇、融合和转化的结果。近代中国思想家用来表示科学和技术对象（实体、客体及现象）的词汇，最初并不是"自然"，而主要是"物"、"物理"、"质力"、"公理"等术语。使用"自然"一词来表示物理对象，是从清朝末年开始的，到了民国初年就非常普遍了。传统中国"人"的观念，也因西方"人"的观念 —— 特别是西方近代"人"的观念 —— 的引入而发生了转变。

　　在东西方"自然"和"人"的观念的融合中，一方面，近代中国的"自然"和"人"同中国古代的"自然"、"天"和"人"保持着关联；另一方面由于"自然"又是 nature 的译语，因而它既容纳了古代哲学中"天"的自然意义，又过滤掉了后者的神性意义；既包含着古代中国"自然"的自发性意义，又将其实体化了。"人"是中国古代固有的词汇。在古代中国历史中，同更具体的"民"的观念有密切的关系的"人"，是一个更广义的概念，比如在"天人之际"、"天人合一"的用法中，"人"作为人类共同体的一方，同天地和万物相对应（有时它也作为天、地、人"三才"之一使用）。而"民"更多是作为社会、政治生活中"君民关系"中的一方被使用。

　　相对于"人"，中国古代的"天"、"天地"、"物"和"万物"，相当于西方实体意义上的"大自然"和"自然界"，往往被用来表示客观物质世界中的实体、现实的"实有"；中国的"天"，特别是道家的"天"，具有一切都非外力作用而是依自发性发生的意义，这同西方的"自然"也有契合之处，这正是为什么严复在接受日本翻译 nature 为"自然"的译名之前将它理解和解释为"天"的主要原因。这两种意义上的"天"，在清末之后，都同西方的"自然"合流并融合到了一起。正是因为这样，新文化运动之后的中国哲学家们，在使用"自然"观念讨论"自然"与"人"的相分和统一的同时，也使用"天"的概念来表示"天人相分"和"天人合一"。比如胡适、冯友兰、金岳霖、张岱年等都是如此。因同西方实体"自然"概念的融合，中国"天"的概念也发生了一些变化，比如它被充分物质化和对象化。同样，中国原有的"自然"概念也发生了变化，如它原来主要不是被用作客观"实体"本身，而是被用作客观"实体"的存在方式、活动方式，被用作"实体"的特性、本性。但在清末之后，它作为 nature 的译名，首先被用作客观的"实体"，被用来指称一切现实的存在和现象。中国古代用作客观实体的天、天地、物、万物等，从此之后也都可以用"自然"一语来承担了，虽然这些术语在不同程度上仍然被使用着。总之，正是通过东西方的融合，近代中国造就了"自然"和"人"的新观念，并建立起了"自然与人"的关系的新形态。

　　在迅速变化的近代中国思想史中，"自然"和"人"这两个观念经历了不同阶段的发展。本研究的另一个重要内容，是从近代中国历史的不同阶段出发，以不同时期的人物为主线，探讨"自然"和"人"这两个观念在近代中国的演变及其不同的谱系。当然，由于每个阶段的时间并不长，同一人物往往处在几个不同的阶段上，因而前后有交叉的现象。整体上说，这一演变过程是从晚清开始的，并一直持续到 20 世纪 40 年代末。在自强新政时期（1861—1895 年），人们的思想观念主要是围绕"格物"新学展开。与此相应，产生了以"物"和"物理"为中心的对象化的"自然"；"人"的观念也开始向认识"物理自然"的"理智"方向发展。在这个时期中，作为客观实体意义上的"自然"还没有产生。在一般被称为自强新政的这个时期，伴随着政治上的自强新政路线，开明的精英们承袭魏源的"师夷之长技以制夷"的思维方式，并运用"中体西用"这一思维框架，追求通过科学、技术和商业来实现国家富强的目标。其所说的"格致学"，既包括了科学领域，也包括了技术领域；它是对物和物理的认识，又是对物和物理的利用，其重要性不断被人们强调。发展格致学的新型教育机构也陆续产生了，一些青年学子选择了格致学而放弃了科举之路，虽然这仍是少数。无论如何，人们的思维方式和价值观正在变化，人的选择有了不同的新的机会。

在制度革新时期（1895—1915 年），"自然"和"人"的观念开始向多方位转变；一方面，两者延续着"物理自然"和"理智人"的概念；另一方面，"人"的概念已开始同"民德"和"民力"结合起来。例如变法派严复倡导"民智"、"民德"和"民力"概念，变法派梁启超倡导"新民"概念，而革命派，特别是章太炎，则倡导通过"主体革命"造就一种"革命主体"的"人"。在这一时期中，作为 nature 译名的"自然"概念开始被中国人接受和使用，中国古典中的"自然"被实体化。作为万物、物质世界、"自然界"的"自然"观念，迅速传播。其中日本起了中介作用。这一译名实际上是由日本翻译定型并传入中国的，当时中国留学生翻译了大量的日文著作，这些著作中已广泛使用作为"自然界"等意义的新的"自然"一词了。此前一直坚持用"天"、"天然"理解和解释 nature、natural 的严复也对日本的译名让步了，并开始使用"自然"的译名。这一时期，虽然人们比较多地强调和推动中国的政治革新，但人们也开始注重"人"的观念的革新，如严复和梁启超等。人们不仅强调认识自然和利用自然的重要，而且也开始强调科学精神和思维对人们认识自然和利用自然的重要。

政治革新之后的新文化运动时期（1915—1920年前后），正如"新文化"这一名词所意味的那样，它强调人们思想观念、伦理道德、价值观等革新的重要性，认为如果只是制度革新，而人们的意识、精神、价值观和思维方式没有相应的改变，那就不会有人们所期待的良好效果。例如陈独秀将人们的伦理觉悟看成是一切觉悟中最重要的觉悟。在这一时期，由于"科学"概念的广泛使用，"自然"作为人们认知和利用的主要对象，同"科学"高度地结合了起来，"物质自然"的意义也开始突出出来，虽然"格致"的概念仍在使用。认识自然和利用自然的目的，除了先前为人们强调的追求和实现国家的富强之外，又有了新的内容。现在人们开始强调，它既是人的理智发展所需，也是改善人们的物质生活所需。"人"的概念则主要体现为"新人"，人格、个人、个性的概念受到关注和讨论，新的伦理、新的价值等被赋予了"人"。在当时发生的东方精神文明、西方物质文明的二分中，一些人强调人的物质生活对人的精神发展的重要性，认为一个贫穷的社会很难让人们发展出丰富的精神生活，也很难让人们发展出普遍较高的道德水准；与此不同，一些人看到西方技术文明和工业文明发展带来的问题，特别是看到残酷的第一次世界大战的恶果，对物质文明开始表现出忧虑并进行反思，认为东方特别是中国传统的文化精神，对医治物质文明的病态能够发挥作用。由此，两派对人的发展目标也有了分歧。但无论如何，由于这一时期输入了大量的西方思潮，也由于这一时期人们对传统文化有了更多的批判性反思，"自然"和"人"的观念得到了空前的多元发展。

在哲学和文化的体系化时期（20世纪20年代—40年代末），不同的哲学体系和学说将"自然"和"人"的概念理论化、系统化，产生了有关"自然"和"人"的各种学说。如在新儒家熊十力、梁漱溟、贺麟那里，"自然"的概念被精神化和人文化，"人"的概念被心灵化和伦理化。例如受柏格森的影响，梁漱溟认为，自然生命的进化，既是借助物质的过程，又是克服物质的过程，它是人类心灵和精神生命不断向上的升华。其他的生命在进化中都不能体现出宇宙的创造精神，它们都刻板起来停止不前，只有人类代表了宇宙生命的创造性。原因是其他的生命都不会用心思，只有人类能够用心思。能用心思，人类就能够不断地创造和翻新，不断地成己、成物和创造文化。梁漱溟认为中国的儒、道哲学走的都是生命的路线，将天地万物的生命自然与人的生命自然贯通起来。人类发挥他的自然本性，就是最大限度地充实他的可能性。在实在论和唯物论哲学中，"自然"和"物质"被看成是最高的实在，"人"既是自然的一部分，又是改造自然和社会的主体，"人"的"实践性"被突出了出来。新实在论者金岳霖一方面在知识论和逻辑学上力求推进现代中国哲学的发展，以改变中国传统知识论和逻辑学的薄弱；另一方面又力求重建形而上学领域，为中国传统的"道"注入活力，为中国传统"天人合一"的世界观和价值观注入活力。

　　从近代中国思想家对"自然"和"人"的整体认识和建构出发，探讨近代中国"自然"和"人"这两个观念的整体性意义及其基本形态，这是本研究又一个重要方面。概括地说，近代中国的"自然"有五个方面的意义。首要的一点，也是它不同于古代中国"自然"观念主要的地方，是它被实体化为客观的物理世界：或者被看成是"物"，或者被看成是"物质"，或者被看成是事物内在的因果法则，等等。二是"自然"被作为科学和技术的对象，从而被高度对象化和工具化。三是"自然"被看作是物理世界的内在根据，被看作是宇宙和万物何以如此的内在原因和机制 ——"世界自己造就自己"。四是指宇宙、万物的广延性和变化等。五是指人的精神和价值的来源，是人生观和人文的参照物。

　　在近代中国"自然"观念的这些意义中，前几种意义同西方近代在科学影响下的"自然"概念具有类似性。在近代西方，"自然"是整个实在和现实的总和，宇宙都是由自然物构成的；世界和宇宙都是"自然"的结果，一切事物和现象都可以用"自然"的原因来解释，没有"超自然"的原因和力量，也无须假定其他终极的实体或根据；"自然"现象具有规则和齐一性，它们是可以被认知的，科学的经验方法是认识自然的最有效方式；人类是自然活动的结果和自然世界的一部分，精神和意识是大脑的活动和过程的产物，没有独立的精神实体。

同近代中国的"自然"观念类似，近代中国"人"的观念也是在许多面相上展开的，它被高度分化和专门化了。面对"人"，且不说科学和技术领域，仅是社会和人文领域，如哲学、伦理学、宗教学、社会学、政治学、法学、经济学等，它们就各自关注着"人"的不同方面。哲学探讨人的本性，伦理学关注人的伦理和道德价值，宗教关注人的信仰，社会学关注人的性别、婚姻、生育，政治和法律关注人的权利和义务，经济学关注人的物质消费和满足，等等。就像探讨近代中国的"自然"观念一样，我们研究"人"的观念也只能关注它的某些方面，特别是从它在近代中国的最一般意义上来认识它。这些最一般的意义，主要有五个大的方面：一是对"人"的起源的新解释。这是哲学进化论和达尔文物种进化论这两种解释的混合物。按照这种解释，人既不是神创的，也不是什么万物本体创造的，它是自然演化（天演和进化）、自然选择的产物，也是生存竞争或互助的产物。二是"人"被划分为不同的"种族"，从种族的概念中衍化出了"别种"、"优生"和种族优劣、种族竞争的种族主义，也产生出"通种"、"合种"的种族融合主义。三是从演化论出发，对人的本性提出不同的解释，要求解放人性，强调满足人的自然欲望和本能，强调人的物质生活和快乐，批评传统伦理观念对人的"自然性"的压抑。同第三个方面相联系，四是认为人在宇宙中的演化主要是人的心灵和伦理价值的进化，是人的人格、人的个性和人的精神的进化。五是人被高度理智化和知识化，人被看成是认识自然和控制自然的主体。

整体上看，近代中国"自然"和"人"这两个观念的建构十分复杂：一方面它表现为"自然与人的分化"，另一方面表现为"人与自然的统一"。"自然与人的分化"，是通过科学、知识和技术将"自然"和"天"客体化和工具化，相应地通过将"人"作为认知和技术的担当者使之主体化。这既是人性启蒙和自然工具理性的发展过程，是人的理智和知识的发展过程，也是人的实践、技术的发展过程。通过这些过程，人从"自然"和"天"那里获得了自由和自主。有别于此，"人与自然的统一"，是通过形而上学和本体论将"自然"和"天"生命化、人文化，从而使人从"自然"和"天"那里获得根源性的意义和价值。这是人的价值理性的发展过程，是人的价值观和伦理观发展的过程，也是新的意义上的"天人合一"、"自然与人统一"智慧的重建过程。

从近代中国思想的整体以及它同社会的关系的视野出发，探讨近代中国"自然"和"人"这两个概念同近代中国主要思潮、世界观的关系以及对社会变化的影响，这既是对"自然"和"人"这两个观念进行的社会史考察，也是对它们同近代思潮关系的研究。在近代中国的整个思想语境和社会空间中，有什么样的思潮和世界观，就有什么样的"自然"和"人"的观念：既有进化论意义上的，也有各种实在论意义上的；既有机械主义意义上的，也有有机主义和人文主义意义上的。在西方机械主义的世界观中，"自然"被看作是纯粹质力相互作用的实体及其表现，"自然"被量化为纯粹数量关系和因果关系，"自然"被作为纯粹科学和技术的对象。受此影响，从清朝末年开始引进进化论的严复（虽然他还主张社会有机体概念）到民国初年的一些科学主义者——如胡适、吴稚晖、丁文江、王星拱、陈独秀等，他们都以不同方式表现出类似的机械主义的自然观。对于这种将自然物质化、科学化的立场，对"自然"持人文、生命和精神立场的一些人，则提出了质疑和批评。这些人物有梁启超、张君劢、杜亚泉、梁漱溟、方东美、贺麟等。他们的人文自然观，是在抵制机械主义、科学主义的单一自然观的过程中发展和建立起来的。人文的自然观者不像机械主义者和科学主义者那样独断，他们赞成对"自然"进行科学的研究和技术的利用，只是反对将"自然"单一化为科学和技术的对象，反对将"自然"完全物质化、数量化。

近代中国科学的和机械的自然观，主要受到了西方近代以来的机械主义和科学主义世界观的影响。与此类似，清末民初以来中国的人文自然观，则受到了西方浪漫主义和生命主义哲学以及两者对科学和机械自然观的批评的影响。民国初年中国这两种自然观的对立，源头上都来自西方内部，它是人文自然观思潮对科学自然观思潮的反动，是从怀特海批评的西方的"自然之两岔"到西方的自然之有机观的变化。民初以来中国自然观上的东西文明二分论，不仅将西方近代兴起的浪漫主义、生命主义以及抵制机械主义和科学主义的思潮掩盖了，而且也将近代中国形成的机械主义和科学主义忽略不计了，并且还导致了一个一直存在到现在的严重误解：一说到西方的自然观，它就被单一化为自然之两分、自然与人的分裂的立场；一说到中国的自然观，它就成了自然与人的合一的立场。

近代以来中国的"自然"和"人"的观念，不同程度地都伴随着近代中国的进化论思潮。其中一些重要的体系化哲学，不同程度地都受到了进化主义哲学的影响。如不同类型的生命主义哲学、实在主义哲学，在一定程度上都称得上是进化主义哲学。前者可以举出梁漱溟、朱谦之、熊十力等人，他们都是从进化论来看待"生命"、"生存"、"心灵"的发展过程。后者可以张东荪、金岳霖、张岱年等人为例，他们都设定了世界的客观实在性。在金岳霖那里，它是"道"（即"式"和"能"），在张东荪那里它是"架构"，在张岱年那里它则是"物质"。三位哲学家设定的实在不同，他们确定的宇宙进化的基础自然也不同，但他们都持从进化来看待实在的进化论。近代中国对"人"的观念的建构最引人注目的地方之一，也是引入了19世纪西方兴起的生物学和哲学上的进化论和进化世界观，对人类的由来和起源提出不同于传统的解释。

最后，近代中国的"自然"和"人"的观念，同近代中国社会的历史过程和变化相互作用、相互影响。它们既是近代中国社会及其变迁的产物，又对近代中国的社会变迁起了助推的作用。从清中叶以后的自强新政到清末的变法和革命，从新文化运动到之后的国家分裂和统一运动，近代中国"自然"和"人"的观念发生了各种变化。这些变化，至少可以说是一个不断扩大和丰富的过程，特别是在学术的学院化、学者角色的专门化之后，人们对"自然"和"人"的认识和探讨，也越来越结构化和系统化，启蒙意义上的"自然"和"人"的观念，更多变成了学术探讨意义上的"自然"和"人"。这是近代中国社会与观念和思想互动的一个表现。

第一篇

自然和人

第一章
近代中国“自然”观念的诞生

引　言

　　近代中国哲学和思想通过东西方文化的融合诞生了一系列重要的术语和观念[①]，“自然”就是其中之一。但是，相对于其他观念和术语而言，我们对于“自然”观念在近代中国诞生的过程和环节，对于它在近代中国哲学和思想中扮演的角色，几乎还处于茫然无知的状态中。[②] 比如：nature 在近代英华辞典中是如何被翻译的？“自然”作为 nature 的译语是从什么时候开始的？它究竟是不是接受日译的结果？对此我们所知甚少。特别是，近代中国思想家是如何理解、解释nature 和中国固有的“自然”观念的？[③] 对

[①] 无论我们如何反思，这都是一个事实。同样还有一个事实是，研究近代中国新术语、新词汇的形成已成为研究近代中国思想文化的一个显著领域。

[②] 林淑娟的考察是一个少见的开始。参见林淑娟：《新“自然”考》，见杨儒宾编：《自然概念史论》，台北台大出版中心 2014 年版，“第三部分”之“捌”。

[③] nature 源于拉丁语的 nātūra，同希腊语的 φύσις 具有密切关系。physics 一般译为“物理学”，但与它相关的形容词 physical 则译为“物质的”、“自然的”、“自然界的”，同natural 有类似的意义。这里的讨论主要围绕 nature 同近代中国“自然”观念之诞生的关系展开。有关西方“自然”观念的讨论，参见［美］拉夫乔伊（Arthur O. Lovejoy）：《“自然”的一些涵义》，彭刚译，见吴国盛主编：《自然哲学》第 2 辑，中国社会科学出版社 1996 年版，第 567—580 页；［英］罗宾·柯林伍德（R. G. Collingwood）：《自然的观念》，吴国盛、柯映红译，华夏出版社 1999 版。有关中国古代“自然”观念的讨论，参见张岱年：《自然》，

于这个问题，我们更是所知甚少。如果说 nature 一词进入近代中国的过程同中国固有的"自然"观念在近代发生转变的过程，共同促成了近代中国"自然"观念的诞生从而是一个相互作用的整体，那么对这两个过程的探讨，就会涉及近代中国的英汉辞书翻译 nature 一词（还有 natural 等词）的翻译史，而且更会涉及近代中国思想家们理解和使用"自然"观念的观念史。

就第一个过程而言，近代中国的英华辞书对 nature 的翻译，一开始都不是将它译为"自然"，而是译成其他一些术语，译为"自然"是后来的事情，虽然对形容词 natural 的释义，一开始就有"自然的"译法。就第二个过程而言，近代中国"自然"观念的观念史整体上是东西方"自然"概念在近代中国相互结合和融合的历史，并且其中包含着多重的、复杂的层面。首先，它是古代中国"自然"概念被实体化的过程。这一点与第一个过程有类似之处。如前所述，近代中国的思想家用来表示科学和技术之对象（实体、客体及现象）的概念，最初并不是"自然"，而主要是"物"、"物理"、"质力"、"公理"等术语，使用"自然"来表示科学和技术的对象是从清朝末年开始的，到了民国初年就非常普遍了。其次，它是中国固有的"自然"概念同西方近代自然主义意义上的 nature 的结合、融合和相互理解的过程。在这一过程中，中国传统中固有的"天"、"天然"等概念也发挥了它们的作用。第三，它是人文、生命意义上的"自然"开始发展和活跃起来的过程。这是对近代中国实体"自然"观念的机械化和物质化倾向的回应。整体而论，第二个大的过程的展开，构成了近代中国"自然"观念诞生的主要路径，这是我们要探讨的主要问题。

（接上页）见张岱年：《中国古典哲学概念范畴要论》，中国社会科学出版社 1989 年版，第 79—83 页；王中江：《"自然"、"无为"范式和理想》，见王中江：《道家形而上学》，上海文化出版社 2001 年版，第 183—218 页；〔日〕池田知久：《圣人的"无为"和万物的"自然"》，见〔日〕池田知久：《道家思想的新研究 —— 以〈庄子〉为中心》，中州古籍出版社 2009 年版，第 527—598 页；萧无陂：《自然的观念》，湖南人民出版社 2010 年版；〔日〕永田广志：《欧洲的自然、老庄的自然、国学的自然》，见〔日〕永田广志：《日本封建意识形态》，刘绩生译，商务印书馆 2003 年版，第 38—56 页；〔日〕铃木喜一：『東洋における自然の思想』，東京創文社 1992 年版；〔日〕栗田直躬：『上代シナの典籍に見えたる「自然」と天』，见『中国思想における自然と人』，東京岩波書店 1996 年版，第 1—62 页。

近代中国由于从清末开始迅速地通过日本接受西学,许多源自汉语和由汉字新造词构成的日译术语也随之被中国接受 ①,于是就产生了近代中西、中日思想文化关系史上错综复杂的局面,也出现了一个西学术语究竟是中国从西语直接翻译过来还是先由日本从西语翻译出来然后为中国所接受的问题。"自然"是日本传统中所接受的众多中国古汉语词汇之一。近代以来,这个词在日本同 nature 也发生了错综复杂的关系。一方面,它成了 nature 的固定译语,另一方面它也经历了许多演变。近代中国从日本接受的西学新术语、新观念中有没有"自然",它对"自然"的理解和使用对近代中国"自然"观念的诞生产生了什么样的作用?这是我们要附带说明的问题。

一、晚清辞书中 nature 的释义 ——从"本性"、"天地"、"天然"到"自然"

西方的 nature 和中国固有的"自然"都是十分复杂的观念,都是观念史链条中的大链条,它们源远流长,复杂多变。② 当它们在中国近代频繁相遇的时候,它们彼此都开始了一个新的生命历程。近代中国用过去固有的"自然"来理解和翻译 nature,是经历了一段探索之后的选择。我们翻开任何一部现在通用的英汉(华)字典(辞典),查看 nature 这个英文词,首先跃入我们眼帘的就是"自然"、"大自然"、"自然界"、"自然力"等中文释义和译名,查看 natural、naturalism 等词,我们首先看到的也是"自然界

---

① 由于日本历史上广泛地接受了中国的文化、汉字和汉语词汇,而且这些词汇大部分已被日本内化,因此,日本在翻译西学术语时,通过借用汉语词汇和新造汉字生成的词汇,翻译了大量的西学术语。有关这方面的研究,参见实藤惠秀:《中国人留学日本史》,谭汝谦、林启彦译,香港中文大学出版社 1982 年版;冯天瑜:《新语探源 —— 中西日文化互动与近代汉字术语生成》,中华书局 2004 年版;沈国威:《近代中日词汇交流研究:汉字新词的创制、容受与共享》,中华书局 2010 年版;等等。

② [美]拉夫乔伊向我们展示了 nature 在西方的演变史。参见[美]拉夫乔伊:《"自然"的一些涵义》,见吴国盛主编:《自然哲学》第 2 辑,第 567—580 页。

的"、"关于自然界的"、"自然主义"等。我们对此已经习以为常了。殊不知，在近代中国的英华字典^①中，最初都没有"自然"的释义和译名，这些字典皆用其他的词语去理解和翻译 nature。这是近代中国"自然"观念演变和形成的环节之一。

在近代中国的英华字典中，nature 和 natural 是如何被理解和翻译的呢？我们选取几部较早的和两部较晚的英华字典来看一看。几部较早的英华字典分别是：马礼逊（Robert Morrison，1782—1834 年）的《英华字典》（澳门：The Honorable East India Company's Press，1822 年）、卫三畏（Samuel Wells Williams，1812—1884 年）的《英华韵府》（澳门：香山书院，1844 年）、麦都思（Walter Henry Medhurst，1796—1857 年）的 English and Chinese Dictionary（上海：墨海书馆，1847—1848 年）和罗存德（Wilhelm Lobscheid，1822—1893 年）的《英华字典》（香港：The Daily Press）等；两部较晚的英华字典面世于清末民初，分别是吴治俭编、严复作序的《袖珍英华字典》（商务印书馆，1904 年）和颜惠庆等编著、严复作序的《英华大辞典》（商务印书馆，1908 年）。

在马礼逊的《英华字典》（1822 年）中，nature 被译为"性"（those properties which men and things have originally）、"天地"（the system of nature,the world,the machine of the universe） 和 "性理"（principles of nature）。这部字典列出的同 nature 有关的词组和短句有："天地运气"（the course of nature），"天理"、"本体之命"、"天所赋之正理也"（light of nature is expressed variously），"人人所禀之天理"（the natural right or heavenly principles which every man receives），"习久成性"（long custom or habit becomes nature）等。马礼逊的《英华字典》将形容词 natural 译为"天性的"、"自然的"和"天然的"（produced or effected by nature）。其列举的词组和短句有，"习惯如天性的"（accustomed as if natural），"禀性不凡"（natural disposition uncommon），

---

① 说到近代中国的英华辞书，身居香港的传教士成了近代中国东西文化融合的桥梁（在过去一个时期，传教士对近代中国文化的作用被大大扭曲了），近代中国的英华辞书就是由他们率先编纂的，并且产生了深远的影响。

"野子"、"杂种"（natural or illegitimate child is called），"兽部"、"畜类"（natural history of animals is called）等。

继马礼逊的《英华字典》之后的卫三畏的《英华韵府》（1844 年），对 nature 的释义比较简明，它译 nature 为"性"和"天理"，译 natural 为"天性的"。这部辞典列出的词组有"天聪"（natural abilities）、"杂种"（natural child）。卫三畏对 nature 的释义没有作为实体的"天地"，对 natural 释义也没有"自然的"。

相比于马礼逊的《英华字典》，麦都思的 *English and Chinese Dictionary*（1847—1848 年）将 nature 译为"性"、"理"、"性理"、"天地"。这部字典翻译的与 nature 相关的词组有："摩荡"（nature's operation in the production of things），"弥纶"（nature supplying its own defects），"大钧"、"洪钧"、"大块"、"皇天后土"（the great author of nature, according to Chinese ideas），"天地运气"（the course of nature），"本体之命"、"凡人所禀之天理"（light of nature），"习久成性"、"习惯如天性"（use is second nature）。麦都思对 nature 的释义应吸收了马礼逊的译法，但多出了"理"的译名，其词组也更多，不过他也没有使用"自然"一词。同样，在马礼逊的基础上，麦都思对 natural 的释义有"原"、"天生的"、"天性的"、"自然的"、"溟涬"、"混成"，还有"禀受于天"（received from Heaven），"自然生的"（spontaneous），"禀于天之才"、"禀性"、"本事"（natural endowments），"品性"、"资质"、"禀气"、"资禀"、"天禀"、"天赐"、"天资"（natural disposition），"品格"、"生知之资"（natural talents），"本来面目"（natural complexion），"明德"、"生而知之"（natural intelligences），"物产"（natural productions），"情"（natural affection），"善死"（natural death），"孽子"、"庶子"、"野子"、"杂种"（natural child），"溟涬"（natural influnce），"自然之理"（the natural result of things）等。与马礼逊和畏三卫不同的是，麦都思的字典加了副词 naturally，他译为"天然"。

继上述几部辞书之后，罗存德的《英华字典》（1868 年）又丰富了对 nature 及其相关词汇的释义，而且值得注意的是，这部辞书对日本近代的译名产生了很大的影响。① 罗存德对 nature、natural 的中译都更复杂，我们列表看一下。

nature	"性"（nature），"天地"（the universe），"造天地者"、"洪钧"、"皇天后土"、"大块"、"大钧"（the author of nature），"样子"（sort），"种"（species），"性情"（particular character），"人性"（human nature），"乐性"（the nature of medicine），"好性嘅"、"好性情的"（of a good nature），"恶性的"（a bad ditto），"柔性"、"慈性"（a tender nature），"刚性"（a strong nature），"暴虐之性"（a violent and tyrannical nature），"性之光"、"性之命"（the light of nature），"习久成性"、"习久成自然"（long practice becomes second nature），"格物"、"格物穷理"（to investigate into the principles of nature），"效性"、"学性"（to copy nature），"五行相生相尅"（the production and destruction of the elements of nature）
natural	"性嘅"、"性的"、"本性的"、"原本"、"本来"、"天然"、"天生的"、"禀受于天"（pertaining to nature），"合性的"、"从性的"（according to the stated course of things），"自然"（not forced），"性情"、"性气"、"品性"、"资质"、"天禀"、"资禀"、"天赐"、"天资"（natural disposition），"本事"、"天才"、"才具"、"本领"、"人之品格"（natural parts or endowments），"气质"、"本来面目"（natural complexion），"明德"、"生而知之"、"天聪"、"天性"、"自然之才"（natural intelligence），"善终"、"善死"、"枕上死"（a natural death），"博物"、"博物之理"（natural philosophy），"博物士"（a natural philosopher），"人物论"（natural history），"人类总论"（natural history of man），"物产"（natural productions），"野仔"、"杂种子"（a natural child），"自然之凭据"（natural evidence），"自然之权"、"自然之气"、"溟涬"（natural influence），"习惯成自然"（practice makes things natural），"情"（natural affections），"命招"（natural bias），"命"（natural life）

此外，罗存德对 naturally 的中译也更加复杂了，有"自然"、"天然"、"本然"、"本性"、"原本"；还有一些词组和句子："本性怕"、"怯心的"（naturally timid），"本来善"（naturally good），"他学得自然"（he learns naturally），"品行端方"（naturally modest and correct）。罗存德还增加了 mere state of nature 和 naturalist，他分别译为"惟性者"和"博物者"。

清末出版的《袖珍英华字典》（1904 年）是一部小字典，它对 nature 等英语词汇的翻译也相对简明。它释 nature 为"天性"、"品质"、"天地"、

---

① 参见沈国威：《近代中日词汇交流研究：汉字新词的创制、容受与共享》，第 125—132 页。

"万象"、"自然之法"、"物理"、"天真"、"种类"、"爱情"、"慈悲"等，释 natural 为"天然的"、"自然的"、"生来的"、"非人造的"、"近情的"、"适性的"、"私生的"、"动物的"、"肉欲的"等，译 naturalism 为"天真率性"、"惟理论"、"惟信性之理"，释 naturalist 为"博物的"、"惟理论者"。颜惠庆等编著的《英华大辞典》（1908 年），对 nature 的释义有这样一些方面：一是"天地"、"宇宙"、"万有"、"天然事物"、"万物"、"生灵"；二是"造化"、"造天地者"、"造物之力"；三是"性"、"物性"、"特性"、"天性"、"本性"、"性质"、"性情"、"癖气"、"人性"、"善性的"、"恶性的"、"柔性"、"刚性"、"习久成性"、"五行相生相克"；四是"理"、"例"、"天理"、"物理"（natural law）、"因果"（cause and effect）；五是"体质"、"体气"、"爱情"；六是"种类"、"样子"；七是"天然"或"自然"（natural thing）；八是"生"、"育"、"产"、"天然崇拜"等。《英华大辞典》释 naturalism 为"天然"、"天真"、"率性"、"依性"、"惟性"、"万物出自天理之说"、"天演说"等，释 naturally 为"依天性"、"照本性"、"自然之状"，释 natureness 为"天然"、"本性"、"自然"。

从以上的列举可以看出，近代中国英华字典虽然一开始就有将形容词 natural 译为"自然的"的现象，但对于名词 nature，除了 1908 年出版的《英华大辞典》有"自然"的译名之外，其他的辞书都没有使用"自然"的译名，而是用中国哲学和思想中的其他词汇来理解和翻译它。概括地说，这些词汇主要表现了 nature 的五个方面的意义：一是指本性、理、性理和天理等；二是指天地、宇宙、主宰者等；三是指天地的运行和活动等；四是指事物的性质和种类；五是指人性、人的性情、才质等。这是近代部分英华字典的编纂者所认识和理解的 nature。与此同时，近代英华字典对 natural 的释义，也可分为五个方面：一是指性的、本性的；二是指原本的、本来的、天然的、自然的；三是合性的；四是指性情上的、品性上的；五是指资质上的、天赋上的等。与 nature 的理解和翻译不同，近代英华字典对 natural 的释义，除了卫三畏的《英华韵府》没有形容词"自然的"之外，其他辞书都有"自然的"，而且这一释义同"天然的"这一释义是并列在一起的。这说明近代英华字典的编纂者们将"自然的"和"天然的"看成是近义词。

单从近代中国的英华字典来看，人们主要是从事物的内在性和本质（本性、理），从自然的客体和实体（天地、宇宙）来理解 nature 的。他们没有选择中国固有的作为名词的"自然"来理解和解释 nature。其中的部分原因在于，中国固有的古老的"自然"一开始并不直接指称实体性的东西，而且之后也极少用它去直接指称实体性的东西。"自然"最初出现在《老子》一书中 ①，老子将这个词界定为万物自发性的活动方式。这个意义虽然与万物有关系，但它并不是直接指称万物。老子这样的使用影响深远，它在很大程度上决定了中国哲学上"自然"这一概念的走向。问题是为什么 1908 年出版的《英华大辞典》中出现了作为 natureness 译名的"自然"，之后的英华字典越来越多地用"自然"来理解和翻译 nature，并最终成了 nature 的主要译名？这是不是受了日本的影响呢？近代中国的"自然"译名是不是一个日译术语呢？

我们先看一下其他研究者对此的说法。1958 出版的高名凯、刘正埮合著的《现代汉语外来词研究》（文字改革出版社）将"自然"（还有"自然淘汰"等）看作源于日本的现代汉语外来词之一。我们不清楚他们的依据何在，但他们的这种做法影响了很多人。基于这一说法，实藤惠秀 1960 年出版的《中国人留学日本史》认为，这是中国人承认的源于日本的词汇之一（同列的相关词也有"自然淘汰"）。实藤惠秀 1970 年修订的《中国人留学日本史》保留了这一观点。谭汝谦、林启彦依据修订版翻译和出版的中译本《中国人留学日本史》（香港中文大学出版社，1982 年；生活·读书·新知三联书店，1983 年）保持了书中的看法。2008 年出版的刘禾的中文修订译本《跨语际实践：文学，民族文化与被译介的现代性（中国，1900—1937）》，在"附录 D""回归的书写形式借贷词：现代汉语中源自

---

① "自然"是老子发明的一个词汇。在郭店简《老子》抄本中，它出现了三次；在传世本、帛书本和汉简本中，它有五个例子。在道家思想的发展中，"自然"概念一直扮演着解释世界和万物的重要角色。在道家同儒教和佛教的相互作用中，这个词也成了中国文化的关键词之一。清末以后，"自然"这个词开始扮演翻译和理解 nature 的角色，并促成了 nature 这个词在中国的本土化。

古汉语的日本'汉字'词语"中，将"自然"作为日本用古汉语词翻译欧洲术语并又进入现代汉语的词汇。在该书"附录 B""现代汉语中的中—日—欧借贷词"中，将"自然科学"和"自然淘汰"作为"来自现代日语的外来词"。[①]1993 年，马西尼（F. Masini）出版英文著作 *The Formation of Modern Chinese Lexicon and Its Evolution Toward a National Language：The Period from 1840 to 1898*，（Journal of Chinese Linguistics Monograph Series No.6, Berkeley, 1993），在附录 2"19 世纪文献中的新词词表"中，他根据 1958 出版的高名凯、刘正埮的《现代汉语外来词研究》，解释了"自然"这个词的词性和它的最初的出处，列举了它在中国近代被使用的几个例子，最后说"它是一个来自日语的回归借词"[②]。按照这一看法，近代中国的"自然"是一个日源词。但是，1982 年出版的刘正埮编的《汉语外来词词典》，已不再将"自然"作为汉语外来词了，而只是保留了"自然淘汰"一词。我们同样不知道这样做的依据是什么，也许作者意识到"自然"的译名不一定是源于日译。同样，2010 年出版的黄河清编著的《近现代辞源》（上海辞书出版社）列出了与"自然"有关的"自然界"、"自然科学"、"自然力"、"自然人"、"自然物"、"自然选择"等其他近代新词，但没有列"自然"。这样做可能是受了新版《汉语外来词词典》的影响。

　　回答近代中国的"自然"译名是不是源于日本的问题，可以有两个路径：一是看日本近代的和英字典对 nature 的理解和翻译以及它对近代中国的英华字典是否产生影响；二是看近代日本思想家对"自然"的使用以及清末中国思想家是否受了它的影响。详细考察这两个方面是非常困难的，我们先粗略地看一下第一个路径。日本近代较早的兰和辞书、英和辞书一般也不用"自然"来翻译 nature。在这一点上，它们同近代中国的英华字典具有高度的类似性。如ジーフ・ハルマ（1833 年）、《和兰字汇》（1855—

---

　　① 刘禾：《跨语际实践：文学，民族文化与被译介的现代性（中国，1900—1937）》（修订译本），生活・读书・新知三联书店 2008 年版，第 411、379 页。

　　② 这本书有黄河清的中译本：《现代汉语词汇的形成：十九世纪汉语外来词研究》，汉语大辞典出版社 1997 年版。

1858 年)、《英和对译袖珍辞书》(1862 年)、《和英语林集成》(1867 年)、
《汉英对照伊吕波辞典》(1888 年) 等都没有使用 "自然" 的译名。如《和
兰字汇》将 natue 译为 "性质"、"天然的道理"，1866 年增订本版的《英
和对译袖珍辞书》译 nature 为 "天地万物"、"宇宙"、"本体"、"造物者"、
"性质"、"天地自然的道理"、"品种"。[①]1881 年的《哲学字汇》对 nature
的翻译是："本性"、"资质"、"天理"、"造化"、"宇宙"、"洪钧"、"万
有"，其中也没有 "自然" 的译名。该书 1884 年的订正增补版情况相同。
但同中国不同的是，在 1796 年的《波留麻和解》中，荷兰语的 natuur 已被
译为 "自然"；1864 年的《法语明要》，将法语的 nature 译为 "自然"，又
译为 "性质"。不知道后者是否受到了前者的影响，柳父章指出，《法语明
要》这种译法在明治二十年 (1887 年) 前是一个例外。[②]近代日本的英和字
典译 nature 为 "自然"，只是到了明治二十年 (1887 年) 之后才多了起来。[③]
他举出了大槻文彦的《言海》(明治二十四年，1891 年) 和物集高见的《日
本大辞林》(明治二十七年，1894 年)。这两部字典都明确用名词 "自然"
去理解和翻译 nature。[④]与之前的版本不同，1912 年的《哲学字汇》(收入

---

① 有关日本近代英和辞书翻译 nature 的简要情况，参见柳父章：《翻译语成立事情》，
东京岩波书店 1982 年版，第 127—148 页。

② 如前所述，事实上，1796 年的《波留麻和解》就已经将荷兰语的 natuur 译为名词
"自然" 了。

③ 问题是为什么明治二十年前的英和辞书没有 "自然" 的译名，特别是在哲学译名上
影响很大的《哲学字汇》，从 1881 年的初版到 1884 年的修订版都没有 "自然" 的译名。其
中的一个原因很可能同中国类似，这就是日本传统中的 "自然" 概念也是非实体性的 (当
然这是受了中国古代非实体性 "自然" 概念的影响)，不便用它去表示实体性很强的西语的
自然 (nature)。另外，日本的英和类辞典也可能受到了英华辞书特别是罗存德《英华字典》
的影响。根据沈国威的研究，这部辞典在日本明治时期产生了比较广泛的影响。井上哲次郎
在其影响下编纂了《增订英华字典》。其中他对 nature 的释义就完全接受了罗存德的释义。
之前井上编纂的《哲学字汇》(1881 年初版，1884 年增订版) 对 nature 的释义也受到了罗存
德《英华字典》的影响。(参见沈国威：《近代英华辞典环流 —— 从罗存德、井上哲次郎到
商务印书馆》，见故宫博物院故宫学研究所编：《宫廷典籍与东亚文化交流国际学术研讨会
论文集》，万方数据，第 721—740 页。)

④ 参见柳父章：《翻译语成立事情》，第 136 页。

英德法和四种语言的概念），在 nature 的释义中也出现了"自然"，虽然
这一译名排在一连串其他词（"物然"、"性"、"本性"、"性质"、"性格"、
"资质"、"天理"、"造化"、"宇宙"、"洪钧"、"万有"）之后。此外它还加
上了"物然"、"性"、"性质"、"性格"等译名。特别是在有关 nature 的词
组的翻译中，大都有作为名词的 nature，如：Law of nature 译为"自然法"
（此前是译为"性法"、"万有法"），philosophy of nature 译为"自然哲学"
（此前译为"天理学"），uniformity of nature 译为"自然齐一"、"自然齐合"
（此前译为"自然契合"），nature worship 译为"自然崇拜"，等等。[①]

由此可知，相比于中国，日本将西语的相应词译为"自然"确实比较
早。即使是明治二十年之后的字典才开始比较多地将 nature 译为"自然"，
这也是比较早的。1796 的《波留麻和解》和 1864 年的《法语明要》，恐怕
不会对 1908 年出版的颜惠庆主编的《英华大辞典》产生影响。问题是大槻
文彦的《言海》（1891 年）和物集高见的《日本大辞林》（1894 年）等辞书
对《英华大辞典》有没有影响，这一点我们还没有具体的证据。但在日本，
当时其他各种辞书特别是专门辞书越来越多。[②]正是在这些辞书的影响下，
1903 年中国留日学生汪荣宝和叶澜合作编纂的《新尔雅》出版。[③]这部工
具书分类汇集了当时在日本已基本定型的新词语和新术语，并分别做了讲
解和说明。其中涉及"自然"的有"自然法之一致"、"自然科学"、"自然
力"、"自然起原"、"自然群发生条件"、"自然人"、"自然淘汰"、"自然
物"、"自然哲学"、"自然之欲望"、"自然主义"等词汇和词组，它们是
《新尔雅》中由编者加着重号的、非词条类的重点的术语。[④]编者将"自然"

---

① 词组 human nature，前后都被译为"性"；nature of thing 前两版都译为"万有本
性"，第三版在"万有本性"之外还加上了"物之性质"。moral nature 被译为"道德性"。
相比于 nature，作为形容词的 natural（还有副词 naturaly），日本近代的翻译，一般都是"自
然的"，还有"天然的"、"天造的"和おのづから。

② 如前所述，1912 年版的《哲学字汇》才有"自然"的译名，这已比较晚了。

③ 有关这部书的情况，参见沈卫威：《新尔雅：附解题·索引》，上海辞书出版社
2011 年版。

④ 此外还有"自然之现象"、"自然律"等词组和术语。参见沈国威：《新尔雅：附解
题·索引》，第 251 页。

分为"自然物"（如禽兽草木等有形的天然性的各种东西）和"自然力"（来自天然的势力，包括原始性的和人力开发的力量）。这里的"自然"显然已是具有实体意义的、作为 nature 译名的新术语了，这也是清末中国人在工具书中直接使用日译名"自然"并加以解释和传播的一个直接例证。[①]由此我们可以推测，清末民初的英华辞书开始在 nature 的释义中加上"自然"应是受到了日本辞书的影响。有关近代日本思想家所使用的"自然"对清末中国思想家的影响后面再谈。

二、从"物"、"理"、"质力"到"自然"——晚清格致学、科学与 nature 的实体化过程

对比东西方传统中的"自然"观念，我们可以看出一个非常明显的差异。在西方思想传统中，英文 nature 来自拉丁文的 nātūre，而 nātūre 又源于希腊文的 φύσις，除了表示事物的生长、本性的意义外，还表示外界的物理实体。与此不同，如前所述，在中国思想传统中的"自然"主要是指万物的活动方式，指宇宙和天地万物自然而然的过程，其中物理世界的含义是非常淡的，而且是后来才出现的。[②]日本汉学家热心探讨中国古代的"自然"观念，也对东西方的"自然"观念做过不少比较。他们认为，古代中国的"自然"观念以及受此影响的日本的"自然"观念，同西方的"自然"观念有一个根本区别：西方的"自然"意味着外界的实体（近代以来这种意义被强化），而中国和日本的"自然"则主要意味着实体的本性和不造作。如永田广志认为：在中国，外界的实体被称作物、天地，本源性的实体被称作道，思想家们用"自然"主要是来表示实体的非造作本性；与此不同，西方的"自然"一开始就有实体的意义。在亚里士多德那里，"自

---

① 该书 1906 年出第三版。

② 张岱年根据阮籍《达庄论》中说的"天地生于自然，万物生于天地。自然者无外，故天地名焉；天地者有内，故万物生焉"，指出阮籍第一次为道家的"自然"赋予了天地万物总体的意义。参见张岱年：《中国古典哲学概念范畴要论》，第 81 页。

然"是指物理性的东西，事物的本性是从实体和形式引申出来的，虽然它也有非造作的意义，但它同中国的用法也有差异。[①] 他写道：

> 如果说在欧洲人那里，所谓自然在最确切的意义上是实体的话，那么在老庄学派那里，所谓自然在最确切的意义上则是实体的性质——非造作。可见，即使说二者都同样在物质本性的意义上使用"自然"一词，它们的前提却不相同。
>
> 因此，在非造作的意义上使用"自然"一词时，二者也不一样：在欧洲人那里，这是专指独立于人为、人工而言，而在老庄学派那里，它扩大到**普遍的非造作**，连**神的造作**也否定了。所以老庄的自然概念包含着**对目的论的否定，自然和无为**在这里被等同看待。[②]

但今非昔比，近代中国的"自然"观念经过同西方 nature 的融合，它的传统意义已经发生了非常突出的变化。哲学领域自不必说，在"自然科学"（包括技术）这一大概念下，"自然"成了整个科学、技术探索和研究的全部对象。不过，这样的意义并不是近代中国一开始就已经具备的。近代中国对广义的自然的认识和理解经过了一个复杂的过程。从将其作为研究对象的学术来说，它经过了从格致（学）到科学的过程；从指代客观物质世界的概念来说，它经历了从物、理、质力等到"自然"的过程。后来常见常用的、作为"自然"的首要意义的"自然界"、"大自然"、"自然现象"、"自然法则（规律）"等，就是这一过程的产物。正是在这两个同步展开的过程中，nature 这一概念在近代中国被本土化，中国固有的"自然"观念也实现了它的转变和新生。

我们知道，清朝晚期对西学的接触和吸取主要是从实用性的技术和它的基础科学入手的。不管人们为此寻找的理由是师夷制夷说、西学优长说、西学中源说，还是道器、体用或主辅上的二元论，中国在晚清时期确实开

---

① 参见［日］永田广志：《日本封建意识形态》，第38—46页。
② ［日］永田广志：《日本封建意识形态》，第42页。

始移植诞生于西方的、近代科学和技术意义上的西学了。最初，人们借用古老的、被宋明哲学家们大加发挥的"格物致知"、"格物穷理"等观念，将这种意义上的西学称为"格致学"。① 由于许多西方的近代科学和技术类著作被以"格致学"的名义翻译过来，再加上人们的倡导，"格致"和"格致学"成了晚清学术和思想领域的重要观念，也成了晚清科学技术的代名词。② 只要看一看当时一些著作的译名③，看一看人们对"格致"观念的重新认识和解释就可以知道。这里我们关注的是"物"（包括当时与之平行使用的广义的"博物"、"博物学"之"物"）、"理"、"物理"等概念。这些概念都隶属于"格致学"，它们被用来表示"格致"的对象和范围，表示后来作为科学和技术意义上的"自然"。

　　如前所述，Nature 这个词原本就有实体的意义，西方近代以来，随着它主要被用来表示整个物理世界和科学技术的对象，它的实体意义成了整个语义的核心。在上述近代中国英华字典对 nature 的释义中，我们看到，中国古代用来表示外界实体的乃是诸如"天地"（"天地之气"）、"大块"、"万象"、"物理"、"宇宙"、"万有"、"天然物"、"万物"等词汇。在晚清格致学中，人们主要是将"物"、"理"等作为格致的对象。在中国哲学中，"物"这一概念十分古老，它同"万物"一样，指称的是宇宙或天地之间所有存在的东西。④ 在中国人的意识中，它是人能够具体接触和感知的对象的总称。同样，在古代中国哲学中，"理"的概念也非常古老。当说到"天地

---

① 明末清初来华的传教士和受其影响的中国士人已用"格致"来指称当时传入中国的西方科学。

② 参见樊洪业：《从"格致"到"科学"》，《自然辩证法通讯》第 10 卷第 3 期（1988年 6 月），第 39—50 页；张剑：《中国近代科学与科学体制化》，四川人民出版社 2008 年版，第 84—101 页；金观涛、刘青峰：《观念史研究》，法律出版社 2009 年版，第 331—344 页；等等。

③ 参见王韬、顾燮光等编：《近代译书目》，北京图书馆出版社 2003 年版；张晓编著：《近代汉译西学书目提要：明末至 1919》，北京大学出版社 2012 年版。

④ 值得注意的是，"科学"的译名早在 1856 年就出现了。在墨海书馆的出版目录中就有《科学手册》（Scientific Manual）一书，作者是美国南浸信传道会传教士高第丕（T. P. Crawford）。

之理”、“万物之理”时，一般是指天地和万物的条理、法则等。晚清格致学对“物”和“理”的广泛使用，一方面传承了这两个词汇在传统中的意义，另一方面又通过当时所传入的西学为它们增添了新的色彩。

其中一个明显的色彩是，晚清的“物”和“理”，被纳入不同的学科之中，并被分门别类地加以研究。晚清宽泛意义上的“格致”或“格致学”包括基础性的自然科学和应用性的技术科学。如林乐知在《记上海创设格致书院》（光绪四年，1874 年）中就是这样使用的：

> 吾西国力学之士，每即物穷理，实事求是。自夫天文、地舆，以迄一草一木之微，皆郑重详审焉而不敢忽。[1]

孙维新所说的“格致之学”也是广义的，包括算学、重学、天学、地学、地理、矿学、化学、电学、光学、热学、水学、气学、医学、画学、植物学和动物学等。[2] 陈炽的《庸书》在“电学”和“格致”两个主题之下论说到的“格致学”同样是广义的。他列出的格致学有天学、地学、化学、重学、光学、植物学，还有工艺学。他说：“三百年来，泰西之智士致知格物，精究天人”；又说：“此数者，只其大略，以外所得之新理，所创之新法，所成之新器，所著之新书，万族千名，更仆而未能悉数”。[3]

格致的外延越广，物和理的分门别类性就越强。相反，格致的外延越小，它研究物和理的范围相应地也就缩小了，这就是只包括了“自然科学”

---

① 李天纲编校：《万国公报文选》，生活·读书·新知三联书店 1998 年版，第 440 页。

② 参见孙维新：《泰西格致之学与近刻翻译诸书详略得失何者为要论》，见王扬宗编校：《近代科学在中国的传播——文献与史料选编》，山东教育出版社 2009 年版，第 346 页。王佐才的使用也是如此：“泰西各国学问，亦不一其途，举凡天文、地理、机器、历算、医、化、矿、重、光、声、电诸学，实试实验，确有把握，已不如空虚之谈。而自格致之学一出，包罗一切，举古人学问之芜杂一扫而空，直足合中外而一贯。”（参见王佐才答卷，见《格致书院课艺》第一册，转引自熊月之：《西学东渐与晚清社会》，上海人民出版社 1994 年版，第 368 页）

③ 陈炽：《庸书》，见《陈炽集》，赵树贵、曾丽雅编，中华书局 1997 年版，第 124、126 页。

在内的第二种意义上的格致学和对应于它的物和理。例如：郑观应在"智学"的概念之下区分出"格致院"与"技艺院"，便是将技术放在格致学之外；张鹤龄区分"格致"与"技艺"，也是如此；徐维则的《增版东西学书录》（卷三）对格致的分类同样不包括技术领域。按照他们的使用，既有格致中研究的物和理，也有技艺中研究的物和理。晚清外延最小的格致只包含物理、化学两门，甚至只有物理学一门，它探讨和研究的物和理的范围当然也是最小的。如《上海制造局译印图书目录》分类中的"格致类"就只有"物理学"。[①]

晚清的"物"和"理"概念被西方格致学增添的另一个新色彩是，人们在中西格致学的比较中看到了西方格致学在方法上的优越之处。他们主张，用不同于中国传统格致学的新方法去研究物和理，这样就能够充分掌握物和理的奥秘，并能够驾驭和利用它们。在这一方面，晚清来华的西方传教士率先而行。在他们的影响下，中国晚清时期的开明人士也开始传播西方格致学研究物和理的新方法。韦廉臣发表在近代早期的《六合丛谈》杂志上的《格物穷理论》一文就率先提出：一个国家的强大在于它的人民，人民的强大在于他们的心灵，他们的心灵的强大在于他们的格物穷理的科学。西方的强大就来源于此。不幸的是，在中国，格物穷理的精神既薄弱又不得其法。他认为，中国人的智慧和天资并不低；他们之所以不能制造出奇器，是因为他们没有受到激励，也不肯用心。如同百年以前的西方那样，中国人只读古人之书，不用心去探索物理，也不去创造新的器物。不过百年以来西方改变了，但中国没有。人们照旧"以有用之心思，埋没于无用之八股，稍有志者，但知从事于诗古文，矜才使气，空言无补。倘一旦舍彼就此，人人用心格致，取西国已知之理，用为前导，精益求精。如此名理日出，准之制器尚象，以足国强兵，其益岂浅鲜哉！"[②]

光绪四年（1878年），慕维廉在《格致新法》中节译了培根的《新工

---

① 参见王韬、顾燮光等编：《近代译书目》，第 721 页。

② 沈国威编著：《六合丛谈：附解题·索引》（第 6 号，咸丰七年），上海辞书出版社 2006 年版，第 605—606 页。

具》。他在"小序"中说：培根的《格致新理》一书，"其意更易古昔之遗传，尽人探求天地万物。兼综条贯，精察物理。岂可茫然莫辨，徒从古昔遗言哉？"[①]慕维廉批评中国和过去的西方只知道遵从前人的遗训、遗言（"古昔遗言"），指出培根率先改变了这一点。李佳白认为，中西在不少方面具有相同性，但在学问上中西方有不同的特点。中国应向西方学习的主要是格致之学，因为中学的格致之学变成了"虚学"，不像西学的格致学是一种"实学"。他说："则西人事事翻新，华人事事袭旧，西人事事征实，可坐言即可起行，华人事事蹈虚，口谈则理高，躬行则事缺。"[②]林乐知在《记上海创设格致书院》（同治十三年，1874年）中说，他在上海创设格致书院的主要目的，是为了用西学的"格致实学"来改变中国的"格致虚学"：

> 吾西国力学之士，每即物穷理，实事求是……非如中国之奇方幻术，托于鬼神虚诞，令人茫乎莫凭，杳乎难索也。
>
> ……………
>
> 中国不乏鸿儒硕学，然或务辞章，或谈性理，或负经师之望，或有渊博之名，其于"格致"二字惟以虚谈了之。[③]

同西方传教士的看法类似，晚清开明的中国人士比较中西格致学，一般也认为中国传统的格致学有空虚不实之弊端，它注重义理，不注重物理，而且缺乏实验和实证的方法。比如钟天纬说：

---

① 李天纲编校：《万国公报文选》，第460页。

② 李佳白：《中国宜广新学以辅旧学说》（光绪二十三年，1897年），见李天纲编校：《万国公报文选》，第584页。

③ 李天纲编校：《万国公报文选》，第441—442页。德国传教士花之安在《自西徂东》卷四《智集》的"格物功用"章中说："盖格物之学，考其旧而知其新，不特天文、地理，即鸟兽草木之繁，寒暑风雨之候，西人学之皆有准绳，非同中国坊书所刊之图经，半属子虚者也。今人欲征格物之功，固宜统生物、活物、死物、植物，博览旁搜，务求精蕴之得，何患徒劳而无功乎？"（[德]花之安：《自西徂东》卷四《智集》，上海古籍出版社2002年版，第215—216页）值得注意的是，花之安不仅使用"物之理"的说法，而且还使用"物之性质"之语。（参见[德]花之安：《自西徂东》卷四《智集》，第212页）

格致之学中西不同。自形而上者言之，则中国先儒阐发已无余蕴；自形而下者言之，则泰西新理方且日出不穷。盖中国重道而轻艺，故其格致专以义理为重；西国重艺而轻道，故其格物偏于物理为多，此中西之所由分也。[①]

陈炽认为中国传统格致学的缺陷在于注重文字和心性："大抵束缚智勇，掩塞聪明，锢之于寻行数墨之中，闭之于见性明心之内"；西方格致学虽然来源于中国，但它经过几百年的发展，"各学源流授受，经纬分明，尽屏虚无，归诸实测，即深远难知之理，皆耳目之所共见而共闻"。[②]

就比较中西格致学和强调以自然之物与理为格致的对象而言，西学大家严复的说法更为引人注目。一方面，他批评自强新政思想家们的"中体西用论"，主张接受广义的西学，将格致之学从自然领域扩展到社会领域中；另一方面，他也承继了自强新政派的观念，认为国家的富强取决于格致学的发展[③]，批评传统的学术和学问无视自然世界的物和理，一味地埋头于故纸堆和文字之中。在《原强》修订稿中，他说只有研究自然的学问才是真学问；他提出，朱熹主张格物穷理是正确的，但主张读书穷理则是错误的；他引用赫胥黎、培根的说法，强调格致要面向自然的物和理。我们看看下面他的几段话。

在《原强》修订稿中，他说：

故赫胥黎曰："读书得智，是第二手事，唯能以宇宙为我简编，民物为我文字者，斯真学耳。"此西洋教民要术也。而回观中国则何如？夫朱子以即物穷理释格物致知，是也；至以读书穷理言之，风斯在下矣。[④]

---

① 钟天纬：《格致说》，见《刖足集》铅印本，上海 1932 年，第 91 页。
② 陈炽：《庸书》，见《陈炽集》，第 125、124 页。
③ 在《救亡决论》中，严复预测说："继今以往，将皆视物理之明昧，为人事之废兴。各国皆知此理，故民不读书，罪其父母。"王栻主编：《严复集》第一册，中华书局 1986 年版，第 48—49 页。
④ 严复：《原强》修订稿，见王栻主编：《严复集》第一册，第 29 页。

在《天演论》按语中,他说:

> 是以人之知识,止于意验相符。如是所为,已足生事,更骛高远,真无当也。夫只此意验之符,则形气之学贵矣。此所以自特嘉尔以来,格物致知之事兴,而古所云心性之学微也。[1]

在《西学门径功用》中,他也说:

> 吾人为学穷理,志求登峰造极,第一要知读无字之书。倍根言:"凡其事物为两间之所有者,其理即为学者之所宜穷。所以无大小,无贵贱,无秽净,知穷其理,皆资妙道。"此佛所谓墙壁瓦砾,皆说无上乘法也。赫胥黎言:"能观物观心者,读大地原本书;徒向书册记载中求者,为读第二手书矣。"[2]

根据严复的这些说法,中国传统格致学的主要问题是不关心自然的物和理。

总之,晚清通过西方格致学及其方法促使"物"、"理"概念发生的变化主要体现在两个方面:一是体现在研究它们的方法上,人们一致强调要运用实验、归纳、实证等新的方法去研究它们;二是体现在格致的对象上,人们将"物"和"理"的概念从道义、人事和人伦的意义(这也是胡适一直批评传统格物致知观念的原因)里解放出来,使之完全成为自然世界中的物、理。

附带指出,晚清思想们家们强调的实体性的"自然"的概念,除了"物"、"理"等之外,还有"以太"概念以及更为具体的"质"、"力"、

---

[1] [英]赫胥黎:《天演论》,严复译,商务印书馆1981年版,第71页。

[2] 王栻主编:《严复集》第一册,第93页。在《论今日教育应以物理科学为当务之急》中,严复继续批评:"赫胥黎有言:'天下之最为哀而令人悲愤者,无过于见一国之民舍故纸所传而外,一无所知。既无所信向,亦无所持守。徒尚修辞,以此为天下之至美;以虫鸟之鸣,为九天之乐。'嗟呼!赫氏此言,无异专为吾国发也。"(王栻主编:《严复集》第二册,中华书局1986年版,第282页)

"声"、"光"、"化"、"电"等概念。在康有为和谭嗣同的哲学中，"以太"概念具有特别的重要性；在严复和受其很大影响的张鹤龄的思想中，"质力"扮演了突出的角色。①

清末民初，人们程度不同地仍然在使用着"格致"以及作为格致对象的"物"和"理"的概念，但与此同时，表示客观外在世界的"自然"概念，表示以客观世界为研究对象的学术的"科学"概念，也开始出现并很快活跃起来。这同日本近代思想界的影响有一定的关系。如同"自然"一样，"物质"和"科学"作为英语词汇 matter 和 science 的译名，也是率先在日本通行起来，然后在清朝末期在中国流行起来的。但如同在近代中国一样，日本近代的思想家们，一开始也是借用"格物穷理"的"物"和"理"来表示科学研究的对象，用"格致"，更多是用"理学"来表示广义的"自然科学"，比如启蒙思想家福泽谕吉、西周等就是这样。日本近代早期的思想家们不用"自然"一词（井上哲次郎使用"自然"一词较晚），可能是受了罗存德对 nature 释义的影响。②但由于英和字典的使用以及随后越来越多的字典的沿用，"自然"作为 nature 的主要译语，在日本学术界也通行起来。中日甲午战争之后的清末时期，中国开始以日本为桥梁学习西方新学，在这方面康有为上奏光绪帝的《日本书目志》以及大量中国留学生与学人的赴日学习、交流都极具象征性。中国留学生和学人除了在日本学习和掌握西方新学外，还创办中文杂志传播西方新学，同时也将日本人撰写的西学著作大量翻译成中文出版。③正是在这一过程中，"自然"、"物质"和"科学"等大量新词汇纷纷流传到中国。以王国维为例，在1902

① 有关张鹤龄的"质力"概念，参见张鹤龄：《变法经纬公理论》，见沈云龙主编：《近代中国史料丛刊续编》第48辑，台北文海出版社1984年版，第14—19页。

② 参见沈国威：《近代中日词汇交流研究：汉字新词的创制、容受与共享》，第131页；《近代英华辞典环流——从罗存德、井上哲次郎到商务印书馆》，见故宫博物院故宫学研究所编：《宫廷典籍与东亚文化交流国际学术研讨会论文集》，万方数据，第725—731页。

③ 有关清末民初中国人翻译日文著作的情况，参见谭汝谦主编：《中国译日本书综合目录》，香港中文大学出版社1980年版。

年这一年之中，他就翻译出版了四部日文著作：《法学通论》（［日］矶谷幸次郎著）、《哲学概论》（［日］桑木严翼著）、《心理学》（［日］元良次郎著）、《教育学教科书》（［日］牧濑五一郎著）。这些著作涉及大量日译西学术语，比如桑木严翼的《哲学概论》。该书因其概论性质，囊括了日本近代译出并固定下来的几乎所有的哲学新名词。"自然"、"科学"概念自不用言，该书第六章专门讨论"自然哲学"，其中的"自然"是关键词。作者对"自然"、"自然哲学"和"自然科学"等概念作了界定。如作者界定"自然"说：

> 自然者，由其狭义言之，则总称天地、山川、草木等有形的物质的之现象及物体也。其由广义言之，则包括世界全体，即谓一切实在外界之现象为认识之对象者也。①

显然，这里的"自然"是指客观的、有形的实体及其现象。这种意义上的"自然"，也出现在蔡元培翻译出版的《哲学要领》（1903年）中：自然"即物质世界之义"②。总之，王国维和蔡元培等传播的这种实体意义上的"自然"，在清末学界先于辞典编纂很快被广泛接受。

主要通过英文翻译来传播西学的严复，非常自信地亲自翻译了大量的西学术语，但面对清末大量日译汉字术语在中国的传播和流行，严复让步了。他从早期持批评态度转变为后来接受了其中一部分，比如"进化（天演）"、"社会（群）"、"科学（学）"，还有就是"自然"。③ 要说，严复在1895年

---

① ［日］桑木严翼：《哲学概论》，王国维译，见《王国维全集》第十七卷，浙江教育出版社、广东教育出版社2010年版，第262页。

② 高平叔编：《蔡元培全集》第一卷，中华书局1984年版，第179页。书中还有"自然界"、"自然神教"等用语。（参见高平叔编：《蔡元培全集》第一卷，第205、215页）

③ 在晚清的西学名词翻译中，严复是直接从英语来翻译的一位核心人物。清末民初，日译西学著作和日本的新学著作像浪潮一样传入中国，严复的一套译名很快就被淹没了。有关严译术语为什么大部分被日译术语取代的问题，参见王中江：《中日文化关系的一个侧面：从严译术语到日译术语的转换及其缘由》，《近代史研究》1995年第4期。

出版的《天演论》正文中 ①，曾以"自然"来表示 nature：

> 夫性之为言，义训非一，约而言之，凡自然者谓之性，与生俱生者谓之性，故有曰万物之性，火炎、水流、鸢飞、鱼跃是已。有曰生人之性，心知、血气、嗜欲、情感是已。然而生人之性，有其粗且贱者，如饮食男女，所与含生之伦同具者也；有其精且贵者，如哀乐羞恶，所与禽兽异然者也。而是精且贵者，其赋诸人人，尚有等差之殊，其用之也，亦常有当否之别。②

在此，严复将"自然"解释为"性"，即事物的内在本性。本性是 nature 的一个重要内涵（如前所述，近代英华字典一般都有这一释义），也是古希腊 physics 一词的意义之一。但"自然"的这种"实体"意义，同一般所说的"自然界"中的"自然"有所不同。③ 在严复思想的早期，他不用"自然"去表示自然界意义上的 nature，也不用"自然的"去理解和翻译 natural。但在进入 20 世纪最初的几年中，"自然"概念开始在中国活跃起来，严复转而接受了译自日文的、主要被理解为客观外界的"自然"。如在 1900—

---

① 严复还为这一篇加了一个题目"论性"。参见［英］赫胥黎：《天演论》，严复译，商务印书馆 1981 年版，第 83—85 页。

② ［英］赫胥黎：《天演论》，严复译，商务印书馆 1981 年版，第 84 页。宋启林等的译本对这段的翻译是："在斯多葛派话语中，'自然'是一个多义词，既包括宇宙之'本性'，也包括人类之'本性'。在后者的意义上，还有动物的'本性'，它虽然为人类与其他宇宙生灵所分享，但与一个更高级的'本性'是有区别的。"（［英］赫胥黎：《进化论与伦理学》，宋启林等译，北京大学出版社 2010 年版，第 31 页）严复以"自然"为性的用法在《孙译〈化学导源〉序》（1901—1911 年）中也出现了："牵涉傅会，强物性之自然，以就吾心之臆造，此所以为理之大蠹，而吾国数千年格物穷理之学，所以无可言也。"（王栻主编：《严复集》第二册，第 290 页）

③ 中国古代极少用"自然"去表示物理的世界和现象，用它去表示事物及人的本性则是其主要用法之一。如《庄子·德充符》篇的一个用法就是如此："吾所谓无情者，言人之不以好恶内伤其身，常因自然而不益生也。"（陈鼓应注译：《庄子今注今译》上册，商务印书馆 2007 年版，第 193 页）庄子这里说的"自然"就是指人的内在情性。嵇康说的"越名教而任自然"也是如此。在这一方面，东西方的"自然"在近代中国也发生了融合。

1902 年翻译、1905 年出版的《穆勒名学》中，他不再像在《天演论》中那样，主要用"天"、"天然"来理解 nature，而是使用了不少"自然"的译名，特别是在"部丙"的"篇三"和"篇四"中，"自然"一词随处可见：有的单独使用，有的同"常然"连用，有的构成词组（如"自然公例""自然现象"等）。这些"自然"都是在客观世界这种实体意义上使用的：

> 吾所接者，万法诸缘萃成一体，名曰自然。[1]
> 一切自然所呈现象，为无数常然，纠绕交加，成其如此……自然现象如鱼网，而自然公例如丝绳。[2]

在《穆勒名学》的"按语"中，严复使用并解释了"自然律令"：

> 皆有其井然不纷、秩然不紊者以为理，以为自然之律令。自然律令者，不同地而皆然，不同时而皆合。此吾生学问之所以大可恃，而学明者术立，理得者功成也。无他，亦尽于对待之域而已。是域而外固无从学，即学之亦于人事殆无涉也。[3]

在《论今日教育应以物理科学为当务之急》，他使用并解释了"自然规律"：

> 自然规律，昧而犯之，必得至严之罚；知而顺之，亦有至优之赏。以之保己，则老寿康强；以之为国，则文明富庶。欲识此自然规则，于以驾驭风雷，箫与水火，舍勤治物理科学，其道又奚由乎？[4]

"自然律令"也好，"自然规律"也好，还有严复使用的"自然公例"，

---

① ［英］约翰·穆勒：《穆勒名学》，严复译，商务印书馆 1981 年版，第 274 页。
② ［英］约翰·穆勒：《穆勒名学》，严复译，商务印书馆 1981 年版，第 277 页。
③ 严复：《〈穆勒名学〉按语》，见王栻主编：《严复集》第四册，中华书局 1986 年版，第 1036 页。
④ 王栻主编：《严复集》第二册，第 283 页。

其中的"自然"都是实体意义上的。这种情况在严复下面的论述中更为清楚。1906 年，他在《政治讲义》（1906 年）中说：

> 伟哉科学！五洲政治之变，基于此矣。盖自古人群之为制，其始莫不法于自然。①

同年，严复在《〈阳明先生集要三种〉序》（1906 年）中说：

> 盖我国所谓学，自晚周秦汉以来，大经不离言词文字而已。求其仰观俯察，近取诸身，远取诸物，如西人所谓学于自然者，不多遘也。
> ············
> 惟善为学者不然。学于言词文字，以收前人之所已得者矣，乃学于自然。自然何？内之身心，外之事变，精察微验，而所得或超于向者言词文字外也。②

这两处引文中的"自然"，都是指实体性的"自然"。第一处引文中的虽然不能直接看出，但第二处引文中的"自然"则明确对应着"诸身"、"诸物"、"事变"，它说的是自然和现象及其过程。

从清末章太炎对"自然"和"惟物"观念的批评中，我们可以看出"自然"的实体化。1908 年，章太炎发表《四惑论》，他将"自然"和"惟物"同当时流行的另外两个概念"公理"和"进化"合称之为令人困扰的"四惑"。他批评人们对"自然规则"的迷信。不管他的批评是否恰当，当时人们使用的"自然"明显是指实体性东西："近人又言自然规则，乃合自然、法尔为一谈……言自然规则者，则胶于自性……言此者固自托于惟物。若果惟物，此自然规则者，为在物中，为在物外？"③ 到了民国，实体

---

① 王栻主编：《严复集》第五册，中华书局 1986 年版，第 1241 页。
② 王栻主编：《严复集》第二册，第 237—238 页。
③ 章太炎：《四惑论》，见《章太炎全集》（四），上海人民出版社 1985 年版，第 455 页。

意义上的"自然"已非常普遍了。如李大钊使用的"自然"：

> 吾人以为宇宙乃无始无终自然的存在。由宇宙自然之真实本体所生之一切现象，乃循此自然法而自然的、因果的、机械的以渐次发生渐次进化。道德者，宇宙现象之一也。故其发生进化亦必应其自然进化之社会。而其自然变迁，断非神秘主宰之惠与物，亦非古昔圣哲之遗留品也。[①]

其他思想家陈独秀、胡适等自不待言。作为新文化运动的主将之一，胡适在将"自然"实体化为科学和技术的对象上不遗余力。因为他坚信，充分探索和利用"自然"，既能改变中国人贫穷落后的物质生活，也能丰富和发展中国人的精神生活。

至此中国传统固有的"自然"概念在近代中国终于被实体化了，它一下子将传统中极其淡薄的实体意义放大了，具有了指称宇宙、世界、天地万物、物理及现象和规律等客观外界一切事物的意义，具有了"大自然"、"自然物"、"自然界"、"自然力"、"自然现象"、"自然法则"等术语所指称的意义。它成了自然科学和技术科学的主要对象，而这又主要是在近代西方发展起来的。在西方，physics 的实体意义早在古希腊就具有了，但它并没有被对象化为人类改造和征服的对象。相反，在古希腊，人们崇尚理论，他们关心社会和伦理实践，对工匠的工作没有什么兴趣。希腊精神作为近代西方科学的源头，主要是理论上的，而不是实践上的。在古希腊人的意识中，工艺是下等人，比如最下等的奴隶所做的事情。再者，古希腊虽然早就有了实体性的"自然"，但它也不是因果必然性和机械性的，它的"自然"充满着生命。到了西方近代，古希腊的生命的"自然"概念丧失了，它变成了因果、机械和数量意义上的"自然"了。受此影响，近代中国诞生的实体意义上的"自然"也具有机械主义的特征。

[①]　李大钊：《自然的伦理观与孔子》，见《李大钊选集》，人民出版社 1959 年版，第 79 页。

三、"天"、"天然"、"自然"与 nature 在晚清的融合

根据上面的探讨我们知道，现在人们习以为常的作为实体的自然界的"自然"，主要不是中国固有的"自然"概念的意义，它是西方特别是近代西方"自然"概念在中国本土化的结果。这种"自然"概念的形成过程同近代中国工具理性的发展相伴而生。但这仍只是晚清时期的中国将自己固有的"自然"观念同西方的"自然"观念融合起来的一个方面，虽然它是一个主要的层面。晚清东西方"自然"观念融合的第二个层面，是西方近代借助于宇宙和万物自身的"自然"而不是用"超自然"力量来解释世界和万物的立场，这同中国传统中固有的、内在于自身的以"自然而然"来解释宇宙和万物及其过程的立场汇合了。人们一般将西方近代出现的这种"自然"思想称为"自然主义"。中国传统中与此相类似的"自然"观念，也可以称为"自然主义"，而它的历史则久远得多。晚清思想家们是如何来认识中国固有的"自然"进而又将它同西方的"自然"结合在一起的呢？

近代中国早期来到中国的传教士韦廉臣（Alexander Williamson，1829—1890年），对中国古代的"自身如此"、"自然而然"意义上的"自然"就有相当的认识。韦廉臣是苏格兰人，是伦敦传道会的传教士。不言而喻，他不会接受近代西方的自然主义，当然也不接受中国传统对宇宙和万物的自然主义解释，因为这无法同他的上帝创世论兼容。咸丰七年（1857年），他在《六合丛谈》上刊出了他的《真道实证》（从第2号开始，分9次刊出，之后分别是第3、4、5、7、8、9、10和11号）。在"真道实证"这一主标题之下，每一篇文章都有不同的小标题。《真道实证》的英文标题是 Natural Theology，现在一般译为"自然神学"，也称作"自然宗教"、"理性神学"。韦廉臣使用"自然的"（natural）一词，主要是用人类的理智而不是用神秘的启示去论证上帝的存在及其全知、全能的特性。在《真道实证》中，韦廉臣认为宇宙和万物都是上帝"自然"创造的。单从"自然的"这一方式来说，它类似于道家和西方近代理性中的"自然"。但问题的根本

在于这是谁的"自然"。道家和欧洲近代的自然主义，肯定宇宙和万物自身的"自然"，相应地就否定任何"超自然"的力量。二者作为一个问题的两个方面，一正一反相互对立。与此不同，韦廉臣的"自然"恰恰以上帝的存在为前提，它被看作上帝的本性，是上帝的绝对性所在。在第 5 号刊出的《上帝自然而有无死生无始终》中，韦廉臣用思辨的语言论证道：

> 未有物必不能生物。其初自然有物耶？非自然有物耶？非自然有物，则必有时未始有物。未始有物，必不能生物。故若无自然而有者，则天地万物至今未有。若有天地万物，则其先必有自然而有者。所谓自然而有者，即上帝也。天地万物待上帝而成，犹宫室百器，待工而成也。[①]

按照自然神学，唯一能创世的上帝是"第一自然"，被上帝创造的宇宙和万物则是"第二自然"。韦廉臣将"自然而然"用于上帝，当然就要拒绝用上帝之外的宇宙和万物自身的"自然而然"去解释它们。他论证说，人的身体和五官如果是"自然而成"、"自然而有"，他的四肢和五官就一定会颠三倒四。既然人类的四肢和五官那么协调、精美（"生当其处，各适于用"），如果没有上帝的经营那是不可能的。他使用当时的化学知识，说万物都是由少量的几种"元质"配合而成的。"元质"是单独一质，没有其他的杂质。它们共有 64 种，常用的有 13 种。64 种元质就像汉字的偏旁或英语的 26 个字母。万物都是由这些元质合成的，而且合成得非常奇妙，但它们不是自然而成，而是上帝用这些元质的不同数量创造的。按照孟子的说法，人性先天是自然而然的善。韦廉臣不接受这一说法，他认为人性不是先天自然而然就善，人性是自然而然的恶：

> 我则曰：人性之恶也，犹水之就下也。人无有不恶，水无有不下。今夫水搏而跃之，可使过颡；激而行之，可使在山，是岂水之性哉！

---

① 沈国威编著：《六合丛谈：附解题·索引》，第 591 页。

其势则然也。人之可使为善，其性亦犹是也。人自少至老，视听言动日出于恶，自然而然，无所勉强。《记》曰：为恶则易，为善则难。此之谓也。①

按照基督教的教义，上帝创造人，人违背了上帝的禁令而有原罪，人只有通过上帝才能得到救赎，才能达到善。

在斯多葛派那里，"自然"是最高的理性；在斯宾诺莎那里，神就在一切"自然"之中。但按照韦廉臣的自然神论，上帝是"自然"，其他事物都非如此。以"自然而然"为上帝的本质，韦廉臣不接受道家的"自然"和"道"，同时他也否定了儒家特别是朱熹的"太极"等绝对实体。尽管有这些不同，韦廉臣赋予上帝的"自然"和他批评的中国古代的"自然"，在抽象的"自然而然"的意义上则是类似的。② 这是他在近代中国对东西方"自然"的一种比较方式。

来自美国的传教士丁韪良（William Alexander Parsons Martin，1827—1916年），借用中国古代的"自身的自然"去理解西方的"自身的自然"，他不像韦廉臣用上帝"自身的自然"来排斥中国传统中的"自身的自然"，而是将两者结合起来以相互理解和说明。他的做法具体体现在他对东西方自然法的融合。西方的自然法（natural law）也被称之为上帝法③，它被认为是由上帝确立的并作为其他一切法之基础的最高法。丁韪良在翻译《万国公法》（即惠顿［Henry Wheaton］的《国际法》）的时候，遇到了 natural law 这一概念。他将其中的 natural 理解为"性"和"天"，因此，natural law 就

　　① 韦廉臣：《真道实证·论性》，见沈国威编著：《六合丛谈：附解题·索引》，第652页。
　　② 在未署名的《英格致大公会会议》（第11号）中，作者使用的"自然"就是一般意义上的"自然而然"。比如他比较化学与重力学的不同说："按：化学之力，与重学之力不同。盖万物之质，能自然变化者，谓化学之力；能强加力于他物者，谓重学之力，二者以是别之。"（沈国威编著：《六合丛谈：附解题·索引》，第691页）
　　③ 有关东西方的"自然法"，参见胡适：《中国传统中的自然法》，见胡适：《中国的文艺复兴》，邹小站、尹飞舟等译，湖南人民出版社1998年版，第198—225页。

有了"性法"、"天法"之名：

> 其所谓"性法"者，无他，乃世人天然同居当守之分，应称之为"天法"。①

丁韪良也将 natural 翻译为"自然的"，故他也有"自然之法"的译名：

> 以性法推及诸国交通之事，俄氏与发氏名之为自然之法。其所谓自然者，盖诸国不得不服此理也。②

与自然法相对的是国家间的成文法，即一般所称的国际法（international law），丁韪良译为"公法"。惠顿并不是没有自然法的思想，但他不像丁韪良那样信奉自然法。丁韪良把自然法看作国际成文法的基础，认为国际法或公法的普遍性来源于"天理自然"的自然法。③ 可以看出，丁韪良是用中国古代的"性"、"天"、"天理"和"自然"去理解和翻译西方的"自然"和"自然法"的。当他从中国古代"自然"观念去探讨自然法的时候④，他又认为中国古代就具有类似于西方的公法和自然法，因此，就很容易接受基督世界建立的国际法典：

> 中国人的精神完全能够适应自然法的基本原理。在他们的国家礼仪和经典中，他们承认存在着一个人类命运的至高无上的仲裁者，皇

---

① ［美］惠顿：《万国公法》，［美］丁韪良译，上海书店出版社 2002 年版，第 2 页。丁氏还从"天理"来理解"性法"："是以性法即天理，当称为上帝之法也。"（［美］惠顿：《万国公法》，［美］丁韪良译，第 8 页）

② ［美］惠顿：《万国公法》，［美］丁韪良译，第 6 页。

③ 有关丁韪良的自然法、公法及其同中国古代的关系，参见王中江：《近代中国思维方式演变的趋势》，四川人民出版社 2008 年版，第 82—176 页。

④ 参见丁韪良：《汉学菁华——中国人的精神世界及其影响力》，沈弘等译，世界图书出版公司 2010 年版，第 292 页。

帝和国王们在行使授予给他们的权力时必须向这个仲裁者负责；从理论上讲，没有人比他们更倾向于承认这个仲裁者的法律就铭写在人的心灵之中。他们完全理解国家之间的关系，就像个人之间的道德关系一样，其相互的义务就是来自于这一准则。①

丁韪良援引公元前 562 年（襄公十一年）郑国同诸侯国之间签订的盟约（"载书"）为证：

> 盟誓：我们保证上述协议的条款将不可违背。愿群山与河流的神、已故皇帝和公爵的灵魂，以及我们七个部落、十二个诸侯国的祖先监督该条约的履行。假如任何一方没有信义，愿无所不见的上帝惩罚他，他的族人抛弃他，使他命丧黄泉，断子绝孙。②

他说，在这个盟约中，当时各国为了促使彼此遵守盟约和保持信用，诉诸了自然神、祖先神和最高的上帝。

同丁韪良合作的晚清士大夫从"性法"和"天法"中首先想到的不是西方的上帝和基督精神，而是中国的"天道"和"天理"的"自然"：

> 夫天下之事变无穷，其所以应之者，准情酌理，因时制宜，遂亦

---

① 丁韪良译：《万国公法·译者序》（英文），京都，同治三年，崇实馆。中译文转引自刘禾：《普遍性的历史建构——〈万国公法〉与 19 世纪国际法的流通》，陈燕谷译，见李陀、陈燕谷主编：《视界》第 1 辑，河北教育出版社 2000 年版，第 80 页。

② ［美］丁韪良：《汉学菁华——中国人的精神世界及其影响力》，第 301 页。丁韪良援引的这一盟约，出自《左传·襄公十一年》："载书曰：'……或间兹命，司慎、司盟，名山、名川，群神、群祀，先王、先公，七姓、十二国之祖，明神殛之，俾失其民，队命亡氏，踣其国家。'"（杨伯峻编著：《春秋左传注》第三册，中华书局 1981 年版，第 989—990 页）这同丁韪良在另外一个地方的说法不协调：为了"让这个无神论的政府承认上帝及其永恒正义，也许还可以向他们传授一些带有基督教精神的东西"。（刘禾：《普遍性的历史建构——〈万国公法〉与 19 世纪国际法的流通》，陈燕谷译，见李陀、陈燕谷主编：《视界》第 1 辑，第 70 页。）

莫不有法。五洲之大，万国之众，其所为公法者，制非一国，成非一时，要莫不出天理之自然，经历代名家之所论定，复为各国交涉之所公许，非偶然也。①

这是当时中国人运用固有的自然法 ——"天理之自然"—— 来论证"万国公法"的合理性。"天理之自然"为宋明理学家所乐道，它被看成是最高的标准和尺度。

在传承中国古代的"自身的自然"概念同时又将之同西方近代的"自身的自然"的概念融合起来这方面，有三位思想家具有代表性，他们是清末民初的严复、章太炎和胡适。下面我们分别考察一下他们的做法，特别是严复的做法。

如前所述，严复一开始主要是用"性"、"天"和"天然"去理解西方的"自然"，他将"自然选择"（natural selection）理解和翻译为"天择"是一个典型的例子。为了凸显演化的"自然必然性"和"普遍性"，严复将"进化"理解和翻译为具有世界观意义的"天演"，这一译名也非常能说明问题。在赫胥黎的《进化论与伦理学》中，形容词的"自然的"、"自然状态的"都是关键词，特别是后者有许多例子。相对于"人为"、"人工"、"人择"（artificial selection）、"人治"，严复多用"天行"和"天然"去理解和翻译"自然"和"自然选择"。显然，对严复来说，中国的"天"字是最适合用来去理解达尔文、斯宾塞和赫胥黎的"自然"概念的。事实上，严复意识到了"天"这个字在中国传统中的歧义性，他提醒人们不要混淆它的不同意义。在"译者注"中，他说：

> 谨案中国所谓天字，乃名学所谓歧义之名，最病思理而起争端。以神理言之上帝，以形下言之苍昊。至于无所为作而有因果之形气，虽有因果而不可得，言之适偶，西文各有异字，而中国常语皆谓之天。如此书天意天字，则第一义也；天演天字，则第三义也。皆绝不相谋，

---

① 端方：《序》，见［美］丁韪良：《邦交提要》，广学会，光绪三十年（1904 年）。

必不可混者也。^①

严复从古代中国"天"的三种意义中选择了适合他的需要的其中一种（第三种）意义，即"无所为作而有因果之形气，虽有因果而不可得，言之适偶"。前一句是说，天是一个自然的过程^②，它是包含着因果的物理；后一句是说，天具有因果而不能把握，人们就称之为"偶遇"。"天演"之"天"，"天择"之"天"，都是这种意义上的"天"。而这里的"天"就是"自身的自然而然"的意思。在近代英华字典中，natural 一开始就被释为"自然的"，natural selection 被翻译为"自然简择"，顺理成章。

由于严复的《天演论》在清末的影响，当时的思想家们大都接受了他的译名。如马君武 1903 年译出的《物种由来》等仍然使用严复的"天择"译名。严复多用"天"去理解"自然演化"和"自然选择"，这激起了一位基督信奉者李春生的不满。李春生意识到严复使用的"天演"、"天择"的"天"，其意义是"自然"。^③赫胥黎主张自然演化和自然选择。严复接受进化论的主张，也不认可天的造物主意义。但李春生这里所说的"自然"已是翻译语了："因英文有'奶者'，译即天然、自然、本然、原然之谓，诸如此类，可知其以天代自然。"^④李春生承认中国古代的"天"具有"自然"的意义，但是他认为，严复的"天"既然就是"自然"，那么就应该将"天演"和"天择"翻译和表述为"自然演"和"自然择"，这样就可以避免混

---

① ［英］斯宾塞：《群学肄言》，严复译，商务印书馆 1981 年版，第 298 页。引文标点有改动。

② 严复的《〈老子〉评语》、《〈庄子〉评语》强调天地都不能从实体的意义上来理解："凡读《易》、《老》诸书，遇天地字面，只宜作物化观念，不可死向苍苍抟者作想。苟如是，必不可通矣。"（王栻主编：《严复集》第四册，第 1078 页）"老庄书中所言天地字面，只宜作物化看，不必向苍苍抟抟者著想。"（王栻主编：《严复集》第四册，第 1130 页）

③ 参见李春生：《〈天演论〉书后》，见李明辉等合编：《李春生著作集》第四册，台北南天书局 2004 年版，第 10—11、18、40、41 页。

④ 李春生：《〈天演论〉书后》，见李明辉等合编：《李春生著作集》第四册，第 18 页。李春生大概没有意识到，英文中的"自然"同中国固有的"自然"在否定超自然力量上具有类似的地方。

淆"天"与"自然"的意义。

由上可见，严复对"天"字的界定和使用确实同"自然"的观念是一致的，而且"天"这个字在道家特别是在庄子和王充那里，确实具有"自然"的意义。但李春生强调的"天"是"人格神"（"神天"、"帝天"、"天君"和"天神"等）。他之所以仍然要以此为理据批评严复，主要是因为严复的天演论和天择论否定了上帝和造物主的存在及其作用。因此，即使严复用"自然演"和"自然择"去理解和翻译进化的术语，李春生仍然会基于同样的原因批评严复。事实上，李春生认为，"自然"只是一个语助词，不是实体，从它那里演化不出什么；如果以"自然"为实体，那也只不过是将主宰者换成了"自然"：

> 信如其说，则此自然之上，或自然之中，必别有一物，义似真宰，以鉴察施设，使此自然者，能为演择分厚。否则无理可据，说亦不行。若曰：自然便是真宰，诚若然，亦不过恃其巧窍善移，弃一造物真宰，别立一自然真宰，犹以大伯理玺之名，替帝王之号。不知大伯理玺可替帝王者，是以人替人；若自然者，是语助虚字，似不宜用之以替创世造物上帝。①

近代西方自然主义（包括赫胥黎的自然主义）理解的"自然"，古代中国使用的"天"和"自然"，都将造物主和超自然力量排除在外。严复受此影响，他的"天"确实可以同古代中国的"天然"、"自然"互换。作为哲学术语，古代中国的"天"和"自然"主要用作名词，在词性上首先和主要表现为名词。不过，在解释中它也可以表现出形容词和副词的词性（但没有用作"语助虚字"的意义）。不同的是，英文的 nature 本身在词形上就能显示出它的形容词（natural）性质和副词（naturally）性质，而中文却只有"天"这一个词形。不管是"天演"、"天择"，还是"自然演化"、"自然选择"，它们在严复那里并没有李春生说的那种矛盾，但他指出严复的

---

① 李春山：《〈天演论〉书后》，见李明辉等合编：《李春生著作集》第四册，第18页。

"天演"、"天择"的"天"的含义是"自然"则是正确的。

有趣的是，严复在用古代的"天"、"天然"去融会进化论中"自身的自然"的时候，也使用了古代中国的"自身的自然"。如在《天演论》译文中，他就有"任天行之自然"①、"天择者择于自然"②的译文，这两处的"自然"都是名词性的。严复在该书的两处按语中也有这样的用法：

> 斯宾塞之言治也，大旨存于任天，而人事为之辅，犹黄老之明自然，而不忘在宥是已。赫胥黎氏他所著录，亦什九主任天之说者，独于此书，非之如此，盖为持前说而过者设也。③

> 夫斯宾塞所谓民群任天演之自然，则必日进善不日趋恶，而郅治必有时而臻者，其竖义至坚，殆难破也……彼以为生既以天演而进，则群亦当以天演而进无疑。而所谓物竞、天择、体合三者，其在群亦与在生无以异，故曰任天演自然，则郅治自至也。④

在第一段话中，严复将斯宾塞的"任天"与黄老学的"明自然"相对应；在第二段话中，严复用"任天演之自然"去理解斯宾塞的"任天"思想。这两处的"自然"，在严复那里同他使用的"天"的意思都是一致的。

在《〈原富〉按语》中，我们看到他用"自然之机"来解释"天"的例子：天者何？自然之机，必至之势也。⑤如同在《穆勒名学》中严复开始接受作为 nature、natural 译名的"自然"那样，在《群学肄言》中，严复也有"自然"的译名。⑥这样，在严复的进化世界观中，不仅传统的"天"、

---

①　[英]赫胥黎：《天演论》，严复译，商务印书馆 1981 年版，第 22 页。

②　[英]赫胥黎：《天演论》，严复译，商务印书馆 1981 年版，第 3 页。

③　[英]赫胥黎：《天演论》，严复译，商务印书馆 1981 年版，第 16 页。

④　[英]赫胥黎：《天演论》，严复译，商务印书馆 1981 年版，第 89—90 页。在《译〈群学肄言〉序》中，严复也说："真宰神功，曰惟天演，物竞天择，所存者善。"（[英]斯宾塞：《群学肄言》，严复译，第 viii 页）

⑤　严复：《〈原富〉按语》，见王栻主编：《严复集》第四册，第 896 页。

⑥　《群学肄言》，严复译，商务印书馆 1981 年版，第 42、274 页。

"天然"观念同 nature、natural 融合了,传统的"自然"观念稍后也是如此。

在这一过程中,日本翻译和运用的"进化"、"自然淘汰"也产生了影响。[1] 当时包括严复在内的许多人开始接受日本的"进化"译名,也开始接受日本的"自然淘汰"的译名。[2] 按照达尔文的进化论,生活在变化条件下的生物总是有得于它们的变异。"自然选择"是指,生物在生活条件的变化中获得的有利于自身生存和繁衍的变异。"自然选择"不是说,它引起了生物的变异;而主要是说,它保存了已经发生的对生物有利的变异。在达尔文那里,"自然选择"同时也就意味着"适者生存":"这种有利的个体差异、变异的保持和有害变异的消除,我称之谓'自然选择'或'适者生存'。"[3]"自然选择"相对于"人工选择",关键在于一个是无意识的"自然的"过程,一个是有意识的"人工的"过程。达尔文反对将"自然"拟人化,他说:"不过我所谓的自然,是指许多自然定律的综合作用及其产物。所谓定律,是指我们所能证实的各种事物的因果关系。"[4] 据此,"自然"是指自然界中事物之间的因果关系和相互作用。人类有计划有目的地进行选

---

① 参见王中江:《进化主义在中国的兴起 —— 一个新的全能式世界观》(增补版),中国人民大学出版社 2010 年版,第 43—52 页。

② 根据铃木修次的讨论,加藤弘之在《东洋学艺杂志》(明治十四年)第二号上发表《论由人为淘汰而获得人才之方法》时,将与"人为淘汰"相对的 natural selection 音译为アルケヒシエール·セレクション,但在明治十五年一月十日,他就在《东洋学艺杂志》上刊出了《论自然淘汰法以及它如何及于人类》(以"社说"形式,从第四号开始到第六号)的文章,明确将 natural selection 译为"自然淘汰"。自此"自然淘汰"的译名就开始在日本使用开来并逐步被接受。明治十五年十月,加藤弘之出版引起争论的《人权新说》(同年十二月出第二版,次年一月出第三版)一书,其中"自然淘汰"是关键词之一,与之相关的"生存竞争"、"优胜劣败"等进化论术语也为加藤所翻译和使用。人们批评加藤的文章也使用"自然淘汰"一词。由石川千代松翻译并于明治十六年刊行的莫斯(E. S. Morse)的《动物进化论》一书的目录中就有"自然淘汰"("人为淘汰、自然淘汰")。参见铃木修次由石川千代松翻译并于明治十六年刊行的莫斯(E. S. Morse)的《动物进化论》一书的目录中就有"自然淘汰"("人为淘汰、自然淘汰")。参阅铃木修次的『日本漢語と中国』(東京:中央公論社,昭和五十六年,第 168—214 頁)和八杉竜一的『進化論の歷史』(東京:岩波書店,1969 年,第 168—169 頁)。

③ [英]达尔文:《物种起源》,谢蕴贞译,科学出版社 1972 年版,第 54 页。

④ [英]达尔文:《物种起源》,谢蕴贞译,第 54 页。

择，自然也是按照自身的利益进行选择。生物的每一性状都接受"自然"的锻炼。

　　按照达尔文的用法，把"自然选择"的"选择"理解和翻译为"淘汰"并不恰当，反而不如严复理解和翻译的"天择"的"择"字那样精当。在英文中，"自然选择"的"自然"（natural），形式上是作定语，是一个形容词。如果说日本用"自然"，严复用"天"来理解和翻译这个 natural 都行得通，那么如何理解日本使用的"自然"呢？总体上说，日本的"自然"观念有三个来源，一个源于日本古代自身；另一个源于中国古代；还有一个源于近代西方。① 日本接受中国的"自然"，就有"自然而然"的合理主义的"自然"。这种自然观在日本朱子学中可以找到。② 这样的"自然"，在被日本近代迅速接受的西方进化论思想中也表现了出来。沟口雄三指出，日语的"自然"是"自然而然"（おのずから）的意思，"在无所作为而由其自我之本然性、内在性出发的运动这一意义上，和中国的自然相通"。③ "自然淘汰"的"自然"也是"自然而然"（おのずから）的意思。柳父章指出，日语的自然不是 nature science（自然科学）中的作为对象的自然，因此，"自然淘汰"不是凭借于"自然"的淘汰，而是"自然而然的"淘汰。④ 但日常语言中的这种"自然而然"，在用来理解和翻译"自然选择"的"自然"的时候，肯定不再是原封不动地保持着原来的意思。在与"人为"、"人工"相对的"自然而然"的基础上，它又具有了达尔文生物进化上的意义。这也是严复理解的"自然之机"和"必至之势"中因果意义上的"天择"的"天"的意义。

　　虽然其中的"淘汰"并不是好的翻译，但它当时与"进化"等概念一

---

　　① 参见兴　一郎的《日本人的自然观》，见中国现代文化学会主编：《东西方文化交融的道路与选择》，四川人民出版社 1993 年版，第 97—111 页。

　　② 参见丸山真男：《日本政治思想史研究》，王中江译，生活·读书·新知三联书店 2010 年版。

　　③ 参见沟口雄三：《中国的自然》，见《中国的思想》，赵士林译，中国社会科学出版社 1995 年版，第 41 页。

　　④ 参见柳父章：《翻译语成立事情》，第 139—140 页。

起还是被中国接受了。从 1898 年刊行的康有为的《日本书目志》中我们可以看到，康有为在生物学门类下列出的进化论著作有伊泽修二译的《进化原论》（一册）、石川丰代松著的《进化新论》（一册）、山县悌三郎译补的《进化要论》（一册）、城泉太郎译的《通俗进化论》（一册）、石川千代松笔记的《动物进化化》（一册）等。① 当时，康有为和梁启超可能已通过日本有关进化论的书籍了解到日译的"进化"、"自然淘汰"、"优胜劣败"等术语。如同铃木修次指出的，梁启超在《变法通议》中已经使用"优胜劣败"、"自然淘汰"，认为这两者都是普遍的法则，即"公理"。② 此后，流亡日本的梁启超、章太炎，还有在日本的大量中国留学生都直接受到了日译"进化"和"自然淘汰"概念的影响。以梁启超为例，他在《论商业会议所之益》（1899 年）中说"世界以竞争而进化，竞争之极，优者必胜，劣者必败"③，在《论近世国民竞争之大势及中国前途》（1899 年）中说"以天演家物竞天择优胜劣败之公例推之"④，在《自由书·论强权》（1899 年）中直接使用"生存竞争"、"优胜劣败"⑤ 术语，在《自由书·加藤博士天则百话》（1899 年）中说："人群一切之事物，与天然界一切之事物，同皆缘物竞天择优胜劣败之作用，逐渐进化"⑥，文说"一兴一废之间，皆天演学所谓自然淘汰之作用也"⑦。特别是在《进化论革命者颉德之学说》（1902 年）和《天演学初祖达尔文之学说及其略传》（1902 年）中，梁启超就使用了"自然淘汰"的术语，而且解释了"自然淘汰"的意义。他介绍说，颉德（Benjamin Kidd）的人群进化论是以达尔文的生物进化论为基础，而达尔文的生物进化论有两个根本的思想：一是认为一切生物都有非常的繁殖力；

---

① 参见康有为：《日本书目志》，见《康有为全集》第三集，中国人民大学出版社 2007 年版，第 287 页。

② 参见梁启超的《变法通议》，见《梁启超全集》第一册，北京出版社 1999 年版，第 51、59 页。

③ 《梁启超全集》第一册，第 282 页。

④ 《梁启超全集》第一册，第 310 页。

⑤ 《梁启超全集》第一册，第 353 页。

⑥ 《梁启超全集》第一册，第 387 页。

⑦ 《梁启超全集》第一册，第 387 页。

二是一切生物中只有适于境遇者能生存；从这里就产生了"自然淘汰"的"公例"。[①] 他又说："达尔文以为生物变迁之原因，皆由生存竞争，优胜劣败之公例而来。而优胜之机，有由于自然者，有由于人为者。由于自然者，谓之自然淘汰；由于人为者，谓之人事淘汰。"[②] 当然，梁启超也使用"天然淘汰"和严复的"天择"的译名。他说，达尔文经过反复思考和研究，寻找出了"物竞天择之公理"，只有"与天然界之境遇相适，则能自存焉，能传种焉"[③]。与此同时，20 世纪初中国也开始翻译日文进化论著作，比如贺长雄著的《人群进化论》（麦鼎华译，上海申报，1903 年）、畠素之著的《社会主义与进化论》（夏丏尊、李继贞译，出版年和出版单位不详）、神本和福著的《社会进化论》（施复亮译，上海大江书铺，1930 年）、加藤弘之著的《物竞论》（杨荫杭译，上海作新译书局，1902 年）、加藤弘之著的《政教进化论》（杨廷栋译，上海出洋学生编辑所，1911 年），这些著作的翻译同时也使日本的"进化"和"自然淘汰"的译语在中国逐渐流行起来。[④]

　　章太炎的思想在许多方面都同严复格格不入，但就他理解的"天"和"自然"而言，他同严复进化论意义上的"天"和"天然"具有可比性。他认为"天"同"道"和"自然"一样，不是超自然的实体性的东西，它们只是表示万物都是通过自身的内在性而发生和变化的。他借用庄子的"咸其自取，怒者其谁"的说法，借助王充的"天地合气，万物自生"的说法，断定万物都是自身自造的，而不是外在的上帝创造的。万物的自生、自造，也就是王充说的"自然无为"。至于万物为什么能够自生、自造，章太炎借助西方的"阿屯"（即"原子"）概念来说明它的内在动力，认为"阿屯"是万物的原质，它具有好恶 —— 爱力与恶力 —— 两种不同的力量，从而促使万物发生和变化。他受到西方近代科学原子论和以太论的影响，但没有从机械论的立场去理解它们。他认为，生命起源于万物中的一种原始冲

---

① 《梁启超全集》第二册，北京出版社 1999 年版，第 1027 页。

② 《梁启超全集》第二册，第 1037 页。

③ 《梁启超全集》第二册，第 1037 页。

④ 有关清末中国译日本进化论书籍的情况，参见谭汝谦主编：《中国译日本书综合目录》，第 13—16 页。

动，有机物与无机物没有截然不同的界限，它们只是进化程度的不同。以此，章太炎否定了上帝造人说。否定了"天"的主宰性之后，章太炎进而否定了人的命运取决于天的"天命论"。他认为人的吉凶祸福是由自己决定的，根本没有什么天命在背后起作用。以上是章太炎思想中早期理解的"天"和"自然"的意义，这种意义承继了古代中国哲学中自然主义中的"天"和"自然"，也同西方近代自然主义的"自然"具有类似性。

但章太炎的"自然"又不限于这一意义，在他后来的思想中，他又运用佛教的"空"和"唯识"的思想去理解"自然"，进而修正了之前他对"自然"的理解。他说："自然"的"自"是指物有自性，"然"是指因物的自性而成的作用。章太炎以前这样来解释"自然"。后来，他要否定物有自性，否定实在的物质、原子和以太，进而也要否定它们的"自然而然"的"自然"。章太炎说老庄主张自然说，但佛教无不批评道家的自然说，认为道没有自性，何况"自然"。但章太炎说佛教的立场不彻底，因为它还有"法尔"概念，既然没有法性，哪会有法尔。这里，我们不讨论法尔是不是有，它是不是有自性，这里需要指出的是，章太炎所谓佛教批评老庄的"自然"，只是说出了佛教对道家"自然"的一个方面。事实上，佛教对道家的"自然"并不都是批评。就像在魏晋时期它用道家的"无"去理解和解释大乘佛教的"空"那样，佛学也是接受"自然"的：它或者将自然也视之为"空"，或者以它为"佛"的境界。佛教对"自然"的批评之一，是认为道家的自然否定了佛教的因果论。中国佛教的神不灭论相信因果报应，而"自然"认为一切都是自然而然的演变，这样就否定了因果。然而，佛教的这一批评并不恰当。道家的自然主义，主要是否定超自然的力量和目的论，它并不否定事物之间的因果关系。章太炎用唯识论思想来否定之前他所理解的"自然"，也用唯识论思想否定一切实体，这同道家以实物为基础的自然论是对立的，但是在否定超自然的实体上，他同道家的"自然而然"还是有共通之处的。

在用"自身的自然"解释宇宙和万物、否定超自然的存在和力量方面，胡适同章太炎的早期"自然观"有类似性。作为民国初年思想界的领袖，胡适高调宣扬他的"自然主义"。他不仅提出了"自然主义的人生观"的口号，而且也明确提出现代中国兴起了一种"自然主义运动"。胡适说的"自然主义"及其运动，既来源于西方，又来源于中国固有的悠久传统，它是两者在现代中国的结合。在胡适看来，两者最能够相得益彰的地方，就是彼此都用自然而然、自然如此的"自然"去解释宇宙和万物，就是彼此均否定各种超自然的实体和力量。西方的这种自然主义主要是近代的产物，在胡适看来主要是西方现代科学的产物。胡适说，他依据西方现代科学得出的哲学结论是，宇宙及万物都是自然的，都是自己如此的：

> 根据于一切科学，叫人知道宇宙及其中万物的运行变迁皆是自然的，——自己如此的，——正用不着什么超自然的主宰或造物者。①

中国的自然主义主要是古代的产物，在胡适看来，主要是古代道家哲学的产物。胡适对道家最为乐道的是，老子开创了中国的自然主义，之后它在先秦的庄子、汉代的《淮南子》和王充，魏晋南北朝的郭象、范缜等人及其著作中得到了充分的发展。② 这一自然主义坚持用宇宙和万物自身内在的"自然"去说明它们，排除了主宰者和造物主：

> 这个宇宙论的最大长处在于纯粹用自然演变的见解来说明宇宙万物的起源。一切全是万物的自己逐渐演化，自己如此，故说是"自然"。在这个自然演化的过程里，"莫见其为者而功既成矣"，正用不着什么有意志知识的上帝鬼神作主宰。这是中国古代思想的左派的最大特色。③

胡适从西方现代科学知识中得出的自然主义结论，同他认知的古代道

---

① 胡适：《〈科学与人生观〉序》，见《胡适文存》第二集，黄山书社 1996 年版，第151 页。

② 批评道家的宋明理学家，也受到了道家自然主义的影响。

③ 胡适：《中国中古思想史长编》，见姜义华主编：《胡适学术文集·中国哲学史》（上），中华书局 1991 年版，第 368 页。

家的自然主义，不会没有差异，但他不关心它们之间的差异，他注重的是两者在"自身的自然"及其作用上的融合，是两者在此可以结成一条共同战线，可以共同对抗东西方中各种超自然的实体、宗教神灵，可以共同克服人们的各种迷信。胡适除了赞赏道家内在于自身自然的自然主义，他还对道家一味因循客体的"自然"，没有鼓励人们去探索自然更别说是充分利用自然提出了批评。显然，胡适这里说的"自然"，主要是实体的物理客体的自然。这是上述中国科学和技术世界要面对的自然。胡适从西方现代科学出发的自然主义同道家传统自然主义的主要不同就在这里。

以上我们讨论了东西方源于宇宙和万物自身的"天"、"天然"、"自然"概念在晚清是如何被传教士和思想家们认识和把握的。我们看到，它们或者是作为上帝创造万物的对立面而被否定，或者是在西方的上帝法与中国的性法、自然法相融合的意义上被肯定，或者是作为东西方解释宇宙和万物何以产生和活动的最后根据以及作为对超自然因素的排斥而被融合和运用。近代中国的这种"自然"与上述"自然"的实体化主要来自西方的 nature，它是中国传统中的"天"、"天然"和"自然"概念在近代中国的复兴。在这一过程中，西方近代的自然主义同中国传统汇合了，包括"自然淘汰"在内的与"自然"有关的日译术语，也促使晚清人士从开始主要用"天"、"天然"到后来更多地用"自然"去认识和理解进化论。在这一点上，严复是一个典型的例子。

四、自然 —— 人文、生命和精神

随着清末"自然"概念的实体化，随着"物"、"物理"、"质力"和"物质"等都被作为"自然"的实体并成为科学和技术的对象，近代中国的机械的、因果的、物质的、科学的自然观也产生了。作为对这种自然观的抵制和批评，近代中国从人文、生命和精神上来把握"自然"的倾向也开始涌现出来并逐渐成为与之相抗衡的一种思潮。我们从 1923 年的"科玄论战"说起。这场论战是这两种相互冲突的自然观的一次集中交锋。我们知道，这场论辩的直接原因是张君劢在清华大学围绕"人生观"问题所做的一次演讲（1923 年 2 月 14 日）。① 在这次演讲中，张君劢断言，科学的对象和方法都有它们的范围，像人生观这样的领域，科学的方法就不适用。张君劢的这一断言很快受到一些人士的批评，这些人士大都是科学主义者。被称为科学与玄学（或人生观）的两个阵营，在如何对待"自然"的问题上，表现出了十分不同的立场，代表了两种不同的自然观：一种是我们上面谈到的机械性的自然观，另一种则是下面我们要讨论的人文性的自然观。②

"科玄论战"中表现出来的这两种自然观的不少素材和因素，不管是思想方面的，还是历史方面的，都具有欧洲的背景。我们知道，作为欧洲近代科学、哲学、技术和工业文明等诸多因素相互作用的产物，机械的、物质的和科学的自然观③ 具有很强的支配性。正因为如此，这种自然观在欧洲逐渐受到来自文学方面的浪漫主义者④ 和来自哲学方面的生命主义者的回应和批评。机械的、因果的、抽象的、物质的自然观，主要将自然纯粹作为科学认知的对象和技术加工对象来看待。⑤ 不同于这种自然观，浪漫主义者和生命主义者主要以具体的、审美的、整体的、有机的、生命的、人文的和精神的目光来凝视自然。对他们来说，自然不只是科学和技术的对象，它还具有人文的、生命的和精神性的意义。

如前所述，近代中国机械的、因果的、物质的和科学的自然观明显

---

① 参见张君劢：《人生观》，见张君劢、丁文江等著：《科学与人生观》，山东人民出版社 1997 年版，第 33—40 页。

② 我用"物质的自然观"与"人文的自然观"（也包括"生命的"和"精神的"层面）来区分清末以来中国对待"自然"的两种不同的立场。

③ 有关欧洲近代机械主义的自然观，参见［英］罗宾·柯林伍德的《自然的观念》（第 114—124 页）、［美］理查德·S.韦斯特福尔（Richard S.Westfall）的《近代科学的建构：机械论与力学》，彭万华译，复旦大学出版社 2000 年版。

④ 有关西方的浪漫主义，参见［美］怀特海（A. N. Whitehead）：《科学与近代世界》，何钦译，商务印书馆 1989 年版，第 73—92 页；［英］以赛亚·伯林（Isaiah Berlin）：《浪漫主义的根源》，吕梁等译，译林出版社 2011 年版。

⑤ 参见［英］穆勒（John Stuart Mill）：《论自然》，见吴国盛主编：《自然哲学》第 2辑，第 528—566 页。

受到了西方的影响，同样，近代中国对它的批评和反思也受到了欧洲浪漫主义和生命主义哲学的影响。比如，辜鸿铭对欧洲近代物质文明的批评，就受到了西方浪漫主义者的强烈影响：华兹华斯（William Wordsworth，1770—1850 年）、柯勒律治（Samuel Taylor Coleridge，1772—1834 年）、卡莱尔（Thomas Carlyle，1795—1881 年）、阿诺德（Matthew Arnold，1822—1888 年）、爱默生（Ralph Waldo Emerson，1803—1882 年）、罗斯金（John Ruskin，1819—1900 年）等，在辜鸿铭的思想中都留下很深的印记。[①] 民国初期传入中国的柏格森（Henri Bergson，1859—1941 年）的生命哲学、杜里舒（Hans Driesch，1867—1941 年）的生机论和怀特海（Alfred North Whitehead，1861—1947 年）的有机哲学等，也成为现代中国生命自然观的催化剂和助推器。尽管最早受到中国学人邀请并答应到中国讲学的柏格森，最后没有来到中国，但他的生命哲学影响深远。梁漱溟回忆说：

> 使我深感兴趣的是生命派哲学，其主要代表者为柏格森。记得二十年前，余购读柏氏名著，读时甚慢，当时尝有愿心，愿有从容时间尽读柏氏书，是人生一大乐事。柏氏说理最痛快、透澈、聪明。[②]

杜里舒受邀来到了中国，他直接向当时中国的知识界讲授他的生机主义哲学。瞿菊农听了杜氏演讲，他在谈到受杜的影响时说：

> 我们很喜欢，杜氏从科学上打倒机械主义，而建设生机主义。生机主义便是生活自主，最重要的更是全体性这一概念。全体性与自主是生机主义之根本概念。我们在生机主义的根据上很可以建设生机主

---

① 有关辜鸿铭对物质文明的批评和他受浪漫主义的影响，参见王中江：《儒家道德理想主义视野下的救世论、文明观和信仰 —— 辜鸿铭的"良民宗教论"和"孔教观"》，见王中江：《进化主义在中国的兴起 —— 一个新的全能式世界观》（增补版），第 439—469 页。
② 梁漱溟：《中西学术之不同》，见梁漱溟：《朝话》，教育科学出版社 1988 年版，第 106 页。

义的人生观。①

此外，爆发于欧洲的第一次世界大战的现实，也让当时的中国人对科学、技术和工业文明产生了疑虑。一直以西方近代文明为中国样板的严复，在晚年甚至产生了绝望情绪。从欧洲旅行归来的梁启超，也对西方文明打上了问号，他的《欧游心影录》留下了他的这一心迹。他也参与了"科玄论战"。可以肯定，许多因素共同促成了近代中国人文的、生命的和精神的自然观，虽然机械的、物质的、科学的自然观，整体上占据着上风。

如前所述，在西方机械主义的世界观中，自然被纯粹看作质力相互作用的实体及其表现，被纯粹量化为数量的关系和因果关系的实在，被纯粹作为科学和技术的对象。受此影响，从清朝末年开始引进进化论的严复（虽然他还主张社会有机体概念）到民国初年的一些科学主义者，如胡适、吴稚晖、丁文江、王星拱、陈独秀等，都以不同方式展示了类似的机械主义的自然观。对于这种将自然物质化、科学化的立场，对一些"自然"持人文、生命和精神立场的学者提出了质疑和批评，这些人物包括梁启超、张君劢、杜亚泉、梁漱溟、方东美、贺麟等。

不要误解，这些人并不反对，更准确地说，而是肯定科学家们对自然进行科学研究，他们也并不反对，更恰当地说，而是赞成利用技术对自然进行加工、改造和利用（辜鸿铭、马一浮等除外）；他们认为，中国应该拥有自然科学和技术科学：梁启超肯定科学的意义和价值，他并不反对科学，只是反对"科学万能论"。梁漱溟也不反对西方的科学文明，他说中国需要发展科学。被科学主义者们批评为"玄学鬼"的张君劢，也并不简单地反对自然科学。"人生观论争"十年后，在回顾自己对自然科学的真实立场时，张君劢还特意回想并再次表示他对科学没有轻视和反对之意：

　　在我的自己回想内，有一句话要声明，就是我对于科学的态度。

──────────

①　菊农（瞿菊农）：《杜里舒与现代精神：听杜氏讲演后之感想》，《东方杂志》（"杜里舒专号"）第20卷第8期（1923年4月）。

科学这东西是十六世纪以来欧洲的产物，也是人类的大发见，关于天文，关于地理，关于物理化学，关于生物学，在其中发见许多的大秘密，为人类二千多年来所不能想像的事，世界人类既因科学进步而大受益处，尤其是中国几千年来不知求真，不知求自然界之知识的国民，可以拿来当做血清剂来刺激我们的脑筋，来赶到世界文化队内去。中国唯有在这种方针之下，才能复兴中国的学术，才能针砭思想懒惰的病痛。我说这种看重科学的话……是要我们国内科学家能够做牛顿，能够做爱因斯坦，能够做达尔文……我们受过康德的洗礼，是不会看轻科学或反对科学的。[①]

贺麟将知物、用物、征服自然看作人类尽性和实现自我的一个维度。可以肯定，人文的自然观者原则上并不否定现代的科学和技术，那么他们同科学的自然观者的不同乃至冲突何在呢？

人文的自然观者反对的主要是对自然采取单一的科学主义的、物质主义的立场，反对的是机械主义的世界观。例如，对于胡适宣称的"科学万能"，梁启超表示不接受科学神话，不相信"科学是万能的"。梁漱溟指出，科学处理的只是自然的"物理"方面，它不能处理自然的"情理"方面，更不能处理人生的意义和价值问题。

张君劢作为人生观派的代表被嘲讽为"玄学鬼"，但是，他的思想并不如科学主义者那样独断。他说，吴稚晖认为世界上只存在质和力两种东西，认为世界的展开没有目的，只是一个漆黑一团的宇宙，是受到了来自德国的布希纳（Buchner）、赫克尔（Hacckel）的影响——这两位思想家认为，宇宙很简单，只不过是质和力的变化。他还指出，胡适受欧洲十六、十七世纪自然主义者的影响，将"自然"概念运用到了各个领域——运用到科学中的有自然法则，运用到社会领域的有自然状态、自然权利，运用到宗教中的有自然宗教——这些运用对破除传统政治、传统宗教和迷信以及人

① 张君劢：《人生观论战之回顾》，见张君劢著，吕希晨、陈莹选编：《精神自由与民族文化——张君劢新儒学论著辑要》，中国广播电视出版社1995年版，第109页。

们的旧习具有积极的作用，但随着物理学的发展，这种自然主义和机械主义的自然观已经发生了动摇，在人事和道德领域就更有其局限性。

对于唯物主义，张君劢指出，17 和 18 世纪欧洲唯物主义的兴起有它的阶段性，中国出于对欧洲新学说和社会革命理论的需要，接受唯物主义是很自然的，但这种学说很快也要成为过去。他说：

> 因为唯物主义，表面上所争的是物质是最后实在（Ultimate Reality）问题，实则所争的并不是物质是否最后实在问题，他们的意思是要拿这种主义，排斥传统的宗教，排斥传统的政治，排斥传统的学说，换句话说，要在唯物主义中求新的生活标准，但是学术，宗教，政治问题，决不是物质二字所能解决，这是很明显的事。[①]

张君劢强调，物质不是一切，生命和心灵不能被等同为物质，善和道德更不能简单地用物质去解释。他引用英国生物学家托摩生（J. A. Thomson）的看法指出，在科学方法或科学知识之外还有哲学、美术和宗教。物理学以物质和能量为宇宙之本，它不需要去追问宇宙是否有目的；但哲学要追问比能量、遗传等更为普遍性的问题，它同物理学和生物学对宇宙的解释不一样。他说：

> 自物理学视之，此宇宙一机械的宇宙也；自生物学家视之，此宇宙一有目的之宇宙也。究竟此两种宇宙观如何使之合一，以成一彻始彻终之宇宙观，此哲学之所有事者二。[②]

艺术家眼中的自然，同科学理性中的自然更是不同。按照托摩生的说法，

---

① 张君劢：《人生观论战之回顾》，见张君劢著，吕希晨、陈莹选编：《精神自由与民族文化 —— 张君劢新儒学论著辑要》，第 114 页。

② 张君劢：《再论人生观与科学并答丁在君》，见张君劢、丁文江等著：《科学与人生观》，第 96 页。

人类对于自然界不仅像科学那样要"知之"，而且还要"享受之"，因为人是有情感的：

> 其与自然界语也，不发之于理智，而发之于心。有诗人焉，寄其所感于诗歌，否则默默不言之中，亦有悠然自得者。语夫情感之变，忽焉喜，忽焉惧，忽焉忧戚，忽焉惊疑。天空星罗之伟观也，山脉起伏之私奥也，海潮之川流不息，鸢鹰之自由飞翔，花果之随时开落，无时无地不使人勃然兴起，曰：此天地之伟观也。[①]

张君劢还受到柏格森和倭伊锵（Rudolf C. Euchen, 又译倭锵、奥伊肯，1846—1926 年）哲学的影响。梁漱溟同样受此影响。倭锵不满意西方机械的自然观和人生观，他要改变人与自然的对抗，渴望将人与自然融为一体。他认为，在精神生活比如艺术生活中，人与自然是融合在一起的，人同自然没有内外和主客的分别。

科学的自然观者程度不同地都认同孔德的历史图式，将形而上学看作过时的产物，批评人文的自然观者是"老玄学鬼"，说玄学在欧洲已经没有存在的余地了（形象的说法是"没有地方混饭吃"）。这样的判断也不能让张君劢接受。他很轻易地就列出了 19 世纪和 20 世纪初欧洲若干玄学家的名字和他们的著作。他认为孔德的人智进化三阶段之说，显然是一种单线的进步史观，不符合历史进化的事实 —— 古人也有实证的思维，今人也有形而上学或玄学的冲动。从 19 世纪以来，欧洲有些哲学家已经不满足于科学化和机械化的世界观，对它展开了反思和批评，并促成了一个新的玄学运动。他说：

> 要之，此二三十年之欧洲思潮，名曰反机械主义可也，名曰反主智主义可也，名曰反定命主义可也，名曰反非宗教论亦可也。若吾人

[①]　张君劢：《再论人生观与科学并答丁在君》，见张君劢、丁文江等著：《科学与人生观》，第 96 页。

略仿孔德时代三分之法，而求现时代之特征之一，吾必名之曰新玄学时代。此新玄学之特点，曰人生之自由自在，不受机械律之支配，曰自由意志说之阐发，曰人类行为可以参加宇宙实在。盖振拔人群于机械主义之苦海中，而鼓其努力前进之气，莫逾于此。[①]

原则上，人文的自然论者不反对科学和技术意义上的自然观念，他们强调的是，自然还有生命、人文和精神等的层面，这里我们以方东美和贺麟为例做一分析。

方东美认为，西方从中世纪的宗教转向近代的"自然"观念，转向自然的科学维度，这是对中世纪轻视自然、轻视人的自然欲求的革命性变化。[②] 这种转向带来了"万物齐一"和"平等"的观念，促成了"个人"观念的兴起，促进了人类对自然的控制和利用，提高和丰富了人类的物质生活。这些都是科学的意义和价值。科学的和机械的自然观的缺陷，是将自然等同于物质，将自然化约为质量、一架机器、因果的法则，使自然和人性失去了情调和灵性：

> 狭义的物质科学讲到极精的地步，如原子论、电子论，显有化活素为钝质之趋势，具体的生命还可得而见么？[③]
> 一般物质科学家应用数量上静性的结构解释宇宙人生，遂坚持一种机械的态度，牢不可破。他们笃信自然界是一种单纯的、必然的、谨守秩序、遵循定律的场所……这种见解简直把创进的宇宙当作钝滞

---

① 张君劢：《再论人生观与科学并答丁在君》，见张君劢、丁文江等著：《科学与人生观》，第 100 页。

② 贺麟对此批评道："中古时代的人受神学观念的支配，仰望天国，悬想来世，反对世界，蔑视自然，同时受礼教法律的束缚，颇有矫揉造作，违反人性，不近人情的趋势。……中古时代的人因为信仰超自然超人世的上帝，畏避自然，同时亦即畏避人生。对于人类的情感、欲望、本能等，亦看成洪水猛兽，总是取极端压迫的态度。"（贺麟：《自然与人生》，见贺麟：《文化与人生》，商务印书馆 1988 年版，第 116—117 页）

③ 方东美：《科学哲学与人生》，中华书局 2013 年版，第 9 页。

的物质，活跃的人生当作死沈的僵尸！ ①

如同哲学和艺术不否认科学的作用一样，科学也不能否认哲学和艺术的意义和价值。同科学和技术关注自然的面向不同，哲学对自然的探讨，关注的是自然的生命和情理。从这种意义上说，它同艺术相近，同诗相近。从哲学来看自然，自然显示给人们的是：

> 境之中有情，境之外有情，我们识得情蕴，便自来到一种哲学化的意境，于是宇宙人生之进程中不仅有事理的脉络可寻，反可嚼出无穷的价值意味。诗人抚摹自然，写象人生，离不了美化；伦理学家观察人类行为，少不了善化。我们所谓情的蕴发即是指着这些美化、善化及其他价值化的态度与活动。②

在哲学和诗化的人文自然中，在超越的人生观中，人与宇宙、人与自然和万物都融为一体了：

> 人类之生命，万物之生机，一体化迁，运乎无始，周乎无方，贯彻宇宙全境……人格形成小天地，宇宙透露大生机。尽己则尽物，物中有我；明天以见性，性外无天。人资万物之性以为道，道法天地；物冒人类之性而成德，德贯生灵。③

同方东美类似，贺麟的人文自然观也容纳了自然的科学和物质向度。他认为，人类通过对自然对象的认知，能够掌握自然的全体和自然的法则。人类是自然的一部分，认识这种意义上的自然，能够帮助人们认识人生；同时，对自然或物加以改造和利用，能够使之成为人生的材料和工具，从

① 方东美：《科学哲学与人生》，第 131 页。
② 方东美：《科学哲学与人生》，第 15 页。
③ 方东美：《科学哲学与人生》，第 196—197 页。

而有利于人的生活和存在。人类内心的自然也是人生的工具和材料，它也可以研究，也应得到肯定、理解和发展。

在科学和技术意义上的"自然"观念之外，贺麟又有人文意义上的"自然"观念。在这方面他受到的主要是德国理性主义的影响。贺麟的人文自然有不同的层次。其中第一个层次是，他认为，自然是人生的反映，是人生的一切的表现，是人类精神的象征；人生的一切境界在自然中都能够找到与之相符合的象征：

> 譬如说人性有刚有柔，自然事物也有刚有柔。人生有优美壮美的性格，自然也有优美壮美的景象。人类各种不同的性格，都可以用山水花木来象征。清洁的人爱莲，孤傲的人爱菊，智者爱水，仁者爱山，爱的对象，往往就是本人人格或性格的反映。①

贺麟说，这种人文自然观是对自然事物的拟人化或人格化。② 在人文的自然观中，自然反映人生，反过来，人生也反映自然。在自然与人生的这种关系中，一个人自己的人格浸透在自然中，反过来，自然的美德也反映在人的人格中。不同于科学给人以真理和物质给人以实在，人文的自然观给人的是生活的善感和精神的寄托。贺麟说，这就是"回到自然"的意思和意义，它不是不作为的意义，它是自然带给人的精神价值和美感：

> 所谓人类回到自然的自然，是指具体的、有机的、美化的、神圣的外界而已，这个意义的自然，可以发人兴会、欣人耳目、启人心智、慰人灵魂，是与人类精神相通的。这是有生命有灵魂的自然。人类需要自然来作育。人生需要自然供给力量。自然是人生的"净化"教育。自然是人生力量的源泉。③

---

① 贺麟：《自然与人生》，见贺麟：《文化与人生》，第 118 页。
② 有关中国传统中的这种诗化的"自然观"，参见［德］W. 顾彬（Wolfgang Kubin）：《中国文人的自然观》，马树德译，上海人民出版社 1990 年版。
③ 贺麟：《自然与人生》，见贺麟：《文化与人生》，第 115—116 页。

　　贺麟的人文自然观的第二个层次是，自然被看作人生的本源。在贺麟那里，这又表现为不同的方面：（1）自然是全体，人是自然的一部分，部分必须遵循全体，返回全体；（2）自然是人生的家，是人生的安顿之处，人需要顺应自然的法则，要与自然合而为一；（3）自然是一个无尽藏，它是无限的人类精神的来源，自然给予人以各种无限的想象和灵感；（4）人自身的自然也是人生的根本，他要遵循和保持自己的本性，并通过各种努力实现他的自然本性。总之，按贺麟的说法：“人生之外有自然，人生之内也有自然。”①

　　贺麟人文自然观的第三个层次是，人生是自然的主体。这不是科学和技术意义上的主体对客体的认识改造和征服，而是人对自然的高级反思之后达到的人与自然的“合一”的境界，它不同于没有反思性的人与自然的混一，也不同于人与自然的分离和隔离。在自然与人的混一中，自我被埋没于自然。人与自然的分离，是近代科学化的观念。在人与自然的分离中，自然与人生是对立的和敌对的，要么是人征服自然，要么是自然征服人生。同这两者不同，人与自然的“合一是分中之合，自我由解除自然与人生的对立中得到了发展，自然成为精神化的自然，人生成为自然化的人生”②。

　　为了避免人与自然的“合一”被误解，贺麟澄清说，他主张的人与自然的“合一”，不同于近代浪漫主义者以自然为神圣、为美，以自然为仰慕对象的立场。他的主张是，用自然去充实人生，去发展人的自我，不是让人在自然面前被埋没和丧失主体。他说他的合一观，既有浪漫主义的诗意，同时也把握住了自然的本质。此外，他的自然与人的“合一”，也不是道家式的那种“回到自然”。道家的“回到自然”，是主张人与自然的混一③，它是少数人消极厌世和逃避社会的做法。人与自然的“合一”虽然也是主张人“回到自然”，但它是为多数人考虑的积极的路向，它是从自然中去发现

　　① 贺麟：《自然与人生》，见贺麟：《文化与人生》，第120页。
　　② 贺麟：《自然与人生》，见贺麟：《文化与人生》，第122页。
　　③ 在这一点上，贺麟的看法同冯友兰的“自然境界说”和金岳霖的“自然主义人生观”有类似之处。他们都认为道家的回到自然就是如此。

人生的真理，增加生命的力量。

在生命自然与物质自然的关系上，人文的自然观者大都接受进化论，肯定生命是从物质演化出来的，肯定生命是从无机物进化到有机物的结果。如杜亚泉认为，宇宙中的万物可分为物质、生命和心灵三类，它们整体上构成了宇宙中的现象世界，法则和定理都存在于这些现象之中。生命和心灵都离不开物质，都依赖于物质：

> 盖必有物质而后有生命，有生命而后有心灵。有无生命无心灵之物质，无无物质之生命；有无心灵之生命，无无生命无物质之心灵。[①]
>
> 吾辈研究诸家之进化论，而知宇宙进化之顺序，可分为三阶段：一为无机界之进化……二为有机界之进化……三为人类社会之进化。[②]
>
> 不有质力，安有生命？[③]

按照这里所说，宇宙原本只是物质的世界，它没有生命；宇宙从物质进化出生命之后，它仍然是有物质的存在。方东美承认生命和生物同无机的物质有一些共同的东西，他列出了四个方面：众多的物质种类可以简化为一些元素，生命也可以简化为若干形质；电子汇聚组成物质，细胞也由极微的单位组成；物质有法则，生命也有秩序可寻；物质有引力，生命有遗传。从这种意义上说，杜亚泉和方东美的看法有类似唯物论的地方，即宇宙的本质是物质，生命是物质演化的结果。

但人文自然观毕竟不同于物质自然观。人文的自然观者反对将高级的生命特别是人类的生命还原为物质，还原为原子和电子等层面上的东西，反对单纯运用物理和化学的方法去研究生命。按照杜亚泉的辨析，生命和心灵是物质演化的产物，但它们不等于物质，也不能还原为物质。方东美

[①] 杜亚泉：《物质进化论》，见许纪霖、田建业编：《杜亚泉文存》，上海教育出版社2003年版，第7页。

[②] 杜亚泉：《精神救国论（续二）》，见许纪霖、田建业编：《杜亚泉文存》，第49—50页。

[③] 杜亚泉：《精神救国论（续二）》，见许纪霖、田建业编：《杜亚泉文存》，第52页。

强调，生命和生物不能化约为物质，它同物质有一些重要的不同。比如：一般没有生命的物质虽有质量之差别，但都为同一种性质，没有个性之分，而生物品种繁多，特性千差万别，各有不同的个性；物质永恒不灭，生物有生有死，生死相继，繁殖繁衍；物质虽有变化，但没有目的，只是机械性重复，生物则有性情，是一种创造，它有选择取舍，在很多活动中都是自由的；物质的变化都顺从力的自然作用，而生物能够控制自己的活动，以求合乎自己的意愿，因此常常不断学习以达其目的。方东美说：

> 宇宙是演化的，生物是进展的，人生是创造的，心性是活跃的。[①]

杜亚泉和方东美反对将生命还原为物质，但认为生命和心灵是从物质演化出来的，这又是有机主义和生命主义哲学所不接受的。按照有机主义者怀特海的立场，进化哲学同唯物论哲学格格不入，从纯粹的物质中无法进化出有机物和生命的世界：

> 其实彻底的进化哲学和唯物论是不相容的。原始的质料，或唯物论哲学用作出发点的质料，是不能进化的。这种质料本身就是最后的实体。从唯物论看来，进化这一名词就等于是描述各部分物质之间的外在关系的变化。这样，可供进化的东西并不存在了；因为一套外在关系和另一套外在关系之间是无分轩轾的。可能出现的只是无目的、不进化的变化。[②]

面对清末以来的机械主义、物质主义的世界观，一种注重有机、生生、生命的世界观也在发展着。我们看到了像谭嗣同那样的将电子、以太和生命性的灵魂都融合到一起的做法，也看到了像严复那样的社会有机体概念

---

① 方东美：《科学哲学与人生》，第 164 页。
② ［英］怀特海：《科学与近代世界》，何钦译，第 104 页。

和孙中山的"生元论"，还看到了民国初年开始引入和传播的柏格森、杜里舒、怀特海等人的生命哲学和有机哲学。在 20 世纪 30 年代，中国思想界还出现了"唯生哲学"。在这一过程中，梁漱溟是比较早的用生命主义去对抗物质主义的代表人物。他批评科学的和物质的自然观说：

> 就弄得自然对人象是很冷而人对自然更是无情……并且从他们那理智分析的头脑把宇宙所有纳入他那范畴悉化为物质，看着自然只是一堆很破碎的死物，人自己也归到自然内只是一些碎物合成的，无复圆图浑融的宇宙和深秘的精神。[①]
>
> 盖本无所谓物质，只纳于理智的范畴而化为可计算的便是物质，在理智盛行之下，把一切所有都化为可计算的，于是就全为物质的。若由直觉去看则一切都是特殊的意味，各别的品性，而不可计算较量，那么就全成为非物质的或精神的了。[②]

对于物质主义的自然观，对于物质人，梁漱溟认为，如果要寻找一个出路的话，如果要找到一个解决办法的话，只有生命主义的哲学才能改弦更张：

> 这时唯一的救星便是生命派的哲学，虽则种种想法子都是要改变从来态度，**而唯有生命派的哲学具改变态度的真实魄力和方法**。因为唯有生命派的哲学有把破碎的宇宙融成一整体的气魄，而从他的方法也真可以解脱了逼狭严酷，恢复了情趣活气，把适才化为物质的宇宙复化为精神的宇宙。[③]

从梁漱溟的这段话中我们可以看出，他认为，生命派的哲学是克服物质和

---

①　梁漱溟：《东西文化及其哲学》，见《梁漱溟全集》第一卷，山东人民出版社 1989 年版，第 504 页。

②　梁漱溟：《东西文化及其哲学》，见《梁漱溟全集》第一卷，第 505 页。

③　梁漱溟：《东西文化及其哲学》，见《梁漱溟全集》第一卷，第 505 页。

碎片化宇宙观的最有效的路径，通过这种哲学将能够重现宇宙的生命和精神的本性。同生命主义者类似，在梁漱溟那里，宇宙和自然整体上都是生命性的存在：

> 在我思想中的根本观念是"生命"、"自然"，看宇宙是活的，一切以自然为宗。[①]

宇宙和自然不仅都有生命，而且也有精神。这就将宇宙和自然生命化、精神化了，这是机械观将宇宙和自然完全物质化、质力化的反命题。但宇宙和自然原本就是生命性的存在，还是我们为其赋予了生命色彩，这并不是可以简单用是和否来回答的。反对物质主义的生命主义者，可能会遭遇到机械主义者同样的困境。柯林伍德（Robin G. Collingwood，1889—1943年）分析柏格森的生命主义说：

> 当我们从总体上看他的哲学，看他是如何试图把生命的概念与自然的概念等同起来，把自然中的一切归为一个词"生命"，这时候，我们发现他强调生命的做法正是十七、十八世纪的唯物主义者们强调物质的做法。他们把物理学作为起点，论证说不论自然还会是什么，它至少是物理学家们所理解的意义上的物质。他们继而把整个自然还原为物质。柏格森把生物学作为自己的出发点，最终把整个自然界还原成生命。我们须问，这个还原是否比唯物主义类似的还原更成功。[②]

柏格森看重的是自然的生命和精神。梁漱溟接受柏格森的说法，认为宇宙和自然的生命是一个进化的过程，这一过程是绵延和创造性的，虽然

---

① 梁漱溟：《中西学术之不同》，见梁漱溟：《朝话》，第 106 页。他用"生命"去解释"道"："道者何？道即是宇宙的大生命，通乎道，即与宇宙的大生命相通"（梁漱溟：《中西学术之不同》，见梁漱溟：《朝话》，第 109 页）；"宇宙的本体不是固定的静体，是'生命'、是'绵延'"（梁漱溟：《东西文化及其哲学》，见《梁漱溟全集》第一卷，第 406 页）。
② ［英］柯林伍德：《自然的观念》，第 154—155 页。

它并没有什么特定的目的：

> 自我言之，生命者无目的之向上奋进也。所谓无目的者，以其无
> 止境不知所其届。生物之进化无在不显示其势如此。①

受柏格森的影响，梁漱溟认为，自然生命的进化，一方面是借助于物
质的过程，同时又是克服物质的过程。这最突出地体现在人类心灵和精神
生命的进化上。其他的生命在进化中都不能体现出宇宙的创造精神，它们
都刻板起来停止不前，只有人类代表了宇宙生命的创造性。原因是其他的
生命都不会用心思，只有人类能够用心思。能用心思，人类就能够不断地
创造和翻新，不断地成己、成物和创造文化。梁漱溟认为，中国的儒、道
哲学走的都是生命的路线，他们将天地万物的生命自然与人的生命自然贯
通起来。人类发挥他的自然本性，就是最大限度地充实他原有的可能性。
他从中西医的角度来比较东西方对待人的生命的不同方式。西医重视的是
人的身体而非人的生命，而且它往往从局部来看待人的生命；与此不同，
中医注重的是人的生命，而且是人的生命的整体。

我们不再列举更多的人物和问题。同西方近代以来的自然观有类似
之处，近代中国人文、精神和生命的自然观，也是在抵制机械主义、科
学主义的单一的自然观中发展和建立起来的。人文的自然观者不像机械
主义者和科学主义者那样独断，他们赞成对自然进行科学的研究和技术
的利用，他们只是反对将自然单一化为科学和技术的对象，反对将自然
完全物质化、数量化。近代中国科学的和机械的自然观，主要是接受西
方近代以来的机械主义和科学主义世界观。与此类似，清末民初以来中
国的人文自然观，也受到了西方浪漫主义和生命主义哲学以及它们对科

---

① 梁漱溟：《这便是我的人生观》，见梁漱溟：《朝话》，第118页。对于人类生命的
精神创造，梁漱溟说："到今天还能代表宇宙大生命，不断创造，花样翻新的是人类，人类
的创造表现在其生活上、文化上不断的进步。"（梁漱溟：《人生的意义》，见梁漱溟：《朝
话》，第141页）

学和机械自然观批评的影响。民国初年中国的这两种自然观的对立，从源头上都来自西方思潮内部的对立，它是人文自然观思潮对科学自然观思潮的反动，它是从西方的自然之两岔（怀特海语）到西方的自然之有机观的变化。

当这种对立被移植到清末民初的中国之后，它就被设置为西方物质文明与东方精神文明的对立。这种二分法激怒了胡适，他说再没有比这种二分让人不能接受的东西了。可惜的是，他没有从西方内部的复杂性来批评这种二分法。民国初年以来中国自然观上的东西文明二分法，不仅将西方近代兴起的浪漫主义、生命主义以及抵制机械主义和科学主义的思潮掩盖了，而且也将近代中国形成的机械主义和科学主义也忽略不计了，并且还导致了一个一直到现在都很严重的误解：一说到西方的自然观，它就被单一化为自然之二分、自然与人的分裂的立场；一说到中国的自然观，它就成了自然与人的合一的立场。仅仅通过上述对近代中国自然观复杂演变过程及其同西方内部思潮的关系的描述可知，这种安逸的二分法是不能成立的。

结　语

对近代中国"自然"概念诞生的考察篇幅已很冗长，现在是结束的时候了。在这一考察中，我们提出了一些看法：一是，近代中国的"自然"是东西方哲学和文化相互整合的产物，在这一融合过程中，日本起到了一定的中介作用，特别是在"自然"这一词汇的翻译上更是如此 —— 西方传教士最初翻译 nature 为"性"、"天地"等，并对中日产生了影响；后来日本采用"自然"翻译 nature 并将这个译名固定下来；随后这一译名又被中国接受。简言之，近代中国"自然"概念的形成，经历了一个很复杂的过程。二是，同上述演变相关，近代中国先用"物"、"物理"等词表示现实的一切实体，后来则用"自然"表示现实的一切实有，"自然"被实体化为"自然界"，从而成为科学认知的对象，成为技术利用的对象。这是近代中国对古典"自然"概念改造最大的地方。三是，传统中作为定语和形容词的"自然"概念，在近代同进化论结合之后成了否定超自然力量和上帝的理论武器。四是，近代中国的"自然"概念被生命化和人文化，以此来对抗机械主义世界观。近代中国"自然"观念的诞生同近代中国"人"的观念的建构具有密切的关系。这是下面我们要考察的问题。

第二章

近代中国"人"的观念建构

引　言

在同"自然"观念相对的意义上，"人"是近代中国观念转变中的另一个关键词①，在近代中国观念史的整体链条上同样处于显赫的位置。近代中国"人"的观念建构②，无疑是在许多层面上展开的，特别是它被高度分化和专门化。卡西尔指出了这样一个事实："在知识和探究的所有不同分支中，人的问题的至高无上的重要性仍然能感觉得到。但是一个可以为人求助的公认的权威不再存在了。神学家，科学家，政治家，社会学家，生物学家，心理学家，人种学家，经济学家们都从他们自己的角度来探讨这个问题。要联合成或统一所有这些特殊的方面和看法乃是不可能的。而且甚至在某些特殊领域范围之内，也都根本不存在普遍承认的科学

---

① 古典中国的"天人关系"模式，近代以来就逐渐转变为"人与自然"的关系模式，虽然前者仍以不同的方式表现着。

② 在近代中国，同"人"（或"人类"）概念相近的具有伸缩性的观念，有"民"、"国民"和"公民"，有"个人"、"个性"和"自我"，还有"己"、"独"，等等。这些概念往往在相对于国家、政府、社会、群体、他人等的意义上被使用。习惯上我们一般不将它们看成是相对于"自然"的观念，但整体上可以将它们同"人"的概念放在一起来看。通过这些概念我们可以看到，近代中国扩大了"人"的概念。为了改变旧的"人"的观念，人们更是建构了"新民"、"新人"、"超人"等观念。

原则。"① 这一说法在一定程度上同样适用于近代中国"人"的观念。

我不打算探讨近代不同专门领域中对"人"的研究，也没有必要这样做。就像我们探讨近代中国的"自然"观念一样，这里我只关注它的某些方面，想从它在近代中国的主要表现和重要意义来认识它。② 这些重要的意义，在我看来主要有五个大的方面：第一个方面是思想家们对"人"的起源的新解释。这种解释是哲学进化论和达尔文的生物进化论的混合物。按照这种解释，人既不是神创的，也不是什么本体创造的，它是自然演化出来的（天演和进化），是生存竞争或互助的产物，是自然选择的产物。第二个方面是，以将"人类"划分成不同"种族"的观念为出发点，近代中国产生了种族优劣、别种、优生、种族竞争的种族主义，也产生了通种、合种的种族融合主义。第三个方面是，人们从演化论出发，对人的本性做出了不同的解释，提出人性解放，强调满足人的自然欲望和本能，强调人的物质生活和快乐，批评传统伦理观念对人的"自然性"的压抑。③ 同第三个方面相联系，第四个方面是，人被高度理智化和知识化，人们强调通过知识和技术去控制自然和运用自然，相信只有这样才能充分满足人的物质生活需求。第五个方面是，人在宇宙中的演化被认为主要是人的心灵和伦理价值的进化，是人的人格、人的个性和人的精神的进化。整体上说，近代中国"人"的观念的展开及建构十分复杂，但以上这些方面，可以说是它的一些重要的方面，我们需要对它们做一种整体上的考察。

---

① ［德］卡西尔：《人论》，甘阳译，上海译文出版社 1985 年版，第 28—29 页。对于人，且不说科学和技术领域，仅是社会和人文领域就有很多不同的视角，哲学、伦理学、宗教学、社会学、政治学、法律学、经济学等，各自关注着"人"的不同方面。哲学探讨人的本性，伦理学关注人的伦理和道德价值，宗教关注人的信仰，社会学关注人的性别、婚姻、生育，政治和法律关心的是人的权利和义务，经济学关注人的物质欲求和满足，等等。

② 对近代中国"人"的观念，我们已有一些不同角度和维度的探讨。如许纪霖：《大我的消解：现代中国个人主义思潮的变迁》，见许纪霖、宋红编：《现代中国思想的核心观念》，上海人民出版社 2011 年版，第 209—236 页；王汎森：《从新民到新人——近代思想中的"自我"与"政治"》，见许纪霖、宋红编：《现代中国思想的核心观念》，第 237—257 页。

③ 人的解放针对的是来自不同方向对人的控制和压制，如将人从传统政治和社会的控制中解放出来。近代中国的伦理和道德革新有不少诉求是同它结合在一起的。

一、人的起源——进化、竞争、互助

近代中国"人"的观念的建构最引人注目的地方之一，是引入 19 世纪西方兴起的生物学和哲学上的进化论和进化世界观[1]，对人类的由来和起源提出不同于传统的解释。在有关近代中国"人"的观念的研究中，这一点还没有得到应有的注意。尽管东西方传统中程度不同地都存在着某种主张进化的思想因素，但生物进化论和哲学进化论则是近代的产物。近代中国思想家们普遍接受了进化论，但他们热衷的主要是作为世界观的进化论，而不是作为一门生物科学的进化论，两者被他们融为一体，他们不关心两者之间的分界线。他们都挥舞着进化论的旗帜，但他们对进化的解释和运用非常不一样，甚至相反：有一个正命题就伴随着一个反命题。这些不同也表现在对人类的起源、生存和发展的解释上。如"渐进"与"激进"，如"竞争"与"互助"，如"种争"与"通种"，等等。

如果说近代中国的进化论整体上是生物学和哲学理论的混合体，那么人们对人类的起源和进化的解释同样如此。在十分抽象的意义上，近代中国思想家们认为，人类是进化的产物，它不是神造的。如严复说：

> 十九期民智大进步，以知人道为生类中天演之一境，而非笃生特造，中天地为三才，如古所云云者。"[2]

严复赞赏达尔文的进化论颠覆了东西方神创论的看法：

> 古者以人类为首出庶物，肖天而生，与万物绝异；自达尔文出，知人为天演中一境，且演且进，来者方将，而教宗抟土之说，必不可信。[3]

---

[1]　有关近代中国的进化论，参见王中江：《进化主义在中国的兴起——一个新的全能式的世界观》（增补版），中国人民大学出版社 2010 年版。

[2]　[英] 赫胥黎：《天演论》，严复译，商务印书馆 1981 年版，第 29 页"复案"。

[3]　[英] 赫胥黎：《天演论》，严复译，商务印书馆 1981 年版，第 4 页"复案"。

人类是进化的，当然也让古代中国的"天地合而万物生"的一次性生成论失去了吸引力。人类的进化是动物进化的一部分，动物的进化是生物进化的一部分，生物是万物进化的一部分。广言之，整个万物都处在宇宙演化的历程中，这是海克尔（Ernst Haeckel，1834—1919年）的宇宙演化论，也是严复所接受的斯宾塞的普遍进化论。严复列举近代西方生物学的代表人物，说他们"目治手营，穷探审论，知有生之物，始于同，终于异，造物立其一本，以大力运之。而万类之所以底于如是者，咸其自己而已，无所谓创造者也"[1]。又说："物类之繁，始于一本。其日纷日异，大抵牵天系地与凡所处事势之殊，遂至阔绝相悬，几于不可复一。然此皆后天之事，因夫自然，而驯致若此者也。"[2] 在严复看来，斯宾塞的《天人会通论》，将天、地、人、形气和动植物从整体上都连贯了起来，将天地、生物和人的性灵都纳入天演中，认为它们都是天演的结果。严复对斯宾塞的称赞溢于言表：

> 斯宾塞尔者，与达同时，亦本天演著《天人会通论》，举天、地、人、形气、心性、动植之事而一贯之，其说尤为精辟宏富。其第一书开宗明义，集格致之大成，以发明天演之旨；第二书以天演言生学；第三书以天演言性灵；第四书以天演言群理；最后第五书，乃考道德之本源，明政教之条贯，而以保种进化之公例要术终焉。呜呼！欧洲自有生民以来，无此作也。[3]

孙中山在一个整体的进化阶段论模式中来看待人类的进化。他认为，宇宙的进化整体上分为三期：第一期是物质的进化，第二期是物种的进化，第三期是人类的进化。他描述这三个不同时期的进化说：

> 元始之时，太极（此用以译西名"伊太"也）动而生电子，电子

---

[1]　［英］赫胥黎：《天演论》，严复译，商务印书馆1981年版，第4页"复案"。

[2]　严复：《原强》，见王栻主编：《严复集》第一册，第5页。

[3]　［英］赫胥黎：《天演论》，严复译，商务印书馆1981年版，第4—5页"复案"。

凝而成元素，元素合而成物质，物质聚而成地球，此世界进化之第一
期也。今太空诸天体多尚在此期进化之中。而物质之进化，以成地球
为目的。吾人之地球，其进化几何年代而始成，不可得而知也。地球
成后以至于今，按科学家据地层之变动而推算，已有两千万年矣。由
生元之始而至于成人，则为第二期之进化。物种由微而显，由简而繁，
本物竞天择之原则，经几许优胜劣败，生存淘汰，新陈代谢，千百万
年，而人类乃成。人类初出之时，亦与禽兽无异；再经几许万年之进化，
而始长成人性。而人类之进化，于是乎起源。①

孙中山这里的说法有几层意义：一是他接受了斯宾塞的哲学进化论，认为
宇宙的进化整体上是从天体到地球（他认为地球的年龄是"两千万年"，以
当时的地质科学而言也是不正确的）、由简而繁的进化过程；二是认为物种
和人类的出现是地球演化的结果；三是认为物种的演化遵循物竞天择的法
则（这是严复对达尔文"自然选择"和"生存竞争"的译名）；四是认为演
化的整个根源是基于一种原始的物质；五是认为人类刚出现时同禽兽无异
（"自然人"），之后再经过长时期的演化才具有了不同于禽兽的人性（人的
高级发展）。

　　孙中山对人的起源和由来的解释是科学和哲学的混合物。他假定宇
宙演化的原始物质是太极或"以太"，认为人类是由"生元"即细胞演化
出来的。"细胞"是生物形体和活动的基本单位，是动物和植物统一的基
础。孙中山利用当时科学对细胞的认识来解释人类的起源，但他对"生
元"的解释则是科学与哲学的混合物，看一看下面他说的这段话，我们
就可以知道他对细胞的解释，更可说是哲学的，虽然他号称他的解释是
来源于科学：

　　据最近科学家所考得者，则造成人类及动植物者，乃生物之元子
为之也。生物之元子，学者多译之为"细胞"，而作者今特创名之曰

① 孙中山：《建国方略》，见《孙中山全集》第六卷，中华书局1985年版，第195页。

"生元"，盖取生物元始之意也。生元者何物也？曰：其为物也，精矣、微矣、神矣、妙矣，不可思议者矣！按今日科学所能窥者，则生元之为物也，乃有知觉灵明者也，乃有动作思为者也，乃有主意计划者也。人身结构之精妙神奇者，生元为之也；人性之聪明知觉者，生元发之也；动植物状态之奇奇怪怪不可思议者，生元之构造物也……孟子所谓"良知良能"者非他，即生元之知、生元之能而已。①

在假定万物演化具有基本的、统一的物质基础和生物演化具有最基本的生命体方面，章太炎同孙中山有类似之处。只是，章太炎假定万物的物质基础是"阿屯"（即"原子"），假定生物的基础是"菌"、"蛊"，认为"菌"、"蛊"具有原始的生命冲动，具有妄想、欲恶去就和自造的动力，生物是从它那里演化出来的。他认为，"细胞"是从原形质中产生出来的，是它使生物具有灵性："凡细胞诸种，皆自原形质成立……夫质素相同，而作用有间，斯最足异者。是即生物之所以灵运，然非有神宰界之矣。"② 人类则是在同其他生物的求异中演化出来的："夫自诸异物而渐化为人者，此亦以思自造者也。若是者则皆所谓以妄想生之，而伏曼容之所谓蛊，《淮南》之所谓菌也。"③ 显然，章太炎对人类起源的说明也是科学与哲学的混合物，但更多的是使用生物学的词汇作哲学的解释。④

不只是严复、孙中山、章太炎等，近代的许多人都相信生命是从无

---

① 孙中山：《建国方略》，见《孙中山全集》第六卷，第 163 页。

② 章太炎：《〈菌说〉修改手稿选录》，见朱维铮、姜义华编注：《章太炎选集》（注释本），上海人民出版社 1981 年版，第 83 页。

③ 章太炎：《〈菌说〉修改手稿选录》，朱维铮、姜义华编注：《章太炎选集》（注释本），第 65 页。

④ 康有为假定人是分有原始物质的结果："人各分天地原质以为人"（康有为：《实理公法全书》，见《康有为全集》第一集，中国人民大学出版社 2007 年版，第 148 页）。梁启超说，知道了这一点，就能理解现在的物种都是承袭而来，它们都是从最初的"痕迹"演化而来，"其最始，必同本于一元。而现今之生物界，不过循过去数十万年自然淘汰之大例，由单纯以趋于繁赜而已。即吾人类，亦属生物之一种，不能逃此公例之外"（梁启超：《天演学初祖达尔文之学说及其略传》，见《梁启超全集》第二册，第 1038 页）。

生命、无机的原始物质中演化出来的，持这种看法的，既有物质实在论者（胡适、陈独秀、张申府、张岱年等），也有精神实在论者。例如，杜亚泉提出物质、生命和人类三分法，认为宇宙演化是一个从物质到生命再到人类的过程。但杜亚泉反对物质机械论，认为物质和一般生命的演化同人类的演化不同，自然的演化法则也不适用于人类，不能将人类的演化还原为物质的演化。金岳霖的道演论假定演化最初的"无极"状态，这一状态原则上是能（气、质料）与式（理、形式）的统一体，但它主要是能（"非能而近乎能"）。从这种意义上说，他的道演论的原始性的能，也类似于物质性的东西。

近代中国许多思想家都认为人类是进化的产物，否定神创论。如果说这是他们的一个共同点，那么，他们对生命和人类之起源和进化的基础的假定并不相同。同样，近代中国许多思想家都认为生命和人类的进化有其内在的机制和动力。如果说这是他们的共同点，那么他们所主张的机制和动力又是非常不同的。一种普遍的做法，是将达尔文的生物进化原则引用到人类的进化中，认为人类的进化也是通过生存竞争、自然选择展开的。与此不同的立场，是强调人类竞争同一般生物的竞争不同，它们是通过互助进行的。我们先来看一看头一种立场，这种立场更有市场，影响也更大。

严复是前一种立场的最著名的引入者和倡导者。他翻译了赫胥黎的《进化论和伦理学》，但不接受赫胥黎将宇宙的演化过程同人类的进化过程区分开的主张。严复需要的是一种普遍的进化世界观，这一世界观能够使他统一地解释世界何以如此。斯宾塞的普遍进化论满足了他的这一需要，他将达尔文的物种进化的生存竞争、自然选择引入到了人类的进化中，认为人类同其他物种以及在人类自身中普遍存在着生存竞争，只有适者（"体合"）才能生存下来：

> 以天演为体，而其用有二：曰物竞，曰天择。此万物莫不然，而于有生之类为尤著。[①]

[①]　［英］赫胥黎：《天演论》，严复译，商务印书馆 1981 年版，第 2 页。

　　所谓争自存者，谓民物之于世也，樊然并生，同享天地自然之利。与接为构，民民物物，各争有以自存。其始也，种与种争，及其成群成国，则群与群争，国与国争。而弱者当为强肉，愚者当为智役焉。迨夫有以自存而克遗种也，必强忍魁桀，趫捷巧慧，与一时之天时地利洎一切事势之最相宜者也。①

对严复来说，人类的生存竞争不仅是事实，而且也是应该的行为，因为人"好逸恶劳"，只有通过竞争，人才能上进和发展。他说："盖恶劳好逸，民之所同，使非争存，则耳目心思之力皆不用，不用则体合无由，而人之能事不进。是故天演之秘，可一言而尽也。天惟赋物以挚乳而贪生，则其种自以日上，万物莫不如是，人其一也。"②

比严复更强调人类生存竞争的是梁启超，他是真正意义上的社会达尔文主义者，他一再声称当今的世界是人类激烈生存竞争的时代：

　　今则天涯若比邻矣，我国民置身于全地球激湍盘涡最剧最烈之场，物竞天择，优胜劣败，苟不自新，何以获存！③

人类激烈竞争的结果是优胜劣败，这是任何人类和族群都无法逃避的命运：

　　不优则劣，不存则亡，其机间不容发。凡含生负气之伦，皆不可不战兢惕厉，而求所以适存于今日之道云尔。④

梁启超所谓的"适者"和"优者"，主要是指强者。他是主张弱肉强食的强权主义者。他不像严复，除了强调人的体力，他还强调人的道德和智力。

---

① 严复：《原强》，见王栻主编：《严复集》第一册，第5页。
② ［英］赫胥黎：《天演论》，严复译，商务印书馆1981年版，第37页"复案"。
③ 梁启超：《近世文明初祖二大家之学说》，见《梁启超全集》第二册，第1030页。
④ 梁启超：《天演学初祖达尔文之学说及其略传》，见《梁启超全集》第二册，第1038页。

梁启超批评天赋人权、自由和平等观念，认为：人格、自由和平等都是强者的权利，是强者的自由，是强者之间的平等；弱者在强者面前根本没有什么权利、自由和平等：

> 前代学者，大率倡天赋人权之说。以为人也者，生而有平等之权利，此天之所以与我，非他人所能夺者也。及达尔文出，发明物竞天择优胜劣败之理，谓天下惟有强权（惟强者有权利，谓之强权），更无平权。权也者，由人自求之自得之，非天赋也。于是全球之议论为一变，各务自为强者，自为优者，一人如是，一国亦然。[1]
>
> 凡人之在世间，必争自存，争自存则有优劣，有优劣则有胜败。劣而败者，其权利必为优而胜者所吞并，是即灭国之理也……彼欧洲诸国与欧洲诸国相遇也，恒以道理为权力；其与欧洲以外诸国相遇也，恒以权力为道理。此乃天演所必至，物竞所固然，夫何怪焉！[2]

按照梁启超这里的说法，人类的生存竞争、优胜劣败，既发生在人与人之间，也发生在族群和国家之间。人与人之间的个人竞争靠的是强权，民族之间的竞争靠的也是强权。只要是竞争，就是强权竞争，就是弱肉强食的竞争：

> 苟能自强自优，则虽翦灭劣者弱者，而不能谓无道。何也？天演之公例则然也……兹义盛行，而弱肉强食之恶风，变为天经地义之公德。此近世帝国主义成立之原因也。由此观之，则近世列强之政策，由世界主义而变为民族主义；由民族主义而变为民族帝国主义，皆迫于事理之不得不然。[3]
>
> 康南海昔为强学会序有云：天道无亲，常佑强者，至哉言乎。世

---

[1] 梁启超：《论民族竞争之大势》，见《梁启超全集》第二册，第888—889页。

[2] 梁启超：《灭国新法论》，见《梁启超选集》，上海人民出版社1984年版，第172—173页。

[3] 梁启超：《论民族竞争之大势》，见《梁启超全集》第二册，第888—889页。

界之中，只有强权，别无他力，强者常制弱者，实天演之第一大公例
也。然则欲得自由权者，无他道焉，惟当先自求为强者而已。欲自由
其一身，不可不先强其身，欲自由其一国，不可不先强其国。强权乎，
强权乎，人人脑质中不可不印此二字也。①

同主张人类生存竞争、弱肉强食的社会达尔文主义不同，另有一些人
（如革命派及新文化运动中的一些人士）开始主张人类的"互助论"。孙中
山认为，人类进化当初与禽兽无异，但之后它的进化是逐渐脱离"兽性"
的过程，是人脱离人的"自然性"的过程。孙中山说："人类进化之主动
力，在于互助，不在于竞争，如其他之动物者焉。故斗争之性，乃动物性
根之遗传于人类者，此种兽性当以早除之为妙也。"② 因此，孙中山认为人的
进化原则同动物不同，它不是以竞争为原则，而是以互助为原则。③ 人类
事实上是互助而进化，也应该互助进化："要人类天天进步的方法，当然是
在合大家力量，用一种宗旨，互相劝勉，彼此身体力行，造成顶好的人格。
人类的人格既好，社会当然进步。……人本来是兽，所以带有多少兽性，
人性很少。我们要人类进步，是在造就高尚人格。"④ 黄凌霜等人创办《进
化》刊物，他在发刊词《本志宣言》中强调："我们如今要将'互助'的公
理传播到社会上去，使人人晓得他、实行他。"⑤

在互助进化论者看来，人类是通过互助进化，而不是通过竞争进
化，这乃是人类克服动物自然性的过程。孙中山很能想象，他将这一过
程同社会主义挂钩："循进化之理，由天演而至人为，社会主义实为之关

① 梁启超：《自由书·论强权》，见《梁启超全集》第一册，第353页。
② 孙中山：《建国方略》，见《孙中山全集》第六卷，第394页。
③ 孙中山说："此期之进化原则，则与物种之进化原则不同：物种以竞争为原则，人
类以互助为原则。"（孙中山：《建国方略》，见《孙中山全集》第六卷，第195—196页）
④ 孙中山：《在广州全国青年联合会的演说》，见《孙中山全集》第八卷，中华书局
1986年版，第315—316页。
⑤ 葛懋春、蒋俊、李兴芝编：《无政府主义思想资料选》上册，北京大学出版社1984
年版，第380页。

键。"① 同孙中山类似，朱执信把互助看成是人类优越于其他动物的特性：

> 人之祖先，固不曾磨牙吮血的争斗。就是人类的近亲猿猴、猩猩之类，也是吃果子度日。到人类更把互助的精神发挥出来，成立人类社会，所以人自己说是万物之灵。试问万物之灵，好处在那里？不过多了一点智慧，晓得互助……惟其论智不论力，所以贵互助不贵争斗。一个人晓得争斗不如互助，就是论智的结果。②

朱执信指出：达尔文说的生存竞争主要是在不同种族之间进行的，在同一种族之内，它主要是发展合作和互助本能；但生存竞争论者不仅主张种族之间的竞争，也强调种族内部个体之间的竞争，这反而比达尔文的进化论狭隘。曹任远认为，人与人之间的竞争同动物界之间的竞争不同。动物之间的竞争完全是凭借自身的自然力，而人类所居的地位既然不同，人与人的竞争也不同，其结果也不符合优胜劣败之法则。同竞争相比，互助是人类进化的主要原因。③ 朱执信批评当时流行的各种强权主义是非常坏的思想和观念，认为人们不输入那些好的东西，却将西方的废物输入进来并竞相传播：

> 到近年来，欧洲学说输入中国，半面的物竞天择，与自暴自弃的有强权无公理，流行起来，比鼠疫还快。仕宦不已的杨度，便倡起金铁主义，似乎一手拿把刀，一手拿个元宝，便可不必做人了。
>
> ……………
>
> 新的学说，没有完全输进，而且人家用过的废料，试过不行的毒药，也夹在新鲜食料里头输进来了。这就是军国主义，侵略政策，狮

---

① 孙中山：《在上海中国社会党的演说》，见《孙中山全集》第二卷，中华书局1982年版，第507页。

② 朱执信：《睡的人醒了》，见《朱执信集》上册，中华书局1979年版，第324—325页。

③ 参见曹任远的《达尔文与近代社会思想》，《新群》1920年第1卷第3期。

子榜样了！　①

二、种族意义上的"人"——别种、淑种和通种

　　描述近代中国遭遇巨大危机而使用的"千古未有之大变局"，在当时的更具体表述是"亡国"、"亡教"和"亡种"（所谓"三亡说"）。②历史上，中国人引为自豪的是，中国即使是"亡国"，它也不会"亡教"。异民族在政治上可以征服中国，但在文化上中国则能征服异民族，同化他们。与此同时，政治上只要接受了异民族的统治，自己的民族也没有"亡种"之虞。说近代中国不仅面临着亡国、亡教的危险，而且还面临着亡种的危险，这实际上是以最高的"警告"来表达近代中国人强烈的危机意识。

　　近代中国"人"的观念的展开，一部分是在亡种的"种族"概念上进行的。③换言之，近代中国人意识中的"人"的一个方面要在"种族"或"人种"的意义上来认识。按照这种意识，人隶属于不同的种族，人的不同首先是他们所属种族的不同。种族的不同，又主要被看成是肤色（还有血统等）的不同。种族肤色的不同，同时也被认为是"优劣"上的差别。这样，人的进化和生存竞争，就变成了种族的进化和不同种族之间的生存竞争。为了适应种族的竞争和避免灭种的危险，使种族优良的"善种"、"淑

---

　　①　朱执信：《睡的人醒了》，见《朱执信集》上册，第328—329页。精神文化派杜亚泉批判说："盖物质主义深入人心以来，宇宙无神，人间无灵，惟物质力之万能是认，复以残酷无情之竞争淘汰说，鼓吹其间……一切人生之目的如何，宇宙之美观如何，均无暇问及，惟以如何而得保其生存，如何而得免于淘汰，为处世之紧急问题。质言之，即如何而使我为优者胜者，使人为劣者败者而已。如此世界，有优劣而无善恶，有胜败而无是非。道德云者，竞争之假面具也，教育云者，竞争之练习场也；其为和平之竞争，则为拜金主义焉，其为激烈之竞争，则为杀人主义焉。"（杜亚泉：《精神救国论》，见许纪霖、田建业编：《杜亚泉文存》，第36—37页）

　　②　如严复说："今者执中国之涂人而强聒之曰：世法不变，将有灭种之祸，不仅亡国而已。"（严复：《有如三保》，见王栻主编：《严复集》第一册，第79页）

　　③　冯克对近代中国的"种族"观念有整体性的讨论，参见〔英〕冯克：《近代中国之种族观念》，杨立华译，江苏人民出版社1999年版。

种"（还有"优生"）和"通种"的观念就产生了。结果，"人"作为不同"种族"被认识，就从生物学、社会学的意义转到了政治学上的意义，不同形式的种族主义（还有殖民主义和强权主义等）也产生了。

当时中国的不少思想家们，大都按照人的肤色将人类划分为五个不同的种族。例如，严复在《保种余义》中，将人种划分为白人、黄人、红人、黑人和棕人。梁启超在《新民说》中，将世界不同肤色的"民族"分为五种，即：黑色民族、红色民族、棕色民族、黄色民族和白色民族。对于白色民族，梁启超更进一步区分为拉丁民族、斯拉夫民族、条顿民族三种。梁启超这里使用的"民族"，主要是"种族"意义上的。从肤色上区分人种显然比较表面和粗疏，人种的不同主要是基于人的形体结构等更内在的东西。按照现在的生命科学，人种的不同主要是由于遗传的基因不同。从肤色区分人种是当时西方常见的做法，近代中国思想家这样做当然是受了西方的影响。如唐才常指出：

> 西国常以人分五大类：一曰蒙古人，一曰高加索人，一曰阿非利加人，一曰马来人，一曰亚美利加土人。以肤色分之，则曰黄人、白人、黑人、棕人、红人。[1]

人类这五种不同肤色的种族，又对应于地球大陆的五个不同的空间（亚、欧、非、澳、美）。这也是唐才常接受当时西方的说法。

不同肤色的人和种族，对于近代中国思想家们来说，同时也有优劣、贵贱的不同。对于事物做出任何优劣、贵贱的区分，哪怕是基于事实，都带有强烈的价值评价色彩，何况是对于人的不同种族的评价，其等级和歧视意识不言而喻。按照现在的政治观念和价值标准来看，这显然就是"种族主义"。近代中国思想家们相信，不同肤色的种族有优劣、贵贱之别。这是一个事实，也是价值等级的评判。当时的一些思想家们认为，在人类的五个不同种族中，白种人是最优的，是高贵的种族。至于黄种人，有的思

---

[1] 唐才常：《觉颠冥斋》，见《唐才常集》（增订本），中华书局2013年版，第175页。

想家认为它同白人一样也是优者、贵者，但有人则将之列为次于白种人的二等种族；其他的棕色、黑色、红色等人种则被一律列为劣等、贱种。例如，梁启超认为，在这五大种族中白人是最优秀的；在白人中，条顿人又最优；在条顿人中，盎格鲁撒逊人最优。梁启超说：

> 五色人相比较，白人最优。以白人相比较，条顿人最优。以条顿人相比较，盎格鲁撒逊人最优。此非吾趋势利之言也。天演界无可逃避之公例实如是也。①

梁启超所称的"天演公例"指的是生存竞争和优胜劣败。白种人为什么能够成为优者、贵者，而其他种族则成了劣者、贱者？梁启超给出的解释是：白种人好动，进取，主动地迎接竞争；相反，其他人种则好静，沉溺于和平，保守而不求进取。在白人中条顿人最优，是因为他们的政治能力最强，远非其他种族所能及；在条顿人中盎格鲁撒逊人最优，是因为他们的"独立自助之风最盛"。但是，梁启超所说的造成种族优劣之别的原因，充其量不过是一种影响因素，谈不上是什么主要原因。

在《新史学》中，梁启超又将人种划分为"历史的人种"与"非历史的人种"两种，认为历史的根本是叙述人群的进化现象并探寻其法则。历史同人种具有密切的关系，舍弃了人种就没有历史。因此，梁启超又说历史就是叙述人种的发展及其竞争的。梁启超说："故夫叙述数千年来各种族盛衰兴亡之迹者，是历史之性质也。叙述数千年来各种族所以盛衰兴亡之故者，是历史之精神也。"② 但有的种族有历史，有的种族则没有历史。具有历史的种族或人种，只有黄种和白种（而黄种和白种又有不同的所属），除此之外其余三种肤色的种族都没有历史。在梁启超那里，有历史与没有历史之别同样是种族的优劣之别，虽然他没有使用优劣的词汇去评述他们。为什么种族会有这样的不同，按梁启超的解释，这是因为他们对内没有强

---

① 梁启超：《新民说》，见《梁启超全集》第二册，第659页。
② 梁启超：《新民说》，见《梁启超全集》第二册，第742页。

烈的凝聚力，对外有没有强烈的排斥力："能自结者（'者'字原为'得'。误，故改。——引者），为历史的；不能自结者，为非历史的。何以故？能自结者则排人，不能自结者则排于人。"①同样，梁启超的这种解释也不足以说明种族有没有历史的不同。

按照达尔文的进化论，在激烈的生存竞争和自然选择中，只有作为适者的种族才能生存下来。严复传播这种达尔文的进化法则并加以评述说：

> 英达尔温氏曰："生物之初，官器至简，然既托物以为养，则不能不争；既争，则优者胜而劣者败，劣者之种遂灭，而优者之种以传。既传，则复于优者中再争，而尤优者获传焉。如此递相胜不已，则灭者日多，而留存者乃日进，乃始有人。人者，今日有官品中之至优者，然他日则不可知矣。"达氏之说，今之学问家与政事家咸奉以为宗。盖争存天择之理，其说不可易矣。②

适者就是宜者和优者，不适者就是不宜者和劣者。严复将达尔文的"适者"翻译为"体合"，认为它是所有物种进化的奥秘。但什么是适者和宜者？对赫胥黎来说，不假借人力、自然自生的就是此地的宜种。严复认为这一说法有其道理，因为一地的宜种，它也是生存竞争的结果。如果它不是宜者它就不能独存、独盛。但严复又补充说，这种适者和宜者，只是在没有外来物种竞争条件下的产物，就算它是一地的宜种，也很难说它在同外来物种的竞争中也是宜者。因为外来的物种往往有更强的适应力，严复举例求证之后概括说：

> 夫物有迁地而良如此，谁谓必本土固有者而后称最宜哉？嗟乎！岂惟是动植而已，使必土著最宜，则彼美洲之红人，澳洲之黑种，何由自交通以来，岁有耗减？③

---

① 梁启超：《新民说》，见《梁启超全集》第二册，第741页。
② 严复：《有如三保》，见王栻主编《严复集》第一册，第86页。
③ ［英］赫胥黎：《天演论》，严复译，商务印书馆1981年版，第14页"复案"。

在严复看来，东亚黄种人之所以不像其他种族被竞争力最强的白种人消灭，并不是因为他们的智力发达，主要是因为数量巨大，不容易被很快消灭。在亚洲黄种人中，中国人又占据了半数。中国人口众多，既非凭借天时地利之美，亦非休养生息之道"适宜"，而主要是因为文化未开，社会大众嗜欲多，忧患意识缺乏，由此又使人们只顾眼前生活，婚嫁而多生子，也不考虑家室之备。因此，生子多和人口多，并不等于就是优。在严复看来，一个种族只有具有了比较高的智、德、力三种能力才是优者：

> 夫如是，则一种之所以强，一群之所以立，本斯而谈，断可识矣。盖生民之大要三，而强弱存亡莫不视此：一曰血气体力之强，二曰聪明智虑之强，三曰德行仁义之强。[①]

以此来衡量，严复得出结论说，欧美白人算是优者，黄种人算不上，而中国人已经变成"病夫"，民智、民德和民力均已衰败（"民智已下"、"民德已衰"、"民力已困"）。这是严复对中国种族的看法不同于唐才常和梁启超的地方。

物种的优劣既是竞争的结果，又是竞争的动力。因此，即使黄种人、中国人处于竞争的不利地位，其位置也不是一成不变的，只要他们能够加入到竞争的行列中，只要他们能够发奋有为，他们就能够成为适者和宜者。对于革命派来说，当时的种族生存竞争不仅发生在黄种人与白种人之间，而且也发生在汉族与满族之间，他们势不两立。陈独秀将竞争扩大到人与自然之间。他提出一个"抵抗力"概念，认为万物都具有驱除其害而图生存的意志和力量，人类运用技术征服自然，用人的力量战胜自然就是这种力的突出表现。这是"人道"之善。他说："自然每趋于毁坏，万物各求其生存。一存一毁，此不得不需于抵抗力矣。抵抗力者，万物各执着其避害御侮自我生存之意志，以与天道自然相战之谓也。"[②] 陈独秀说的"万物"指

---

① 严复：《原强》修订稿，见王栻主编：《严复集》第一册，第 18 页。

② 陈独秀：《抵抗力》，见《陈独秀文章选编》上册，生活·读书·新知三联书店 1984 年版，第 90 页。

一切事物,"自然"指天道法则,他认为抵抗力的大小是判断人类和万物是否进化和生存力强弱的标准:"万物之生存进化与否,悉以抵抗力之有无强弱为标准。优胜劣败,理无可逃。"[1]

陈独秀说,人类的生存更加复杂,它需要更多更大的抵抗力,以抵制外力对它的侵害和影响:"审是人生行径,无时无事,不在剧烈战斗之中,一旦丧失其抵抗力,降服而已,灭亡而已,生存且不保,遑云进化!"[2]李大钊强调人类必须同环境进行对抗和竞争,强调人类必须改变和战胜环境:"盖文明云者,即人类本其民彝,改易环境而能战胜自然之度也。文明之人,务使其环境听命于我,不使其我奴隶于环境。太上创造,其次改进,其次顺应而已矣。"[3]陈独秀接受福泽谕吉的一个教育观点,认为儿童教育十岁以前养育他们要以"兽性主义"为主,十岁之后则主要教以人性主义。进化论者认为,人类之心是动物感觉的继续,人类之进化本能上同其他动物没有不同,差别只在人有自动发展的能力。强大种族都是人性、兽性同时发展。受这种看法的影响,陈独秀对"兽性"的概念发挥说:

> 兽性之特长谓何?曰,意志顽狠,善斗不屈也;曰,体魄强健,力抗自然也;曰,信赖本能,不依他为活也;曰,顺性率真,不饰伪自文也。皙种之人,殖民事业遍于大地,唯此兽性故;日本称霸亚洲,唯此兽性故。[4]

为了使中国适应人类不同种族之间的竞争,并在激烈的竞争中生存下来,避免亡种的命运,近代中国思想家们提出改善种族品质的主张[5],诸如

---

[1] 陈独秀:《抵抗力》,见《陈独秀文章选编》上册,第91页。

[2] 陈独秀:《抵抗力》,见《陈独秀文章选编》上册,第91页。陈独秀还说:"夫生存竞争,势所不免,一息尚存,即无守退安隐之余地。排万难而前行,乃人生之天职。"(陈独秀:《敬告青年》,见《陈独文章选编》上册,第75页)

[3] 李大钊:《民彝与政治》,见《李大钊选集》,第55页。

[4] 陈独秀:《今日之教育方针》,见《陈独秀文章选编》上册,第89页。

[5] 有关近代中国种族、人种改良问题,参见蒋功成:《淑种之求——优生学在中国近代的传播及其影响》,上海交通大学出版社2014年版。

"种族改良"、"人种改良"、"善种"、"淑种"、"优种"、"优生"、"哲嗣"
等术语都出现了，优化种族的不同方式和方法也纷纷被提出和讨论。人们
提出的人种改良主张并不复杂，诸如禁止早婚近亲婚姻，禁止先天残疾和
患有遗传等疾病的人结婚和生子，节制生育，控制人口，养育保健等。梁
启超在《禁早婚议》中指出早婚有五大害处：有害于养生、有害于传种、
有害于养蒙、有害于修学、有害于国计。严复反对多生，主张限制生育，
认为多生不符合进化论的法则："夫种下者多子而子夭，种贵者少子而子
寿，此天演公例，自草木虫鱼，以至人类，所随地可察者。"[1]

对一些人来说，人种的优劣、强弱是由遗传和血统的优劣决定的。如
章太炎说：

> 遗传之优劣，蠢智系焉；血液之衿杂，强弱系焉。言人种改良者，
> 谓劣种婚优种，其子则得优劣之血液各半；又婚优种，其子则得优种
> 血液八分之六；至八世，则劣种血液，仅存百二十八分之一，几全为
> 优种矣。细胞之繁简，死生系焉。生物学之说，谓单细胞动物，万古
> 不死，异细胞动物，则无不死。然其生殖质传之裔胄，亦万古不死。[2]

不管章太炎的说法是否能够成立，他是尽量利用当时生物学的看法来为种
族的改良寻找根据。

类似于章太炎的遗传说和血统论，一种激进的人种改良论 —— "通种
论" —— 被提了出来。这一主张实际上已经包含在种族优劣论中。既然肤
色不同的种族有优劣之别，那么在单一肤色的劣等种族内，即使禁止早婚、
限制生育，即使是提高医疗和保健水准，也很难使其改良。因此，要使劣
等的种族得到改良，就必须使之同优等种族进行"通种"。这种通种论在康
有为那里就被用既浪漫又残酷的方式设计了出来，他认为这是实现人类大

---

[1]　[英]赫胥黎：《天演论》，严复译，商务印书馆1981年版，第38页。
[2]　章太炎：《訄书·族制》，见《章太炎全集·訄书》（初刻本），上海人民出版社
2014年版，第39页。

同理想的一部分。他主张，让优等的黄种和白种同其他劣等的种族进行通婚，这样做目的主要不是为了让劣等的种族得到改良，而是以此让劣等的种族特别是黑人逐渐被淘汰。他心目中最美最好的人种是白人，他要通过通种将所有的人种，包括黄种，最后都变成白种。但是，以优等种族自居的人们，他们原本就是要用自身的优胜来直接淘汰那些劣等者，他们怎么可能同劣等者通婚来污染自己的血统。为此，康有为想出了两个方法：一是为了鼓励白人和黄人同黑人结婚，要对他们进行奖励；二是要用药物直接让那些性情邪恶、状貌过于丑陋的黑人断绝生育能力。显然，第二种想法是一种种族灭绝论。第一种办法也说服不了白人种族主义者。相反，他们根本没有同劣等种族平等的愿望，他们主张通过不断的竞争淘汰劣者，以使自己的种族始终处于优等的位置上。譬如社会达尔文主义者和强权主义者尼采就这样主张。

但这种主张受到了曹任远的质疑。他从社会达尔文主义和尼采的强权论中发现了矛盾和破绽。按照尼采的汰弱留强之说，优胜者淘汰弱者是竞争的结果。但是，如果平民通过竞争能够成为贵族，常人通过竞争能够成为超人，那么弱者、平民和常人就没有了。没有弱者，优者和强者就失去了竞争者；没有了竞争者，贵族和超人自然也要堕落了。[1]按照强权主义者的逻辑，竞优的竞争可以不断进行下去，淘汰了劣等种族，竞争可以在优等种族之间展开。因为在优等种族之间，就像梁启超区分的那样，有的更优，有的则不那么优。近代中国的人种改良论者，包括康有为等人在内，没有去设想其他人种成了优等的白人从而失去了竞争者后会不会退化的问题，他们只管去设想一个在他们看来的理想目标。当时的人们主张善种、淑种，除为了提高人们的健康水平、减少疾病、谋求人生的福祉等具有一般意义的目的外，他们更迫切的愿望是在种族竞争中避免被淘汰的命运。即便是相信黄种人、中国人是优等种族的人也认为，中国处在种族竞争的不利位置上，中国人没有将自己的天赋和禀赋发挥出来，变成了一头沉睡的狮子，成了东亚的病夫；现在中国人到了必须苏醒的时刻，到了必须医

---

① 参见曹任远：《达尔文与近代社会思想》，《新群》第 1 卷第 3 期。

治自己的病态的时刻，到了必须重新振作起来以适应激烈种族生存竞争的时刻。

对当时的许多思想家们来说，种族的优劣始终是进化和适合的产物，问题的关键是如何适应不同种族之间的竞争。严复强调，"民力"（即人民的体质）或"血气体力之强"是进种、保种的一个方面，但它不是孤立的产物，如大脑的进化则同整个族群的治理有关。严复说："群治进，民脑形愈大，襞积愈繁，通感愈速，故其自存保种之能力，与脑形之大小有比例。"① 受严复进化论影响很大的张鹤龄，没有强调通过通种来进种和淑种。他认为，一个种族的特性是由不同的因素造就的，其中既有自然的因素，也有人事的因素，还有政教学术方面的因素。他这样说："夫种有由于天成者，如黄、白、赭、黑、红之悬殊，因其地气天时而限制焉者也（此近于《左传》族类之说）；有由于人事者，如强弱智愚之优劣，因其政教、学术而分别焉者。"② 由自然因素产生的悬殊，人们无能为力，但由人事因素产生的优劣，则可以通过人事来改变："政教善则强且智，不善则弱且愚；学术精则强且智，不精则弱且愚。"③ 在张鹤龄看来，政教、学术和风俗对于种族的优劣产生的影响更大，要进种适应竞争首要的是改变政教、学术和风俗："今天下种种相战势且岌岌，弱与强战，愚与智战，观成败生灭之由，能无情惧乎。"④

因许多因素而促成的近代中国种族意义上的"人"的概念，虽然也有像"非我族类，其心必异"⑤ 这种"华夷之辨"意义上的族类划分，但古代中国的华夷之辨主要是以"文野之别"来划分种族的界限和优劣，而不是

---

① 严复：《天演论》，商务印书馆 1981 年，第 37 页"复案"。

② 张鹤龄：《变法经纬公例论》，见沈云龙主编：《近代中国史料丛刊续编》第 48 辑，第 65 页。

③ 张鹤龄：《变法经纬公例论》，见沈云龙主编：《近代中国史料丛刊续编》第 48 辑，第 66 页。

④ 张鹤龄：《变法经纬公例论》，见沈云龙主编：《近代中国史料丛刊续编》第 48 辑，第 69 页。

⑤ 杨伯峻编著：《春秋左传注》第二册，中华书局 1981 年版，第 818 页。

以种族的肤色（虽同属黄种，亦有不同族群之分）、血统来论优劣。近代中国以肤色、血统、遗传来划分不同种族及其优劣，为了适应种族竞争而提出优种相通和淘汰劣种的主张，是种族意义上的社会达尔文主义，它同从进化和竞争或互助上认识人的起源和进化一样，也是近代中国"人"的观念同古代明显不同的一个地方。

三、"人"的理智化

近代中国对"人"的观念建构的第三个方面是"人"被高度知识化、理智化和技能化。显然，这是随着西学、新学、新知和新的教育方式等在近代中国的输入和传播而发生的近代现象。到了近代，中国传统社会中以书写、人文教育为中心和以入仕（后主要通过科举实现）为目标的价值观远远不够用了，人们现在必须用大量专门化的新知识、理智和技能武装起来。对"人"的观念的这种改变，一方面同格致学、公理学、科学、技术等规模巨大的新学术、新学问在近代中国的发展密不可分；另一方面，同近代中国新教育、新学制和新的人才培养方式（分科和专门之学）的建立密不可分。"君子不器"的士人理想，正逐步成为遥远的历史回忆。在近代中国"人"的观念建构中，人的知识化、理智化和技能化显而易见，确凿不移。

从严复的"开民智"到胡适人的"理智化"可以直接看出，"智"或"理智"在人的自我塑造中至关重要。梁启超提倡的"新民"形象，新文化运动中凸显出来的"新人"概念，其中人的新知和理智都是重要的方面之一。在近代中国的转变中，知识精英的一个基本共识是，西方的富强和新文明深深得益于它的格致学、科学和技术。尽管有些人认为它们是源于中国，但是他们还是承认这些是当时中国最为缺乏的东西。在"中体西用"这种二分结构中，"西用"是对这一共识最具代表性的表达。人们普遍相信，只要吸取和采纳了近代西方建立的格致学、科学和创造的技术，中国也能够很快富强起来并应对西方的挑战（"以夷制夷"）。但将"西用"嫁接到"中体"上并不容易。人们很快意识到，所谓固有的"中体"也存在着缺陷甚至严重的缺陷，它也需要用"西体"来改造。

格致学和科学技术无疑影响着人们，但它们要在中国得到充分的发展，同时又取决于人们意识的改变，取决于人们的思维方式和价值观的改变。对一些思想家来说，这种改变是把人从文经籍本之学、主观之学、迷信、官本位主义等意识和价值观中解放出来，把人的兴趣和目光转向自然、转向客观的方法、转向理性的思考和多元的价值观。人们批判说，科举八股文都是无实、无用的虚学，旧时人们之所以热衷于这些东西是因为它直通科举及第和功名利禄。例如严复认为，八股文本身不直接危害国家，它直接的危害是造成天下没有人才，是禁锢人的智慧。人们"非志功名则不必学，而学者所治不过词章，词章极功，不逾中式，揣摩迎合以得为工，则何怪学成而后，尽成奴隶之才，徒事稗贩耳食，而置裁判是非，推籀因果之心能于无所用之地乎"！[1] 人们不能摆脱它们，不能自由地追求学问和学术，是因为他们把入仕为官和为官治人视为最高的价值目标。严复描述中国历史上的这一普遍现象说：

> 父兄之期之者，曰：得科第而已。妻子之望之者，曰：得科第而已。即己之寤寐之所志者，亦不过曰：得科第而已。[2]
>
> 夫中国自古至今，所谓教育者，一语尽之曰：学古入官已耳！[3]
>
> 中国前之为学，学为治人而已。至于农、商、工、贾，即有学，至微，谫不足道。是故士自束发受书，咸以禄仕为达，而以伏处为穷。[4]

---

① 严复：《论今日教育应以物理科学为当务之急》，见王栻主编：《严复集》第二册，第281—282页。

② 严复：《论治学治事宜分二途》，见王栻主编：《严复集》第一册，第88页。

③ 严复：《论今日教育应以物理科学为当务之急》，见王栻主编：《严复集》第二册，第281页。

④ 严复：《大学预科〈同学录〉序》，见王栻主编：《严复集》第二册，第292页。严复在《法意·按语》也指出："中国重士，以其法之效果，遂令通国之聪明才力，皆趋于为官。百工九流之业，贤者不居。即居之，亦未尝有乐以终身之意。是故其群无医疗、无制造、无建筑、无美术，甚至农桑之重，军旅之不可无，皆为人情所弗歆，而百工日绌。一旦其国人入于天演之竞争，乃俨然不可以终日。"（王栻主编：《严复集》第四册，第1000页）

至今还有人在追问中国为什么没有诞生近代科学，有人简单归因于老庄道家或《周易》，其实根本的原因在于严复所说的科举入仕的价值观。在很大程度上，它决定了人们的选择，也决定了近代科学没有在中国出现。其实，这一点早已为传教士利玛窦所深知：

> 在这里每个人都很清楚，凡是希望在哲学领域成名的，没有人会愿意费劲去钻研数学或医学。结果是几乎没有人献身于研究数学或医学……钻研数学或医学并不受人尊敬，因为他们不象哲学研究那样受到荣誉的鼓励，学生们因希望着随之而来的荣誉和报酬而被吸引。这一点从人们对学习道德哲学深感兴趣，就可以很容易看到。在这一领域被提升到更高学位的人，都很自豪他实际上已达到了中国人幸福的顶峰。[1]

无疑，要发展格致学、科学和技术，就要使人们的兴趣转向自然和物理客体；而要做到这一点，就要使从事格致学、科学和技术的人受到充分的尊重，使这些领域成为人们实现自我价值的舞台。胡适对宋代格物致知和清代考据学有肯定，也有否定。他认为，其中包含着科学的方法，但是这种方法并没有产生出科学。究其原因，是因为人们没有将它运用在自然上，而仅仅是用在人的道德目标和文字及古文献上，人们认为这些东西才是应该追求的目标。科举功名制度和以之为指向的社会价值观是一种有组织的权威，这种权威束缚了人的选择。要发展学术和科学，就必须打破这种有组织的权威，使人从其中解放出来，使人的价值多元化，使人的选择多元化。[2]

把人的心灵转向格致学、科学，转向对自然的认知，反过来说，就

---

① 利玛窦、金尼阁：《利玛窦中国札记》上册，何高济、王遵仲等译，中华书局1983年版，第34页。

② 参见［美］伯纳德·巴伯的《科学与社会秩序》，顾昕等译，生活·读书·新知三联书店1992年版，第77页。

是用格致学、科学和自然的知识来发展人的心智。培根曾说，在世间万物中人为大，在人那里心为大。严复接受培根的说法并强调说，人生之事以"炼心积智为第一要义"①。严复有一个宏大的格致学图像，这个图像包括了自然、社会等各个领域的学问和知识，它们都可以用来增长人的见识，发展人的心智，其中"物理学"更为突出。因此，严复认为学校教育要以物理科学为当务之急。在胡适看来，人的精神和心灵有许多愿望，而**求知是人类天生的一种精神上的最大要求**②；但不幸的是，东方的旧文明却限制和压抑人对自然的强烈求知欲。胡适批评说："东方古圣人劝人要'无知'，要'绝圣弃智'，要'断思惟'，要'不识不知，顺帝之则'。这是畏难，这是懒惰。这种文明，还能自夸可以满足心灵上的要求吗？"③

为了最大限度地推动科学在中国的发展，建立科学的权威，使人从科学中受益，胡适甚至将科学及其方法看成是万能的，把通过科学克服宗教和迷信的"人的理智化"看成一种新宗教，相信人们接受科学和科学的权威之时就是宗教的消亡之日。这是胡适一生的强烈信念之一：

> 科学的发达提高了人类的知识，使人们求知的方法更精密了，评判的能力也更进步了，所以旧宗教的迷信部分渐渐被淘汰到最低限度，渐渐地连那最低限度的信仰——上帝的存在与灵魂的不灭——也发生疑问了……智识的发达不但抬高了人的能力，并且扩大了他的眼界，使他胸襟阔大，想像力高远，同情心浓挚。④

在胡适看来，科学不仅能扩大人的心智和眼光，它还让人具有自信和勇气，使人成为顶天立地的"人"。

按照韦伯（Max Weber，1864—1920 年）的看法，近代文明的发展是一个

---

① 参见严复：《西学门径功用》，见王栻主编：《严复集》第一册，第 93 页。
② 胡适：《我们对于西洋近代文明的态度》，见《胡适文存》第三集，黄山书社 1996 年版，第 4 页。
③ 胡适：《我们对于西洋近代文明的态度》，见《胡适文存》第三集，第 4 页。
④ 胡适：《我们对于西洋近代文明的态度》，见《胡适文存》第三集，第 5 页。

"祛魅"的过程，是人的理性化过程。同胡适类似，在肯定科学改变人的心智、破除人的迷信上，陈独秀也不遗余力。一方面，他努力解释和说明科学的内涵，促使人们认识科学的本性和方法；另一方面，他强调科学对人的重要性。他用一组排比句说明，如果人们不懂得科学，就只能一直沉沦于无知、偏见和迷信之中，而只有科学才能使他们摆脱这一境地：

> 国人而欲脱蒙昧时代，羞为浅化之民也，则急起直追，当以科学与人权并重。士不知科学，故袭阴阳家符瑞五行之说，惑世诬民；地气风水之谈，乞灵枯骨。农不知科学，故无择种去虫之术。工不知科学，故货弃于地，战斗生事之所需，一一仰给于异国。商不知科学，故惟识閩取近利，未来之胜算，无容心焉。医不知科学，既不解人身之构造，复不事药性之分析，菌毒传染，更无闻焉；惟知附会五行生克寒热阴阳之说，袭古方以投药饵，其术殆与矢人同科；其想象之最神奇者，莫如"气"之一说；其说且通于力士羽流之术。[1]

人的理智化和技能化不仅能改变人们的心智，而且也能改变人们的生活方式。近代中国知识精英们都普遍相信知识是一种力量，是改变自然的力量，是人通过充分控制自然和利用自然来改变人的生活的力量。一开始，人们将这种力量主要看成实现国家的富强和对抗西方强权和征服的手段，之后人们越来越看重它为人的生活带来的改变。处在饥饿、贫穷、疾病之中，绝不是好的生活，也不能设想处在如此困境中的人在其他方面能有更好的发展。要改变人们受饥饿、贫穷和疾病之苦的状态，科学和技术是最有效的。现在，人们常常想象未来机器人将会给人的生活带来哪些变化；当时，人们在注重机器生产为人的当下生活能带来改变的同时，也在考虑它能为未来带来什么。吴稚晖这位科学和技术的捍卫者想象说："到了大同世界，凡是劳动，都归机器，要求人工的部分极少。"[2]

---

① 陈独秀：《敬告青年》，见《陈独秀文章选编》上册，第78页。
② 吴敬恒：《机器促进大同说》，见《新青年》1918年第5卷第2期。

　　认为科学能够让人过上好的物质生活的人，进而还认为科学能帮助人建立一种好的人生观，帮助人发展伦理和道德价值。在同人生观派或玄学派的争论中，丁文江、王星拱、吴稚晖和胡适等人都是这种观点的主张者。① 丁文江相信，科学是人修养的方式，科学的求真精神使人能够清晰而有条理地处理各种问题，也能使人懂得生活的乐趣："科学不但无所谓向外，而且是教育同修养最好的工具"②。任鸿隽区分人生观的科学与科学的人生观的不同，认为虽然人生观的科学不可能，但不能说科学的人生观也不可能。物质科学越进步，它就越能帮助人们建立一种好的人生观。并不否认科学而只是否认科学万能的梁启超相信，人生的大部分问题要用科学也有必要用科学方法来解决，只有一小部分则超出了科学的范围。王星拱认为，科学有两个根本的原理，一是因果性原理，一是齐一性原理。据此，人生的问题不管是生命的观念还是生活的态度，都超不出两者的范围，科学完全能够解决人生的各种问题。胡适和吴稚晖相信，科学不仅能够解决人生的各种问题，而且还能帮助人建立起科学的人生观。

　　非科学主义者对科学的质疑主要是认为科学，不能解决人的自由意志问题，更不能处理人的伦理和道德价值。但这难不倒科学主义者，他们坚信，科学既能让人过上丰富的物质生活，也能让人发展他们的伦理道德价值，它同人的意志自由并不矛盾。在这两方面，唐钺都提出了论证：后者见于他的《心理现象与因果律》、《机械与人生》两篇文章，前者见于他的《科学与德行》。在科学与人生观的论辩中，以科学与德行为题专门论证科学能够促进人的道德发展的讨论是少有的。唐钺没有将科学与伦理学混为一谈，他恰恰首先将两者作了区分，认为两者各有自身的对象和方法，科学的目标和作用亦非直接服务于伦理和道德发展，但科学在许多方面能够间接地促进人的伦理和道德价值。比如：科学的求真和事实验证精神有助于排除人的私意，也能帮助人克服怗气傲物；科学知识为人类所共认，服

---

　　① 有关科学与人生观的论辩，参见［美］郭颖颐：《中国现代思想中的唯科学主义》，雷颐译，江苏人民出版社 1995 年版，第 112—134 页。

　　② 丁文江：《玄学与科学》，见张君劢、丁文江等著：《科学与人生观》，第 53 页。

从科学就是服从公理，这有助于培养人的公共之心并增加社会凝聚力；科学（生物学）证实了合群性有利于保护种族，这使人知道人的道德规范并非来自于超自然的力量，它具有科学的基础。[①] 陶履恭在《新青年之新道德》中也强调了知识对发展人的道德的作用：

> 教育高，知识富，则人所见者远而阔，能周瞩情势，详审利害。故其行为为自觉的，为自动的，不以社会习俗为准绳，不为腐旧礼法所拘囿。道德之进化，社会之革新，端赖此类之人。[②]

胡适在《我们对于西洋近代文明的态度》中从许多方面论证了科学对人生的重要，对人的精神发展的重要。也是在这里，胡适还强调科学能够促进人类的伦理道德价值。他说：

> 物质享受的增加使人有余力可以顾到别人的需要与痛苦。扩大了的同情心加上扩大了的能力，遂产生了一个空前的**社会化**的新道德。[③]

根据上述所说，近代中国"人"的观念的发展又是人的知识化、理智化和技能化的过程，是用近代西方诞生的科学和技术充分发展人的才智和能力的过程，是让人过上丰富的物质生活进而提升人的伦理和道德价值的过程。最能代表这种主张的是近代中国的一些科学主义者。尽管他们对科学在人类文明和生活中的作用所持的看法有些过于乐观，对科学成就做出的承诺也有些夸大，但他们都清楚地看到人的知识化、理智化和技能化，

---

① 参见唐钺的《科学与德行》，见《科学》1917 年第 3 卷第 4 期。

② 《新青年》1918 年第 4 卷第 2 期。知识对于道德的作用，署名"民（李石曾）"的作者在《无政府说（书〈民报〉第十七号〈政府说〉后）》中说："道德本于行为，行为本于心理，心理本于知识。是故开展人之知识，即通达人之心理也；通达人之心理，即真诚人之行为也；真诚人之行为，即公正人之道德也。"（张木丹、王忍之编：《辛亥革命前十年间时论选集》第三卷，生活·读书·新知三联书店 1977 年版，第 162—163 页）

③ 胡适：《我们对于西洋近代文明的态度》，见《胡适文存》第三集，第 5 页。

对人的全面发展是不可缺少的。相信科学能够解决一切人生问题和相信科学不能解决任何人生问题，都是思想简单化的表现。如果说科学主义者胡适等人视科学为万能是过于乐观，那么一些非科学主义者对科学的作用则估计严重不足。无论如何，科学和技术的作用不能低估，更不能视而不见。肯定事物的价值，不等于说它就完美无缺；批判事物的缺陷，不等于就要整体上否定它。没有一无是处的事物，正如没有完美无缺的事物。这个道理也适用于现在：现在，一些科学主义者除了信任科学，不信任别的东西；而一些批评者只信别的，而独不信任科学。批评科学和技术的人，只看到科学和技术的负面性，他们对科学和技术为人类带来的便利和福祉轻描淡写，甚至视而不见。

四、人——快乐、幸福和道德

近代中国"人"的观念第四个方面的建构，是从人的自然本性出发，把追求快乐和幸福、避免痛苦和不幸看作人生的一个重要方面，相信伦理道德原则和价值整体上要符合人的自然倾向性，要同人对快乐和幸福的追求相适应，主张政治上的安排也要基于人性和人的自我选择。这很像功利主义的人生观，确实，它受到了功利主义的影响。在此，我们看到了近代中国"人"的观念同传统的一个非常重要的不同，它是近代以来世界文明中人的生活世俗化在中国的表现。有趣的是，胡适还将它同清代反理学者肯定欲望的做法联系起来。

一般所说的"欲望"，是指人的本能和天生的自然需求，古代中国的告子将它界定为"食色"。对欧洲近代的启蒙主义者来说，压制人的欲望就是不懂得人性。很明显，近代许多思想家从人的自然性和本能上看人性，并肯定人的先天自然本性。[1] 他们所说的人的先天自然天性，主要是指人的欲

---

[1] 周保巍对英国启蒙者的欲望观和情欲观进行了探讨。参见周保巍：《必需·情欲·自由：英国现代早期的"勤勉"话语》，见许纪霖主编：《世俗时代与超越精神》，江苏人民出版社 2008 年版，第 274—280 页。

望、自利和趋乐避苦等倾向。如康有为认为，人的天性就是他与生俱来的"欲望"："人生而有欲，天之性哉！"[1]"欲望"既包括人的饮食男女等本能和生存需求，也包括人的精神需求，两者都应该得到满足。一位佚名作者在《权利篇》中说：

> 权利之作用何也？曰竞争，曰强制。竞争者，富强之兆也。人之生也，莫不欲充其欲望；夫欲望无限，则其所欲望之物亦无涯矣。土壤有限，生物无穷，则其所欲望之物，亦不能无尽。因之互相欺侮，互相侵夺，而竞争之理，于是乎大开。惟其竞争也烈，则人之思想智识发达而不遏，譬如镜磨之正所以助其明也。[2]

鲁迅认为"人生"包括三个方面的内容：一是"生存"；二是"温饱"；三是"发展"。[3] 鲁迅担心人们误解他的意思，他补充说：他所说的生存不是苟活，温饱不是奢侈，发展不是放纵。其实他的这一补充是多余的，他的"安那其的个人主义"或无治的个人主义使他首先强调人的生存："人是生物，生命便是第一义。"[4]

当时人们号召人的解放，首先强调的也是人的自然性的解放，而人的自然性的解放首先又是女性的自然性的解放。许多人都认为，在传统社会中男女不平等，社会为女性规定了许多有悖于人性的规范，使女性的自然性受到了过多的压制和压抑。女性的"天足"运动和反叛"贞操论"，是当时人们解放女性的两个非常重要的诉求。康有为从男女相同上论证男女应

---

[1]　康有为：《大同书》，见《康有为全集》第七卷，中国人民大学出版社 2007 年版，第 32 页。

[2]　佚名：《权利篇》，见《辛亥革命前十年间时论选集》第一卷上册，生活·读书·新知三联书店 1977 年版，第 483 页。

[3]　参见鲁迅的《华盖集·北京通信》，见《鲁迅全集》第三卷，人民文学出版社 1981 年版，第 34—35 页。

[4]　鲁迅：《译了〈工人绥惠略夫〉之后》，见《鲁迅全集》，第十卷，人民文学出版社 2005 年版，第 183 页。

该平等："同为人之形体，同为人之聪明"①。世间有男女，说明男女都是需要的："夫以物理之有奇偶、阴阳，即有雌雄、牝牡，至于人则有男女，此固天理之必至，而物形所不可少者也。"② 既然男女相等，既然男女都不可少，男女就都应该满足自己的天性，就应该彼此相爱："盖天既生一男一女，则人道便当有男女之事。既两相爱悦，理宜任其有自主之权"③。因此，"男女婚姻，皆由本人自择，情志相合"④。胡适反对单方面的对女性"贞操"的要求，认为贞操是男女双方都应有的道德，不能只要求女性，这是明显的不平等。两性关系和婚姻关系的正当性，只在于异性之间的相互爱情和彼此的人格之爱，否则就不是正当的夫妇关系，是强迫同居。

满足人生的基本欲求和需求，是人的基本的自利，用严复的话说，这是人的"安利"。赫胥黎认为，合群之道来源于人的同情心（严复称之为"善相感"）和良心；人类要发展合群之道，就要控制人的自利心去发展人的同情心。严复不同意他的这一说法，他认为人的同情心是后起的，是从人的自利心发展出来的，因而赫胥黎的说法是倒果为因。严复说：

> 盖人之由散入群，原为安利，其始正与禽兽下生等耳，初非由感通而立也。夫既以群为安利，则天演之事，将使能群者存，不群者灭；善群者存，不善群者灭。善群者何？善相感通者是。然则善相感通之德，乃天择以后之事，非其始之即如是也。⑤

赫胥黎将自然选择与人道对立起来也引起了严复的不满。严复说，赫胥黎本来是主张自然选择的，但他在他的这本书里却改变了这种立场，原因是他之前的立场太极端。严复赞成普遍的自然选择（"任天"），认为人

---

① 康有为：《大同书》，见《康有为全集》第七集，中国人民大学出版社 2007 年版，第53 页。

② 康有为：《大同书》，见《康有为全集》第七集，第 53 页。

③ 康有为：《实理公法全书》，见《康有为全集》第一集，第 149 页。

④ 康有为：《大同书》，见《康有为全集》第七集，第 76 页。

⑤ ［英］赫胥黎：《天演论》，严复译，商务印书馆 1981 年版，第 32 页"复案"。

只有满足他的自然性情才能生存，而这正好符合自然选择。斯宾塞说，人饥饿自然就要饮食。严复引用这一说法说，倘若不管人们的饥饿，只管先拼命地去研究饮食之道，等到研究清楚了，人早就饿死了。严复说：

> 物莫不慈其子姓，此种之所以传也。今设去其自然爱子之情，则虽深谕切戒，以保世存宗之重，吾知人之类其灭久矣。此其尤大彰明较著者也。由是而推之，凡人生保身保种，合群进化之事，凡所当为，皆有其自然者为之阴驱而潜率，其事弥重，其情弥殷。①

诘难者提出，人如果一味地任情就会产生问题。对此，严复回答说，任情而过实际上是违情。过度饮食，久了成了习惯，这是任习而不是任情。严复说的“任情”，乃是满足人的自然欲求。

严复肯定人自利（他称之为“自营”）的正当性就像他肯定人的自由的正当性一样，但是他附加了一个限制，这就是要以不损害他人的利益和自由为前提，因为两利才是真正的利益。他把这样的自营称为“开明自营”②，称为“群己权界”。严复认为，严格而言，利己与利人是统一的，只有短视的人才会将自己的利益同他人的利益完全对立起来：

> 古之言为善也，以为利人，而己无与也；今之言为善也，以不如是，且于己大不利也。知为善之所以利己，而去恶且不至利人，庶几民乐从教，而不祸仁义也，亦庶几国法之成，无往而不与天理人情合也。③

梁启超介绍日本加藤弘之的《道德法律进化之理》一书，认为人类只有爱己心，更无爱他心。爱己心分为两种：一是纯粹的爱己心；一是变相

---

① ［英］赫胥黎：《天演论》，严复译，商务印书馆1981年版，第16页。

② 对于“自营”和“开明自营”概念，严复说：“而今人则谓生学之理，舍自营无以为存……功利何足病？问所以致之之道何如耳。故西人谓此为开明自营，开明自营，于道义必不背也。”（［英］赫胥黎：《天演论》，严复译，商务印书馆1981年版，第92页）

③ 严复《〈法意〉按语》，见王栻主编：《严复集》第四册，第1022页。

的爱己心。他说："盖因人人求自乐，则不得不生出感情的爱他心；因人人求自利，则不得不生出智略的爱他心。"[1] 陈独秀认为，自利和利己是人的行为和生活的基础，是人类行为的唯一原因；不管什么人，没有不爱己的。同时，他也强调自利与利他的统一、利己与利人的统一。[2]

人能够实现自利，同时又能够利人，这就是人生的快乐和幸福，否则它就是人生的痛苦和不幸。近代中国思想家们相信，人天生都倾向于快乐和安逸，倾向于自我满足，同时避免痛苦和辛劳。康有为认为，人虽然有不同的倾向性，也有不同的追求，但"求乐免苦"则是他们共同的倾向：

> 故普天之下，有生之徒，皆以求乐免苦而已，无他道矣。……而虽人之性万有不同乎，而可断断言之，曰人道无求苦去乐者也。[3]

对于人的趋乐避苦的自然倾向，严复的说法也很典型。他这样说：

> 顾其事有可逆知者：世变无论如何？终当背苦而向乐。此如动植之变，必利其身事者而后存也。[4]
>
> 夫背苦而向乐者，人情之大常也，好善而恶恶者，人性所同具也。顾境之至也，苦乐未尝不并居；功之呈也，善恶未尝不同域；方言其乐，而苦已随之；方其为善，恶已形焉……而课其果效，恶苦则取其至少，善乐则收其至多。[5]

严复倡导人"背苦向乐"和"开明自营"，当时有人对此产生了疑虑。在这位人士看来，人道的根本也许是善恶而不是苦乐。严复回答说，人道的根本是苦乐，善恶由苦乐来确定，乐者是善，恶者是苦。对于严复的说法，

① 梁启超：《乐利主义泰斗边沁之学说》，见《梁启超全集》第二册，第 1049 页。
② 参见常乃德：《记陈独秀君演讲辞》），见《新青年》1917 年第 3 卷第 3 期。
③ 康有为：《大同书》，见《康有为全集》第七集，第 7 页。
④ [英] 赫胥黎：《天演论》，严复译，商务印书馆 1981 年版，第 41 页。
⑤ 严复：《政治讲义》，见王栻主编：《严复集》第五册，第 1241—1242 页。

质疑者进一步说，若是这样，那么大禹和墨子的苦行就是恶，桀和纣之乐就是善了。对于这一诘难，严复先是说，论人道要从整体上来看，不能以一曲而论。大禹和墨子的苦为别人带来了快乐，就像父母的苦为子女带来了快乐那样，它不是纯粹的苦，否则他们也不会为之：“然则人道所为，必背苦而趋乐，必有所乐，始名为善，彰彰明矣。”① 然后为了弥补以苦乐定善恶存在的破绽，严复又说，苦乐与善恶存在的不统一是社会还不够理想的结果，当社会发展到极致时，苦乐与善恶就能够完全统一起来：“极盛之世，人量各足，无取挹注，于斯之时，乐即为善，苦即为恶，故曰善恶视苦乐也。”② 总之，严复是将苦乐看作人生的根本和基础，这实在又是对人的自然欲求的肯定。李一民说：“是则，快苦云者，以吾人之自由意志为其根本。凡顺吾人之意志，从心所欲者快乐；逆吾人之意志，不能如愿者痛苦也。”③

　　幸福的概念包括不同的方面。按照金岳霖的说法，它是人的内部生活的和谐，也是人与外部世界融洽和谐的能力。近代一些思想家更倾向于从满足人的基本生活需要和快乐来看待幸福。梁启超称边沁为“乐利主义的泰斗”，他接受边沁以是否幸福作为判断善恶标准的观点：

　　　　边沁以为人生一切行谊，其善恶标准，于何定乎？曰：使人增长其幸福者，谓之善；使之减障其幸福者，谓之恶……故道德云者，专以产出乐利，豫防苦害为目的。④

可以看出，梁启超这里说的幸福是同乐利等结合在一起的。胡适将幸福看成人生的目的（“人生的目的是追求幸福”）⑤，认为贫穷的人和生病的人是不可能幸福的。他批评东方主义者的东方精神优越论，批评不求进取、安于清贫和不求物质生活的知足论命定论。

---

①　［英］赫胥黎：《天演论》，严复译，商务印书馆 1981 年版，第 46 页。
②　［英］赫胥黎：《天演论》，严复译，商务印书馆 1981 年版，第 46 页。
③　李一民：《人生唯一之目的》，见《青年杂志》1915 年第 1 卷第 2 期。
④　梁启超：《乐利主义泰斗边沁之学说》，见《梁启超全集》第二册，第 1046 页。
⑤　胡适：《我们对于西洋近代文明的态度》，见《胡适文存》第三集，第 3 页。

　　如前所述，近代中国思想家对人的物质生活、快乐和幸福的主张，广义上是对近代西方世俗化生活观念的接受，在哲学上则是对进化、竞争观念和功利主义的接受。例如在梁启超看来，人的进化受自利、利己心和生存本性的驱动，因为只有利己，人才能生存，才能在竞争中胜利："彼芸芸万类，平等竞存于天演界中，其能利己者必优而胜，其不能利己者必劣而败，此实有生之公例矣。"① 人和国不自利、自助而求人之助是妄想："西语曰：'天助自助者。'故生人之大患，莫甚于不自助而望人之助我，不自利而欲人之利我。夫既谓之人矣，则安有肯助我而利我者乎？又安有能助而利我者乎？国不自强而望列国之为我保全，民不自治而望君相之为我兴革，若是者，皆缺利己之德而也。"② 同时，清末不少思想家也受到了功利主义的影响，严复用苦乐定义善恶是如此，梁启超用是否幸福定义善恶也是如此。他说："边沁常言，人道最善之动机，在于自利。又常言最大多数之最大幸福，是其意以为公益与私益，常相和合，是一非二者也。"③ 高一涵在《乐利主义与人生》中说："人类自含生受性，而有感觉，因感觉而辨苦乐，因苦乐而争趋避……故人生第一天职，即在求避苦趋乐之方。"④ 根据高一涵这里的用法，功利主义当时是被译成"乐利主义"。

　　人的本性既然主要是先天的自然欲望，人为了生存既然都要自利、利己并且利人，人生既然都要趋乐避苦，那么政教也好，伦理也好，就都要同人的欲望、自利的满足和对快乐与幸福的追求相适应。近代一些思想家正是立足于此去看待政教和伦理的。在他们看来，政教本身不是目的，它的建立完全是为了满足人们求乐避苦的需要。如康有为说：

> 立法创教，能令人有乐而无苦，善之善之者也；能令人乐多苦少，

① 梁启超：《十种德性相反相成义》，见《梁启超全集》第一册，第431页。
② 梁启超：《十种德性相反相成义》，见《梁启超全集》第一册，第431页。
③ 梁启超：《乐利主义泰斗边沁之学说》，见《梁启超全集》第二册，第1049页。
④ 高一涵：《乐利主义与人生》，见《高一涵卷》，中国人民大学出版社2015年版，第73页。

善而未尽善者也；令人苦多乐少，不善者也。①

自此以外，一切政教，无非力求乐利生人之事；故化之进与退，治之文与野，所以别异皆在苦乐而已。其令民乐利者，治必文；其令民苦怨者，化必退，治必野，此天下之公言，已验之公理也。②

在《礼运注》中，康有为指出，圣人只能顺应人的情欲："夫天生人必有情欲，圣人只有顺之，而不绝之。然纵欲太过，则争夺无厌，故立礼以持之，许其近尽，而禁其逾越。"③ 与之类似，李大钊认为，宪法必须同人的乐利生活结合在一起，它是"所资以生存乐利之信条也"④。

对一些近代中国思想家来说，伦理道德本身也不是目的，它服务于人们对快乐和幸福的追求。一般认为，人的社会性是人类为摆脱自然性而产生出来的属性。但李大钊认为，人类的社会本能原本就来源于人的动物的自然性。人类为了进化和生存，它就发展出了"群居本能"。人的社会本能就是群居本能的一部分，这种本能同人类的自我保存是完全一致的："然'自己保存'的本能、'种族繁殖'的本能也有与此呼声同时发生的时候。"⑤李大钊批评对伦理和道德作"超越性"的解释：

依了这样说明，我们可以晓得道德这个东西不是超自然的东西，不是超物质以上的东西，不是凭空从天上掉下来的东西。他的本原不在天神的宠赐，也不在圣贤的经传，实在我们人间的动物的地上的生活之中。他的基础就是自然，就是物质，就是生活的要求。⑥

人的群居本能，其他动物也有，它源于人类生活的需要，并发展为人的社

① 康有为：《大同书》，见《康有为全集》第七集，第7页。
② 康有为：《大同书》，中州古籍出版社1998年版，第200页。
③ 康有为：《孟子微·礼运注》，中华书局1987年版，第265页。
④ 李大钊：《孔子与宪法》，见《李大钊选集》，第78页。
⑤ 李大钊：《物质变动与道德变动》，见《李大钊选集》，第259—260页。
⑥ 李大钊：《物质变动与道德变动》，见《李大钊选集》，第260页。

会本能。人的伦理道德就是从人的群居本能和社会本能中发展出来的：

> 这样看来，道德原来是动物界的产物。人类的道德，从人类还不过是一种群居的动物时代，就是还没有进化到现今的人类时代，既已存在。人类为抵抗他的环境，适应他的周围，维持他的生存，不能不靠着多数的协力，群合的互助，去征服自然。①

一般所谓的"良心"、"义务"等，在李大钊看来，都是社会本能的呼声。

近代中国对旧伦理、旧道德的批判和反叛，特别是对儒家"三纲"等礼教的反叛，对传统女性伦常的反叛，主要是认为它们违背人性，压抑人性。康有为、谭嗣同首先展开这种批判，新文化运动继而将这种批判推到一个高峰，以至于鲁迅发出仁义就是"吃人"的极端之言。这是陈独秀等新文化运动领袖们所谓的"伦理的觉悟"和"伦理的革命"。按照他们的理路，旧伦理、旧道德同新伦理、新道德势不两立；要发展合乎人性的新伦理、新道德，就必须彻底抛弃旧伦理和旧道德。对于这种非此即彼的伦理二分法，文化保守主义者提出质疑和批评是很自然的。

五、新人和新人格

最后，近代中国"人"的观念建构还有一个重要方面，这就是人们以个人、个性、权利、自由、平等、独立、自尊等概念为中心，追求新的"人格"。严复的"新民德"、梁启超的"新民"和新文化运动中的"新人"等概念，其主要内涵都属于这一方面。它既指人在政治生活中的角色和地位，又比一般所说的伦理和道德价值要广；它既指人在政治上的自由、民主、权利等，又指人在伦理和道德上的独立、自尊、合群、爱等观念。近代中国的革新和变革，先是在"变用"、"变政"的主题下展开，并带动"人"的观念的变化；到了新文化运动之际，人们要改变的对象主要就变成

---

① 李大钊：《物质变动与道德变动》，见《李大钊选集》，第 259 页。

了"人",变成了使"旧人"变成"新人"的革新,变成了从旧伦理到新伦理的革新。正如陈独秀所说:"吾人首当一新其心血,以新人格;以新国家;以新社会;以新家庭;以新民族;必迫民族更新,吾人之愿始偿。"① 人们对"新"的渴望、渴求,整体上就表现为如何塑造出"新人"来。1920年,一个名叫《新人》的杂志创刊。在作为"新人的宣言书"的《新人约》中,创刊者宣称,他们的第一个任务是努力缩短"旧人变新人的时间"。不管人们说的是民、国民、公民、市民,还是个人、个体、个性、自我、己、独、男女,或者新民、新人、超人,他们都期待中国产生出不同于过去的新的人格来。

对于许多思想家来说,不同于传统的"人"的观念,要创造出新民、新人、新人格,其首要的任务是将人从"旧人"的观念中解放出来。上文我们已经讨论了"人"的发现和解放的问题——发现的是人的先天的自然本性、欲望和自利,是人的趋乐和避苦倾向;解放的是人的欲望,克服的是社会、政治和伦理等对人的自然性的压制。也就是说,要发现和解放的是人的精神和人格,要破除的是传统对人的精神、人格发展的各种束缚和约束。我们以陈独秀、李大钊、张奚若等人的说法为例看一看这一思潮的概貌。陈独秀界定"解放"说:

> 解放云者,脱离夫奴隶之羁绊,以完其自主自由之人格之谓也。我有手足,自谋温饱;我有口舌,自陈好恶;我有心思,自崇所信;绝不认他人之越俎,亦不应主我而奴他人。②

陈独秀这里强调的"解放"是将人从依附性、被迫性的奴隶状态中摆脱出来,使人成就独立的、自由的、自主的人格。"解放"意味着有解放者和被解放者之分,就像康德界定的"启蒙"那样,如果没有先行者的引导,人们就没有运用理智的勇气,同样,如果没有人承担解放者的角色,人们也

---

① 陈独秀:《一九一六年》,见《陈独秀文章选编》上册,第102页。
② 陈独秀:《敬告青年》,见《陈独秀文章选编》上册,第74页。

就不能使自己获得解放。用孟子的话来说，这就是要用先觉去觉后觉。事实上，近代中国的一些思想家们都担当了启蒙者的角色，担当了解放者的角色。陈独秀和其他新文化运动的同道们便是如此。

但陈独秀等又强调，在人的解放中，人们的自觉性和自主性非常重要，因为被解放与自己解放自己很不相同。通过自觉来实现自我解放，才是真正的解放；而且也只有这种解放才是人们所需要的解放。因为人心理上有很强的惯性，容易安于固有的习惯，如果没有真正的觉悟，就不会轻易改变它。这就像奴隶习惯了做奴隶，他自己没有解放自己的愿望，别人要解放他，他还会感到痛苦。因此，人的解放主要靠自己的自觉，靠自己的自主。李大钊说：

> 真正的解放，不是央求人家"网开三面"，把我们解放出来，而是要依靠自己的力量，抗拒冲决，使他们不得不任我们自己解放自己；不是仰赖那权威的恩典，给我们把头上的铁锁解开，是要靠自己的努力，把他打破，从那黑暗的牢狱中，打出一道光明来。①

如前所述，清末民初的"人"的解放运动，往往特别注重女性和妇女的解放。因为在传统社会中，女性受到了许多不平等的待遇，女性受到的束缚和约束比男性更多、更严。陈独秀感叹说：

> 平日也是那个人，做新人也是那个人，怎么到了做新人的时候，就应该给人家糟踏呢？况且世界上人，男女平权，毫无差别，怎么女人就这样下贱，应该听众人凌辱，不敢违拗，比妓女还不如呢。这是合乎情理吗？②

女性和妇女在历史上受到的压制最多，她们已经形成的心理定式也最

---

① 李大钊：《真正的解放》，见《李大钊选集》，第 226 页。
② 陈独秀：《恶俗篇》，见《陈独秀文章选编》上册，第 28 页。

强，因此要解放她们就更困难。事实上，清末民初倡导妇女摆脱缠足的束缚，倡导她们自由恋爱、自由婚姻，一些女性就不情愿，她们仍愿意遵守过去的伦常和规范。在当时，旧的社会习俗还有很大的力量，还有人站在旧的立场上要求女性继续遵守传统的伦常。梁漱溟指出：

> 许多妇女并不要求妇女解放，这都是麻木。**麻木就是处于情感的反面。他自己既不要求，你便怎样指点问题，乃至把解决问题的道路都告诉他，他只是不理会！简直不中用！**现在重要在怎样使妇女界感觉他们自身种种问题？有了迫切的要求，自然会寻觅路子去解决。①

因此，女性和妇女的解放更要依靠她们的自觉和自主。这样我们就可以理解陈独秀说的下面这段话：

> 个人主观上有了觉悟，自己从种种束缚的不正当的思想、习惯、迷信中解放出来，不受束缚，不甘压制，要求客观上的解放，才能收解放底圆满效果。自动的解放，正是解放底第一义。②

同样，罗家伦在《妇女解放》中，也特别强调妇女的解放需要妇女们自身的主动。

近代中国"新人格"的建立意味着对人的解放。这里说的"解放"主要是指从旧伦常和名教中解放出来，从传统的专制政治中解放出来。对许多思想家们来说，旧伦常和名教同"新人格"格格不入。从清末到新文化运动，人们普遍认为，旧的观念和伦理不仅压抑人的自然性，而且也限制了人的人格发展。例如，儒家的"三纲"完全限制了人的独立人格的发展。陈独秀声讨说：

---

① 梁漱溟：《李超女士追悼会之演说词》，见《梁漱溟全集》第四卷，山东人民出版社1991年版，第574页。

② 陈独秀：《解放》，见《陈独秀文章选编》上册，第478页。

儒者三纲之说，为一切道德政治之大原。君为臣纲，则民于君附属品，而无独立自主之人格矣；父为子纲，则子于父为附属品，而无独立自主之人格矣；夫为妻纲，则妻于夫为附属品，而无独立自主之人格矣……缘此而生金科玉律之道德名词，曰忠，曰孝，曰节，皆非推己及人之主人道德，而为以己属人之奴隶道德也。①

张奚若在《再论国民人格》中同样强调，没有个人的解放就不可能有个人人格的培养：

所谓个人解放就是要将数千年来受重重束缚，重重压制，不自由，不独立，没有本身存在价值，没有个人人格，聪明才智受销磨，能力本事受挫折的一个可怜虫解放了，使他为他自己生命的主宰，使他尽量的发展他的天赋品性中的各种美德而为一个健全分子，——使他为人。②

同"新人"、"新人格"对立的被认为是传统的"旧人"、"旧人格"。为了建立新人格，许多思想家们往往在新—旧文化、古—今文化的不同中去说明"新人格"同"旧人格"的不同。由于西方文化被认为是代表了"新文化"，中国文化被认为是代表了"旧文化"，新旧、古今的不同，同时又是中西文化的不同，因此，人们又将"新人格"与"旧人格"归属于

---

① 陈独秀《一九一六年》，见《陈独秀文章选编》上册，第103页。

② 《张奚若文集》，清华大学出版社1989年版，第360页。张奚若在《国民人格之培养》中强调，解放是对人的思想的解放。他说："到了'五四'运动以后，大家才渐渐捉摸到欧美民治的根本。这个根本是甚么？毫无疑义的，是个人解放。……因为个人的生活是多方面的，所以他的解放也是多方面的。不过其中最要紧的一种，提纲挈领的说，当然是所谓思想解放。思想是行动之母，思想解放了，行为也就不能再受从前的旧束缚了。自旧社会旧道德的立场去看，这些新思想自然都是洪水猛兽，但自新世界新理想看来，这些新思想却又是创造的灵魂和发明的推动力。思想解放之后，昔日受压制，作刍狗，只为他人做工具，没有独立存在价值的个人，一旦忽变成宇宙的中心、生命的主宰，这是人类历史上一大进步！"（《张奚若文集》，第355页）

东西两种不同的文明和文化，断定传统中国文化造就的完全是"旧人"、"旧人格"，而近代西方文化造就的则完全是"新人"和"新人格"。在人们对中西文化的优劣比较中，我们可以看出，他们都认为两种文化截然分明地造就了两种不同的人格及其不同的价值。严复是较早做出这种比较的人。他说：

> 则如中国最重三纲，而西人首明平等；中国亲亲，而西人尚贤；中国以孝治天下，而西人以公治天下；中国尊主，而西人隆民。①

之后的梁启超以及新文化运动中的陈独秀和李大钊，都是做出这种比较的代表。照陈独秀的比较，西洋民族完全"以个人为本位"，东洋民族则"以家族为本位"，两者的不同造就出东西两种不同的人格及其价值。由于西方民族是"以个人为本位"，所以"举一切伦理，道德，政治，法律，社会之所向往，国家之所祈求，拥护个人之自由权利与幸福而已。个人之自由权利，载诸宪章，国法不得而剥夺之，所谓人权是也。人权者，成人以往，自非奴隶，悉享此权，无有差别，此纯粹个人主义之精神也"②。由于东方是"以家族为本位"，所以它教导人们尽孝，教导人们尽忠，将国家视为家族的延长，从而产生了泯灭个人人格和价值的恶果：

> 一曰损坏个人独立自尊之人格；一曰窒碍个人意思之自由；一曰剥夺个人法律上平等之权利（如尊长卑幼同罪异罚之类）；一曰养成依赖性，戕贼个人之生产力。③

大家都很熟悉李大钊在《东西文明根本之异点》中对东西文明做出的优劣比较。在"一为自然的，一为人为的；一为安息的，一为战争的；一

---

① 严复：《论世变之亟》，王栻主编：《严复集》第一册，第3页。
② 陈独秀：《东西民族根本思想之差异》，见《陈独秀文章选编》上册，第98页。
③ 陈独秀：《东西民族根本思想之差异》，见《陈独秀文章选编》上册，第98页。

为消极的，一为积极的"等一连串十几个"异点"的对比中，李大钊充分地表现了对西方文明的赞美和对东方文明的否定。具体到东西文明对于"人"的观念，在李大钊看来，两者的优劣也是泾渭分明。东方盛行家族主义，西方盛行个人主义；东方不重视个人的生存，西方重视个人的生存；东方以牺牲自己为人生的根本，西方以满足自己为人生的根本；东方宗教以人生解脱和寂灭为目的，西方宗教以人生之奋斗、灵魂之永恒为宗旨；东方道德重在泯灭个性，西方道德重在解放个性。总的说来，新文化运动人士对中西两种文化优劣的比较，还有他们将东西文明的不同归之于自然和地理环境的观点，都失之片面和简单。不过，值得注意的是，李大钊指出，"平情论之"，东西文明各有长短，"不宜妄为轩轾于其间"。但他列出的东方文明的八个短处，主要还是人的个性和人格没有得到应有的发展。

所谓"新民"、"新人"、"新人格"等究竟是指什么，要完整地呈现它们的含义是有困难的。其中既有政治意义上的意义，也有伦理意义上的意义。政治意义上的"新人"、"新人格"主要体现在与社会、群体和国家等相对的个人（还有己、独、自我等）概念上，它强调的是个人具有自由、平等等一系列权利。人们因强调个人而主张的个人主义，具有明确破除专制、改造社会的政治意识。在他们看来，新的政治秩序和生活，以保护个人的权利为根本；好的政治秩序与个人充分享有自由的权利相辅相成。个人主义或自由主义绝不像被误解的那样是无法、无天、无序，而是反对政治上的压制和专制；它在强调个人的自由、独立、平等等权利的同时，并没有忽视人应尽的义务。例如李大钊相信，个人主义与秩序是统一的，好的秩序与个人自由相得益彰：

> 真正合理的个人主义，没有不顾及社会秩序的；真正合理的社会主义，没有不顾及个人自由的。个人是群合的原素，社会是众异的组织。真实的自由，不是扫除一切的关系，是在种种不同的安排整列中保有宽裕的选择机会；不是完成的终极境界，是进展的向上进程。真实的秩序，不是压服一切个性的活动，是包蓄种种不同的机会使其中

的各个份子可以自由选择的安排；不是死的状态，是活的机体。①

　　同样，张奚若也认为，个人既是国家的基础，也是国家的目的。在特别的时候，个人的自由应受到限制，甚至为了国家牺牲自我；但整体上个人是目的，国家只是工具。他说：

　　　　讲到底，国家还是为个人而存在的，个人不是为国家而存在的。国家只是一个制度，一个工具，它除为人谋福利外别无存在的理由。②
　　　　总之，国家不过是个人的集合体；没有健全的个人，不会有健全的国家。③

　　伦理意义上的"新人"、"新人格"，主要是指人的自尊、公德、同情心、博爱、责任、幸福、快乐等。但近代思想家们整体上没有提出多少真正属于伦理意义上的"新人"的价值理念和规范，虽然他们批评了传统特别是儒家的一些伦理价值和规范。他们提出价值理念比一般的伦理意义要宽泛，比如：现实、实际、务实、刚强、积极主动、进取、冒险、奋斗、怀疑、思想解放、自觉、独立、自立、个性、理性、文明、求知、求新、创造，等等，这些都被看成是"新人"、"新人格"应该具有的素质、品质和美德，甚至科学精神、民主也被他们伦理化了。

结　语

　　近代中国"人"的观念的建构十分复杂，可以说它伴随着近代中国整体上的革新和变革。这里讨论到的，只是近代中国"人"的观念的建构中

---

　　① 李大钊：《自由与秩序》，见《李大钊全集》第三卷，人民出版社2006年版，第253—254页。
　　② 张奚若：《再论国民人格》，见《张奚若文集》，第362页。
　　③ 张奚若：《再论国民人格》，见《张奚若文集》，第363页。

的若干重要方面。这些方面中的"人"，是进化论意义上的"人"，是不同种族意义上的"人"，是主要同新知识和科学结合在一起的理智化意义上的"人"，是以人的自然性为基础的快乐和幸福意义上的"人"，是以独立、自主、自由、平等价值观念为中心的"新人格"意义上的"人"。这些不同意义上的"人"的观念，既是解释性的，又是规范性的；既是理想和渴望，又是动力和变革的力量。

第二篇

自然、超自然和人

第三章

严复的科学、进化视域与自然化的"天人观"

引　言

　　在促成古典中国哲学的话语和言说方式发生转变方面，严复是一个绝佳的例子。他坚持用文言文、典雅的古语以及他新造的词汇来翻译完全属于另一个巨大传统和体系的"西学"、"新学"，相信他的"信达雅"标准可以使他翻译的西学在古汉语中"忠实地"表现出来，为此他还同梁启超有过争论，拒绝用梁启超所说的浅显的白话文去翻译西学。严复的翻译是百科全书式的，他自己精心选择和制造了一整套术语和言说方式，有哲学的、宗教的、逻辑的、法律的、政治的、经济的、社会学的，等等。但是，他翻译的术语大部分都被后来居上的中译日文术语所取代，甚至他自己还接受了其中的个别术语，如哲学、进化、科学等。严复翻译的术语绝大部分已成了留在历史中的回声。称得上是近代鸠摩罗什的严复为什么会遭遇到这种情况？这个问题远远超出了严复的翻译是否忠实的讨论范围，它为思想在不同文化间的翻译和传播提供了值得反思的一大个案[1]。

　　作为最早也是最多直接接触近代西方哲学的人，严复为近代中国哲学带来的是"世界变了"、"一切都是变化的产物"这种新世界观（更具体地

---

　　① 参见王中江：《中日文化关系的一个侧面 —— 从严译术语到日译术语的转换及其缘由》，《近代史研究》1995 年第 4 期。

说是进化的世界观）。这种新的世界观冲击的不仅是西方过去的观念[1]，也是中国过去所谓"天不变，地不变，道亦不变"的观念[2]。与此同时，严复又运用新的观念去发现中国哲学固有观念中隐而不显的奥妙[3]，并为之赋予新的意义和内涵，让它们在古老的外表下孕育出新的生命，"天"和"人"的观念就是其中的两个。对严复来说，这既是往"天"、"人"的"旧瓶"里装"新酒"，也是在"天"、"人"的"旧瓶"里发现"醇酒"。例如，他相信《老子》和《庄子》中都包含着"天演"思想。但是，严复主要是在西方近代科学和进化等新观念和新视野下来认识天和人的观念的，并通过这种认识使中国古老的"天"、"人"观念获得了新的风貌和特征。

一、"天"与"两个世界"

严复在1903年出版的《群学肄言》中，以"谨案"和"译者注"的方式对中国的"天"字做了以下的说明：

> 中国所谓天字，乃名学所谓歧义之名，最病思理而起争端。以神理言之上帝，以形下言之苍昊。至于无所为作而有因果之形气，虽有

---

[1] 参见严复：《原强》，王栻主编：《严复集》第一册，第5—7页。塞缪尔·P. 亨廷顿（Samuel P. Huntington）在论述现代人与传统人之间的界限时说："最重要的区别在于二者对人和环境之间的关系看法不同。在传统社会中，人将其所处的自然与社会环境看作是给定的，认为环境是奉神的意旨缔造的，改变永恒不变的自然和社会秩序，不仅是渎神的而且是徒劳的。传统社会很少变化，或有变化也不能被感知，因为人们不能想象到变化的存在。当人们意识到他们自己的能力，当他们开始认为自己能够理解并按自己的意志控制自然和社会之时，现代性才开始。现代化首先在于坚信人有能力通过理性行为去改变自然和社会环境。这意味着摒弃外界对人的制约，意味着普罗米修斯将人类从上帝、命运和天意的控制之中解放出来。"（［美］塞缪尔·P. 亨廷顿：《变化社会中的政治秩序》，王冠华等译，生活·读书·新知三联书店1989年版，第92页）

[2] 参见严复：《救亡决论》，王栻主编：《严复集》第一册，第50—51页。

[3] 严复自陈，这是他研究西方语言文字的一大乐趣。参见严复：《译〈天演论〉自序》，见［英］赫胥黎：《天演论》，严复译，商务印书馆1981年版，第 iix 页。

因果而不可得言之适偶，西文各有异字，而中国常语皆谓之天。如此书天意天字，则第一义也；天演天字，则第三义也，皆绝不相谋，必不可混者也。[①]

严复的这一说明是在同西方观念的比较中提出的。他认为表示神理、形下、因果之形气这三个方面的意义，在西方各有不同的词汇；而中国的"天"字则同时包含着这三个方面的不同意义，即"天意"（神）、"天演"（自然性及其因果关系）还有"苍昊"（自然界、自然）。严复没有具体说这三者在西文中对应哪三个词汇，我们推测也许是 Heaven、Physical 和 nature。事实上，一词多义在不同的思想文化体系中都是常见的，就拿西语的 nature 来说，其词义之多之歧更是令人眼花缭乱[②]。冯友兰曾将中国思想中的"天"概括为五种意义：一是"物质之天"，即与地相对的天；二是"主宰之天"，即人格性的皇天上帝；三是"运命之天"，即人生无可奈何的命运；四是"自然之天"，即自然运行之天；五是"义理之天"，即宇宙之最高原理。[③]池田知久援用重泽俊郎提出的中国古代认识"天"的三种不同立场——"宗教的立场"、"哲学的立场"和"科学的立场"——将中国思想中的"天"分成三类：一是作为巫术宗教性的主宰者或神格的"天"；二是作为哲学伦理性规范或法则的"天"；三是作为科学的物理的天空或法则的"天"[④]。

　　从这些划分中我们可以看出，中国古代的"天"确实有不同的类型和意义。严复在《群学肄言》中是把古代的"天"放在"神理"、"形下"、"因果之形气"这三种意义中来理解。按照重泽俊郎、池田知久的说法，中

---

①　［英］斯宾塞：《群学肄言》，严复译，第 298 页。此段话的标点，笔者有所改动。

②　有关 nature 的复杂意义，参见［美］拉夫乔伊：《"自然"的一些涵义》，彭刚译，见吴国盛主编：《自然哲学》第 2 辑，第 567—583 页。

③　参见冯友兰：《中国哲学史》（上），见《三松堂全集》第二卷，河南人民出版社 2001 年版，第 281 页。

④　参见［日］池田知久：《马王堆汉墓帛书五行研究》，王启发译，线装书局、中国社会科学出版社 2005 年版，第 101 页。

国古代的"天"分属宗教上、哲学上和科学上的三个不同学问类型，那么严复所说的"天"属于哪一个类型呢？事实上，严复思想中的"天"整体上就是在他对世界和学问的划分中被定位的。为了认识严复思想中"天"的性质和特征，弄清他的"天"属于什么世界和类型是有必要的。这就涉及严复对世界和学问的划分问题。我们反对简单地把严复的思想"归结"为实证主义和科学主义，因为在他的思想中"世界"不是单纯、单一的物理存在。主要受到斯宾塞观念的影响，同时也融合了佛学的思想，严复眼光下的世界，从世界的存在本身来看，可分为"对待之域"①和"非对待之域"；从与人类的认知关系来看，可分为经验的、可知的、可思议的世界和超验的、不可知、不可思议的世界。在严复那里，这也是"教"与"学"的两个不同世界：

> "教"者所以事天神，致民以不可知者也。致民以不可知，故无是非之可争，亦无异同之足验，信斯奉之而已矣。"学"者所以务民义，明民以所可知者也。明民以所可知，故求之吾心而有是非，考之外物而有离合，无所苟焉而已矣。"教"崇"学"卑，"教"幽"学"显；崇幽以存神，卑显以适道，盖若是其不可同也。②

严复这里说的"教"和"学"，大致上也就是我们现在一般所说的"宗教"与"科学"。在古代中国哲学中，我们看到的两个世界划分，或如道家的"无形"、"无名"与"有形"、"有名"的二分，或如《周易》的形而上者之道与形而下者之器的二分，或如理学的天理与气的二分。按照严复的两个世界划分，形而上的绝对者——如道家的"道"、儒学的"太极"、宗教中的主宰神（如基督教的"上帝"和儒家的"天神"，还有佛教中的"涅槃"等）——都属于非对待的、不可知的、不可思议的超验世界中的存在。

---

① 严复说："彼是对待之名词，一切世间所可言者，止于对待。"（严复：《〈庄子〉评语》，王栻主编：《严复集》第四册，第1106页）

② 严复：《救亡决论》，王栻主编：《严复集》第一册，第52页。

佛所称涅槃，即其不可思议之一。他如理学中不可思议之理，亦多有之，如天地元始，造化真宰，万物本体是已。至于物理之不可思议，则如宇如宙，宇者太虚也，宙者时也，他如万物质点，动静真殊，力之本始，神思起讫之伦，虽在圣智，皆不能言，此皆真实不可思议者。①

老谓之道，《周易》谓之太极，佛谓之自在，西哲谓之第一因，佛又谓之不二法门。万化所由起讫，而学问之归墟也。②

与之相反的是形而下的世界，是物理的世界，是自然现象的世界。《老子》和《易传》所说的"器"、程朱理学所说的"气"，都属于对待的、相对的、可知的、可思议的世界。在严复看来，对待的、可知的世界是一个"形气"的世界，即各种各样的物理客体、自然现象和自然之理的世界。

在这两个不同的世界中，严复思想中的"天"观念主要是属于对待的、经验的、可知的、可思议的世界。这就是他所说的"无所为作而有因果之形气，虽有因果而不可得言之适偶"这种意义上的"天"，也是作为他思想核心的"天演"的"天"。从严复热烈称赞新的学问和各种科学来说，从他接受的西方经验哲学和进化论来说，严复在一定程度上把"天"学问化、实证化和科学化了，这使得他的思想具有了一定程度的实证主义和科学主义的色彩：

夫只此意验之符，则形气之学贵矣。此所以自特嘉尔以来，格物致知之事兴，而古所云心性之学微也。③

吾生学问之所以大可恃，而学明者术立，理得者功成也。无他，亦尽于对待之域而已。④

① ［英］赫胥黎：《天演论》，严复译，商务印书馆1981年版，第73—74页"复案"。
② 严复：《〈老子〉评语》，见王栻主编：《严复集》第四册，第1084页。
③ ［英］赫胥黎：《天演论》，严复译，商务印书馆1981年版，第71页"复案"。
④ 严复：《〈穆勒名学〉按语》，见王栻主编：《严复集》第四册，第1036页。

严复说的"形气之学"、"格物致知之事"，是指科学和科学研究，即他所说的跟"教"相对的"学"。这样的"学问"跟"宗教"的不同在于："言学者期于征实，故其言天不能舍形气；言教者期于维世，故其言理不能外化神。"①据此，"天"是学问的对象，是以"形气"来表现并能够使学问得到证实和验证的存在。

由于严复不否认宗教的世界，承认一个非对待的超验世界，因此他的"天"在物理"形气"的意义之外是否还同形而上学发生关系，是否还具有宗教主宰性的意义（"天意"、"天神"），就成为一个需要仔细分析的问题。

就前者而言，严复的自然之"理"是同不可思议的世界之"理"相"贯通的"，这从下面的两段话可以看出：

> 盖天下事理，如木之分条，水之分派，求解则追溯本源。故理之可解者，在通众异为一同，更进则此所谓同，又成为异，而与他异通于大同。当其可通，皆为可解，如是渐进，至于诸理会归最上之一理，孤立无对，既无不冒，自无与通，无与通则不可解，不可解者，不可思议也。②

> 谈理见极时，乃必至"不可思议"之一境，既不可谓谬，而理又难知，此则真佛书所谓"不可思议"，而"不可思议"一言，专为此设者也。③

在这里，严复虽然没有像朱熹那样把最高的、绝对的"理"看成是"天理"，但从他的"天"和"形气"意义上的"可解之理"、相对的理，最终能够推演到"不可解"之理。再就是，此外，严复把宗教的信仰的最高对象看成是"空理"：

---

① ［英］赫胥黎：《天演论》，严复译，商务印书馆 1981 年版，第 92 页"复案"。
② ［英］赫胥黎：《天演论》，严复译，商务印书馆 1981 年版，第 75 页"复案"。
③ ［英］赫胥黎：《天演论》，严复译，商务印书馆 1981 年版，第 73 页"复案"。

合一群之人，建国于地球之面。人身，有形之物也，凡百器用与其规制，均有形之事也。然莫不共奉一空理，以为之宗主。此空理者，视之而不见，听之而不闻，思之而不测。而一群之人，政刑之大，起居之细，乃无一事不依此空理而行。其渐且至举念之间，梦寐之际，亦无心不据此空理而起也。此空理则教宗是矣。①

根据严复上两段话中"如是渐进，至于诸理会归最上之一理"，和"谈理由见极"的说法，"空理"也是与"自然之理"相关联的。

就后者而言，严复除接受"学问"之"天"外，还承认有与之相对的宗教上的"天神"、"天意"的"天"，这"天"也是非对待者和不可知者。在严复看来，过去的所有的宗教都以"事天神"（"'教'者所以事天神"）为特征；而且，不管科学和学术如何进步都仍然有"不可知者"存在。这样就为宗教的存在留下了余地：

盖学术任何进步，而世间必有不可知者存。不可知长存，则宗教终不废。学术之所以穷，即宗教之所由起，宗教可以日玄而无由废。②

这个"不可知"的存在，在严复那里也是"天"，但它是宇宙造化中不可或缺的主宰性的"天"：

使宗教而不任天，则一切之宗教可以废，彼之为此言宜耳。顾自学术之能事日蒸，今乃知民智国力之高下，即在此任天任人之多寡，法令之所能为众矣，岂仅户口多寡间哉？是故弥纶造化，主宰诚不可谓无，而谓人功无取者，此亡国之民也。③

李强说严复尽管区分了"天"的不同含义，但却并没有严格遵循各种

---

① 严复：《保教余义》，见王栻主编：《严复集》第一册，第83页。
② 严复：《天演进化论》，见王栻主编：《严复集》第二册，第319页。
③ 严复：《〈法意〉按语》，见王栻主编：《严复集》第四册，第1010页。

含义"不可混"的原则：一方面他的"天择"中的"天"相当于达尔文学说中的自然，指称一种普遍的、无意志的、有规律的存在；另一方面，它又指谓某种至高无上的、有意志的、人格化的存在。后者例如，严复把"天择"描述为"物特为天之所厚而择焉以存也者"，这里所谓"天之所厚"即是一种有意志的"天"的行为。[①] 可以说严复思想中的"天"确有"意志之天"的因素，但李强在这里给出的例证却没有这种意义。严复在《天演论》译文中所说的"物特为天之所厚而择焉以存也者"中的"天"，并不是说"天"对事物的选择真是"有意志"的行为，而是说在万物的进化中只选择那些"适合"环境和善于竞争的事物，这好像是天有偏好、厚待某些事物。严复的译文如下：

> 天择者，物争焉而独存。则其存也，必有其所以存，必其所得于天之分，自致一己之能，与其所遭值之时与地，及凡周身以外之物力，有其相谋相剂者焉。夫而后独免于亡，而足以自立也。而自其效观之，若是物特为天之所厚而择焉以存也者，夫是之谓天择。[②]

这同严复在《述黑格尔惟心论》中言之"国群天演，所以淘汰劣者之利器也。……胜者天之所助也，败者天之所废也。……黑氏曰：'亡国败群，皆天谴（Divine Reprisals）也'"[③]一样，都是强调"自然选择"本身就倾向于"善者"，而不是说"天"有意志、有目的地选择善者。严复思想中的"天"确实有"天意"和"天神"这一因素，但它并不出现在"天择"之"天"中（后面，我们将会仔细讨论"天择"之"天"的意义），而是严复为宗教这一非对待和不可知的世界预留的。严复思想的这种复杂性，反映了他调和科学与宗教、经验世界与超验世界的倾向。不过，由于"形气之

---

① 参见李强：《严复与近代思想的转型——兼评史华兹〈寻求富强：严复与西方〉》，《中国书评》总第九期（1996年2月）。

② ［英］赫胥黎：《天演论》，严复译，商务印书馆1981年版，第3页。

③ 王栻主编：《严复集》第一册，第216页。

学"、科学和"天演论"是严复关心的重点，因而这些领域中的"天"自然也是严复更为注重的。

二、自然、必然之"天"和"天演"

通过以上讨论，我们已经知道，严复思想中的"天"在对待的、可知的、可思议的世界中，在跟宗教相对的实证性的学问、科学中，是如何被设定和运用的。现在我们来探讨一下它的所指究竟是什么。

一般而言，严复的"天"，一是指自然，二是指必然；具体而言，严复的"天"则是指自然演化的普遍原理和法则。我们从严复对"天"的定义说起。在《〈原富〉按语》中，严复定义"天"说：

> 天者何？自然之机，必至之势也。①

按照严复这里的定义，他的"天"有两个重要特性：一是指"自然之机"；二是指"必至之势"。如果我们理解得不错的话，"自然之机"说的是"天"的"自然（而然）性"，"必至之势"说的是"天"的"必然性"。

在第一个特性中，严复的"天"观念是同"自然"观念密不可分的，或者说严复的"天"的一个基本意义是指自然。史华兹（Benjamin I. Schwartz）认为，严复用"天"来表示 nature 这个词是恰当的。他说："总的来说，严复认为'天'字的一系列含义与'nature'的含义相去不远，这一看法是正确的。"② 但我们需要注意的是：nature 一词在西语中是一个含义十分复杂的词；严复不仅用"天"，而且也用"自然"来理解和翻译 nature 和 physical。反过来，他也用西语 nature 和 physical 来看待中国的"天"和"自然"。"自然"作为道家的一个关键词，在不同的中国思想家的用法中含

① 严复：《〈原富〉按语》，见王栻主编：《严复集》第四册，第 896 页。
② 参见［美］史华兹：《寻求富强：严复与西方》，叶凤美译，江苏人民出版社 1996 年版，第 89 页。

义也有差异：老子主要用它指称万物和百姓不受外在控制的、内在于自身的、自己如此的"自发状态"，庄子主要用它指称事物和人的不能加以人为改变的"本然性"或"本真性"，王充主要用它指称天地的"无目的性"和"无意识性"。严复所说的"自然之机"的"自然"，注重的是天的"无所为作"和"自然而然"，它同王充使用的"自然"更为接近。从这种意义上说，它同西语的 nature 也有类似的地方，就像拉夫乔伊（A. O. Lovejoy）总结自然的意义第 36 条所说的那样：

> 只要"自然"的活动的规模性（第 13、14 项涵义）被解释为机械的因果性，"自然"一词尤其是它的某些近代涵义，指的就是作为一个机械系统的世界，而且（尤其是）"自然主义"就意味着把世界看作这样一个系统的观念。这里与之相对的是自由、自发或是最终因。①

正因为如此，严复把中国的"自然"和西语的 nature、physical 都同"天"结合了起来，使"天"在很大程度上具有了自然主义的色彩。

严复的"天"不仅意味着"自然而然"的"自然"，而且意味着"不得不如此"的"必然"。如果说前者旨在排除超自然的主宰和意志，从事物自身及其相互关系来看待事物，那么后者则侧重于揭示事物的变化受其内在普遍法则的支配。在这一点上，严复的"天"同王充的"天"和"自然"又有明显不同之处。在严复看来，"天"是自然，但它又是具有"因果性"的自然，而不是碰巧如此的偶然。严复说的"至于无所为作而有因果之形气，虽有因果而不可得言之适偶"，正好同时包括了这两个方面，就像他对"天"的定义那样。"适偶"在王充那里，指的是事物的变化没有确定的趋势和结果，类似于我们现在一般说的"偶然"和"概然"。而严复说的"必至之势"，意思是必然的趋势。"势"在法家哲学中指的是"权势"和"权能"，在柳宗元哲学中指的是"历史趋势"，在王夫之哲学中指的是得

---

　　① ［美］拉夫乔伊：《"自然"的一些涵义》，彭刚译，见吴国盛主编：《自然哲学》第 2 辑，第 573 页。

其"理"的"自然成势"，在金岳霖哲学中指的是"殊相生灭"的"实际情形"。贺麟认为，"势有必至，理有固然"是"健康的常识"，他以此批评金岳霖所说的"理有固然，势无必至"。[①] 比较起来，严复的"势"类似于贺麟对"势"的用法，他在翻译赫胥黎的《天演论》时也用了"势有必至，理有固然"[②] 的命题。"必至之势"严复又称之为"自然之势"，例如他在批评老子的"复归论"违背自然趋势时说：

> 今夫质之趋文，纯之入杂，由乾坤而驯至于未济，亦自然之势也。老氏还淳返朴之义，独驱江河之水而使之在山，必不逮矣。夫物质而强之以文，老氏訾之是也。而物文而返之使质，老氏之术非也。何则？虽前后二者之为术不同，而其违自然，拂道纪，则一而已矣。[③]

在跟"势"类似的意义上，严复又用"运会"来说明"天"的必然性。古代中国的"运会"一词，有世运、运势等意义，多用于人世和社会领域。严复下面这段话中的"运会"便是这种用法：

> 运会所趋，岂斯人所能为力。天下大势，既已日趋混同，中国民生，既已日形狭隘，而此日之人心世道，真成否极之秋，则穷变通久之图，天已谆谆然命之矣。继自今，中法之必变，变之而必强，昭昭更无疑义，此可知者也。[④]

在严复那里，"天"的必然性不仅是"势"和"运会"，而且还是抽象度更高的"理"和"因果"。在作为必然性的法则、规律的意义上，严复的"理"同庄子、韩非子、郭象、王夫之、戴震等人使用的"理"有可比性，

---

① 参见贺麟：《五十年来的中国哲学》，辽宁教育出版社 1989 年版，第 29—30 页。
② ［英］赫胥黎：《天演论》，严复译，商务印书馆 1981 年版，第 83 页。
③ 王栻主编：《严复集》第四册，1082 页。
④ 严复：《救亡决论》，见王栻主编：《严复集》第一册，第 50 页。

但严复的"理"带有前人的"理"所不具有广义的实证科学的"物理"的含义，这就是严复津津乐道的普遍适用的必然性"公理"、"公例"①，也是他说的"自然律令"：

> 皆有其井然不纷、秩然不紊者以为理，以为自然之律令。自然律令者，不同地而皆然，不同时而皆合。此吾生学问之所以大可恃，而学明者术立，理得者功成也。②
>
> 一理之明，一法之立，必验之物物事事而皆然，而后定之为不易。其所验也贵多，故博大；其收效也必恒，故悠久。③

严复使用的"因果"观念主要也是指科学意义上的公例和自然律令。"因果"作为佛教用语，是说一个人的言行之因必然为他带来后事之果；作为西方近代知识论的重要观念，因果概念探讨的则是前后相随的自然现象之间存在的必然联系。休谟的经验论认为，因果是人的心理意识上的习惯和信仰。与休谟不同，J. S. 穆勒（John Stuart Mill）的经验论则坚持，在现象的前后相续中存在着必然联系；在这种联系中，不变的前提条件是原因，由此而引起的不变的产物是结果。穆勒在他的《逻辑学体系：演绎归纳》（*A System of Logic, Ratiocinative and Inductive*）这部书中设专章讨论"因果"问题。严复把穆勒的这部书译为《穆勒名学》，并加了不少按语。严复为穆勒讨论"因果"这一篇章加了两处按语：一处是从力学的立场谈论了陨石与地球之间的因果关系，一处是从《周易》来理解穆勒所说的"恒因"。严复对穆勒的"因果"观念并没有表明自己的立场。但是，从严复竭力提倡穆勒的归纳和演绎方法来看，他应该会接受穆勒的"因果"必然性观念。

严复所谓"天演"的"天"，抽象地说，既是自然又是必然；具体地说，

---

① 例如："夫公例者，无往而不信者也。"（严复：《〈老子〉评语》，见王栻主编：《严复集》第四册，第1093页）"科学所明者公例，公例必无时而不诚。"（严复：《译斯氏〈计学〉例言》，见王栻主编：《严复集》第一册，第100页）

② 严复：《〈穆勒名学〉按语》，见王栻主编：《严复集》第四册，第1036页。

③ 严复：《救亡决论》，见王栻主编：《严复集》第一册，第45页。

它既是作为宇宙"自发进化"的自然又是"不可逆的趋势及其规律"的必然。在这一方面，严复受到了达尔文生物进化论和斯宾塞普遍进化论的双重影响。[1] 严复把 evolution 这个词译成"天演"，从而对两者的进化论进行了"贯通"和"会通"。在严复那里，两者的关系比它们实际上产生的关系更密切。自然和必然意义上的"天"之"演化"，就是两者的最大公约数。尽管斯宾塞的哲学和进化论非常广泛和综合，但其中始终贯穿的是"天演"的主旨。斯宾塞的一系列著作，如《综合哲学提纲》（*System of Synthetic Philosophy*，严复译为《天人会通论》）和《第一原理》、《生物学原理》、《心理学原理》、《社会学原理》和《伦理学原理》等，就是最好的证明。严复说：

> 斯宾塞尔者，与达同时，亦本天演著《天人会通论》，举天、地、人、形气、心性、动植之事而一贯之，其说尤为精辟宏富。其第一书开宗明义，集格致之大成，以发明天演之旨；第二书以天演言生学；第三书以天演言性灵；第四书以天演言群理；最后第五书，乃考道德之本源，明政教之条贯，而以保种进化之公例要术终焉。呼呼！欧洲自有生民以来，无此作出。[2]

达尔文的进化论主要限于生物学领域，并且对生物学法则的社会运用持保留态度，但对严复来说，达尔文的进化论同样是立足于"天演"。

同是自然和必然的"天演"观念，在斯宾塞那里，它是指整个宇宙的进化法则。对于这一法则，严复在《天演论》按语中所作的介绍[3]是大家所知的。严复深信这一法则，认为这是对宇宙自然和必然进化具体而又真实的反映，适合人类活动的整个领域：

---

[1] 有关严复的进化主义世界观，参见王中江：《进化主义在中国》，首都师范大学出版社 2002 年版，第 69—75 页。

[2] ［英］赫胥黎：《天演论》，严复译，第 4—5 页。

[3] 严复介绍说："斯宾塞尔之天演界说曰：'天演者，翕以聚质，辟以散力。方其用事也，物由纯而之杂，由流而之凝，由浑而之画，质力相糅，相剂为变者也。'"（［英］赫胥黎：《天演论》，严复译，商务印书馆 1981 年版，第 6 页）对此，严复还有具体的解释。

> 天演之义，所苞如此，斯宾塞氏至推之农商工兵语言文学之间，皆可以天演明其消息所以然之故。①

　　与此不同，达尔文发现的是生物学领域的进化法则，这个法则叫作"生存竞争"和"自然选择"。严复将它们翻译为"物竞"和"天择"，说这是"天演之体"的两种作用——"而其用有二：曰物竞，曰天择"。"物竞"的"物"显然比"生存竞争"的"生存"外延大；"天择"的"天"明显是"自然"的意义。严复没有达尔文的顾虑，也不听赫胥黎的劝告，他认为，这两个法则不仅对生物、对人类、对社会和国家，而且对万物都是普遍适用的必然真理，"此万物莫不然，而于有生之类为尤著"②。斯宾塞发明了"适者生存"的概念。他认为，有机体因外部环境影响而产生的变异如果同环境适应就会被选择，因而有机体本身对环境的适应性对生物进化作用也是重要的，单靠外部对生物的"自然选择"不足以解释生物的进化。严复把斯宾塞的"适者生存"翻译为"体合"，认为它是进化的"秘机"③。"天择"就是对"适者"的选择，由此带来了宇宙的进化。

　　严复的"天演"及其法则的自然、必然意义，在他把"天演"同中国古代的"天"结合起来看待时也表现了出来。严复接受天演论，并且认为中国古代的"天"字所包含的多重含义中就有"天演"一义。这种意义上的"天"同冯友兰说的"自然之天"或"自然运行之天"，以及池田知久说的"法则的天"有类似之处。严复认为中国古代的"天"字有"天演之天"的意义，这就意味着，在他看来中国古代具有"天演"的思想。例如，他批注《老子》第五章的"天地不仁，以万物为刍狗"时说，这是"天演开宗语"；在批注"天地不仁，以万物为刍狗；圣人不仁，以百姓为刍狗"

---

① ［英］赫胥黎：《天演论》，严复译，商务印书馆1981年版，第8页。

② ［英］赫胥黎：《天演论》，严复译，见王栻主编：《严复集》第五册，第1324页。

③ 严复的译者注解释"体合"说："物自变其形，能以合所遇之境，天演家谓之体合。"（［英］赫胥黎：《天演论》，严复译，商务印书馆1981年版，第36页注2）在按语中严复说："体合者，进化之秘机也。"（［英］赫胥黎：《天演论》，严复译，商务印书馆1981年版，第36页）

时说,"此四语括尽达尔文新理";并且对王弼从自然主义立场来解释"天地不仁,以万物为刍狗"称赞道,"至哉!王辅嗣"。[①] 老子的这些话确实包含着"天地"无目的、无意识的"自然而然"的意义[②],严复可能就是从"此四语"中联想到了达尔文的"自然选择"观念。但是,说它们就是达尔文的进化论,那肯定是过度诠释,就像他把司马迁说的"《易》本隐而之显"、"《春秋》推见至隐"解释为"外籀"("演绎")和"内籀"("归纳")一样。严复在第十五章中还批注道,"浊以静之徐清,安以久动之徐生",说"天演真相万化之成由此"。[③]

当然,严复在《老子》中又发现了它同"近世哲学"不同的地方:

> 以下三章,是老子哲学与近世哲学异道所在,不可不留意也。今夫质之趋文,纯之入杂,由乾坤而驯至于未济,亦自然之势也。老氏还淳返朴之义,独驱江河之水而使之在山,必不逮矣。夫物质而强之以文,老氏訾之是也。而物文而返之使质,老氏之术非也。何则?虽前后二者之为术不同,而其违自然,拂道纪,则一而已矣。[④]

严复说的"近世哲学"其实就是"进化论"。《老子》的"复归论"和《庄子》中的"至德之世说",同严复坚持的"天演论"是非常不协调的。

撇开这一差异不论,中国古代的"天演之天",在严复看来主要是指"自然而然的变化"和"必然性"。他把"三玄"中的"天地"都解释为"物化"的明显的例证。他说:

> 凡读《易》、《老》诸书,遇天地字面,只宜作物化观念,不可死

---

① 严复:《〈老子〉评语》,见王栻主编:《严复集》第四册,第 1077 页。

② 王弼的注说:"天地任自然,无为无造,万物自相治理,故不仁也。……天地不为兽生刍,而兽食刍;不为人生狗,而人食狗。无为于万物而万物各适其所用,则莫不赡矣。"(王弼:《老子道德经注》,中华书局 2011 年版,第 15 页)

③ 严复:《〈老子〉评语》,见王栻主编:《严复集》第四册,第 1081 页。

④ 严复:《〈老子〉评语》,见王栻主编:《严复集》第四册,第 1082 页。

向苍苍搏搏者作想。苟如是，必不可通矣。①

老庄书中所言天地字面，只宜作物化看，不必向苍苍搏搏者作想。②

中国古代的"天"在不同"地"对比的时候，是包括了"地"在内的。严复说"天地"是"物化"，强调的是天地的无目的、无意识的"自然而然的变化"，这也是他主张不要把天地想象为"苍苍抟抟者"的根据。所谓"苍苍"、"抟抟"，也就是天与地。庾信的《思旧铭》说："所谓天乎，乃曰苍苍之气；所谓地乎，其实抟抟之土。"③按照这种说法，严复说不可把"天地"硬看成是"苍苍抟抟者"，乃是说不要硬从"实体性"的"气"和"土"来看待"天地"。《老子》、《庄子》、《荀子》、《论衡》中的"天地"、"天"的观念，整体上都有很强的自然主义特征，其中《论衡》更是在直接对抗"天"的目的性、意志性的背景下主张"天"的"自然无为性"，例如：

> 天动不欲以生物，而物自生，此则自然也。施气不欲为物，而物自为，此则无为也。谓天自然无为者何？气也，恬淡无欲，无为无事者也。④

但正如我们前面已经指出的，严复同王充的自然之"天"有一个很大的不同，这就是严复的"天"的自然是必然的，但在王充的"天"的自然是偶然的。

总而言之，严复对"天演"及其"法则"的看法，对道家"天"的认

---

① 严复：《〈老子〉评语》，见王栻主编：《严复集》第四册，第 1078 页。

② 严复：《〈老子〉评语》，见王栻主编：《严复集》第四册，第 1130 页。

③ 康有为《大同书》甲部绪言也有这种用法："苍苍者天，抟抟者地，不过一大杀场、大牢狱而已。"（参见《康有为全集》第七集，第 4 页）

④ 王充：《自然篇》，见王充：《论衡》，上海人民出版社 1974 年版，第 278 页。如王充说："夫天道，自然也，无为"。（王充：《谴告篇》，见王充：《论衡》，第 224 页）又说："自然无为，天之道也。"王充：《初禀篇》，见王充：《论衡》，第 42 页。

同，都显示出他从自然和必然把握"天"的立场。

三、"天演"与人类、人道和社会

根据以上的讨论，我们知道了严复怎样立足于科学和进化立场把"天"自然化以及如何信奉自然演化及其必然性的。现在的问题是：严复对人类社会、人道和社会的主张跟他的这种立场是什么关系？简单说，他的人类观和人道观是在他的自然演化信念之下建立起来的。正因为如此，在严复那里，人类和人道也是在自然进化的意义上趋向合理化的，即它们都是自然演化的必然结果。

按照基督教信仰的创世论，生物和人类都是上帝创造的。但这种信仰因受到达尔文生物进化论的革命性挑战而不再是自明的了。严复也认识到了这场革命的性质。他认为，由达尔文和他前后的生物学家共同促成的这场革命，立足于纯粹自然的力量来说明生物、人类的起源和进化，从根本上颠覆了创世论对生物和人类的超自然主义解释，即"万类之所以底于如是者，咸其自己而已，无所谓创造者也"[1]。在这场革命性的转变中，达尔文是最有力的推动者，严复十分恰当地把他同哥白尼相提并论：

> 古者以人类为首出庶物，肖天而生，与万物绝异；自达尔文出，知人为天演中一境，且演且进，来者方将，而教宗抟土之说，必不可信。盖自有歌白尼而后天学明，亦自有达尔文而后生理确也。[2]

达尔文的进化论遭到西方宗教人士的猛烈攻击和抵制，它在中国传播时受到的反驳也主要来自基督教信徒。例如作为代表性人物之一的李春生，在《〈天演论〉书后》中，对《天演论》、对严复的"案语"逐一进行了批

---

[1]　[英]赫胥黎：《天演论》，严复译，商务印书馆1981年版，第4页。
[2]　[英]赫胥黎：《天演论》，严复译，商务印书馆1981年版，第4页。

驳。[①] 不过，中国知识界的整体迅速接受了人类由演化而来的观念，这同中国古代宗教性的"天生庶物"、"天生烝民"的观念并没有那么有力是有关系的。只是，史华兹和我们的研究表明，包括严复在内，当时中国一流的人文学者对达尔文生物进化论本身并没有特别的兴趣[②]，他们关注的是这一新兴科学以"人为天演中之一境"的世界观意义，即用人类自然演化的解释取代超自然的解释。一旦走到这一步，人类的特殊性就减少了，说达尔文把人类降到了动物演化的整体水平线上是不为过的。在斯宾塞的"举天、地、人、形气、心性、动植之事而一贯之"的宇宙整体演化论中，人类的特殊性更被万物演化的共同性所淡化。严复越是倾心于这种自然演化论，人类就越是被他自然化。他没有限制地把"天演法则"运用于解释社会现象的做法大大强化了这一点。

　　在生物学领域中，赫胥黎是达尔文进化论的坚定捍卫者，但他拒绝将生物进化法则运用于社会领域，认为适合自然领域的法则并不适合社会领域，社会领域需要的是人道和伦理规范。这是他在《进化论与伦理学》中阐述的一个基本立场。严复翻译了这部书，但他认为达尔文的"天演"法则对人类社会同样适用：

　　　　所谓争自存者，谓民物之于世也，樊然并生，同享天地自然之利。与接与构，民民物物，各争有以自存。其始也，种与种争，及其成群成国，则群与群争，国与国争。而弱者当为强肉，愚者当为智役焉。迨夫有以自存而克遗种也，必强忍魁桀，趫捷巧慧，与一时之天时地利洎一切事势之最相宜者也。且其争之事，不必爪牙用而杀伐行也。习于安者，使之处劳，狃于山者，使之居泽，不再传而其种尽矣。争存之事，如是而已。……此微禽兽为然，草木亦犹是也；微动植二物

　　①　参见李春生的《〈天演论〉书后》，见李明辉等合编：《李春生著作集》第四册，台北南天书局 2004 年版。
　　②　参见［美］史华兹的《寻求富强：严复与西方》，第 41—42 页；王中江：《进化主义在中国》，第 61—62 页。

为然，而人民亦犹是也。人民者，固动物之一类也。①

舟车大通，种族相见，优胜劣败之公例，无所逃于天地之间。②

我们可以认为严复这里的说法是"社会达尔文主义"的中国表述，并把它同斯宾塞的社会达尔文主义联系起来。我们知道，斯宾塞的进化论是广义的，对他而言，人类社会进化只是他的普遍进化法则的一个例子。严复接受了斯宾塞的广义进化论，因此，对他来说，人类的生存竞争也可以说是普遍法则的一种表现：

小之极于跂行倒生，大之放乎日星天地；隐之则神思智识之所以圣狂，显之则政俗文章之所以沿革。言其要道，皆可一言蔽之，曰：天演是已。③

这是赫胥黎反对斯宾塞进化论的地方，也是严复最不能接受赫胥黎的地方。在赫胥黎看来，宇宙进程与社会和伦理的进化性质完全不同，社会和伦理的进化恰恰要回避宇宙过程并同它做斗争。根本不存在所谓"进化的伦理"，只有"伦理的进化"。自然界中老虎和狮子那样的生存斗争，绝不是人类学习的榜样。

严复把斯宾塞与赫胥黎在人类社会进化观的不同概括为主要是"任天"还是"任人"的对立。严复比较说：

斯宾塞之言治也，大旨存于任天，而人事为之辅，犹黄老之明自然，而不忘在宥是也。赫胥黎氏他所著录，亦十九主任天之说者，独于此书，非之如此，盖为持前说而过者设也。④

---

① 严复：《原强》，见王栻主编：《严复集》第一册，第5—6页。
② 严复：《〈社会通诠〉按语》，见王栻主编：《严复集》第四册，第929页。
③ ［英］赫胥黎：《天演论》，严复译，商务印书馆1981年版，第5页。
④ ［英］赫胥黎：《天演论》，严复译，商务印书馆1981年版，第16页。

把社会进化主要委之于"自然之天"的力量，或者主要委之于人类自身的力量，从人与自然和天既统一又区别的意义上看，这实际上是注重人与自然的统一还是区别的问题。严复一直留意寻找中西思想之间的类似，在这一点上，他找到的是刘禹锡、柳宗元跟赫胥黎的高度一致。他说，刘禹锡的《天论》"正与赫胥黎氏以天行属天，以治化属人同一理解，其言世道兴衰，视法制为消长，亦与赫胥黎所言，若出一人之口"[①]。如果他们真的是同道，那么刘禹锡和柳宗元跟斯宾塞自然就是道不同了。

"任天"与"任人"的不同，也被严复概括为"尚力"之"天行"与"尚德"之"人治"（所谓"以尚力为天行，尚德为人治"）的不同。按照这种区分，严复主要选择斯宾塞的"任天为治"，就等于是选择了"尚力"的"天行"，而把"尚德"的"人治"置于自己的对立面。只是问题的复杂性在于，严复对力的理解不是单纯物质力量上的"强大"，它也包括正义和道德的力量，这样，他的"任天尚力"就有别于纯粹的强权主义者。另外，严复的"任天"并非不要德，他的观点是：从"任天"中能够演化出德和社会规范。如在自私（严复翻译为"自营"）、同情心（严复翻译为"善相感"）、任情等问题上，严复都从普遍必然的"天演"出发，批评赫胥黎的看法。在《天演论·恕败第十四》中严复说，赫胥黎"意欲明保群自存之道"并认为"不宜尽去自营"。[②] 在严复看来，赫胥黎的立意太狭隘了。严复这样说的依据之一是被他称为"太平最大公例"的斯宾塞社会学的"人得自由，而以他人之自由为界"[③]的看法，依据之二是被他称为经济学最大公例的亚当·斯密的"大利所存，必其两益：损人利己，非也，损己利人亦非；损下益上，非也，损上益下亦非"[④]的看法。对严复来说，普遍进化并不是简单减少或克制自私的问题，而是如何合理地满足自己的自私的问题，以上两个"公例"就是"合理"的尺度。

---

① 严复：《〈天演论〉手稿》，见王栻主编：《严复集》第五册，第1472页。
② ［英］赫胥黎：《天演论》，严复译，商务印书馆1981年版，第34页"复案"。
③ ［英］赫胥黎：《天演论》，严复译，商务印书馆1981年版，第34页"复案"。
④ ［英］赫胥黎：《天演论》，严复译，商务印书馆1981年版，第34页"复案"。

此外，严复还借助于功利主义者的开明利己主义（严复译为"开明自营"）的概念，为个人的"自营"辩护，批评传统社会中对自私的排斥和把道义与功利对立起来的观念，相信"开明自营"把自利与他利、道义与功利妥善地统一了起来：

> 自营一言，古今所讳，诚哉其足讳也！虽然，世变不同，自营亦异。大抵东西古人之说，皆以功利为与道义相反，若薰莸之必不可同器。而今人则谓生学之理，舍自营无以为存。但民智既开之后，则知非明道，则无以计功，非正谊，则无以谋利，功利何足病？问所以致之之道何如耳。故西人谓此为开明自营，开明自营，于道义必不背也。复所以谓理财计学，为近世最有功生民之学者，以其明两利为利，独利必不利故耳。①

与"自营"的合理进化相联系，严复也不接受赫胥黎将"群道"建立于"人心善相感通"的看法。在严复看来，个人从分散到建立社会群体，其动机和出发点原本是为了"安利"，并非是出于同情心。同情心则是为了稳固社会群体而发展起来的。因为"天演"将使那些能够合群和善于合群的生存下来，否则将被淘汰。个人如果没有安利的需求就不会有合群的愿望，没有合群的愿望自然也进化不出同情心。严复说："然则善相感通之德，乃天择以后之事，非其始之即如是也。"②按照这一逻辑，严复主张的其他合群公例都是普遍进化的产物，它们同个人安利的考虑并不矛盾，相反是为了更好地保护自己的利益。③

作为人类"任天"的另一个例子，是人类生理性需求（如生育、饮食等）方面的"任情"。在这一方面严复更为乐观，更带有进化自然合理的特征：

---

① ［英］赫胥黎：《天演论》，严复译，商务印书馆 1981 年版，第 92 页。

② ［英］赫胥黎：《天演论》，严复译，商务印书馆 1981 年版，第 32 页。

③ 严复说："呜呼！惟公乃有以存私，惟义乃可以为利，事证之明，孰逾此者？"（严复：《〈原富〉按语》，见王栻主编：《严复集》第四册，第 897 页）

凡人生保身保种，合群进化之事，凡所当为，皆有其自然者为之阴驱而潜率，其事弥重，其情弥殷。设弃此自然之机，而易之以学问理解，使知然后为之，则日用常行，已极纷纭繁赜，虽有圣者，不能一日行也。①

严复自设难者"任情而过"的质疑并回答说，"任情而过"本身是"违情"而不是"任情"，如饥而食、渴而饮是自然欲望的自然满足，而过度食饮并久成习惯，这是"任习"，人事和学问要纠正的正是"任习"。

赫胥黎忧虑人类自然生育会造成"人口过剩"，并造成严重的社会问题；但严复乐观地认为，"人口过剩"通过人类的自然进化和自然选择同样可以解决。他站在斯宾塞的立场上强调：

统此观之，则可知群治进极、宇内人满之秋，过庶不足为患，而斯人孳生迟速，与其国治化浅深，常有反比例也。……夫种下者多子而子夭，种贵者少子而子寿，此天演公例，自草木虫鱼，以至人类，所随地可察也。②

事实上，在整体意义和范围上的国家、社会，在严复那里也被自然化了，被看成是"任天"之天演的产物。社会和国家的自然化是指，严复把两者都看成类似于生物有机体，并从两者的基本单位、机关和作用等方面同生物细胞、器官和机能进行类比，虽然严复也指出了社会和国家有机体同生物有机体之间的差别③。社会和国家既然都是自然有机体，那么两者也

---

① ［英］赫胥黎：《天演论》，严复译，商务印书馆 1981 年版，第 16 页。
② ［英］赫胥黎：《天演论》，严复译，商务印书馆 1981 年版，第 38 页。
③ 这种差别在于生物有机体的细胞无觉性，整体有觉性；而社会和国家有机体的单位有觉性，全体无觉性。从这里他得出的结论是，个人的发展和利益是重要的，保证了个体的利益才能保证群体的整体利益。这里体现的是斯宾塞的个人自由主义。但严复有时又把"己"与"群"对立起来，认为在群己不能兼顾时，群重己轻，要舍己为群。参见严复：《天演进化论》，见王栻主编：《严复集》第二册，第 314—315 页。

就必然要在自然进化中演变和生长，如严复说：

> 则不知邦国政府虽属人功，而自其大分言之，实游于天演之中而不觉。大抵五洲民人所共有者，其事皆根于天性。天性，天之所设，非人之所为也。故近世最大政治家有言法人萨维宜："国家非制造物，乃生成滋长之物"。夫既属生成滋长之物，则天演涂术不能外矣。①

社会和国家有机体的进化，不仅遵循着普遍的进化法则，而且也遵循着把自身合理化的"公例"。这些公例既是自然演化的产物，又是正义的，如"各得自由而以他人之自由为界"、"群己并重，舍己为群"、"外患深浅而内治密疏"等。在严复看来，它们都是使社会和国家高度合理化的"公例"。

立足于人类社会和国家进化自然合理的观念，严复进而相信人类社会最终将达到完美的状态，这更充分地表现了他的进化乐观主义。在此，严复同样是坚定地站在斯宾塞一边。坚持以社会领域中的"人治"克服自然进化过程的赫胥黎，并没有把他带到人类单线进化的方向上。他不相信人类的进化是善自然而长、恶自然而消的过程，他认为人类的进化是善在进化，恶也在进化。赫胥黎的《天演论·演恶》篇提出的这一主张，是对严复和斯宾塞乐观主义的当面一击，因此严复对这一篇的批评也最为严厉，竟说"通观前后论十七篇，此为最下"②，他宣称：

> 夫斯宾塞所谓民群任天演之自然，则必日进善不日趋恶，而郅治必有时而臻者，其竖义至坚，殆难破也。……彼以为生既以天演而进，

---

① 严复：《政治讲义》，见王栻主编：《严复集》第五册，第1249页。严复又说："盖既以国家为有机体，斯其演进之事，与生物同。生物受自然之陶铸，本天生之种性，与乎外力逼拶之威，而一切之官体渐具，由此有以自立于天地之中，不亡于物竞之剧烈也。人群亦然。其始本于家族神权之结合，逼之以天灾人祸，相救以图自存，于是其形式自立，其机关渐出，而成此最后之法制。凡此皆演于自然者也。"严复：《政治讲义》，见王栻主编：《严复集》第五册，第1266页。

② ［英］赫胥黎：《天演论》，严复译，商务印书馆1981年版，第89页。

则群亦当以天演而进无疑。而所谓物竞、天择、体合三者，其在群亦与在生无以异，故曰任天演自然，则郅治自至也。[1]

斯宾塞预测社会进化的终极状态是"郅至极休"，对此严复持保留态度，但他断定"吾党生于今日，所可知者，世道必进，后胜于今而已"[2]。同样是从社会进化自然合理和臻于完善的立场出发，对于人道是以苦乐为究竟、还是以善恶为究竟的问题，严复给予的回答是，在人类进化还不够理想的情况下，乐苦与善恶不是一一对应的，但社会一旦进化到理想的状态乐苦即是善恶：

> 极盛之世，人量各足，无取挹注，于斯之时，乐即为善，苦即为恶，故曰善恶视苦乐也。[3]

如果说优胜劣败的残酷竞争法则使中国人认识到中国遇到的危机是什么，并促使中国人猛醒，那么适者生存和美好进化的大趋势则鼓舞着中国人对未来的乐观主义。但第一次世界大战的残酷事实，首先惊醒了严复对进化自然合理的美梦：

> 不佞垂老，亲见脂那七年之民国与欧罗巴四年亘古未有之血战，觉彼族三百年之进化，只做到"利己杀人，寡廉鲜耻"八个字。[4]

然而，中国人已被严复传布的进化、进步的世界观武装了起来，当欧洲整

---

① ［英］赫胥黎：《天演论》，严复译，商务印书馆1981年版，第89—90页。在《译〈群学肄言〉序》中，严复也说："真宰神功，曰惟天演，物竞天择，所存者善。"（《群学肄言》，严复译，第8页）

② ［英］赫胥黎：《天演论》，严复译，商务印书馆1981年版，第47页。

③ ［英］赫胥黎：《天演论》，严复译，商务印书馆1981年版，第46页。

④ 严复：《与熊纯如书》，见王栻主编：《严复集》第三册，中华书局1986年版，第692页。

体上处于悲观主义之际，中国的历史进化乐观主义似乎才刚刚开始。

结　语

严复的"天"的概念在早期扮演了他后期"自然"概念的主要意义，两者首先同他的进化论联系在一起，其次同他的科学联系在一起，最后是同他的伦理学和人的快乐与幸福生活联系在一起。

第四章

章太炎的近代祛魅与价值理性

——从"自然"、"人性"到人的道德"自立"

引　言

至少从外观看，章太炎的思想充满复杂性。这不仅是指他的思想来源众多，许多不同的东西都被他兜揽进其思想之网中，而且也指他的思想带有强烈的论辩性、反思性和批判性，同时还指他的思想前后有所变化①。但在章太炎如此复杂的思想中，我们也不是不能发现某种一贯性的东西，这就是他一贯拒绝超自然的绝对和实体的存在，在非唯物论意义上坚持无神论。章太炎对东西方传统中各种超自然神灵和有神论在理智上、价值上的颠覆和解构，贯穿在他一生理智奋斗和精神苦斗的主要历程中。这种颠覆和解构，同他对自然与人的思考紧密结合在一起。在这种思考中，他首先是用"自然主义"的"自然"去解构各种超自然的神和神秘性的东西，进而又用佛教唯识学的"心识"去解构各种超自然，并对"自然"做出了新的解释，消解了此前他所说的"自然"。这两者构成了章太炎的自然观。

_____

① 一般来说，章太炎的思想前后有一些明显的变化。参见姜义华：《章太炎评传》，百花洲文艺出版社 2010 年版。我想补充的是，章太炎的思想也有连续性很强的方面，在这些方面他前后保持着高度的一致性和一贯性。

河田悌一将章太炎称为"否定的思想家"。章太炎的思想充满否定性，其否定性远不止河田氏列出的那些东西[①]，他对超自然的存在也是否定的。但这并不意味着章太炎就是虚无主义者。严格意义上的虚无主义（或怀疑主义）除了坚持虚无，不再承认和接受任何价值和理想。章太炎的否定不是纯粹的否定，他在否定的同时也在建设；他的虚无也不是纯粹的虚无，他在将一些东西虚无化的同时，又有很高的理智和价值上的认同。简单地说，他先是认同自然主义的宇宙观和世界观，继之又认同唯识论的真理；与此同时，他提出了人性学说，并建立起以人的自觉、自律为基础的伦理道德和价值理性。我将之称为人的"道德自立"。

在广泛的意义上，章太炎对自然和人的思考是现代语境中自然与人的关系的一部分，也是古典中国天人之学一个新的延长线。以亨廷顿（Samule P. Huntington, 1927—2008 年）所说的把人从自然和社会两个方面中解放出来的"现代性"来衡量[②]，章太炎对自然与人的思考，关注的不是让人从大自然中解放出来。在这一点上，他不同于变法运动时期的严复，也不同于新文化运动时期的胡适，因为他们主张的中国近代革新都包括明显的用科学知识和技术来控制、利用自然的强烈愿望。事实上，这正是近代中国革新和发展的主要目标之一。另外，章太炎拒绝一切"超自然的存在"，显示出韦伯所说的现代社会的"祛魅"[③]及其相应的"理性化"特征。但是，我们必须马上限制这种类比。因为章太炎的"祛魅"及其"理智化"不是服务于工具理性，更不是让人释放自身的小自然并最大限度地世俗化和利益化。恰恰相反，章太炎的"祛魅"和"理智化"是为了建立一种道德信念和价值理性，并使之服务于近代中国变革特别是政治变革的需要。也就是说，章太炎对自然与人的思考要解决的真正问题，是为了让人从社会中解放出来，建立起一种适应于政治动员和革命需要的"价值理性"。

---

① 参见［日］河田悌一：《否定的思想家——章炳麟》，见章念驰编：《章太炎生平与学术》，生活·读书·新知三联书店 1988 年版，第 489—506 页。

② 参见［美］塞缪尔·P. 亨廷顿：《变化社会中的政治秩序》，王冠华等译，第 92 页。

③ 关于韦伯的"祛魅"概念，参见王泽应：《祛魅的意义与危机——马克斯·韦伯祛魅观及其影响探论》，《湖南社会科学》2009 年第 4 期。

一、用自然解构超自然

为了解构东西方传统中各种超自然的观念，章太炎一开始诉诸带有自然主义色彩的"自然"观念或自然理性。在他早期发表的《人定论》（1899年）、《天论》（《訄书初刻本》，1900年）、《视天论》（1899年）、《菌说》（1899年）、《儒术真论》（1899年）等重要文章中，我们可以看出，他用"自然"观念解构超自然的东西主要有最高意志的天、上帝、鬼神等，以及当时谭嗣同所说的"性海"、"灵魂"等。章太炎想通过这种解构将人从这些超自然的意志中解放出来。在章太炎看来，这些超自然的观念都是虚幻的、不真实的。中国人过去常常以天为实体，相信它有一个真实的形体（"真形"），但其实不是。这只是人们视觉中的一种错觉，而不是真正的天（"真天"），真正的天类似于古代中国人所说的道和自然：

> 且"天"之云者，犹曰"道"、曰"自然"而已。今将指一器一物，以为是"道"也，是"自然"也，其畴不大噱喷沫者哉！古者主日而郊。今乃知万物之生灭消长，皆由太阳之光热致之，而苍苍者无与也焉。然则古人亦知其但有"视天"，而非有"真天"，明矣。①
>
> 若夫天体，余尝谓苍苍之天，非有形质，亦非有大圜之气。盖日与恒星，皆有地球，其阿屯以太，上薄天际，其间空气复厚，而人视之苍然，皆众日之余气，固非有天也。王育说，天诎西北为无，其说稍诞。盖天本无物，故无字从天诎之以指事，因下民所见，不得无所指斥，故强以颠义引申之而曰天。六经言天言地，有周公以前之书，而仲尼删述，未或变更，若曰道曰自然而已矣。郊祭大报天而主日，

---

① 章太炎：《视天论》，见朱维铮、姜义华编注：《章太炎选集》，第42页。刊于《台湾日日新报》1899年1月8日的《视天论》有一段文字否认"上帝"和"帝"的实有："虽然，天且非有真形，而况上帝哉，古者言帝，亦犹言道言自然而已。墨子泥之，耶稣张之，斯其尊信也过矣。"（姜玢编选：《革故鼎新的哲理 —— 章太炎文选》，上海远东出版社1996年版，第15页）

万物之主，皆赖日之光热，而非有赖于天。故假言曰帝，其真即日。[1]

在以上两段文字中，章太炎都用人的视觉、道和自然概念去否定实体性的意志之天。

章太炎否认了超自然的天之后，进一步当然就要否认超自然的"天命"，否认神秘的冥冥之中的"禨祥算数"。按照《儒术真论》中的看法，"天命"不过是指那种人们无法左右的、内在于自然的必然性力量，并非真有一种超自然的意志在决定人间的祸福。在《人定论》中，他将"天命"看成是愚人的"自惑"和圣人的权宜之计：

> 乘猋风而薄乎玄云之上，视苍苍之天者，其果能为人世祸福乎？抑亡乎？曰：夫柳子厚者，固以痈痔果蓏拟之也，余则曰浮游乎空虚之中，百昌生物，以息相吹，并痈痔果蓏而亦未尝有也。借曰有之，禨祥之说，则上古愚人所以自惑，而圣人因其诬妄以为劝戒，亦犹蚩尤之作五刑，而圣人因之以为黥墨劓刖而已矣。[2]

章太炎否认超自然的"天命"，但又承认一种与王充所言类似的、"遭遇"和偶然意义上的"命"。它是个人性的，群体和国家没有命运。章太炎接受荀子的"人之命在天，国之命在礼"[3]、"从天而颂之，孰与制天命而用之"[4]等说法，反对称颂和赞扬天的力量，将群体和国家的治理完全归于人事的作用："是则以天为不足称颂，而国命可自己制，其何有天哉？曰：天者自然而已；曰：命者遭遇而已。"[5]

我们知道，"天"、"道"、"自然"在中国古典中都是歧义丛生的概念。

---

[1]　章太炎：《儒术真论》，见姜玢编选：《革故鼎新的哲理——章太炎文选》，第48页。

[2]　章太炎：《人定论》，见姜玢编选：《革故鼎新的哲理——章太炎文选》，第18页。

[3]　荀子：《强国》，见北京大学《荀子》注释组：《荀子新注》，中华书局1979年版，第253页。

[4]　荀子：《天论》，见北京大学《荀子》注释组：《荀子新注》，第278页。

[5]　章太炎：《儒术真论》，见姜玢编选：《革故鼎新的哲理——章太炎文选》，第54页。

但章太炎批评的古代之"天"主要在超自然实体方面。严格来说，这只是古代中国传统中的"天"的一种意义，就像我们在西周大传统和汉代思想中所看到的那样。与此不同，"天"还有庄子和王充等所使用的无意识和自然而然的意义，这是中国古代自然主义意义上的"天"。这种意义上的"天"与"自然"是互相界定的。由此而言，章太炎用"自然"去解构意志性的"天"，同时也是用一种自然之天去反对意志之天。"道"概念的复杂性更是不言而喻，章太炎的使用主要限于自然秩序或法则的意义。他用这种意义上的"道"去解释"天"，是从正面主张"天"是一种自然秩序，否认将"天"看成是超自然的力量以及对万物和人类的主宰。

否认超自然的意志之天的存在和作用，只承认自然而然的自然之天，这就意味着宇宙万物的产生和活动都是内在于宇宙万物自身作用的自然的产物。对章太炎来说，用"自生"、"自力"和"自造"等术语表达的"自然"概念，指的就是事物自身的这种"自发性"动力。在《菌说》中，我们看到了章太炎引用庄子和王充的"自取"、"自生"等观念来论证万物以"自发性"而产生的思想：

> 夫非有"上帝"之造之，而物则自造之。故曰："咸其自取，怒者其谁耶？"①
> 夫上帝为何者哉？《论衡·自然》曰："天地合气，万物自生"②

章太炎很赞赏王充的立场，于是紧接着写道："此言可谓洞幽明之故矣。"③

按照章太炎的主张，世界本身是自足的，万物是自足的，只是万物的自发性活动造就了万物。章太炎特别强调作为这种自发性活动的万物之间的相互作用，《视天论》称之为"气各相摄"：

---

① 章太炎：《菌说》，见朱维铮、姜义华编注：《章太炎选集》（注释本），第 60 页。
② 章太炎：《菌说》，见朱维铮、姜义华编注：《章太炎选集》（注释本），第 75 页。
③ 章太炎：《菌说》，见朱维铮、姜义华编注：《章太炎选集》（注释本），第 75 页。

夫大钧播物，气各相摄，月摄于地，地摄于月，日复摄于列宿。其所以鼓之舞之旋之折之者，其用大矣，安事此苍苍者为？上古风俗淳朴，见有块然成物者，不敢质言以为必无。彼虹蜺特日光水气所激耳，而亦以立名。强名曰"天"，亦若是尔。①

说万物来自于内在于自身的自然而然的"自生"、"自造"仍是抽象的，还需要进一步追问万物为什么能够"自生"、"自造"，内在于它自身的"动力"具体是什么。在这一点上，章太炎吸取了西方思想中的"原子"概念，当时这个概念被音译为"阿屯"。章太炎不仅假定原子是万物的本质和"原质"，而且还假定了原子具有"爱恶"、"情伪"等内在的动力：

盖凡物之初，只有阿屯，而其中万殊。各原质皆有欲恶去就，欲就为爱力、吸力，恶去为心力、驱力。有此故诸原质不能不散为各体，而散后又不能不相和合。②

"力"作为近代中国机械主义的标志性概念所指非常广泛，其含义远远超出了力学等自然科学的范围，它被绝对化为作为万物"原质"的"原子"的活力，并被看作一切事物都具有的能力和作用。章太炎假定的"原子"是拟人化的，也是生命化的，这使这一机械主义的概念又带上了非机械的色彩；"以太"（aether 或 ether）是近代中国机械主义世界观的另一个标志性概念，在西方近代科学中它曾被设想为电磁波的传播媒质。谭嗣同将这一概念比附为没有形体的精神的东西。章太炎反对这样的比附，他用自然科学的立场来解释"以太"，认为"以太"是细微的有形的东西，它能传播光波，并因它振动的快慢而引起光的不同波长：

彼其实质，即曰阿屯，以一分质分为五千万分，即为阿屯大小之

---

① 章太炎：《视天论》，见朱维铮、姜义华编注：《章太炎选集》（注释本），第41页。
② 章太炎：《菌说》，见朱维铮、姜义华编注：《章太炎选集》（注释本），第62页。

数，是阿屯亦有形可量。以太流动，虽更微于此，而既有迟速，则不
得谓之无体。[1]

　　原质有形，即以太亦有至微之形，固不必以邈无倪际之性海言也。[2]

章太炎以此否定谭嗣同神秘性的"性海"、"灵魂"和"以太"观念。

　　对章太炎来说，无机物与有机物、植物与动物之间没有绝对的分界线，
它们的区别只是进化程度和驱动力的不同而已。为了解释生命的起源，章
太炎假定了生命的原始冲动——"菌"和"蛊"，它们具有"欲恶去就"
等"妄想"的生命力，是原子从无生命到生命演变的主要基础。生命就是
在事物这种"渐思渐变"中演化出来的，人类又是从原始的生命现象中演
化和进化出来的：

　　　　夫自诸异物而渐化为人者，此亦以思自造者也。若是者则皆所谓
　　以妄想生之，而伏曼容之所谓蛊，《淮南》之所谓菌也。[3]

　　　　凡细胞诸种，皆自原形质成立。……夫质素相同，而作用有间，
　　斯最足异者。是即生物之所以灵运，然非有神宰畀之矣。[4]

　　章太炎还将生命的"自造"之"思"分为两种：一种是以"思"致力
来达到自我的进化，另一种是单凭"思"本身来实现进化。他认为这两种
"思"分别类似于接子的"或使"和季真的"莫为"："有以思致其力而自
造者焉，有不假于力而专以思自造者焉。致力以自造者，接子或使之说也；
不假力而自造者，季真莫为之说也。"[5]在这种解释中，我们看到了意识和
意志在生命进化中的作用，章太炎用这种亦古亦今的自然进化观念来否定

---

① 章太炎：《菌说》，见朱维铮、姜义华编注：《章太炎选集》（注释本），第69页。

② 章太炎：《菌说》，见朱维铮、姜义华编注：《章太炎选集》（注释本），第70页。

③ 章太炎：《菌说》，见朱维铮、姜义华编注：《章太炎选集》（注释本），第65页。

④ 章太炎：《〈菌说〉修改手稿选录》，见朱维铮、姜义华编注：《章太炎选集》（注释
本），第83页。

⑤ 章太炎：《菌说》，见朱维铮、姜义华编注：《章太炎选集》（注释本），第64—65页。

"上帝"造人说。东西方形而上学中的自然主义的一个基本特征，是否认各种超自然的绝对预设和推论，是基于自然自身来解释世界。在中国形而上学中，自然和自然之天的概念，如同我们在庄子、荀子、王充和范缜等人那里看到的那样，也常常扮演着对抗各种超自然观念预设的角色。章太炎运用非常有限的科学知识，并将它们同古代中国的自然主义的天道观结合起来解释万物，以此来破除各种超自然的神和迷信。在这种意义上，他同之后的胡适非常类似。他们两人都从事了一种理智上的祛魅工作，这种工作对他们而言，既是对过去中国自然理性的承继，又是借助于现代科学而实现革命性的飞跃。在早期的《人定论》中，章太炎说道：

> 实验之学不出，而上古愚人之惑亘千世而不解，是故前乎子厚者有王仲任，后乎子厚者有王介甫，其所立说，盖并以天变为不足畏，而迫于流俗犹时时蒙其讪议。自今之世，有实验也，而其惑始足以淘汰。[1]

对章太炎来说，"实验"是现代科学的本质[2]。后来他也坚持这一观念。1921年，他在与李石岑的信中说："凡学皆贵实验，理想特其补助，现量即实验，比量即理想也。"[3] 由此而言，章太炎用"实验之学"的祛魅，可以说又站在了某种科学主义的立场之上。[4]

二、用"心识"解构自然和超自然

一般来说，中国古典哲学在不同程度上都是各种各样的实在论。按照这种实在论，不仅作为万物统一性和本质的绝对实体是实在的、真实的，

[1] 章太炎：《人定论》，见姜玢编选：《革故鼎新的哲理——章太炎文选》，第18页。
[2] 章太炎对科学并没有多少讨论，他喜欢用来指称科学的一个词汇是"实验之学"。他对这个词的使用表明，他倾向于将科学理解为以"经验"和"实验方法"为基础的学问。
[3] 马勇编：《章太炎书信集》，河北人民出版社2003年版，第724页。
[4] 章太炎还曾将法相唯识学与科学结合起来看。参见马勇编：《章太炎书信集》，第178页。

而且万物、自然和各种现象本身也都是实在的、真实的。[1]然而，佛学特别是唯识宗不承认事实和现象的实在性，这也正是宋明新儒家抵制它的主要原因之一。在佛教哲学中，"觉悟"和"成佛"就是把握到事物和现象的"无自性"这一最高真理。章太炎接受唯识宗的世界观有不同的原因，除了他将它作为拯救人心的根本途径外（后面再谈），还包括他相信只有"心识"才能真正为自然立法。自从接受"万法唯识"、"识外无境"之后，他不仅开始用"唯识"解构超自然的神、鬼神以及唯物论、唯我论和唯理论等预设的各种绝对实体，还用"唯识"去解构他早期的"自然"观念。从始终坚持解构超自然的神、鬼神等来说，他的立场是连续的，但他解构超自然的方法变化了，对宇宙、万物和人的认识变化了，对"自然"一词的解释也不同于以前。

我们先看一看章太炎对"自然"的新的解释。如上所述，他的"自然"是指世界和万物自然而然的自发性、自动性和自生性。这种意义上的"自然"，既肯定万物的实在性、实有性，同时又肯定万物的自足性和自发性，否认超自然力量对万物的作用。章太炎接受唯识学之后，开始将"自然"解释为"因有自性"而"如此"，认为"自然"也是"假名"。在《无神论》（1906 年）中，为了反驳基督耶和华"无始无终，全知全能，绝对无二，无所不备，故为众生父"[2]等说法的虚妄，他借用基督教万物创始于上帝的信条论证说，如果万物一定有一个作者，那么它们的作者又需要作者，一直推论下去就走向了无穷。神创造万物同样如此：

> 然则神造万物，亦必被造于他，他又被造于他，——此因明所谓犯无穷过者。以此断之，则无神可知也。[3]

章太炎指出，虽然我们可以这样推论，但不能说万物的生成原因类似

---

[1]　参见张岱年：《中国哲学大纲》，中国社会科学出版社 1982 年版，第 8—10 页。
[2]　章太炎：《无神论》，见朱维铮、姜义华编注：《章太炎选集》（注释本），第 336 页。
[3]　章太炎：《无神论》，见朱维铮、姜义华编注：《章太炎选集》（注释本），第 336 页。

于向秀、郭象的"自然之说"。我们知道,向、郭二人的"自然之说"主要指万物没有造物主,万物都是自生、自造的。在反对造物主的意义上,章太炎早期的"自然"观念与此类似。但现在他将"自然"解释为"有自性"而"如此":"夫所谓自然者,谓其有自性而然也。"① 这里的关键是,章太炎改变了对"自"的说法,将事物"自发"存在和活动的"自"变成了事物的"自性"的"自",并将这种解释加在向、郭二人身上。从实在论上说,万物当然都具有自己的本性,指称世界和万物自发性活动的"自然"的"自",当然要以此为前提,但"自然"的"自"不是指称事物的"自性"。

章太炎这样来解释"自然"并非是要肯定万物都有"自性",恰恰相反,他是从这种解释出发来否认事物的"自性"和实在性,得出万物"无自性"的结论:

> 自然者,物有自性,所谓求那;由自性而成作用,所谓羯磨。故合言之曰自然。知物无自性之说,则自然之说破。或有言本然者,与自然同趣而异其名。或有言法尔者,则以物无自性,一切为无常法所漂流。②

"无自性"相对于"自性"。《国故论衡》对两者注解说:"自性者,不可变坏之谓。情界之物,无不可坏;器界之物,无不可变。此谓万物无自性也。"③ 佛教坚持认为,万物根本没有固定不变的本性。章太炎将"自然"比附为"求那"和"羯磨",同样是要否定"自然"的实在性。不仅如此,章太炎连"自然"之名也进一步破除。他认为"自然"一词类似于佛教的"法尔",都是"随宜假说",万物原本是"无自性"的,只是人们不识万

---

① 章太炎:《无神论》,见朱维铮、姜义华编注:《章太炎选集》(注释本),第330页。
② 章太炎:《四惑论》,见姜玢编选:《革故鼎新的哲理 —— 章太炎文选》,第310页。
③ 章太炎:《国学论衡·诸子学九篇·辨性》,见《章氏丛书·国故论衡》第16册,广陵古籍刻印社1981年版,第148页。

物的真性，妄以为万物有"自性"：

> 而万有未生之初，本无自性。既无其"自"，何有其"然"？"然"
> 既无依，"自"亦假立。若云由补特伽罗而生，而此补特伽罗者，亦复
> 无其自性，是故人我之见，必不能立。若云法则固然，而此法则由谁
> 规定？佛家之言法尔，与言自然者稍殊，要亦随宜假说，非谓法有自
> 性也。本无自性，所以生迷，迷故有法，法故有自，以妄为真，以幻
> 为实，此则诚谛之说已。①
>
> 自然之名，既为心造，则知自然者，必过于自然矣。②

按照这里所说，"自然"与"法尔"一样都是"随宜假说"，它同事物"无
自性"并不矛盾。但在《论佛法与宗教、哲学以及现实之关系》（1910 年）
中，章太炎认为佛家论辩"自然"和"法尔"的逻辑有不严密之处：

> 且如老庄多说自然，佛家无不攻驳自然，说道本来没有自性，何
> 况自然？那么，我请回敬佛家一句，佛法也有"法尔"两个字，本来
> 没有法性，何况法尔？人本无我，没有自然；法本无我，连法性也不
> 能成立了。③

从上述分析可以看出，接受唯识学之后，章太炎在自设"自然"的意
义的同时又否定它。当这种否定延伸到"自然"的外延时，章太炎同时就
否定了前期他所肯定的宇宙和万物的真实性，否定了他前期所肯定的"原
子"概念和进化的真实性。在中国古典传统中，"宇宙"一般用来指称宏观
世界在时空上的无限性；在现代科学中，"宇宙"是指包括了所有物质的一

---

① 章太炎：《无神论》，见朱维铮、姜义华编注：《章太炎选集》（注释本），第 336 页。
② 章太炎：《四惑论》，见姜玢编选：《革故鼎新的哲理 —— 章太炎文选》，第 311 页。
③ 章太炎：《论佛法与宗教、哲学以及现实之关系》，见姜玢编选：《革故鼎新的哲
理 —— 章太炎文选》，第 400 页。

个整体。但章太炎依据"心识",认为宇宙是虚幻的、是不真实的存在:

> 宇宙本非实有,要待意想安立为有。若众生意想尽归灭绝,谁知有宇宙者?于不知中证其为有,则证据必不极成。譬如无树之地,证有树影,非大愚不灵之甚耶?①

具体说,章太炎认为宇宙是人的"意想",也是"心"的"障相":"解此数事,则此心为必有,而宇宙为非有。所谓宇宙,即是心之碍相。"②既已将宇宙看成是人们意识中的幻想性存在,宇宙中的万物当然也不可能是真实的,章太炎说它们不过是"心之荫影":"万物皆无自性,黄垆、大海、爟火、飘风,则心之荫影也。"③

晚清时期"公理"概念流行,人们相信"公理"是客观的普遍真理,但章太炎不以为然,他将之看成是当时思想界的"四种"迷惑之一。他批评"公理"之"公"并"不公","公理"之"理"也不实(没有自性):

> 然此理者,非有自性,非宇宙间独存之物,待人之原型观念应于事物而成。洛、闽诸儒,喜言天理。天非苍苍之体,特以众所同认,无有代表之辞,名言既极,不得不指天为喻。④

各种唯心论,包括唯识论,只看到心、意识对万物和现象的认识作用,看不到万物和现象对认识的作用,看不到心、意识本身也不过是万物及其现象的一种。心和意识是万物及其现象之一种,意味着心物的二分消失了;这样就既可以说万物是心和意识的产物,也同样可以说心和意识是万物的

---

① 章太炎:《建立宗教论》,见姜玢编选:《革故鼎新的哲理 —— 章太炎文选》,第206—207页。

② 章太炎:《建立宗教论》,见姜玢编选:《革故鼎新的哲理 —— 章太炎文选》,第208页。

③ 章太炎:《辨性》,见姜玢编选:《革故鼎新的哲理 —— 章太炎文选》,第384页。

④ 章太炎:《四惑论》,见姜玢编选:《革故鼎新的哲理 —— 章太炎文选》,第299页。

产物。章太炎的《建立宗教论》说："境缘心生，心仗境起，若无境在，心亦不生。"① 然而，既然"境"能生"心"，为什么偏偏从"心识"出发只说"境"不实？可见喜欢反思的章太炎虽然拒绝唯心论、唯我论、唯物论等，但他对唯识论则缺乏反思。

接受原子论和进化论是章太炎早期思想的明显特点。但接受了唯识论之后，他又开始否定原子论，怀疑进化论。如前所述，早期他从自然科学的立场上解释原子，说原子是万物的本质；为了否定谭嗣同的"性海"，他认为"以太"和原子一样有形质。但现在他认为，原子无形质、无"方分"，即使是六十四种元素，即所谓细微和极微的物质原子，也没有"原质"。② 他的结论是原子不可求证。他在《五无论》（1907 年）中说：

> 世界本无，不待消灭而始为无。今之有器世界，为众生依止之所本，由众生眼翳见病所成，都非实有。六十四种原质，析至邻虚，终无不可复析之量。既可复析，即不得强立原子之名。若云原子本无方分，互相抵触而后见形者。既无方分，便合浑沦为一，何有互相抵触之事？故知原子云者，徒为妄语。其他或立伊太，或立伊奈户鸡，斯皆超出经验之外，但有假名。③

《四惑论》（1908 年）也说：

> 乃若《胜论》之言阿㝹，伊壁钩卢之言阿屯，黎布尼之言毛奈陀，汉语译之，皆云原子。然彼实轶出经验以外，以求本根于无方分者。况其所谓原子，非独物有，亦许心有，则仍是心物二元也。④

---

① 章太炎：《建立宗教论》，见姜玢编选：《革故鼎新的哲理 —— 章太炎文选》，第 207 页。
② 参见章太炎：《齐物论释定本》，见《章太炎全集》（六），上海人民出版社 1986 年版，第 81 页。
③ 章太炎：《五无论》，见姜玢编选：《革故鼎新的哲理 —— 章太炎文选》，第 259 页。
④ 章太炎：《四惑论》，见姜玢编选：《革故鼎新的哲理 —— 章太炎文选》，第 307—308 页。

　　章太炎否认了唯物论，同时也要否认物质世界。他接受了西方哲学中本质与现象的二分，以及斯宾塞说的不可知论，认为本质是不可知的，也找不到现象之间的因果关系。

　　早期章太炎认为万物是进化的，把生命看成是进化的产物。接受唯识学之后，他不仅怀疑进化的意义和价值，而且连进化本身也否定了。在《俱分进化论》（1906年）中，他还承认进化的存在，说"进化之实不可非"，只是批评严复等人的乐观主义进化社会观，认为进化不是直线、单一的进步和完善，善进化恶也进化，快乐在增加痛苦也在增加，而且善和乐的进化，比不上恶和苦的进化，得出"进化之用无所取"的结论。但在《四惑论》中，他否定了"进化"，认为它只是一种假象：

> 然则所谓进者，本由根识迷妄所成，而非实有此进。就据常识言之，一切物质，本自不增不减，有进于此，亦必有退于彼，何进化之足言！且有机物界，世见其进化之幻象也。而无机物界，并此幻象亦不可睹。①

佛教论证万物虚幻、无常运用的原理一般是"缘起说"，唯识论则主要是依据"万法唯识"的理论。根据以上所说，章太炎之所以在自然观上发生变化主要是因为他在理智上接受了唯识论。这种情况也同样出现在他的人性观上。

三、从人性自然到人的"非自然"

　　正如我们在引言中强调的那样，章太炎通过自然、唯识解构超自然，又通过唯识解构自然，这在他的思想中既是一个理智化的过程，又是一个为新型民族国家寻求精神动力、为适应政治革新建立人的道德理性的过程。但建立人的道德理性和价值，在章太炎那里首先又是如何看待人性的问题。

---

① 章太炎：《四惑论》，见姜玢编选：《革故鼎新的哲理 —— 章太炎文选》，第305页。

至此一切又回到了"人"这个基点上，回到了人性及其本质问题上。但章太炎对人性是什么的看法和解释也是变化的。张春香提出章太炎的人性观前后没有变化①，认为主张有变化的观点是一种错觉。事实上并非如此。在人性是什么的问题上，章太炎不但前后有变化，而且变化很大。

章太炎早期对人类起源的解释所依据的是进化论。他认为，人类根本不是上帝创造出来的，而是从自然中演化出来的。达尔文将人类的起源追溯到猩猩和猴子；章太炎认为，人类的演化开始于低等的菌、精虫和蛊。章太炎假定物质有一种"志愿"，以此来解释万物的不同种类的形成和生命的进化："物苟有志，强力以与天地竞，此古今万物之所以变。"②按章太炎的说法，从生命中进化出的人首先是自然生理结构和精虫的自然统一体，人性由此也产生了："盖内有精虫，外有官骸，而人性始具。"③章太炎强调，人首先是一个自然性的存在，这样的人性包括了人的物质自然基础，也包括人的自然欲望："人之嗜欲，著于声、色、香、味、触法，而仁义即由嗜欲而起。"④章太炎说仁义等道德价值是由人的欲望引起的，这并不是说仁义也是自然的结果；相反，它是人从其"自然性"到"非自然性"的过程。按章太炎的说法，这是人从自然之"妄"到非自然之"真"的过程：

> 人之有生，无不由妄，而舍妄亦无所谓真。是故去其太甚，而以"仁义"骊栝烝矫之，然后人得合群相安。……夫妄性虽成，化以礼义，则自入进步。⑤

> 是故内圣外王，无不托始于六根三欲；制为礼义，所以养欲给求，而为之度量分界（《荀子·礼论篇》）。余所谓舍妄无真者是也。⑥

---

① 参见张春香：《章太炎人性论的三个层次》，《湖北社会科学》2010 年第 12 期。
② 章太炎：《原变》，见朱维铮、姜义华编注：《章太炎选集》（注释本），第 96 页。
③ 章太炎：《菌说》，见朱维铮、姜义华编注：《章太炎选集》（注释本），第 68 页。
④ 章太炎：《菌说》，见朱维铮、姜义华编注：《章太炎选集》（注释本），第 70 页。
⑤ 章太炎：《菌说》，见朱维铮、姜义华编注：《章太炎选集》（注释本），第 65—66 页。
⑥ 章太炎：《菌说》，见朱维铮、姜义华编注：《章太炎选集》（注释本），第 71 页。

　　章太炎认为，人的自然一方面要给予满足，另一方面又要加以调节。这种看法受到了荀子的影响。他还直接借用荀子有关"礼"、"合群明分"的观念来解释人的社会性和人道。他说，人遇到不同的环境如果要想不被改变，就必然通过集体的合力以抵制来自环境的压力；这种压力对当时的中国来说就是"外族"的势力。他问道，面对阻力"要使力能抵之，则固足以自立。其道奈何"？① 章太炎引用荀子的话说，人所以能够胜过牛马是因为人"能群"，"有分"，"有义"："是故合群明分，则足以御他族之侮；涣志离德，则帅天下而路。"② "今知不合群致死以自御侮，则后世将返为蛮獠狙获，以此为念，则足以倡勇敢也必矣！"③ 同样，基于荀子的社会观念，章太炎反对传统的隐逸思想，认为隐士不足取，他们对社会失去了责任心。

　　章太炎既然认为人道是人从其自然之"妄"而走向其非自然之"真"的过程，按照这个思路，他就应该接受荀子的人性恶和化性起伪论。但他没有这样做。他调和荀子和孟子的人性论，认为人性中既有善也有恶，而不是无善无恶的中性存在："夫言人性，则必有善有恶矣。"④ 章太炎认为，孟子看到的是人的自然性中的善的一面而忘掉了其恶，荀子"则以善恶皆具，不能纯善，则以恶名之"⑤。他强调，人在后天社会活动中所得到的比先天的东西要多得多："人与他物，俱生善恶大抵不殊，而后得者实较他物为甚。"⑥ 但在这种调和中，章太炎更倾向于荀子。他说若以"符验"而论，荀子的人性恶论则略胜一筹。

　　到了《菌说》修订稿，章太炎对人性的看法有了一个变化，认为人性究竟是善是恶非常难以断定。他借用洛克的"白板说"（"人之精神如同白纸"）和休谟的"自利说"（"一切道德，皆始自利"）认为，善恶虽然产生于自利，但自利本身并没有善恶。由此，他从人性的"有善有恶"走到了

① 章太炎：《菌说》，见朱维铮、姜义华编注：《章太炎选集》（注释本），第77页。
② 章太炎：《菌说》，见朱维铮、姜义华编注：《章太炎选集》（注释本），第77页。
③ 章太炎：《菌说》，见朱维铮、姜义华编注：《章太炎选集》（注释本），第79—80页。
④ 章太炎：《菌说》，见朱维铮、姜义华编注：《章太炎选集》（注释本），第77页。
⑤ 章太炎：《菌说》，见朱维铮、姜义华编注：《章太炎选集》（注释本），第78页。
⑥ 章太炎：《与人书》，见朱维铮、姜义华编注：《章太炎选集》（注释本），第425页。

"无善无恶"：

> 　　夫善恶生于自利，而自利非善恶，犹宫商成于莛击，而莛击无宫
> 商。自社会言之，则有善恶矣；自人耳言之，则有宫商矣。此荀子所
> 谓缘也。无善无恶，就内容言；有善有恶，就外交言；本无异义。①

章太炎在这里所说的"外交"中的善恶，是指人在社会和环境中产生的善
恶，这不是人性的自然的善恶。

　　以上是章太炎早期对人性自然及人的非自然的说法。可以看出，这一
时期他的说法就已经有了变化。接受唯识学之后，他对人性的看法更是发
生了明显的变化，主要表现在用唯识学解释人的本质，游移于人性的无善
无恶与有善有恶两者之间。由此，他对人如何从自然性中发展出非自然性
的解释也有了变化。在《俱分进化论》中，章太炎认为人的本性是"无善
无恶"，而它表现出来的作用则是"有善有恶"：

> 　　生物本性，无善无恶，而其作用，可以为善为恶。是故阿赖耶识，
> 惟是无覆无记；（无记者，即无善无恶之谓。）其末那识，惟是有覆无
> 记；至于意识，而始兼有善恶无记。②

据此，人性如同其他生物一样，原是无善无恶的，人的阿赖耶识就是这样；
但人性表现出的作用就有善有恶，善恶首先表现在人的"意识"中。在
《五无论》中，章太炎一方面仍然认为人性、藏识是"无善无恶"，但另一
方面他同上面的说法略有不同，认为发生作用的末那识就开始具有了"善

---

　　①　章太炎：《〈菌说〉修改手稿选录》，见朱维铮、姜义华编注：《章太炎选集》（注
释本），第 86 页。
　　②　章太炎：《俱分进化论》，见姜玢编选：《革故鼎新的哲理——章太炎文选》，第
153 页。章太炎在《俱分进化论》中引证赫尔图门的《宗教哲学》并说："有恶根在，必有
善根，若恬澹无为者，其善根亦必断绝。"（章太炎：《俱分进化论》，见姜玢编选：《革故鼎
新的哲理——章太炎文选》，第 157 页）

恶之念"：

> 何以云性善之说，不可坚信，人心好争，根天我见耶？答曰：人
> 之本性，所谓藏识无善无恶者，勿论也。而未那意根，虽无记而有覆，
> 常执藏识以为自我，以执我之见见于意识，而善恶之念生。人心固非
> 无善，亦非不好善。[①]

在与蓝公武的书信（1906 年）中，章太炎又不再认为人性是"无善无
恶"，而是认为人性是"有善有恶"，与这种先天俱生的善恶相对的是人的
"后得之善恶"：

> 吾今当语足下，一切世间善恶，悉由我见而起。就此分析，则有
> 俱生之善恶，有后得之善恶。就后得中，复有决定胜解者，由非决定
> 胜解者，人与他物，俱生善恶，大抵不殊而后得者，实较他物为甚。[②]
> 而仆之言善恶也，故举起现行善恶为言，非举其善恶种子为言。[③]

在《辨性》（1910 年）中，章太炎仍坚持这一立场，但论证和解释变
复杂了。他更具体地说明了"八识"与人性的关系，并提出了人性原本之
善恶与后天之善恶的新的二分方式。唯识学一般将阿赖耶识作为其他"七
识"的根本，但章太炎又设定"如来藏"作为"八识"的根本。他认为
"如来藏"无所对，也没有自我意识。但当它"眩为万物"时，万物就有了
界限和分际；它也就变成了阿赖耶，包藏万有。在事物的界限和区分中，
阿赖耶识产生了末那，它是"意根"，它常常执着阿赖耶识以为我。从末那
产生了"我爱"（爱恋自己、贪恋）和"我慢"（胜人之心）。藏万有，这
叫"初种"；六识之所归者，谓之"受熏之种"。基于这种划分，章太炎将

---

① 章太炎：《五无论》，见姜玢编选：《革故鼎新的哲理 —— 章太炎文选》，第260页。
② 马勇编：《章太炎书信集》，第 162 页。
③ 马勇编：《章太炎书信集》，第 160 页。

古代人们主张的人性，同阿赖耶识、"受熏之种"和"意根"进行了类比。如果按章太炎在前文和这里对"如来藏"（佛性）和阿赖耶识的说法来看人性的本真，那么同样可以说它是"无善无恶"。但他似乎不再从这里来判别原本的人性是什么，而是从"意根"的"我爱"和"我慢"来说人性原本"有善有恶"，他称之为"审善"、"审恶"。章太炎的"审"意指"纯粹的自然状态"，即"无以为也，任运而起，不计度而起"。据此，他所谓的"审善"、"审恶"，可以解释为人的无意识的、不受外界和施报影响的、自然而然产生的善恶，即人先天而来的善恶，是所谓"意根者，生之所以然"的人性。与此相对，章太炎提出了"伪善伪恶"。他说的"伪"类似于荀子的"人为"。"伪善伪恶"即人后天有意识的、根据需要而做出的善和恶。在《论佛法与宗教、哲学以及现实之关系》中，章太炎这样解释说：

> 人心虽有是非善恶的妄见，惟有客观上的学理，可以说他有是有非；主观上的志愿，到底不能说他有是有非。惟有无所为的未长进，可以说是真善真恶；有所为的长进，善只可说为伪善，恶只可以说为伪恶。[1]

按照章太炎的思路，"审善"是自然而然的，它是出于人性之真的善（首先是道德动机），但它并不能保证人实际上一定为善。与之相对的"伪善"不是来自善良的动机，它是没有朴实的道德动机的善的行为，但它的保持则能够使"审善"成为习惯性的，对它的坚持还能减少人的"伪恶"："人之相望，在其施伪善。群之苟安，待其去伪恶。"[2] 章太炎告诉我们，人最难对付的是他的"审恶"。既然"审善"、"审恶"都是自然，那就无法用"审善"去排除"审恶"。既然"伪善"能够使"审善"成为习惯，那么"伪恶"也能使"审恶"成为习惯。因此，要对付"审恶"和"伪恶"，就

---

① 章太炎：《论佛法与宗教、哲学以及现实之关系》，见姜玢编选：《革故鼎新的哲理——章太炎文选》，第408页。
② 章太炎：《辨性》，见姜玢编选：《革故鼎新的哲理——章太炎文选》，第388页。

只能用"伪善"。但自然的"审恶"不易改变，用"伪善"能对付的主要是"伪恶"："然而伪恶可以伪善去之。伪之与伪，其势足以相灭。"① 章太炎认为"现实的人"真正要达到这一点几乎不可能，因此，他提出的最高手段是用自然的、自由的方法"断绝"人类的生命，这是实现佛和真如的最彻底方法。章太炎的这一方法是针对王国维的《红楼梦》悲剧意识提出的。王国维认为自杀并不是最终的解脱，章太炎相信人类自然断生就是解脱。至此，在人性论和佛性论上，章太炎不仅同儒家，而且也同中国佛教的主流分道扬镳。

就超越人的自然建立人的非自然的社会伦理价值而言，章太炎早期的逻辑与荀子有类似性，也与当时严复的逻辑有类似性，但从《俱分进化论》开始，章太炎就打破了自然进化与人的伦理道德之间的简单的统一性和严复的乐观立场。到了《四惑论》，章太炎虽然仍承认进化的客观性，但否认进化的社会意义，认为进化绝不能自然而然导致人的非自然性价值："余谓进化之说，就客观而言之也。若以进化为主义者，事非强制，即无以使人必行。"② 有人主张劳动是人的天性，章太炎认为劳动绝不是人的真正天性。我们知道，荀子认为人道不是天道的自然延长线，章太炎同样认为自然与社会、人道是不同的东西并盼属不同的世界。按照传统的观念，天地为"生"赋予了合理性，"生"是天地的大恩大德，但章太炎诘问道：

> 既云天地之大德曰生，何独不云天地之大德曰死乎？天地不仁，以万物为刍狗，乃老子已知之矣。③
>
> 以进化者，本严饰地球之事，于人道初无与尔。然主持进化者，恶人异己，则以违背自然规则弹人。吾则诘之曰：人之有死，亦自然规则也。病革而求医药者，将以遮防其死，曷不以违背自然规则弹之

---

① 章太炎：《辨性》，见姜玢编选：《革故鼎新的哲理——章太炎文选》，第388页。
② 章太炎：《四惑论》，见姜玢编选：《革故鼎新的哲理——章太炎文选》，第307页。
③ 章太炎：《五无论》，见《章太炎全集》（四），第439页。

耶？……若曰：自然规则虽有死，而吾得暂缓其死，独不可曰，自然规则虽有进化，而吾得暂缓其进化乎？呜呼！昔之愚者，责人以不安天命；今之妄者，责人以不求进化。二者行藏虽异，乃其根据则同。以命为当安者，谓命为自然规则，背之则非义故；以进化为当求者，亦谓进化为自然规则，背之则非义故。[1]

章太炎论辩说，人道不仅不能从自然的连续性中产生，相反人道恰恰是克服自然法则的结果。比如人自然有死，自然会生病，人何以不认为应该生病反而要治病免死呢？章太炎反对的不只是把自然进化规则搬到人类中的社会达尔文主义，而且也是抗议"进化"之"名教"，抗议所谓"进化"之"公理"：

凡所谓是非者，以侵越人为规则为非，不以侵越自然规则为非。人为规则，固反抗自然规则者也……且黠者之必能诈愚，勇者之必能陵弱，此自然规则也。循乎自然规则，则人道将穷。于是有人为规则以对治之，然后烝民有立。若别有自然规则，必不可抗，而人有恣意妄抗之者，此亦任其自为耳……以自然规则本无与于人道，顺之非功，逆之非罪云耳。今夫进化者，亦自然规则也。虽然，视入火必热、入水必濡，则少异。盖于多数不得不然，非于个人不得不然。个人欲自遏其进化，势非不能。纵以个人之不进化，而风靡多数，使一切皆不进化，亦不得为个人咎。[2]

即实而言，人本独生，非为他生。而造物无物，亦不得有其命令者。……非先有自然法律为之规定。[3]

章太炎把天道与人道二分化，把进化完全限制在自然领域，使人类和

---

① 章太炎：《四惑论》，见《章太炎全集》（四），第456—457页。
② 章太炎：《四惑论》，见《章太炎全集》（四），第455—456页。
③ 章太炎：《四惑论》，见《章太炎全集》（四），第444—445页。

人道保持自足和自立，这实际上也就是把自然"事实"与社会"价值"分开。对章太炎来说，从进化的自然"事实"中导不出"应该"，也促进不了"善"；如果硬要用进化自然规则来约束人，就将遇到无法克服的困境。

如果说进化的自然与人的道德自立没有什么关系，那么我们在章太炎的自然观与他的道德自立之间寻找关联的做法还能成立吗？

四、价值理性——人的道德自立

现在我们就来具体看看章太炎的自然观与他的人的道德自立之间的关联。我们一再强调，章太炎用固有的和外来的思想资料，用"自然"、"唯识"等观念一直从事着解构各种超自然存在的工作。他这样做除了满足他在理智上的要求外，更是为了满足他建立人的独立性和道德自立的强烈愿望。在章太炎看来，人只有在道德上自立了，才能担负起革命的使命，担负起民族和国家新生的使命。问题是：人如何才能实现他的道德自立？在章太炎那里，这是通过人的一系列解放和独立来实现的。它主要包括：人从一切超自然的主宰和偶像崇拜中解放出来，人从自身的自然中解放出来，人从"法执"的外界自然中解放出来。章太炎说："近来世事纷纭，人民涂炭，不造出一种舆论，到底不能拯救人。"[1] 他这里说的"舆论"，就是他否定超自然存在和建立价值理性的工作。

说起来，东西方宗教和哲学中的各种超自然预设作为信念和信仰，在不同程度上都是同意义、价值和道德联系在一起的，或者说，它们都具有神道设教的特点。在《视天论》中，章太炎就揭示了神道设教的本质。他认为，神道设教只是引领人们建立信仰的权宜方式，其实并没有神。[2] 对于章太炎来说，超自然的存在与人的道德自立是不能两立的，超自然的预设

① 章太炎：《论佛法与宗教、哲学以及现实之关系》，见姜玢编选：《革故鼎新的哲理——章太炎文选》，第408页。
② 章太炎：《视天论》，见朱维铮、姜义华编注：见《章太炎选集》（注释本），第50页。

是人的道德自立的障碍，人只有从超自然存在的主宰和各种偶像崇拜中解放出来，才能在道德上获得自立。章太炎说，"与其归敬于外界，不若归敬于自心"①，这句话非常典型地反映了他否定超自然存在的强烈愿望。他之所以有这样主张，是因为在他看来，超自然的主宰者和偶像崇拜，都让人失去了独立性、自主性，当然也不能产生人在道德上的自立。1899 年章太炎发表了《人定论》，文章的标题本身就有象征性。在这篇文章中，章太炎承继柳宗元和荀子的逻辑，将社会治乱归因于人事和社会（"人定"），否认"天"和超自然的神秘作用。对章太炎来说，人对超自然的迷信是人道和人伦衰退的主要原因：

> 因上帝而有福善祸淫之说，其害犹细，其识已愚，因是以及鬼神，则诬妄日出，而人伦殆废。②

章太炎说孔子的伟大之处，就是他对鬼神保持了明智的立场，没有被鬼神所束缚：

> 惟仲尼明于庶物，察于人伦，知天为不明，知鬼神为无，遂以此为拔本塞原之义，而万物之情状大著。由于感生帝之说诎，而禽兽行绝矣。③

事实上，章太炎一直在这种意义上表彰和肯定孔子及儒家。早期儒家特别是孔子是不是超然于鬼神之外，并不像章太炎说的那么简单。这一点同样适应于佛教。佛教在不同地域的演变过程中，在一定程度上也被"神化了"。对章太炎来说，佛教本质上是无神论，它是一种无神的宗教。

---

① 章太炎：《建立宗教论》，见姜玢编选：《革故鼎新的哲理 —— 章太炎文选》，第 206 页。
② 章太炎：《儒术真论》，见姜玢编选：《革故鼎新的哲理 —— 章太炎文选》，第 48 页。
③ 章太炎：《儒术真论》，见姜玢编选：《革故鼎新的哲理 —— 章太炎文选》，第 48—49 页。

　　章太炎有个口号式的说法，这是他 1906 年出狱东渡日本后在留学生为他举行的欢迎会上讲的。他说要成就革命的热情，需要做的最重要的事情之一，"是用宗教发起信心，增进国民的道德"（另一件是"用国粹激动种性，增进爱国的热忱"）。他之所以要建立"无神"的宗教，就是因为在他看来，只有在这种宗教中，人类才不会有依赖心，人类才能够自尊自强；他之所以接受佛教，是因为佛教是无神的宗教，这种宗教最能让人产生大无畏的精神。各种有神教都是虚构一神，"崇奉一尊"，它们都是"依他"、"依他力"，而不是"依自"、"依自力"。在 1907 年给铁铮的回信中，章太炎说，中国的主流思想和佛教都是无鬼神论，都是拒绝超自然：

　　　　盖以支那德教，虽各殊途，而根原所在，悉归于一，曰"依自不依他"耳。……虽虚实不同，拘通异状，而自贵其心，不以鬼神为奥主，一也。佛教行于中国，宗派十数，独禅宗为盛者，即以自贵其心，不援鬼神，与中国心理相合。故仆于佛教，独净土、秘密二宗有所不取。以其近于祈祷，猥自卑屈，与勇猛无畏之心相左耳。……法相或多迂缓，禅宗则自简易。至于自贵其心，不依他力，其术可用于艰难危机之时，则一也。①

在这封信中，章太炎还特地谈到他之前为什么撰写《无神论》。他当时是以"理内相稽"，但基督教人士和广州教会《真光报》则以"理外之言相应"，说他"狂悖至极"。现在，他可以说出他内心的真正意愿：

　　　　今得足下所言，乃藉以吐吾肝鬲。要之，仆所奉持，以"自依不依他"为臬极。②

章太炎说，佛学与王学虽然有不少差异，但他们的精神旨趣则是一致的：

---

　　① 马勇编：《章太炎书信集》，第 177—178 页。
　　② 马勇编：《章太炎书信集》，第 183 页。

　　王学深者，往往涉及大乘，岂特天人诸教而已；及其失也，或不免偏于我见。然所谓我见者，是自信，而非利己，宋儒皆同，不独王学。犹有厚自尊贵之风，尼采所谓超人，庶几相近。但不可取尼采贵族之说。排除生死，旁若无人，布衣麻鞋，径行独往，上无政党猥贱之操，下作懦夫奋矜之气，以此揭橥，庶于中国前途有益。[1]

章太炎以上的这些说法旨在表明，各种有神论均与人的道德自立不相容，只有无神论特别是佛教的无神论才能将人引向道德自立：

　　孔教、基督教，既然必不可用，究竟用何教呢？我们中国，本称为佛教国。佛教的理论，使上智人不能不信；佛教的戒律，使下愚人不能不信。通彻上下，这是最可用的。[2]

　　章太炎对佛教的热衷受到了梦庵（黄人的别号）的批评。梦庵指责他在《民报》上不作"民声"而作"佛声"。在梦庵看来，佛教是厌世的，它与治世相矛盾。章太炎当然不会接受梦庵的批评，他说佛教并不厌世，他发出的"佛声"正是"民声"：

　　今问梦庵，《民报》所谓六条主义者，能使其主义自行耶？抑待人而行之耶？待人而行，则怯懦者不足践此主义，浮华者不足践此主义，猥贱者不足践此主义，诈伪者不足践此主义。以勇猛无畏治怯懦心，以头陀净行治浮华心，以惟我独尊治猥贱心，以力戒诳语治诈伪心。此数者，其他宗教伦理之言，亦能得其一二，而与震旦习俗相宜者，厥惟佛教。[3]

---

① 马勇编：《章太炎书信集》，第 183 页。
② 章太炎：《东京留学生欢迎会演说录》，见姜玢编选：《革故鼎新的哲理 —— 章太炎文选》，第 143 页。
③ 马勇编：《章太炎书信集》，第 231 页。

就使人从自身的自然中解放出来以获得道德的自立而言，章太炎最初采取的是类似于荀子的思路，即：一方面肯定人的自然生存要求，一方面又主张用道德和礼对之加以调节和限制，以免社会陷入无序和纷争。但在章太炎将"自然"看成是"无自性"之后，人的感性自然就变成了虚幻不实的东西，变成了要加以破除的"我执"。破除了"我执"，人们就能产生出勇于自我牺牲的精神。

相比于外部世界的无限自然，人的感性自然只是自然的一小部分。对章太炎来说，人要实现道德自立，除了破除"我执"之外，还需要克服对外界物质自然的执着和迷恋，还需要从中解放出来，即破除人类的"法执"。

为了破除"法执"，使人摆脱对客观物质自然的依恋和迷惑，章太炎认为，这种物质"自然"也完全是"无自性"的。认识到物质自然"无自性"，人们就不会对外在事物产生功利和占有之心。章太炎辨析说，如果佛教有厌弃的思想，那它厌弃的只是客体的自然世界，它不但不厌弃人间世，而且是极其入世和救世的：

> 就俗谛而言之，所谓世者，当分二事：其一三界，是无生物，则名为器世界；其一众生，是有生物，则名为有情世间。释教非不厌世，然其所谓厌世者，乃厌此器世间，而非厌此有情世间。以有情世间堕入器世间中，故欲济度以出三界之外。①

在佛教中，章太炎更看重的是唯识宗。在他看来，唯识宗更能让人认识到人自身的自然和外界的自然是虚幻不实的，能让人彻底破除"我执"和"法执"，使人产生大无畏的精神：

> 至所以提倡佛学者，则自有说。民德衰颓，于今为甚，姬、孔遗言，无复挽回之力，即理学亦不足以持世。且学说日新，智慧增长，

---

① 章太炎：《建立宗教论》，见姜玢编选：《革故鼎新的哲理——章太炎文选》，第209页。章太炎在同吕澂的辩难中说："佛法果位不厌器世间，知本无器世间也。不悲悯有情世间，知本无有情世间也。"（马勇编：《章太炎书信集》，第725页）

而主张竞争者，流入害为正法论；主张功利者，流入顺世外道论。恶慧既深，道德日败。矫弊者，乃憬然于宗教之不可泯绝。……自非法相之理，华严之行，必不能制恶见而清污俗。①

其可议者，犹在今之立教，惟以自识为宗。识者云何？真如即是惟识实性，所谓圆成实也。而此圆成实者，太冲无象，欲求趋入，不得不赖依他。逮其证得圆成，则依他亦自除遣。故今所归敬者，在圆成实自性，非依他起自性。若其随顺而得入也，则惟以依他为方便。一切众生，同此真如，同此阿赖耶识。是故此识非局自体，普遍众生，惟一不二。②

人破除了"我执"和"法执"，就达到了最高的觉悟"真如"，这同时也意味着人在道德上实现了完全自立。

结　语

如果说章太炎的自然观是服务于他的价值理性的，那么他期望的人的道德自立也不是以人自身为目的的，它是为了一个更高的革命的整体目标；如果说人的道德自立是章太炎希望实现的一次人在精神上和道德上的革命，那么这种革命最终又是为了满足推动近代中国政治革命的需要。正是这种社会、政治指向和需要，使得像章太炎这样的近代中国的"观念人物"转而变成了"行动人物"。章太炎是一位有学问的革命家，或者说，是一位有复杂思想和哲学的革命家。"学问"、"思想"都是他这位革命家的定语。在经过早期的主张变法的阶段之后，章太炎迅速转到了革命的立场上，其哲学和思想相应地也转变到如何推动革命和塑造革命的主体上。对他来说，要促成革命首先就是促成"主体的"革命。建立人的道德自立，就是章太炎为了促成"主体革命"而从事的艰苦的精神工作。

---

① 章太炎：《人无我论》，见《章太炎全集》（四），第429页。
② 章太炎：《建立宗教论》，见《章太炎全集》（四），第414—415页。

起初章太炎将革新"主体"的希望寄托在光绪等满人身上，后来他意识到不能将革新寄托在满人官僚身上，甚至也不能寄托在汉人官僚身上，因为他们都是既得利益者。为此，他写了《客帝匡谬》，纠正原来的幻想。从此，他同康有为所代表的变法路线分道扬镳。对于主张以"排满"为政治革命核心诉求的章太炎来说，"革命的主体"既要寄托在革命家的身上，更要寄托在汉民族大众的身上。因此，如何推动社会和政治革命的问题，就变成了如何建立"革命人格"、"革命主体"的问题。"革命者"的人格有什么特征呢？章太炎认为，他们是有激情和有特殊"神经病"的人。布兰察德（Willian H. Blanchard）的《革命道德：关于革命者的精神分析》（*Revolutionary Morality, A Psychosexual Analysis of Twelve Revolutionists*）研究了 12 位革命家。他发现，这些革命家有个共同的心理特征，即叛逆性。章太炎也是有叛逆性的人。他和其他革命家一样都是不屈不挠的革命思想家和行动家。章太炎告诉我们，革命家需要冲动、需要激情，否则什么事业都成就不了。他还引用柏拉图的话说："人的感情，原是一种醉病。"这种"醉病"，在章太炎那里被称作"神经病"。人们称他为"章疯子"，他自己也以"疯癫"和"神经病"为傲[①]。这也许就是这位勇猛无比、七被逮捕的革命家拥有坚强革命意志的原因。

　　培养革命的主体，在章太炎那里，就是培养革命主体的"革命道德"，就是培养人在道德上的自立。他提出"无道德者不能革命"的观点，指出"道德衰亡，诚亡国灭种之根极也"[②]。对章太炎来说，"革命道德"并不复杂："道德者，不必甚深言之，但使确固坚厉，重然诺、轻死生，则可矣。"[③] 这样的"革命道德"，同章太炎宣扬的"自依不依他"的独立自主精神、勇敢无畏的战斗精神和自我牺牲精神、普度众生的慈悲精神、万物齐

---

　　① 参见章太炎：《东京留学生欢迎会演说录》，见姜玢编选：《革故鼎新的哲理——章太炎文选》，第 141—142 页。

　　② 章太炎：《革命之道德》，见朱维铮、姜义华编注：《章太炎选集》（注释本），第 295 页。

　　③ 章太炎：《革命之道德》，见朱维铮、姜义华编注：《章太炎选集》（注释本），第 296 页。

一的平等精神等一同构成了他的广义的人的道德自立：

> 非说无生，则不能去畏死心；非破我所，则不能去拜金心；非谈平等，则不能去奴隶心；非示众生皆佛，则不能去退屈心；非举三轮清净，则不能去德色心。①

最后，我们用章太炎的一段话结束本章的讨论：

> 唯有把佛与老庄和合，这才是"善权大士"救时应务第一良法。至于说到根本一边，总是不住涅槃，不住生死，不著名相，不生分别。……《维摩经》所说的："虽观诸法不生而入正位，虽摄一切众生而不爱著，虽乐远离而不依身心尽，虽行三界而不坏法界性"。难道我辈就终身绝望么？②

---

① 章太炎：《建立宗教论》，见姜玢编选：《革故鼎新的哲理——章太炎文选》，第212页。
② 章太炎：《论佛法与宗教、哲学以及现实之关系》，见姜玢编选：《革故鼎新的哲理——章太炎文选》，第409页。

第五章

自然、人事和伦理

——胡适东西语境中的自然主义立场

引　言

简单回顾一下就可以看出，从实验主义（或实用主义）[1]、科学主义、实证方法、反传统和西化论等角度对胡适的哲学展开的研究很常见；相应地，人们说到这些东西和符号的时候，也往往将它们同胡适的名字联系在一起。但胡适的哲学和思想不应被限制在这些符号上，如果换一个角度的话，胡适自己声称并一直坚持的自然主义立场则是非常值得加以关注的。这就是胡适以"自然"概念为中心的自然主义的宇宙观和世界观。它是胡适哲学中"最哲学"的部分，是胡适拼命要回避却又无法回避的一种形而上学。[2]想到胡适拒斥形而上学，想到他抵制思辨性和抽象性[3]，想到他干脆把哲学

---

① 参见［美］郭颖颐：《中国现代思想中的唯科学主义》，雷颐译，第70—90页；刘青峰编：《胡适与现代中国文化转型》，香港中文大学出版社1994年版；耿云志编：《胡适评传》，上海古籍出版社1999年版，第391—440页；等等。

② 按照沃尔夫（Christian Wolff）的分类，理性的宇宙观是属于形而上学的一部分。在不十分严格的意义上，对宇宙和世界做出整体解释和把握的立场，既可以说是宇宙观、世界观，也可以说是形而上学。从"描述的形而上学"来看，胡适的哲学就更是一种形而上学。

③ 金岳霖回忆说他弄不清胡适，因为胡适不承认必然和抽象，而且胡适的哲学有人生观却没有什么世界观，但"哲学中本来是有世界观和人生观的"。参见金岳霖：《金岳霖的回忆录》，北京大学出版社2011年版，第182—183页。

定义为"研究人生切要的问题"①，说他的自然主义②首先是一种宇宙观、形而上学，这会不会是对他的哲学和他的说法的一种公然冒犯呢？我认为不是。

在东西方传统哲学中，我们能够看到各种各样的宇宙观和形而上学；在东西方现代哲学中，我们又能看到对传统形而上学的各种各样的抵制立场。要是有人说杜威的实用主义就是这种抵制的立场之一，要是有人说步杜威后尘的胡适也是这样的抵制者之一，我们大概都会不加怀疑地表示赞同。但问题常常有复杂的一面。从一些方面看，杜威对已有的形而上学展开了批判，主张将哲学从各种绝对本体（包括黑格尔的绝对本体）中解放出来，要求哲学摆脱万物的终极根源、目的和因果性等形而上学问题，这是他"改造哲学"的中心目标和任务。但杜威在这样做的同时，又乐于探讨诸如相互作用、多样性和变化等存在物的终极的、不可化约的特征，并说这是一种符合科学思维的形而上学：

> 我不想提出一种形而上学；而只不过指出一种用以设想形而上学研究问题的方式，这种方式不同于专门科学研究问题的方式；这种方式把世界的某些比较终极的特征选做形而上学的题材，使这些特征不

---

① 胡适：《中国哲学史大纲》，商务印书馆 1987 年版，第 1 页。不喜欢抽象的胡适，对"根本"这个词后来也产生了反感。在《哲学与人生》中，他把《中国哲学史大纲》中定义的"哲学是研究人生切要的问题，从根本上着想，去找根本的解决"中的后两句话改成了"从意义上着想，去找一个比较可普遍适用的意义"。他说，他这样改是因为"根本两字意义欠明"（胡适：《哲学与人生》，见《胡适全集》第 7 卷，安徽教育出版社 2003 年版，第 492 页）。

② 有关自然主义这一概念，有哲学上的、文学上的不同理解和使用。有关哲学上的自然主义的最近讨论，参见苏珊·哈克（Susan Haack）的《自然主义视角下的信念——一个认识论者眼中的心灵哲学》，《哲学分析》2013 年第 6 期。胡适使用的自然主义主要是哲学上的，它既是胡适对中国传统立足于"自然"对世界进行的解释的一种概括，又是 naturalism 的译语。1923 年，胡适在《〈科学与人生观〉序》中明确打出了"自然主义人生观"的旗号，并且展示了他声称的"自然主义人生观"的十个条目，之后他还标榜这是他的"新十诫"。参见《胡适文存》第二集，第 151 页。

致与终极的起源和终极的目的混淆起来，这就是说，使这些特征与那些关于创世论和末世学的问题分离开来。[①]

由此可见，杜威实际上只是反对某种形而上学，作为替代物，他自己又欲建立一种他认为是具有科学性的形而上学。[②]

胡适的情形如何呢？作为杜威的弟子，他传承着杜威的许多东西。他不仅受到了杜威的方法论和真理观的影响，坚持用实验、实证、科学等观念和方法去思考、处理哲学中的种种问题，而且也受到了杜威批评形而上学和绝对本体的影响，这使他成为现代中国哲学中拒绝形而上学和本体论的代表性人物。胡适曾将杜威的实验主义（胡适又称之为工具主义和实际主义）概括为三个方面：方法论、真理论和实在论。为了避免人们从玄远的形而上学上去理解杜威的实在论，胡适还特意指出杜威的实在论是以世界为"实在"（相对于"空虚"）的"实际主义者"所具有的。他说："实在论就是宇宙论，也就是世界观，那是哲学的问题。"[③]胡适的言外之意是：方法论和真理论不是"哲学问题"。但按照孔德的实证主义，任何实在论的"实在"都是不能被允许的，因为它们都是不同形式的形而上学。[④]

进一步讲，胡适不仅坚持世界和宇宙是实在的，坚持实在论，而且他还将他的实在论同自然主义结合到一起，对"实在"采取了一种自然主义的立场。这就是需要我们探讨的胡适的宇宙自然主义。我们看到，只要胡适坚持一种实在论，只要他立足于"自然"的立场去看待世界和解释世界，他就无法同形而上学划清界限，他也得不出逻辑实证主义或逻辑经验主义

[①] 杜威：《形而上学探索的题材》，见涂纪亮编：《杜威文选》，涂纪亮译，社会科学文献出版社 2006 年版，第 193 页。

[②] 参阅杜威的《形而上学探索的题材》，见涂纪亮编：《杜威文选》，涂纪亮译，第 184—193 页。

[③] 胡适：《谈谈实验主义》，见姚鹏、范桥编：《胡适讲演》，中国广播电视出版社 1992 年版，第 328 页。

[④] 参见王中江：《金岳霖与实证主义》，《哲学研究》1993 年第 11 期。

的结论。[①] 除了宇宙自然主义之外，胡适的自然主义，还包括科学自然主义、技术自然主义和伦理自然主义。反过来说，胡适以"自然"观念为中心构筑的自然主义中的"自然"有不同的层次，它既是胡适用来解释世界和宇宙的最后的依据和信念，又被胡适当作科学认知、技术实践的客体和对象，还是他建立人道和伦理的出发点。

一、宇宙、实在和自然

如前所述，我们之所以说胡适以"自然"观念为核心的自然主义立场首先是一种世界观和形而上学，这主要是基于他运用他的"自然"观念对宇宙和万物做出了整体性和统一性的解释。这种解释由一正一反两个方面组成：正的方面是胡适以宇宙和世界原本是自己造就自己的"自然"观念来解释和看待宇宙，认为宇宙及万物纯粹是宇宙自身活动的自然结果；反的方面是胡适拒绝一切超自然的力量，否认宇宙和万物是由最高的绝对因，特别是超自然的力量 —— "神" —— 主宰的。胡适思想中这种意义和层次上的"自然"观念，是东西方思想融合的产物。

我们知道，一方面，"自然"是中国思想中的一个古老概念，以它为基础，中国还有悠久的自然宇宙观传统；另一方面，在中国，近代以来的"自然"概念又是作为 nature 的译语来使用的，它同时又履行着将西方的"自然"观念移植过来的角色。胡适的"自然"观念就处在这两种文明的广阔背景之中。由于他的东西方教育背景，他很适合也很自觉地承担起将两者结合起来的工作。1926 年，他在《今日教会教育的难关》中这样说道：

> 西洋近代科学思想输入中国以后，中国固有的自然主义的哲学逐渐回来，这两种东西的结合就产生了今日自然主义的运动。[②]

---

① 参见洪谦：《维也纳学派哲学》，商务印书馆 1989 年版；洪谦主编：《逻辑经验主义》，商务印书馆 1989 年版。

② 胡适：《今日教会教育的难关》，见《胡适文存》第三集，第 577 页。

这句话完全可以说是胡适的"夫子自道"或自我注脚。确实，在中国的自然主义运动中，胡适发挥了关键的作用。对胡适来说，吴稚晖显然也是这一运动的主角之一，胡适曾无以复加地称赞他。

说起来，胡适对于"自然"这一概念没有做过单独和专门的讨论，至少没有像他对待自然法那样做出过某种概括性说明。[①] 胡适对"自然"概念的看法和运用，零星地散见于他的各种论著之中，我们也只能通过这些论著中的材料来了解和把握它。对于胡适的世界观和形而上学意义上的"自然"概念，同样也是如此。统而观之，胡适在不同著述中使用的"自然"概念，或者他的自然主义中的"自然"，主要具有以下三个方面的意义：

第一，胡适常常在"自己如此"、"自然而然"的意义上使用"自然"。这看起来平淡无奇，但胡适就是让这种意义上的"自然"承担起了解释、说明宇宙和万物本性的重任。如胡适在《〈科学与人生观〉序》[②] 中这样说：

> 根据于一切科学，叫人知道宇宙及其中万物的运行变迁皆是自然的，—— 自己如此的，—— 正用不着什么超自然的主宰或造物者。[③]

"自然的"、"自己如此的"意义上的"自然"，从语言属性上说，是一个形容词。从哲学上说，这种意义上的"自然"，显然不是指自然界和物理客体，而是指决定自然界和物理客体（即胡适说的"宇宙"和"万物"）何以如此的、内在于它们自身的活动方式。胡适说，他对宇宙和万物的这种自然主义的解释，是根据"一切科学"得来的认识。但这一说法本身就不够科学，什么是一切科学？它们又如何能够得出这样的结论？

---

① 胡适清晰地界定过"自然法"概念。他的"自然法"中的"自然"与他用来解释宇宙的"自然"概念有交叉的地方。参见胡适：《中国传统中的自然法》，见胡适的《中国的文艺复兴》，邹小站、尹飞舟等译，第 202 页。

② 该序是胡适最完整地表述他的自然主义立场的文章，同时也是他提出其建设性人生观并竭力为科学辩护的文章。

③ 《胡适文存》第二集，第 151 页。胡适在《今日教会教育的难关》中重复了他的这一信条（胡适：《今日教会教育的难关》，见《胡适文存》第三集，第 577 页）。

第二，胡适认为宇宙和万物的变化、运行都有自身的自然法则，这是胡适对"自然"的第二种使用。这里的"自然"与第一种"自然"不同，它强调的是客体中的"秩序"，它是"自然界中的自然"。胡适说：

> 在那个自然主义的宇宙里，天行是有常度的，物变是有自然法则的，因果的大法支配着他 —— 人 —— 的一切生活。[1]

胡适说的"常度"、"自然法则"，具体地说，就是因果律。因果律是胡适信奉的科学研究的对象，这是他为科学的基础做出的哲学说明。在胡适那里，科学的因果观念也适合于研究人的生命及其精神现象，因为人本质上也是自然的一部分，严格地服从于生物学的、生理学的和心理学的各种规律。胡适提出的"新十诫"的人生观，其中两条说的就是人同样服从于自然律："根据于生物学、生理学、心理学的知识，叫人知道人不过是动物的一种，他和别种动物只有程度的差异，并无种类的区别。"[2] "根据于生物的及心理的科学，叫人知道一切心理的现象都是有因的。"[3] 胡适的这一立场批评的是"科玄论战"中的玄学派。在玄学派看来，科学研究的自然是纯粹物质性的东西，而人根本上是一种精神性的存在。但在胡适看来，人是自然的一部分，研究自然的因果方法，对人类也是适用的。

胡适对"自然"观念的第三种使用认为，宇宙的空间和时间都是无限的，物质的世界是变化的而不是静止的，是活的而不是死的。胡适说，他根据物理学和天文学的知识知道了空间是无穷的，根据地质学和古生物学的知识知道了时间是无穷的。我们知道，在传统观念中，空间和时间被认为是无限的；在近代科学中，牛顿的经典物理学也认为时空是无限的；但按照爱因斯坦的相对论，时空不是无限的。胡适认为时空是无限的，这表明他接受的是牛顿的而不是爱因斯坦的时空观。一般认为，近代机械论的物

---

① 胡适：《〈科学与人生观〉序》，见《胡适文存》第二集，第 152 页。
② 胡适：《〈科学与人生观〉序》，见《胡适文存》第二集，第 151 页。
③ 胡适：《〈科学与人生观〉序》，见《胡适文存》第二集，第 151 页。

质观是将物质看成静止的和死的东西，与之不同，爱因斯坦则认为物质首先是一种能量，生命主义哲学也认为物质是有生命和活的东西。现代中国的生命主义者和反科学主义者往往也以此批评胡适的自然主义和科学主义。胡适说物质不是静止的和死的，大概有同机械自然观划清界限的考虑。胡适是达尔文和赫胥黎生物进化论的坚定拥护者。他接受他们的看法，认为生命完全是自然进化和适应的结果，其中没有任何超自然力量的作用；生物的进化遵循着生存竞争的自然法则，其中也没有任何"自然"的伦理和道德。胡适说："根据于生物的科学的知识，叫人知道生物界的生存竞争的浪费与惨酷，——因此，叫人更可以明白那'有好生之德'的主宰的假设是不能成立的。"[1] 胡适这里说的"生物学"，就是由达尔文创建、由赫胥黎竭力传扬的生物进化论，这是胡适一生都信奉的科学之一。在《演化论与存疑主义》中，胡适说，达尔文的进化论用生存竞争、适者生存来解释物种为什么会变化，打破了类不变的观念，也打破了上帝造物说或者其他任何类型的设计说和规划说。[2] 对胡适来说，生物学还为我们提供了更多的东西，如：人作为自然的生命都是要死的，没有不朽，没有灵魂不死，当然也没有死后的天堂。生物学并不讨论不朽、灵魂和天堂问题。

　　要言之，胡适用来解释宇宙和万物实在的"自然"，一是指造成宇宙和万物何以如此的内在原因和机制——"自然而然"；二是指万物之间的因果关系和法则；三是指宇宙、万物的广延性、变化。胡适声称，他的这种自然观都是依据科学得出的。其实，它是胡适在科学世界观影响下对宇宙和万物做出的哲学的或形而上学的解释。这种解释，从一方面说，是"西洋近代科学思想输入中国"后的一种产物。一般来说，近代西方哲学受科学影响的"自然"概念大致有这样几种含义：（1）自然是整个实在和现实的总和，宇宙都是由自然物构成的。（2）世界和宇宙都是自然的结果，一切事物和现象都可以用自然的原因来解释，没有超自然的原因和力量，也无须假定其他终极的实体或根据。（3）自然现象具有规则和齐一性，

---

① 胡适：《〈科学与人生观〉序》，见《胡适文存》第二集，第 151 页。
② 参见《胡适全集》第 8 卷，安徽教育出版社 2003 年版，第 35—39 页。

可以被认知；科学的经验方法是认识自然的最有效方式。（4）人类是自然活动的结果和自然世界的一部分，人的精神和意识是大脑活动和过程的产物，没有独立的精神实体。以上我们讨论的胡适的"自然"概念，同这里所说的第二、三、四种含义具有类似性。胡适用"自然"来指称现实实体、事物和一切现象的全部，是他受科学思想影响的、科学和技术意义上的"自然"。

至此，我们便了解了胡适的自然主义立场同西方近代科学文化之间的关系。但胡适还说，现代中国的自然主义又是对中国传统自然主义的复兴。胡适一再强调，对宇宙和万物采取自然主义的立场，是中国古代思想尤其是道家思想的一个悠久传统。我们知道，在不少方面，胡适都是中国传统的批评者和否定者，以至于他成了全盘性反传统或全盘西化的核心人物。但在自然主义立场上，我们看到了相反的情形，没有什么能比这更能显示出胡适对中国传统的高度赞美了。现在，我们有两个来自不同地方的自然主义，其中一种在很大程度上是西方的、作为近代科学产物的自然主义，另一种是近代科学诞生之前的中国古代的自然主义。这两者能够结合吗？对胡适来说，这不成问题。他认为，西方近代的自然主义在中国的传播与中国古代自然主义的复兴是交互作用的：前者激起了人们对后者的重新关注，后者则为前者提供了土壤。例如胡适在谈到作为理性主义的自然主义时说：

> 这种新的理性主义的根本态度是怀疑：他要人疑而后信。他的武器是"拿证据来！"这种理性主义现在虽然只是少数人的信仰，然而他们的势力是不可轻视的。中国民族本是一种薄于宗教心的民族；古代的道家，宋明的理学，都带有自然主义的色彩。所以西洋近代的自然主义到了中国便寻着了膏腴之地，将来定能继长增高，开花结果。[①]

对于中国的自然主义传统，胡适也没有集中的讨论，他的说法和看法

---

① 胡适：《今日教会教育的难关》，见《胡适文存》第三集，第 577 页。

同样散见于他的各种著述中，例如在他的《先秦名学史》、《中国哲学史大纲》、《中国中古思想史长编》等著作和《先秦诸子进化论》、《记郭象的自然主义》、《魏晋间人的自然主义的哲学》、《中国哲学里的科学精神与方法》等论文中，我们都能看到有关这方面的言论。从这些言论中我们看到，胡适认为中国的自然主义（主要是道家的自然主义）从创立到传承有一个谱系。它的创立者是老子。老子用"自然"、"无为"的"天道"、"道"取代了早先的意志性和神性的"天"，用自然的演化取代了神学目的论，这是一种革命性的思想。老子之后，《列子》、《庄子》、《淮南子》、《论衡》和郭象的《庄子注》等都以不同方式承继并扩展了老子的自然主义。它们或者像《庄子》和《淮南子》那样，将宇宙和万物看成是"道"的自然无为的结果，排除了神创论；或者像《列子》、《庄子注》那样，特别强调万物的自生、自化，排除了造物主。对于道家的这种自然宇宙论，胡适评述说：

> 这个宇宙论的最大长处在于纯粹用自然演变的见解来说明宇宙万物的起源。一切全是万物的自己逐渐演化，自己如此，故说是"自然"。在这个自然演化的过程里，"莫见其为者而功既成矣"，正用不着什么有意志知识的上帝鬼神作主宰。这是中国古代思想的左派的最大特色。①

胡适深深为中国古代就有这样一个成熟的自然主义传统所感染。他认为，中国中古虽然经历过了不幸的宗教化（即佛教化）过程②，但幸运的是，道家的自然主义和儒家的人文主义在宋代又再次复兴了，它们把中国人从宗教的非理性中解放了出来：

---

① 胡适：《中国中古思想史长编》，见姜义华主编：《胡适学术文集·中国哲学史》（上），第 368 页。
② 他这样说："我一直认为佛教在全中国'自东汉到北宋'千年的传播，对中国的国民生活是有害无益，而且为害至深且巨。"（胡适：《胡适口述自传》，唐德刚译注，华东师范大学出版社 1993 年版，第 250 页）

在那样早的时代（公元前六世纪）发展出来一种自然主义的宇宙观，是一件真正有革命性的大事。……这个新的原理叫做"道"，是一个过程，一个周行天地万物之中，又有不变的存在的过程。道是自然如此的，万物也是自然如此的。"道常无为，而无不为"。这是这个自然主义宇宙观的中心观念。……然而这个在《老子》书里萌芽，在以后几百年里充分生长起来的自然主义宇宙观，正是经典时代的一份最重要的哲学遗产。自然主义本身最可以代表大胆怀疑和积极假设的精神。自然主义和孔子的人本主义，这两极的历史地位是完全同等重要的。中国每一次陷入非理性、迷信、出世思想，——这在中国很长的历史上有过好几次——总是靠老子和哲学上的道家的自然主义，或者靠孔子的人本主义，或者靠两样合起来，努力把这个民族从昏睡中救醒。①

宇宙观上的道家自然主义，对胡适来说，在很大程度上又是自然进化观。我们知道，严复曾将《老子》和《庄子》这两部书同进化论联系起来（虽然他同时又批评了两者带有的原始主义的消极性），认为这两部著作都有令人惊异的进化观念。胡适同样。在《先秦诸子进化论》中，胡适强调说："进化论的主要性质在于用天然的、物理的理论来说明万物原始变迁一问题，一切无稽之谈，不根之说，须全行抛却。"② 对于生物进化论，胡适津津乐道的是，生物之间残酷的生存竞争和自然选择，打破了慈善上帝的创造说。他说，老子早就发现了这一点。老子破除了"天地好生"、"天地有好生之德"的迷信，老子主张"天地不仁，以万物为刍狗"，就是认为天地完全是自然而然运行的，没有任何有意的安排。

胡适还从一般性上概括了进化论研究的主要问题，如天地万物的起源、自古以来天地万物变化的历史、万物变迁的状态和变迁的原因等。由此可

---

① 胡适：《中国哲学里的科学精神与方法》，见姜义华主编：《胡适学术文集·中国哲学史》（上），第553—554页。

② 胡适：《先秦诸子进化论》：见姜义华主编：《胡适学术文集·中国哲学史》（上），第573页。

知，胡适的进化论不限于生物的进化。胡适在中国古代特别是道家思想中发现的进化论，也是如此。如前所述，深恶探讨万物最终原因的胡适，往往将道家的"道"解释为宇宙的变化、演化的过程。胡适说，将"道"作为最高的实在是后人对老子的误解。①万物用不着一个"先天地生"的"道"。从"道"这个字的本义入手，胡适说，"道"只是自然演变的过程，而不是一个什么东西：

> 道即是路，古人用这"道"字本取其"周行"之义。严格说来，这个自然演变的历程才是道。道是这演变的历程的总名，而不是一个什么东西。老子以来，这一系的思想多误认"道"是一个什么东西……道家哲人往往说"造化者"，其实严格的自然主义只能认一个"化"，而不能认有什么"造化者"。②

根据以上的讨论可知，胡适所认知的道家自然主义的"自然"，主要有四层含义：一是指"自然而然"、"自己如此"；二是指"道"的"自然无为"和宇宙万物变化的历程；三是指生物的自然进化和生存竞争；四是指没有任何造物主、最后之因和神意。按照胡适在《中国传统中的自然法》中对中国古代自然法的理解，其中的两项——"有时求助于天或自然的道（'道'），即自然的法则"和"有时求助于理、道理或天理"③——同以上的道家的"自然天道"观是一致的。

正如我们在章太炎那里所看到的，近代中国思想中的自然主义尽管

---

① 胡适对老子和道家之"道"的解释，表现出有矛盾性的两面：一方面，他试图对"道"做出非绝对实体的解释，这是这里我们所看到的；另一方面，胡适又认为道家的"道"只是一个"无从求证"的假设，但道家误认为它就是最高的实在。参见姜义华主编：《胡适学术文集·中国哲学史》（上），第364—365页；《胡适全集》第5卷，安徽教育出版社2003年版，第241—242、578—580页。

② 胡适：《中国中古思想史长编》，见姜义华主编：《胡适学术文集·中国哲学史》（上），第368—369页。道家的"道"当然不能只从过程来理解，因为它先于上帝，先于天地，它是天地和万物之母。

③ 参见胡适：《中国的文艺复兴》，邹小站、尹飞舟等译，第202页。

对自然的理解有很大差异，但它都扮演着类似于韦伯所说的"理性化"和
"祛魅"的角色。① 在这一方面，胡适也十分有代表性。胡适的自然主义既
是自然的宇宙观，又是自然合理论（合乎自然的就是合理的、理性的），也
是批判和否定东西方各种超自然神灵的武器。我们先从胡适对一起所谓的
"闹鬼"事件的处理说起。1922 年（民国十一年）3 月 18 日（周六），胡
适在日记中记载了一起"闹鬼"事件。这一天胡适受黎邵西之邀，晚上在
雨花春饭馆吃饭。受邀客人还有钱玄同、汪怡庵、陆雨庵、卫挺生等。胡
适说他们"大谈"了"国语"问题，但他并未记下这方面的内容，他记下
的却是陆雨庵家中的"闹鬼"之事。据说，由于各种怪异现象出现在陆家，
陆雨庵被迫搬出，而且是被限期搬出，不得迟延。陆家一时找不到合适的
住处，只好先住在雨花楼的公寓中。搬出后，陆家雇用了一位穷人住在里
面帮助他们看家，但第二天一位泥水匠进入家中时发现，这位穷人已被火
烧死。死者跪在地上，上身和头部的肌肉都被烧尽而现出脏腑和筋骨。但
室内其他物品并未被烧，只是被子上被烧了一个大洞。②

　　胡适是如何看待这桩"闹鬼"事件的呢？按照胡适的自然主义宇宙
观③，他当然不会相信"闹鬼"之事，也不会相信那位穷人之死真的会有什
么神秘的原因。按照他日记的记载，胡适首先肯定这位穷人确实被烧死了，
因为他的尸体已被有关官员检查过。但胡适说，此事虽然确有"可怪"之
处，但陆家闹鬼之事却"多"不可信。因为陆雨庵并未亲眼看见过他所说
的怪异现象。陆雨庵看见的唯一一次怪异现象，是"鬼"附在一位老妈的
身上，使她说话的声音变成了男人的声音。但胡适认为，这仍然是可疑的。
对于穷人被烧死之事，胡适解释为"偶合"。他推测说，烧死那位穷人的
火一定是一种平常的火，那位穷人可能是喝醉了酒才招致此祸。他解释说，

---

　　① 但在采取的方式和运用的思想资源上，他同章太炎又非常不同。比如，胡适同佛教
的观念和信仰格格不入，他将"自然"完全对象化、客体化。

　　② 参见胡适的《胡适日记全编》（3），曹伯言整理，安徽教育出版社 2001 年版，第
585—586 页。

　　③ 按照胡适的回忆，他从小就受到了范缜神灭论的影响，不相信神佛的存在。（参见
曹伯言选编：《胡适自传》，黄山书社 1986 年版，第 36—38 页）

只是因为这位穷人是在搬家的次日被烧死的，所以他的死才与"闹鬼"有了一个"因果"关系。

在东西方传统中，上帝、天、鬼神、灵魂不死和因果报应，不仅被认为是实有的，而且也被认为对人类的道德生活是有益的。然而，对于自然主义者胡适来说，这些都是不可信、不可取的东西。他说：

> 古代的人因为想求得感情上的安慰，不惜牺牲理智上的要求，专靠信心（Faith），不问证据，于是信鬼，信神，信上帝，信天堂，信净土，信地狱。近世科学便不能这样专靠信心了。科学并不菲薄感情上的安慰；科学只要求一切信仰须要禁得起理智的评判，须要有充分的证据。凡没有充分证据的，只可存疑，不足信仰。①

从一个方面说，胡适的思想同严复具有可比性，比如他们都注重经验科学和实证方法；但从另一个方面说，胡适同严复又很不一样。胡适确实是一位科学主义者或实证主义者，而严复则不是。②胡适和章太炎类似，竭力"祛魅"，竭力要铲除各种超越自然世界和力量的存在，但严复则竭力要为超自然留下余地。在经验领域里，严复相信和坚持科学的立场，认为一切存在和现象都是可知的。但在此之外，严复又预设了一个超验的、不可知、不可思议的世界。而且严复还相信各种超自然的存在，包括鬼神。例如在新文化运动兴起的1917年，严复热心于桐城派人物俞复、陆费逵、丁福保等人在上海宣布成立的"上海灵学会"和次年出版的《灵学杂志》；在致俞复和侯疑始的书信中，他强调鬼神的存在，并列举出陈宝琛在光绪甲申丁内艰归里后与一些友人从事的扶乩活动。然而，对于胡适来说，只有一个世界，这就是自然和天的世界，这是完全可以用经验和科学去观察和认知的单纯的自然世界。除此之外，没有任何"实在的东西"，没有任何

---

① 胡适：《我们对于西洋近代文明的态度》，见《胡适文存》第三集，第5—6页。

② 参见王中江：《从超验领域到道德革新及其古典教化——严复的"宗教观"、"孔教观"和"新民德"》，见庞朴主编：《儒林》第2辑，山东大学出版社2006年版。

不可知的世界，没有任何超自然的神秘领域。如果说严复的思想具有二重性——一方面，他通过科学"祛魅"（特别是宗教世界中的迷信）；另一方面，他又为巫术、鬼神和迷信留下了空间（"存魅"）——那么胡适就没有这种二重性，除了偶然的、一时的"皈依"之外，胡适是义无反顾地立足于自然主义的"祛魅者"。

二、科学图像中的自然

在胡适的自然主义宇宙观中，"自然"这一概念主要被用来解释宇宙和万物的起源、变迁及其内在根据，它以"自然而然"、"自己如此"这一基本的用法扮演了说明宇宙和万物何以如此的角色，起着解构东西方各种超自然的神及其力量的作用。对胡适来说，这不仅是理智的、科学的立场，也是实际的、现实的需要。除此之外，胡适对"自然"概念的使用，主要是将它纳入科学和技术的范式之内，使它完全成为科学认知、技术加工的对象和客体。胡适前后一贯地认为，科学和技术是拷问自然、解释自然、驾驭自然、利用自然的唯一有效的方法和方式。这是胡适自然主义立场的另外两个方面。在这两方面，胡适都检讨了中国传统的缺陷和缺失。对他来说，人文的、精神性的东西应当从对自然的科学认知和技术利用中产生出来，而不是从对自然的茫然、顺从、依附中取得。

在这个问题上，如果再进行一次比较的话，我们会出现，胡适同严复有一致的地方，而同章太炎没有什么共同性。在近代中国自强新政之后，严复竭力主张，中国必须充分发展把握自然奥秘的近代科学和驾驭自然的近代技术，使之成为实现国家富强的重要途径之一。与严复不同，章太炎关心的只是如何将中国和中国社会从晚清政治和外部帝国的强权中解放出来，而对中国如何认识自然和利用自然并从中解放出来并不关心。近代以来许多中国人认为，这两种解放是有关系的，将传统中国从自然中解放出来就是为了获得从列强中解放出来的力量。自强新政是如此，主张广义变法的严复也是如此。到了胡适，这一情况略有变化。对他来说，把人从自然中解放出来本身就是目的，它不仅是中国人实现理智化所需要的，也是中国人获得幸福所必需的。下面，我们就来考察胡适的科学范式中的"自然"。

我们知道，胡适到美国康奈尔大学留学，最初选择的专业是农学。按说这是他接触自然的最好和最直接的方式。但对苹果进行分类的课程内容，竟然让他不知所措。他不喜欢这样去认识自然，认为这是浪费时间，甚至是愚蠢的。这是他从学农转到念哲学的原因之一。[①] 胡适自己不喜欢直接去认识自然，但后来他却成了乐此不疲地教导人们去直接认识自然的启蒙导师。在近代中国将自然对象化、科学化的过程中，胡适扮演了关键的角色。对于自然，人类今天的认知早已无孔不入，无所不在，而且带来了许多问题。但对于 20 世纪初的中国来说，认识自然和发展中国的科学还是启蒙的主题之一。胡适在这方面展开的启蒙工作有哪些呢？

近代以来东西方一直有人在追问中国为什么没有诞生近代科学[②]，也有人对当代中国科学发展中的阻力寻根求源，这两种做法都将原因指向了古代[③]。胡适对第一个问题的反思，主要就是对中国人为什么没有关注自然、不将自然作为科学认知对象的反思。为了改变这种传统，胡适一方面反思中国古代的思维方式和意识，另一方面则倡导和传播他所理解的科学精神和方法。在胡适看来，中国古代的自然主义宇宙观传统很悠久，它同儒家的人文主义传统相结合，有效地抵制了宗教的狂热和迷信。但是，很遗憾，这两种理性主义传统，都没有促使中国人对自然发生大的兴趣。道家宇宙上的自然主义，一开始就具有顺从自然，甚至呼唤回到原始社会的消极主义倾向：

　　中国古代哲人发现自然的宇宙论最早，在思想解放上有绝大的功

---

　　① 参见胡适：《胡适口述自传》，唐德刚译注，第 36—38 页。

　　② 较早的讨论比如冯友兰：《为什么中国没有科学 —— 对中国哲学的历史及其后果的一种解释》，见冯友兰：《三松堂学术文集》，北京大学出版社 1984 年版，第 23—42 页；稍近的讨论如托比·胡弗（Toby E.Haff）：《近代科学为什么诞生在西方》，于霞译，北京大学出版社 2010 年版，第 228—301 页。

　　③ 参见 Peng Gong（宫 鹏），"Cultural History Holds Back Chinese Research"，Nature, vol. 481, 26 Janunary 2012。

效。然而二千五百年的自然主义的哲学所以不能产生自然科学者，只因为崇拜自然太过，信"道"太笃，蔽于天而不知人，妄想无为而可以因任自然，排斥智故，不敢用己而背自然，终于不晓得自然是什么。[①]

在胡适看来，自然的宇宙论既有纯粹自然演变的意义，也有生物和人类主动去适应和促进演变的意义。[②]但道家只知道遵循纯粹的自然演变，不懂得人的主动适应性和能动性。这种自然顺应论既导致了人们对认识自然的漠视，也导致了人们对改造自然的忽视。

此外，道家的"道"在抵制和克服超自然的主宰方面做出了巨大贡献的同时，也带来了人们漠视万物之理和阻碍科学的消极性影响：

> 然而他们忘了这"道"的观念不过是一个假设，他们把自己的假设认作了有真实的存在，遂以为己寻得了宇宙万物的最后定理，"万物各异理，而道尽稽万物之理"的原理，有了这总稽万物之理的原理，便可以不必寻求那各个的理了。故道的观念在哲学史上有破除迷信的功用，而其结果也可以阻碍科学的发达。人人自谓知"道"，而不用求知物物之"理"，这是最大的害处。[③]

可以看出，胡适在强调道家自然主义在中国思想史上的革命性贡献的同时，也对它所产生的因循自然和漠视万物之理的负面作用做了检讨。

造成中国人疏远认识自然的另一个原因，在胡适看来，是儒家的人文

---

① 胡适：《中国中古思想史长编》，见姜义华主编：《胡适学术文集·中国哲学史》（上），第 376 页。

② 胡适说："自然的宇宙论含有两种意义：一是纯粹自然的演变，而一切生物只能随顺自然；一是在自然演进的历程上，生物——尤其是人类——可以自动的适应变迁，甚至于促进变迁。"（胡适：《中国中古思想史长编》，见姜义华主编：《胡适学术文集·中国哲学史》［上］，第 374 页）

③ 胡适：《中国中古思想史长编》，见姜义华主编：《胡适学术文集·中国哲学史》（上），第 365 页。

主义传统。与对待道家自然主义的态度一样，胡适一方面肯定这一传统的意义和价值，另一方面又认为这一传统也产生了负面的影响。在《先秦名学史》、《中国哲学史大纲》和《中国的文艺复兴》等著述中，我们都能看到他对这一传统在科学上产生的消极后果的反思。胡适说，中国文化与西方文化从一开始就存在差异，这种差异决定了它们后来的不同发展方向。早期的中国构筑了它自己的道德哲学和政治哲学，在这方面它同希腊人没有多少差别，但差异在于它不像古希腊人那样对自然物理、数学、几何、力学等也深感兴趣，古代中国人"几乎无一例外地陷入伦理与政治理论研究，而希腊学者却在从事动植物、数学与几何学、工具与机械的研究"[1]。这种程度上的差异性，逐步演变为学术和学问"种类"上的不同。胡适进一步指出，中国古代的这种倾向性在中世纪得到了强化，使中国人更加远离自然：

> 整个中世纪时期，中国的知识界的生活趋于越来越远离自然对象，而益发深陷于空洞的玄思或纯粹的文学追求。中国的中世纪宗教要人们思考自然、和顺从自然，而不是揭示自然奥秘从而征服自然。而那获取社会声望和公职的唯一通道的科举制度，正有效地把中国知识分子的生活铸造成一个纯粹追求文字技巧的生活。[2]

对于李约瑟等一些中国科学史研究者来说，这样的结论是有问题的。他们认为，中国在科学和技术上的落后，只是最近几个世纪的事。[3]但胡适所说的中国古代注重道德和政治领域的研究，注重文本、文献和文学的研究，这一点是不容否定的，而科举制度与它们恰恰又有因果关系。

---

① 胡适：《中国的文艺复兴》，见胡适：《中国的文艺复兴》，邹小站、尹飞舟等译，第 55 页。

② 胡适：《中国的文艺复兴》，见胡适：《中国的文艺复兴》，邹小站、尹飞舟等译，第 56 页。

③ 参见李约瑟：《中国之科学与文明》第一册，陈立夫主译，台湾商务印书馆 1977 年版。

中国的宋明清三朝复兴了儒家的人文主义，有效地抵制了中古时代中国的佛教化和宗教化，但这仍然没有将中国人引向对自然的好奇，他们继续沉潜于伦理、政治的研究中，沉浸于书本、文学和文献学的研究中。看上去矛盾的是：胡适对朱熹的"格物穷理"给予了很高的评价，认为宋代人对它的解释非常符合科学的精神和方法。但胡适又说，宋人的逻辑方法是没有效果的，其中"最不幸的是把'物'的意义解释为'事'"[1]。这是胡适在 1915 年至 1917 年于纽约完成的《先秦名学史》一书中所说的话。在这部书中，胡适还进一步说：

> 朱熹和王阳明都同意把"物"作"事"解释。这一个字的人文主义的解释，决定了近代中国哲学的全部性质与范围。它把哲学限制于人的"事务"和关系的领域。王阳明主张"格物"只能在身心上做。即使宋学探求事事物物之理，也只是研究"诚意"以"正心"。他们对自然客体的研究提不出科学的方法，也把自己局限于伦理与政治哲学的问题之中。因此，在近代中国哲学的这两个伟大时期中，都没有对科学的发展作出任何贡献。[2]

朱子等中国的哲学家真正关心的不是探索自然的奥秘，而是探索经典和书本的奥秘，清代的考据学家们更是将这种方法集中运用到历史和文献之中。[3] 相比于对自然的兴趣，中国哲学家更关心的是政治和伦理领域，这同

---

① 胡适：《先秦名学史》，《先秦名学史》翻译组译，李匡武校，学林出版社 1983 年版，第 8 页。

② 胡适：《先秦名学史》，《先秦名学史》翻译组译，李匡武校，第 6 页。

③ 胡适在《格致与科学》中也解释了中国哲学家在格物上会失败的原因："他们失败的大原因，是因为中国的学者向来就没有动手动脚去玩弄自然界实物的遗风。程子的大哥程颢就曾说过'玩物丧志'的话。他们说要'即物穷理'，其实他们都是长袍大袖的士大夫，从不肯去亲近实物。他们至多能做一点表面的观察和思考，不肯用全部精力去研究自然界的实物。久而久之，他们也觉得'物'的范围太广泛了，没有法子应付。所以程子首先把'物'的范围缩小到三项：（一）读书穷理，（二）尚论古人，（三）应事接物。后来朱一派都依着这三项的小范围，把那'凡天下之物'的大范围完全丢了。……十七世纪以后的朴

近代科学根本上是面向自然和以自然为对象形成了明显的不同，这是中国不能产生近代科学的原因之一。

胡适还比较了最近三百年东西方之间的差异，这个差异就是西方在科学的许多领域中都开花结果，而中国主要还是沉溺于文字和文献的研究中，没有去倾听自然的声音：

> 纵观科学发达史，可知东方与西方之学术发展途径，在很古的时代已分道扬镳了。自然科学虽到近三百年中始有长脚［足］的发展，但在希腊、罗马时代，已有自然科学的基础。（例如，Aristotle［亚里士多德］解剖过 50 种动物）而东方古文化实在太不注重自然界实物的研究，虽有自然哲学而没有自然科学的风气。故其虽有"格物穷理"的理想，终不能产生物理的科学，只能产生一点比较精密的纸上考证学而已。可见研究的对象（材料）又可规定学术的途径与成就。①

胡适的这种解释前后是一贯的。1959 年，胡适在夏威夷举行的第三届东西方哲学研讨会上做了题为"中国哲学中的科学精神和方法"的大会发言。他不接受一些西方人对中国古代没有产生科学的苛刻批评。他辨析说，中国没有产生近代科学的事实不等于中国没有科学的精神和方法。中国古代特别是近世，事实上具有丰富的科学精神和方法。孔子和老子都具有理性、质疑和探索的意识，朱熹的"格物穷理"具有依据事实、证据和归纳的意识。朱子要"格"的"物"十分宽泛，它包罗一切，从天高地厚到一

（接上页）学（又叫做'汉学'），用精密的方法去研究训诂音韵，去校勘古书。他们做学问的方法是科学的，他们的实事求是的精神也是科学的。但他们的范围还跳不出'读书穷理'的小范围，还没有做到那'即物穷理'的科学大范围。"（《胡适全集》第 8 卷，第 81—82 页）在《治学的方法与材料》中，胡适也说：清代朴学的"方法虽是科学的，材料却始终是文字的。科学的方法居然能使故纸堆里大放光明，然而故纸的材料终久限死了科学的方法，故这三百年的学术也只不过文字的学术，三百年的光明也只不过故纸堆的火焰而已！"（《胡适文存》第三集，第 94—95 页）

① 胡适：《科学概论》，见《胡适全集》第 8 卷，第 90 页。

草一木。朱熹对学问的研究和清代的考据学，体现的都是从证据出发和实事求是的科学精神及方法。问题是，具有如此丰富的科学精神和方法竟没有产生近代科学：

> 这种精神和方法并没有造成一个自然科学的时代。顾炎武、戴震、钱大昕、王念孙所代表的精确而不受成见影响的探索的精神并没有引出来中国的一个伽利略、维萨略、牛顿的时代。①

对此，胡适提出的解释依然是之前他强调的东西。他谈到了他在《中国的文艺复兴》中对东西方文化进行的对比，认为阻碍科学在中国出现的主要原因是哲学家把"物"限定在"人事"上，没有把自然作为学问和研究的对象。

中国人不关心探索自然除了上述胡适所说的原因之外，一般认为它还同中国人的价值观和科举制度有密切的关系。早在 16 世纪末和 17 世纪初，对中国文化有深入了解和体认的利玛窦就发现，中国人普遍感兴趣的是道德哲学，其原因在于钻研数学和医学不受人尊敬，而学习道德哲学则可以使人考取功名，获得很高的报酬和荣誉，达到人生幸福的顶点。② 两个多世纪后，在严复那里我们看到了类似的检讨。他批评说，中国古代学问的中心是文字之学，是为官之学，是师心自用之学，这种学问都让人远离自然（虽然严复认为中国的古典中也包含有科学的方法）。胡适也注意到了这个问题。他说，科举考试是最优秀的中国人追求的目标，而这种考试完全是测试人们在人文和文字方面的能力。与此不同，西方人比较早地将智力转向了自然。胡适在《治学的方法与材料》中用具体的例子比较了中西在两三百年间的不同选择，并得出结论说："西洋的学者先从自然界的实物下手，造成了科学文明，工业世界。"③

---

① 胡适：《中国哲学中的科学精神和方法》，见《胡适全集》第 8 卷，第 511 页。
② 参见利玛窦、金尼阁：《利玛窦中国札记》上册，何高济、王遵仲译，第 27—44 页。
③ 胡适：《治学的方法与材料》，见《胡适文存》第三集，第 101 页。

虽然胡适认为在中国历史上自然没有被作为科学认知的对象并且中国没有发展出近代科学，但他相信中国传统的自然主义和人文主义并不会成为中国接受和发展近代科学的障碍，中国传统的科学精神和方法也完全可以与现代的科学精神和方法结合起来。近代中国的认知向着自然的转向，同时也伴随着认识自然的方法论的自觉。从近代中国墨家和名学的复兴，到西方逻辑学的移植、知识论的建立和科学方法的阐释，可以说都是这种方法论自觉的表现。在这一方面，严复是一个典型，例如他先后翻译了穆勒的《逻辑》和耶芳斯（W. S. Jevons）的《名学浅说》。严复之后，胡适是又一个典型。

胡适认识到，如果我们单是转向自然而不掌握和运用严密的科学方法，我们照样不能发现自然的奥秘，结不出科学之果 —— 真理，我们在自然面前照样一无所获。这是因为自然从不轻易向人敞开它自己的秘密，真理并不容易求得（即所谓"理未易察"）：

> "自然"是不容易认识的，只有用最精细的观察和试验，才可以窥见自然的秘密，发现自然的法则。……自然是个最狡猾的妖魔，最不肯轻易吐露真情。人类必须打的她现出原形来，必须拷的她吐出真情来，才可以用她的秘密来驾御她，才可以用她的法则来"因任"她。①
>
> 真理是深藏在事物之中的；你不去寻求探讨，他决不会露面。科学的文明教人训练我们的官能智慧，一点一滴地去寻求真理，一丝一毫不放过，一铢一两地积起来。这是求真理的唯一法门。自然（Nature）是一个最狡滑的妖魔，只有敲打逼拶可以逼她吐露真情。②

王阳明"格竹子"失败的感叹就是一个例子。胡适评论说：王阳明的话"表示中国的士大夫从来没有研究自然的风气，从来没有实验科学的方法，

---

① 胡适：《中国中古思想史长编》，见姜义华主编：《胡适学术文集·中国哲学史》（上），第375—376页。

② 胡适：《我们对于西洋近代文明的态度》，见《胡适文存》第三集，第4页。

所以虽然有'格物致知'的理想，终不能实行'即物穷理'，终不能建立科学"①。

为了使以认知自然、探寻自然奥秘为中心的科学迅速在中国发展起来，胡适首先回头去挖掘中国传统中的科学精神和方法，如他的研究一开始就是去探讨中国的先秦名学，这样做的目的正是为了复兴中国已有的逻辑和方法。胡适更竭力去宣扬近代以来西方建立的科学精神和方法：他对达尔文的进化论和赫胥黎的科学思想表现出来的兴趣，更多的是把他们的学说看作一种通向科学的方法；杜威的实验主义吸引他的地方，主要也是其中的科学方法。有关这方面，我们已有很多的研究。在此，我想强调的是，胡适提出的探索自然的科学方法，主要表现在他津津乐道的"怀疑"、"假设"、"实验"、"事实"、"证据"等观念中，尤其表现在他十分得意的"大胆的假设，小心的求证"的信条中：

> 科学精神在于寻求事实，寻求真理。科学态度在于撇开成见，搁起感情，只认得事实，只跟着证据走。科学方法只是"大胆的假设，小心的求证"十个字。没有证据，只可悬而不断；证据不够，只可假设，不可武断；必须等到证实之后，方才奉为定论。②
>
> 科学的方法，说来其实很简单，只不过"尊重事实，尊重证据"。在应用上，科学的方法只不过"大胆的假设，小心的求证"。③

不过在最后的总结性结论中，胡适却把他倡导的科学方法归结为养成个人的良好治学习惯，比如"不懒惰"、"不苟且"、"肯虚心"。④ 无论胡适

---

① 胡适：《格致与科学》，见《胡适全集》第8卷，第82页。
② 胡适：《介绍我自己的思想（〈胡适文选〉自序）》，见《胡适文存》第四集，黄山书社1996年版，第463页。对胡适来说，探寻自然的奥秘不仅需要严格的科学方法，还需要高度的耐心和毅力（参见胡适：《科学发展所需要的社会改革》，见姚鹏、范桥编：《胡适讲演》，第346页）。胡适注重科学方法，他对这种方法的运用则仍在历史和国故领域。
③ 胡适：《治学的方法与材料》，见《胡适文存》第三集，第93页。
④ 参阅胡适的《科学概论》，见《胡适全集》第8卷，第90页。

如何强调科学方法，他自己并没有将他倡导的科学方法运用在自然上，他个人的兴趣也不在自然上。自从他告别农学之后，他就同自然分道扬镳了。他的兴趣是在中国的历史、思想、文学和文字上，简言之，是在他所说的"整理国故"上，因此，他倡导的科学方法对他而言最后也只能落实在"非自然"的领域中。

三、技术图像中的自然

上面我们讨论的是胡适的东西语境中的"自然"与科学认知的关系，是胡适克服中国旧传统中漠视自然探索，借助于西方新传统将自然对象化、科学化的科学的自然主义。与此密切相关的是，胡适也渴求将自然高度技术化和工具化，使自然成为有待人类加工和使用的物质和材料，通过普遍的利用自然以充分满足人类生存的各种需求。按照胡适的主张，人类对于自然要做的事，就是最大限度地改造、利用它，就是不断地运用新工具和技术从它那里获得可资利用的一切东西。对胡适来说，这也是中国迫切需要的"充分世界化"的方面。1926 年，胡适发表《我们对于西洋近代文明的态度》。这篇文章可谓是他动员中国人接受西方技术文明的一份"宣言"。之后，在不同的场合，胡适一直为自然的技术化和工具化摇旗呐喊（虽然从晚清开始中国人就在器物之用的意义上要求输入兴起于西方的控制和利用自然的技术）。这可以说是胡适的"技术自然主义"，或者说是狭义的胡适的"工具理性"。

胡适的"技术自然主义"包括了一些不同的方面。第一，它是一种对人的精神上的要求。按照这种要求，我们在自然面前要有自己的主动性，而不是被动地适应它；我们要成为自然的改造者和利用者，而不是它的依附者；我们要相信自身的能力、勇气和冒险精神，而不是安于现状和退缩；我们要将自己的命运和幸福交给自己，而不是委托于超自然的力量：

> 从前人类受自然的支配，不能探讨自然界的秘密，没有能力抵抗自然的残酷，所以对于自然常怀着畏惧之心。拜物，拜畜生，怕鬼，

敬神，"小心翼翼，昭事上帝"，都是因为人类不信任自己的能力，不能不倚靠一种超自然的势力。现代的人便不同了。人的智力居然征服了自然界的无数质力，上可以飞行无碍，下可以潜行海底，远可以窥算星辰，近可以观察极微。这个两只手一个大脑的动物——人——已成了世界的为主人翁，他不能不尊重自己了。

....

这是现代人化的宗教。信任天不如信任人，靠上帝不如靠自己。我们现在不妄想什么天堂天国了，我们要在这个世界上建造"人的乐国"。我们不妄想做不死的神仙了，我们要在这个世界上做个活泼健全的人。我们不妄想什么四禅定六神通了，我们要在这个世界上做个有聪明智慧可以戡天缩地的人。我们也许不轻易信仰上帝的万能了，我们却信仰科学的方法是万能的，人的将来是不可限量的。我们也许不信灵魂的不灭了，我们却信人格的是神圣的，人权是神圣的。

这是近世宗教的"人化"。①

按照胡适的说法，自主、自尊、进取的精神已经成为现代人的一种新的宗教，人不再相信任何主宰者和救世主，他完全凭借自身的智慧、勇气和力量去面对自然。

第二，从人的积极的、主动的精神出发，胡适始终主张人类"戡天缩地"，始终主张用人类的智慧和能力最大限度地从自然中获得一切所需要的东西。当然，胡适这里所说的"人类"首先是指中国人。我们看到，每当胡适谈到人类如何对待自然时，他总是喜欢使用诸如"改造自然"、"控制自然"、"征服自然"等字眼。现在，这些字眼对我们来说已经变得非常刺眼，我们不仅不再不加节制地倡导"征服自然"，而且已经对科学和技术导致的问题展开了反省，甚至用"敬畏自然"来改变我们对自然的冷酷无

---

① 胡适：《我们对近代西洋文明的态度》，见《胡适文存》第三集，第6—7页。胡适还引用外国少年一首诗："我独自奋斗，胜败我独自承当，我用不着谁来放我自由，我用不着什么耶稣基督，妄想他能替我赎罪替我死。"（胡适：《我们对近代西洋文明的态度》，见《胡适文存》第三集，第6页）

情。但是必须指出，对于当时的胡适来说，这还不是问题。胡适一生一心
所想的，只是如何改变中国的贫穷和中国人的贫穷生活。在他看来，自然
就是为了满足人类生活的需要而存在的（这是他的"人本主义"的一种表
现）；只要能够满足人类生活的需要，人类对于自然可以采取任何能够采
取的方式。胡适在美国文明中看到了这种态度的典型表现，他称之为"大
量生产主义"——它以严格的组织和分工，按一定的程序，源源不断地使
原料变成人类所需要的制品。没有什么比"我们要捶他，煮他，要叫他听
我们的指派"这种形象化的说法更能说明胡适对自然的改造和征服意识了。
这句话出自 1930 年胡适为纪念中国科学社成立 15 周年撰写的中国科学社
社歌 [①]。他这样写道：

> 我们不崇拜自然。他是一个刁钻古怪；
> 我们要捶他，煮他，要叫他听我们的指派。
> 我们要他给我们推车；我们要他给我们送信。
> 我们要揭穿他的秘密，好叫他服事我们人。
> 我们唱天行有常；我们唱致知穷理。
> 明知道真理无穷，进一寸有一寸的欢喜。[②]

　　1952 年，胡适在台湾台南工学院做了名为"工程师的人生观"的演
讲。他说，他本来是学农的。为了表示对"工学"的看重，他还说，他到
六七十岁也许会成为一名工学院的老学生。这足以表明作为人文主义者的
胡适，同时又是一个态度多么强烈的技术自然主义者。也正是在这次演讲
中，胡适提出了一个"工程师的人生观"：

　　什么叫做工程师呢？工程师的作用，在能够找出自然界的利益，

---

　　① 这首歌后由赵元任谱曲，于 1930 年 10 月 25 日在北平社友庆祝中国科学社成立
十五周年的大会上试唱。有关"中国科学社"的成立和发展，参见坂出祥伸：『中国の近代
思想科と学』，京都同朋社出版昭和五十八年版，第 555—578 页。
　　② 胡适：《工程师的人生观》，见姚鹏、范桥编：《胡适讲演》，第 400—401 页。

> 强迫自然世界把它的利益一个一个贡献出来；就是改造自然、征服自然、控制自然，以减除人的痛苦，增加人的幸福。①
>
> 人与蜘蛛、蜜蜂、珊瑚虫所以不同，是在他充分运用聪明才智，揭发自然的秘密，来改造自然，征服自然，控制自然。②

在演讲的结尾，胡适还特意引用了他 20 年前为中国科学社所作的社歌，并将它送给了在座的工程师们。胡适提出的"工程师的人生观"表明，相比于认识自然、探索自然的奥秘，他更倾心于充分地改造自然和利用自然。由此可知，胡适不会接受那种纯粹出于理智好奇去认识自然的看法。这种对待自然的态度同他的真理观、经验观和环境观也是非常吻合的。例如，胡适所谓的"适应自然"往往也是指主动地去适应环境。他说，人类经验就是这种适应的结果：

> 现在我们受了生物学的教训，就该老实承认经验就是生活，生活就是人与环境的交互行为，就是思想的作用指挥一切能力，利用环境，征服他，约束他，支配他，使生活的内容外域永远增加，使生活的能力格外自由，使生活的意味格外浓厚。③

第三，胡适歌颂近代的技术革命，将新的工具、器具的发明及其运用看作人类新文明的显要标志，坚信新工具和技术是人类改造自然、征服自然的最有效手段。在近代以来的中国，一直有人抵制这种文明，其中还包括了解西方的人。例如，辜鸿铭感受过英国的技术文明，马一浮感受过美国的工具文明，但他们对此都持抵制的立场，这种立场构成了他们反现代化的核心内容。与他们截然不同，胡适和他的前辈和同时期的人，都坚持认为中国必须接受和发展这种新文明。他认为，美国的技

---

① 胡适：《工程师的人生观》，见姚鹏、范桥编：《胡适讲演》，第 395 页。
② 胡适：《工程师的人生观》，见姚鹏、范桥编：《胡适讲演》，第 396 页。
③ 胡适：《实验主义》，见《胡适文存》第一集，黄山书社 1996 年版，第 233 页。

术和工业文明造就了美国人丰富的物质生活，也造就了他们的幸福。胡适引用法国科学家柏格森（Henri Bergson）说的"人是制器的动物"和"人是能够制造器具的动物"来证明人优越于其他事物的高明之处。发明家富兰克林（Benjamin Franklin）当然也表述过类似的意思。事实上，其他生物和动物也不同程度地具有使用工具的能力。但胡适认为它们的能力太低了，无法同人类的制器能力相提并论。在《几个反理学的思想家》中，胡适称道吴稚晖说的人只不过是两只手和一个大脑在台上做游戏的动物：

> 这出戏不是容易做的，须充分训练这两只手，充分运用这个大脑，增加能力，提高智慧，制造工具：品物越备，人的能力越大，然后"能以人工补天行，使精神上一切理想的道德无不可由之而达到又达到"。①

第四，胡适一再强调，改造和利用自然完全是出于满足人类生存之需的要求，以实现人的福祉和幸福为目的，也是为发展人类的精神生活提供必需的物质条件。从晚清开始，中国人将发展技术和工业文明主要看作是寻求富强、实现国家独立和强大的必由之路。不同的是，胡适则将技术和工业文明首先并主要看作是对人的物质需求和幸福生活要求的满足。胡适说：

> 控制自然，为的是什么呢？不是像蜘蛛织网，为的捕虫子来吃；人的控制自然，为的是要减轻人的劳苦，减除人的痛苦，增加人的幸福，使人类的生活格外的丰富，格外有意义。这是"科学与工业的文化"的哲学。②

---

① 胡适：《几个反理学的思想家》，见姜义华主编：《胡适学术文集·中国哲学史》（下），第 1182 页。

② 胡适：《工程师的人生观》，见姚鹏、范桥编：《胡适讲演》，第 396 页。

在《眼前世界文化的趋向》中，胡适认为科学技术的目的是为了"解除人类的痛苦，增进人生的幸福"①。西方的技术文明一开始就建立在人生的幸福之上，因为它把幸福看作人生的目的，把贫穷和衰病看作社会的罪恶：

> 这一系的文明建筑在"求人生幸福"的基础之上，确然替人类增进了不少的物质上的享受；然而他也确然很能满足人类的精神上的要求。②

1956 年，在《大宇宙中谈博爱》中，胡适承认，一些伟大的宗教都是出于对人类的爱，它们提出的爱他、利他、牺牲自己的主张也都是崇高的。但是，胡适同时又指出，用个人有限的能力，甚至用不人道的方法去爱人，其效果非常有限，其行为非常可笑。通过现代科学技术（如工程、医学）带给人类的，不仅是能力，而且是更广大的爱。它减少了人类无数的痛苦，大大增加人的幸福：

> 现在的科学才能放大我们的眼光，促进我们的同情心，增加我们助人的能力。我们需要一种以科学为基础的博爱 —— 一种实际的博爱。③

客观而论，现代技术和工业文明确实改善了人类的生活条件，确实推动了人类的精神发展。近代早期的中国人对西方技术的热心主要是出于民族自救、自保的需要，他们希望通过学习和掌握西方的工业技术使中国获得对付西方强权的力量以获得民族的独立和自决。这是一种服务于民族主义需要的技术目标。进一步讲，中国人对技术文明的热衷，又是出于改善自身的物质生活条件和生存状况的需要。他们看到，西方人通过工业文明使自己获得了物质生活上的富裕和快乐。严复的开明自利主义所主张的就是如此。胡适主张接受西方技术文明，主要也是基于这

---

① 《胡适全集》第 22 卷，安徽教育出版社 2003 年版，第 690 页。
② 《胡适文存》第三集，第 9 页。
③ 胡适：《大宇宙中谈博爱》，见姚鹏、范桥编：《胡适讲演》，第 404 页。

个原因。他强烈渴望中国能够步西方工业化和技术化的后尘，在改造自然和利用自然上发生革命性的转变，从而改善中国人的生活条件，使中国人也过上富裕和幸福的生活。在近代中国积贫积弱的情况下，胡适强烈要求推进中国的技术文明是十分自然的，只不过他对技术和工业文明采取了过于乐观的立场。

胡适从东西语境出发来建立他的自然主义，同样他也从东西语境出发来评判中国传统与技术文明的关系。对中国传统，他有所肯定，但主要是批评。就肯定方面而言，胡适高度赞赏荀子的"制天命而用之"的征服自然的精神。胡适说，荀子一方面用道家的无意志的天去改变儒家的"赏善罚恶"的有意志的天，另一方面又克服了道家因循自然的思想，特别是庄子的安命主义，提倡一种征服自然的"戡天主义"。对于荀子在《天论》中说的"大天而思之，孰与物畜而制之！从天而颂之，孰与制天命而用之！望时而待之，孰与应时而使之！因物而多之，孰与骋能而化之"[①] 这段话，胡适无以复加地称赞道：

> 这是何等伟大的征服自然的战歌！所以荀子明明是针对那崇拜自然的思想作战，明明的宣言："错人而思天，则失万物之情"。这个庄、荀之分，最可注意。[②]

> 把自然控制来用，中国思想史上只有荀子才说得这样彻底。从这两句话，也可以看出中国在两千二三百年前，就有控制天命 —— 古人所谓天命，就是自然 —— 把天命看作一种东西来用的思想。[③]

在改造自然的意义上，胡适也有限地赞美了《淮南子》。因为《淮南子》在主张老子"无为"的同时，也主张"有为"。胡适还称赞了中国古代

①　荀子：《天论》，见北京大学《荀子》注释组：《荀子新注》，第278页。
②　胡适：《中国中古思想史长编》，见姜义华主编：《胡适学术文集·中国哲学史》（上），第374页。
③　胡适：《工程师的人生观》，见姚鹏、范桥编：《胡适讲演》，第398页。

制造工具、利用自然的意识和观念。他以《周易》的"见乃谓之象，形乃谓之器，制而用之谓之法，利用出入，民咸用之谓之神"① 为根据，认为人类运用工具控制自然观念是东西方圣人和贤人都具有的。

但摆在胡适面前的问题不只是为什么中国没有产生近代科学，还有为什么中国没有产生近代的技术。对此，胡适主要用道家自然主义宇宙观的副作用来解释。他批评说，道家一味地崇拜自然，顺从自然，因循自然，忽视了人在自然面前的主动性和能动性作用：

> 简单一句话，我们不幸得很，二千五百年以前的时候，已经走上了自然主义的哲学一条路了。像老子、庄子，以及更后的《淮南子》，都是代表自然主义思想的。这种自然主义的哲学发达的太早，而自然科学与工业发达的太迟：这是中国思想史的大缺点。②

胡适说，这一缺点从老子开创道家的自然主义时就有了："老子因为迷信天道，所以不信人事，因为深信无为，所以不赞成有为"。③ 其后，庄子、列子和《淮南子》的哲学，进一步加深了老子的这种自然无为的消极观念，陷入崇拜自然、随顺自然、因循自然的困境之中。如庄子的生物进化论把生物的进化看成是自生自化，虽然否定了主宰和"最后之因"，但在解释生物为什么能进化上，庄子只看到了生物被动适合的情形，忽略了生物的主动适合：

> 近世生物学者说生物所以变迁进化，都由于所处境遇（Environment）有种种需要，故不得不变化其形体机能，以求适合于境遇。能适合的，始能生存。不能适合，便须受天然的淘汰，终归于灭亡了。但是这个

---

① 周振甫译注：《周易译注》，中华书局 1991 年版，第 247 页。
② 胡适：《工程师的人生观》，见姚鹏、范桥编：《胡适讲演》，第 399 页。
③ 胡适：《先秦诸子进化论》，见姜义华主编：《胡适学术文集·中国哲学史》（上），第 576 页。

适合，有两种的分别：一种是自动的，一种是被动的。被动的适合，如鱼能游泳，鸟能飞，猿猴能升木，海狗能游泳，皆是。这种适合，大抵全靠天然的偶合，后来那些不能适合的种类都渐灭了，独有这些偶合的种类能繁殖，这便是"天择"了。自动的适合，是本来不适于所处的境遇，全由自己努力变化，战胜天然的境遇。如人类羽毛不如飞鸟，爪牙不如猛兽，鳞甲不如鱼鳖，却能造出种种器物制度，以求生存，便是自动的适合最明显的一例。《庄子》的进化论只认得被动的适合，却不去理会那更重要的自动的适合。①

胡适还举例说，为了避免把"无为"混同于"没有人事"，《淮南子》把"无为"解释为"合乎自然的行为"，但这样的"因任自然"的"无为"，仍然有"不以人易天"的危险，有取代"有为"的消极性：

> 《修务训》里明说，水之用舟，泥之用辀等事，不算是有为，仍算是无为。用心思造舟楫，已是"用己"了；顺水行舟，还算是不易自然；逆水行船，用篙，用纤，这不是"用己而背自然"吗？如果撑船逆流，用篙用纤，都是无为，那么，用蒸汽机行驶轮船，用重于空气的机器行驶飞机，也都是无为了。究竟"自然"与"背自然"的界线画在那一点呢？须知人类所以能生存，所以能创造文明，全靠能用"智故"，改造自然，全靠能"用己而背自然"。②

《老子》中说的"虽有舟车，无所乘之"，特别是《庄子·天地》篇批评汉阴丈人用桔槔汲水和《马蹄》篇反对羁勒驾马，确有胡适说的"不以人易天"的倾向，有明显的减少和降低人类行为的旨趣。但细究起来，道

---

① 胡适：《中国哲学史大纲》（卷上），见姜义华主编：《胡适学术文集·中国哲学史》（上），第 181 页。

② 胡适：《中国中古思想史长编》，见姜义华主编：《胡适学术文集·中国哲学史》（上），第 375 页。

家的自然主义具有复杂的内涵，老子的"无为"主要是反对控制，让事物自身按照自身的愿望去选择和发展。①《淮南子》的无为也有这样的"高明"之处。庄子批评人为的东西，是因为他认为这些东西破坏了人类的真实性。尽管道家的自然主义含义复杂，但胡适在对它的批判中笼统地将各种不同的含义纳入一个说法之下，那就是"不作为"：

> 总之，老子、列子、庄子，都把"天行"一方面看得太重了，把"人力"一方面却看得太轻了，所以有许多不好的结果。处世便靠天安命或悲观厌世；遇事便不肯去做，随波逐流，与世浮沉；政治上又主张极端的个人放任主义，要挽救这种种弊病，须注重"人择"、"人事"、"人力"一方面。②

这是近代中国人批评道家的主要理由。除了以上来自道家自然主义的消极倾向外，胡适认为，中国传统中的迷信思想、佛教的来世信仰等，也让中国人在自然面前收敛和萎缩起来，失去了对自然的主动性和积极性：

> 东方人在过去的时代，也曾制造器物，做出一点利用厚生的文明。但后世的懒惰子孙得过且过，不肯用手用脑去和物质抗争，并且编出"不以人易天"的懒人哲学，于是不久便被物质战胜了。天旱了，只会求雨；河决了只会拜金龙大王……这样又愚又懒的民族，不能征服物质，便完全被压死在物质环境之下，成了一分像人九分像鬼的不长进民族。③

无论如何，中国人在 19 世纪的自强新政中开始肯定和接受西方的技

---

① 参见王中江：《简帛文明与古代思想世界》（北京大学出版社 2011 年版）第十四章"道与事物的自然：老子'道法自然'实义考论"，第 357—376 页。

② 胡适：《先秦诸子进化论》，见姜义华主编：《胡适学术文集·中国哲学史》（上），第 586 页。

③ 胡适：《介绍我自己的思想》，见《胡适文存》第四集，第 458—459 页。

术文明了。但以技术为中心的自强新政在甲午中日战争之后受到了质疑和批评。此后，第一次世界大战的残酷性，不仅使西方人对自身的文明产生了怀疑，也激起了中国人对西方文明特别是西方现代技术文明的怀疑。继"中体西用"之后，中国又出现了所谓东方文明是精神的、西方文明是物质的论调，表达出当时中国对科学和技术的怀疑。1923 年的"科玄论战"，也是在这种情形下发生的。这种以西方文明为"物质文明"、以东方文明为"精神文明"的文明二分论，是胡适极难接受的。① 对胡适来说，没有什么比这一论调更站不住脚的了。胡适撰写《我们对于西洋近代文明的态度》的直接目的，就是为了反驳这种东西文明二分论。他在文章一开头就用很刺激的话说："今日最没有根据而又最有毒害的妖言是讥贬西洋文明为唯物的（Materialistic），而崇东方文明为精神的（Spiritual）。"② 胡适较早发表的《〈科学与人生观〉序》，批评了梁启超在《欧游心影录》中提出的"科学破产"的观点和把近代西方的人生观归结为"纯物质纯机械"的观点。1953 年 1 月，胡适在位于纽约的联合国大楼内举行的"中国同志会"的座谈会上做了一个演讲。在演讲之后的提问环节中，有人说美国只有物质文明，没有精神文明。胡适当场做了否定性的回答，而且他还提到了他多年前发表的《我们对于西洋近代文明的态度》。

为了不在文明概念上产生歧义并有力地批评东西文明二分论，胡适首先提出了判断文明的标准。他将文明（civilization）界定为一个民族应对环境的总成绩（文化则是这种文明所形成的生活的方式）。按照这一标准，任何文明都一定有两个因子：一个物质的，一个精神的。前者包括种种自然界的势力和质料；后者包括了一个民族的才智、感情和理想。胡适说：

　　　凡文明都是人的心思智力运用自然界的质与力的作品；没有一种

① 参见陈崧编：《五四前后东西文化问题论战文选》，中国社会科学出版社 1985 年版。
② 《胡适文存》第三集，第 1 页。为了增加他的立论的说服力，胡适把林语堂发表在《中学生》杂志上的《机器与精神》作为附录收入到了他的文存（见《胡适文存》第三集）中。此文是林语堂 1929 年 12 月在光华大学中国语文学会的讲稿。

文明是精神的，也没有一种文明单是物质的。①

　　其实一切文明都有物质和精神的两部分：材料都是物质的，而运用材料的心思才智都是精神的。木头是物质；而刳木为舟，构木为屋，都靠人的智力，那便是精神的部分。器物越完备复杂，精神的因子越多。②

按照胡适的这一逻辑，中国不会只有精神文明，它也会有物质文明；西方不会只有物质文明，它也会有精神文明。但这样的结论仍然令胡适感到不满意。他进一步认为，西方不仅具有高度的近代物质文明，而且在此基础上也产生了高度的近代精神文明。与此相反，东方不仅没有产生近代的物质文明，因而也没有产生近代的精神文明，而且甚至可以说东方文明是唯物的。胡适对比说：

　　知足的东方人自安于简陋的生活，故不求物质享受的提高；自安于愚昧，自安于"不识不知"，故不注意真理的发见与技艺器械的发明；自安于现成的环境与命运，故不想征服自然，只求乐天安命，不想改革制度，只图安分守己，不想革命，只做顺民。

　　这样受物质环境的拘束与支配，不能跳出来，不能运用人的心思智力来改造环境改良现状的文明，是懒惰不长进的民族的文明，是真正唯物的文明。这种文明只可以遏抑而决不能满足人类精神上的要求。

　　西方人大不然，他们说"不知足是神圣的"（Divine Discontent）。物质上的不知足产生了今日钢铁世界，汽机世界，电力世界。理智上的不知足产生了今日的科学世界。社会政治制度的不知足产生了今日的民权世界，自由政体，男女平权的社会，劳工神圣的喊声，社会主义的运动。神圣的不知足是一切革新一切进化的动力。

---

① 胡适：《我们对于西洋近代文明的态度》，见《胡适文存》第三集，第1—2页。
② 胡适：《介绍我自己的思想》，见《胡适文存》第四集，458页。

这样充分运用人的聪明智慧来寻求真理以解放人的心灵，来制服天行以供人用，来改造物质的环境，来改革社会政治的制度，来谋人类最大多数的最大幸福，——这样的文明应该能满足人类精神上的要求；这样的文明是精神的文明，是真正理想主义的（Idealistic）文明，决不是唯物的文明。①

最后，在胡适那里，精神文明与物质文明的不可分立场，变成了物质文明是精神文明的基础的信念。人类只有满足了物质生活的需求，才有可能去发展自己的精神生活：

我们深信，精神的文明必须建筑在物质的基础之上。提高人类物质上的享受，增加人类物质上的便利与安逸，这都是朝着**解放人类的能力**的方向走，使人们不至于把精力心思全抛在仅仅生存之上，使他们可以有余力去满足他们的精神上的要求。②

胡适与东西文明二分论的分歧可以从多方面去分析，其中一个方面是对西方物质和技术文明有没有必要加以反省（包括对残酷的第一次世界大战与这种文明的关系加以反省）的问题。胡适强调的是，在近代文明中，中国人的物质条件实在太落后了，中国人的生活实在太艰苦了，只有通过近代的技术和工业文明才能让中国人过上好的物质生活以及由此而带来的精神生活，否则一切都是好高骛远的空谈。胡适可能知道，西方对近代技术文明的反思在它的发源地早就开始了，比如19世纪欧美的浪漫主义者。但胡适的想法是，谈论科学和技术文明对中国造成的问题还为时尚早，因为这种文明在中国的成长才刚刚开始。最后，我们可以设想一下，如果胡适遇到后来东西方人士对技术文明的反省和批判，例如遇到F.卡普拉（Fritjof Capra）在《新物理的未来》第三版后记中就现代人对自然的主宰性

---

① 胡适：《我们对于西洋近代文明的态度》，见《胡适文存》第三集，第10页。
② 胡适：《我们对于西洋近代文明的态度》，见《胡适文存》第三集，第2页。

立场所做的批判 ①，他会做出什么反应。

四、从人的自然到伦理

在人生和伦理领域，胡适的自然主义主要表现为两个方面：一方面，胡适认为，人类的伦理和道德是不断变化和演化的，就像没有绝对的一成不变的真理那样，也没有一成不变的绝对的伦理和道德；另一方面，胡适认为，人类的伦理和道德必须建立在人的自然性（包括人的本能和欲求）的基础之上，凡是压抑人性和人的自然性的伦理和道德，都是不人道和不正当的。这两个方面是胡适伦理自然主义的两个信念。上述关于胡适对技术文明与人的精神生活和幸福之间关联的论述已经涉及这方面的问题。

就第一个方面而论，胡适竭力排除伦理道德上的本质论、先验论和神启论。我们知道，道德上的本质论、先验论和神启论程度不同地存在于东西方传统中。按照神启论和神正论，神、上帝是人类正义和公正的根源和保证。胡适不承认超自然的神和力量，他像杜威一样，甚至比杜威更加厌恶本质、先验和神启观念，完全拒绝为伦理和道德寻找神启的解释。胡适诘问道：如果万物都属于上帝的综合的大规划和安排，那么为什么人类社会实际上充满着不公正，充满着邪恶？胡适对宗教和神灵的批判，除了理智上认为它们不可信、不可求证外，还体现为他一直否定神灵对人类的道德作用。例如他在日记中多次记下他对"预设宗教必要性"的否定。在他

---

① F.卡普拉批评说："我们的科学和技术基于这样一种信念，那就是认为对自然界的了解意味着男人对自然界的统治。在此我故意用'男人'这个词，因为我谈到的是科学中机械论的宇宙观与意欲控制一切事物的男性倾向，这种家长式的价值观体系之间的重要关系。在西方科学和哲学的历史中，弗朗西斯·培根（Francis Bacon）把这一关系拟人化了。他在17世纪以激昂的，并且常常是坦率的恶言提出了科学的新经验方法。培根写道，自然界必须'在她的游荡中被追猎'，'迫使她服务'，并使她成为'奴隶'。要将她置于约束之下，而科学家的目的就是'从自然界拷问出她的秘密'。把自然界看作是一个女性，要将她'置于约束之下'，不得不借助于机械的设备来从她那儿拷问出她的秘密。"F.卡普拉：《物理学之道——近代物理学与东方神秘主义》，朱润生译，北京出版社1999年版，第321—322页。

看来，按照实验主义的标准，信仰超自然的神对人类没有任何实际的伦理和道德的作用：

> 我们假使信仰上帝是仁慈的，但何以世界上有这样的大战，可见得信仰是并非完全靠得住，必得把现在的事情实地去考察一番，方才见得这种信仰是否合理。①
>
> 依此标准看来，信神不灭论的固然也有好人，信神灭论的也未必全是坏人。即如司马光、范缜、赫胥黎一类的人，说不信灵魂不灭的话，何尝没有高尚的道德？更进一层说，有些人因为迷信天堂、天国、地狱、末日裁判，方才修德行善，这种修行全是自私自利的，也算不得真正道德。总而言之，灵魂灭不灭的问题，于人生行为上实在没有什么重大影响；既没有实际的影响，简直可说是不成问题了。②

胡适信奉的是，带来最小实际效果的观念也比没有实际效果的伟大空想更有益。上帝、神是否对人类的伦理和道德发生作用，只能通过它是否表现出实际的效果来衡量，否则这就是把善的希望寄托在没有现实性的"空头支票"上。③

不承认伦理和道德的本质论、先验论，与胡适从进化论和适用论去解释伦理和道德的发生是一个问题的两个方面。道德上的本质论和先验论往往假定，伦理和道德原则是一成不变的，它适用于各个时代。胡适否认能为人类带来美德的神和上帝，也决不接受伦理、道德上的不变论。早在1913 年胡适还在康奈尔大学学习的时候，他就以"道德观念变迁"为题对道德发表了看法，认为随着时代的变迁，道德也会发生变迁，而且这种变迁遵循的是进化的法则。1913 年 10 月 18 日，胡适在《留学日记》中列举了一些道德变迁的例子，然后说：

---

① 胡适：《谈谈实验主义》，见姚鹏、范桥编：《胡适讲演》，第 327 页。
② 胡适：《不朽》，见《胡适文存》第一集，第 503 页。
③ 胡适：《杜威哲学》，见姚鹏、范桥编：《胡适讲演》，第 301 页。

　　凡此之类，都以示道德是非之变迁。是故道德者，亦循天演公理
而演进者也。①

　　不过，胡适此时还保留有"是非真善恶"永恒不变的信念，认为不管
时代如何变迁对它们都无所影响。后来，进化、实验、历史的观念对胡适
的思想越来越具有支配性，于是从他那里我们常常能听到的就只是有关伦
理、道德的进化和变迁的声音了。1914 年 11 月 16 日，他抄录了袁世凯发
布的《尊孔令》，批评这一《尊孔令》共有七种错误，其中两种错误是：接
受政体的革新却断定"礼俗当保守"和以孔子之道为"亘古常新，与天无
极"。对于前者，胡适质疑为什么偏偏礼俗不应该革新；对于后者，胡适说
这是"满口大言，毫无历史观念"。② 按照胡适的立场，礼俗和孔子之道都
是历史的产物，也都要随着历史而变化和革新。

　　在胡适那里，伦理、道德的演化和变迁，同时也是它们不断增加适应
性、适用性的过程。在新文化运动中——这是胡适思想最为活跃之时，胡
适提出，当时中国出现的新思想是一股"新思潮"，认为这一新思潮的根本
意义在于它的"评判的态度"，这也是尼采所说的"重新估定一切价值"。
胡适说，他的"评判的态度"是遇事都要"重新"去分别好不好、是不是、
适不适。在这一点上，胡适立场鲜明，反对调和论和折中论："评判的态度
只认得一个是与不是，一个好与不好，一个适与不适，——不认得什么古
今中外的调和。"③ 对胡适来说，伦理道德原则就像技术工具一样，是人类生
活的方便工具。中国传统的伦理和道德在过去作为工具是有效的、有用的，
但是现在的中国和现在的"时势"、国体，已然要求新的伦理和道德原则，
因此不能再固守旧的、过时的伦理和道德了。与胡适类似，新文化运动的
其他人物，如陈独秀、李大钊等，在否定传统的儒家伦理时，大都采取了
类似的论证方式。

---

① 《胡适全集》第 27 卷，安徽教育出版社 2003 年版，第 240—241 页。
② 参见《胡适全集》第 27 卷，第 561—562 页。
③ 胡适：《新思潮的意义》，见《胡适文存》第一集，第 532 页。

胡适要重估的东西，主要是传统的伦理道德和价值，更具体地说，是儒家的伦理和礼教。他说："孔教的讨论只是要重新估定孔教的价值……贞操的讨论只是要重新估定贞操的道德在现代社会的价值……礼教的讨论只是要重新估定古代的纲常礼教在今日还有什么价值。"① 例如"三纲五常"，它们不是绝对适用于一切时代的，对于新的社会来说，它们已经不适用了，应该毫不可惜地抛弃：

> 真理原来是人造的，是为了人造的，是人造出来供人用的，是因为他们大有用处所以才给他们"真理"的美名的。我们所谓真理，原不过是人的一种工具，真理和我手里这张纸，这条粉笔，这块黑板，这把茶壶，是一样的东西；都是我们的工具。因为从前这种观念曾经发生功效，故从前的人叫他做"真理"；因为他的用处至今还在，所以我们还叫他做"真理"。万一明天发生他种事实，从前的观念不适用了，他就不是"真理"了，我们就该去找别的真理来代他了。譬如"三纲五伦"的话，古人认为真理，因为这种话在古时宗法的社会里很有点用处。但是现在时势变了，国体变了，"三纲"便少了君臣一纲，"五伦"便少了君臣一伦。还有"父为子纲"、"夫为妻纲"两条，也不能成立。古时的"天经地义"现在变成废语了。有许多守旧的人觉得这是很可痛惜的。其实这有什么可惜？衣服破了，该换新的；这支粉笔写完了，该换一支；这个道理不适用了，该换一个。这是平常的道理，有什么可惜？"天圆地方"说不适用了，我们换上一个"地圆说"，有谁替"天圆地方"说开追悼会吗？②

胡适这里说的"真理"，主要不是指认知意义上的是非、真假，而是指人的一种工具（包括传统伦理和道德）的适用性、可用性。胡适的"评判的态度"断定，儒家传统的许多伦理和道德原则（包括"三纲五常"）已经完全

---

① 胡适：《新思潮的意义》，见《胡适文存》第一集，第528页。
② 胡适：《实验主义》，见《胡适文存》第一集，第225—226页。

不适应现代社会的需要了。

就第二个方面说，胡适的伦理自然主义主张从人性、从人的自然性出发去建立伦理和道德。胡适坚持认为，伦理和道德必须能够满足人的自然欲求，必须满足人的物质生活要求，并进而满足人格发展的需求。与第一个方面结合起来看，伦理和道德过时不过时，适应不适应，究其实质是看它合乎不合乎人性，合乎不合乎人的自然性，合乎不合乎人的个性。传统伦理道德之所以不人道，不合乎人性，是因为它不仅压抑了人的自然性，而且也压抑人的精神发展。比如，传统伦理对女性的压抑。对此，胡适和新文化运动的其他领袖们在《新青年》等杂志上展开了讨论和批判。围绕女性的贞操伦理，胡适先后撰写和发表了《贞操问题》（《新青年》5 卷第 1号，1918 年 7 月 15 日）、《美国的妇人》（《新青年》5 卷第 3 号，1918 年 9月 15 日）、《论贞操问题——答蓝志先》（作于 1919 年 4 月，收入《胡适文存》第一集）、《女子解放从那里做起》（《星期评论》第 8 号，1919 年 7月 27 日）、《女子问题》（1921 年 8 月 4 日在安庆青年会暑期讲演会的演讲词，载《妇女杂志》第 8 卷第 5 号，1922 年 5 月 1 日）。往前追溯，早在1906 年在上海学习时，胡适署名"希疆"在《竞业旬报》（第 3、4、5 期，分别是 10 月 1 日、11 日、21 日）上发表了《敬告中国的女子》。

在这些文章中，胡适对于传统的女性贞操伦理，对于当时仍然为这些伦理进行辩护的人士提出了批评。在胡适看来，传统的贞操伦理违背了女性的自然性情，是对女性人性的摧残。例如，对于传统的缠足习俗，胡适说，它不仅摧残了女性的身体和健康，而且影响了女性做事的能力，造成了她们的依赖性，此外它还有害于将来的子孙。让胡适愤怒的是，传统的贞操伦理不分青红皂白地要求女性从一而终，强人所难地要求女性守寡和做烈女、烈妇。[①] 不过，胡适没有简单地否定女性的贞操观念。他强调，贞操观念必须建立在女性自由意志的基础之上，必须建立在女性对爱情的追求的基础之上，必须建立在男女平等的基础之上。但传统的女性贞操观念

---

① 让胡适绝对不能接受的还包括：贞操的道德约束只是针对女性的，而对男性没有在道德上做出特别的约束。

不是这样，它违背了女性的自由意志，剥夺了女性自由选择人生幸福的机会，压制了女性对爱情的追求，形成男女之间的不平等。因此，它是"不合人情公理的伦理"，是"不近情理的守节"。①

胡适说的"人情公理"或"情理"，除了指男女平等、女性的自由和精神发展外，还指夫妇之间的爱情，指两性之间的自然情感和双方精神上、志趣上的相互愉悦。在胡适看来，传统贞操伦常对女性的致命性伤害是：它不关心女性与男性之间是否有爱情，就要求女性从一而终。在胡适看来，两性之间的爱情是结成夫妻、建立夫妻关系的根本前提。传统贞操伦理的辩护者蓝志先不接受胡适的这一前提。他质疑胡适说，爱情固然需要，但爱情是容易变化的，夫妇之间还需要道德上的约束。他担心夫妇之间如果只注重爱情，就容易变成肉欲和情欲之爱，也容易失去对人格的尊重。胡适承认夫妇之间要有道德的约束，也不否定"尊重人格"，但他指出，夫妇之间的爱情与道德约束和尊重人格并不是两回事，不是要在爱情之外再加上一个道德约束。所谓道德上的约束，只是"真挚专一的异性恋爱"，人格尊重也只是"真一的异性恋爱加上一种自觉心"。② 胡适仍然坚持两性只有以爱情为基础的结合才是正当的夫妻关系。胡适说：

> 若在"爱情之外"别寻夫妇间的"道德"，别寻"人格的义务"，我觉得是不可能的了。……因为我所说的"贞操"即是异性恋爱的真挚专一。没有爱情的夫妇关系，都不是正当的夫妇关系，只可说是异性的强迫同居！既不是正当的夫妇，更有什么贞操可说？③

胡适认为，在传统的通过媒妁之言而确定的婚姻关系中，女性对于她的丈夫不会有什么恩爱（其实男性也一样），她对他自然也没有什么贞操可言。有趣的是，胡适在《病中得冬秀书》一诗中曾写道："我不认得他，他

<hr/>

① 胡适：《贞操问题》，见《胡适文存》第一集，第485页。
② 胡适：《贞操问题》，见《胡适文存》第一集，第490页。
③ 胡适：《贞操问题》，见《胡适文存》第一集，第490页。

不认得我，我却常念他，这是为什么？／岂不因我们，分定常相亲？由分生情意，所以非路人。／海外土生子，生不识故里，终有故乡情，其理亦如此。"① 据此，两性的亲爱和情谊也有通过"分定"而产生的可能。胡适的朋友据此就说他陷入了自相矛盾之中。面对朋友的质疑，胡适一时无语。因为他所主张的以爱情来确定贞操的观念不仅与他这里写的诗句不协调，而且与他实际的婚姻形成了反差。这确实让胡适感到难堪。胡适说：

> 我听了这番驳论，几乎开口不得。想了一想，我才回答道：我那首诗所说名分上发生的情意，自然是有的；若没有那种名分上的情意，中国的旧式婚姻决不能存在。……我承认名分可以发生一种情谊，我并且希望一切名分都能发生相当的情谊。但这种理想的情谊，依我看来实在不够发生终身不嫁的贞操，更不够发生杀身殉夫的节烈。②

无论如何，胡适坚持认为，男女发自内心的爱情是男女结合和婚姻的正当性基础和伦理基础。这种爱情观一般被看作胡适女性解放观念的一部分，也被看作胡适的新文化运动启蒙思想的一部分。

胡适对传统贞操伦理的批评和控诉，广义上属于他对传统伦理禁欲主义的批评。按照胡适的判断，中国传统伦理中的禁欲主义，部分来自中古的宗教 —— 佛教。胡适以控诉的口吻批判了传统观念特别是佛教对人性的摧残：

> 人世的大悲剧是无数的人们终身做血汗的生活，而不能得着最低限度的人生幸福，不能避免冻与饿。人世的更大悲剧是人类的先知先觉者眼看无数人们的冻饿，不能设法增进他们的幸福，却把"乐天"、"安命"、"知足"、"安贫"种种催眠药给他们吃，叫他们自己欺骗自己，安慰自己。……从自欺自慰以至于自残自杀，人生观变

----

① 胡适：《贞操问题》，见《胡适文存》第一集，第486页。
② 胡适：《贞操问题》，见《胡适文存》第一集，第486页。

成了人死观，都是从一条路上来的：这条路就是轻蔑人类的基本的欲望。朝这条路上走，逆天而拂性，必至于养成懒惰的社会，多数人不肯努力以求人生基本欲望的满足，也就不肯进一步以求心灵上与精神上的发展了。①

这种禁欲伦常被宋明理学所承继。这是胡适批评程朱理学的主要地方，也是他肯定戴震哲学的主要地方。1928 年，胡适在《几个反理学的思想家》中评价戴震批评理学的意义说：

> 他认清了理学的病根在于不肯抛弃那反人情性的中古宗教态度，在于尊理而咎形气，存理而去欲。②
> 理学最不近人情之处在于因袭中古宗教排斥情欲的态度。戴学的大贡献正在于充分指出这一个紧要关键。③
> 戴学的重要正在于明白攻击这种不近人情的中古宗教遗风。例如朱子曾说，人欲云者，正天理之反耳。这种人生观把一切人欲都看作反乎天理，故主张去欲、无欲，不顾人的痛苦，做出种种违反人情的行为。④

对于戴震批评理学禁欲论，胡适在此前的《戴东原在中国哲学史上的位置》（1923 年）的短篇文章和《戴东原的哲学》（1925 年）的长篇论文中都已做了肯定。他得出结论说，无视和禁止人的欲望的伦理和道德（"理"）既不正当，也不可取。胡适对戴震的研究和评论，奠定了现代戴震学研究的一个出发点，也把戴震塑造为中国近代人性解放的先驱。

值得注意的是，胡适在《几个反理学的思想家》这篇论文中，将和他同时代、比他年长的吴稚晖也列入到了反理学的思想家中，并对其进行了

---

① 胡适：《我们对于西洋近代文明的态度》，见《胡适文存》第三集，第 2—3 页。
② 胡适：《几个反理学的思想家》，见《胡适文存》第三集，第 68 页。
③ 胡适：《几个反理学的思想家》，见《胡适文存》第三集，第 72 页。
④ 胡适：《几个反理学的思想家》，见《胡适文存》第三集，第 73 页。

无以复加的称赞。他认为，吴稚晖在《一个新宇宙观》中，立足于科学，不仅提出了一种新的积极的、主动的人生观，以实际行动回应了"玄学派"，而且建立了一种以人性、人的自然性为基础的伦理观，扮演了一个反理学禁欲主义的现代戴震的角色。

结　语

通过以上的讨论，我们看到，在胡适的哲学和思想中，相比于"科学"、"实证"、"经验"等概念，"自然"是一个非常基础性的概念。正是以它为基础，胡适建立起了他的自然主义立场。这种立场是胡适站在东西文明和哲学的语境中展开的，它的主要内涵和适用范围有三：一是胡适完全从宇宙和万物自身的内在自然上来解释它们，彻底排除任何超自然的存在和原因；二是胡适将自然纳入科学和技术的范式之下使之完全对象化、客体化，将科学看成是解释自然和把握自然的最有效方式，把技术看成是改造和利用自然的最有效方式；三是胡适从人的自然性出发去建立伦理和道德价值，以克服传统对人性的压抑和禁欲主义。

第三篇

自然、实在和人

第六章

冯友兰的价值理性及其建构方式
——"天地境界"与"天人之际"

引　言

在 20 世纪中国最为知名的一批哲学家中，很难再找到一位能像冯友兰那样精心地对自己从事哲学工作的动机和期望做出那么多的自我解释和自我说明。这种自述多见于他的著作的自序和他回顾其哲学道路的总结中，以及诸如"阐旧邦以辅新命，极高明而道中庸"、"六书纪贞元，三史释古今"、"心怀四化，意寄三松"等精心构想出的对偶语中。从这些文字中我们很容易看出冯友兰的雄心勃勃的自勉、自许和自诺。整体而论，冯友兰哲学始终一贯肩负的使命是与处在大变动时代的国家和民族的复兴息息相关的。但是，这样的联系决不能被限定在工业化意义的现代化上，即《新事论》所欲解决的所谓中国自由之路的主题。[①] 这是因为冯友兰一直也在关注着重建中国人的精神境界或终极关怀这一主题。[②] 韦伯曾区分工具理性和

[①]　实际上，余敦康先生对冯友兰哲学整体目标追求的概括就带有这种倾向性。参见余敦康：《冯友兰先生关于传统与现代化的思考》，见胡军主编：《传统与创新 —— 第四届冯友兰学术思想研讨会论文集》，北京大学出版社 2002 年版。

[②]　这两个主题，冯友兰有时会根据时空条件的变化而有所偏重。20 世纪 50 年代后，冯友兰在对他的境界说进行批判的同时，还试图为它的合理性提出辩护。他甚至说，除了人生境界说他自己的其他学说都可以放弃。

价值理性。依据他的思路，大致上，我们可以把工具理性看作一种以实用
为动机而展开的理性工作及其成效；与此相对，价值理性可以说是以人文
精神和价值信念为出发点而展开的理性追求和由此取得的人类的自我完善。
我们这里所要讨论的冯友兰的价值理性，其核心内容是他提出的"天地境
界说"。我们知道，这一问题构成了冯友兰研究的中心论题之一。[①] 但我发
现，除了把"天地境界说"引申和运用到生态和环境的意义之外[②]，过去的
讨论可以说大都是照着冯友兰自己的简明界定而展开的，没有揭示和展现
出其最重要的精神境界和终极关怀的具体意义。笔者后来意识到这个不足，
并认为需要加以克服。与此同时，笔者还希望把他的价值理性放在"天人
之际"这一基本思维框架之中和现代中国价值理性建构的整体背景之下来
理解，而这也是之前的研究注意不够的。

在阐述冯友兰的神圣的价值理性或终极关怀之前，我们先要对他关于
哲学家活动及其性质的说法做一个说明，以免这种说法对我们的阐述造成
某种困扰。按照冯友兰的说法（这一说法来自杜威），每个哲学家都有他
的一贯"所见"，都以这种"所见"来组织他的哲学体系。金岳霖在这个
问题上更为彻底。他认为，哲学就是说出一个作为道理的"成见"来。我
想，冯友兰和金岳霖实际上是说出了哲学的一个重要秘密，但人们可能因
为他们公开宣布这一秘密而失去对哲学的敬意。这是相当可虑的。因为柏
格森曾告诉我们，一位哲学家一生只能说出一个主题。这表明哲学家的工
作是多么艰难，应当受到尊重。此外，金岳霖还提出哲学不过是"概念的

[①] 有关这方面的主要成果有：田文军：《冯友兰人生境界论评析》，《中州学刊》1990
年第 2 期；蒙培元：《评冯友兰的境界说》，见李中华编：《冯友兰先生纪念文集》，北京大
学出版社 1993 年版；杨国荣的《存在与境界》，见蔡仲德编：《冯友兰研究》第一辑，国际
文化出版公司 1997 年版；陈来：《论冯友兰哲学中的神秘主义》，见蔡仲德编：《冯友兰研
究》第一辑，国际文化出版公司 1997 年版；陈战国：《心态·气象·意义 —— 冯友兰先生
人生境界论分析》，见胡军主编：《传统与创新 —— 第四届冯友兰学术思想研讨会论文集》，
北京大学出版社 2002 年版。

[②] 从事这方面研究的主要有沈有琴和卢风。这种引申主要是把"天地境界说"运用在
生态和环境的保护上。参见胡军主编：《传统与创新 —— 第四届冯友兰学术思想研讨会论文
集》，第 185—201 页。

游戏"。主张哲学不提供积极知识而主要在于帮助人提升精神境界的冯友兰，晚年明确肯定金岳霖的这一说法，并指出："这个提法说出了哲学的一种真实性质。"①他说："我们两个人的体系，显然都是'概念的游戏'。金岳霖在剑桥的提法，不过是用简单的话说出了一个公开的秘密。"②把哲学与"游戏"联系起来，容易给人一种降低哲学格调的感觉。人们常常从日常生活特别是小孩子的游戏活动中来想象哲学的"游戏"。但即使是小孩子，当他们真正处在游戏状态时，也是非常严肃和认真的。金岳霖把哲学与"游戏"联系在一起，既不表明哲学家躲在象牙塔中不负责任和漫不经心，也不表明哲学要回避宇宙和人类的重大主题，它只是表明了哲学家在从事哲学活动时需要摆脱功利和世俗利益，保持一种独特的超越性的心灵状态。这样，不管是根本性的见解，还是所谓"游戏"，它们都集中体现了一位哲学家富有原创性的活动及其"独得"和"独见"。这既是哲学家的"安身立命"之所在，同时也是哲学家对人类社会理想和人生理想的期望。

一、"价值理性"的建构及其终极性意义

冯友兰的"价值理性"的建构过程，主要发生在他的哲学反思活动的初期（20世纪20年代）和他的哲学反思活动的高峰期（20世纪30年代后期至40年代前期）；其代表作主要是20年代他的《人生哲学》和从30年代末到40年代初他先后出版的《新理学》特别是《新原人》③；其主要内容则是他提出的人生"中道观"，尤其是"天地境界说"。我首先想讨论的是，冯友兰的"价值理性"在其思想活动的前后期，既相互联系又有所变

---

① 冯友兰：《中国现代哲学史》，广东人民出版社1999年版，第239页。

② 冯友兰：《中国现代哲学史》，第239页。

③ 严格地说，《新世训》一书中所讲的"生活方法论"也是一种"价值理性"。如果我们套用韦伯的"信念伦理"与"责任伦理"的术语，《新理学》和《新原人》中所追求的"价值理性"可以说是一种高限度的"信念伦理"，而《新世训》中所论述的"价值理性"则可称之为"责任伦理"。在此，我们略而不论。

化。从联系的方面说，冯友兰最初对中西人生理想所做的比较研究，实际上构成了他后来思考人生问题的宏大背景和理论资源。冯友兰把哲学与人生哲学紧密联系在一起，强调哲学主要是人生哲学[①]，认为哲学是对于人生有系统的反思，哲学的主要功能在于提高人的精神境界。这都与他早期对哲学的理解和从人生观问题入手比较中西哲学具有密切的关系。但是，冯友兰的"价值理性"前后也发生了相当大的变化。20 世纪 20 年代他提出的试图超越中西传统的"中道"人生价值理性，带有很强的自然主义特性。正如"中道"这一名词本身所显明的那样，冯友兰要求不落入"两端"或"两极"的境地中，在一个流动的综合立场中调解那些彼此对立和冲突的见解，以寻求人生的"适中"之道。这既是冯友兰思考问题的一般方式，又是他早期的一种"价值理性"。作为"价值理性"，它主要建立在人的自然本能欲求和生活习惯的基础之上。在冯友兰看来，人是各种因素凑合在一起时偶然被抛进这个世界中来的，他不是有意识和有目的而降生的，他来到这个世界只是"自然"和"偶然"。所谓人生就是人的一切"动作云为"，人生的真相就在人的实际生活中，除此之外没有所谓生活的真相。冯友兰说："盖人生即人之生活之总名；人生之当局者即人；吾人之生活即人生也。吾人之动作云为，举措设施，一切皆是人生。故'吃饭'，'生小孩'，'招呼朋友'，以及一切享乐受苦，皆人生也。即问人生，讲人生，亦即人生也。除此之外，更不必别求人生之真相，亦更无从别求人生之真相。"[②] 据此而言，人生没有任何玄妙之处，它不过就是人的日常世俗生活而已。那么，社会中的善恶价值及其标准何在呢？冯友兰指出，人生自然有各种欲望，并要求欲望的满足；善恶、好坏的价值标准，就在于是否能够满足人的欲求："在人的世界中，吾人依自己的意欲，定为价值之标准。凡合乎此标准者为好"[③]。"好坏"固然与事物的特别性质相关，但只有当它们与人的需求联系在一起时，它们才会显示出好坏："依吾人之见，好不好之

---

① 从这种意义上说，他与胡适比较接近。
② 冯友兰：《人生哲学》，见冯友兰：《三松堂全集》第二卷，第 211 页。
③ 冯友兰：《人生哲学》，见冯友兰：《三松堂全集》第二卷，第 208 页。

有待于吾人之欲,正如冷热之有待于吾人之感觉。"① 从理想的标准说,人的各种欲求都应该得到满足,完全满足人的欲求就是最好的。然而,在实际生活中这是无法达到的极限,人们只能在有限的条件下满足有限的欲求。如果人们去追求欲望的无限满足,自然就要发生欲望的冲突。人道、道德和风俗习惯的产生及其目的,恰恰就是为了调和欲望的冲突,节制每个人的欲望,使所有人的欲求都能够得到适度的满足。欲望的适度满足就是善,否则就是恶,这也就是理学家所说的"天理"与"人欲"、"道心"与"人心"之分:"欲之善者,名为'道心'可,名为'天理'亦可。欲之恶者,名为'人心'可,名为'人欲'亦可。"② 从以上所说可以看出,冯友兰早期的人生"价值理性"的核心是对人的自然本能加以调和以求适度满足,并以此来确定善恶的标准。冯友兰对文学艺术和宗教的理解,也以满足和调节人的欲求为立足点。他说:"艺术者,人所用以改变天然的事物,以满足人自己之欲,以实现人自己之理想者也。……总之文学美术作品,皆人之所为,以补救天然界或实行界中之缺陷者;故就一方面说,皆假而不真;人特用之以自欺耳。……不过自欺于人亦是一种欲。"③ 同样,宗教是对人所未满足的欲求加以安慰,这也是一种通过自欺而获得的满足。这种以自然欲求的满足和调节为中心的"价值理性",看来没有什么新奇之处。冯友兰晚年也以没有"中心"和"杂凑"为由否定它的意义。但这确实又是他"价值理性"建构过程的一个阶段。

与早期阶段这种带有自然主义倾向的人生"价值理性"不同,冯友兰《新理学》《新原人》所建构的"价值理性",已经超越了基于自然欲望及其调节的倾向,而转向了以人的精神自觉为基础的理想圣人人格和理想精神境界。这种超越并不是反过来要压抑和敌视欲求,而是出发点变了。如果说前期是从人的"自然性"出发,那么后期则是从人的"非自然性"出发。在此,冯友兰强调的是人之所以为人的根本特性,而人的自然欲求是

---

① 冯友兰:《人生哲学》,见冯友兰:《三松堂全集》第二卷,第214页。
② 冯友兰:《人生哲学》,见冯友兰:《三松堂全集》第二卷,第220页。
③ 冯友兰:《人生哲学》,见冯友兰:《三松堂全集》第二卷,第224—227页。

与其他动物共同具有的东西。人之所以为人、人与动物的不同何在呢？冯友兰认为，在于人对于宇宙及其事物具有自觉和了解，并通过这种自觉和了解对宇宙及事物获得不同的意义。一旦人能达到最高的觉解，人也就能获得最高的意义，就能成就一种最高的人格——圣人，成就一种最高的境界——"天地境界"。从总体上看，《新理学》和《新原人》中所讲的"价值理性"——"圣人"、"尽性"、"知天"的"天地境界"——大致上是一致的，但具体说法从前到后仍有变化并有所发展。冯友兰认为，他的《新理学》一书提供了"新理学"哲学体系的总纲，但这也是一个相对性的说法。以我们这里所讨论的境界说为例，《新原人》中的境界说在《新理学》中并非完全成熟和定型。第一，《新理学》中讲到了"自觉"、"格物"、"穷理"，但并没有明确使用"觉解"一语。在《新原人》中，冯友兰把"自觉"和"了解"合成为"觉解"一词，并把它作为通向"境界"的根本性概念加以使用；第二，《新理学》谈到了儒家的道德、道家的"混沌"，但没有提到区分"四种境界"高低的"类型划分"，而《新原人》则明确提出了具有等级性的"四种境界"类型。[①]这"四种境界"的思想资源存在于他早期的中西人生观比较中，《新理学》只是开始突出"超越性"境界。而且，在《新理学》中，儒家所强调的"尽性"的"道德行为"、道家所强调的"混沌"境界与最高境界似乎是合二为一的。[②]在此，冯友兰认为，具有了道德行为特别是"事天"意义上的道德行为，人就有了超乎己私而与万物一体的境界；又认为，道家的"混沌"境界是一种不同于动物的无知的"自觉"的境界。但是，在《新原人》中，冯友兰把主要是道家提倡的"混沌境界"看作觉解中最低的"自然境界"，把主要是儒家提倡的"道德理想"看作觉解处在第三阶段上的"道德境界"。这表明冯友兰有关"境界"的说法确实发生了变化。对冯友兰通过"觉解"而达到"天地

---

① 克尔凯郭尔曾提出"人生三阶段论"。从内容上说，看不出冯友兰的"四境界说"受到克尔凯郭尔的什么影响。

② 参见《新理学》，见冯友兰：《三松堂全集》第四卷，河南人民出版社2001年版，第188—189页。

境界"的"价值理性"，人们也许可以提出如下的疑问。由于冯友兰的"圣人"与能力和才能无关，与一个人的地位无关，那么任何一个普通的人，只要他对事物具有觉解，只要他肯为学，他就能够达到"极高明"的境界。这种通过对事物之所以为事物的觉解，通过对事物普遍之"理"的认知，也许能够"转识成智"。但"转识成智"的"智慧"即使非常高超，能否说它就是理想的人格和理想的"境界"呢？"智慧"根本上是一种高超的能力。当我们说牛顿和爱因斯坦对宇宙事物有很高觉解智慧因而很伟大的时候，是否就意味着他们也获得了高超的精神境界和价值境界呢？如果说是，这种能力和智慧对于普通人恰恰又是难以企及的。这样，冯友兰可能陷入了两难的境地：要么通过他所说的那种抽象的、形式化的"觉解"所达到的"智慧"并不是一种"人格"上的高超"境界"，要么他所说的那种不以"才能"为基础的"觉解"最终转化出了最高"智慧"而却与一般人无缘。但是，冯友兰强调的"天地境界"中的"觉解"，不是对宇宙及其事物达到了伟大科学家那种高度的认知，而只是说对宇宙及事物获得了一种价值上的伟大"意义"（这一点后面谈）。总之，在《新理学》和《新原人》中，冯友兰的"价值理性"已经从早期的"自然欲求"调节理性转到了"精神境界"理性。与这种转变相关，冯友兰对文学艺术和宗教的解释也发生了变化。文学艺术从"技"能够进入到"道"，能够进入到超越的境界；宗教对于一般人来说在于通过一个全知全能者以保证其对于将来的希望；对于一部分人可以通过仿佛感觉到事物的一种完全典型以达到超越个体的境界。在此，冯友兰放弃了早期把文学和宗教看作人的自欺和自慰的观点。

下面我们就来具体揭示和展现一下冯友兰"天地境界说"的终极性意义。我们知道，冯友兰从许多角度及侧面来描述和界定他的这种最高境界，人们往往从"天人合一"或"万物一体"来理解它。冯友兰对"天地境界"最简明的规定，就是他所说的"知天"、"事天"、"乐天"和"同天"，可称之为"四重天境"。人们一般不注意这"四重天境"的顺序关系，特别是对其具体意义常常轻描淡写。但冯友兰明确认为它们具有先后的层次性关系，即知天→事天→乐天→同天，而且对其意义也有界定（虽然比较抽象）。冯友兰指出：只要人们具有他所说的"道体"、"宇宙"、"大全"等本体概念，"他即可以知天。知天然后可以事天，乐天，最后至于同天。"① 究竟应该如何理解和把握冯友兰的"四重天境"呢？这是一个非常重要的问题。我们在理解上的疏略，就容易给人造成一种冯友兰的境界说过于"空洞"和"疏远"的印象。根据冯友兰做出的那些说明和解释，我把冯友兰的"四重天境"分别理解为"终极性的彻悟或洞察"（知天）、"终极性的使命感和天职"（事天）、"终极性的乐观情怀"（乐天）和"终极性的同情心和仁爱精神"（同天）。通过这样的理解，看上去"经虚涉旷"和神秘莫测的"天地境界"，就会让我们感到它巨大的实在性和神圣性，并能够与人类几大文明的伟大价值理想贯通起来。

　　这样的理解当然不是我们单方面赋予冯友兰的"天地境界"的，实际上它就包含在冯友兰对"天地境界"的具体阐述中，只不过人们通常不加注意忽略而过罢了。对"天"的觉解，在冯友兰那里主要体现为对"理"（真际世界）、"道体"（无穷的变化或大化流行）、"宇宙"和"大全"的彻悟并从这种最高的彻悟来观察万物。从原则上说，达到这样的大彻大悟，一方面需要理性的思考，另一方面又需要体认和直觉，也就是冯友兰所强调的正的方法与负的方法的结合。不过，冯友兰主要运用的则是正的理性方法，负的方法在他那里似乎是一种陪衬。在通向伟大的神悟之路上，恰恰是莫名其妙的灵感和直觉使人豁然贯通，而苦思冥想的理性仿佛是披荆斩棘的探路者。对冯友兰来说，"知天"的终极性觉悟提供了"事天"、"乐天"和"同天"的出发点，其终极性关怀都基于从彻悟到的宇宙大全这种宏大立场来看待和对待一切，这样，"终极觉解"就转化为"终极关怀"。冯友兰说："我们所谓知天者，即知如何以万有为大全而思之，并知如何自大全之观点以观物。我们所谓事天者，即我们觉我们系大全之一部分，并觉我们应为大全而做事。"②

　　"事天"不是空洞地"效法"天、"敬奉"天和"赐福"于天，它要落

____

① 冯友兰：《新原人》，见冯友兰：《三松堂全集》第四卷，第565页。
② 冯友兰：《新理学》，见冯友兰：《三松堂全集》第四卷，第192页。

实和体现到人的具体行为和活动中。当人通过"知天"觉悟到他不仅是作为社会的一分子而且也是作为宇宙一分子而行动时，他在他所从事的工作和行动中就获得了超出个人性的非凡意义，他参与到了伟大宇宙的运行和化育中，他在为社会效劳的同时更是为宇宙效劳。作为知天的"天民"，他在具体行为和工作中"尽职"、"尽责"，实际上他这也是在履行他的"天职"。如果说在韦伯那里，新教徒纯粹是为了"上帝"本身而去从事他们的经济活动的，那么在冯友兰那里，达到"天地境界"中的每个人都是在无私地为伟大的宇宙而工作。冯友兰说："无论什么事物，都是宇宙的一部分。人能从宇宙的观点看，则其对于任何事物底改善，对于任何事物底救济，都是对于宇宙底尽职。"[①]反过来，当人意识到他是在为一个伟大的理想而工作时，他就能够最大限度地发挥他的天性和智慧，他就能够为他的事业而献身。"事天"的观念，必须与伟大的使命感和责任心相联系，人才不会对人生消沉、退隐和死心。冯友兰强调在"道中庸"的平凡世界中奉行"天职"，就是要人在现实生活中达到理想的行为境界。

作为"终极性乐观情怀"的冯友兰的"乐天"之境，既是指人在宇宙和大全的立场之下观察万物而获得的无限情趣和诗意，也是指人面对他的生活和他所遭遇的一切而具有的"不怨天、不尤人"的达观、坦然和超然。冯友兰用"吾与点也"、王羲之的《兰亭》诗、陶渊明的《饮酒》诗、程明道养鱼和观草等来说明的"乐天"心境，就是人在与自然和万物的共鸣中油然而生的情境、乐趣和生机。可以想象，对于渴望回到自然环境中的现代人来说，万物显示给人的情趣无疑会更加丰富多彩。从更一般的意义来说，"乐观"是指人在平淡的生活世界中所感受到的乐趣，是人在遭遇困境和挫折时能够坦然面对的一种精神超越，是人对理想和信念所抱持的一种坚定信任和期望。冯友兰提到"孔颜乐处"，其中的一个意思就是指孔子和颜回在艰苦的物质生活中能够在精神上达到一种"乐亦在其中"、"不改其乐"的乐观境界。冯友兰喜欢引用的程明道的《秋日》诗写道："闲来无事不从容，睡觉东窗日已红。万物静观皆自得，四时佳兴与人同。道通天

---

① 冯友兰：《新原人》，见冯友兰：《三松堂全集》第四卷，第566页。

地有形外，思入风云突变中。富贵不淫贫贱乐，男儿到此是豪雄。"这首诗所表达的也是这样的乐观的精神境界。[①] 在冯友兰看来，达到了终极乐观精神的人，他对人生所遭遇到的"逆境"已经完全超越了，他逆来顺受而无怨尤。当然，这不是说他安于逆境之中而不力求加以改变，因为以"事天"为天职的人是不会放弃责任和使命的，逆境顺受只是在"尽人事"之后在无能为力的情形下而无怨无悔地接受命运的最终安排。对生活乐观的人，能够坦然面对一切的人，就会有一种"气象"，就能够"诗意般地栖居"。这种"气象"，当然也是乐观的"气象"。因对生活失去信心和发生意义危机而自杀的人并不罕见，但乐观的人，特别是达到了终极乐观境界的人，一般来说是不会选择自杀之路的。冯友兰本人提供了一个有趣的例证。在"文化大革命"时期，一些知识分子因不能忍受屈辱和迫害而自杀了，譬如翦伯赞。当局得知翦氏自杀的消息后，马上派人到北大冯友兰家，劝他不要轻生，冯友兰告诉他们说他不会自杀。像冯友兰这种具有乐观精神境界的人，怎么可能想象他会自杀呢？一般来说，中国人更具乐观的心态，这也是罗素欣赏中国人精神生活的原因之一。冯友兰的终极乐天境界，是中国式的。他的心灵结构本身，就是他所说的儒家的"在乎"和道家的"不在乎"的一种综合。

　　在前三重天境之后作为"终极性同情心和仁爱精神"的"同天"之境，是整个"天地境界"中最后也是最高一层境界："得到此等境界者，不但是与天地参，而且是与天地一。得到此等境界，是天地境界中底人的最高底造诣。亦可说，人惟得到此境界，方是真得到天地境界。知天事天乐天等，不过是得到此等境界的一种预备。"[②] 冯友兰的"同天"之境首先是一种"自同于大全"以及与万物"冥合"的境界，也就是一般所说的"天人合一"和"万物一体"的境界。在讨论"同天"的境界时，人们一般就此止步，遗忘了与此相关联的实际上是更为重要的内容。"天人合一"和"万

---

　　① 参见冯友兰：《中国哲学史新编》第五册，人民出版社 1988 年版，第 64—66、121—124 页；冯友兰：《新原人》，见冯友兰：《三松堂全集》第四卷，第 567—569 页。

　　② 冯友兰：《新原人》，见冯友兰：《三松堂全集》第四卷，第 569 页。

物一体"一方面是一种不可思议的神秘精神体验，是人的心灵与自然和宇宙之间所达到的一种最高的和谐①，但"天人合一"和"万物一体"另一方面还是超出个人美妙体验之上的对万物的无限同情心、仁爱和大慈大悲心肠。"冥物我"、"合天人"绝不是"心如死灰"、"形如枯槁"的麻木不仁，它恰恰是推己及人和设身处地的悲天悯人和与人、与万物为善的仁爱及其行为。冯友兰指出："同天境界，儒家称之为仁。盖觉解'万物皆备于我'，则对于万物，即有一种痛痒相关底情感。"② 在基督教那里，人类的"救赎"最终是通过上帝来完成的。按照冯的观念，"救赎"只有通过人类自身的终极性的互相仁爱才能实现。"同天"的境界，强化了而不是减轻了人的使命和责任。"同天"也不是放弃人的尊严和主体性，相反，"同天"让人感觉到他顶天立地的主体担当性，让人意识到他在无限宇宙中的堂堂正正和浩然气概——他为天地立心，他使宇宙明亮，这样他就成了宇宙的主宰和上帝了："宗教以上帝为宇宙的主宰。在天地境界中底人则自觉他的'我'即是宇宙的主宰。如说是宇宙的主宰者即是上帝，则他的'我'即是上帝。"③冯友兰这种以自我为上帝的观念，肯定让谦卑的新教徒惊讶不已，但对于习惯了"人皆可以为尧舜"、"满街都是圣人"和"六亿神州尽舜尧"的中国人来说，这却是非常自然的。

二、通过"天人之际"获得超越

　　冯友兰"价值理性"的建构方式，首先奠基于对"天人之际"的独特安排。从冯友兰初期主张的人的自然欲望的满足和调节的"价值理性"到后来他的"天地境界"这种终极性关怀的"价值理性"，可以看出，他的"价值理性"都是建立在他对天人关系或自然与人的关系的理解和体验之

---

　　① 对冯友兰来说，这是通过最高的觉解实现的，而且为了保持这种境界还要以不断的学养为条件。

　　② 冯友兰：《新原人》，见冯友兰：《三松堂全集》第四卷，第570页。

　　③ 冯友兰：《新原人》，见冯友兰：《三松堂全集》第四卷，第573页。

上。以外在的自然和天为一极、以人自身为相对的另一极所构成的自然与人或天与人的关系，是一个简化的关系模式。具体而言，就人自身这一极来说，他就包含着一般所说的形体与精神或灵与肉这种二元的自然的人与理性的人之关系。同样，在自然或天这一极中，也有从神灵与物质质料或自然理性与自然物质来理解的二元性。依据这种理解，自然、天与人的关系，往往就有了从自然和天的二元到人的二元关系的解释或把人的二元赋予自然和天的思维方式。这样，作为理性与自然"统一体"的人，既要面对他自身的理性和自然，即作为主体的他的"小宇宙"；又要面对在他之外的广大世界的"理性"和"自然"，即作为客体的"大宇宙"。再者，人这一极还包括由人所组成的社会。因此，自然与人的关系，又可以称为自然与社会的关系。中国哲学所说的"天人关系"，应该就包含着这种复杂的观念结构。在冯友兰的哲学中，"天与人"或"自然与人"的关系是贯穿始终的一个基本问题。他的哲学理论和观点，特别是他的"人生价值理性"和他的"天地境界说"，都建构在他对二者关系的理解和处理上。对"天人关系"问题的基本性，冯友兰这样说："哲学是对于人类精神生活的反思，人类精神生活所涉及的范围很广，这个反思所涉及的范围也不能不随之而广。这个范围，大概说起来，可以分为三部分：一部分是自然，一部分是社会，一部分是个人。自然就是中国传统哲学中所说的'天'；社会和个人，就是中国传统哲学中所说的'人'；人和自然之间的关系就是中国传统哲学中所说的'天人之际'。人类的生活，无论是精神的或物质的，都是和'天人之际'有关系的，所以中国哲学认为'天人之际'是哲学的主要对象。"[①] 具体而言，冯友兰是如何理解天人关系并在这种理解中建立起他的价值理性呢？

我们再次从冯友兰的《人生哲学》谈起。照冯友兰所说，他的《人生哲学》一书，实际上是英文《人生理想之比较研究》的中文本，而它的原

---

① 冯友兰：《三松堂自序》，见冯友兰：《三松堂全集》第一卷，河南人民出版社 2001年版，第 210 页。冯友兰没有集中概括中国哲学中"人"这一概念的内涵，但对于"天"，他认为有五种意义：第一是与地相对的物质之天；第二是主宰之天，即皇天上帝，有人格的帝和天；第三是命运之天，是人生中我们无可奈何的那种东西；第四是自然之天，即自然的运行；第五是义理之天。

名则是《天人损益论》。很明显，冯友兰正是在"天人关系"这一框架中展开了他的中西人生观比较的。在他看来，中西各种各样的人生观，也就是各种各样的"天人观"。冯友兰从总体上把中西不同的天人观分为三种类型：一种是注重"天"的"损道派"，一种是注重"人"的"益道派"，再一种是在"损益"两派之外注重"天人统一"的"中道派"。这三派中的每一派中又有差别，但以其主要特征而论则可以归为一派："天派及损道理想化天然，求好于过去，向后看；人派及益道理想化人为，求好于将来，向前看。中道则认为，过去已成过去，将来亦无把握，只该求好于现在的活动之中。"① 冯友兰所说的"损道派"，也就是一般所说的把"自然"及其状态理想化的自然主义；"益道派"大致相当于一般所说的人本主义或人类中心主义；"中道派"相当于现实主义。在这三种天人关系立场中，冯友兰基本上采取的是"中道"的立场。按照这种立场，他认为，人是作为宇宙万物之中的一种事物，是宇宙中的一种事项，与万物一样也有他的自然性（本能性欲求），并要求这种自然欲求的满足。但是如果人只追求自己自然欲求的满足，就会与他人的欲求发生冲突。为了调节自然欲求和避免冲突，人类社会就设想出了许多规范，伦理道德就是其中之一。同时，宇宙和自然一方面慷慨地为人提供了生存条件，但另一方面又吝啬地使人得不到他们所需要的许多东西，使人必须通过改造自然的活动来满足自己的需要。这就形成了一种既要尊重自然（任其天然）又要调节自然的"天人观"。冯友兰说："人和天然，从一方面看是对立的；从又一方面看，人也是天然中之一物，人的存在也是天然的一部分。人的创造也是天然的延续。人的科学技术，战胜天然，但仍是依照、利用天然的规律。人的社会组织，极其复杂，但仍是依照人的天然的本性。从这种观点出发，进行修养，逐渐克服人与天，自己与别人的界限，就可以得到一种精神境界。……'儒家之理想境界，即是如此。此境界非仅是天然的，亦非仅是人为的，而乃是天然人为，两相和合，所构成者。'"② 在此，人与自然的关系，既不是回归

① 冯友兰：《三松堂自序》，见冯友兰：《三松堂全集》第一卷，第177页。
② 冯友兰：《三松堂自序》，见冯友兰：《三松堂全集》第一卷，第177—178页。

自然的自然主义，也不是征服自然的人类中心主义，而是既尊重自然又不忘记人为的双向互动关系。冯友兰相信，这种"天人"兼容的"中道人生观"，是人生观的理想境界。

正如我们前面所讨论过的，在《新理学》和《新原人》中，冯友兰提出了以"境界说"为中心的"价值理性"。"价值理性"的这种变化也是与处理"天人关系"方式的变化紧密关联的，或者说二者是一种同步性的变化。以建构形上学或本体论为主的《新理学》，当然更注重宇宙论和"天论"；相比之下，以建构人生境界为主旨的《新原人》，自然更注重"人论"。在《新理学》中，冯友兰提出了"真际"和"实际"的二分概念，并对道、道体、理与气、太极与无极、心性等概念进行了梳理和新的解释，他在此基础上来界定宇宙和天的意义，把宇宙和天主要与"大全"这一概念结合起来，使之具有包罗一切的意义："天者，万有之总名也。……天有本然自然之义。真际是本然而有；实际是自然而有。真际是本然；实际是自然。天兼本然自然，即是大全，即是宇宙。"① 与天相对的人，则包括人道、道德、社会等。在天人相对的整体关系中，人的目的就是通过格物致知以知天，通过穷理尽性以事天。以此使人与天统一起来，使人超出狭隘的自我，达到与万物浑然一体的境界。在这种境界中，作为万物之一或宇宙中一分子的人，同时就获得了无限性的"大全"的意义，并在宇宙中获得了一种特别的权利，成为"宇宙的心"和"万物之灵"。很显然，《新理学》所说的作为境界的"价值理性"，是在对天人关系的一种新的理解和把握中达到的。

专门讨论境界说的《新原人》一书，则更具体地基于对天人关系的不同理解而提出了"四境界说"，并以人对天的最高觉解所达到的"天地境界"作为人的最理想境界。在冯友兰看来，"自然境界"是人与天原始地未加分化的自然统一体，人对天缺乏自觉意识，他也意识不到"自然境界"。在"功利境界"中，人与自然分化并对立了起来，人从功利的目的出发，通过知识和才智对自然采取一种凌驾其上和加以统治的方式，从自然中源

---

① 冯友兰：《新理学》，见冯友兰：《三松堂全集》第四卷，第 27 页。

源不断地获取他所需要的东西。冯友兰说："若人在宇宙间，只以对付过日子为满足，则在功利境界中底人，即可对付而有余。若世界上所有底人，其境界都不高过功利境界，人类仍可保持其存在，并仍可保持其对于别种生物底优越地位。人类可以是万物之灵，可以'夺取造化之机'，'役使万物'，如道教中人所希望者，如近代人所成就者。"①"功利境界"追求个人功利、利益和欲望的最大满足。在一派乐观的哲学家看来，这一境界可以达到并且不会产生冲突，因为他们相信自然是善于安排的，它能够使万物各随其私达到自然的和谐；但是另一派不乐观的哲学家则认为，如果人各随其私，完全顺其自然而行动，就像在野蛮的自然状态那样，不仅不能互相成全，而且将互相冲突和互相伤害，因为人各自出于"才智"的生存竞争，是"自然"所无法控制的，人需要通过规则和制度对它加以调节。冯友兰当然是赞成后一种说法。在"道德境界"中，人与自然也是分化的，人意识到了他与自然的不同。但是，与"功利境界"中的人注重其"自私自利"的自然性不同，"道德境界"中的人对自我的自觉和意识，主要在于从人之所以为人的特性来"尽人性"、"尽职"和"尽责"，在于把自己视为社会的一分子，调节和控制人的自然欲望，去"私欲"合人伦。正如"天地境界"就像它自身的语词所暗示的那样，它的根本特点是人达到与自然和天的"完全统一"。人不仅"知天"，而且"事天"、"乐天"和"同天"。人不仅与天达到了"合一"，成为"天民"，并具有"天职"和"天位"，"参天地之化育"，而且他还拥有了"太极"、"宇宙"和"天"，人成为"天"、"自然"和"宇宙"的主宰。这样，原本作为"宇宙"和"天"的微小一部分的人就被无限扩大了，最终又成为宇宙和天的中心而获得了最高的地位。但必须注意的是，人的这种无限伟大性，不是通过物质力量去征服自然和天来实现的，而是通过"精神性"的创造达到的。冯友兰特别欣赏黑格尔关于人的"自为"和"为自"的说法，因为通过这一区分，人把自己从自然的自发性中解脱了出来。冯友兰之所以把觉解作为获得意义和境界的途径，是因为他认为正是觉解把人与自然和天区分开了。在《新原人》

---

① 冯友兰：《新原人》，见冯友兰：《三松堂全集》第四卷，第532页。

中，冯友兰突出强调了有人的宇宙与无人的宇宙的不同。这种不同不在于是否有一个与其他动物相同的人，而在于是否有一个能够以觉解和理解把自己与其他动物区分开的人，在于是否有一个能够意识到自己在宇宙中地位的人。如果宇宙中没有人，宇宙就是混沌一片，就像中国人所说的"天不生仲尼，万古长如夜"那样，天若不生人，万古长如夜。这不是说宇宙和天原本就无秩序和理，原本就混乱不堪，是人为宇宙赋予了秩序和理；而是说宇宙和天原本就具有的秩序和理，只有通过人才会明亮起来，只有通过人才能得以理解和把握。冯友兰说："有觉解是人生的最特出显著底性质。因人生的有觉解，使人在宇宙间，得有特殊底地位。宇宙间有人无人，对于宇宙有很重大底干系。有人底宇宙，与无人底宇宙，是有重要底不同底。"[1] 又说："就存在方面说，亦可说，人不过是宇宙间万物中之一物，人有心不过是宇宙间万事中之一事。但就觉解方面说，宇宙间有了人，有了心，天地万物便一时明白起来。……由此方面说，我们可以说，人与天地参。"[2] 在冯友兰那里，人通过觉解把自己从自然和宇宙中分化出来又统一起来的这个过程，是一个"正→反→合"的过程，这种"正→反→合"既可以说是在时空中生活的人类或个人的自觉过程，也可以说是一个逻辑上的过程。"正"是人与自然的未分化的统一（"自然境界"），"反"是人与自然的自觉性分界（"功利境界"和"道德境界"），"合"则是经过分化和自觉之后而达到的更高的与自然和天的统一。冯友兰强调，从形式上看，"天地境界"也许就像道家所说的那样是人返回到了自然和天，但它是经过了人与天的最高分化并在最高的意义上达到的复归，是人对宇宙和天达到最高理解的一种精神创造性的复归。冯友兰说："天地境界是就人和宇宙（特别是自然）的关系说的。人是自然的产物。还没有人的时候，就先有了自然。在人开始有点自觉的时候，人对于自然就有一种理解，持一种态度。原始社会的神话，就是这种理解和态度的反映。这种反映，也是一种精神境界的表现。神话进而为宗教。宗教是神话的系统化。它也代表人对于自

---

① 冯友兰：《新原人》，见冯友兰：《三松堂全集》第四卷，第 473 页。

② 冯友兰：《新原人》，见冯友兰：《三松堂全集》第四卷，第 483 页。

然的理解，代表一种对于自然的态度。神话和宗教，其目的和作用，都在于说明人和自然的关系，使人知道在自然界中所处的地位，从其中可以得到一个'安身立命之地'。这也正是哲学的目的和作用。但是哲学认为，要达到这个目的，必先对于自然有一种更深一层的理解。"①

冯友兰的"天人观"和他基于此的境界价值理性意味深长。看上去，冯友兰的"天地境界"容易给人造成一种宇宙中心论或自然中心论的感觉，但最终这是一种新的类型的"人类中心主义"。因为在冯友兰谦虚地承认人是宇宙中的一分子之后，他所最关心的是人如何在宇宙中获得一种特殊的地位，而这种特殊的地位又不是以征服自然和控制自然为特征，而是以无限扩展人类的心灵并最终在宇宙和天地间达到无限的崇高精神境为特征。这显示了他的"天人观"与中国古典哲学的高度亲和性，也与他把哲学的主旨理解为提高人的精神境界相一致。在此，冯友兰是否受到过罗素的影响还不能确定。但在罗素那里我们确实看到了某种类似的说法："在冥想中，如果我们从非我出发，便完全不同了，通过非我之伟大，自我的界限便扩大了；通过宇宙的无限，那个冥想宇宙的心灵便分享了无限。……冥想不但扩大我们思考中的客体，而且也扩大我们行为中的和感情中的客体；它使我们不只是属于一座和其余一切相对立的围城中的公民，而是使我们成为宇宙的公民。在宇宙公民的身份之中，就包括人的真正自由和从狭隘的希望与恐怖的奴役中获得的解放。……通过哲学冥想中的宇宙之大，心灵便会变得伟大起来，因而就能够和那成其为至善的宇宙结合在一起。"②

三、通过文化普遍性思维方式和哲学理性构建价值理性

冯友兰"价值理性"的建构方式还立足于文化的普遍性思维方式和哲学的理性化途径。前者是从不同文化和文明之间的普遍性和可公度性来思

① 冯友兰：《三松堂自序》，见冯友兰：《三松堂全集》第一卷，第225页。
② ［英］伯特兰·罗素：《哲学问题》，何兆武译，商务印书馆1999年版，第132—134页。

考人类的价值和信念；后者是在相对于宗教信仰的意义上，通过哲学理性来追求价值信念。

冯友兰的"价值理性"建构广义上是清末以后中国价值理性建构的一部分，同时它也处在清末之后中国文化演变的整体语境之中。这种整体语境就是文化上的"中西"、"古今"和"新旧"之争。这种争论在"五四"知识分子胡适、陈独秀、李大钊和梁漱溟等人那里达到了更加尖锐的程度。立足于西方的西化派和立足于东方的保守派，是那个时代讨论中国文化问题的两种主要思想流派。按照这种争论，中国文化与西方文化的不同，是中国与西方、传统（古）和现代（今）的不同。在这种整体思维方式影响之下，冯友兰一开始也持这种立场。但冯友兰后来发现，所谓文化上的"中西"、"古今"异同，实际上是中西在文化上的"类型"的不同。这是冯友兰在自述他的经历时反复指出的，也是大家所熟悉的。这里我们所关心的是，冯友兰从文化上的"中西"和"古今"之别立场最终走到文化上的"类型"立场，同时也就是他从中西"时空"的"特殊"立场考虑文化问题转变为从中西文化的"性质"这种普遍性来考虑文化问题。正是基于这种普遍的立场，冯友兰的《新事论》为中国建构起了以"工业化"为中心的"工具理性"。冯友兰意识到，中国要富强就必须实现工业化，必须接受工业文明。由此他对晚清的自强新政给予了同情的理解，并批评民国初年一些人对物质力量的轻视和对正义性"公理"的轻信。《新事论》为推进中国的工业文明提供了一个非常有说服力的理论基础，这也是这部书常常受到人们关注的重要原因。

同样，冯友兰的"价值理性"建构也是基于这种普遍性的立场。近代以来持中西文化二分论的许多人，往往都从"中国的"或"西方的"立场来立论，并相应地强调"中国价值的独特性"或"西方价值的独特性"，他们不是从"一般的"价值立场来确定价值，而是从某种价值来确定价值。例如，在洋务派那里，"价值理性"是基于所谓"中学为体"的"中学"；到了"五四"时期，西化派的价值理性则是基于所谓"西学"，与之相对，强调中国"精神文化"的新保守主义则试图通过中国传统价值的转化建立新的"价值理性"。作为其具体表现的中西人生观的比较和讨论，也大都以"中西"、"古今"和"新旧"来立论。对冯友兰来说，这些都是限于中西时空的特殊性思维方式。而他则选择了一种普遍性的立场，即人生观上的"类型"立场。冯友兰强调，他的《人生哲学》[①]就是立足于这一立场来比较东西人生观的[②]，其明显特点就是"打破所谓东、西的界限。当时我认为，向内和向外两派的对立，并不是东方和西方的对立。人的思想，都是一样的，不分东方与西方。上边所说的那种对立（指所谓东方文明是精神文明，西方文明是物质文明 —— 引者），是东方哲学和西方哲学中都有的"[③]。这样，问题就不再是中西"各"具有"不同的什么"了，而在于中西"都"具有"共同的什么"了。冯友兰认为，在复杂的中西人生观十派中主要有"三种类型"并各自都有其代表性的人物。这是冯友兰在英文本《人生理想之比较研究》中所得出的主要结论。冯友兰在中文本《人生哲学》中提出的"一个新人生论"是新补充的，是由此前的"一种人生观"修改而成。他提出一种"新人生观"的直接动机，是为了回应1923年中国思想界的"科学"与"人生观"论战。这场论战涉及了许多问题，当时许多精英分子都投入了这场争论之中。但在冯友兰看来，有一个问题论战没有解决。这个问题就是双方都没有提出一个具体的"人生观"。[④]他的目的就是为了提出一种具体的"人生观"："我这篇文章是打算具体地说出'一个人生观'。"[⑤]在晚年回忆中，冯友兰在谈到《人生哲学》中的"一个新人生观"时指出："《人生哲学》在这两章中，回答了当时哲学界及一般思想界所讨论的问题，广泛地讨论了一般哲学问题。从宇宙的构成到文学艺术以至宗教，都做了一些解答的尝试。"[⑥]不管是"一

---

① 《人生哲学》这部书自第一章至第十一章大体是《人生理想之比较研究》英文本的中文本，外加的第十二、十三两章，大体上是《一种人生观》扩充的结果。

② 最初题为《天人损益论》的《人生哲学》，1923年上海商务印书馆出版的英文本题为《人生理想之比较研究》，《人生哲学》则是中文本，只是加了章节。

③ 冯友兰：《三松堂自序》，见《三松堂全集》第一卷，第174页。

④ 实际上，不管人们是否满意，胡适和吴稚晖都提出了"一个人生观"。参见张君劢、丁文江等著：《科学与人生观》，山东人民出版社1997年版。

⑤ 冯友兰：《一种人生观》，见冯友兰：《三松堂全集》第二卷，第4页。

⑥ 冯友兰：《三松堂自序》，见冯友兰：《三松堂全集》第一卷，第180页。

种人生观"，还是"一个新人生论"，冯友兰都不是从"中西"的特殊立场出发，而是从人生观的"类型"这种普遍立场立论的。在冯友兰的"境界说"中，他也打破了中西的界限，从普遍的立场来看待不同的境界。例如他不把"天地境界"看作中国的"天地境界"，而是把它看作"境界的"一种"类型"。冯友兰从普遍立场而不是从特殊立场出发建构"价值理性"，在现代中国价值理性的整个重建中具有鲜明的特点，虽然人们也许可以从"文化差异"的特殊立场对他的普遍立场提出质疑。需要指出的是，即使冯友兰相信他立足于普遍立场建构的"价值理性"也是"普遍的"，并且是为了整个人类的福祉，但他首先考虑的则是他的国家和民族的命运。冯友兰的《新理学》和《新原人》，是在 20 世纪 40 年代中国社会历史的巨大变动中完成的。当时的中国正遭受着外敌的侵略，人们都在通过不同的方式寻求拯救中国的道路。冯友兰的整个哲学建构就是要从哲学的高度回答时代所提出的课题，以实现中国的伟大复兴。冯友兰的抱负是巨大的，在这方面，他从来当仁不让，晚年他把他整个哲学工作的动机归结为"阐旧邦以辅新命"。《〈新理学〉自序》说："怀昔贤之高风，对当世之巨变，心中感发，不能自己。……此书虽'不着实际'，而当前有许多实际问题，其解决与此书所论，不无关系。"[1]《〈新原人〉自序》先引用张载的四句名言，然后以宏大的气魄说："此哲学家所应自期许者也。况我国家民族值贞元之会，当绝续之交，通天人之际、达古今之变、明内圣外王之道者，岂可不尽所欲言，以为我国家致太平，我亿兆安心立命之用乎？"[2] 作为冯友兰哲学建构中心之一的"价值理性"，当然也是为了中国的复兴而做出的尝试，是中国近代以来人们寻求"价值"和"信仰"的一种具有震撼性的努力。

现在我们简要看一看冯友兰"价值理性"建构的哲学理性途径。从整体上来说，现代中国价值理性建构的理性途径主要有三种[3]：一是宗教理

---

① 冯友兰：《〈新理学〉自序》，见冯友兰：《三松堂全集》第四卷，第 3 页。

② 冯友兰：《〈新原人〉自序》，见冯友兰：《三松堂全集》第四卷，第 463 页。

③ 当然，也许还可以举出以"历史"理性为基础的途径。

性①，以康有为、陈焕章等为代表；二是科学理性，以胡适、陈独秀、丁文江等为代表；三是哲学理性，以梁漱溟、熊十力和冯友兰等为代表。康有为和陈焕章等把"宗教化"的孔教作为道德价值理性的基础和保证；胡适和陈独秀等把以实证为特征的科学作为人生观和价值观的保证，特别是胡适还提出了自认是具有科学根据的"新十诫"，也就是他所声称的"科学主义的人生观"或"自然主义的人生观"。不把儒学作为宗教的熊十力、梁漱溟和冯友兰等，则把哲学理性看作通向价值理性的途径。而且对冯友兰来说，在这三种理性化的途径中，哲学理性是最好的途径，他甚至相信哲学最终将代替宗教而成为人类精神生活指导的良师益友。在此之前蔡元培已曾提出"以美育代宗教"的著名判断。宗教整体上受到了人们的歧视，在此，科学理性和哲学理性不约而同地达成了共同的阵线。② 承认人们对宗教有不同理解的冯友兰，认为他对宗教的规定实际上是一种普通的用法。按照他的规定，宗教就是一种哲学加上作为上层建筑的迷信、教条、仪式和组织。冯友兰对宗教的不满主要集中在他所说的作为上层建筑的那一部分，特别是他所说的其中的迷信成分。③ 他认为，宗教之所以能够在人类文明和人类精神超越方面发挥作用，主要是由于他的哲学部分。冯友兰断定，随着科学的日益进步，与科学冲突的宗教上的那一套上层建筑部分就只能无可奈何地衰落了，而其哲学部分和功能则都要由哲学来担当："因为在哲学里，为了熟悉更高的价值，无需采取祈祷、礼拜之类的迂回的道路。通过哲学而熟悉的更高价值，比通过宗教而获得的更高价值，甚至要纯粹得多，因为后者混杂着想像和迷信。在未来的世界，人类将要以哲学代宗教。这是与中国传统相合的。人不一定应当是宗教的，但是他一定应当是哲学的。他一旦是哲学的，他也就有了正是宗教的洪福。"④ 津津乐道哲学理性的冯友

---

① 一种有影响的传统说法认为，宗教是"非理性主义"。但是，这个说法只是在一个非常有限的意义上才是正当的。宗教整体上也是"理性主义"的，这一点正在逐渐为人们所认识。

② 有关宗教在近代中国的演变趋势，参见陈荣捷：《近代中国における宗教の足跡》，福井重雅译，金花舍昭和四十九年（1974 年），第 4—42、235—266 页。

③ 但一般的宗教观恰恰是把宗教与迷信加以区分。

④ 冯友兰：《中国哲学简史》，涂又光译，北京大学出版社 1985 年版，第 9 页。

兰，忽视了宗教也在不断地发生着变化，就像科学和哲学也在不断发生变化一样。[①] 在价值的这三种理性化途径中，最终很可能没有一个是胜利者，也没有一个是失败者，宗教不会像乐观的冯友兰所预期的那样轻易地就退出人类的精神世界。无论如何，冯友兰相信，他的哲学理性为人类提供的超越精神境界是最纯粹和最完美的；宗教的天堂和上帝，都不过是人类工作的想象和人格的放大，宗教所提供的近似超越的天地精神境界，严格而言，仍是道德境界。以"信"为特征的宗教境界是有限的，它永远也无法与以"理智"为特征的哲学所提供的境界相比。冯友兰与熊十力和梁漱溟一样，断定儒家或儒教不是宗教，而是哲学。这也是冯友兰认为中国人不关心宗教的一个根据。但是，对冯友兰来说，这并不意味着中国人没有超越性的精神追求。追求精神超越和终极关怀是人类先天的共同愿望，只是中国人不是在宗教中而是在哲学中实现了他们的超越性终极性关怀："他们不是宗教的，因为他们都是哲学的。他们在哲学里满足了他们对超乎现世的追求。他们也在哲学里表达了、欣赏了超道德价值，而按照哲学去生活，也就体验了这些超道德价值。"[②]

对宗教的不信任和对哲学的偏爱，在冯友兰那里是相呼应的。冯友兰通过觉解而获得的意义和"天地境界"的学说，是非常体系化和理智化的，它充分体现了冯友兰的"哲学"理性主义气质。但冯友兰也试图为他的这种理性主义披上一层非理性的外衣或蒙上一层迷雾。他称他的"天人合一"的"天地境界"也是神秘的和不可思议的。实际情形如何呢？在我们看来，冯友兰通过哲学理性的"分析"和"条理化"而显示出来的"天地境界"虽然"神圣"，但并不"神秘"和"微妙"。正如我们前面所说，主要不是立足于人的"体验"和"直感"，而是立足于"从天"和"从宇宙"的"观点"来看待宇宙及其事物，立足于从"觉解"来把握宇宙整全之"理"，这种分析性的理性认知路径恰恰在很大程度上消解了神秘主义。因此，可以

---

① 怀特海早就系统地讨论了这一点。参见怀特海：《科学与近代世界》，何钦译，第173—184页。

② 冯友兰：《中国哲学简史》，涂又光译，第8页。

说，冯友兰从天人关系、从文化普遍立场和哲学理性所建构起来的"天地境界"，根本上则是一种"理智性的信念"。

结　语

冯友兰的价值观或人生境界论主要是在天人关系中建立起来的。它同冯友兰在《新世训》中建立的工具理性相对应，可以说是冯友兰建立的"价值理性"。他提出的以"知天"、"事天"、"乐天"和"同天"为旨趣的"天人合一论"和"天地境界论"，相信人人都能在日常生活中通过觉解达到超越的"精神境界"，因此，它们也是"凡圣"（"即凡而圣"）的统一。

第七章

人类如何善待"自然"

——金岳霖哲学中的"天人之际"和 "天人合一"关怀

引 言

在金岳霖哲学和思想的研究中，随着 20 世纪末新文献的公布，一个新的问题浮现出来，这就是他站在东西方哲学和文明的宏观视野中对自然与人的关系或"天人之际"的思考和认识。但就我们所知，学术界对这一问题还缺少应有的研究。① 无论是就这一问题对于研究金岳霖的哲学和思想本身的重要性来说，还是就这一问题对当今人类的重要性来说，我们都有必要对它加以探讨。本章首先考察这一问题在金岳霖的哲学和思想中是如何出现和演变的，为什么在 20 世纪 40 年代他就关注这一问题；以此为出发点，笔者结合原有文献和新公布的文献，把这一问题放在金岳霖的形而上学结构中来认识，旨在究明它在金岳霖的形而上学中是如何展开的，金岳霖如何以新的视角看待自然与人的关系（或天人关系）。金岳

---

① 相关成果有：笔者 2005 年发表的《"人类关怀"和"圣人人生观"——从一个具体问题看〈论道〉与〈道、自然与人〉之间的不同》(《哲学研究》2005 年增刊)；华东师范大学李锋 2009 年的硕士论文《金岳霖的"自然"思想研究》。

霖提出的人类对自身"心灵"和"自然性"进行调节的"善待自然"的理性方式和以"天人合一"为核心的"圣人人生观"这种信念的重建，跟当今人类整体上仍然侧重于从外在的技术上治疗人与自然的病态关系的做法形成了明显的对照，虽然他把这一点"理想化"了，但确实意味深长。

一、心路历程中的"天人合一"和"天人合一"关怀

在多种意义上，现代中国哲学都是东西方哲学相互影响和结合的产物，它既不是单一西方式的，也不是单一东方式的；无论它多么传统，它已经染上了外来的色彩；不管它怎样外来，它或多或少同传统保持着关联。只是，在外观上有的更像是西方式的，有的更像是东方式的。金岳霖的哲学从外观到内涵，都带有非常浓厚的西方哲学色彩，以至于张岱年说，在金岳霖的哲学中，西方哲学的成分占到了十分之九。[1] 事实上，金岳霖的逻辑学和知识论体系，都是承接着西方逻辑学和知识论的大传统而推演的，这从他的《逻辑》和《知识论》两书中可以清楚地看出。金岳霖的形而上学体系，在他所说的"旧瓶装新酒"中，也传衍有西方形而上学的传统，这也是不能否定的。

但金岳霖意识到，最能够体现哲学信念和智慧而又"近乎宗教"、"不完全是理性"的形而上学[2]，如果完全跟自身的传统没有发生联系，那将是非常"外在"的，至少在满足人的情感上要大打折扣，更别说会降低其中所寄托的"原动力"。在不同的大传统中，一个文化符号越是久远和深厚，它所寄托的动力和情感就越丰富，这就是为什么玄学比知识论和逻辑学、

---

① 相比之下，在熊十力哲学体系中，"中学"成分居十分之九，西学成分居十分之一；在冯友兰的哲学中，"中学"和"西学"成分各占其半。参见张岱年：《冯友兰先生〈贞元六书〉的历史意义》，见《张岱年全集》第八卷，河北人民出版社1996年版，第469页。对张岱年的这一定量分析不必作机械性理解，他旨在强调东西方哲学在这三位哲学家中的影响差别很大。

② 参见金岳霖：《知识论》，商务印书馆1983版，第816页。

文学比科学更不容易翻译的原因。金岳霖说："知识论是比较容易翻译的，玄学或形上学是比较不容易翻译的。……哲学字句底情感上的寄托有时是原动力，这种情感上的寄托翻译不出来，这种原动力也得不到。即令我们能从译文中懂得原文中的意义，我们也不见得能够受感动。《圣经》里有这么三句话：'太初有道，道与上帝同在，道就是上帝'。对于这三句话，现在的中国人底感想如何，我们不敢说，我们可以想到从前的中国人底感想。从前的读书人对于头一句话，会把中国人原有的情感寄托到它身上去，会想到天人合一的意味或味道体真的境界；可是对于第二句与第三句，难免经验到一种格格不相入的情形。"①

金岳霖之所以把"道"作为他的形上学的最高范畴，之所以又冒着思想混乱的危险在他的形上学体系中运用"理势"、"性情"、"体用"、"无极"、"太极"、"几数"等中国古典哲学概念，原因也在这里。在 1940 年初版的《论道》中，金岳霖还有一个简短的《序》。可惜的是，这个《序》没有保留在 1985 年商务印书馆重印的新版《论道》中。在这个初版的《序》中，金岳霖记载说，他使用"论道"两字是接受了叶公超的建议："我也要感谢叶公超先生，他那论道两字使一本不容易亲近的书得到很容易亲近的面目。"冯友兰回忆说，有人问金岳霖为什么要用陈旧的"论道"来作书名，他的回答是要使它有"中国味"。②

金岳霖对中国古典哲学韵味的深刻体会和浓厚情感，也突出地表现在"天人合一"这一论题上。从这里，我们也看到了他从传统中寻找精神信念、情感满足和动力的强烈愿望。他说：

> 天人合一的思想历史地起源于中国几千年来所拥有的文明，它仍然是一意念图案，需要运用已经提到的方式来考察这一图案。此外，它还是相当数量的人们情感方面的依托，不管它的其他方面是

---

① 金岳霖：《知识论》，第 817—818 页。

② 参见冯友兰：《怀念金岳霖先生》，见中国社会科学院哲学研究所编著：《金岳霖学术思想研究》，四川人民出版社 1987 年版，第 29 页。

否可以被接受，它却是信念资源的一部分，是一部分人类生活的主要源泉。①

不过，在《论道》中金岳霖还没有谈到"天人合一"这一论题。他在《论道》这部书中所建立的形上学过于超然，不仅对人的问题论及较少，而且对人类抱着非常悲观的情调，以至于他所信奉的"至真"、"至善"、"至美"和"至如"的"太极"境界或宇宙乌托邦，竟是没有人类存在的无限净土。这种比庄子的思想还要激进的形而上学，恰恰又同传统产生了疏离感，这也是此前我对他的形而上学提出批评的主要地方。②

在金岳霖的哲学心路历程中，以"天人合一"这一论题为中心关注自然与人的关系和探寻人类善待自然之道，是在《论道》出版之后的西南联合大学时期。具体来说，在 *Chinese Philosophy*（《中国哲学》）这篇英文手稿中，他第一次论及"天人合一"这一论题。这篇英文手稿是 1943 年他为给在华美军讲课而作，当时曾油印少量分送。③ 一直到 1980 年，这篇英文讲稿才正式刊载于 *Social Science in China*（Vol. 1, No. 1），后由钱耕森译为中文，刊于 1985 年第 9 期的《哲学研究》。从这篇论文中，我们可以看出以研究逻辑学、知识论和西方哲学而知名的金岳霖，对中国哲学的特征和精神气质有怎样的洞察和把握。在这篇论文的第三部分，金岳霖把"天人合一"信念看作中国哲学不同于西方哲学的一个重要特征，认为在中国哲学中，天是不能抵制、反抗和征服的；但在西方哲学中，人类被看作宇宙的中心，天是被征服的对象。按照前者，"天人"是高度"合一"的；按照后者，"天人"是高度分离的。

金岳霖系统阐述"天人合一"或人与自然的关系，是在 1943 年至 1944

①　金岳霖：《道、自然与人》，见刘培育编：《道、自然与人 —— 金岳霖英文论著全译》，生活·读书·新知三联书店 2005 年版，第 149 页。

②　参见王中江：《理性与浪漫 —— 金岳霖的生活及其哲学》，河南人民出版社 1993 年版，第 9、135—138 页。

③　参见《金岳霖年表》，见刘培育主编：《金岳霖思想研究》，中国社会科学出版社 2004 年版，第 411 页。

年①他访问美国期间撰写的题为"Tao, Nature and Man"的英文手稿中。与《中国哲学》稍有不同的是，这篇英文稿在金岳霖生前都没有发表，而是到了20世纪90年代才由王路整理出来，首次刊载于《金岳霖文集》第二卷（甘肃人民出版社，1995年）中。后由胡军译为中文，先是刊载于刘培育编的《金岳霖集》（中国社会科学出版社，2000年）中，后又编入《道、自然与人——金岳霖英文论著全译》（生活·读书·新知三联书店，2005年）中。金岳霖撰写这部英文著作的直接动机是为了答谢美国的邀请。他觉得，他既不适合在美国讲授逻辑和知识论——那是美国哲学家的特长，也不是在美国介绍中国思想的合适人选——在这方面胡适似乎更合适，于是他就从他比较满意的《论道》这部书中节录了一部分内容。所谓节录实际上是他凭着记忆用英文重写的，因为他说当时他手头没有这部书，在当时中国的图书馆里也难以借到这本书。

在用英文阐述了《论道》的部分内容之后，金岳霖特意增加了一章新的内容——"自然和人"。金岳霖为什么增加这一章的内容？他说，"增加它的目的是使本书的思想多少易为人接受"。②问题是他的《论道》为什么"不易为人接受"。《论道》在1940年出版后，金岳霖说它"石沉大海"③，学术界唯一提出批评意见的是林宰平。他的批评意见是，中国哲学不是旧瓶，更无需洋酒，更不是一个形式逻辑体系。④但这一批评跟《论道》有没有讨论"自然与人"的问题没有特别的关系。据我推测，人们"不易接受"

---

① 当时他和费孝通、张其昀等一起接受美国国务院的邀请，到美国访问和讲学。金岳霖说："在1943—1944那一学年，我接受美国国务院的邀请，访问了美国。"（金岳霖：《道、自然与人》，见刘培育编：《道、自然与人——金岳霖英文论著全译》，第61页）

② 金岳霖：《道、自然与人》，见刘培育编：《道、自然与人——金岳霖英文论著全译》，第62页。

③ 虽然同年重庆国民政府教育部评选抗战以来最佳学术著作时，学术评议会投票将该书与冯友兰的《新理学》一起评为一等奖。

④ 刘培育主编：《金岳霖的回忆与回忆金岳霖》（增订本），四川教育出版社2000年版，第29页。金岳霖非常尊重林宰平，说他是"他惟一遇见的儒者或儒人。他自己当然没有说，可是按照他的生活看待，他仍然是一个极力要成为一个新时代的儒家。"（刘培育主编：《金岳霖的回忆与回忆金岳霖》（增订本），第29页）

的地方主要是《论道》对人类的悲观和敬而远之。这是金岳霖增补"自然和人"这一章的主要目的。在这一章中，金岳霖系统地表达了他对自然和人的看法，表现了"天人合一"的高度情怀，并提出了"三种人生观"，从而弥补了《论道》的缺失。另外，增补这一章，在我看来，也是金岳霖对当时人类陷入战争困境的忧虑，更是他对人类滥用知识和技术力量的反思。这同他反法西斯主义的民主和正义立场并不矛盾，因为法西斯主义或极权主义是对力量的最大滥用。在一般的意义上，他思考的问题是：人类如何处理好同自然的关系？如何善待自然？如何在运用知识和技术为人类造福的同时又能够同自然和谐相处？

在美国期间，金岳霖还撰写了英文手稿 *philosophy and Life*。① 这篇论文的一些讨论不仅同"自然和人"相呼应，而且也具体谈到了当时整个人类的处境，谈到了民主化与工业化的矛盾和"力量"被误用的危险：

> 回想 1940 年，当纳粹入侵荷兰、巴尔干和法国时，中国的一些人感到，民主国家是衰弱的、无效的。如此迅速得出结论，他们确实脆弱，并且结论肯定是不恰当的。没有多少人知道民主国家的力量是潜在的，不推上火线不会发挥威力。然而，一旦做出了决定，建立起军事行动的全套设置，它的力量顿时显现。但是，力量总是危险的，它可以用之于善，也可以用之于恶；它究竟被运于这种用途还是另一种用途，就要看操作它的人是谁了。②

出于以上的一些动机，在 20 世纪 40 年代，金岳霖从哲学的高度反思人类与自然的关系，就对西方征服自然的人类中心主义忧虑重重，尝试用中国哲学的"天人合一"智慧来善待"自然"。联系到人类如今面对的严重

---

① 英文手稿收入《金岳霖文集》第二卷，甘肃人民出版社 1995 年版；中译本见刘培育编：《道、自然与人——金岳霖英文论著全译》，陈静译，第 169—178 页。

② 金岳霖：《哲学与生活》，见刘培育编：《道、自然与人——金岳霖英文论著全译》，第 175 页。

问题，这不能不说是哲学家的先见之明吧，虽然对当时的中国来说没有比技术、工业化和军事力量更加迫切的东西了。

二、"道演"与"实在"的"二分"——从形而上学看人与自然的分化

在金岳霖的哲学心路历程中，他沉思自然与人的关系和"天人合一"虽然主要是在 20 世纪 40 年代，但这个问题本身却是一般性的。上面我们只是简单地指出，金岳霖对人类滥用力量的忧虑。事实上，这不过是人类活动和文明误入歧途的一种表现，人类遇到的问题和产生这些问题的根源，比表面上看起来更多也更深远，这令金岳霖深感不安。金岳霖主张"天人合一"或自然与人合一，正是他对人类活动和文明造成的天人分裂和冲突这一普遍问题的关注和为解决这一问题而提出的根本信念和智慧。

把金岳霖的《论道》和《道、自然与人》结合起来完整观察，可以看出，他对"天人之际"或自然与人的关系的沉思，是他整个形而上学沉思的一部分，是他本体论和宇宙观的一个环节。《论道》和《道、自然与人》的共同之处是，两者都把人类看作"道演"的产物[1]，把人类活动和文明看作"实在"的二分的结果。"天人之际"或自然与人的关系问题，也是在这一前提之下产生的。为了充分认识这一问题的深远性，我们需要先看一下金岳霖如何解释人类的出现以及它在"道演"中的趋势。

按照金岳霖的形而上学，"道"有无限的"可能"，这是逻辑学研究的对象。穷尽了所有的可能，是逻辑学意义上的"必然"[2]。因此，逻辑的知识是"先天"的知识，它不断定任何具体事实，但它断定所有的事实之不能不有。这种穷尽了所有可能的必然的世界，是一个可以有"能"而不必有"能"的"式"的世界。这里说到的"式"和"能"，是金岳霖形而上学中

---

① 金岳霖的形而上学受到了进化宇宙观的影响。他使用的"道演"是比严复所说的"天演"更普遍的进化。下面我们将会谈到这一点。

② 有关金岳霖的"必然"概念，参见王路：《金岳霖的逻辑观》，见王路：《逻辑方圆》，北京大学出版社 2009 年版，第 44—52 页。

同属于最高的"道"的两个次一级的相对范畴。"式"类似于亚里士多德的形式或朱子的理,它是金岳霖用来说明一类事物之所以为一类事物的本质的。"可以有能"的"能",是金岳霖用来表示任何特殊事物或个体最后的、不可用语言"描述"的东西,它是构成事物的基本成分或基质,类似于亚里士多德的质料或朱子的气。"式"和"能"的统一是"道"。世界的变化就是因为"能"不断地出入于"式"或"可能"(所谓"能有出入")。不同于亚里士多德的质料或朱子的气,金岳霖的"能"是纯粹的活动(类似于activity),它是非常主动和能动的。"能"的不断出入就是"可能"的现实化。"现实化"中的"现"说的不是"现在",而只是说"表现出来";"现实化"中的"实"不是说"存在",而是说"实在"。与"必然世界"不同的"本然世界",就是在"能出入于可能"的过程中实实在在表现出来的世界。相对于认知来说,它是一个"先验世界",它是所有经验成为可能的前提。"能"无限地出入于无限的"可能"(所谓"居式由能"),就是"道"。"道"在无限的时间之流中的演化就是"道演",它是"由是('式')而之"的过程,亦即从"非能"而"近乎能"的几乎是混沌状态的无限久远的"无极"开始,朝着无限的"非式"而"近乎式"的最纯粹的"太极"境界演进的大洪流。

"本然世界"是无限"道演"的一种表现,它是所有可能世界中一种可能世界的现实。在这种可能世界的现实化过程中,有生命的个体出现了,其中一部分则是有目的和有意志的个体,或者是有知识和心灵的个体,"天演"也就在这种意义展开了。金岳霖强调,在无限的"道演"中,这些东西并不必然限于人类,只不过在已经现实化的个体中,有意志、有目的和心灵的个体实际上就是人类。换言之,人类是已经现实的"本然世界"中最能体现目的、意志和心灵特质的种类。金岳霖说:"到目前为止,如果我们从把时间阶段的积累叫作历史的角度来看的话,那么人类是目的和心的最有成效的一种结合。"①

---

① 金岳霖:《道、自然与人》,见刘培育编:《道、自然与人 —— 金岳霖英文论著全译》,第 144 页。

正是由于有目的、有意志的人类的出现，"本然世界"或"实在"就被"二分化"。金岳霖把这种"二分化"的"实在"，称之为"动作者"与"受动者"、"被知的客体"与"能知的主体"、"纯粹的客观自然"与"纯粹的人化自然"。从我们讨论的论题来说，人与自然的关系或者"天人之际"，就是在人类诞生之后产生的。说到这里，适当注意一下金岳霖如何使用"自然"与"天"这两个概念是必要的。金岳霖指出，英语中的"自然（nature）"不是"天"的同义词，因为"天人合一"的"天"比英语中的"自然"一词要丰富。中国的"天"兼有"自然"和"自然神"两方面的意义。[1] 为了比较准确地表达"天"的意思，金岳霖区分两种不同的"自然"，一种是兼有"自然"和"自然神"这两方面意义的"自然"；一种是"纯粹的自然"（即客体领域和主体领域的自然）。这种区分容易造成混乱。事实上，西方的"自然"也像中国的"天"，同样是多义的。更简单的办法是，从西方"自然"概念的多重含义中选择出与中国"天人之际"的"天"意义相近的部分即可。金岳霖使用的"自然神"，他先说它不是指基督教的上帝，后又说或者是或者不是。从他不赞成为了解决人类自身的问题而求助于什么超自然的力量来看，他的自然神实际上不是指上帝。他的自然神是指渗透于人和纯粹客观自然中的东西，它构成了事物之间的不变关系。它是"自然律"，也是自然法；是行为规范，也是选择的智慧。这是中国哲学中"天"包含的意义，也类似于朱子学中的"天理"。

按照金岳霖的"道演观"，人类从宇宙中诞生，从"本然世界"或"实在"中分离出来，既不是必然的（逻辑学上的），也不是偶然的，而是"适然的"。从人类作为一种"可能"来说，它是会实现的，它是"理有固然"（"自然律"）。但从它在什么时候实现来说，它又是"势无必至"，只是

---

[1]　在《中国哲学》中，金岳霖也说："'天'这个词是扑朔迷离的，你越是抓紧它，它越会从指缝里滑掉。这个词在日常生活中用得最多的通常意义，并不适于代表中国的'天'字。如果我们把'天'理解为'自然'和'自然神'，有时强调前者，有时强调后者，那就有点抓住中国这个字了。"（刘培育编：《道、自然与人——金岳霖英文论著全译》，第54页）

“能”恰巧在一个时刻进入到了“人类”的可能之中。金岳霖始终以“理势二分”的方式来理解和认识法则和事物的关系，人类之理与它的现实化是他这种二分的一种运用。人类当然有理由为自己的诞生感到自豪，但这并不需要过分的赞美，也不能假定它的存在有着终极性，因为它仍然是“道”展开的一个阶段，总有一天它会结束它的行程。希望人类打破“道演”的法则而永恒不灭是徒劳的。承认人类和自我的最终命运并不引起我们的绝望和失望，问题的关键是如何履行好人类的角色和职责，选择好一种好的生活方式。而它的前提是人类首先要生存下来。正是在为生存而展开的事务中，人类自身产生了一些问题，导致文明的危机。金岳霖首先对此进行了检讨和反思。

三、人类文明的幸与不幸——知识、目的及误区

在高度世俗化的现代社会中，人类生活的物质条件受到高度重视，一些哲学推动了这种倾向，在中国至今还有李泽厚继续推销他的“吃饭哲学”[①]。这种哲学至少容易造成一种错觉，即吃饭本身就成了人的角色和职责，人类来到宇宙似乎就是为了吃饭。但在金岳霖的哲学中，人类的生存本身和为了生存而从事的各种事务，并不是人的真正角色和职责，前者只是服务于后者的手段。对他来说，即使当生存被作为相对的目标追求时，人类也不能忘记他的真正角色和职责。不管是什么哲学，它都不能无视人类的生存及其条件。不过，有的哲学把实用的标准定得很高，有的哲学则降低这方面的标准。从历史来看，现代文明充分刺激和抬高了人类的欲望和消费标准。

在生存对于人类履行他的角色具有前提性的意义上，金岳霖坚持认为满足人类的基本需求是完全合情合理的。他强调，人一旦诞生，就必须努力生存下去；为了生存，他必须从自然中获得各种生活条件和物质基础；为了获得这条件和基础，他又必须创造各种知识和各种技术。从这种意义

---

① 参见李泽厚：《李泽厚近年答问录》，天津社会科学院出版社 2006 年版。

上说，人类的文明史就是人类创造知识和技术的历史。金岳霖说：

> 他们有很多基本的欲望和需要，这些欲望和需要的满足并不总是很容易的一件事，因为总有不少的障碍需要克服，而且经常是很难克服这样的障碍的。为了生存，他必须斗争，必须取得力量来征服他的敌手。他必须获取知识，用知识的力量来争取生存，他必须生存下去来完成赋予他的使命。①

我们知道，在人类争取生存的过程中，现代知识和技术的运用现在已经达到了空前的高度，它们帮助人类获得了古代社会所不能想象的生存条件和力量。到目前为止，人类在运用知识和技术去掌握、利用和改造纯粹的客观自然方面是非常成功的。在人类生存的空间中，纯粹的客观化自然越来越少了，人工化的自然随处可见，纽约就是一个典范。事实上，人类的活动已经对地球造成了影响，这种影响已到了改变自然进化的程度：

> 由于有了人类，这个地球的面貌发生了变化。人们可能说，如果没有人类的出现，地球就不可能发生这些变化。客体实在的相当大的部分可以说是人类的创造或人工创造。它们就是我们所说的文明的踪迹，文明的留存和保持依赖于人类的出现和持续存在。人类的成就并不仅仅局限于创造，它已扩展到了这样的领域之内，以至于我们可以说它已经改变了进化的进程。②

有人把人类活动造成的生态和环境问题归罪于知识和技术；而另外一

---

① 金岳霖：《道、自然与人》，见刘培育编：《道、自然与人——金岳霖英文论著全译》，第 152 页。

② 金岳霖：《道、自然与人》，见刘培育编：《道、自然与人——金岳霖英文论著全译》，第 146 页。

些人则相反，坚持用知识和技术解决这样的问题。但对金岳霖来说，知识和技术都是中性的，它们本身既不是问题的根源，也不是解决问题的根本途径。因此，他不仅不排斥知识、科学和技术，而且还肯定它们在解决人类生存问题上的重要性。事实上，人类面临着生存中的各种困难，自然在给人类提供某些便利的同时，也在给人造成灾害，人类必须尽量避免和降低这些灾害。如疾病是威胁人类生存的一种自然力量，为了保护人的生命和减少肉体痛苦，必须发展医学知识和医疗技术，虽然这些东西本身也会产生副作用。

我们在金岳霖的形而上学中看到，达尔文的"适者生存"生物进化概念被他用来说明所有事物的存在、活动与环境的关系。如在《论道》第七章，他解释第十八条的"个体底变动适者生存"说："这句话读者也许会感觉到似曾相识底味道。有些读者也许想到物竞天择，优胜劣败，适者生存。本条所要表示的意思与这差不多。"这里的"个体"不限于生物个体，更不限于人类个体，而是对所有的事物而言，因此"适者生存"对所有的事物都是适用的。

在争取人类的生存上，金岳霖不仅使用了"生存斗争"的概念，也使用了"征服自然"的概念，这两者都是我们现在试图回避的用语。人类在生存意义上的"适不适"，主要是指人类在纯粹客观自然面前拥有的能力和力量。在金岳霖那里，人类运用知识和技术获得的生存能力，纵向来比较，有古代文明与现代文明的不同；横向来比较，则有东方文明与西方文明的不同。显然，后者都大大超过了前者。现代西方文明在解决人类生存问题上有巨大的成就，这是它的长处；而东方文明还没有做到这一点，这是它的短处。正是在这种意义上，金岳霖主张东方文明要向西方文明学习。事实上，这是近代以来中国知识分子要求中国学习西方文明的主要原因之一。

但与此同时，问题也恰恰从现代文明首先是从西方文明中产生了出来，这同样是无可回避的。金岳霖所主张的"天人合一"主要就是对此而发。现在我们就来集中讨论一下金岳霖在20世纪40年代所说的现代文明（或西方文明）带来的问题。整体上，这是人类生存的一种"异化"，即人类在征服自然的过程中却又被自己的"自然"征服了。人类屈服于自己的自然人性，变成了自然人性的奴隶。人类的欲望被无限放大之后，人的自然欲望的满足就变成了无止境的过程。例如生产原本是为了满足人类的生存需要，但结果生产却变成了目的，生存变成是为了生产；效率原本是为了更好地满足生存需求，但当社会被用效率组织起来之后，生存却变成是为了效率；斗争原本是为了生存，但斗争被无限扩大之后，生存就变成是为了斗争；力量原本是争取生存的手段，但结果力量本身却变成了目的，生存变成了力量。在有意无意之间，人类把社会变成了一台效率和力量的大机器，个人都变成了这台大机器上的零部件。在金岳霖看来，这实际上是人类生存手段与目的的异化：一方面手段被目的化，另一方面手段与目的关系链条被无限拉长了。一般来说，在解决基本生存的问题上，手段和目的是一一对应的，目的一旦实现，手段也就停止了运作。但手段一旦变成了目的，对手段的追求就变成无限的了。如果只是为了解决人的基本欲望，那么欲望一旦满足，就应当适可而止，但欲望一旦超出了生存的意义，追求欲望的满足就成了无限的过程。金岳霖分析说：

> 为了生存的斗争可能会演变成为了力量而进行的斗争。作为一种手段，力量是有局限的，当某种目的达到之后，它也就停止发挥作用了。如果邮票仅仅是为了邮寄信件，那么有多少信件我们就需要多少邮票；如果钱是为了维持一定的生活水准，那么我们所需要的也仅仅是能够达到这一生活水平的钱的数量。但是如果我们收集邮票和金钱仅仅是为了它们本身，那么对于邮票和金钱的需要就是没有限制的了。对于力量来说也有着同样的情形。随着力量的不断积累，也就出现了追求力量的不断膨胀的欲望，这种欲望可能会膨胀到以前从来不曾梦想过的程度，已完全超过了生存所需要的程度上去。……想像一下与现代文明相伴随的无穷数量的欲望以及这些欲望所包含的目的和手段的漫长的链条。人们就禁不住会感到，一个人像一条蚕那样在作茧自缚。……人们可能会反对让别人来推动自己，但是当一个人自己推动自己的时候，也就没有

纠正自己的可能了。由于征服客观自然和人类其余部分的力量的不断增长，人的自我奴役的可能性也在极大地增加。①

在一定程度上，金岳霖把人类生存文明的危机看作"人类中心主义"及其相关物"自我中心主义"的反映，这两者又都是西方文化的特征。在《中国哲学》、《知识论》和《道、自然与人》中，金岳霖都对"人类中心主义"和"自我中心主义"提出了批评（尽管在某种意义上对两者还有一点肯定）。按照前者，人类把自己同自然对立起来，按照后者个人把自己同他人对立起来。在19世纪的西方，一些人士已对作为现代文明集中表现之一的工业化展开了批评。这种批评也影响到了亚洲，中国的辜鸿铭就是受影响的人之一。② 美国汉学家艾恺把东西方的这些批评整体上看作世界范围内的反现代化思潮。③ 金岳霖的批评当然不能被视之为反现代化，他只是批评现代文明带来的问题，正如罗素批评工业文明导致了对力量的迷信那样。1920年，经历了第一次世界大战不久的罗素，应邀来到中国。他经过对中国的观察，然后既是调侃又是发自内心地感叹说，他本来到中国是讲学的，但随着时间一天天过去，他能够教授给中国人的东西越来越少了，而他要向中国人学习的东西越来越多了。④ 罗素为《老子》的"生而不有，为而不恃，长而不宰"所打动，认为这是不同于"占有冲动（the possessive

① 金岳霖：《道、自然与人》，见刘培育编：《道、自然与人 —— 金岳霖英文论著全译》，第153—155页。金岳霖还说："人类的欲望可能会变得毫无节制，征服纯粹客观自然对于这样的欲望来说并不是真正的解决办法，相反却会带来无穷的烦恼……人类不仅仅为征服纯粹客观自然的欲望所驱动，而且他们也同样为被他们所忽视的自己的本性所驱使。"（金岳霖：《道、自然与人》，见刘培育编：《道、自然与人 —— 金岳霖英文论著全译》，第158页）

② 参见王中江：《儒家道德理想主义视野下的救世论、文明观和信仰》，见王中江、李存山主编：《中国儒学》第一辑，商务印书馆2009年版，第437—468页。

③ 参见［美］艾恺：《世界范围内的反现代化思潮 —— 论文化守成主义》，贵州人民出版社1991年版。

④ 参见［英］伯特兰·罗素：《中国问题》，秦悦译，学林出版社1996版，第146—156页。

impulse）"的人类另外一种高尚的"创造冲动（the creative impulse）"。他劝告中国人应该学习西方科学方法的长处，但要保持中国的人生宁静、心灵平和的长处，避免工业主义带来的权能主义。金岳霖的知识论和分析方法受到了罗素的影响，这是大家都知道的。实际上，金岳霖对西方文明带来的问题的批评，也受到了罗素的某些影响，例如他特别批评现代文明导致的对"力量"的迷信，这同罗素的批评是高度一致的。

就当前人类面临的人自身以及人同自然的冲突来说，情况比 20 世纪 40 年代更为严重，例如自然生态和人类生存环境的恶化，已经威胁到人类自身的生存安全；但是，人类为此而采取的解决途径和对策却有很大的局限性。因为这些做法很外在，人类主要没有从自身寻找产生这些问题的根源，而只是用堵塞的办法消极地去减少造成危害的程度。在第二次世界大战时期，金岳霖反思现代文明及其弊病时，自然生态和人类生存的环境，在后发展中国家中整体上还不那么恶化。因此，他更关注的不是如何保护"纯粹客观自然"，而是"人类"在对纯粹自然的征服中自身又被自己的欲望所征服的困境，即用人类的"欲望自然"去对抗纯粹的客观自然所陷入的恶性的循环，这不仅导致了人类对纯粹客观自然平衡的破坏，更主要的是导致了人类对人性自身平衡的破坏。他说：

> 主体自然的主宰几乎达到了这样的程度，即客体自然几乎正在消失。而且，知识的力量、工业的力量和社会组织的力量更是令人不寒而栗。在它的建设性方面已经通过其成就表现出来了的同时，它的破坏性方面也已经通过目前全球性的战争对文明所带来的危害表现出来了。在过去，文明可能由于冰河，由于洪水，由于地震或滑坡，或者是由于干燥和腐朽而遭到破坏。但是在最近的将来，它们不可能由于这些因素而遭到破坏；如果它们被毁灭的话，那么很有可能这样的破坏者就是人类自身。……似乎有人企图把人类所面临的问题外在化，准备运用理智的力量来解决这些问题；这样的企图是由于我们不愿意从人类经验的角度来看待这些问题。能够征服我们的力量尽管令人毛骨悚然，然而运用这些力量的正是人类自身。如何来运用

这些力量，最终说来是依赖于我们将会成为什么样的人这一事实。我们是不能够把我们自己的问题外在化的，因为我们本身就是这些问题中的一部分。[①]

既然问题的根源在于人类本身，解决问题的根本也在于人类自己，那么把人类自身带来的问题外在化，就是逃避问题；把解决问题的出路寄托在神灵上，就是舍近求远。金岳霖说："只有粗俗的人才试图树立崇拜的偶像或期待着超人来帮助解决本质上是人类自身的甚至多少是世俗的问题。"[②]总之，克服文明的危机，说到底是人类如何"自救"的问题。

四、从"尽性论"看"人与自然的统一"

在金岳霖那里，人类如何"自救"根本上是人如何善待自然。善待自然首先是善待人性自身的自然，是履行好人类真正的角色和职责。整体而言，对金岳霖来说，这是人的"尽性"问题，即通过智慧和理性的信念，充分发挥人性最本质的方面，与"自然神"合而为一。

金岳霖把中国古代哲学中的"性情"、"体用"概念引入到他的形而上学中，提出了一个广义的"物性论"和个体事物的"尽性论"。在此，我们同样看到了他关注的问题的普遍性。照他的说法，任何现实事物都具有不同于其他事物的性质，这是一类的事物共相。他说：

> 任何现实可能底个体都有它必具的性质，万物各有其性就表示这个意思。可是，物之不同各如其性，每一现实可能底个体都各有它底特性。有些性质简单，有些复杂，有些尽性容易，有些尽性烦难，有些尽性底程度高，有些尽性底程度低，有些个体能尽性与否差不多完

---

① 金岳霖：《道、自然与人》，见刘培育编：《道、自然与人——金岳霖英文论著全译》，第163—164页。

② 金岳霖：《道、自然与人》，见刘培育编：《道、自然与人——金岳霖英文论著全译》，第156页。

全靠外力，有些至少有一部分靠它们本身。①

　　使个体成为某一类个体的性质（共相）应该是一，但一个个体往往表现出不同的殊相。金岳霖强调，个体表现出不同方面的殊相，这是个体不同"方面"的殊相的数目，不是个体的共相数目；是个体的复杂，不是属性与关系的复杂。例如一块石头作为一类个体，它的共相是一，而作为一个个体，它就有不同的殊相。事物的"性"，在金岳霖的形而上学中，既是"天"也是"理"。他说："如果所谓'天'就是理，或就是共相底关联，则性得于天。"②一类事物的本性同时也是它的"命"，这也是古代所说的"性亦命也"。③据此，在本然世界中的"天人合一"，也就是"天"与"性"、"理"和"命"的合一。

　　一个体的"性"，相对于其他个体为"体"；一个体的殊相在个体中是"情"，它相对于其他个体则是"用"。个体的展开和实现，就是以自己特殊的"情"去充分实现自己的类本性（共相），以相对于其他个体的特殊的"用"去形成自己的"实体"：

> 情总是求尽性的，用总是求得体的。水之就下，兽之走旷，是具体的水求尽水底性，具体的兽求尽兽底性。大多数树木之弃阴就阳也就是具体底树木求尽树木底性。风雨雪雹，星辰日月都有这情求尽性用求得体的现象。求尽性似乎是毫无例外的原则，不过程度有高低的不同，情形有简单与复杂底分别而已。④

---

① 金岳霖：《论道》，商务印书馆 1985 年版，第 79 页。
② 金岳霖：《论道》，商务印书馆 1985 年版，第 188 页。
③ 金岳霖：《论道》，商务印书馆 1985 年版，第 170 页。
④ 金岳霖：《论道》，商务印书馆 1985 年版，第 189 页。金岳霖特意指出："不过我们要想到人底尽性问题对于人虽是非常之重要的问题，而在个体界它不过是这普遍的尽性问题之一方面而已。也许这问题在人这一方面特别地复杂，也许特别地重要，但无论如何复杂，如何重要，它不过是一现实可能底个体底尽性问题，而不是一个普遍的尽性问题。"（金岳霖：《论道》，商务印书馆 1985 年版，第 79—80 页）

如上所述，个体与外部世界有"适"与"不适"的问题。简单地说，"适"就是个体对环境的适应。环境总是"一时一地"的环境，它构成了个体生存的空间。金岳霖更注重的是时间中的环境，是万物置身于其中的、在时间中流动的环境。适合环境就是获得了"时"，不适合环境就是失去了"时"。所谓"时"，更具体地说，是"几"与"数"的统一。"几"是"能"的即将出或即将入，"数"是"能"的会出会入。"几"与"数"的合一，类似于平常所说的偶然和固然的统一，这就是"适然"。在《论道》中，金岳霖对"物竞天择"、"优胜劣败"和"适者生存"这几个用语的使用都是广义的。每一个体都要"尽性"，有的条件适合，有的条件不适合。适合个体尽性的条件是"顺"，不适合的则是"逆"。现实中的冲突和斗争都是个体在"尽性"过程中的相互逆反而产生的结果：

> 在变更底程序中，至少有一部分的变更是因为尽性而发生的。一个体底尽性也牵涉到别的个体。火尽性可以温房，也可以烧林，水性可以洁人底身，也可以决堤底口。天演论是一部分的个体底尽性而发生的影响。人尽性，其它个体所受的影响更是非常之大。在个体底尽性程序中，也许有所谓冲突或战争。①

> 天演论似乎是限制到生物，至少它是以生物为主题的学说。本条不限制到生物，任何个体都是适者生存。不仅草木鸟兽，就是山川河流也都是这样。也许有人以为山川河流无所谓适与不适。这其实不然。山颓底理由也许很多，无论如何，总是失于几与数。②

金岳霖有一种完美主义的倾向，事物的"尽性"在他看来就是事物与它的天性合而为一，在这里没有过分和不及的问题，要么它是合乎性的，要么它是不合乎性的。只有事物在追求"尽性"的过程中，才有过分和不及的问题，事物之间的矛盾和冲突发生在事物追求"尽性"的过程中。

---

① 金岳霖：《论道》，商务印书馆 1985 年版，第 80 页。
② 金岳霖：《论道》，商务印书馆 1985 年版，第 170 页。

作为万物之一种的人类也有自己的本性，他也要求"尽性"。与其他事物不同的是，人类的"性"更为复杂，因此，他要求尽的性也非常多：

> 即以人而论，人是物，是生物，也是动物。……某甲是物，他求尽物性，他是生物，他求尽生物底性，他是动物，他求尽动物底性；他是中国人，他求尽中国人性，他是银行行员，他求尽银行行员性，他是男人，他求尽男人性，他结了婚，求尽丈夫性，他生了儿子，他求尽父亲性，他在社会上有地位，他求尽社会方面的责任；他爱美，他求尽爱美性，这在他底环境之下也许出于留心装饰，也许出于收买字画，他长于文艺，也许他要办杂志。这样写下是写不完的。总而言之，他所求尽的性非常之多。①

显然，这里提到的人的"性"是非常广泛的，已经扩展到职业选择上了。社会越复杂，人类的职业分工就越多，人要尽的性和要履行的角色也就越多，遇到的冲突和矛盾也就越多。

金岳霖建立在事物共相基础之上的人性观，说起来也许是一种"人性善"的观点，否则他就不能说"尽性"。按照上述金岳霖列举出的人性，它们本质上都是人性的不同方面，发挥这些本性当然也是合理的和正当的。一个人来到世间，他就要完成赋予他的角色，不愧于他的一生。按照金岳霖的说法，就是他"必须活得像个人"：

> 在人类生命的漫长历史中那些可以被叫做人的人必须活得像个人，他们必须去做孤独的努力和奋斗以完成所期待于他们的那些作用或角色，尽其可能去完成或尽其可能去接近人性的最全面和最本质的现实。……目标并不一定要比过程更有价值，目的也并不一定比手段更重要。只有在过程中所需的工作已经做完，目标才会变得更有价值。整个人类的生命正像个体人的生命一样，盛大铺张的葬礼并不能给个

---

① 金岳霖：《论道》，商务印书馆 1985 年版，第 189—190 页。

人生命以尊严，真正给他以尊严的是他的生活方式。①

"活得像个人"是一种合理的生活方式：

> 生活方式的本质是按照被给予的或被分配的角色去发挥作用。一个活着的人应该朝着按照活着的人的本质去生活或去努力。亚里士多德就是向着亚里士多德性而生活或努力的。②

"活得像个人"或按照"人的本质去生活"，就是"尽性"，也就是人与"自然神"的合一。

但在实际上人却偏离他的本质。按照金岳霖的说法，在人追求"尽性"的过程中才有过和不及，才有冲突，那么就可以把人偏离其本质看作人的后天问题。但金岳霖似乎又认为人的心灵本身就有不好的东西。他设想说，这可能是由于人类的远亲是猴子的缘故。猴子"眼观四面，耳听八方"，非常世故。他于是进一步设想说，如果人类的远亲不是猴子而是企鹅该多好。③一方面，人类的心灵是人类最为独特的地方，但另一方面，正是由于心灵的作用，人类有时又变得非常邪恶：

> 心可能是人类的最为重要的特性，然而也正是因为有了这样奇异的心，所以人类才有时变得更为不道德，更加邪恶，更加使人厌烦的虚假的糟糕，在战争中他们对于他们自己变得比起其他种类来更加没有必要的残忍。④

---

① 金岳霖：《道、自然与人》，见刘培育编：《道、自然与人 —— 金岳霖英文论著全译》，第126—127页。
② 金岳霖：《道、自然与人》，见刘培育编：《道、自然与人 —— 金岳霖英文论著全译》，第148页。
③ 参见金岳霖《〈论道〉一书的总批判》，见《金岳霖文集》第四卷，甘肃人民出版社1995年版，第232—234页。
④ 金岳霖：《道、自然与人》，见刘培育编：《道、自然与人 —— 金岳霖英文论著全译》，第146页。

　　　　就本能来说，我们或许会碰到一个与其他种类做比较的问题，我
　　们可能会选择鹈鹕而不是猴子做我们的紧邻。可能是卢梭这样说过，
　　一个理智的存在是一个邪恶的动物。①

照这两处的说法，即使不能说金岳霖的人性论主张人性恶，至少也可以说
他对人性的阴暗面是有一定程度估计的。他在《道、自然与人》中的这种
看法，在之前的《论道》中已经表现了出来。他说："我个人对于人类颇觉
悲观。这问题似乎不是人类以后会进步不会底问题。人之所以为人似乎太
不纯净。……人类恐怕是会被淘汰的。"② 金岳霖的这些说法，即便不跟他的
尽性的"性本质"（即善本质）思想相矛盾，至少也说明，他的人性观讨论
的不是单一的人的本质及其实现的问题，还涉及如何克服人性中的不好的
方面和调整人性中的自然方面。
　　事实上，金岳霖特别关心调节和平衡人的自然欲望这一自然人性方
面。金岳霖没有禁欲主义的思想，因为他把人的自然欲望也看作人性的
一部分，认为对它的满足也是人类"尽性"的方面之一。问题在于，现
代文明追求这方面的"尽性""太过分"了。人的自然欲望被无限膨胀，
结果它不仅同纯粹的客观自然发生矛盾，也同人自身的其他人性方面发
生冲突。因此，对于人类自然欲望方面的人性，金岳霖反对的只是它的
无限膨胀和无节制。那么，如何才能平衡和调节人的这种自然人性呢？
他想到了哲学，也想到了教育，认为一种健全的哲学和教育能够起到重
要的作用。
　　但现代哲学本身也发生了问题。在古代文明中，哲学没有同生活分离，
它和生活是彼此印证的，哲学家本人就是他的哲学的实践者。现代哲学在
职业化、专门化上有了许多发展，哲学知识的积累变得更容易，传播知识
成为哲学的基本功能。通常认为，知识总是有用的，它为我们的生活提供

---

　　① 金岳霖：《道、自然与人》，见刘培育编：《道、自然与人——金岳霖英文论著全
译》，第 145 页。
　　② 金岳霖：《论道》，商务印书馆 1985 年版，第 203 页。

了许多便利。但知识只是人生的部分需要，知识不能代替美德，它不能满足我们的人性的其他方面。然而，我们只注重知识教育，"伦理学不再教导学生为善，它教学生理解善为何物；美学不再教学生欣赏美，它教学生理解什么是美"[①]。这是需要改变的，我们不仅要向学生传授知识，而且也培养学生的情操，两者必须同时并进。前者"有助于提供谋生手段，却不能帮助人们校定自己的生活方向和丰富他们的生活。教育的本质是个体的发展；它的消极作用是防止青年人反社会，积极作用是使个人的潜能得到充分的发展"[②]。比较起来，金岳霖更强调后者，即必须使对学生人格、人性的教育成为教育的内在目的。他说：

> 教育的主要目的是培养个性，消除野性，使人变得坚定；是在冲突的人生需求之间建立平衡，养成某种节操以便自我控制其他方面；是休养本性从而使受到滋养的本性变得有教养和有文化的内涵。[③]

在价值观和人生观多元化的情况下，培养人的个性和节操，当然不能采取简单灌输和说教的形式，自由的讨论和老师的示范作用是必不可少的。事实上，金岳霖既是健全教育理念的倡导者，又在他任教的清华大学、西南联合大学努力践行这一理念。他言传身教，是学生们的良师益友，他的人格感染过许多学生。那些受过他的教育的学生同他结下了深厚的师生友谊。

在现实生活中，我们每个人从事的职业不同，我们的个人爱好和兴趣也不同，但我们都需要一个合理的生活态度、基本的教养和健全的人生观。金岳霖说："必须强调的是，无论一个人将来想做什么，无论他想当工程师

[①] 金岳霖：《哲学与生活》，见刘培育编：《道、自然与人——金岳霖英文论著全译》，第170页。

[②] 金岳霖：《哲学与生活》，见刘培育编：《道、自然与人——金岳霖英文论著全译》，第177页。

[③] 金岳霖：《哲学与生活》，见刘培育编：《道、自然与人——金岳霖英文论著全译》，第177页。

还是医生，想当银行家还是码头装卸工，想当音乐家还是物理学家，温和而庄重的仪表、严肃认真的工作态度和发自内心的愉悦都是他作为人所应当具有的，这些比其他一些都重要。"[①]

五、从人生的视野到"圣人人生观"和"天人合一"

在现代中国哲学中，我们可以看到一些不同的人生观和境界观，前者如实验主义者胡适的"科学人生观"或自然主义的人生观、梁漱溟的"人生三路径说"（同时也是"文化三路径说"）；后者如王国维的"意境说"和冯友兰的"天地境界说"。在《道、自然与人》中，金岳霖明确提出了他的人生观。在每个人都有自己的"哲学"的意义上，他将人生观看成是有关人生的观点或视野。他的这种人生观，从消极方面说，并不要求人去改变客体，也不要求人去改变他人，而是要求人努力使自己的某些癖好表现出来而不让另外一些表现，使自己的某些本能得到实现而不让另外一些实现，使自己的某些情感能够发泄而不让另外一些发泄；从积极的方面说，它要求人努力去完成存在于他自身中的人性，通过高级的沉思达到"天人合一"或人与自然的合一。金岳霖把他的这种人生观称之为"圣人人生观"，或者是"柏拉图类型的人生观"。与之相近的是"朴素的人生观"，与之对立的则是"英雄人生观"。金岳霖指出，这三种"人生观"说的只是对人生的观点和视野，而不是对人进行分类。

金岳霖的"圣人人生观"整体上就是"天人合一观"，因为这一人生观是以"天人合一"为中心旨趣的。在《中国哲学》中，他对"天人合一"有一个明确的解释：

> "天人合一"说确是一种无所不包的学说；最高、最广意义的"天人合一"，就是主体融入客体，或者客体融入主体，坚持根本同一，泯

---

① 金岳霖：《哲学与生活》，见刘培育编：《道、自然与人——金岳霖英文论著全译》，第 178 页。

除一切显著差别，从而达到个人与宇宙不二的状态。①

按照这里的解释，"天人合一"是主体自觉地从"实在"的二分中再走向实在的完整统一中，是主体有意识地超越主体与客体的界限去达到主客合一不二的境界。上述我们讨论的金岳霖所说的人类的"尽性"，主要是在人实现他的本质的意义上去论"天人合一"，金岳霖这里讲的主要是在"圣人人生观"意义上的"天人合一"，这两者是一致的。

按照金岳霖在《道、自然与人》中的解释，"圣人人生观"意义上的"天人合一"，首先是指，人冥想到他与万物的普遍渗透、相互依存和相互信赖；其次是指，人高度自觉到他与其他人是紧密联系在一起的，他是通过与他人的相互交流和相互渗透来实现自我的。由于前者，他超越了人类中心主义；由于后者，他克服了自我中心主义。金岳霖分析说：

> 我们不应该忘记的是一个人同时也是一个动物和一个客体。这是千真万确的。作为动物，人是不同于某些客体的；作为人，他又不同于某些动物；作为自我，他又不同于他人。但如果他认识到被认为是自我的东西是渗透于其他的人、其他的动物和其他的客体的时候，他就不会因为自己的特殊自我而异常兴奋。这一认识会引导他看到他自己与世界及其世界中的每一事物都是紧密相连的，他会因此而获得普遍同情。②

从金岳霖的"圣人人生观"和"天人合一"思想中，我们能够看到庄

---

① 见刘培育编：《道、自然与人 —— 金岳霖英文论著全译》，第 54 页。

② 金岳霖：《道、自然与人》，见刘培育编：《道、自然与人 —— 金岳霖英文论著全译》，第 161 页。金岳霖还说："如果我们自觉地意识到我们与宇宙及与宇宙中的每一事物所共享的基本的统一性，那么我们就能从这种意义上说，我们是充溢着整个的空间和时间的，而这样的意义是不能给我们上述那种粗陋的满足感的。对于一个富有哲学智慧的心灵来说，这样的意义是能够慰藉人心的，因为正是这种意义使他意识到他对自己周围的每一个事物给以普遍同情。"金岳霖：《道、自然与人》，见刘培育编：《道、自然与人 —— 金岳霖英文论著全译》，第 101 页。

子哲学的明显影响。事实上，金岳霖是非常欣赏庄子的。① 他喜欢的中国哲
学中的韵味，其中就有庄子的"万物齐一"思想，他说他在情感上不能忘
记庄子的"天地与我并生，万物与我为一"。② 这样的情感体现在他的"圣
人人生观"上，就是万物不仅是合一和齐一的，而且是相互平等的。金岳
霖说：

> 有着不同的实在，但是并没有更高或更低的实在，也没有更深刻
> 或更浅薄的实在。有实在便也就规定了不同的价值，作为价值，就有
> 不同的层次；作为实在，就不能说某一实在要比其他的实在更真实。③

把平等扩展到万物之中而不限于人类，既是为了克服人类中心主义，
也是为了克服自我中心主义。强调自身种族的优越，或强调自己高人一等，
这同金岳霖的"圣人人生观"都是不相容的。对于那些企图保持永恒生命
的人，金岳霖认为他们这样做是为了追求一种特权："希望有一个不老的躯
体的想法会夺取一个人应该具有的变化、成长和衰老所带来的各种乐趣。
希望有一个永恒的心灵的想法实际上惩罚一个人使他具有包括排遣上帝样
的孤独和寂寞。想要上面的一个或想同时要上面的两个想法都不过是追求
所不能具有的一种特权。这样的企图是想要借助于下面的手段来保持自我
中心的地位，这一手段就是扩大差异、忽视同一性。"④

在金岳霖看来，获得了圣人的人生观，同时也就达到了人自身的和谐、
人与自然的和谐和人与人的和谐，这也就是获得了"幸福"：

---

① 金岳霖说："他的哲学用诗意盎然的散文写出，充满赏心悦目的寓言，颂扬一种崇
高的人生理想，与任何西方哲学不相上下。其异想天开烘托出豪放，一语道破却不是武断，
生机勃勃而又顺理成章，使人读起来既要用感情，又要用理智。"金岳霖：《中国哲学》，见
刘培育编：《道、自然与人——金岳霖英文论著全译》，第 53 页。

② 金岳霖：《〈论道〉绪论》，商务印书馆 1985 版，第 16 页。

③ 金岳霖：《道、自然与人》，见刘培育编：《道、自然与人——金岳霖英文论著全
译》，第 126 页。

④ 金岳霖：《道、自然与人》，见刘培育编：《道、自然与人——金岳霖英文论著全
译》，第 101 页。

> 幸福既是内部生活的和谐，也是与外在世界融洽相处的能力，后者只有当它能够对前者有所贡献的时候才能成为宝贵的财产。①

> 所谓幸福，我们是指人类社会组织的各种要素间的综合性的和谐。②

这两处对幸福的界定都强调了"和谐"，但无论是前者还是后者，幸福都不同于快乐特别是欲望的满足。

金岳霖的"圣人人生观"类似于他所说的"朴素人生观"。因为具有"圣人人生观"的人，看上去就像具有"朴素人生观"的人那样朴素。在朴素的人生观中，"实在"的两分化及自我与他人的两分化在程度上都是最低的，人与天是自然而然的"合一"。一个人拥有了这种人生观，他就会有孩子的单纯性——他有欲望但并不为欲望所控制，他有明显的自我意识但却没有自我中心。"圣人人生观"与"朴素人生观"的不同在于，它不是无意识的，而是来自于高级的沉思和冥想。

跟"朴素人生观"和"圣人人生观"对立的是"英雄人生观"。在这种人生观中，"实在"的两分化达到了最大的程度。具有这种人生观的人，既是人类中心主义者，也是自我中心主义者；他心中充满着改造和征服自然的热情，也常常追求征服他人。"英雄人生观"是典型的"天人相分观"。人类文明需要英雄，需要不同寻常的人，但仅有他们是不够的，因为他们往往是战争的胜利者，而不是和平的缔造者。"英雄人生观"在促使人类改造自然上有它的长处，但它同时也带来了破坏性。为了克服人与自然、人与人之间的疏离，我们更需要的是"圣人人生观"。金岳霖的三种人生观，也可以说是人生的三个阶段。当我们在幼年时，我们与自然和他人的分化程度最低，我们都具有与生俱来的朴素性和纯真性；但随着我们的成长，我们与自然和他人的分化程度大大提高，我们不仅增加了控制周围环境的

---

① 金岳霖：《道、自然与人》，见刘培育编：《道、自然与人——金岳霖英文论著全译》，第 166 页。

② 金岳霖：《道、自然与人》，见刘培育编：《道、自然与人——金岳霖英文论著全译》，第 155 页。

意识和能力，也产生了强烈的自我意识；但在经过了前两个阶段之后，我们对人生的态度，对生活的理解，对处理我们与外部世界和他人的关系的方式，都将变得宽容和达观。

冯友兰根据人对事物的觉悟和了解程度，把人的境界分为自然境界、功利境界、道德境界和天地境界。①金岳霖所说的"朴素人生观"类似于冯友兰的自然境界，"英雄人生观"类似于冯友兰的功利境界，"圣人人生观"类似于冯友兰的天地境界。梁漱溟按照人类意欲的用力方向，把人生态度分为向外争取所求、向内调和折中和根本取消三种，把人类主要的文化大体上按这三种不同路向划分。②金岳霖的"英雄人生观"类似于梁漱溟所说的人生的第一种路向，"圣人人生观"类似于梁漱溟所说的第二种路向。

金岳霖的三种人生观，反映的既是三种不同的天人关系，也是东西方文明的不同。在金岳霖看来，西方文明占主导地位的人生观一直是"英雄人生观"，它以人类为中心，也以自我为中心。例如人是万物的尺度的说法和人根据我们自己的形象创造了上帝的说法。西方近代产生的通过技术和工业化征服自然的欲望，是"英雄人生观"的一种表现。"英雄人生观"在解决人类的生存问题上做出了贡献，但是它的无限度的征服，不仅丧失了对自然的基本尊重，而且也使人类自己成为自己欲望的奴隶，自己又成为被征服者。与西方近代文明不同，东方社会占主导地位的则是"朴素人生观"和"圣人人生观"，它们不主张人类中心，也不主张自我中心。这两种人生观让人保持宁静及平和，使人从中获得幸福和乐趣，但它们没有很好地解决人类的生存问题。正是在东西方两种不同文明和人生观的比较中，金岳霖认为东方需要向西方学习以更好地解决人的生存问题，而西方则要向东方学习以努力实现人的幸福。金岳霖说："所需要的并不是一些圣人，而是一部分人们起着不同的作用，努力获得圣人观。社会方面和个人方面的麻烦不在于我们生活所在的星球，而在于我们自己，而且为了防止社会

① 参见冯友兰：《新原人》，见冯友兰：《三松堂全集》第四卷，第510—581页。
② 参见梁漱溟：《东西文化及其哲学》，见《梁漱溟全集》第一卷，第381—383页。

机体被即将要影响整个世界的英雄观所控制，很有必要以圣人观来救治英雄观。"①

结　语

　　以上是我们对金岳霖哲学中自然与人的关系这一问题的考察。自从人类在宇宙中出现之来，人与自然的关系（天人关系）就成了人类的基本问题。在古代中国哲学中，儒家在以人物之辨、人禽之辨来表现人与自然相分的同时，又在人类根源于"天"、万物一体的意义上强调"天人合一"；道家的庄子提倡以"自然之天"和"天德"的纯真性为价值的"天人合一"，提倡"万物齐一"和"道通为一"。金岳霖所说的以"天人合一"和"普遍同情"为主要特征的人类善待自然的方式，在精神实质上同古代中国哲人的立场是相互呼应的，这一点不能否认，甚至可以说他恰恰是要光大中国哲学中的这一精神资源。对于西方思想中到底有没有强烈的人类中心主义和个人中心主义倾向的问题，需要以穷尽所有实例的方法来进行论证或反证，我不知道谁做到了这一点。金岳霖相信"人类中心观"和"个人中心观"是西方人富有的思想。他指出，这两者自有它们的好处，但同时也有缺陷，它们是造成人与自然冲突的思想根源。他提出，东方文明要借鉴跟这两种思想观念联系在一起的西方"英雄人生观"来提高人在自然面前的生存能力；同时他又主张，用中国的"天人合一"来补充它，以建立人与自然的高度和谐。对后者，他也许期望过高，或者把它理想化了。我们以为可行的是，人类必须达成共识并且采取共同行动。但这首先要求人类改变把各个经济体的利益、每一个国家的利益与"人类利益"对立起来的观念，改变以无限刺激人的自然欲望为目标的经济增长观念，进而在此基础上形成全球性的约束机制，逐渐减少来自人为原因的人与自然的冲突。

---

　　① 金岳霖：《道、自然与人》，见刘培育编：《道、自然与人——金岳霖英文论著全译》，第 163 页。

第八章

"天人合一"与"心灵境界"

——现代哲学家的情怀与庄子的智慧

引　言

　　通观现代中国哲学对于庄子哲学的回应，除了某些浅薄的批评外，我们所看到的主要是深度的诠释和转化。在此，我们关注的是那些深度诠释和转化的回应方式。做出这种回应的，在前主要是严复和章太炎，稍晚便多了起来，金岳霖、冯友兰和方东美是其中三位。这三位哲人中，金岳霖对哲学史没有特别的兴趣，是一位比较纯粹的哲学家；冯友兰既是哲学家，又是中国哲学史家；方东美则称得上是哲学家式的中国哲学研究家。如冯友兰所说，如果说金岳霖是"接着"庄子哲学说，那么冯友兰和方东美则是既"接着"又"照着"庄子哲学说。本章将讨论范围限制到这三位哲人身上，仔细看一看他们是如何通过深度的诠释和转化来回应庄子的超越性智慧和心灵境界的。①

---

　　①　有关这三位哲学家同道家和庄子哲学的关系，学者们已有所研究。参见陈鼓应主编：《道家文化研究》第20辑"道家思想在当代"专号，生活·读书·新知三联书店2003年版。

一、金岳霖的"道一"和"天人合一"

作为哲学家，金岳霖既没有注解过《庄子》，也没有撰写过有关庄子哲学的任何论文，但他接触和阅读过《庄子》并被庄子的智慧和信念深深感染这一点是可以肯定的。[①] 金岳霖以一位哲学家的眼光看待庄子，曾说出以下真知灼见："他的哲学用诗意盎然的散文写出，充满赏心悦目的寓言，颂扬一种崇高的人生理想，与任何西方哲学不相上下。其异想天开烘托出豪放，一语道破却不是武断，生机勃勃而又顺理成章，使人读起来既要用感情，又要用理智。"[②] 这段话出自1943年他作于昆明的一篇著名论文《中国哲学》。这是他一生所写的唯一一篇从中西哲学比较的视野谈论中国哲学一些根本特性的论文。从这篇论文可以看出，金先生虽然不是中国哲学的专门研究者，但他对中国哲学有深厚的修养和深刻的洞察，他关于中国哲学的高屋建瓴的精辟论断，至今还令人回味无穷。金岳霖在情感上为中国哲学的独特"韵味"所吸引，这正是他在《论道》中起用许多中国哲学的重要术语作为他的形而上学的核心概念的原因，这种"起用"虽有他自己已意识到的"旧瓶装新酒"的意味，但并没有发生与中国哲学格格不入的问题。严格来讲，金岳霖对庄子哲学的上述评论，主要是说明庄子表达哲学的方式和形式的独特性，而不是谈论庄子哲学的实质。我们说金岳霖接着庄子哲学往下说，指的是金岳霖的哲学同庄子哲学之间具有实质性的关联。这种实质性关联，在金岳霖的哲学中是如何发生的呢？这种所谓的"实质性"又是什么呢？

金岳霖一生的哲学工作主要集中在逻辑学、知识论和形而上学（或本体论）这三个领域（他称为哲学的不同部门），分别由他的《逻辑》、《论

---

① 有关金岳霖同庄子哲学的关系，参见胡军：《道与真 —— 金岳霖哲学思想研究》，人民出版社2002年版。

② 金岳霖：《中国哲学》，见刘培育编：《道、自然与人 —— 金岳霖英文论著全译》，第53页。

道》和《知识论》这三部著作来代表。金岳霖同庄子哲学发生高度的共鸣是在他的形而上学领域，集中反映在他的《论道》中，后来又主要体现在《道、自然与人》^①中的"论自然和人"这一章。金岳霖的哲学之所以能够同庄子的哲学产生共鸣，取决于他对形而上学的态度以及他的形而上学的基本构造。现代一些西方哲学家对形而上学的排斥，往往来自于他们的科学主义、实证主义或者实用主义立场。这样的情形也发生在现代中国，如胡适所代表的科学主义和实用主义就强烈地拒绝形而上学。与他们不同的是，有些现代中国哲学家，比如熊十力、冯友兰和金岳霖等，则都建立了形而上学体系，特别是熊十力和冯友兰，他们的哲学根本上就是以形而上学为中心而展开的。在金岳霖的哲学体系中，围绕现代数理逻辑及其意识而展开的逻辑哲学、围绕为科学和知识寻找客观基础而建构的知识论，无疑占有重要的地位，但金岳霖并没有因此而走向逻辑实证主义和经验主义，从而排斥形而上学。这一点在中国近现代哲学中是意味深长的。严复是较早的一个例证。他关注经验世界以及实证和逻辑，但他同时还承认和接受一个超验的不可思议的形而上的世界，这两个世界在严复那里以可知和不可知等二分的方式并存着。这一点过去不被我们所认知，以至于我们不仅将严复而且还将金岳霖都作为实证主义者来看待。关注逻辑和经验知识的金岳霖，同样也关注形而上学。既是出于对形而上学的自然情感，又是出于使哲学大厦既坚实又完整的考虑，他是不会放弃形而上学的。他说过他赞成玄学，并提出了新玄学与老玄学之别，认为反对老玄学的人不一定反对新玄学。^②他也说过，放弃形而上学是对一个好名称的浪费。这当然不只是名称的问题。^③对金岳霖来说，更根本的问题是，哲学研究最终都要走向

---

① 金岳霖称该书选自《论道》的部分章节。实际上，它是金岳霖根据《论道》的基本思想重写的。

② 参见金岳霖：《唯物哲学与科学》，见《金岳霖文集》第一卷，甘肃人民出版社1995年版，第212页。

③ 金岳霖在拟写作的一本书原题为"序"现题为"逻辑的作用"的文章中这样说："形而上学在现代实在论思想家那里不是受到各种各样的嘲笑吗？我们必须记住，'形而上学'一词完全是个好词，意味高于或超出物理事物或自然事物之外。但是在近代，它被等同

"说不得"的形而上学，否则要么不是在研究哲学，要么这种研究中根本就没有"哲学问题"。他说，"说不得的东西当然说不得"，但"说不得"又是很容易说的。[①] 维护形而上学在哲学中的重要地位，为金岳霖的哲学同庄子的哲学之间建立起关联奠定了基础。如果金岳霖只有他建立起来的那种逻辑学和知识论，庄子的哲学是无法进入他的哲学之中的。

在金岳霖的整个哲学体系中，逻辑、知识和形而上学这三个领域既相互贯通又相互区分。他认为，"式"（类似于亚里士多德的"形式"和朱子的"理"）是逻辑的来源，而形而上学则是对"质料"（类似于亚里士多德的"质料"和朱子的"气"）的沉思。从"式"是析取的无所不包的可能来说，逻辑研究的是不同的"可能的世界"。与逻辑不同，知识论和形而上学面对的都是"现实的世界"，但它们是以不同的方式面对现实世界。知识论是从部分和局部即以"分"的方式观察世界，而形而上学则是从整体和全体即以"合"的方式洞察世界。一个关注的是世界的"分"，即世界的不同事实和现实；一个关注的是世界的"合"，即世界的整体和统一。这一区分非常重要，正是由于这种区分，金岳霖的哲学就同庄子的哲学发生了"实质性"的关联，即在精神上映现了庄子哲学的特性。金岳霖概括性地说："关于道的思想我觉得它是元学底题材。我现在要表示我对于元学的态度与对于知识论的态度不同。研究知识论我可以站在知识论底对象范围之外，我可以暂时忘记我是人，凡问题之直接牵扯到人者我可以用冷静的态度去研究它，片面地忘记我是人适所以冷静我底态度。研究元学则不然，我虽

（接上页）于康德的先验论和黑格尔的唯心主义以及近代唯心论者和神学家的理论，作为这样一种理论，它似乎在某种程度上被罗素先生和其他一些人描述成进入学术界的伦敦的大雾，这里，理性之光十分昏暗，以致使我们怀疑远处隐隐出现的空中楼阁。但是对'形而上学'一词的这样一种限制是对一个有用的好词的浪费。这里用这个词表示哲学的一个分支，这个分支探讨那些非常基本以致既不能证明也不能反驳的思想或概念。它是一种领域，在这个领域中，对假设、公设、假说、基础前提，或我们可随意命名的这些东西进行检验和分析，以便做出一种选择，以此作为任何一种哲学讨论的出发点。"（见刘培育编：《道、自然与人——金岳霖英文论著全译》，第 229 页）

① 参见金岳霖：《势至原则》，见《金岳霖文集》第二卷，甘肃人民出版社 1995 年版，第 406—414 页。

可以忘记我是人，而我不能忘记'天地与我并生，万物与我为一'，我不仅在研究底对象上求理智的了解，而且在研究底结果上求情感的满足。"[1]"天地与我并生，万物与我为一"的说法出自《庄子·齐物论》，原话是"天地与我并生，而万物与我为一"。金岳霖引用庄子的这句话绝不是一般地引用一下而已。如果说这句话在庄子的形而上学中是非常实质性的，那么它在金岳霖的形而上学中也同样非常实质。

"道"是庄子形而上学的最高概念，也是金岳霖形而上学的最高概念，这使金岳霖的"道"与庄子的"道"在最根本之点上保持了统一性。金岳霖以"论道"作为书名，是接受他的一位朋友的建议。他以"道"为他的形而上学的最高概念，则是基于"道"在中国文化中的普遍性和根本性。在他看来，每一种文化都有它的最高概念和最基本的原动力。同希腊和印度相比，"道"是中国文化的最高概念和原动力。这样的"道"一方面是中国哲学中各家各派"各道其道"的"道"，是《庄子·天下篇》所说的"道术将为天下裂"的"道"；但另一方面又是超越于各家各派之上的共同的、统一的"道"："不道之道，各家所欲言而不能尽的道，国人对之油然而生景仰之心的道，万事万物之所不得不由，不得不依，不得不归的道才是中国思想中最崇高的概念，最基本的原动力。"[2]对金岳霖来说，正是这样的"道"才能感动他的心灵，愉悦他的情感，养护他的天性（所谓"动我底心，怡我底情，养我底性"）。同时，金岳霖又对"道"进行了重新塑造，将"道"看作"式"和"能"的统一体。也就是说，"道"有"式"和"能"；"道"是"式"和"能"的统一。

但在"天地与我并生，万物与我为一"这一实质信念上，金岳霖的"道"与庄子的"道"是高度契合的。换言之，金岳霖的"道"甚至他的整个形而上学体系都灌注了庄子的"万物齐一"和"天人合一"之"道"的信念。这就是金岳霖所说的合起来而言的"道"："自万有之合而为道而言

---

[1]　金岳霖：《论道》，见《金岳霖文集》第二卷，第156—157页。

[2]　金岳霖：《论道》，见《金岳霖文集》第二卷，第156页。庄子对"道"的描述中，就具有这种本性。

之，道一，自万有之各有其道而言之，道无量。……如果我们从元学底对象着眼，则万物一齐，孰短孰长，超形脱相，无人无我，生有自来，死而不已，而所谓道就是合起来说的道，道一的道"。① 按照金岳霖这里的说法，"道一"和"道无量"同"万物一齐，孰短孰长，超形脱相，无人无我，自有生来，死而不已"是相互说明的，同"天地与我并生，而万物与我为一"也是相互说明的。庄子和惠子是友好的辩论"对手"，这容易使人产生庄子与惠子在世界观上也是对立的错觉。实际上，庄子与惠子共同具有"万物齐一"、"万物齐同"的世界观，他们同主张"万物别异"的公孙龙的世界观形成了明显的反差。庄子被称为相对主义者，但他是一个坚持"绝对的"的"道通为一"（《齐物论》）、"万物一也。……通天下一气耳。圣人故贵一"（《知北游》）、"以道观之，物无贵贱"（《秋水》）、"天地一指也，万物一马也"（《齐物论》）等根本世界观的相对论者。庄子以"道"为根本的世界观，是为了打破和解构人们对事物教条般的"界限"和凝固性的"差别"的意识，把人的心灵和精神引到无限宽广和博大的超越性境界。庄子并非不承认或视而不见事物之间的具体界限和差别，只是要我们知道这样的界限不是固定不变和绝对的，提醒我们不能执着于它。只要知道金岳霖作为一个人的性情和他作为一个哲学家的特点，我们就不会对他在这一根本精神气质上引庄子以为同调感到任何惊讶。金岳霖相信"伟大人物"本质上都是"单纯的"，"单纯"就是将自我与其他事物的界限降至最低点，不从区分和差异的立场上处理人事和人际关系。用胡适的话说，这是"做人要在有疑处不疑"（"做学问要在不疑处有疑"），用殷海光的话说，这是"心思单纯"（研究问题是"头脑复杂"）。② 金岳霖在运用分析方法分析哲学问题时是非常复杂的，但他在处理人际和人事关系时是非常单纯的，他自认为是不能应付复杂人事局面和世故的人。这一点同他对"人"的看法（"人性论"）相关联，后面我们再谈。

---

① 金岳霖：《论道》，见《金岳霖文集》第二卷，第157页。
② 参见陈鼓应编：《春蚕吐丝：殷海光最后的话语》，台湾远景出版事业公司1978年版，第68页。

　　"道"作为合起来说的"一"，在金岳霖那里，指的是"整个的宇宙"，这就意味着"道一"是"至大无外"的"一"，"道一"之外，不会再有任何东西。20 世纪 50 年代，金岳霖对他的《论道》展开否定性的自我批判，但他对"道一"的说明是合乎他过去的真实想法的："'道是式能'，'道一'的'道'就是宇宙。就事物说，它包括了所有的事物；就规律说，它包括了所有的规律；就运动变化说，它就是大化流行，它是无始无终的宇宙。这样的宇宙当然包括一切，当然要包括人，它那无始无终的过程比人的寿命要长得不能计算，这好像就肯定了它是独立于人类的了。"[①] 这样的"道一"的"道"，在金岳霖那里，也称为"大全"："大全唯一，决不能有彼此。即令从不同方面看来它有不同的所谓，这些不同的所谓在外延上都是一样的。即令引用到大全上去的 φ，ψ，θ……底所谓不一样，引用上去之后的 φ，ψ，θ……东西都是一样，因为它们都是大全。"[②] 正如金岳霖所说，"道一"的"一"不是"单一"的"一"，不是死板一块的"一"，而是同无限的多不可分开的"一"。金岳霖指出，"道一"是指"道"在"内涵上的最小值"，而"道无限"指的则是"道"具有"最小值的内涵本质"。所谓"道"在内涵上的最小值，是说"道一"没有断定任何别的东西，只是断定了"实在的最低值"；所谓"道"具有的"最小值的内涵本质"，是指特殊种类世界的无限可能，但它并没有断定任何现实或未成为现实的某种可能。"道一"与"道无限"两者的关系，类似于"逻各斯"（也就是"式"）与任一"某某学"的关系。任一"某某学"表达的都是"道"的一部分，而所有的"某某学"表达的就是"道一"。

　　从"道一"无所不在来看，任何事物和东西都是"道一"的一部分；反过来说，任何事物或东西也都与其他事物或东西"共享"着"共同"的"道一"。因此，可以说"万物"是齐一的，也可以说任一事物或东西也是任何其他的事物和东西，即"一即一切，一切即一"。这正是英国诗人威

---

　　① 金岳霖：《〈论道〉一书的总批判》，见《金岳霖文集》第四卷，第 215 页。

　　② 金岳霖：《知识论》，见《金岳霖文集》第三卷，甘肃人民出版社 1995 年版，第 792 页。

廉·布莱克（William Blake）《天真的预言》这首诗要表达的真理："一粒沙子里看见宇宙，在一朵野花里看见天堂，把永恒放进一个钟头，把无限握在你的手掌。"[1] 从有机的部分和有机的整体的关系说，如果"道一"是有机的整体、"道无限"是有机的部分，那么"道一"不仅包含着"道无限"，而且"道无限"也是"道一"的有机部分。有机的整体依赖于有机的部分，如果有机的部分的性质确定了，那么有机整体的某些性质也就能够得到确定。当金岳霖从特殊事件和客体看待"道无限"的有机性时，他指出，宇宙不会重复，在任何一个时间上，事件和状态的"殊相"都是唯一和不重复的，因此它反映的就是"整个宇宙"："如果给定了道无限和道一的关系，那么你就能看出不仅仅道无限是道一的全体，而且道无限的有机性也是道一的统一体。这就是无限和一，一和无限的关系。道无限的有机性将从特殊事件和客体的角度来讨论。从某一角度来看一事物，一特殊事件或客体反映的是整个宇宙。……如果将上面所讨论的要点牢记在心头，那么我们就能够进一步说些关于普遍同情的话。从这样的思想的角度来看问题，我们可以说宇宙就在我们之中，而不仅仅是我们在宇宙之中。'天地与我并生，万物与我为一'这一思想完全可以用来解释其他的生命现象，但这样做可能会偏离我们此处所讨论的问题。……以我们在这里讨论的思想为基础，如果我们自觉地意识到我们与宇宙及与宇宙中的每一事物所共享的基本的统一性，那么我们就能从这种意义上说，我们是充溢着整个的空间和时间的，而这样的意义是不能给我们上述那种粗陋的满足感的。对于一个富有哲学智慧的心灵来说，这样的意义是能够慰藉人心的，因为正是这种意义使他意识到他对自己周围的每一个事物给以普遍同情。"[2]

在金岳霖那里，"道一"中的"天地与我并生，万物与我为一"，用天人关系（或自然与人）来说就是"天人合一"。在讨论这一点之前，我们

---

① ［英］威廉·布莱克：《天真的预言》，见《天真的预言 —— 布莱克诗选》，黄雨石等译，人民文学出版社 2017 年版，第 137 页。

② 金岳霖：《道、自然与人》，见刘培育编：《道、自然与人 —— 金岳霖英文论著全译》，第 100—101 页。

先说明一下，金岳霖是如何解释人在宇宙中出现以及人在宇宙中的地位及命运的问题。关于人在宇宙中的出现，金岳霖是通过"道"的大化过程来揭示的。他说，"道"有"由是而之焉"的意味。这里的"是"是作为"可能"的"式"。因此，"由是而之"就是作为纯质料的"能"出入于"可能"的"式"（即"居式由能"）。"能"不断出入于"可能"之"式"的过程，就是宇宙从"无极"到"太极"的现实化过程，金岳霖称之为"道演"。"目的"和"心"就是在无限的"道演"中出现的。由于它们的出现，现实的"实在"就被两分化为对象实在和主体实在（或被知的实在和知的实在）。人类是"目的"和"心"的一种最有效的结合。人类的出现既不是偶然的，也不是必然的。金岳霖将"必然"限定为"逻辑上穷尽了所有可能的可能"①，这种"必然"断定了所有的"可能"，但没有断定任何事实。人类作为事实的出现，虽不是必然的，但也不是偶然，他的出现是"理有固然"的一种"命"。

按照人为万物之灵的看法，儒家往往这样说，人类的出现令人兴奋和自豪，但庄子将人完全放在"自然大化"之中冷静观察，向人类的自我意识泼冷水。《庄子·大宗师》说："藏大小有宜，犹有所遁。若夫藏天下于天下而不得所遁，是恒物之大情也。特犯人之形而犹喜之。若人之形者，万化而未始有极也，其为乐可胜计邪？"②又说："夫大块载我以形，劳我以生，佚我以老，息我以死。故善吾生者，乃所以善吾死也。今之大冶铸金，金踊跃曰：'我且必为镆铘！'大冶必以为不祥之金。今一犯人之形而曰：'人耳！人耳！'夫造化者必以为不祥之人。……今一以天地为大炉，以造化为大冶，恶乎往而不可哉！"③金岳霖如何看待人类在宇宙中的出现呢？从人类自身的立场说，人类的出现确实是很重要的，但从"道一"来看，人类的出现又不值得特别夸耀和自豪。金岳霖对"人类"这一"种类"

① 有关金岳霖的"必然"，参见王中江：《理性与浪漫——金岳霖先生的生活及其哲学》，河南人民出版社1993年版。
② 庄子：《大宗师》，见陈鼓应注译：《庄子今注今译》（上册），第209页。
③ 庄子：《大宗师》，见陈鼓应注译：《庄子今注今译》（上册），第223页。引文标点有改动。

抱有一种"悲观性"的看法。金岳霖哲学中的"悲观论"最初以对现实政治的不满表现出来①，后来则以对人性的不满反映出来。在20世纪50年代的自我批判中，他回顾50年代以前他的立场说："我不只是看不起当时的社会，我也看不起当时的人。这一点更基本些。按照当时的想法，社会只是人组成的。社会要不得，根本的原因是人要不得。我所谓人要不得，实在是人类要不得。我好像是站在人类之外，悬在空中来考察这个问题，而考察的结果是人类不够格。首先我们要检查一下，这个不够格的人类是什么样的人。我心目中的人都是损人利己、唯利是图、踩在别人身上往上爬的人，有的赤裸裸地表现这些性质，有的隐藏这些性质，明来一套，暗来一套。"②

从人性论的视角看，庄子的人性论更恰当地说是一种德性论，它赞美人的自然天性（在老子那里表现为对"婴儿"和"赤子"的赞美）。按照卢梭的说法，人天生都是好的，一到人的手里就变坏了。按照庄子的说法，人的自然天性原本是好的，而一到社会中就变坏了。③同卢梭和庄子相比，金岳霖认为人的自然天性中原本也有一些东西是不好的。"心"是人类最奇异的特性，但正是由于"心"，"人类才有时变得更为不道德，更加邪恶，更加使人厌烦的虚假的糟糕，在战争中他们对于他们自己变得比起其他种类来更加没有必要的残忍"④。当人类天性中的不好成分同不合理的社会组织和状态结合到一起时，人就会更倾向于表现出人性的阴暗面，人的生存欲望就会无限膨胀，他们为了基本的生存而进行的斗争就会变成对"力量"的争夺和控制。实际上，人类生存的单纯目的是比较容易实现的，但目的一旦复杂化，各种手段都将变成目的："如果邮票仅仅是为了邮寄信

① 20世纪20年代，金岳霖在《唯物哲学与科学》中说："近年来对于政治 —— 不仅是中国的政治，无论哪国的政治，—— 极觉得灰心，而对于哲学，颇有兴趣。"（金岳霖：《唯物哲学与科学》，见《金岳霖文集》第一卷，第210页）我们还可以联想到现代另一位哲学家熊十力，他因对所参与的现实政治的失望而走向了学术和哲学。

② 金岳霖：《〈论道〉一书的总批判》，见《金岳霖文集》第四卷，第231—232页。

③ 如果说这是道家式的"人文"，那么这是通过对"人性自然"的美化而对人性异化进行批判的人文。

④ 参见金岳霖：《道、自然与人》，见刘培育编：《道、自然与人 —— 金岳霖英文论著全译》，第146页。

件，那么有多少信件我们就需要多少邮票；如果钱是为了维持一定的生活水准，那么我们所需要的也仅仅是能够达到这一生活水平的钱的数量。但是如果我们收集邮票和金钱仅仅是为了它们本身，那么对于邮票和金钱的需要就是没有限制的了。对于力量来说也有着同样的情形。随着力量的不断积累，也就出现了追求力量的不断膨胀的欲望。"①当一个人变坏的时候，我们习惯说他还不如禽兽。但在金岳霖这里，人类原本的一些天性就不如禽兽。他曾天真地设想，人性中的不良成分可能是因为人类的近亲是猴子造成的；他假设如果人类的近亲和近邻是企鹅或者是鹈鹕，情况就会不同。猴子非常灵敏和世故，而企鹅和鹈鹕则十分单纯。金岳霖说："猴子是特别精灵的，它眼观四面，耳听八方，它行动敏捷，而就满足要求说，它是相当有办法的。企鹅完全两样。在南冰洋大陆上它没有什么敌对的动物，据说开始和人接触的时候根本就不怕人，它好奇，据说不笨，可是的确浑浑噩噩，行动不灵敏。"②

对人性不完美的认识，对宇宙大化无限性的认识，使金岳霖相信，无论人类这一种类的历史多么漫长，它都不会是永恒的和终极性的，人类作为一个类是一定要消亡的。③庄子批判和解构的具体对象是儒家的体系和信仰，但他对人类仍然充满乐观和期待。相比之下，金岳霖比庄子更为激越。庄子没有设想过人类整体会被淘汰，但金岳霖确实这样想了："在太极有好些现实总是要淘汰的，历史上的野兽免不了已经淘汰。切己的问题当然是人。大多数的人以为人是万物之灵。这从短期的历史上着想，大概是这样。……我个人对于人类颇觉悲观。这问题似乎不是人类以后会进步不会

---

①　金岳霖：《道、自然与人》，见刘培育编：《道、自然与人——金岳霖英文论著全译》，第153页。

②　金岳霖：《〈论道〉一书的总批判》，见《金岳霖文集》第四卷，第233页。金岳霖比较鹈鹕和猴子称："就本能来说，我们或许会碰到一个与其他种类做比较的问题，我们可能会选择鹈鹕而不是猴子做我们的紧邻。可能是卢梭这样说过，一个理智的存在是一个邪恶的动物。"（金岳霖，《道、自然与人》，见刘培育编：《道、自然与人——金岳霖英文论著全译》，第145页）

③　参见金岳霖：《〈论道〉一书的总批判》，见《金岳霖文集》第四卷，第231—232页。

底问题。人之所以为人似乎太不纯净。最近人性的人大都是孤独的人,在个人是悲剧,在社会是多余。所谓'至人',或'圣人'或'真人'不是我们敬而不敢近的人,就是喜怒哀乐爱恶等等各方面都冲淡因此而淡到毫无意味的人。这是从个体的人方面着想,若从人类着想,不满意的地方太多,简直无从说起。人类恐怕是会被淘汰的。"①在章太炎那里,我们看到过对人类命运的激进性设想。章太炎以佛释庄而提出的"齐一"和"一往平等"是任何政治平等都无法达到的高级平等,他的"五无论"的主张之一就是"无人类",即为了极高的理想主张放弃整个人类。②

人类由于惧怕死亡,产生了对永恒和不朽的期望,不管是灵魂上的,还是肉体上的。罗素发现,人们追求永恒,但他们从不想使自己无限制地胖起来。他们只想存在于所有的时间之中,而不想占据所有的空间。在《自由人的礼赞》中,罗素推测,人类的历史可能是漫长的,但不是无限的。金岳霖接受罗素的说法,强调人追求永恒的愿望是很粗陋的。庄子后来被道教徒引为同道,从《庄子》一书中想象和记述的"神仙"和"真人"来看,不能说这是毫无根据的。但真正说来,庄子的超越性智慧反而是要破除人们对生的迷恋和对死的惧怕。在"通天下一气"、气聚为生、气散为死和生死转化不已的大化中,人类生生死死,循环不已。一个人没有必要对他化而为人沾沾自喜,也没有必要对他再化而为物愁眉苦脸。在生死观上,庄子是非常超然的。他的"齐生死为一",不过是他"齐万物为一"的逻辑推演。金岳霖既然接受了庄子的"齐一论",他自然也要接受庄子的"齐生死说"。只是,金岳霖没有去发挥这一点。他说的"自有生来,死而不已",强调的是"生死"变化的不可避免性。悲叹人生无常和人生苦短,对金岳霖来说都是对变化的漠视和漠然。在他看来,人生的变化和瞬间会

---

① 金岳霖:《论道》,见《金岳霖文集》第二卷,第334—335页。他又说:"事实上作者原来认为'道'对于任何可能的世界都是正确的,而可能的世界的数目是无穷的。在这样多的可能中,人类是可能为另一种动物所代替的。"(《〈论道〉一书的总批判》,见《金岳霖文集》第四卷,第215—216页)

② 为了摆脱善恶、苦乐的俱分进化,章太炎在《五无论》中提出"无政府"、"无聚落"、"无人类"、"无众生"和"无世界"的社会。见《章太炎全集》(四),第429—443页。

不断给人带来乐趣和惊喜，而"希望有一个不老的躯体的想法会夺取一个人应该具有的变化、成长和衰老所带来的种种乐趣。希望有一个永恒的心灵的想法实际上是惩罚一个人使他具有包括排遣上帝样的孤独和寂寞"①。喜欢抽象和绝对的金岳霖，又将我们引向了具体时间之流的各种境遇中："从某种价值观来看，正是具有偶然性的东西才是有价值的。考虑到我们自身的存在，对于我们中的大多数人而言并不是活得长寿就能使我们快乐，但是有意义的经验却能够在生命中得到不断的累积。大多数人可能会珍惜瞬间的爱情或短暂的精神上的享受或成功发现的时刻，而不是整年的机械的毫无色彩的生活。即使是在日常生活环境中，意外的期待，深陷在汪洋大海之中，对逝去的懊悔，对过去的回忆，才使得人的生命和生活不同于一般的存在。"②

世界不同地区在历史上都设想出了许多不同类型的乌托邦和"黄金时代"美景③，这些美景都是以人类的存在为前提条件而想象出来的社会的至善状态。庄子想象出来的"至德之世"，以时间上的遥远过去和相应的原始性为外表，表达了对文明异化为虚伪的决绝和对人类重归纯真状态的渴望。由于相信人类非常有可能消失，金岳霖自然不会再去想象人类社会的理想状态，他断言人类的伟大时期已经过去。也许令所有的乌托邦主义者感到惊讶，金岳霖竟设想出了没有人类存在的宇宙理想状态（可称为"宇宙乌托邦"）。作为"道演"的过程，这种理想状态是从近乎"能"的混沌状态——"无极"——化为近乎"式"的至清状态——"太极"。在太极状态，事物之间的所有冲突（"逆"）都没有了，而达到了最高的和谐（"尽顺"）即"至真"、"至善"、"至美"和"至如"。人们可能会提出疑问，说这样的宇宙演化及其结果有意义吗？金岳霖肯定地说，这是有意义的："现实底

---

① 金岳霖：《道、自然与人》，见刘培育编：《道、自然与人——金岳霖英文论著全译》，第101页。

② 金岳霖：《道、自然与人》，见刘培育编：《道、自然与人——金岳霖英文论著全译》，第105—106页。

③ 有关西方的乌托邦思想的历史，参见［美］乔·奥·赫茨勒：《乌托邦思想史》，张兆麟译，商务印书馆1990年版。

历程不是毫无目的,毫无宗旨的,它不仅是历程而且是程序。无极而太极不仅表示方向而且表示目标,表示价值,不过在短时期内,我们看不出来而已。以千年、万年、百万年为单位,我们看不出整个的道演底踪迹。虽然如此,局部的道演不见得毫无象征。即以人类几千年的历史而论,人类本身我们不能不说有进步,虽然以道观之我们不免沧海一粟之感,而小可以喻大,这点子成绩也可以表示现实底历程不是毫无意义的历程。这历程既是有意义,同时也是一种程序。"① 有人提出"大历史观"②的说法,即以长时段的人类历史过程来观察历史。但比起金岳霖的"宇宙史观",这种"大历史观"就只能说是"小历史观"了。在宇宙史观中,人类同宇宙的最终理想无缘,它能起到的仅是如下的作用,即从人类有限时间内的进步可以推想宇宙无限演化是有意义的。我们曾经说庄子是"宇宙中心主义者",现在我们更可以说金岳霖是"宇宙中心主义者"。 他的这种最终没有人类的宇宙中心主义,肯定让其他乌托邦主义者(包括充满浪漫性的康有为的乌托邦主义)望而却步。其他的乌托邦主义者,程度不同地都是人类中心主义者,是个人主义者,因为他们想象的理想状态,都是以社会为舞台、以人类为演员的状态,而且这里的演员都是不被控制的能够自由自在演戏的主角。金岳霖的宇宙中心主义,是建立在明确消除了个人中心主义和人类中心主义之上的宇宙中心主义,以至于最后消解了个人和人类自身:"我鄙视人类,要逃出人类,要超过人类。"③ 在《知识论》和《中国哲学》中,金岳霖已经对人类中心主义和个人中心主义提出了批评,这种批评在《道、自然与人》中有了更合适的表达机会。这是对现实不满的结果,也是超越现实的替代物。

金岳霖虽然相信人类最后是要终结的,但他不认为在人类存在的过程中,人可以像享乐主义者和纵欲主义者那样,随心所欲地处置他的生活。前面已经提到,金岳霖在以英文节译《论道》时补充了"论自然与人"部

---

① 金岳霖:《论道》,见《金岳霖文集》第二卷,第 335 页。
② 参见黄仁宇:《中国大历史》,三联书店 1997 年版。
③ 金岳霖:《〈论道〉一书的总批判》,见《金岳霖文集》第四卷,第 236 页。

分，他说"增加它的目的是使本书的思想多少易为人接受"①。为什么《论道》的思想难以为人接受，照我们的理解，这是因为《论道》过于激进了，激进到是否谈论人类已经变得无关紧要。在拙著《理性与浪漫——金岳霖先生的生活及其哲学》中，我们已经指出，金岳霖试图通过起用中国古典哲学的概念以增加他的形而上学的"中国味"，他也特别强调了他为什么用"道"来作为他的形而上学的最高概念。但我们不能接受他在"人"与"道"之间挖了一条大鸿沟。② 单是从"个人"与"万物齐一"方面处理人与万物、人与道的关系是不够的。"论自然与人"以中西文化为广大背景集中讨论人如何面对自然、人如何与自然相处的问题，其核心是重新焕发中国传统信念"天人合一"的活力，这是对《论道》忽略人的问题的一个补充。

　　根本上说，金岳霖的"天人合一论"，同《论道》的宇宙观并不发生冲突，只是它突出了人如何在宇宙的一段时间中履行自己的使命问题。目的论者常常只关注目的的价值而忽视过程和手段的意义，金岳霖不是目的论者，他关注的是人生作为一个过程的意义，虽然这个过程很短："如果任何东西持续存在下去直到永远，那么它们也同样是没有任何价值的。目标并不一定要比过程更有价值，目的也并不一定比手段更重要。只有在过程中所需的工作已经做完，目标才会变得更有价值。整个人类的生命正像个体人的生命一样，盛大铺张的葬礼并不能给个人生命以尊严，真正给他以尊严的是他的生活方式。"③ 金岳霖所说的生活方式，是人要体现他作为人的优良品质，是人要在他所处的位置上发挥他应有的角色："在人类生命的漫长历史中那些可以被叫做人的人必须活得像个人，他们必须去做孤独的努力和奋斗以完成所期待于他们的那些作用或角色，尽其可能去完成或尽其可

---

　　① 金岳霖：《道、自然与人》，见刘培育编：《道、自然与人——金岳霖英文论著全译》，第 62 页。

　　② 参见王中江：《理性与浪漫——金岳霖先生的生活及其哲学》，河南人民出版社1993 年版。

　　③ 金岳霖：《道、自然与人》，见刘培育编：《道、自然与人——金岳霖英文论著全译》，第 127 页。

能去接近人性的最全面和最本质的现实。"① 又说:"生活是现实的和能动的,生活方式的本质是按照被给予的或被分配的角色去发挥作用。一个活着的人应该朝着按照活着的人的本质去生活或去努力。亚里士多德就是向着亚里士多德性而生活或努力的。"②

万物齐一和万物平等的思想,在金岳霖那里,又是人的超越性境界,具有这种境界的人,金岳霖称为"圣人"和"神人"。出于对世俗的不满,中国古代不同历史时期都有一些人,离群索居去做隐士,以求心灵和精神的自我超越。庄子拒绝从事政治事务,但他并不"出世",他是居于"世中"而又超然于世上。《庄子·刻意》记载了不同"士人",其中有"山谷之士"和"江海之士"。但在庄子看来,真正好的生活是不违背人的自然天性、不"刻意地"去过的生活:"若夫不刻意而高,无仁义而修,无功名而治,无江海而闲,不道引而寿,无不忘也,无不有也。淡然无极而众美从之。此天地之道,圣人之德也。"③ 这与《庄子·逍遥游》中塑造的无功、无名、无我的"圣人"、"神人"和"至人"境界可以相互说明。人们常说印度哲学是"来世"的,希腊哲学是"出世的",中国哲学是"入世的",但金岳霖指出"哲学从来没有干脆入世的"④。类似于庄子,金岳霖也主张人在世中达到"不入世"的超越:"在意境上,在修养上,我们仍然是可以不'入世'的。"⑤ 这种意境和修养,在金岳霖那里也是"圣人"、"神人"境界。他说,他要求人做到"万物一齐"、"超形脱相","这原来是当作非常之高的境界看的"。⑥ 之所以有这种要求,"事实上我是要把人变成不痛不痒、

① 金岳霖:《道、自然与人》,见刘培育编:《道、自然与人 —— 金岳霖英文论著全译》,第 126—127 页。

② 金岳霖:《道、自然与人》,见刘培育编:《道、自然与人 —— 金岳霖英文论著全译》,第 148 页。

③ 庄子:《刻意》,见陈鼓应注译:《庄子今注今译》(上册),第 456 页。

④ 参见金岳霖《中国哲学》,见刘培育编:《道、自然与人 —— 金岳霖英文论著全译》,第 51 页。

⑤ 金岳霖:《〈论道〉一书的总批判》,见《金岳霖文集》第四卷,第 234 页。

⑥ 金岳霖:《〈论道〉一书的总批判》,见《金岳霖文集》第四卷,第 228 页。

不知不觉、不想不说、不动不作、不生不死的'圣人''神人'的。"①

"人"与"万物齐一"的精神境界，在金岳霖那里也是"天人合一"的"圣人人生观"。金岳霖谈论"天人合一"，最早是在他的英文本《中国哲学》中。他解释"天人合一"说："最高、最广意义的'天人合一'，就是主体融入客体，或者客体融入主体，坚持根本同一，泯除一切显著差别，从而达到个人与宇宙不二的状态。"②金岳霖对"天人合一"的这种说明，已经奠定了"论自然与人"中他的"天人合一观"的基本思想。一个重要的变化是，作为中国哲学特征之一的"天人合一"，在此被转化为人生的信念或理想的人生观。金岳霖很清楚知识对人的行动的引导作用，但他同样清楚的是，人的行动还要受信念的引导。他说："在我们行动的精神基础方面，我们的行动由信念引导和由知识引导的是一样的多。"③引导人的信念，金岳霖称为"人生观点"，或者一般所说的每个人自己的哲学。在众多的人生观（或各个人的哲学）中，金岳霖说，他感兴趣的是"素朴的人生观"、"英雄的人生观"和"圣人的人生观"。这三种人生观，在金岳霖那里也就是人对"天人关系"的三种不同方式。庄子"天人观"的核心是"天人合一"。在庄子那里，"人为"、"造作"和"好名"等意义上的"人"，被认为是同"自然"、"纯真"、"无为"等意义上的"天"相对立和分裂的。"天人合一"就是泯除一切有悖于"天"的"人为"的东西，使"人"同"天"的真实自然完全统一起来。庄子的这种"天人合一"，因其有以人类

---

① 金岳霖：《〈论道〉一书的总批判》，见《金岳霖文集》第四卷，第228页。他又说："我所理想的人不是精灵敏捷，对自己的要求能想办法的人，而是无虞无诈，浑浑噩噩无我无人，根本就没有什么要求的人。更'理想'一点的话，就是……不痛不痒，不知不觉，不想不说，不动不作，不生不死的'圣人'和'神人'。"（金岳霖：《〈论道〉一书的总批判》，见《金岳霖文集》第四卷，第233页）"能够超脱形象居式由能，也就能够与天地并生，与万物为一，这样也就万物一齐孰短孰长了。这在现实世界里也就成为万事平等了。"（金岳霖：《〈论道〉一书的总批判》，见《金岳霖文集》第四卷，第238页）

② 金岳霖：《中国哲学》，见刘培育编：《道、自然与人——金岳霖英文论著全译》，第54—55页。

③ 金岳霖：《道、自然与人》，见刘培育编：《道、自然与人——金岳霖英文论著全译》，第150页。

的原始状态为象征的倾向，所以多被称为"自然主义"和"原始主义"。金岳霖所说的"素朴的人生观"，从某种意义上说，类似于庄子的"天人合一观"。按照这种人生观，天与人是高度统一和相互渗透的。具有这种人生观的人，"他具有孩子气的单纯性，这种单纯性并不是蠢人或笨伯的单纯性。它表现为谦和，虽然具有欲望却不为欲望所控制，有明显的自我意识却没有自我中心论。"①与素朴的人生观相对峙的，是"英雄人生观"。这种人生观以"天人"的分化为主要特征。它既是个人中心主义，也是人类中心主义；它鼓励人最大限度地"征服自然"以满足人的欲望。金岳霖承认"英雄的人生观"的长处——如果没有它，人类的文明就可能是静止的。但也指出仅有它是不够的，因为它"所体现的意义也只不过是人类本性的一个方面"②。金岳霖最欣赏的是"圣人人生观"，这种"人生观"具有"素朴人生观"的素朴性和单纯性，但它是建立在高级沉思和冥想基础上的单纯和素朴。这种人生观摆脱了自我中心观和人类中心观，因此它也不同于"英雄人生观"。按照"圣人人生观"，一个人越是把自己投射到他人身上，就越意识到他自己同他人是密切地联系在一起的，就越意识到他与他人彼此既是平等的，又是互相渗透的，他能够通过他人来成就自己。不仅如此，具有"圣人人生观"的人还充分意识到人类同万物是互相渗透和平等的，并对万物表现出普遍的同情。金岳霖说："作为动物，人是不同于某些客体的；作为人，他又不同于某些动物；作为自我，他又不同于他人。但如果他认识到被认为是自我的东西是渗透于其他的人、其他的动物和其他的客体的时候，他就不会因为自己的特殊自我而异常兴奋。这一认识会引导他看到他自己与世界及其世界中的每一事物都是紧密相连的，他会因此而获得普遍同情。"③现代中国哲学家大都认为，中国哲学的特征之一是主

---

① 金岳霖：《道、自然与人》，见刘培育编：《道、自然与人——金岳霖英文论著全译》，第 157 页。

② 金岳霖：《道、自然与人》，见 刘培育编：《道、自然与人——金岳霖英文论著全译》，第 159 页。

③ 金岳霖：《道、自然与人》，见 刘培育编：《道、自然与人——金岳霖英文论著全译》，第 161 页。

张"天人合一"（庄子哲学是其主要代表之一），西方哲学是坚持"天人相分"。金岳霖的"圣人人生观"以"天人合一"为基本信念，是要克服西方以"天人相分"为信念的"英雄人生观"的不足，但他同时也意识到中国和东方世界应借助于"英雄人生观"以更好地解决人的生存问题。可以看出，金岳霖的"天人合一"的"圣人人生观"，既是为人类和人生重建信念和理想，也是为东西文明寻找结合和互补的方向。

二、冯友兰的"超形脱相"和"天地境界"

冯友兰和金岳霖在对庄子哲学的看法上有某些相近的倾向。从清华大学到西南联大，多年的同事关系使他们有机会切磋哲学上的一些问题并相互影响。金岳霖给冯友兰的影响主要在于对一些哲学问题的看法，冯友兰对于金岳霖的影响主要在于对中国哲学问题的一些看法。他们的哲学都具有实在论的特点；他们都坚持和运用使哲学技术化的逻辑分析方法；他们对于中国哲学的味道，都有高度的欣赏力。金岳霖以西方哲学点化中国哲学，冯友兰则以中国哲学点化西方哲学。冯友兰心目中的庄子智慧，既在他的哲学史中表现出来，又在他的新理学中表现出来，这两者所表现的庄子是有所不同的。但是，冯友兰用庄子注解他的哲学和用哲学注解历史上的庄子，使得他的新理学中的"庄子"同他的哲学史中的"庄子"又有相当程度的一致性，这使我们从统一的角度谈论他心目中的庄子形象成为可能。冯友兰心目中的庄子形象，整体上是围绕着庄子哲学同人的精神境界之间的关系来描绘的。[①] 这样的问题意识和视角，又是同他的哲学观，更具体说，同他的形而上学观相联系的。

冯友兰对哲学有一个基本的理解，按照这个理解，哲学是对人的精

---

① 有关冯友兰同道家哲学的关系，参见陈晓平：《评冯友兰的境界说 —— 兼论冯友兰道德哲学的归属问题》（见陈鼓应主编：《道家文化研究》第 20 辑，生活·读书·新知三联书店 2003 年版，第 288—316 页），张斌峰：《试论道家哲学在冯友兰新理学中的地位与作用 —— 兼论作为新道家的冯友兰》（见陈鼓应主编：《道家文化研究》第 20 辑，生活·读书·新知三联书店 2003 年版，第 316—342 页）。

神生活的系统反思。对人类精神的系统反省，在冯友兰那里也就是对人生的系统反思。他说："我所说的哲学，就是对于人生的有系统的反思的思想。"[1] 逻辑学和知识论整体上不在冯友兰的关注之中，他的哲学主要是形而上学和与此紧扣的人生哲学。如果说形而上学追寻的是人生活动的背景和舞台，那么人生哲学探讨的是人在这个舞台上扮演的角色和活动。冯友兰一直声称，传统的哲学或形而上学都不够哲学或形而上学，因为它不够纯粹和空灵，没有达到形式化，其中夹杂着许多属于科学方面的内容。真正的、纯粹的哲学或形而上学只是对经验世界进行理智的和纯形式化的逻辑分析，它不提供具体的知识，而只提供纯粹的形式化的概念。这些概念不能给人以具体的知识，但却能够提高人的精神境界："哲学本来是空虚之学。哲学是可以使人得到最高境界底学问，不是使人增加对于实际底知识及才能底学问。"[2] 传统哲学或形而上学是不是冯友兰所说的那样，不是我们这里的问题，我们关心的是他对哲学的这种解释，构成了他的哲学观的核心，而中国哲学在很大程度上就成了他的哲学观的一个大注脚。

在冯友兰看来，人类普遍具有超乎现世的愿望。在西方，宗教是满足人们这方面需要的一个最重要和最迷人的部分。中国人没有宗教，难道中国人就没有超乎现世的愿望？如果有，他们超乎现世的愿望如何满足？一位比利时法学家曾惊奇地问日本人，没有宗教，他们是如何过道德生活的。[3] 习惯于宗教生活方式的西方人，不能理解东方人的生活方式。以基督教的宗教观来衡量，东方当然没有像基督教那样的宗教。但是如果从多元的宗教观来看，东方也有自身的宗教。冯友兰的宗教观是一元的基督教的宗教观。按照这种宗教观，中国当然没有宗教。但中国没有宗教不是不幸，反而是它的幸运，因为它有哲学。中国人不仅有超乎现世的愿望，而且也有满足他们超乎现世愿望的方式，这就是他们的哲学。中国哲学在中国扮演了类似于西方宗教在西方扮演的角色："他们不是宗教的，因为他们都是

[1] 冯友兰：《中国哲学简史》，涂又光译，第4页。
[2] 冯友兰：《新原道》，生活·读书·新知三联书店2007年版，第167页。
[3] 参见新渡户稻造：《武士道》，张俊彦译，商务印书馆1993年版。

哲学的。他们在哲学里满足了他们对超乎现世的追求。他们也在哲学里表达了、欣赏了超道德价值，而按照哲学去生活，也就体验了这些超道德价值。按照中国哲学的传统，它的功用不在于增加积极的知识（积极的知识，我是指关于实际的信息），而在于提高心灵的境界——达到超乎现世的境界，获得高于道德价值的价值。"①对冯友兰来说，儒家、道家和佛教，大体上都是超乎现实的哲学，但超乎现世的方式和获得境界的方法，又是不相同的。

道家特别是庄子的哲学是作为儒家的对立面而产生和存在的。坚持儒道对立的立场，就会突出两者对立的意义；主张儒道共存的立场，则要在承认不同的情况下使两者互相兼容。后者的言外之意是，儒道两家都有它们的片面性，它们的相互兼容正好可以弥补它们各自的局限。冯友兰大体上是采取儒道兼容的立场。②他曾说过，儒家的在乎和道家的不在乎，正好可以满足人的两种不同精神需要。在他的意识中，道家是"极高明"的，但它的"道"不够"中庸"；儒家是"道中庸"的，但它又不够"极高明"③；两者的结合就是"极高明而道中庸"的完美统一。从冯友兰的"四境界说"看，他的"道德境界"应该是属于儒家的，而他的最高明的"天地境界"应该是属于道家的。但后者还须仔细斟酌。在《新原人》中我们看到，"天地境界"也是属于儒家的，这是宋明新儒家扩展孟子并吸收道佛思想的结果。在冯友兰那里，觉解最低的"自然境界"又被归属于某一类道家。因为在冯友兰看来，它外表上好像是"天地境界"，而实质上却不是。这样，在道家那里就有着两种不同的境界：一种是最低的"自然境界"，一

---

① 冯友兰：《中国哲学简史》，涂又光译，第 8 页。

② 一般认为，冯友兰是新儒家，但也有学者提出说他属于道家。冯友兰的哲学具有高度的综合性和融合性，他认为，从最高的原则和境界上说，儒释道是相通的。但在儒释道三家中，他情有独钟的是儒道两家。从这种意义上说，将他机械地局限于一家之中可能是有困难的。

③ 冯友兰说："孔子是早期儒家的代表。儒家于实行道德中，求最高底境界。这个方向，是后来道学的方向。不过他们所以未能分清道德境界与天地境界，其故亦由于此。以'极高明而道中庸'的标准说，他们于高明方面，尚未达到最高底标准。用向秀、郭象的话说，他们尚未能'经虚涉旷'。"（冯友兰：《新原道》，第 17 页）

种是最高的"天地境界"。冯友兰认为,这两者都出现在《庄子》中,这不是庄子哲学本身的不协调,而是《庄子》一书非单一作者使然。《庄子》一书并非都是庄子的作品,这是可以肯定的,但《庄子》甚至是广义的道家是否包含着两极性的"自然境界"和"天地境界",仍然是一个疑问。按照冯友兰的二分法,庄子哲学提供的境界是"天地境界"。

冯友兰的"境界说"是在一个过程中展示出来的。在《新理学》(1937年)中,冯友兰开始从纯粹哲学和新理学的作用上谈论人的境界问题,这里虽然已经包含了后来《新原人》中有关境界的一些说法,但整体上还是笼统的,既没有"四境界"的划分,也没有"天地境界"的说法。冯友兰展开"境界说"的详细讨论,是在他的《新原人》(1942年)中。在《新原道》(1945年)中,境界问题是以"中国哲学之精神"的角度展开的。最后,他还以自己的哲学为"新统",展示了他的哲学与境界的关系。《中国哲学简史》以提高人的精神境界为中国哲学的根本特征,这是《新原道》对中国哲学精神的概括在哲学史上的投射。与此相关联,冯友兰对庄子精神境界的解释和说明也是一个过程,前后也有变化。例如,在《新原道》中,他将"超形脱相"、"同于大全"、"同于大通"的精神性称之为"天地境界",但在《中国哲学简史》中,他则称之为"绝对幸福",认为郭象的《庄子注》说明的也是庄子的"绝对幸福"(或"绝对自由")。《中国哲学简史》原是面向西方读者的,将"天地境界"改为"绝对幸福"(或"绝对自由"),也许是为了让西方人更易于理解庄子的思想。《庄子》中的《逍遥游》和《齐物论》历来最受注释家和读者的青睐。其实,《秋水》也是最能反映庄子哲学精髓的一篇,虽然它被编入了外篇。冯友兰对庄子心灵境界的诠释,也主要是依据这三篇,与后面要讨论的方东美类似。

在冯友兰那里,境界有高低,幸福和自由也有相对和绝对。庄子的心灵境界作为最高的"天地境界",作为绝对的幸福和绝对的自由,都是指心灵或精神所达到的最高觉解,由此一个人的行为和行动就能获得非同寻常的意义。冯友兰对庄子"天地境界"的解释主要包括以下方面:

其一,"天地境界"是"超形脱相"和"玄虚"的。相对于有形有象的

"超形脱相"（也就是无形无象），相对于实际的"玄虚"，都是超验的和超常的。达到了"天地境界"也就是达到"超形脱相"和"玄虚"之境。

其二，"天地境界"是"不可言说"和"不可思议"的。由于语言的相对性和有限性，它不足于言称无限性和绝对性的"大道"，因此《庄子》认为"大辨不辨"、"大言不言"。怀特海曾经说过："哲学是用有限性的语言去表达宇宙无限性的一种尝试或努力。"①不可说、不可言而仍说、仍言，就是说不可说和言不可言。冯友兰解释说："'万物与我为一'之一，是超乎形象底，亦是不可思议，不可言说底。因为如对一有言说有思议，则言说思议中底一，即是言说思议的对象，是与言说思议相对底，亦即是与'我'相对底。如此底一不是'万物与我为一'之一。庄子说，一不可说。他是真正了解一。惠施说'至大无外，谓之大一。'他只知说大一，不知大一是不可说底。道家知一是不可说底。这就是他们对于超乎形象底知识比名家更进了一步。"②

其三，"天地境界"是超越了所有事物相对界限的绝对统一，用庄子的话说就是"道通为一"。在有限的物理世界中，事物形形色色，千差万别。但在无限的"道"的世界中，万物齐一、玄同和混沌。一个人达到了天地境界，他就超越了事物的所有界限，与天地和万物为一，与"大全"和宇宙合一。

其四，"天地境界"是绝对的自由和逍遥。在经验世界中，我们无往而不受限制，我们的自由和逍遥都是相对和有限的。但是达到了"天地境界"，我们的自由和逍遥就是无限的和绝对的。但这不是说，到了"天地境界"中的人，他什么事都可以做，都能做，也都会有善的结果。人有不同的才（才能），也有不同的命。《庄子·大宗师》说："父母岂欲吾贫哉？天无私覆，地无私载，天地岂私贫我哉？求其为之者而不得也。然而至此极者，命也夫！"③人的"才"是天赋的，一个人无论如何努力都不能改变

① A. N. Whitehead, "Aatobiographical Note", in Paul A. Schilpp (ed.), *The Philosophy of Alfred North Whitehead*, New york: Tudor Publishing Compang, 1951, P. 14.

② 冯友兰：《新原道》，第 54—55 页。

③ 庄子：《大宗师》，见陈鼓应注译，《庄子今注今译》（上册），第 243 页。

他的"才";"命"是一个人不期而至的遭遇，他也只能接受，正如《庄子·达生》所说："达生之情者，不务生之所无以为；达命之情者，不务知之所无奈何。"① 一个人在天地境界中的自由和逍遥，事实上仍受"才"和"命"的限制，但在精神上因与"大全合一"就超越了它们的限制，"超越限制，即不受限制。不受限制，谓之自由。"②

其五，"天地境界"是超越了生死的"顺生顺死"。在世俗生活中，生死对于人来说是一件大事。喜生恶死、乐生惧死是人之常情。庄子的"齐生死为一"，即对此情而发。一个人达到了"天地境界"，就达到了庄子所说的"与造化为一"，"与时俱化"，是生是死都顺其自然。冯友兰说："对于在天地境界中底人，生是顺化，死亦是顺化。知生死都是顺化者，其身体虽顺化而生死，但他在精神上是超过死底。"③

其六，"天地境界"是以"理"化"情"的"太上无情"。庄子与惠施对"人情"的看法不同，惠施是站在一般的立场说人"有情"。相反庄子是站在超越的立场说人"无情"。这种立场也就是王弼所说的"圣人有情而无累"。冯友兰认为道家的"无情"是"以理化情"，并非完全"无情"。对于惠施批评庄子妻死而"鼓盆而歌"，庄子有一个回应。对于这个回应，郭象解释说："未明而慨，已达而止，斯所以诲有情者，将令推至理以遣累也。"冯友兰很赞成郭象的解释，并说："情可以以理和理解抵消。这是斯宾诺莎的观点，也是道家的观点。道家认为，圣人对万物的自然本性有完全的理解，所以无情。可是这并不是说他没有情感。这宁可说是，他不为情所忧乱，而享有所谓'灵魂的和平'。"④

其七，"天地境界"是圣人的境界。庄子理想中的人格是圣人、至人、神人和真人等。这些人格，在庄子那里，根本上是一种境界而不是一种特殊的能力。按照冯友兰的圣人观，做圣人不需要特别的才能，也不需要他做出惊天动地的事，圣人之所以为圣人，只是因为他的精神境界高。以上

① 庄子：《达生》，见陈鼓应注译，《庄子今注今译》（下册），第543页。
② 冯友兰：《新原人》，生活·读书·新知三联书店2007年版，第198页。
③ 冯友兰：《新原人》，生活·读书·新知三联书店2007年版，第214页。
④ 冯友兰：《中国哲学简史》，涂又光译，第132页。

这些，都是冯友兰从不同方面对庄子"天地境界"的说明。只是，冯友兰的"天地境界"，不只为庄子所代表，它也为儒家特别是宋明新儒家所代表。在《新原人》中，冯友兰对"天地境界"的说明，更多同儒家联系在一起。"天地境界"中与"天"建立起有四重关系，即"知天"、"事天"、"同天"和"乐天"，其中的"知天"、"事天"和"乐天"，冯友兰主要又是通过儒家的思想资源来求证的。

在实际生活世界，当我们说一个人的境界高时，一般是指他在德行和品行上达到了较高的程度。但冯友兰意识中的境界，不是指人的德行和品行上的高低，因此，作为最高程度的"天地境界"，当然也不是指这种意义上的最高程度。人在社会中从事着不同的事业，这些事业有着许多等级系列，也受着各种各样的评价。冯友兰的"境界论"，也不是指人在世间从事的事业的大小，因此一个人的境界高低也不以此来衡量。冯友兰的"境界论"立足于觉解（即觉悟和了解）："人做某事，了解某事是怎样一回事，此是了解，此是解；他于做某事时，自觉其是做某事，此是自觉，此是觉。"① 人对于他所做的事有觉解，即意味着他有境界；觉解的程度不同，境界就有高低。冯友兰所说的"觉解"，实际上取决于站在什么立场上看问题。他认为，有四种不同立场，因此就有四种不同的境界："人对于宇宙人生底觉解的程度，可有不同。因此，宇宙人生，对于人底意义，亦有不同。……宇宙人生对于人所有底某种不同底意义，即构成人所有底某种境界。"② 境界上的认识和觉解，不是知识性的，不是一个人对事物的认识程度高低，也不是对事物拥有多少知识（不管是物理方面的，还是心理学方面的）。因为，在冯友兰看来，一个事物有没有境界上的意义，不在于它本身（性质）是什么，而在于你如何去认识它。同样，一个人的人生有没有意义，宇宙对于他的意义有多少，也不在于他的人生实际上如何，而是他如何认识他的人生，如何认识他的宇宙。境界上的觉解，实质上取决于站在什么立场上看问题。

① 冯友兰：《新原人》，生活·读书·新知三联书店 2007 年版，第 11 页。
② 冯友兰：《新原人》，生活·读书·新知三联书店 2007 年版，第 43 页。

　　将境界与觉解和觉解程度结合在一起，也就是将境界理性化。冯友兰以"自然境界"为最低境界并认为道家主张这种境界，就是基于此。他说，道家的一派主张的是"自然境界"，他们以为人处在无知无觉的自然或者混沌状态是最好的，也以为婴儿的纯真和质朴是最美妙的。但是，由于这类人的意识最低，甚至是无意识，所以他们并不知道他们所处状态的意义和美妙，更不知道事物对他们的意义（所谓"不著不察"）。冯友兰承认"自然境界"有点类似于"天地境界"，但实际上它们是完全不同的。因为后者是精神的创造，前者是没有自觉的自发状态。冯友兰引用黑格尔的"为自"（"自为"）与"为他"（"自在"）的说法，认为精神是"为自的"而不是"为他的"。冯友兰说，道家中的一派以无知无觉为最高境界，其实是很低的，这一派分不清或混淆了"自然境界"与"天地境界"之间的关系。冯友兰的说法，可能是不成立的。老子主张纯朴和纯真，主张复归于道，庄子赞美自然和混沌，主张与天地为一、自由和逍遥，都是统一的天地境界。所谓以婴儿和混沌为榜样，并非让人都变成婴儿和混沌，只是以此为象征，说明人的真实和纯朴境界。

　　冯友兰的境界论以觉解为基础，实际上是通过理性反思提高人的精神境界。但这种理性又不是一般的理性，毋宁说它是"超理性的"，就像"天地境界"是超道德的境界一样。因此，冯友兰认为"天地境界"是神秘的。这一点，冯友兰也在庄子那里找到了根据。他认为，庄子主张忘掉事物的分别，就是"去知"。"去知"人就与万物浑然为一。"去知"是先有知而去之。庄子还主张"无知之知"，它是对于"道"的"知"，有了这种"知"，就有了最高的境界。庄子提出的"坐忘"和"外物"修炼方法，也是求得最高境界的方法。"坐忘"可以"同于大通"，"外物"可以"见独"。神秘主义一般意味着超出理性的不可传递的独特体验，意味着对超验世界的直觉和彻悟。这样的体验和彻悟，相对于知识世界的理性来说，确实具有神秘性。只是，冯友兰的"觉解论"的核心，是强调人站在什么观点上看待事物。"天地境界"就是站在最高的观点看待事物，用庄子的话说就是"以道观之"和"照之于天"。从有限的观点上看事物，事物都是有区别和有界限的，如大小、是非、彼此、生死、成毁等，不计其数。但是从道的观点看，这一切的界限都消失了，万物都是齐一的。冯友兰说："'照之于天'是站在天的观点以看事物。天的观点，是一种较高底观点。道的观点也是一种较高底观点。各站在有限的观点，以看事物，则'彼亦一是非，此亦一是非'。彼此相互对待，谓之有偶。站在一较高底观点，以看事物，则既不与彼相对待，亦不与此相对待，此所谓'彼是莫得其偶，谓之道枢。枢始得其环中，以应无穷。是亦一无穷，非亦一无穷也。'（《齐物论》）……从道的观点以看事物，就是《秋水篇》所谓'以道观之'。'以道观之'则一切事物皆有所可，有所然。"① 这样看来，冯友兰的"天地境界"又并不神秘。

冯友兰一再强调，人达到"天地境界"，不需要做什么特别的事，也不需要他的才能有多高，更不需要去做方外之人。平常人做平常事，都可以有"天地境界"，这就是他所说的"极高明而道中庸"。他认为，道家的境界说不够"中庸"，这是它与儒家的一个重要不同："孔孟用集义的方法，所得到底是在情感上与万物为一。道家用去知的方法，所得到底是在知识上与万物为一。所以儒家的圣人，常有所谓'民胞物与'之怀。道家的圣人，常有所谓'遗世独立'之概。儒家的圣人的心是热烈底。道家的圣人的心是冷静底。"② 不过，我们也注意到，相对于热衷于政治的人来说，庄子确实"冷静"。 庄子拒绝参与实际政治，是为了避免在残酷的政治中失去人身自由，但他并不主张出世。《庄子·天下》说，庄子"独与天地精神往来而不敖倪于物"，"不谴责是非而与世俗处"；③《刻意》批评"山谷之士"和"江海之士"，说"若夫不刻意而高"，"无江海而闲"，"无不忘也，无不有也。淡然无极而众美从之。此天地之道，圣人之德也"④，正是"极高明而道中庸"。冯友兰对道家的批评未必恰当。

---

① 冯友兰：《新原道》，第 52—53 页。

② 冯友兰：《新原道》，第 62—63 页。

③ 参见方东美：《生命悲剧之二重奏》，见方东美：《生生之德》，台湾黎明文化事业股份有限公司 1979 年版，第 114 页。

④ 庄子：《天下》，见陈鼓应注译，《庄子今注今译》（下册），第 1016 页。

三、方东美的"生命情调"和"超脱精神"

在精神气质上方东美称得上是一位诗意哲学家，他批评将科学与哲学对峙起来的狭隘立场，对和谐美妙、无限自由的形上世界和人的生命节奏的交感、共鸣一往情深。他心目中的宇宙是一首既高远又充实、既超越又内在的诗歌，又是一部活生生和充满创造活力的戏剧和一部激动人心的交响曲。倪高士（云林）有一首诗说："兰生幽谷中，倒影还自照。无人作妍媛，春风发微笑。"这首诗深深触动了方东美的心境，他说："倪高士可谓解人，宇宙之清幽自然，生命之空灵芳洁，意境之玄秘神奇，情绪之圆融纯朴，都为此诗字字道破，了无余蕴。生命凭恃宇宙，宇宙衣被人生，宇宙定位而心灵得养，心灵缘虑而宇宙谐和，智慧之积所以称宇宙之名理也，意绪之流所以畅人生之美感也。"[1] 方东美称他平生服膺这两句话"乾坤一戏场，生命一悲剧"。它说的是人的生命情调，也是人的美感。在西方，它是希腊"摹略自然"和雨过天晴的逼真，是浮士德的"戡天役物"和晴天霹雳的似真而幻；但在中国，它则是"大化流行，物我相忘"，是明月萧声的似幻而真。[2]

方东美的诗意哲学，是通过中西哲学的整体比较和融会贯通儒释道三家展现出来的。他坚持从差异的立场看待中西哲学，认为西方的宇宙观是心物二元论、是"人物"分裂和人神对立。他说："我以为西方思想是充满了这种分歧性，使得所有的事物含有敌意。宇宙好像是战场，在这个大战场中，实体和现象怒目相视。由于魔鬼和上帝对立，因此就一个人来说，丑恶的一面往往破坏了善良的一面。由于自然和超自然的对立，因此就自然来说，表相和实相不能一致。由于人和自然的对立，因此就个人自己来说，受拘的自我无法和超越的真我合一。这种相反对立的例子，真是不胜

① 庄子：《刻意》，见陈鼓应注译，《庄子今注今译》（上册），第456页。
② 方东美用戏剧的方式，描绘中西生命情调大戏剧的不同意境，参见方东美：《生命情调与美感》，见方东美：《生生之德》，第115—116页。

枚举。"①方东美坦言，他不能接受这种宇宙观。他倾心于中国的宇宙观，这种宇宙观认为宇宙是整体和谐的有机生命体。儒释道三家所坚持的都是这种宇宙观，只是归属上有所不同。宇宙"对儒家言，超化之，成为道德宇宙；对道家言，超化之，成为艺术天地；对佛家言，超化之，成为宗教境界"②。方东美晚年总结他自己的精神世界时说，他是"儒家的家庭传统，道家的生命情调，佛教的宗教信仰，以及西方的学术训练"③。据此，我们可以看出他的精神世界的宽广和包容。在此，我们要集中讨论的是他精神世界中道家特别是庄子的风采，即他所说的"道家的生命情调"。④

在方东美圆融和贯通的精神世界中，道家始终是他的主要兴趣之一。从他的重要论文《从比较哲学旷观中国文化里的人与自然》、《中国形上学中之宇宙与个人》，到他的论著《中国人生观》、《原始儒家道家哲学》，再到他的《中国哲学精神及其发展》，都能看到道家（主要是老子道家和庄子道家）在他一生的著述和精神世界中的位置。他对神仙化和道教化的道家持批评立场，因为他们把道家的精神世界贬低了；他对魏晋新道家中的竹林玄学和名士也不以为然，因为他们不能"贯通"人生的上和下。在方东美看来，中国哲学家程度不同地都是综合气质的人，他们是诗人、贤者和智者三者的结合，因此，他们提出的宇宙观从来就是"一多"贯通的体系。庄子更是诗人、贤者和智者的统一，虽然他的诗人和浪漫气质更浓。方东美的"生命情调"主要是庄子道家的情调，这一情调的核心是他的生命观。

方东美所说的"生命"显然不是一个生物学概念，而是一个形而上学概念，即认为宇宙是一个有机的、充满活力和创造力的无限大生命，万物

---

① 方东美：《从比较哲学旷观中国文化里的人与自然》，见方东美：《生生之德》，第262页。

② 方东美：《中国形上学中之宇宙与个人》，见方东美：《生生之德》，第287页。

③ 引自傅佩荣的《广大和谐的哲学境界——〈方东美先生全集〉校订版介绍》，见《方东美先生全集·原始儒家道家哲学》，台湾黎明文化事业股份有限公司2005年版，第30页。

④ 有关方东美与道家哲学的关系，参见叶海烟的《方东美的新道家哲学》、胡军的《方东美的道儒释会通论及其庄学精神》，见陈鼓应主编的《道家文化研究》第20辑，生活·读书·新知三联书店2003年版。

在宇宙的这种大生命中，生生不息，创造不已。人的生命也与宇宙生命息息相通，融为一体。从方东美对"自然"的理解中也能看到他的这种形而上学生命观。方东美引用他在《中国人生观》中的话说："对我们来说，自然是宇宙生命的流行，以其真机充满了万物之谓。在观念上，自然是无限的，不为任何事物所拘限，也没有什么超自然，凌驾乎自然之上，它本身是无穷无尽的生机。它的真机充满一切，但并不和上帝的神力冲突，因为在它之中正含有神秘的创造力。再说，人和自然也没有任何间隔，因为人的生命和宇宙的生命也是融为一体的。"① 在方东美那里，一个生命的宇宙，既是活生生的宇宙，又是富有"情趣性"、"精神性"和"创造性"的宇宙。将宇宙生命化、精神化，也就是将宇宙拟人化和诗化。方东美的"生命情调"就是建立在宇宙大生命基础之上的人的精神情调，它的中心是"超脱"和"解放"。

人不仅在身体上受到许多限制，在精神上也同样受到许多限制。同金岳霖、冯友兰一样，方东美对人如何在身体上超越限制没有兴趣，这是信仰长生不死的道教徒所关心的。方东美关注的是人在精神上的"超脱"和"解放"，即从"有限"走向"无限"。"有限"即有限制，"无限"即无限制。方东美身临庄子哲学，之所以首先关注庄子以时间和空间为无穷的无限哲学，是因为宇宙的无限为人的精神超脱提供了空灵之域。他说：庄子"将那窒息碍人之数理空间，点化之，成为画家之艺术空间，作为精神纵横驰骋、灵性自由翱翔之空灵领域，再将道之妙用倾注其中，使一己之灵魂，昂首云天，飘然高举，致于寥天一处，以契合真宰。一言以蔽之，庄子之形上学，将'道'投射到无穷之时空范畴，俾其作用发挥淋漓尽致，成为精神生命之极诣"②。既然时空的无限性使精神的无限性成为可能，那么，人的精神从有限走向无限的过程，就是不断超越来自外在和自身的约束而走向解放和自由的过程。方东美喜欢用翱翔太空的太空人来比拟庄子的精神

① 方东美：《从比较哲学旷观中国文化里的人与自然》，见方东美：《生生之德》，第277页。

② 方东美：《原始儒家道家哲学》，见《方东美先生全集》，台湾黎明文化事业股份有限公司2005年版，第301页。

超脱者和解放者——"至人"（还有"神人"和"圣人"）。他说：庄子描绘的至人的"种种之精神生活方式（象征生命之层层超升），俨若发射道家太空人之火箭舱，使之翱翔太虚，造乎极诣，直达庄子所谓之'寥天一'高处，从而提神太虚，游目骋怀，搜探宇宙生命之大全——极高明、致广大、尽精微，'逍遥游乎无限之中，遍历层层生命境界'之旨，乃是庄子主张于现实生活中求精神上澈底大解脱之人生哲学全部精义之所在也"①。人造飞行器为人们提供了翱翔太空的机会，方东美特意谈到他乘飞机的经验，他说乘坐飞机翱翔万米高空，使他油然而生精神超脱之感。在庄子那里，鲲鹏的翱翔仍然有所待，但方东美还是喜欢他的这一想象。在方东美看来，庄子的《逍遥游》整体上揭示的是人的精神超脱和解放，是心灵的自由和无限。他将这种精神放大为道家的整体精神气质，并认为这是道家与儒家的主要不同之处。他形象地说道家是"太空人"，儒家则是"时际人"："中国人的才能，不是寄托在科学的理性思想里，也不在宗教情绪的热诚上，而是在一种超脱解放的艺术精神。所以才能够把形象上面有阻碍的东西统统铲除，然后展开一种开放的自由精神境界，可以把有限的境界点化了成为无穷。尤其是道家，特别富有这一种精神。他处在有限的境界里面，能够破除有限，而通达到无穷的前头。所以道家在出发的时候，就是破有限，入无穷；然后在无穷空灵的境界里面纵横驰骋。"②

郭象的庄子"逍遥义"受到不少人的称赞，但方东美指出，如果仅以向、郭的《逍遥游注》来认识庄子的"逍遥"，那就容易误解庄子的"逍遥"。因为向、郭的《逍遥游注》所说的"逍遥"，失去了庄子逍遥的超脱性和解放。我曾经指出，郭象的庄子"逍遥义"是在一个平面上来看待庄子的"逍遥"。③他在一个既有的状态和平面上，以一切的如此就是一切的逍遥、以一切的实际那样就是一切的解脱来说庄子的"逍遥"，这消解了庄子"逍遥"的超越性和崇高性。方东美以"超脱"和"解放"来看待庄

---

① 方东美：《原始儒家道家哲学》，见《方东美先生全集》，第 302 页。

② 方东美：《原始儒家道家哲学》，见《方东美先生全集》，第 236—237 页。

③ 参阅王中江：《郭象哲学的内在困境及其解体——从"性分论"和"惑者说"来看》，见《中国哲学与文化》第二辑，广西师范大学出版社 2007 年版，第 152—183 页。

子的"逍遥",当然也不可能接受郭象的解释。他告诫说:"我们若要了解
《逍遥游》,千万不能只透过向秀、郭象的注来了解。因为若是透过向秀、
郭象的注,那么在《逍遥游》一开头,郭象就说得清清楚楚的:'小大虽
殊,而放于自得之场,则物任其性,事称其能,各当其分,逍遥一也。'这
种看法只是近代'小市民的心声',这个心声是每个人都有的微末的观点;
在这个观点里,人们只求他自己生活范围内一切欲望的满足,各当其分。"①
在方东美看来,其他动物也许可以像郭象所声称的那样,各足其性即各得
逍遥,但人是会幻想的,他不会安于自己的性分。支道林是郭象庄子"逍
遥义"的批评者,他意识到,如果以郭象所说的满足"性分"为"逍遥",
那么以残害人为乐的人也是在逍遥。《高僧传·支遁传》记载:"遁尝在白
马寺,与刘系之等谈《庄子·逍遥篇》,云各适性以为逍遥。遁曰:不然。
夫桀跖以残害为性。若适性为得者,彼亦逍遥矣。于是退而注《逍遥篇》,
群儒旧学莫不叹服。"同理,逍遥也不能从满足人的欲望上来理解,因为人
的欲望无穷无尽:"若夫有欲,当其所足,足于所足,快然有似天真,犹饥
者一饱,渴者一盈,岂忘烝尝于糗粮,绝觞爵于醪醴哉?苟非至足,岂所
以逍遥乎?"② 在郭象的"逍遥义"流行之时,支道林独标新义,认为真正
的逍遥是"至人之心"的逍遥;只有这种至人之心,才能超越限制,摆脱
束缚,达到自由:"夫逍遥者,明至人之心也。庄生建言大道,而寄指鹏
鷃。鹏以营生之路旷,故失适于体外;鹏鷃以在近而笑远,有矜伐于心内。
至人乘天正而高兴,游无穷于放浪,物物而不物于物,则遥然不我得,玄
感不为,不疾而速,则逍遥靡不适。此所以为逍遥也。"③ 由此,我们就知道
方东美为什么会肯定支道林的"逍遥义"了。

  人为什么要超脱和解放,又为什么能够超脱和解放?对方东美来说,这
都是由人的特性决定的。方东美认为,在自然形体上,人受到许多限制,但

---

  ① 方东美:《原始儒家道家哲学》,见《方东美先生全集》,第305页。
  ② 《世说新语·文学》刘孝标注引,徐震堮:《世说新语校笺》,中华书局1984年版,
第120页。
  ③ 《世说新语·文学》刘孝标注引,徐震堮:《世说新语校笺》,中华书局1984年版,
第120页。

人的高明之处在于他拥有一颗能幻想、能想象和超脱的心灵。在庄子那里，形体和身体是心灵的居住地，但又是一个限制心灵飞翔的居住地。但心灵又是能动的，它不仅能够超越身体的限制，也能够超越精神上的限制。方东美说："人类虽然在身体百官上面有所限制，但是他身体的构造却有一个独特的机构——就是心。由于此心，而产生了神经大脑的作用，而产生了思想，再产生了思想的思想，以及种种可能的幻想。在这个情形之下，人类把他身体上的一切限制，物质上的一切限制，通通都当做藩篱，然后再把这些藩篱打破了，能够提神于'太虚'，而达到所谓'寥天一处'的最高境界。"①

超脱和解放总是相对于"现实"的，这也是超脱和解放之所以成为理想的原因。正如方东美所说："道家在中国思想里面，就是保留了人格上面精神的解放同精神的尊严，这是现实力量所钳制不住的。假使要钳制的话，他可以像太空人一样，在广大的宇宙里面开辟一个空旷的境界，而在那个地方纵横驰骋，仍然不受现实的束缚。"②道家给人一种遗世独立的印象，冯友兰就是以此认为道家不够圆融。他尝试调和儒道，用道家的"极高明"来补充儒家，又用儒家的"中庸"来补充道家。以整体主义和有机主义为特征的中国哲学，一般都不认为理想与现实、本质与现象、天道与人道是对立的。在熊十力等新儒家看来，这是中国哲学区别于西方哲学的特质。方东美同样认为，中西哲学的主要不同就是西方哲学坚持二元对立，而中国哲学主张一体统一。这种统一在庄子那里，就体现为他的超脱精神不是单向的而是双向的。方东美称之为"迥向人间世"的"转折"。人的精神超脱不是只从现实走向理想就算完事，它还要从理想返回现实。如果一个人停留在高远之处或无何有之乡，觉得现实卑鄙龌龊不肯涉足，那么他就陷入了另一种偏执之中。超脱精神是超越现实而又在现实中扎根，是自我解放又是入世同化。超脱者不能有优越感，他不能将自己设想为救世主，或者是人间的英雄。如果这样他会陷入孤立之中，因为他与其他都是对立的和不相融的。他还要承认现实中各种事物在一定范围和意义上的正当性和合理性。从这种意义上说，

---

① 方东美：《原始儒家道家哲学》，见《方东美先生全集》，第306—307页。
② 方东美：《原始儒家道家哲学》，见《方东美先生全集》，第239页。

郭象的"逍遥义"又有它的合理性："我们可以说，向秀、郭象在这一点上，倒是能够了解'庄子'。庄子的精神表现在哪儿呢？在'天地与我并生，万物与我为一'。所谓'天地与我并生'，是说一个人同广大宇宙的'敌意'化除掉了。"① 方东美强调，庄子"齐物论"的主旨，是在广大悉备、交摄互融的系统中，万物各适其性，各得其所，一往平等。

我们要求各种各样的平等，有政治上的，也有经济上的。儒家主张人性平等和人格平等，而道家要求的平等，在方东美看来，主要是精神上的："庄子在《齐物论》里，要把真正的自由精神，变做广大的平等，普遍的精神平等。"② 章太炎援引佛教注释庄子的"齐物"，也认为它是这样的"平等"。在方东美那里，精神上的平等需要通过自我的精神转化来完成。这种转化就是将"小我"化为"大我"。所谓化为"大我"，就是让自己融化在宇宙的大家庭中，使自己处在"道通为一"和"道枢"之中。方东美认为，这是庄子受到儒家影响的结果："从这么一点上看起来，庄子可以说又深得儒家的精神。因为在儒家周易里面，就是旁通统贯的系统。儒家的宇宙观是纵之也通，横之也通，旁通而统贯。庄子在这二点上也可以说得着同样的精神，用道家的名词来说，是'道未始有封'，然后'道通为一'。"③ 实际上，也许并非这样。无论如何，乐于以融通和统贯把握中国哲学精神和智慧的方东美，他揭示的以超脱解放、自由逍遥、平等齐一为中心的庄子的"生命情调"，既高远超越，又合乎人情。最后，我们以他的一段话结束讨论："庄子是兼有诗和哲学两方面造诣的伟大天才，作为一位诗人，他带有浓厚的情感，作为一位哲学家，他献身于精神生命的高扬。……庄子整个精神在于完成一种寓言化的大思想体系，藉着讥讽世俗的妄动和无聊，以辩明精神解脱的重要，及彻悟理想生命的崇高意义。我们必须扬弃了小我的拘限，以求生命高扬，达于精神的逍遥境界。他的主张是：生命的崇高在于经验范围的拓宽，价值观念的加深，使我们的精神升华和道体合一，

① 方东美：《原始儒家道家哲学》，见《方东美先生全集》，第318页。
② 方东美：《原始儒家道家哲学》，见《方东美先生全集》，第321页。
③ 方东美：《原始儒家道家哲学》，见《方东美先生全集》，第342页。

使我们把人世的快乐和天道的至乐打成一片。"①

结　语

　　以上我们讨论了三位现代哲学家金岳霖、冯友兰和方东美对庄子超越性智慧的诠释和转化。从中我们可以看到：第一，在不同程度上，他们都从中西哲学的差别出发来看待问题。在他们看来，西方哲学是二元论和机械论，它表现为自然与人的对立和冲突；中国哲学是整体有机论，它表现为"天人合一"和宇宙的和谐。西方哲学具有强烈的人类中心主义和个人中心主义倾向，这使他们在行动上表现为对自然的控制和征服；中国哲学主张"天人合一"，这使他们在行动上表现为对自然的顺应和适应。第二，他们都对形而上学抱有浓厚的兴趣，超越了现代哲学对形而上学的疏离，并通过融会贯通的智慧重建形而上学，使中国形而上学焕发出了新的活力。第三，他们都关注庄子的"道通为一"的宇宙观，关注庄子的"天地与我并生，而万物与我为一"的智慧。第四，他们都依据这种宇宙观和智慧去建立人生理想和精神境界，金岳霖称之为"圣人人生观"；冯友兰称之为"天地境界"，方东美称之为"太空人"。第五，他们都倾心庄子的自由和逍遥，追求人生的超脱和解放。第六，他们都从庄子的"齐同"思想中转化出了万物平等论和普遍同情论，让人类融化在万物之中，让"小我"融化在"大我"之中。第七，他们的精神超越和境界论，都是立足于形而上学的觉悟，而不是宗教的信仰。第八，他们都坚持精神的反思和自我提升，而不是安于自然状态。特别是金岳霖和冯友兰，他们都区分"自发的"与"自为的"之不同。金岳霖以"素朴人生观"与"圣人人生观"相对；冯友兰先生以"自然境界"和"天地境界"相对。

　　当然，这三位哲学家对庄子超越性智慧的具体理解和转化又各有特色，这使我们在分享他们共同性的同时，也能够分享他们各自的迷人色彩。

---

　　① 方东美：《从比较哲学旷观中国文化里的人与自然》，见方东美：《生生之德》，第272—273页。

第四篇

自然、物质和人

第九章

多维度的"人"
——陈独秀的刻画

引　言

从"个人"、"个人主义"等概念入手考察近代中国特别是新文化运动时期"人"的观念，是一个比较重要的视角。在这种视角之下，近代中国个人主义不同于西方个人主义的特性也可以得到一定的说明。比如史华慈（也译作：史华兹）评述林毓生的看法说："林毓生在他的论文中令人信服地指出，五四时代的'个人主义'，至少一时看起来不仅仅是一种功利主义或个人主义，而且是一种心灵的渴求——一种个人从一切社会关系的羁绊中解放出来的要求。但这种'个人主义'最终并没有产生他所认为的把个人本身当作目的的个人价值信仰的坚实基础。在他看来，对个人压抑的反抗被用作摧毁旧的专制主义的武器，但由于它并没有伴之以对个人权利神圣性的积极信念，因而它并未提供防御新型专制主义的屏障。然而无可否认，这种个人主义曾在相当短的一段时间中，在中国社会的一个微小圈子里将某些个人引向一种存在主义式的个人主义。"[①]

① ［美］本杰明·史华慈：《〈五四运动的反省〉导言》，见王跃、高力克编：《五四：文化的阐释与评价——西方学者论五四》，山西人民出版社1989年版，第5—6页。

近代中国的"人"、"个人"观念被赋予了许多意义，它们是多重层面上的存在。追求政治解放和不可剥夺的政治权利的"个人"，是人们的强烈诉求，这一诉求又基于人是目的而不是其他事物的工具这一根本前提。[①] 陈独秀的"人"和"个人"观念与此类似，他一直将"人"看成是目的。即使在他转向激进的方向之后，在他所说的"人"更多的是指劳动者、无产者之后，他也以"人"为根本的价值和目标。探讨陈独秀的"人"的观念，如同探讨近代中国整体的"人"的观念，需要从不同的层次和维度来进行。因为他所说的"新人"是一个全方位的概念，不能限于政治上的意义（相对于民族、国家等的意义），也不能限于伦理上的意义，它事关人、个人和人生的许多方面，而且这些方面又彼此密切相关（对它们的区分是相对的）。这里的考察无法包罗一切，但一些重要的方面则被纳入其中，如陈独秀对人的实在性、人性、人生、人的伦理和宗教生活的主张，对人的政治权利、平等、自由等的主张，对人的知识、科学等的主张，等等。[②]

一、人——现实、实在和进化

陈独秀对"人"是什么的回答首先是哲学上的，而这一回答主要是为了破除人生虚幻论和上帝创人说。他从物质实在论和进化论出发来解释人的起源和本性，认为人是现实的实有，是真实的存在。陈独秀像当时其他反神学的哲学家们一样，否定各种超自然的力量和最高创造者的预设，否定神创论；同时也否定佛教虚化现实的"空观"。一方面，陈独秀批判和否

---

① 林毓生强调，这是新文化运动领导者们早期比较一致的思想。参见林毓生：《中国传统的创造性转化》（增订本），生活·读书·新知三联书店 2011 年版，第 565—569 页。

② 在《今日之教育方针》中，陈独秀强调现实主义为欧洲带来了思想上的一系列变化："唯其尊现实也，则人治兴焉，迷信斩焉：此近世欧洲之时代精神也。此精神磅薄［礴］无所不至：见之伦理道德者，为乐利主义；见之政治者，为最大多数幸福主义；见之哲学者，曰经验论，曰唯物论；见之宗教者，曰无神论；见之文学美术者，曰写实主义，曰自然主义。一切思想行为，莫不植基于现实生活之上。"见《陈独秀文集》第一卷，人民出版社 2013 年版，第 106 页。

定宗教的创世说，认为宇宙或世界不是上帝创造的，而是基于自身的原因产生和存在的；另一方面，为了肯定人的现实性和实在性，陈独秀从万物的实在性出发，批判佛教的事物虚幻论和婆罗门教以梵天真如为本体的世界观。

陈独秀承认现象世界的变化，但他认为现象世界的“实质”则是恒常的，这可以说是陈独秀的实在论：

> 惟征之近世科学，官能妄觉，现象无常，其说不误。然觉官有妄，而物体自真；现象无常，而实质常住。森罗万象，瞬刻变迁，此无常之象也。原子种性，相续不灭，此常之象也。原子种性不灭，则世界无尽；世界无尽，则众生无尽；众生无尽，则历史无尽。[①]

科学并不区分现象与实质。陈独秀这里声称的近世科学，最多只是其中说到的“原子”同它有点关系。在《自杀论》中，陈独秀指出人们厌世，背后的思想基础是“一切皆空”。因思想的“空”产生的厌世和自杀，比因其他因素产生的厌世和自杀更多。因此，要解除人们的厌世态度，建立积极的人生观，就需要相信人生的实在性，而人生的实在则是基于“种性不灭”的实在，即基于“物质的不灭”。一切现实都在变化和“转变”，但它们不是“断灭”。“转变”使世界复杂多样，“永续无间”使世界无穷无尽。如果说宇宙是“全体生命的大流”，那么人的生命则是其中之一：

> 我们个体的生命，乃是无空间时间区别的全体生命大流中底一滴；自性和非自性，我相和非我相，在这永续转变不断的大流中，本来是合成一片，永远同时存在，只有转变，未尝生死，永不断灭。[②]

---

① 陈独秀：《今日之教育方针》，见《陈独秀文集》第一卷，第105页。

② 陈独秀：《自杀论》，见《陈独秀文集》第一卷，第535页。在《抵抗力》中，陈独秀使用中国古典中“天道远，人道迩”的说法，认为宇宙中一切生灭现象是人可知的，但“其生灭之本源”是人所不知的，它是自然和天道。（陈独秀：《抵抗力》，见《陈独秀文集》第一卷，第113—114页）

　　陈独秀对神创论和上帝造人说的否定，主要是立足于进化论。他肯定人的实在和实有，认为人类之所以不是上帝创造的，是因为它是宇宙进化和生物进化的产物。用进化论解释人类的起源，用它批判神创论，是西方近代一场伟大的思想革命，这场革命对中国人也产生了广泛的影响。陈独秀称赞说，西方近代文明中的三大学说改变了人们对真理、对人心和对社会的看法，其中之一就是进化论（其余两个是人权说和社会主义理论）。陈独秀的进化论远远超出了单纯的生物进化论，它是一种普遍的哲学上的进化论，是宇宙万物的进化论，这是近代中国接受和传播进化论的一个共同点：

　　　　自宇宙之根本大法言之，森罗万象，无日不在演进之途，万无保守现状之理。①

生物进化是宇宙整体进化的一部分，人类的进化又是生物进化的一部分，它不是神创的，这是达尔文对基督教人类神造说的最有力否定：

　　　　自英之达尔文，持生物进化之说，谓人类非由神造，其后递相推演。②

陈独秀知道，达尔文的生物进化论不完全是他的创造，在他之前，拉马克的《动物哲学》，已开始用科学的方法探讨物种的进化和人类的由来。按照拉马克的看法，生物最古的祖先，是最低等的单纯有机体，它从无机物中自然产生出来。生物是通过"顺应"和"遗传"的机制促使自己进化的。

　　同拉马克用"顺应"和"遗传"来解释生物进化不同，达尔文则用"生存竞争"、"自然选择"和"适者生存"（严复翻译为"物竞"、"天择"、"体合"）来解释物种的进化。③近代中国所谓的"优胜劣败"、"天然淘汰"，

---

① 陈独秀：《敬告青年》，见《陈独秀文集》第一卷，第91页。
② 陈独秀：《法兰西人与近世文明》，见《陈独秀文集》第一卷，第98页。
③ 达尔文说的"适者"同拉马克说的"顺应"也许有类似的地方。

则是适者生存和自然选择的另一种说法。在达尔文的影响下，陈独秀同当时不少接受进化论的人一样将生存竞争、适者生存和优胜劣败看成进化的普遍法则，并用它们来解释生物和人类的进化：

> 进化公例，适者生存。凡不能应四周情况之需求而自处于适宜之境者，当然不免于灭亡。①

达尔文的进化论主要是用自然的原因解释生物和人类的进化事实，它不是规范性的。但对陈独秀来说，进化的法则既是事实上的法则，又是规范性人类行为的准则。他从中引出了反命定论和人定胜天的思想：

> 生存竞争优胜劣败之格言，昭垂于人类，人类争吁智灵，以人胜天，以学理构成原则，自造其祸福，自导其知行，神圣不易之宗风，任命听天之惰性，吐弃无遗，而欧罗巴之物力人功，于焉大进。②

他还从中引出了反退隐论和人生奋斗论：

> 夫生存竞争，势所不免，一息尚存，即无守退安隐之余地。排万难而前行，乃人生之天职。以善意解之，退隐为高人出世之行；以恶意解之，退隐为弱者不适竞争之现象……人之生也，应战胜恶社会，而不可为恶社会所征服；应超出恶社会，进冒险苦斗之兵，而不可逃遁恶社会，作退避安闲之想。③

正如上述，陈独秀的进化论不限于生物学上的意义，它还是哲学上的。陈独秀对生物进化法则的运用，不限于生物，也不限于人类，而是用之于

① 陈独秀：《吾人最后之觉悟》，见《陈独秀文集》第一卷，第139页。
② 陈独秀：《法兰西人与近世文明》，见《陈独秀文集》第一卷，第98页。
③ 陈独秀：《敬告青年》，见《陈独秀文集》第一卷，第92—93页。

一切事物。不唯如此，陈独秀还将"抵抗力"的概念融入他的普遍进化法则中：

> 万物之生存进化与否，悉以抵抗力之有无强弱为标准。优胜劣败，理无可逃。通一切有生无生物，一息思存，即一息不得无抵抗力。此不独人类为然也；行星而无抵抗力，已为太阳所吸收；植物而无抵抗力，则将先秋而零落；禽兽而无抵抗力，将何以堪此无宫室衣裳之生活？①

但在陈独秀那里，进化法则最终被归结为人类进化的方式和生存方式。万物都是在抵抗力的竞争中生存的，相比于其他事物，人类的生活更复杂，人类所需要的抵抗力也更多（所谓"人类之生事愈繁，所需于抵抗者尤巨"）。从生理上说，人类需要抵抗各种疾病对自己的侵害；从政治上说，人类不同群体对外需要抵抗外族的强权，对内需要抵抗强暴；从社会上说，人类需要标新立异，抵抗因循守旧的力量；从道德上说，人类需要发展人类的操行，抵抗各种不良的习性。不管是哪方面，人类的生存无往而不需要抵抗力：

> 审是人生行径，无时无事，不在剧烈战斗之中，一旦丧失其抵抗力，降服而已，灭亡而已，生存且不保，遑云进化！盖失其精神之抵抗力，已无人格之可言；失其身体之抵抗力，求为走肉行尸，且不可得也！②

概而言之，陈独秀通过哲学实在论、宇宙进化论和生物进化论而确立的"人"，否定佛教的现实虚幻论，肯定人是物质的实在和实有；否定超自然的神创论，肯定人是生存竞争、自然选择等进化过程的产物。陈独秀建

---

① 陈独秀：《抵抗力》，见《陈独秀文集》第一卷，第114页。
② 陈独秀：《抵抗力》，见《陈独秀文集》第一卷，第115页。

立的"人"的这一基本内涵,为他的"人"的观念的其他方面奠定了基础,提供了出发点。

二、人的本性、伦理和宗教

作为世界中的实有和作为自然选择及进化之产物的人,是动物界中的一员并具有动物性(陈独秀称为"兽性"),但人之所以为人,是因为人还有具有不同于其他动物的属于人的高级本能和独特性,这两者共同构成了人性的统一体。这是陈独秀对人性的一个基本看法,虽然他前后的说法有所不同。陈独秀的伦理和宗教观念,在很大程度上是同他的这种人性论结合在一起的。

人之所以具有动物性(兽性),是因为他是从动物进化而来。作为动物,他的本能同其他动物一样一开始没有什么不同,他的活动也是无道德的冲动:

> 兽性之特长谓何?曰,意志顽狠,善斗不屈也;曰,体魄强健,力抗自然也;曰,依赖本能,不依他为活也;曰,顺性率真,不饰伪自文也。[1]

可以看出,陈独秀这里说的人的兽性、本能,主要是指人的体质、体力等自然方面的东西,但也有类似于先天纯朴性的伦理价值(如纯朴和率真)。对人的兽性方面的特征,陈独秀没有贬低它们,对于人们的生存来说,它们是非常重要的能力。但人有别于其他动物的地方主要在于他的"自动的发展力",在于他从道德冲动中发展出了道德活动,这同他的动物性是并行和同时发展的:

> 强大之族,人性,兽性,同时发展。其他或仅保兽性,或独尊人

---

[1] 陈独秀:《今日之教育方针》,见《陈独秀文集》第一卷,第109页。

性，而兽性全失，是皆堕落衰弱之民也。①

人性与兽性的区分，是陈独秀 1915 年在《今日之教育方针》中做出的。同这一区分不同，1918 年，陈独秀在《人生真义》中，将人的本性归结为人的欲望，说它是人生存的根本原因。人的意志就是要努力满足人的欲望：

> 执行意志，满足欲望，自食色以至道德的名誉，都是欲望。是个人生存的根本理由，始终不变的。此处可以说"天不变，道亦不变"。②

到了 1920 年，陈独秀对人性的说法，又发生了某种变化。在《基督教与中国人》中，陈独秀反对将人的欲望同人的情感对立起来的立场，按照这种立场，人的欲望被认为是物质的冲动，人的情感被认为是超物质的冲动。陈独秀认为，人的欲望和情感两者都是既有物质的冲动，也有超物质的冲动：

> 其实情感与欲望都兼有物质的、超物质的两种冲动，不能把他们分开，不能把他们两家比出个是非高下。欲望情感底物质的冲动，是低级冲动，是人类底普遍天性（即先天的本能，他自性没有善恶），恐怕没有东洋西洋的区别。欲望情感底超物质的冲动，是高级冲动，也是人类底普遍天性，也没有东洋西洋的区别。③

在《自杀论》中，陈独秀又明确以伦理上的善恶来看待人性和人的本能。他说人的人性（或本能）既有善的方面，也有恶的方面：

---

① 陈独秀：《今日之教育方针》，见《陈独秀文集》第一卷，第 109 页。
② 陈独秀：《人生真义》，见《陈独秀文集》第一卷，第 273 页。
③ 陈独秀：《基督教与中国人》，见《陈独秀文集》第一卷，第 568 页。

在生物进化上看起来，人类也是一种动物，他本性上恶的方面，也和别的动物一样；不过恶的方面越减少，善的方面越发达，他的品格越进化到高等地位，并不是一成不变的。人虽是最高等动物，'下等动物的祖先'所遗传的恶性固然存在，他们所遗传的善性也未尝不存在。①

对于人性恶的方面，陈独秀指出几种具体的东西，比如贪得、利己、忌妒、争杀等都是人性黑暗的方面。对于人性的善恶这两个方面，陈独秀又用"为我和利他两种本能"来概括，他说"人性中本有为我利他两种本能"②。但他对"为我"、"利己"本能，又没有完全否定。

按照陈独秀的说法，伦理和道德上的善恶，原本都是人性中具有的两种先天本能，这也正是伦理和道德不像知识那样容易进步的原因。陈独秀常常以高下、优劣区分东西方文化和文明，但在人性和东西方道德发展上，他认为两者都是一样的，没有优劣高下之别：

> 道德是人类本能和情感上的作用，不能像知识那样容易进步。根于人类本能上光明方面的相爱、互助、同情心、利他心、公共心等道德，不容易发达，乃是因为受了本能上黑暗方面的虚伪、忌妒、侵夺、争杀、独占心、利己心、私有心等不道德难以减少的牵制；这是人类普通的现象，各民族都是一样，却不限于东洋、西洋。③

陈独秀将作为光明方面（爱、互助、同情心、公共心）的善的道德本能，和作为黑暗方面（虚伪、忌妒、侵夺、争杀、独占心、利己心、私有心）的不善的道德本能，看作人性的两个并列的方面，这是一种人性二分

① 陈独秀：《自杀论》，见《陈独秀文集》第一卷，第536页。
② 陈独秀：《〈科学与人生观〉序》，见《陈独秀文集》第二卷，人民出版社2013年版，第479页。
③ 陈独秀：《随感录》，见《陈独秀文集》第一卷，第513页。

论。《三字经》这本大众普及书使孟子的性善论广为人知。孟子的性善论似乎已经成了中国思想中人性论的主流，但事实上不是。除了荀子的性恶论等其他的人性论模式之外，汉唐的人性论主要是多元论的，宋明的人性主要是二分论的。现代哲学和科学的交叉研究表明，人性或人的本能事实上是非常复杂的。据此看来，不管是什么样的一元人性论，都忽视了人性的复杂性和多样性，人性二分论或多元论则更符合人性的实际。陈独秀批评悲观主义者的厌世论和相反的乐观论，也是基于他的人性二分论。前者只看到人性的恶，被人性恶的方面所左右；后者则只看到人性的善，而忽视了人性的恶；两者都是片面的人性论。正确的立场是，既要看到人性的恶而不过于乐观，也要看到人性的善而不太悲观。

陈独秀的人性论或人的本能论，是他的伦理道德和宗教论的前提。他既用这个前提去批判传统的旧伦理和旧道德，去批判传统宗教，也用这一前提去建立他的新伦理和新道德，去建立他的新宗教。陈独秀根据进化论对传统宗教，主要是基督教，以及基督教的创世说和上帝造人说的批判，我们在前文中已经看到了。他对基督教的批评还针对"三位一体"、各种灵异说和迷信等，他认为，近代的历史学和科学使这些东西失去了权威：

> 基督教底"创世说"、"三位一体说"和各种灵异，大半是古代的传说、附会，已经被历史学和科学破坏了，我们应该抛弃旧信仰，另寻新信仰。①

陈独秀说，烦琐的神学、宗派、传说、教义、神灵等同科学不相容，同真实的历史不相容，同人的天性也不相容，它们都必须加以抛弃。陈独秀对基督宗教的批判一开始同当时其他不少科学主义者的批判和否定有一致之处，但后来他的立场发生了变化，不再主张用哲学或者科学、艺术来代替宗教，相反，他主张建立新的宗教和新的信仰。促使他发生这种变化的原因是，他认识到，宗教在旧文化中占了很大一部分，社会还需要宗教，消

---

① 陈独秀：《基督教与中国人》，见《陈独秀文集》第一卷，第569页。

极地反对它没有什么用处，因此恰当的选择是用好的宗教来满足人们的需要，用好的宗教来取代不好的宗教：

> 我以为新宗教没有坚固的起信基础，除去旧宗教底传说的附会的非科学的迷信，就算是新宗教。[①]

一些人批评宗教，说宗教是"他力"，说宗教只有相对的价值。陈独秀不同意这种说法，他为宗教辩护说，人们使用知识、利用美术和音乐也是借助了"他力"，世界上没有什么绝对的价值。对宗教的立场改变后，陈独秀一方面批评他新文化运动的同道们，说他们否定宗教是一个大的错误，新文化中不能没有宗教；另一方面，承认他过去的言论"是一桩大错"。[②]

陈独秀建立新宗教的具体做法之一，是主张复兴基督教中存在的真正的爱的价值和宗教情感，特别是耶稣教导人们的人格和情感：

> 我以为基督教是爱的宗教，我们一天不学尼采反对人类相爱，便一天不能说基督教已经从根本崩坏了。基督教底根本教义只是信与爱，别的都是枝叶……我们今后对于基督教问题，不但要有觉悟，使他不再发生纷扰问题；而且要有甚深的觉悟，要把耶稣崇高的、伟大的人格和热烈的、深厚的情感，培养在我们的血里，将我们从堕落在冷酷、黑暗、污浊坑中救起。[③]

陈独秀将耶稣的人格和情感概括为崇高的牺牲精神、伟大的宽恕精神和平

[①] 陈独秀：《新文化运动是什么？》，见《陈独秀文集》第二卷，第 3 页。

[②] 他说："现在主张新文化运动的人，既不注意美术、音乐，又要反对宗教，不知道要把人类生活弄成一种什么机械的状况，这是完全不曾了解我们生活活动的本源，这是一桩大错，我就是首先认错的一个人。"（陈独秀：《新文化运动是什么？》，见《陈独秀文集》第二卷，第 3 页）陈独秀这样说是针对此前他对宗教的笼统的一概否定立场。如在《再论孔教问题》（1917 年 1 月）中，他说："人类将来真实之信解行证，必以科学为正轨，一切宗教，皆在废弃之列。"（《陈独秀文集》第一卷，第 197 页）

[③] 陈独秀：《基督教与中国人》，见《陈独秀文集》第一卷，第 565—567 页。

等的博爱精神三个方面。他认为，这是基督教的根本教义，也是人类新的信仰："新信仰是什么？就是耶稣崇高的、伟大的人格和热烈的、深厚的情感。"[①] 这种教义和信仰，科学家不会破坏它，人类将来也不会破坏它。从对耶稣教义的肯定中可以看出，陈独秀特别注重人的情感在宗教中的作用和力量。

既然情感对于建立新的宗教和信仰如此重要，那么它有没有人性的基础呢？陈独秀认为有。在他看来，情感主要不是后天的产物，它原本植根于人的本能中，原本植根于人的欲望中，只不过它是属于人的本能和欲望中的高级部分：

> 我们一方面固然要晓得情感底力量伟大，一方面也要晓得他盲目的、超理性的危险。[②]

前者是宗教信仰的基础，后者则需要用知识和理性来引导："譬如走路，情感是我们自己的腿，知识是我们自己的眼或是引路人的眼，不可说有了腿便不要眼。"[③] 基于此，陈独秀认为人的知识、理性和情感应该同时发展，不应只发展人的知识和理性，也应该发展人的情感，因为人的情感力量更强大。人对外部的反应，主要不在于知识的居间和指导，它的司令部和最大的部分是人的本能情感冲动：

> 利导本能上的感情冲动，叫他深浓厚、挚真、高尚，知识上的理性，德义都不及美术、音乐、宗教底力量大。知识和本能倘不相并发达，不能算人间性完全发达。[④]

以人的先天的情感为基础来复兴宗教和建立新信仰，这可以说是陈独秀的

---

① 陈独秀：《基督教与中国人》，见《陈独秀文集》第一卷，第 569 页。
② 陈独秀：《基督教与中国人》，见《陈独秀文集》第一卷，第 569 页。
③ 陈独秀：《基督教与中国人》，见《陈独秀文集》第一卷，第 569 页。
④ 陈独秀：《新文化运动是什么？》，见《陈独秀文集》第二卷，第 3 页。

"情感宗教论"。由于陈独秀对中国的道教和佛教没有兴趣，他也没有将儒家看成是宗教，因此，他没有从它们那里去寻找宗教情感。或者毋宁说，他认为中国文化中整体上缺乏宗教的情感：

> 中国底文化源泉里，缺少美的、宗教的纯情感，是我们不能否认的。[1]

这是陈独秀对梁漱溟认定的"富于情感是东方人的精神"的相反论断。

"自然情感"对陈独秀建立他的新道德同样是重要的。因为他认为伦理和道德（他称之为"道义"）也是出于人的本能中的超物质的情感：

> 道义的本源，自然也出于情感，逆人天性（即先天的本能）的道义，自然算不得是道义。[2]

道义、伦理和道德一旦变成了纯粹外在的规范，而不再以人的情感为基础，它们就会变成知识和理性的东西，变成知识和理性的冲动，它们就会脱离开人的内在的情感，不再是自然的纯粹的情感冲动，不再同自己的生命体验有关系，它们就容易变成表面的甚至是虚伪的：

> 同一忠、孝、节的行为，也有伦理的、情感的两种区别。情感的忠、孝、节，都是内省的、自然而然的、真纯的；伦理的忠、孝、节，有时是外铄的、不自然的、虚伪的。知识理性的冲动，我们固然不可看轻；自然情感的冲动，我们更当看重。我近来觉得对于没有情感的人，任你如何给他爱父母、爱乡里、爱国家、爱人类的伦理知识，总没有什么力量能叫他向前行动。[3]

① 陈独秀：《基督教与中国人》，见《陈独秀文集》第一卷，第568页。
② 陈独秀：《基督教与中国人》，见《陈独秀文集》第一卷，第567页。
③ 陈独秀：《基督教与中国人》，见《陈独秀文集》第一卷，第567页。

知识化、理性化的伦理规范同人的天然的伦理情感的不同，对陈独秀来说，又是支配中西两种文化不同的地方。他又运用中西二分的比较方法提出，支配中国人心灵的最高文化，是远古唐虞以来的伦理道义；支配西方人心灵的文化，是古希腊求美的情感和基督教求爱的情感。这两种文化的源泉有相同的地方，它们都是基于超物质的冲动，但中国文化偏于理性的道义精神，而西方文化则偏于情感：

> 所以我以为西洋东洋（殊于中国）两文化底分歧，不是因为情感与欲望的偏盛，是在同一超物质的欲望、情感中，一方面偏于伦理的道义，一方面偏于美的宗教的纯情感。①

陈独秀的这一判断很难成立。这是他基于情感与道义对中国伦理道德的一个批评。他以情感为伦理的情感，同他注重人的先天自然性有关。

陈独秀不仅要建立新宗教、新信仰，他更要建立新伦理和新道德。但要建立新伦理、新道德，他认为，首先要反叛旧伦理、旧道德。作为新文化运动的主要领袖，他对中国旧伦理的批判不遗余力。简单地说，陈独秀运用进化论和进步论，将过去与现代、新与旧两极化，认为中西文化分别代表了两个截然不同的方面。陈独秀承认道德有不同的标准，也认为道德不仅因时代不同而有异，而且也因地区不同而有别。但他更强调不同的时代有不同的伦理，更强调的伦理的变化，他认为伦理同其他事物一样也是进化的，没有固定不变的人类道德：

> 宇宙间精神物质，无时不在变迁即进化之途。道德彝伦，又焉能外？"顺之者昌，逆之者亡"，史例俱在，不可谓诬。②

---

① 陈独秀：《基督教与中国人》，见《陈独秀文集》第一卷，第568页。
② 陈独秀：《孔子之道与现代生活》，见《陈独秀文集》第一卷，第185页。陈独秀反对绝对和偶像，强调变化和进化："我向来有两种信念，一是相信进化无穷期……一是相信在复杂的人类社会，只有一方面的真理。"（陈独秀：《马尔塞斯人口论与中国人口问题》，见《陈独秀文集》第一卷，第581页）

　　陈独秀说的"旧道德"主要是指儒家的道德，特别指儒家的"三纲"、"忠孝节义"等伦常，他将它们看作野蛮半开化时代的道德，同文明时代的道德完全是两回事：

　　　　野蛮半开化时代，有野蛮半开化时代之道德（如封建时代之忠孝节义等是）；文明大进时代，有文明大进时代之道德（如平等博爱公共心等是）。①

按照陈独秀这里的说法，中国文明在几千年中一直停留在野蛮半开化时代。陈独秀这里列举的旧道德除了"三纲"，还有忠、孝、节、义，但他没有说到儒家的仁、礼、信和智。他批评儒家最多的地方是"三纲"等规范，因为它是让臣、子和妻都成了附属者而失去了独立的人格。他不满意旧道德，还是因为中国的孝悌观念太狭小了，例如"爱有差等"、"施有亲始"，他说这些观念"未免太滑头了"。

　　他认为，道德随时代和进化而不同，过去的道德自然不能适应现在的生活：

　　　　盖道德之为物，应随社会为变迁，随时代为新旧，乃进化的而非一成不变的，此古代道德所以不适于今之世也。②

旧道德不能适应现在的生活，意味着儒家的道德不能适应现代的生活。陈独秀批判孔教和儒家伦理，固然有对抗当时威权政治利用儒家禁锢思想的因素，但道德进化论和中西文化优劣论则是他的主要依据。

　　陈独秀要建立的新道德是什么呢？他有一个设想，这个设想是将儒家家庭的孝悌价值扩大为普遍的爱：

① 陈独秀：《答淮山逸民》，见《陈独秀文集》第一卷，第215页。
② 陈独秀：《答淮山逸民》，见《陈独秀文集》第一卷，第215页。

所以现代道德底理想，是要把家庭的孝弟［悌］扩充到全社会的友爱。现在有一班青年却误解了这个意思，他并没有将爱情扩充到社会上，他却打着新思想新家庭的旗帜，抛弃了他的慈爱的、可怜的老母；这种人岂不是误解了新文化运动的意思？因为新文化运动是主张教人把爱情扩充，不主张教人把爱情缩小。①

照这里所说，陈独秀又没有完全否定儒家的孝悌，他只是说孝悌所爱的范围过小，应该将它们扩大为对整个社会的爱心。

上述说到的陈独秀提出的新道德有平等、博爱、公共心等。结合他在其他地方的说法，他提倡的新道德还有独立、自主、爱、幸福、快乐、向上、创造等。②陈独秀特别强调人格独立、个人自主等价值，他是独立人格的忠实实践者。他在给他朋友陈其昌的信中说：

我只注重我自己独立的思想，不迁就任何人的意见，我在此所发表的言论，已向人广泛声明过，只是我一个人的意见，不代表任何人，我已不隶属任何党派，不受任何人的命令指使，自作主张自负责任，将来谁是朋友，现在完全不知道。我绝对不怕孤立。③

在人格独立中，陈独秀又十分强调男女平等和女性人格的独立。他认为，旧道德的主要问题是男女处在不平等的地位，使女性失去了人格独立，失去了自主性和独立性。

陈独秀也特别强调人的幸福和快乐，他的伦理学在某种程度上可以称为快乐主义或幸福主义的伦理学。他从人的自然本能和先天欲望出发，认为人生的真相和目的就是追求个人的快乐和幸福：

---

① 陈独秀：《新文化运动是什么？》，见《陈独秀文集》第二卷，第3—4页。
② 陈独秀在《新青年》宣言中描绘的新时代的美好生活，也可以看成是人的美好伦理生活："我们理想的新时代新社会，是诚实的，进步的，积极的，自由的，平等的，创造的，美的，善的，和平的，相爱互助的，劳动而愉快的，全社会幸福的。"
③ 水如编：《陈独秀书信集》，新华出版社1987年版，第473—474页。

人之生也，求幸福而避痛苦，乃当然之天则。①

陈独秀所说的"幸福"是广义的。强健的身体、稳定的职业和名誉能使人幸福，满足不同的欲求能使人幸福，不依赖他人、不损害社会和国家的利益也能使人幸福。

在陈独秀看来，旧道德既不利人，也不利己。② 功利主义者提出开明的自私主义，认为个人追求自己的快乐和幸福以不损害他人的幸福和快乐为前提。陈独秀称之为自利主义，认为它不同于极端的自利主义者：

天下无论何人，未有不以爱己为目的者……故自利主义者，至坚确不易动摇之主义也。③

个人是社会的基础，幸福和快乐首先是个人的。但反过来，社会又使个人创造的幸福能够不断地传递下去。陈独秀并没有将个人与社会对立起来。他说：

个人生存的时候，当努力造成幸福，享受幸福；并且留在社会上，后来的个人也能够享受。递相授受，以至无穷。④

三、人权——政治上和经济上的

在陈独秀那里，如果说人的伦理和道德上的人格、独立、爱心等主要

① 陈独秀：《新青年》，见《陈独秀文集》第一卷，第 143 页。
② 参见陈独秀：《道德之概念及其学说派别》，见《陈独秀文章选编》上册，生活·读书·新知三联书店 1984 年版，第 195 页。
③ 陈独秀：《道德之概念及其学说派别》，见《陈独秀文章选编》上册，第 195 页。
④ 陈独秀：《人生真义》，见《陈独秀文集》第一卷，第 274 页。他又说："社会是个人的总寿命，社会解散，个人死后便没有联续的记忆和知觉；所以社会的组织和秩序，是应该尊重的。"（陈独秀：《人生真义》，见《陈独秀文集》第一卷，第 273 页）

是基于人的内在情感和自觉，那么人的政治和经济上的权利，则主要靠法治和民主政治来保障。林毓生以陈独秀 1914 年说的一句话——国家的目的是"保障人权，共谋幸福"——为根据，认为在新文化运动早期陈独秀、李大钊等都主张建立宪政，主张保障个人自由。[①] 他引用的陈独秀的这句话出自 1914 年 11 月陈独秀发表的《爱国心与自觉心》一文。陈独秀的原话是：

> 土地、人民、主权者，成立国家之形式耳。人民何故必建设国家，其目的在保障权利，共谋幸福，斯为成立国家之精神。[②]

陈独秀的这篇文章主要是要人们用"自觉心"去好好认识"爱国心"，认为人民没有义务去爱一个压制它的人民的国家。因为国家自身不是目的，国家的目的是保障人民的权利，是为全体人民谋取福祉：

> 国家者，保障人民之权利，谋益人民之幸福者也。[③]
> 爱国者何？爱其为保障吾人权利，谋益吾人幸福之团体也。[④]

据此来看，国家只有保障了人权和为人民谋利益，人民才有义务去爱它。[⑤]
　　陈独秀接受马克思主义以后，他的思想发生了不少变化，但实际上他并没有像安靖如所说的那样，在 1921 年便不再谈论工人的权利问题

---

① 参见林毓生：《中国传统的创造性转化》（增订本），第 565—569 页。
② 陈独秀：《爱国心与自觉心》，见《陈独秀文集》第一卷，第 83 页。
③ 陈独秀：《爱国心与自觉心》，见《陈独秀文集》第一卷，第 87 页。
④ 陈独秀：《爱国心与自觉心》，见《陈独秀文集》第一卷，第 83 页。在《今日之教育方针》中，陈独秀也强调了"国家为人民公产"的思想："民主国家，真国家也，国民之公产也，以人民为主人，以执政为公仆者也。"（陈独秀：《今日之教育方针》，见《陈独秀文集》第一卷，第 107 页）
⑤ 陈独秀在《我们究竟应当不应当爱国？》中又说："**我们爱的是国家为人民谋幸福的国家，不是人民为国家做牺牲的国家**"。（陈独秀：《我们究竟应当不应当爱国？》，见《陈独秀文集》第一卷，第 491 页）

了。① 更准确地说，他谈论一般意义上的人的权利少了，他主要谈论的是劳工者和无产阶级的权利。更重要的是，他对人获得权利和保障权利的方式的认识发生了变化。例如，他对宪政与人的权利之间的关系的认识同之前已有明显的不同。在《立宪政治与政党》中，陈独秀说：

> 立宪政治在十九世纪总算是个顶时髦的名词，在二十世纪的人看起来，这种敷衍不彻底的政制，无论在君主国民主国，都不能够将人民的信仰、集会、言论出版三大自由权完全保住，不过做了一班政客先生们争夺政权的武器。现在人人都要觉悟起来，立宪政治和政党，马上都要成历史上过去的名词了，我们从此不要迷信他罢。什么是政治？大家吃饭要紧。②

但陈独秀对民主政治仍然保持着一定的认同，在晚年他强调民主政治的核心仍是保障人民的权利：

> 民主政治之真实内容是，法院以外机关无捕人权，无参政权不纳税，非议会通过政府无征税权，政府之反对党有组织言论出版自由，工人有罢工权，农民有耕种土地权，思想宗教自由等等。③

前后观点的不同，说明了陈独秀人权观念的复杂和曲折，但他前后保持的某种连续性乃至后期向前期的复归，又说明陈独秀认识到保障人的权利的重要性，认识到政治要服务于公众利益。

根据陈独秀早期的言论，并结合他晚年的主张，他主张的"人权"首先是受到宪政保障的人的基本权利。它包括人的平等权利（特别是男女平

---

① 参见安靖如：《人权与中国思想——一种跨文化的探索》，黄金荣、黄斌译，中国人民大学出版社 2012 年版，第 200—208 页。
② 陈独秀：《随感录》，见《陈独秀文集》第一卷，第 486 页。
③ 陈独秀：《致连根》，见如水编：《陈独秀书信集》，第 497 页。

等）、自由权利（如言论、宗教信仰、集会和结社自由等）、参政议政的权利，等等。在这些权利中，陈独秀强调最多的是人的平等权和自由权。这是杜威强调的社会的民治主义：

> 就是平等主义：如打破不平等的阶级，去了不平等的思想，求人格上的平等。①

陈独秀说西方法治的根本精神在于人的平等：

> 西洋所谓法治国者，其最大精神，乃为法律之前，人人平等，绝无尊卑贵贱之殊。②
> 盖今之宪法，无非采用欧制，而欧洲法制之精神，无不以平等人权为基础。③

同样，人的自由权也十分重要，它是最基本的人权：

> 举一切伦理，道德，政治，法律，社会之所向往，国家之祈求，拥护个人之自由权利与幸福而已。思想言论之自由，谋个性之发展也。法律之前，个人平等也。个人之自由权利，载诸宪章，国法不得而剥夺之，所谓人权是也。④

人的自由权同人的各方面的发展息息相关，它是人类文明的首要条件。在随笔《旧党的罪恶》中，陈独秀说：

> 言论思想自由，是文明进化的第一重要条件。无论新旧何种思想，

---

① 陈独秀：《实行民治的基础》，见《陈独秀文集》第一卷，第494页。
② 陈独秀：《宪法与孔教》，见《陈独秀文集》第一卷，第179页。
③ 陈独秀：《宪法与孔教》，见《陈独秀文集》第一卷，第182页。
④ 陈独秀：《东西民族根本思想之差异》，见《陈独秀文集》第一卷，第127页。

他自身本没有什么罪恶。①

　　法律是为保守现在的文明，言论自由是为创造将来的文明；现在的文明现在的法律，也都是从前的言论自由，对于他同时的法律文明批评反抗创造出来的；言论自由是父母，法律文明是儿子。②

　　人除了政治上的权利，还有生存权、经济权。经济生活对人的生存和发展也是非常重要的。在《今日之教育方针》中，陈独秀说：

　　现实之世界，即经济之世界也。举凡国家社会之组织，无不为经济所转移所支配……今日之社会，植产兴业之社会也；分工合力之社会也；尊重个人生产力，以谋公共安宁之幸福之社会也。一人失其生产力，则社会失其一部分之安宁幸福。③

　　在新文化运动中，为东方文化辩护的一些人，将东西文化二分化，认为东方文化充分发展了人的精神生活，西方注重的则是人的物质生活。陈独秀对此提出了批评。他说，物质生活是人的精神生活的基础；没有好的物质生活，人很难发展他的精神生活。④陈独秀接受了唯物主义之后，更是将经济看作人其他方面发展的基础，并以经济去解释人生的许多方面。

　　在人权主要变成了劳动者和工人的权利后，争取人的生存权和经济权，自然就变成了向资本家和剥削者要求权利和经济利益。在《劳动者的觉悟》

---

①　陈独秀：《随感录》，见《陈独秀文集》第一卷，第411页。
②　陈独秀：《随感录》，见《陈独秀文集》第一卷，第509页。
③　陈独秀：《今日之教育方针》，见《陈独秀文集》第一卷，第108页。在《孔子之道与现代生活》中，陈独秀也强调说："现代生活，以经济为之命脉，而个人独立主义，乃为经济学生产之大则，其影响遂及于伦理学。故现代伦理学上之个人人格独立，与经济学上之个人财产独立，互相证明，其说遂至不可摇动；而社会风纪，物质文明，因此大进。中土儒者，以纲常为教。为人子为人妻者，既失个人独立之人格，复无个人独立之财产。"（陈独秀：《孔子之道与现代生活》，见《陈独秀文集》第一卷，第186—187页）
④　参见陈独秀：《精神生活　东方文化》，见《陈独秀文章选编》中册，生活·读书·新知三联书店1984年版，第402—403页。

（1920 年 5 月）中，陈独秀将世界劳动者的觉悟分为两步：第一步是向资本家要求待遇改良；第二步是要求管理权。向资本家要求待遇改良，包括减少劳动时间、增加工价、改良卫生、劳动保险等；向资本家要求管理权，是要做工的人自己起来管理政治、军事和产业。劳动者第一步的觉悟，是要求不做工的人对于做工的人的待遇改良。只有工人到了第二步的觉悟，到了生活条件等都掌握在自己手里的时候，他们的权利才算稳固。否则无论如何改良待遇，终是仰仗别人的恩惠。

宪政赋予人的政治权利和经济权利，一般被看作民主政治的产物。被陈独秀在 1919 年 1 月的《〈新青年〉罪案之答辩书》中塑造为"德先生"的"民主"，又被他称为"民治主义"。在《实行民治的基础》中，陈独秀从杜威的民治主义出发来讨论如何实现民治。照杜威的说法，民治主义主要包括政治（用宪法保障权限、用代议表现民意等）、民权（注重人民的权利，如言论自由、出版自由、信仰自由、居住自由等）、社会（即平等主义，打破不平等，求人格上的平等）、生计（打破不平等的生计、铲平贫富差别）四大要素。陈独秀认为，杜威概括的民治主义的四个方面，前两者主要是有关政治方面的，后两者主要是有关社会经济方面的。他说，他希望的民治主义当然也不限于政治方面，他以"社会生活向上"为目的，把政治和社会经济两个方面看成是社会生活向上的两大工具。在这两大工具中，社会经济方面的民治比政治方面更重要：

> 社会经济问题的不解决，政治上的大问题没有一件能解决的，社会经济简直是政治的基础。①

面对民国初期的政治混乱和政治专制，陈独秀意识到，人权不是靠法律的条文就能够保障的。他不否认宪法，也不否认代议制，但他说这还不是真正的民治，它们还必须通过其他东西来补充，这就是人民必须有直接的议决权，真正的民治是由人民直接来治理。为了实现民治，人民还必

---

① 陈独秀：《实行民治的基础》，见《陈独秀文集》第一卷，第 495 页。

须从基层开始广泛建立各种联合自治体，即：地方自治和同业联合。这种联合体的实质，是人人直接治理，不是间接治理；是人人都去参与公共事务，不是只打个招牌。陈独秀的"自治主义"，同他之前在《吾人最后之觉悟》中主张的人们的"政治觉悟"相呼应。在这里，他又强调，立宪政体和国民政治是否能够实现，完全取决于国民对于政治是否自觉到要居于主人地位："自居于主人的主动的地位，则应自进而建设政府，自立法度而自服从之，自定权利而自尊重之。"① 否则，人民如果没有政治的主动性和自觉性，如果不去争取和努力，只是仰仗贤人政治，人民的权利是不可能得到保障的：

　　倘立宪政治之主动地位属于政府而不属于人民，不独宪法乃一纸空文，无永久厉行之保障，且宪法上之自由权利，人民将视为不足重轻之物，而不以生命拥护之；则立宪政治之精神已完全丧失矣。②

四、人与知识和科学

陈独秀对于"人"的刻画，除了以上所说还有一个重要的维度，那就是强调人的生活、人生需要用科学来认识和指导。同民主被拟人化为"德先生"而盛传一样，科学也被陈独秀拟人化为"赛先生"而远扬。知识和科学对人的重要性，就像权利对人的重要性一样。在《敬告青年》中，陈独秀将"科学"与"人权"相提并论，认为欧洲强大的主要原因在于它发展出来的科学，同时也发展出来了人权：

　　近代欧洲之所以优越他族者，科学之兴，其功不在人权说下，若舟车之有两轮焉。③

---

① 陈独秀：《吾人最后之觉悟》，见《陈独秀文集》第一卷，第 139 页。
② 陈独秀：《吾人最后之觉悟》，见《陈独秀文集》第一卷，第 139 页。
③ 陈独秀：《敬告青年》，见《陈独秀文集》第一卷，第 95 页。

在人的生活中，科学的重要性，一是它能使人克服迷信和空洞的想象，能使人从理性出发，遵循理性的判断而生活。对欧洲人来说是这样，对中国人同样如此：

> 今且日新月异，举凡一事之兴，一物之细，罔不诉之科学法则，以定其得失从违；其效将使人间之思想云为，一遵理性，而迷信斩焉，而无知妄作之风息焉。[1]

陈独秀没有从中国古代寻找类似近代科学的东西，相反，他从中看到的是各种迷信和想象。如果中国人不接受科学，他们仍将被那些根深蒂固的迷信和想象所左右，只是不同的阶层，他们的迷信和想象有所不同罢了。近代科学确实在各个领域为人类带来了众多的新知和新方法，近代早期一些人持"古已有之论"，甚至持"古皆有之论"，这类观念确实轻率，但也不能简单说中国文化中的东西都是迷信和妄想的东西。为了启蒙和接受科学新知的需要，陈独秀也像一部分人那样，都在中国传统中寻找不好的东西，以至于整体上认为中国文化中没有什么好的东西，不过都是迷信和想象。现在有了西方的科学，就有了医治迷信和想象的灵丹妙药：

> 凡此无常识之思，惟无理由之信仰，欲根治之，厥维科学。[2]

当然，陈独秀承认欧洲历史上也有迷信，它的最大迷信是神灵论和上帝创世说。人们用超自然的神灵及其主宰力解释宇宙和万物，这是宗教迷信存在的主要原因。但天文学、地质学和生物学的发展，已对宇宙和万物做出了科学解释，宗教迷信失去了存在的根据。[3]

科学对人的重要性，也在于它能够帮助人们正确地认识人生，帮助人

---

① 陈独秀：《敬告青年》，见《陈独秀文集》第一卷，第95页。
② 陈独秀：《敬告青年》，见《陈独秀文集》第一卷，第96页。
③ 参见陈独秀：《随感录》，见《陈独秀文集》第一卷，第310页。

们建立好的人生观，过上好的生活：

> 总之，人生真相如何，求之古说，恒觉其难通；征之科学，差谓其近是。近世科学家之解释人生也：个人之于世界，犹细胞之于人身，新陈代谢，死生相续，理无可逃。①

对于将物质生活与精神生活二分的人来说，科学只是对人们认识自然和追求物质生活有效，它对人们的精神生活没有作用。陈独秀在《新文化运动是什么？》中说：

> 我们的物质生活上需要科学，自不待言；就是精神生活离开科学也很危险。②

在科学与人生观的讨论中，陈独秀不仅批评了科学派，也批评了人生观派。他好像是置身事外，说他们两方都没有触及问题的实质。问题很简单，用唯物论就可以解释人生的一切问题。陈独秀有时批评机械论，在这里，他陷入了决定论：

> 我们相信只有客观的物质原因可以变动社会，可以解释历史，可以支配人生观。③

陈独秀的说法很独断，但这正是陈独秀的科学观也可以被叫作"科学主义"的原因。

科学帮助人们正确地解释世界，帮助人们克服迷信和想象，帮助人们认识人生，解释人生的问题。当它转变为技术时，它又是抵御自然的强大

---

① 陈独秀：《今日之教育方针》，见《陈独秀文集》第一卷，第106页。
② 陈独秀：《新文化运动是什么？》，见《陈独秀文集》第二卷，第2页。
③ 陈独秀：《〈科学与人生观〉序》，见《陈独秀文集》第二卷，第483页。

力量。这是陈独秀对技术和人道的赞赏：

> 众星各葆有其离力而不相并，万物各驱除其灾害而图生存，人类以技术征服自然，利用以为进化之助，人力胜天，事例最显。其间意志之运用，虽为自然进动之所苞，然以人证物，各从其意，志之欲求，以与自然相抗，而成败别焉……自然每趋于毁坏，万物各求其生存。一存一毁，此不得不需于抵抗力矣。抵抗力者，万物各执着其避害御侮自我生存之意志，以与天道自然相战之谓也。①

在这里，陈独秀区分了天道与人道，认为自然是按自身的方式变化，万物是按照自身的方式存在，它们之间存在着冲突和矛盾。为了在这种冲突和矛盾中生存下来，人类必须运用工具，近代西方把技术发展到了空前的高度。

科学之所以能够为人类提供真正的知识，之所以能够变成有力的技术，这是因为它排除武断和想象，立足于理性，求诸事实和证实：

> 夫以科学说明真理，事事求诸证实，较之想象武断之所为，其步度诚缓；然其步步皆踏实地，不若幻想突飞者之终无寸进也。宇宙间之事理无穷，科学领土内之膏腴待辟者，正自广阔。②

陈独秀区分科学与想象。科学在于追求主观与客观的统一，而想象既脱离客观，又脱离理性。陈独秀说的科学主要是指自然科学，但也包括了社会科学。他用广狭两种意义来界定两者。他说狭义的科学是指自然科学，广义的科学是指社会科学。他相信自然科学的方法对社会科学也是适用的，认为社会科学如社会学、法律学、经济学、历史学和伦理学等，之所以能叫社会科学，是因为它将科学的方法运用到了社会中的一切人事上，这正

---

① 陈独秀：《抵抗力》，见《陈独秀文集》第一卷，第113—114页。
② 陈独秀：《敬告青年》，见《陈独秀文集》第一卷，第96页。

是自然科学的最大效用。他说中国人的科学观狭隘：

> 我们中国人向来不认识自然科学以外的学问，也有科学的威权；向来不认识自然科学以外的学问，也要受科学的洗礼；向来不认识西洋除自然科学外没有别种应该输入我们东洋的文化；向来不认识中国底学问有应受科学洗礼的必要。①

类似于这里陈独秀对自然科学与社会科学两者关系的说明，在《再论孔教问题》中，陈独秀把"自然法"与"人为法"区分开，相信"人为法"最终也将同"自然法"统一起来。这里他说的"人为法"主要是在宗教、道德和法律方面。他说：

> 盖宇宙间之法则有二：一曰自然法，一曰人为法。自然法者，普遍的，永久的，必然的也，科学属之。人为法者，部分的，一时的，当然的也，宗教道德法律皆属之。②

陈独秀举例说，不食则饥，衰老则死，对一切生物都是普遍有效的，这是自然法；但人们崇拜耶和华，大臣为君主殉死，妻子为丈夫殉死，早婚受罚等都是人为法，它们只对不同地域有效，这是人为法。但随着科学的发展，人为法也将变得同自然法一样，具有普遍的有效性：

> 人类将来之进化，应随今日方始萌芽之科学，日渐发达，改正一切人为法则，使与自然法则有同等之效力，然后宇宙人生，真正契合。③

可以看出，陈独秀对自然法则和人道法则的统一充满了乐观主义，这是他

---

① 陈独秀：《新文化运动是什么？》，见《陈独秀文集》第二卷，第1—2页。
② 陈独秀：《再论孔教问题》，见《陈独秀文集》第一卷，第197页。
③ 陈独秀：《再论孔教问题》，见《陈独秀文集》第一卷，第197页。

的科学主义立场的突出表现之一。

结　语

　　陈独秀对"人"的刻画是多维度的。他从物质世界的实有，肯定人的实有和现实性，否定上帝造人说，否定佛教的虚幻说；他从人的自然性出发去建立人的新伦理和新信仰；他希望新的政治和经济能够充分保障人们的各种权利；他肯定知识、科学和技术是因为它们能够帮助人克服迷信，能够指引人做出正确的选择和改善人的生活。

第十章

实在、客观和价值

——张申府的"唯实世界观"探析

引　言

虽然张申府自己对他的哲学就有不同的称谓，虽然早已有人将他的哲学称之为"解析法的新唯物论"，但这并不意味着问题已经明朗。[①]事实上，已有的说法和界定（包括张申府自己的）存在着很大的局限性。新近对张申府哲学的讨论更多的是从不同的侧面入手，个别视野大一些的讨论也显得简略。[②]因此，对于张申府的哲学，我们需要进行重新界定。

从一些内容来看，张申府的哲学可以说是现代中国新实在论和唯物论这两种哲学运动的一部分。但它的主要倾向是来自罗素的朴素实在论。用

[①]　参见孙道昇：《现代中国哲学界之解剖》，见《国闻周报》第 12 卷第 45 期，1935 年 11 月 8 日。另，郭一曲将张申府的哲学界定为"解析的辩证唯物主义"，这一规定遮蔽了张申府从罗素的"实在论"中接受的"实在"观念。（参见郭一曲：《解析的辩证唯物主义：张申府的哲学思想》，《中国哲学史》2001 年第 4 期，第 79—85 页）

[②]　参见张岱年：《张申府的哲学思想》，见张岱年、汤一介等：《文化的冲突与融合——张申府、梁漱溟、汤用彤百年诞辰纪念文集》，北京大学出版社 1997 年版；许全兴：《张申府与中国现代哲学》，见张岱年、汤一介等：《文化的冲突与融合——张申府、梁漱溟、汤用彤百年诞辰纪念文集》，北京大学出版社 1997 年版。

"解析的方法"加上"唯物论"来说明他的哲学，显然遮蔽了他的实在论立场。张申府声称，他的哲学是将东西方已有的三种最好的东西 —— 罗素的解析[①]、列宁的唯物论和辩证法、孔子的仁 —— 结合到了一起。且不说他是如何综合这三种东西的，就是对于综合这三者而得出的东西该如何称谓，他也始终没有给出一个明确的说法。他在不同的场合，强调了他的哲学的不同方面。比如，在方法上，他声称他十分看重解析方法，但同时他又强调科学方法、纯客观方法（或"大客观"）、辩证方法（"活"）、贯通和综合的方法，特别是他还想用后几种方法来弥补罗素解析方法的不足。又如，在世界的本性上，他一再引用罗素的"健实的实在感"，说他受到了罗素的"实在"观念的影响，但他同时又赞赏唯物论，接受其"物质"概念。当然，他还推崇孔子的"仁"和"中"。[②]

对张申府来说，他的哲学中的这些东西整体上既是可以统一的，又是能够互补的。对我们来说，在这些复杂的东西中，我们能不能对他的哲学做出整体性的概括呢？通过研究，我们找到了他的哲学中的一贯性线索，这就是他一生对"实"这一概念自始至终的崇尚和津津乐道。在《所思》中，他说："我所思兮，'一切皆实'"[③]。张申府声称的"实"，比罗素的实在论所主张的要宽泛，更不是唯物论的"物质"概念所能涵盖的。它是一个他用以将自然、社会和人类贯穿起来的宏大观念。"实"在张申府哲学中的重要性和贯通性，使我们有充分的根据可以将他的哲学概括为"唯实世界观"（或"唯实论"）。这一世界观不是让人类对自然世界获得权能，也不是让社会对个人获得权能，它是通过认识世界和获得新的方法来改造社会

---

① 有关张申府与罗素分析哲学的关系，参见冯崇义：《罗素与中国 —— 西方思想在中国的一次经历》，生活·读书·新知三联书店 1994 年版；胡军：《分析哲学在中国》，首都师范大学出版社 2002 年版，第 89—107 页。

② 张申府十分喜欢进行融合和综合，他一再声称他的哲学要将已有的那些最好的东西都包揽在自己的思想框架之内。但这种做法冒着失去哲学上的鲜明性的危险，会使他的哲学变得平淡无奇。因为任何十分独特的哲学都是在一种视角之下对世界的深度洞察。在大部分情况下，不同的学派本身就是相互否定的产物，即使在同一学派内部的不同见解，彼此之间也凭借差异而使自己居于一种特殊的地位。

③ 张申府：《所思》，见《张申府文集》第三卷，河北人民出版社 2005 年版，第 104 页。

和改造个人。

只是，张申府没有耐心加以论证，没有以复杂的结构来呈现他的哲学。晚年的他后悔他一生没有写出一部哲学"大书"，这本"大书"指的就是他没有将他的哲学体系化和系统化。[①] 对于古代中国哲学来说，这是常态；但对于现代中国哲学来说，这正是需要改变的地方。对哲学持有见解并了解现代逻辑技术的张申府，当然意识到了这一点。新的中国哲学应该有系统和复杂的论证，而不应仍是一系列的断言，不管这些断言多么有哲理。[②] 张申府还意识到他为什么没能做到这一点：主要的原因是他对社会、政治活动的强烈兴趣和热情消耗掉了他许多精力[③]；附带的原因是他理智上的兴趣点太多（就像他在北京大学学习期间游走于数学与哲学之间一样），他不能在接受新东西和对哲学主题（比如他坚持的"实"）的持续思考之间保持好平衡。他向舒衡哲自白道：

> 我一生都喜欢新的思想，总之是新的东西我都爱。我碰到新的东西时，我就忘记早些时曾经吸引我的事物。因此我非常分散。在我的学术生命中，我很杂。我的政治活动也是这样。所以在学术界中，我没有那些朋友出名，这一点也不奇怪。[④]

无论如何，张申府在哲学上为我们提供了一个实质性的主张。我们首

---

① 相较于张申府，熊十力、金岳霖、冯友兰等都是现代中国哲学中能将自己的哲学系统化的体大精深的哲学家。

② 张申府在《论什么是哲学》（见《张申府文集》第二卷，河北人民出版社 2005 年版）、《哲学与哲学家》（见《张申府文集》第二卷）中对哲学及其性质和作用提出了看法。

③ 张申府的这种选择和做法是否明智，要看我们在什么角度上去评判它，因为问题并不像我们乍看上去那么简单和单纯。事实上，他自己对此就有不同的视角。一方面，他认为他热心社会和政治活动影响了他的哲学工作；另一方面，他又认为知识分子有责任关心社会和政治，他并不遗憾他在这方面的选择，即使他为此付出了不少代价，比如被清华大学解聘等。

④ ［美］舒衡哲：《张申府访谈录》，［美］李绍明译，北京图书馆出版社 2001 年版，第 23 页。

先来探讨作为他的哲学的根本信念的"实"以及他的这一概念的来源及其所指，继而来考察他提出的用来把握这个"实"的各种方法，他的人生观和价值观的要旨也在于这个"实"。通过这三个方面的讨论，张申府的哲学整体上为什么可以概括为"唯实世界观"的问题，就迎刃而解了。

一、"实在的世界"——信念、来源和融合

我们将张申府的哲学称为"唯实世界观"，这首先是说，他将"实"和"实在"作为他的哲学上的根本信念。哲学家对世界本质上是什么的问题，往往都有自己的信念。按照张申府的说法，这是哲学家在哲学上的一大"假定"。肯定世界的"实在性"，是张申府在哲学上的假定和出发点，也是他的信念和他贯通世界、社会和人生的统一根据。1936 年，张氏在《说实》中宣称：

> "实"，乃是我生平最喜欢的一个字。[①]

1938 年，他在《教实》中又强调说：

> 多少年来，不论从我在学问上所认识的，或用我在生活中所体认的，我都认定最要紧的就是一个"实"字。我近来最想宣传的就是实的教义。不论在哲学上，在政治上，在文学艺术上，在生活行动上，我都相信最根本切要的都在于实。[②]

在张申府的"唯实世界观"中，他说的"实"跟他说的"实在"相当，彼此可以互换。张申府的"唯实"信条，有一个接受、吸取不同的实在观念并将之融合起来的过程。这一过程一直延续到他的晚年。1982 年，

[①] 张申府：《说实》，见《张申府文集》第三卷，第 234 页。
[②] 张申府：《教实》，见《张申府文集》第一卷，河北人民出版社 2005 年版，第 295 页。

他还发表了《实、活、中》。对此，我们一直没有深究，而是不假思索地接受了他将"解析"与"唯物"结合起来的说法，机械地看待他说的"将来的世界哲学实应是一种解析的辩证唯物论"[1]，忽视了他所说的"实"、"实在"首先并主要是来源于罗素的哲学，其次才是唯物论这一事实。这使得探讨张申府的实在论，在很大程度上就成为考察他如何接受罗素的"实在"观念。

张申府一生都对罗素怀有高度的尊敬和敬仰。1942 年 5 月 8 日，罗素迎来了他的七十岁的生日。对罗素一往情深的张申府，专门撰写了《祝罗素七十》，向罗素表达了最诚挚的祝愿。他指出，罗素在哲学上最重要的贡献是他提出的新的方法 —— 数理逻辑、逻辑解析、摹状论和类型论，而不是什么新实在论。事实上，张申府受罗素影响就是罗素的"实在"概念。罗素的思想前后多变，按照金岳霖的说法，他早年是实在论的，但愈到后来他愈是一位主观论者。[2] 但罗素追求知识的热忱是一贯的，他坚持实在的信念也是连续的。[3] 张申府清楚地知道罗素思想中变中的这种"不变"，即他对"实"的坚持：

> 罗素哲学确已屡变。但是不但百变不离其宗，而且越变越近其宗。宗是什么？宗就是实，就是如实，就是切实。罗素尝自称他生来是一个经验论者。这就对了。这实是罗素哲学最大特点之一，要了解罗素与罗素哲学是必须懂得这个的。[4]

张申府的思想前后也有变化，但他敬仰罗素、接受罗素的世界实在性的信念自始至终没有变。罗素先是接受唯心主义（黑格尔的和康德的），后

---

[1]　张申府：《现代哲学的主潮》，见《张申府文集》第二卷，第 186 页。

[2]　参见金岳霖：《知识论》，第 46 页。

[3]　按照罗素的自述，渴望爱情、追求知识和对人类不可遏制的同情心这三者支配着他的一生。参见［英］伯特兰·罗素：《罗素自传》第一卷，胡作玄、赵慧琪译，商务印书馆 2002 年版，第 1 页。

[4]　张申府：《祝罗素七十》，见《张申府文集》第二卷，第 286 页。

开始反叛这种哲学。他同穆勒一道诉诸常识，认为世界的本性是物理性的实在，是独立于人类而存在的世界。一般将他和穆勒在哲学上的这一新趋向称之为"朴素实在论"或"新实在论"。罗素回忆他的这一转变和他当时的兴奋之情说：

> 将近一八九八年终的时候，穆尔（本书译为穆勒——引者）和我背叛了康德和黑格尔。穆尔在前领路，我紧步其后尘。……在刚一得到解放的欢畅中，我成了一个朴素的实在论者，极为高兴，认为草真是绿的，即使自洛克以来所有的哲学家都持相反的意见。我不能一直保持这种愉快的信念的原有的力量，可是我再也不能把我自己关在一个主观的监牢里了。[①]

张申府早期步入哲学活动，就是从接触罗素的哲学开始的。根据他1948年的回忆，在1913年，即罗素的《哲学问题》出版之后的第二年，他在北京大学的藏书楼就阅读了这部著作：

> 我正式学哲学是在一九一三年。北大的藏书楼（即今日的图书馆）给我的影响最大，就在这个时候，我发现了罗素，他的《哲学问题》那本书给我的印象最大。……就一般的倾向来说，我确是非常接近罗素。[②]

在这部书中，罗素肯定了现象、物理客体和实在，也肯定了共相的实在。1914年，张申府在北大图书馆又看到了罗素同年出版的《我们关于外界的知识》。他被罗素的哲学和智慧深深吸引，很快成为罗素哲学的翻译者和传播者。他的做法还感动了来华访问的罗素。

在引介、继而接受的双重意义上，张申府曾将罗素等代表的"realism"

---

① ［英］伯特兰·罗素：《我的哲学的发展》，温锡增译，商务印书馆1982年版，第47—54页。

② 张申府：《哲学与哲学家》，见《张申府文集》第二卷，第443—444页。

译为"唯实主义"、"唯实宗"和"实在论"。[①] 1926 年，张申府翻译了约德（C. E. M. Joad）的《现代哲学引论》。这部书共有五章，它们分别是"现代实在论"、"罗素哲学"、"新唯心论"、"实用主义"和"柏格森哲学"。张申府为他翻译的此书写了"短跋"——《现代哲学校论》，他将现代哲学分为两大派别："唯实"与"唯心"。他称道罗素的朴素实在论，也将英文的 realism 译为"唯实主义"，又译为"唯实宗"，并说以"唯实主义"翻译"离立思姆"虽然不一定恰当，然将"唯"字当"崇"、"钟"、"特"解是恰当的：

> 唯实宗，假定实有，以资起论：以实为主，自实观实。是客观的。是要推翻心的僭妄位置的。其所重在知与理。常以天行为依归。方法在解析，注目当前，零碎为解决，亦不忽通元。与科学契合。是少壮的。其知求于实在，是勇往，而肯任劳耐烦的。是天生爱重强硬难驯的事实的。[②]

这里所说的"唯实宗"就是罗素、穆勒的哲学。张申府指出，唯实宗是英国具有的独特的精神，唯名论、经验论、感觉论、实证论、现象论、自然主义和实验主义等和它都属于同一精神。在之后的哲学活动过程中，张申府的哲学同罗素的哲学一直保持着高度的协同性。他从罗素的哲学中找到了他自己解释世界的出发点，这就是罗素的"实在论"。

罗素有关实在的一个说法，对张申府产生了刻骨铭心的影响。罗素1919 年出版的《数理哲学导论》（*Introduction to Mathematical Philosophy*）中有一章（第十六章）名为"摹状词"。1933 年，张申府在《事、理和事

---

① 西方哲学中的"实在论"有不同的类型。按照怀特的说法，一种是罗素的那种，它是一种承认物理现象不依赖心灵而存在的、与常识相符合的信念；另一种是柏拉图的那种，它是认为理念或共相也是独立存在的、与常识很不符合的信念。参见［美］M. 怀特的《分析的时代：二十世纪的哲学家》，商务印书馆 1981 年版，第 18 页。

② 张申府：《现代哲学校论》，见《张申府文集》第二卷，第 82 页。

实》中引用了这一章中的一句话："只有一个世界，即'实'世界。"① 在这一章中，罗素还有一个说法，这一说法一直为张申府所强调。张申府开始时将它译为"对于实在的壮健率直之感"②，之后，张申府多称之为"健实的实在（之）感"。我们举几个例子看看。1938 年，在《教实》中，张申府说：

> 在哲学上，我曾称道新实在论。我自己的哲学观点是"大客观"。这些的最主要点都不外一个实字。就是现代的唯物论，也如此。我为什么最喜欢罗素？就因他是最能表现实者。罗素爱说"健实的实在之感"（robust sense of reality）。我认为这真是讲学作事所最不可缺。③

1942 年，张申府在《祝罗素七十》中说，罗素的贡献中"还有更常常称道的一种精神，'健实的实在之感'"④。1942 年，在《具体、深入、专》中，他称赞罗素是 20 世纪初期世界最伟大的哲学家。他的伟大之处，在张申府看来，就是他的经验论和实在论：

> 他一生最大的教训，就是他说他生来是一个经验论者，他一生口口不离的是所谓"健实的实在之感"……二十世纪以来，许多哲学家从罗素出来了。但都赶不上他。为什么呢？就因为恰缺了他那个宝贵的"健实的实在之感"。所以一作什么就滑到各种的虚玄里去。⑤

1946 年，在《罗素 —— 现代生存的最伟大的哲学家》中，张申府说罗素这位大师"依然有他的特色。那就是他有始终保持不忘而且越来越发加

---

① 张申府：《事、理和事实》，见《张申府文集》第二卷，第 175 页。晏成书将这句话译为："只有一个世界，这就是'实在的'世界。"（[英]伯特兰·罗素：《数理哲学导论》，晏成书译，商务印书馆 1982 年版，第 159 页）

② 晏成书将之翻译为"对于实在的健全意识"。罗素认为这一意识"是必需的"。参见 [英]伯兰特·罗素：《数理哲学导论》，晏成书译，第 160 页。

③ 张申府：《教实》，见《张申府文集》第一卷，第 295 页。

④ 张申府：《祝罗素七十》，见《张申府文集》第一卷，第 441 页。

⑤ 张申府：《具体、深入、专》，见《张申府文集》第一卷，第 446—447 页。

甚的'健实的实在之感'：时时在在要脚踏实地，不背具体实际事实、切实、如实，平实。重视罗素，研究罗素的人特别要注意到这一点"①。凡此等等，张申府已将罗素的这个说法变成了他自己的实在论的信条和口号。

张申府对罗素实在观的清晰认知和接受，使他能够判别一些对罗素哲学的批评和看法是否恰当，也使他有了维护罗素哲学的强烈愿望。其中一个例子是杜威对罗素的批评。1919 年 4 月 30 日，杜威来到上海。在之后两年多的时间中，杜威向中国哲学界传播了包括他自己的哲学在内的西方最新的哲学。1920 年 3 月 14 日，杜威批评罗素是一个绝望的悲观论者，还说罗素的哲学是贵族阶层的哲学。对此，张申府很快做出了反应。同年 3 月 16 日，张申府在致《晨报》的信（《致编者》）中批评杜威说，罗素在伦理上是中立的；杜威说罗素哲学是贵族阶层的哲学，是"大错特错"，它容易误导人们将罗素看成是反民主的。"其实，罗素是个彻底的实在论者，坚持逻辑原子论以及绝对多元论。"当时身在中国的杜威可能会看到张申府对罗素的辩护。《晨报》从 1920 年 3 月 8 日就开始连载杜威的《现代的三个哲学家》。杜威先是讨论詹姆士和柏格森的哲学，最后讨论罗素的哲学。《晨报》从 3 月 22 日开始，分六次（分别是在 22、23、24、25、26、27 日）连载了杜威对罗素哲学的看法。在第二次讨论中，杜威又对罗素做出了类似于上述的批评。有关罗素对杜威的批评做出的回应，后面我们将会涉及。

其中第二个讨论是有关梁启超等对罗素哲学的看法。1920 年 10 月 27 日，《晨报》刊出了 10 月 24 日张申府写给"记者"的信："梁和钧兄寄给张东荪的话说，罗氏哲学于其所著之'Principia Mathematica'已见其底蕴，盖亦实用主义中之独树一帜者也。"这里说的梁和钧是梁启超和林志钧，他们两位给张东荪和《晨报》的信中将罗素说成是实用主义②。张申府对梁启

① 张申府：《罗素——现代生存的最伟大的哲学家》见《张申府文集》第二卷，第 347 页。

② 舒衡哲以为这种说法是来自张东荪。参见［美］舒衡哲：《张申府访谈录》，［美］李绍明译，第 156—157 页。但事实上不是。张东荪清楚地了解实用主义与实在论是两个不同的观念和学派。1929 年，他出版的《新哲学论丛》，就收录了他撰写的《唯用论》和《新实在论》两篇论文，他讨论的新实在论者首先是罗素。参见张东荪：《新哲学论丛》，台北天华出版事业股份有限公司民国六十八年版。

超和林志钧犯这样的错误深感惊讶。他指出，中文的实用主义在英文中的对应词是 pragmatism, 而不是 realism。更为关键的是，"任何对当代哲学家和罗素的著作有所了解的人都知道，罗素是实用主义的坚决反对者"。尤其在真理问题上，罗素的"真理命题与事实相应"的观念同詹姆士和杜威的立场显然不同。张申府的批评是正确的，除非他们两位不了解罗素的哲学，否则我们不知道他们为什么会犯下这样"一个致命的错误"。

　　进一步的问题是：罗素所说的世界的实在具体是指什么？张申府是否也接受了罗素的这一方面的看法？对罗素来说，世界的实在既是指不同的物理客体和事实，也是指共相的世界。罗素在《哲学问题》中讨论了实在与现象、物质的实在和物质的性质、共相。如上所述，早在 1913 年张申府就阅读了罗素的这部书。后来，张申府翻译、介绍了罗素从相对论的观点看待"物质"和"原子"的新说。1920 年，张申府在《科学里的一革命》（载《少年世界》第 1 卷第 3 期，1920 年 3 月）中指出，爱因斯坦（他译为安斯坦）的相对论作为科学上的巨大革命，不仅废弃了以太概念，也改变了人们对时间、空间和物质的已有观念。受此影响，罗素认为世界不是所谓物质或东西、原子等材料的产物，它是由一系列的事实、事件（接受怀特海的立场）构成的。1928 年，张申府先后翻译了罗素的《相对论 ABC》的第十四章"什么是物质"、罗素的《哲学大纲》的第二十六章"事与物与心"。他对罗素的物质观、从事件来看待世界的实在立场自然有了更准确的把握：

　　　　凡是这个世界里的东西，都是拿"事"（Events）做成的；至少，这是吾要主张的主题。照吾所解释的，一桩"事"就是一件有一个小的有穷的久延与一个小的有穷的空间上的扩展的东西；或照顾到相对论，更确地说，便就是一件占据一个小的有穷分量的"空时"的东西……事，不像普通所设想的物的样子，并不是不可入的；实乃"空时"中的桩桩事都与别的事相出入。[①]

---

　　① 张申府：《事与物与心》，见《张申府文集》第四卷，河北人民出版社 2005 年版，第 267 页。

罗素的实在论与柏格森的生命主义格格不入。柏格森在"物质的终极成分"演讲中说，"数学家想念世界仿照电影的样子：是一片一片的集成的，不是一个囫囵的整体"。他说的数学家就是指罗素。张申府介绍说，罗素从不看电影，但他为了印证柏格森的这一说法而看了电影。罗素看了电影之后，认为柏格森的说法是对的，世界万物的实在同电影的实在一样。真实的人和物都是前后片刻相继的"相续体"（continuum），而不是一个单一的长在的东西。① 张申府翻译的约德的《现代哲学引论》中的第二章，是有关罗素的哲学的，张申府题为"罗素先生之哲学"。其中，约德谈到了罗素的"共相"。在罗素看来，人的感觉中的所与是个殊，共相则是为许多个殊所共的东西。被人认知了的一共相，就被称为概念。②

张申府对罗素的实在、事实和共相的立场可以说相当清楚。与此紧密相关，张申府的"实在"既指事实、事件，也指共相。1927 年，在《纯客观法》中，他认为客观的对象就是世界的"事实"和"事件"：

> 客观则是以实为实，怎么样子的还它怎么样子。也就是罗素所说的，"虚心、切实、如实地对付事实"。③

> "纯客所证，厥为事情"……这已由方法说到物实了，故由纯客观法所得的元学应是：一切皆成自事情。④

1933 年，张申府在《大公报》上发表了《事、理与事实》，就冯友兰与张荫麟关于"理"的争论提出了自己的看法。他辨析了事、理和事实这三个概念，认为凡事实都具有客观性，它同虚幻相对，它是事物的本来面目。他对"理"的看法与罗素对共相的看法类似："理不在个体，也不离个体"。他承认他具有唯名论的倾向："显然，我自己也是唯名论者，且是随

①　参见张申府：《罗素》，见《张申府文集》第二卷，第 37 页。
②　参见张申府：《罗素先生之哲学》，见《张申府文集》第四卷，第 88 页。
③　张申府：《纯客观法》，见《张申府文集》第二卷，第 96 页。
④　张申府：《纯客观法》，见《张申府文集》第二卷，第 96 页。

着罗素由共相的实在论而归到那上头者。"①

正如张申府声称的那样，他对世界实在性的立场也受到了唯物论的影响。按照唯物论的主张，世界是不依赖于人而独立存在的物质实在。张申府接受了唯物论的这一根本立场。但这有一个过程。1926年，在《文明或文化》中，张申府对唯物论还不以为然，说心与物的区分已经完全过时。②之后，他开始认同唯物论的物质实在论。1933年，在《客观与唯物》中，他认为辩证唯物论强调客观，它有一个完整的哲学系统：从方法到元学，从知识论到人生观，它的根本意义是承认有不依附于人的客观实在。1934年，在《现代哲学的主潮》中，他将唯物论与逻辑解析看作当时世界哲学的两个主要潮流，再次指出唯物论承认有客观的实在，认为未来新型的理想化的哲学应该是"解析的辩证唯物论"。1942年，在《唯物论的重要》中，他从一些方面来澄清人们对唯物论的模糊看法。有关物质，他说唯物论的物质概念意义很广，它不是死的和不变的，也不是不可捉摸的本体或本质，根本上它是指不依附于人的客观实在。但在这篇文章中，张申府不恰当地将现代的实在论看成是唯物论的一种。1948年，在《哲学与哲学家》中，他再次宣扬说"世界是物质的、客观的、实在的"。从以上的列举可知，张申府对唯物论的接受主要是有关"物质"实在的信条。

从罗素的哲学和唯物论都肯定世界的实在外在于人而言，两者有类似的地方，但一旦追问它们所说的"实在"的具体所指，它们又是非常不同的。从这种具体的方面说，张申府想将两者结合起来是不切实际的。可以肯定的是，张申府主要在罗素的影响下确立了他的"唯实世界观"，它同金岳霖的"新实在论"共同促成了"实在主义"哲学在现代中国的兴起。

二、多元的方法与"唯实"

在通常意义上，知识论是讨论人类如何认识这个世界并获得可靠的观

---

① 张申府：《事、理或事实 —— 关于"理"的讨论的谈片》，见《张申府文集》第二卷，第177页。

② 参见张申府：《文明或文化》，见《张申府文集》第二卷，第91—93页。

念和知识的领域。但张申府的哲学没有系统的知识论，就像他没有系统的存在论一样，他对认知和把握世界的看法，广义上可以说是方法论。^① 张申府要认识的世界不仅是单纯的自然（虽然这是他的"实在世界"的主要部分），它还包括人和社会，因此，他特别关注方法。但他倡导的方法是多元的，其中既有非常一般性的东西，也有比较具体的东西。这些东西有的被认为是不相容的，但张申府觉得它们是可以互相补充的。这再次显示了张申府在哲学上乐于融合的习惯。我们说他的哲学是一种"唯实世界观"，这在他的方法论上也能够得到印证。换言之，他的不同方法有一个共同的地方，那就是，他坚持认为，这些方法都能"如实地"呈现世界的实在，能够"真实地"说出和奉行人们的理智告知他的东西。^② 因此，他的方法论，也是"唯实的"。

为了说明张申府的多种方法大都是指向"实在"，我们需要先看看他主张的方法都有哪些。属于比较抽象和一般性的方法，主要有科学、理性、民主、新启蒙等；属于稍微具体一点的方法，则有解析、纯客观（大客观）、辩证、活、中和具体相对论等。看一看前者，这些观念都已高度意识形态化了。首先，科学、理性和启蒙都是现代性的主调，在近代以来的中国，特别是在新文化运动中，它们得到了强烈的认同。张申府津津乐道科学、理性、新启蒙，就处于这种大的意识形态背景之下。张申府应和20世纪30年代的"新启蒙"口号，认为它是有别于之前的新文化运动的启蒙。其实，它并没有多少新意，在很大程度上，它不过是说当时的中国仍然需要启蒙。其次，张申府之所以倡导这些观念，同样是受罗素影响的结果。罗素的哲学和思想洋溢着科学、民主、理性和启蒙的情调，当然罗素赋予了它们他自己所理解的意义。看一看后者，这些方法是这种或那种哲学的标志。"解析"属于罗素哲学的重要概念，之后它成了现在所称的"分

---

①　在《我自己的哲学》中，张申府说他的哲学是偏向于方法的。参见张申府：《我在自己的哲学》，见《张申府文集》第二卷，第334页。但他宣称的方法不免芜杂。

②　张申府说："本来，真理不过是实话之文雅的名称。"张申府：《说实话》，见《张申府文集》第三卷，第39页。

析哲学"的中心概念；"辩证"属于黑格尔的唯心论和马克思、列宁的唯物论的关键术语。"活"和"具体相对论"是张申府对辩证法的发挥，"纯客观"是他对罗素客观性的引申。

张申府相信，以上的这些观念和方法都能通向"实在"和"真实"，它们之间的差异甚至是对立反而使它们相互补充。比如，解析和辩证对罗素来说是两种背反之物。为了消解黑格尔主义的内在关系和辩证真理，罗素主张外在关系，并坚持认为解析能够达到部分的真理。罗素一再声称通过"分析"可以达到真理，以回应对分析的各种质疑。张申府将英文的analysis 译为"解析"，他说明了他为什么这样译而不是译为"分析"。张申府在接受罗素的实在论的同时，也接受了罗素的这一方法。唯物论的辩证法除了以"物质"为基础外，基本上接受了黑格尔的辩证法。在接受罗素的解析方法之后，张申府又对辩证法产生了兴趣，并开始强调相对于解析的综合和贯通的方法，认为它们完全是相辅相成的。他说罗素也不是完全反对"全"，只是因为他对黑格尔和唯物论厌恶太深了，他拒绝唯物论和辩证法。张申府还设想罗素有一天会弥补这方面的缺陷。但这不过是他的一厢情愿。

无论如何，张申府的方法确实是多元的。但对于这些方法，他大都是泛泛而谈。他没有细致地去探讨这些方法以及它们各自的独特之处。比如，在他将科学、理性、民主和新启蒙等作为一般性的方法时，他不厌其烦强调的不过是它们注重事实和切实。张申府对以辩证唯物论为基调的"新启蒙"的倡导者做出呼应，也是因为他认为，"新启蒙"是诉诸理性，是用理性去克服根深蒂固的迷信和偏见，更具体地说，它也是"切实"。换言之，张申府用"理性"去界定"新启蒙"，进而又用"切实"去界定"理性"：

> 现在应该开展新启蒙运动。现在应该发扬理性。但是什么是理性？理性就是明事理，有分际。而根本只在据实循实，有个数目。①

---

① 张申府：《教实》，见《张申府文集》第一卷，第 296 页。

对张申府来说，理性的根本是"据实循实"。

在其他不少地方，张申府也一再宣称他的"理性"就是"切实"和"如实"。整体上，他认为"理性"有一些可以识别的明显特征。有时他列出三点，有时他列出四点。1937年，在《理性的必要》中他列出了四点：

> 理性究竟是怎么一回事，说明并不很易。但显著的特点，却也不难指出。第一，有理性的人说话必要有根有据，必不故意造谣生事。第二，有理性的人看事论事必是客观的，解析的，必然有分别，有分寸，有分量，必不因此害彼，也不含混笼统。第三，有理性的认识事物必力求圆融，而不拘执，必不只从一方面着眼，只作一方面的认识。第四，有理性的人对人必是宽容的，体谅的，必肯替他人设想，而不轻凭己见抹杀异己；必贵自由，必主民主，必重说服，必尚理而不尚力。①

1938年，在《实与理性》中他强调了理性有三个重要的方面：

> 理性与实在原是相通的。要作到合乎理性，至少应有三点。第一是如事看事，有根有据，作面面观；第二是肯替他人设想，容许他人，重视他人；第三是能分别，有分寸，不笼统，不过分。真有理性的人，一定也是实在的人。②

不管是四点，还是三点，张申府理性概念的核心始终是注重事实根据。十几年后，在《哲学与哲学家》中，他依然坚持"实"和"理性"，说十几年前他将的"新启蒙"的理性原则概括为两个口号"实在第一"、"理性至上"。张申府以实在为中心的理性，不仅要求如实地思想和求证，而且也要

---

① 张申府：《理性的必要》，见《张申府文集》第一卷，第187页。四点、三点的概括又分别见于他《家常话》。见《张申府文集》第三卷，第393、440页。
② 张申府：《实与理性》，见《张申府文集》第一卷，第285—286页。

求如实地行动，做一个实在的人。正如民主在"新文化运动"中已不限于
政治上的意义那样，张申府也将理性的方法与民主的方法结合到一起，认
为理性又是民主的精神。要实行"民主"，首先要实行他的"四平主义"：
即"平情论事"、"平实主张"、"和平前进"和"平衡发展"。① 张申府的
"四平主义"的前两者，都直接是有关"唯实"的方面。

同样，张申府认为科学方法也是追求切实和真实的方法。说到科学方
法，我们大都会想到归纳和演绎，但张申府没有这方面的兴趣。在他那里，
"科学方法"是在非常宽泛的意义上被使用的，它是科学精神、科学态度甚
至是科学脾气的同义词，但它的精髓是"切实"。1936 年，张申府在《非
科学的思想》中指出：

> 所谓科学方法等等，详细现在不必说，语其精要，一言以蔽之，
> 就在就事论事。换言之，也就是，脚踏实地，实事求是。更简单说，
> 便是"切实"二字。稍详细点说，对于一切都要看证据。证据强点，
> 便信的强点，证据弱点，便信的弱点。不拘对于什么，没有证据，绝
> 不算数。②

1947 年，在《科学方法与科学组织》中，张申府虽然指出了科学方法
的复杂性，说科学方法并不等于实验和"拿证据来"，它还要精益求精，还
要数学化，还要用准确的数量来表达，还要去发现因果条理和自然的原理，
但在这一过程中，事实和证据仍然是基础：

> 那就只是实实在在，一准理性，有条有理，有根有据，而不是任
> 情幻想，称心面谈的意思。③
> 最科学是最切实，是最客观。④

---

① 张申府：《哲学与哲学家》，见《张申府文集》第二卷，第 448 页。
② 张申府：《非科学的思想》，见《张申府文集》第二卷，第 203 页。
③ 张申府：《科学方法与科学组织》，见《张申府文集》第二卷，第 394 页。
④ 张申府：《所思》，见《张申府文集》第三卷，第 106 页。

张申府指出，求实的科学方法也就是儒家的"诚实"，也就是孔子的"四毋"：

> 本不外乎诚实二字。反过来说，即是孔子之四绝："勿意，勿必，勿固，勿我"，而祛倍根之四妄："种妄，穴妄，市妄，戏妄"。①

现在我们来看看张申府提出和主张的那些具体方法与"唯实"的关系。张申府较早提出的方法是"纯客观法"，他也称之为"大客观"。他提出这一方法的最初目的，是为了说明通常作为主观的自我也有其客观性。主观一方面同客观相对，另一方面它又是在另一只眼中可以看到的客观。这种客观是跳出了主客相对性的"主亦为客"的客观。张申府标榜说，这是一种纯粹的客观或"大客观"，它要求证的是"事情"或一个玄学的真理——"一切皆成自事情"。②这既是前述张申府的实在的世界观，也是这一部分我们讨论的他的唯实的方法论。张申府说，这种"纯客观法"本来就是"绝对地如实"：

> 客观则是以实为实，怎么样子的还它怎么样子。也就是罗素所说的，"虚心、切实、如实地对付事实"。③

受唯物论影响之后，张申府又将人对客观世界的改造和影响也视为"大客观"的一部分。据此，客观法与实在的关系，除了人如实地认知这个世界外，又增加了如下意义，即：人以认识为基础建立自身的价值理想并实现它。张申府说，主客既然是一种共同的关系，这就表明不仅是客观影响主观，而且主观也能影响客观。人不是被动地接受现实世界，他还是能够主动改造世界的物质力量：

---

① 张申府：《所思》，见《张申府文集》第三卷，第64页。他还说："我以'诚实'为对的标准，我确信这种趋势是对的。是真正跟科学法而来，是真正使用科学法的结果。"（张申府：《所思》，见《张申府文集》第三卷，第58页）
② 参见张申府：《纯客观法》，见《张申府文集》第二卷，第96页。
③ 张申府：《纯客观法》，见《张申府文集》第二卷，第96页。

能大客观者，既能作如实观，也能作平等观，也能作差别观。①

在有了"纯客观法"之后，张申府又提出了"具体相对论"，他甚至声称这是他自己哲学的"中心点"。张申府告诉我们，他的这一方法受到了黑格尔的"绝对是相对之积"、罗素的"类型论"和列宁的"真理是具体的"等思想的共同影响。② 按照张申府的解释，具体相对论的方法是说，所有的知识和真理都是相对的，它们既是在具体的时间、空间和条件之下的产物，又是在具体的范围、界限之中的产物。具体相对论旨在克服对知识和真理作抽象和绝对的理解。张申府用"所"、"分"、"当"、"中"和"直"等词语来表示这一方法。张申府的具体相对论同样是"唯实"的方法，因为他强调"具体"必须依据于"实际"上的情况——"事实"。在《具体、深入与专》中，他说：

> 所谓具体，就是：不拘学什么，必要结合实际。不拘讲什么，说什么，都要不离事实，都要有根有据，都要清楚、明白、特定、确定。而不要漠忽、含混、笼统、空泛、游移，这不但是一个为学的好习惯，这也是作事的好习惯之一。③

在《所思》中他也说：

> 现代的科学趋势即是趋于真具体，返于科学所由以起的那顽固不化坚强不挠的事实。也便是趋于纯客观。但自也不可以太具体。却不嫌太客观。④

---

① 张申府：《续所思》，见《张申府文集》第三卷，第 140 页。
② 参见张申府：《我的哲学的中心点——具体相对论》，见《张申府文集》第二卷，第 341 页。
③ 张申府：《具体、深入与专》，见《张申府文集》第一卷，第 446 页。
④ 张申府：《所思》，见《张申府文集》第三卷，第 108 页。

最后，我们看一看张申府的辩证方法和解析法对达到"切实"的承诺。张申府先是接受了罗素的解析方法，他也是在中国最早传播这种方法的人。对于罗素来说，解析是获得真实知识的有效方法。张申府接受罗素的解析自然也坚持这一点。他说：

> 哲学解析乃是理性的极致，在根本上，是与科学法一致的，都在认为问题可以分着解决，分开而得的解决就是真解决。……哲学解析的求事理，总是求之于迹象中的，就是，具体地，实际地，切实地，积极地，positively。此与超乎象外，得其环中，只是要笼统的契证者当然不能相容，一个要切，要实，一个要超，要不着边际，不但相着得远，直是相反。[①]

但后来张申府又接受了辩证法。张申府对于辩证法没有提出什么新的东西，他多用"相反相成"、"物极必反"、"变易"，特别是"活"等中国的说法去概括它，他还将"中"引进到他的辩证法中，将它同"具体相对论"结合到一起。接受辩证法给张申府带来的重要的东西，是他对解析的方法增加了反思的角度。罗素坚持分析能够获得真知，以此来对抗黑格尔的辩证法的整体真理观。但接受了辩证法的张申府，则要求将解析同综合、通和辩证法、唯物论都结合起来。他说单是解析或辩证法都有其局限性："解析末流之弊是割裂破碎。辩证唯物之弊则是笼统漠忽。因此，解析与唯物，实正相补。"[②] 在这种结合中，解析是重要的第一步，但不能停留在这里。为了获得全面的真理，必须由解析进入到统一和贯通中："我则析：于多见一，由析达通；一不忘多，析而以通为归宿。"[③] 张申府不仅从差异上看解析、辩证和唯物的关系，他还从共同点上看待它们，它们的共同点就是"求实"："解析的第一步工夫固在言辞文字上，但也是要切实如实的。唯物

---

① 张申府：《解析的解析》，见《张申府文集》第二卷，第 208—209 页。
② 张申府：《现代哲学的主潮》，见《张申府文集》第二卷，第 185 页。
③ 张申府：《续所思》，见《张申府文集》第三卷，第 138 页。

则尤要脚踏实地，实事求是。"① 他在晚年的《"实"、"活"、"中"》中，对他一生的思想做了一个总结。此时，他还是宣称他的"切实"的信条：

> "各得其所"（见《周易·系辞》）。"实事求是"（见《汉书·河间献王传》）。类此先哲名言，自贵如实体践。要知人间至道，在实、活、中。根本首要：真、实、诚、信。②

显然，张申府这里宣称的"切实"，早已超出了认知的范围，它同时又是人生观和价值观（这是后面我们要讨论的）。

不管张申府对各种方法的说法是否平淡无奇，也不管他将各种方法结合到一起的方式是否有效，在这些五花八门的方法中，他一直信奉着一个明显的信条，那就是：所有的方法都要从真实可靠的事实和证据出发，都要坚持认知的客观性、切实性和真实性。张申府对知识、真理的这种诉求、承诺，是同他的世界的"实在性"信念——世界是可以客观、真实把握的——相对应的又一个信念。这种信念如同他的世界实在的信念一样，首要是受罗素的影响。张申府说，罗素的思想前后有不少变化，但他一直保持着世界的实在性、可知性及知识确定性的信念。罗素坚持分析是获得知识的可靠方法，在《我的哲学的发展》中，罗素一再为这种方法进行辩护，回应对这种方法的各种批评。我们引用罗素的两段话看看：

> 我仍然主张，一个孤立的真理可以是全真的。我仍然主张，分析不是曲解。我仍然主张，如果不是同义语的一个命题是真的，其为真是因为对一事实有关系，并且，一般说来，事实是离经验而独立的。③

---

① 张申府：《现代哲学的主潮》，见《张申府文集》第二卷，第 186 页。张申府还说："现代唯物论的重要意义，除活与全之外，就在论事作事一定要'先质而后文'，一定要如实切实，朴实确实，实落实验实践，脚踏实地，实事求是，重视事实"（张申府：《唯物论的重要》，见《张申府文集》第二卷，第 305 页）。

② 张申府：《"实"、"活"、"中"》，见《张申府文集》第三卷，第 454 页。

③ ［英］伯特兰·罗素：《我的哲学的发展》，温锡增译，第 56 页。

　　有很多人反对分析。我一直认为，就象污水的那个例子，分析显然能给人以新知识，而对于原来就有的知识毫无所损。这不但适用于有形的东西的构造，也一样适用于概念。[①]

　　前述张申府对梁启超等将罗素说成是实用主义的纠正，对杜威批评罗素而为罗素进行的辩护，都关涉到罗素对世界的实在性、真实和确切知识的信念。张申府对梁启超的纠正自不待言，张申府对罗素的辩护也是恰当的。恐怕罗素也会接受张申府对他的辩护。因为张申府的辩护是从罗素坚持客观实在、坚持真理取决于事实的立场出发的，它同罗素对杜威的批评是相当吻合的。我们先看一下罗素对杜威批评的回应。杜威说罗素的哲学是悲观论的和贵族式的，可能是之前杜威对罗素批评他的回应。罗素说杜威的哲学非常符合美国的工业主义并且依赖人的能力而轻视事实。罗素说，他对杜威的批评也许是错的，但他发现批评错的不是他一个人，桑塔雅那也是一位。罗素引用桑塔雅那的批评说：

　　　　在杜威的著作中，也正像在时下的科学和伦理学中一样，渗透着一种准黑格尔主义倾向，不但把一切实在而现实的事物消融到某种相对而暂时的事物里面，而且把个人消融到他的社会功能里面。[②]

　　在《西方哲学史》中，罗素对杜威的批评之一是，杜威的哲学代表近代以来的权能哲学，这种哲学对人类的能力有一种忘乎所以的飞扬感，这同希腊人对宇宙的谦卑精神形成了鲜明的反差。罗素对杜威的另一个批评是，在杜威那里真理是同事实相脱离的。罗素说：

　　　　我以为杜威博士的世界是一个人类占据想像力的世界；天文学上

---

　　① ［英］伯特兰·罗素：《我的哲学的发展》，温锡增译，第118—119页。
　　② ［英］伯特兰·罗素：《西方哲学史》下卷，马元德译，商务印书馆1976年版，第387页。

的宇宙他当然承认它存在，但是在大多时候被忽视了。……在所有这些事情上，我感到一种严重的危险，一种不妨叫作'宇宙式的不虔诚'的危险。把"真理"看成取决于事实的东西，事实大多在人力控制以外，这个真理概念向来是哲学迄今教导谦卑的必要要素的一个方法。[①]

我一向以为，信服人类的能力和不愿承认"定而不移的事实"，同机器生产以及我们对自然环境的科学操纵所造成的满怀希望是分不开的。[②]

罗素坚持科学和客观方法都是追求对世界的真实看法：

在混乱纷纭的各种对立的狂热见解当中，少数起协调统一作用的力量中有一个就是科学的实事求是；我所说的科学的实事求是，是指把我们的信念建立在人所可能做到的不带个人色彩、免除地域性及气质性偏见的观察和推论之上的习惯。我隶属的哲学派别一向坚持把这种美德引入哲学，创始了一种能使哲学富于成果的有力方法，这些乃是此派的主要功绩。[③]

张申府的"唯实方法论"也主要是受到了罗素哲学的影响，其次又受到了唯物论的影响。从一般的意义上说，罗素有关世界实在本性及追求知识确实、真实的信念，同唯物论的世界的客观实在性和客观知识的信念，有类似之处。但也到此为止，两者的不同主要是在具体的方面。比如，有关世界的实在性，罗素否定物质的概念，坚持多元论和原子事实论；有关认知的方法，罗素坚持分析，反对世界的内在关系说和整体真理论，坚持

---

① ［英］伯特兰·罗素：《西方哲学史》下卷，马元德译，商务印书馆 1976 年，第 387—388 页。

② ［英］伯特兰·罗素：《西方哲学史》下卷，马元德译，商务印书馆 1976 年版，第 386 页。

③ ［英］伯特兰·罗素：《西方哲学史》下卷，马元德译，商务印书馆 1976 年版，第 397 页。

通过分析可以获得真实的知识。这都是与唯物论不同的。张申府没有去发展他们在具体方面的不同，他采取了大而化之的互补说。比如，他用恩格斯《反杜林论》中的"没有解析，则无综合"来说明唯物论也不反对分析。

三、人生、伦理上的"唯实"

最后，我们来讨论张申府的人生观和伦理观。我们看到，他的人生观和伦理观的核心同样是"唯实"。这主要包括两个方面，一是在张申府看来，人生的意义和价值必须依据于人生的事实和实情，不能离开人生的这一基本前提抽象地侈谈人生的意义和价值；二是在张申府那里，"实在"、"真实"和"真诚"作为做人的原则，其本身就是至关重要的伦理道德价值。这两方面合起来，我们将之称为张申府的"唯实的人生观和伦理观"。

一般将人的需要二分为生理的、物质性的需求与精神性的需求，张申府大体上也是采取这种二分法。张申府的人生观和伦理价值观首先是有关人生是什么（"是"）的问题，其次它是有关人生应该如何（"应该"）的问题。人生是什么的问题，对张申府来说，与人与生俱来的各种自然欲求相关；人生应该如何的问题，与人的理性、善、审美等创造性的东西相关。用张申府的话说，前者是人的"遂其生"，后者是人的"大其生"和"美其生"；前者是人生的现实，后者则是人生的理想。张申府在并不严格的意义上将前者叫作人生的"原因"，将后者叫作人生的"结果"。

基于这种二分，张申府追问"人为什么活着？"对这个问题的理解，他首先是立足于人生的"事实"和"是"的方面。他说：

> 人应当怎样虽不能以是怎样为限制，但是却不能不以为根据。否则便不免徒逞空想，远离事实。事实上人既是为生而生以至为善生大生而生，因此人生的目的便应当是使人人都得遂其生，善其生，美其生，扩大其生。[1]

---

[1] 张申府：《人生的哲学》，见《张申府文集》第一卷，第160页。

> 我不忽视理想。但我认为理想不过现实的可能的趋势，因为人所重视，遂被标举。要建设理想，要实现理想，都必须体认现实，把现实作出发点。①
>
> 不管现实，一定空。②

从人生的实际入手去回答人为什么活着，答案就在人的现实生活之中，即"人是为活着而活着"、"人是为生而生"：

> 事实上，人为什么活着呢？简捷地答，第一层，就是为活着而活着，为生活而生活。但还有第二层，则是为遂其生，为美其生，为扩大其生，乃有生活上的种种。……这似乎对于原问题并没有回答，但是事实方面，即"是"的方面的回答，却只有如此。③

这样的回答好像什么也没有说，但张申府想以此强调的是，从人生的实然和现实来说，活着或生存本身就是它的目的。为了生存，人首先要满足他的基本需求，满足他的自然之欲，特别是他的"食色"之欲。在《"社会问题"》、《向实》、《说实话》等文中，张申府一再强调，人生观和伦理都必须直面和肯定人生的基本事实，即"食色"这种人的自然本能和欲望。他说这是连孔子也承认的人生事实："圣人知道先满足肉体需要，然后才追求精神生活的重要性。"④ 他批评说，传统的伦理和道德，大都罔顾这一基本事实。但在现代社会生活中，我们必须直言不讳人生的真实，在人生面前"说真话"：

> 这个主张自然根据一种人生观与认识观。吾以为人生最要紧的是一个真字。人总要作得赤裸，没有不可见人的地方。说得出来，作得

---

① 张申府：《教实》，见《张申府文集》第一卷，第 296 页。
② 张申府：《家常话》，见《张申府文集》第三卷，第 288 页。
③ 张申府：《人生的哲学》，见《张申府文集》第一卷，第 159 页。
④ ［美］舒衡哲：《张申府访谈录》，［美］李绍明译，第 61—62 页。

出来，作得出来，说得出去。所谓反身而诚，乐莫大焉。[①]

　　必须把人自觉或不自觉的种种动作，真情实况，统通赤裸裸地揭露出来，再不容什么东西有所逃挞，人生乃有出路。必须人人胆敢直觑事实，无所避匿；必须人人胆敢见着什么说什么，觉着什么说什么，无所增也无所减；有癖结就自白有癖结，欲有所增减也就说欲有所增减，夫然后，人类乃能像个样子。[②]

　　人们容易提出各种社会问题；但张申府指出，社会中并没有什么特别的社会问题，所谓的"社会问题"，说白了就是"饮食男女"这四个字。一个社会只要能够让人人都各得其欲，它自然就长治久安了。他说："凡是嚷精神文明的，凡是要精神文明的，都是因为没有物质文明的缘故，都是因为物质文明倒塌了的缘故。"[③]他批评道，一些人至今仍空谈礼义，殊不知古人都知道"仓廪实而知礼义"。

　　对于传统的"理欲之辨"，张申府毫不犹豫地站在了戴震一边。在《所思》中，他抄录了戴震有关"理欲"的言论。[④]张申府当然不否认"理"，他否认的是将"理"与"欲"对立起来，反对的是在人"欲"之外去论"理"。他说：

　　理是好东西。但是理是敌不过欲的。其实，理，就不见得不就在欲中。[⑤]

张申府从贾宝玉降生之后同玉形影不离引申说，贾宝玉的"玉"就是欲："玉即是欲。故曰，衔玉而生。"[⑥]原则上，儒家不否定欲望的正当性，"礼"

---

① 张申府：《完人》，见《张申府文集》第三卷，第 45 页。
② 张申府：《所思》，见《张申府文集》第三卷，第 66 页。
③ 张申府：《所思》，见《张申府文集》第三卷，第 56 页。
④ 参见张申府：《所思》，见《张申府文集》第三卷，第 123—124 页。
⑤ 张申府：《所思》，见《张申府文集》第三卷，第 74 页。
⑥ 张申府：《所思》，见《张申府文集》第三卷，第 92 页。

是对其加以调节，"理欲之辨"的"理"同样。但"礼"和"理"被片面强调，尤其是在实际生活中，"礼"和"理"被片面地、严苛地运用到女性身上，对女性做出了不合人性的要求。于是，"礼"和"理"反过来成为人性的压抑者和迫害者。这就是戴震对理学导致的"以理杀人"的控诉。如果说失节事大，那么饿死事也不小。以欲的满足为出发点来看待道德，道德就不是欲的对立面；相反，它是在满足人的欲望的基础之上而建立起来的。人们当然没有必要去美化人的本能，但要知道它也不是什么低下和肮脏的东西：

> "饮食男女，人之大欲存焉。"饮食没有什么神圣，没有什么污秽。交媾有什么神圣？有什么污秽？①

如果说欲就是人的自利，那么"仁"也服务于这一"自利"：

> 所谓为人类，起于为自己。所谓仁，期人之勿迫害己。故曰客观难。②

在直面人的自然本能上，张申府更强调人们要敢于直面男女两性之间的自然。对于这一问题，晚年的张申府依然保持着像他青年时代那样的热情和兴奋，这是他留给来访他的舒衡哲的深刻印象之一。张申府不仅严肃地向舒衡哲回忆了过去他个人在这方面的非同寻常的经历，还讲述了他对这一问题至今所持的不变的立场。③张申府是能在这方面坦诚地表明他的看法并直率地行动者，以至于舒衡哲将他概括为"风流成性的妇女解放运

---

① ［美］舒衡哲：《张申府访谈录》，［美］李绍明译，第 60 页。

② 张申府：《所思（其一）》，见《所思》，生活・读书・新知三联书店 2008 年版，第 19 页。

③ 舒衡哲述评说："食物和性，性即食物——我觉察到这是我同张申府谈话时的一个不断出现的主题。他直到生命完结时都坚持这个等式，但我却仍然难以接受这个赤裸裸的唯物主义。"（［美］舒衡哲：《张申府访谈录》，［美］李绍明译，第 61 页）

动者"①。这里我们不说他的个人经历，只谈论他对这一问题的看法。对于这一问题，张申府先后发表了《结婚与妇人》（1919 年）、《嫁娶有理据吗？》（1919 年）、《男女问题》（1919 年）、《男女问题不成问题的解决》（1922 年）、《男女的相喻》（1930 年）、《妇女与革命》（1930 年）、《宪法与妇女》（1944 年）等文章。在这些文章中，当然还有其他一些地方，张申府呼吁社会认清和正视男女两性的基本事实，说男女之爱就像人类的饮食一样是人的自然本能，就像天气等其他自然物一样也是自然界里的自然现象。作为人生的基本需求，对它的任何偏见和约束都是对它的压抑和损害，都是毁坏它的自然之"真"和"美"。张申府说：

> 自然的东西都脱不了自然律的支配。他们可主张什么人间律。哪知就有了人间律也不能出了自然律的范围。现在还有许多人梏在人生讲人生，窝里瓮里想见天地。恁地道德，怎生制裁。绝不从本源上想想。绝不跳出圈儿去睁开眼睛四下里望望。这个样儿行去，必定离真越来越远（在吾意，真即是自然，自然即是真；即真即自然。美善视此……）……果然吾们承认爱情、性欲，当真吾们赞成真诚，不赞成欺伪，那么，有了爱情，生儿子是自然不可免的事。②

在男女"生育问题"上，张申府对"私生子"的偏见也提出了质疑。他激进地认为，所谓的"公生"并不都是爱情的产物，反而被社会歧视的"私生子"，常常更体现了男女之间的真情。在张申府看来，男女只能因爱而结合，同样也只能因不再爱而分手。真正的爱情从来就不应该是占有性的，从来也不能作为达到其他目的的手段。

张申府倡导一种男女之间完全自由的新型结合方式，激进地批评和谴责婚姻制度，说它"都是保守的，都是占据的，都有碍于创造，都有碍于进取"③。在上述的那些文章中，他指出传统社会及婚姻制度造就了男女的

---

① 参见［美］舒衡哲：《张申府访谈录》，［美］李绍明译，第 9 页。
② 张申府：《男女问题》，见《张申府文集》第三卷，第 21—22 页。
③ 张申府：《所思》，见《张申府文集》第三卷，第 84 页。

不平等。女性常常受到不公正和不平等的待遇。在性爱上，她们常常是被动的接受者，甚至是受害者，她们不能享受性爱自由的蜜果。张申府认为，只有女性得到了解放，得到了与男性完全平等的地位，她才能享受到自然性爱的乐趣和幸福。可以肯定，张申府是一位"女性解放者"①，甚至称得上现在所说的"女权主义者"。这是他的"唯实人生观"在女性身上的体现。

张申府从男女自然的性爱之实、之真，进而引出了男女之间的更高的原则，即从两性本能到情爱的升华和丰富：

> 以我的意思，男女如期为长久伴侣，必不可不有为彼此精神所寄的高尚事业。彼此同要尽自然之力，把一部分的性欲精力回到这上。男女其初结合，大概不免仅仅由于性欲冲动，或且但为的交媾。但如欲长久，必不可不移其注意之点。②

男女之间的结合是彼此习惯的过程，更是彼此相得、相喻的过程：

> 有性，有情，有恩，有爱。性是生理的。情是生活的。恩爱是生理生活兼有的。异性相吸，同性相拒。自然而然，无取渲染。这是性。生活久共，遂成习惯；遽尔离别，便感暗然。这是情。性与情，可分也不可分，不可分也可分。③
>
> 男女间最好的关系本必须身心双方都要亲切到极周的程度；但这种情形却以相喻为第一前提。④

---

① 在这一点上，张申府有一个"志同道合"者——刘清扬。刘清扬的女权主义与张申府的相互呼应："男女既同是人"。参见［美］舒衡哲：《张申府访谈录》，［美］李绍明译，第86页。不幸的是，后来刘清扬的革命立场压倒了她的爱情的自然，她同张申府分道扬镳。这是刘清扬一生中感到最痛苦的事情之一。

② 张申府：《男女问题不成问题的解决》，见［美］舒衡哲：《张申府访谈录》，［美］李绍明译，第61页。张申府主张两性之爱的升华，从他说的"任情纵欲，泪没性灵，其失维均"也可以看出（参见张申府：《所思》，见《张申府文集》第三卷，第98页）。

③ 张申府：《家常化》，见《张申府文集》第三卷，第303页。

④ 张申府：《男女的相喻》，见《张申府文集》第一卷，第132页。

从自然本能到情爱的升华，既是爱的交融、合一，又是人性的艺术化和美化：

> 爱就是投降。爱就是征服。投降征服，融洽于无间，谓之爱之至焉！①
>
> 什么是美的情感？美的情感是与天地合一，与天地相忘，欲无不达：所以若无欲。②

张申府"遂其生"并进而"大其生"和"美其生"的人生观，与新文化运动中人的解放特别是女性解放的精神相呼应。如果寻找其思想来源，同样来自罗素的影响。这种影响既有罗素对人的欲望的看法，还有罗素个人的行为和生活方式。罗素批评说，很多道德论者脱离人的自然欲望来设想道德规范，导致了一种"伪善"的倾向。罗素率真地肯定性爱之美，并坚持追求实现美妙而动人的情爱。罗素的言行成了张申府的样板，他认为道德和伦理都应该建立在人的自然欲望和自我保护的基础之上，而不是否定它们。张申府指出：

> 罗素的道德哲学以欲为出发点，旷古以来，最为不伪善，不自欺。上善，就是满足极大量之欲。"最高的道德规则应是：要行为得可以造成谐和而非不和之欲"，罗素说。因为谐和之欲比不和之欲，能满足的多。但是怎么才能行为得造成谐和而非不和之欲？在良制度与良习惯。③

张申府对罗素的言行称不绝口，他大量引用罗素的观点。在《男女问题》、《男女的相喻》、《由好书到爱情》等文中，张申府不断称引罗素的

---

① 张申府：《所思》，见《张申府文集》第三卷，第 72—73 页。
② 张申府：《所思》，见《张申府文集》第三卷，第 99 页。
③ 张申府：《所思》，见《张申府文集》第三卷，第 74—75 页。

《婚姻与道德》、《社会改造原理》、《征服幸福》等书中有关男女性爱和爱情的看法。舒衡哲评论说："张尽量引用罗素所写的 —— 和所做的 —— 关于女人的所有言论，去支撑他本人的理论，表明性是社会生活中不可忽视的正面力量。"① 张申府的一些看法就是对罗素的观点的引申和发挥。罗素访华使张申府有机会成为罗素爱情的见证者和辩护者。偕同罗素的海黛娜（Dora Black）被误认为是罗素的夫人。虽然这件事很快就得到了澄清，但它还是引起了张申府为罗素抱不平。他赞美罗素与海黛娜没有婚姻形式（法律）的情人生活。② 晚年，他自称，在对待女人方面，他"真像罗素"。③

　　张申府人生观和伦理价值观的第二个方面是以"实"作为人的行为的准则和道德价值。在他的认知理论和方法论中，实在和真实都是客观的事实和事理，它们是认知和方法要达到的目标。一般认为，事实与价值是二分的，事实上是什么不能说它就应该是这样。但事实与价值又有关联。在张申府看来，认知和方法让我们知道实在和事实是什么，价值和伦理观则要求我们承认和坚持事实（殷海光将这种美德称为"是什么，就说什么"）④，即使它是一个令人不快的事实。反过来说，为了做到坚持事实（非常广泛意义上的）这一"应该"，张申府认为，人要奉行"实在"、"真实"的准则和价值观。在《"实"、"活"、"中"》和《知乐歌》中，他将这些准则和价值称为"真、实、诚、信"⑤，认为它们是人间至道。

　　前面已述，"实"是张申府一生最喜欢的一个字。我们常常会听到做人要善良、做人要实在之类的苦口规劝和谆谆教导，张申府一生规劝人的是这个"实"，教导人的是"作一个实在的人"。⑥ 不管你面对的是自然，还

---

① ［美］舒衡哲：《张申府访谈录》，［美］李绍明译，第62页。
② 参见张申府：《致记者》，《晨报》1920年11月13日。
③ 参见［美］舒衡哲：《张申府访谈录》，［美］李绍明译，第8页。
④ 殷海光：《是什么，就说什么》，见《殷海光全集》第拾壹卷，台湾桂冠图书股份有限公司1990年版，第503页。
⑤ 张申府：《"实"、"活"、"中"》《知乐歌》，见《张申府文集》第三卷，第454、457页。
⑥ 参见张申府《教实》，见《张申府文集》第一卷，第296页。

是社会和人生：

> 我总觉着，人不拘作什么，都不应离开一个实字。今日中国的一切，以至今日世界的一切，实在都应拿"实"作最高的标准。不拘作什么，不拘说什么，实在都应脚踏实地，实事求是。"充实之谓美"。就是美的标准，也应在实上。我的信念，就是讲学就应讲实学，作事就应作实事，说话就应说实话。①

> 说实话，作实事，讲实学。如实，切实，实际，实践，脚踏实地，实事求是。我认为这就是为人作事讲学态度上观点上方法上最根本的准则轨范。讲学总要讲到如实。②

激进的现代性思维将传统当作要克服和超越的世界，但张申府没有采取这种单向度的思维。就像他说的"打倒孔家店，救出孔夫子"那样，他认为"实"是中国最好的传统，孔子的"正名"是循实③，孔子的"仁"是求实，这都是当时（抗战时期）最需要的精神：

> "仁"与"科学法"，是我认为人类最可宝贵的东西的。仁出于东，科学法出于西。……其实这法的精神，本不外乎诚实二字。④

> 实本是中国最好的传统。凡是中国的长处都在于实。凡是现在不好的地方，或是空虚，或是欺骗，都由于不实。实在，充实，朴实，切实，都是今日最需要的德性。⑤

---

① 张申府：《说实》，见《张申府文集》第三卷，第234页。

② 张申府：《教实》，见《张申府文集》第一卷，第295页。在《说实话》中，张申府说："人生最要的一事是敢于'承认事实'：黑的认为黑，白的认为白，不以白之有利于己而认不白为白，不以黑之有害于人而认白为黑；因为白有利于己，遂愿意凡色都白，因为黑有害于己，凡遇黑的便讳而不言——这种心思，更要敢于自认。"（张申府：《说实话》，见《张申府文集》第三卷，第39页）

③ 张申府：《教实》，见《张申府文集》第一卷，第297页。

④ 张申府：《所思》，见《张申府文集》第三卷，第64页。

⑤ 张申府：《实与理性》，见《张申府文集》第一卷，第285页。

　　中国现在最需要的作人的标准，也可说就是，思想是切实的，态度是诚实的，身体是坚实的，而生活是朴实的。总之，就是要实在。……中国旧来人生观的特点，也只一个实字最可以表示。现在是虚伪空虚太多，而切实实在太少了。①

　　什么是真理呢？真理就是实话。我相信，说实话是今日人类第一急务。……我更相信：说破人心里的情实，是改造世界的第一个根本手段。②

　　道德的关键是身体力行。实在和真实既然是如此重要的美德和价值，我们如何才能将它落实在言行之中呢？张申府诉诸习惯。在日常生活中，习惯被认为是人的第二天性。按照道德发展心理学的立场，道德是社会"习得"的结果。类似于此，张申府认为道德和理性就是养成好的习惯：

　　吾相信道德就是好习惯。吾相信理性就是对人、论事、讲学的一种好习惯。③

这里的好习惯，对张申府来说，就是养成实在和真诚的习惯：

　　怎样才能实呢？这第一要由生活行动习惯入手。先要过朴实的生活，养成确实笃实的习惯，诚实忠实的态度。于事，注重实际，实践实干，脚踏实地，实事求是。于学立说，注重事实，习于如实，更求理论与实践的统一。不拘作什么东西，必要充实，切实，坚实，说实话，作实事，讲实学，这样子自可养成一个实在的人。④

---

①　张申府：《再说实》，见《张申府文集》第三卷，第 236 页。
②　张申府：《肺腑语》，见《张申府文集》第三卷，第 50 页。
③　张申府：《家常话》，见《张申府文集》第三卷，第 440 页。
④　张申府：《实与理性》，见《张申府文集》第一卷，第 285 页。

结　语

通过以上探讨可知，将张氏的哲学概括为"唯实世界观"是完全能够成立的。在张申府的哲学中，没有任何其他概念像"实在"那样具有根本性的位置。"唯实"才是他的哲学的灵魂。如果将"实在"这一信念从他的哲学中抽掉，他的思想大厦立刻就会坍塌。与此同时，张申府又是努力让他自己的生活、社会政治同他的哲学、人生观能够结合和统一起来的人。其结合和统一的基础就是他的"实在"（或"真实"）信念。这既是他为自己的哲学确立的基石[①]，又是他为自己的行动定下的基调。

但这一标准太高，相当于让一个人同时去实现两个高远的目标。在现代社会普遍分工和专门化的局面中，一个人单是在一个领域中做出永久性的贡献就不容易，更何况是在十分不同的领域。就哲学来说，凭张申府的才性、灵性和悟性，只要他能够做到一定程度的专注，他在哲学上的贡献就有可能是另一番景象了。他的"唯实哲学"思想没有形式上的系统性还不是很要紧的事情，关键是他不能耐心、细致、深入地思考其中的问题。晚年的他，一方面喜欢高调声称他作为一位哲学家的角色，另一方面又为他早期热心于社会政治活动而影响了他在哲学上的建树感到遗憾，不时还流露出懊悔之情："约在九十岁时，他对友人说：我吃亏在于没有写出一本大书来。"[②] 这也是他让舒衡哲深感不可理解的一个方面。舒衡哲说，在他们的谈话中，张申府几乎每一次都以没有写出"一本大书"而结束。[③]

---

① 按照冯友兰的看法，张申府为哲学赋予的作用太大。1980年4月15日，冯友兰对访问他的舒衡哲说："张申府先生的哲学观，和我的比较，一向是较为高昂的，又或者可以说是较为功利主义的。我的看法，一贯都是哲学只有有限的社会用途。在这方面，我和张先生有很大的不同。他总是相信，如果人们可以哲学地过生活，那生活就会好些。"（［美］舒衡哲：《张申府访谈录》，［美］李绍明译，第204页）张申府讨论"哲学"（如《论什么是哲学》《哲学与哲学家》）的文字，印证了冯友兰的看法。

② 张岱年：《回忆张申府》，见《张岱年全集》第八卷，第548页。

③ ［美］舒衡哲：《张申府访谈录》，［美］李绍明译，第170页。

他在社会政治活动中扮演的角色如何呢？张申府给人留下的印象是，他是一位热心社会和政治的人。[①] 这样的印象大体上并没有错。他参与了许多社会和政治活动，特别是参与了中国共产党和民盟的创建活动。他也喜欢谈论社会和时政问题。但张申府非常不乐意别人说他是从事政治的人。他为自己辩解说，他不是搞政治的人，更不是"玩政治"的人，因为他"书生气"十足：

> 说我不知是在搞政治，这是对的。我就始终不承认我是搞政治的。假使说我是政治家，我固然不配。有人说我是政客，我更认为奇耻。说我忘了是个政治人物，我就根本不知道我是个政治人物。（作了几天政协代表，就是政治人物么？笑话！）假使我有此"自觉"，我也就不会在政协会议中，对着各党的代表，公然说："这些年来，党真把中国人民害苦了"了……北平有的"哲学家"也许会自鸣得意地说他是玩儿政治的。我就不但不知道"搞"，更不会"玩儿"。……说我是十足的书生，我十足地愿意接受。不论何时，我总承认，古语说的"不失书生本色"是句好话。更说我是一个不知世故的书生，那也要得。不用说世故深一点儿，就令我知道一点儿世故，许许多多应该说的话，我大概也就都不会公开地说了。[②]

张申府的"书生气"一部分来自他直言不讳和率性而行的个性，另一部分（更多）是来自他想将他的"唯实"信念推广到社会政治生活中，但这都同十分复杂的社会政治生活格格不入。为了实现一个真实的社会政治世界，早在 1921 年，他就浪漫地设想建立一个"实话党"：

> 想从根本上打破以虚伪为一种特性的现世界，吾以为很有组织一

---

① 比如徐盈、赵俪生对张申府都有这样的强烈印象。参见［美］舒衡哲：《张申府访谈录》，［美］李绍明译，第 178—180、183—184 页。
② 张申府：《论和平的可能》，见《张申府文集》第一卷，第 718 页。

个"实话党"的必要。这个党要从心理上，从形成这种心理的人间关系上，毁掉不说实话的因缘。①

正是在这一年，他成为中国共产党早期的创始人之一，后来他又是民盟的创始人之一。然而，他又认为，要让"党"达到他的希望是做不到的。他不合时宜的"说实话"的习惯，给他带来了不少波折。比如，20世纪40年代末，他自发地"呼吁和平"，结果给他带来了极大的痛苦和困扰。后来，他不得不有所屈服，在《忏悔》一文中，他一连忏悔了一生中的"四个（大）不该"，最后他还挖出了他产生这些严重错误的"思想根源"——一生的"私心"：

> 就我几年来自己省察所及，我深痛地感到：一向最害了自己的就是一个私：私心、私欲、私见，以及常常把自己的特出、突出。②

这是他的真话吗？从他晚年的回忆看，不是。按照他的秉性，按照他的信念，只要有适当的机会，他就会再现一个真实的"自我"。这一机会终于来了。当舒衡哲在访问中请他口述他的历史和故事时，他的兴奋之情溢于言表。他说，"说真话的日子不多了"。③确实，这是他说出他经历过的一切真实故事的最后机会。在张申府的故事中，我们看到的不仅是"唯实的世界观"，而且还有他全力践行这种世界观的人格：一位具有直面真实的道德勇气的人，一位追求真实宁折不弯的人。

---

① 张申府：《说实话》，见《张申府文集》第三卷，第39页。
② 张申府：《忏悔》，见《张申府文集》第一卷，第723页。
③ 参见［美］舒衡哲：《张申府访谈录》，［美］李绍明译，第8页。

第十一章

自然秩序与人间共同体生活理想

——张岱年的"天人会通"

引　言

　　这里要讨论的问题，简单地说，就是张岱年有关"自然"与"人"的言说。张先生常常也用中国传统所说的"天"与"人"这一对概念作为"自然"与"人"的对等语，他有时还使用"宇宙"与"人生"或"客观世界"与"人生"等意义类似的说法。广义的自然、天、宇宙和客观世界，当然包括了作为万物之一的人类的存在。就在我们已知的宇宙中人类只是被限制在地球上的一种动物这一事实而言，如果以无限性的自然、天、宇宙和客观世界的视野来观察人类，那么渴望支配一切的人类中心主义就该让位于用一颗谦虚的心灵来看待我们周围世界的立场。但是，我们知道，人类长久以来单单把自己挑选出来与自然、天、宇宙或客观世界相对，这本身就说明人类与万物相比的确异乎寻常，更何况人类还有其他令人信服的根据。借助"大宇宙"和"小宇宙"的对比，我们可以把自然、天、宇宙和客观世界看作"大宇宙"，把与之相对的、居住在地球上的人类视为"小宇宙"。只要人类继续存在，我们就必然要面对这两个大小不同的宇宙。中国哲学界的学人越来越乐于接受把"天人关系"作为中国哲学的根本性问题，并且这种趋势还在随着现代社会中人与自然关系的失调而加强。作为当事人，人类现在常常受到批评或谴责，并被要求为人与自然的失调承担责任。这样的问题意识是多么地深入人心，只要看看曾主要适用于人类群体的伦理道德和义务如今已经扩展到人类之外的自然、天、宇宙就一清二楚了。

一、围绕"自然与人"而展开的哲学心路和关怀

我们特别对张岱年关于自然与人的言说进行讨论，主要是因为这个问题在张先生的哲学中具有极其重要的地位。同时我们也看到，在有关张先生哲学思想的已有讨论中，还没有对这个问题的重要地位的专题性考察。在刘鄂培主编的、迄今最全面的张岱年学术思想研究著作《综合创新 —— 张岱年先生学记》①中，我们看到这个问题以不同的方式出现并被论及，这进一步激发了我们专门探讨这一问题的愿望。

由不同因素影响而走出不同道路的哲学家，往往一生都坚持不懈地诉说着一个"主题"并陈述着一个"主见"。有的哲学家的哲学体系看上去富丽堂皇、错综复杂，然而，一旦深入其内部结构，就不难发现作为其一贯之道的主题和主见。张岱年的哲学思想和他的中国哲学史研究，则是属于语言简洁和理路明晰的那一种类型，我们进入他的哲学之中不像进入一些思辨性体系那样有云天雾地之感。在张岱年历时七十多年的哲学思想探索和中国哲学史研究中，我们可以明显地看出，他主要探索的就是"自然与人"或"天与人"的关系问题，他的主见就是在自然与人的统一和分别中来确认它们的意义（后面具体讨论）。从 20 世纪 30 年代至 40 年代，张先生的哲学活动，先后在两个相互联系但主从关系发生转论的的领域中展开。一方面，他受冯友兰、熊十力和金岳霖的哲学创造活动的影响，尝试探讨哲学理论问题。他确定的基本问题就是古代中国哲学所说的"天人之故"或"天人之际"。整体上围绕这一问题而展开的哲学探索，集中表现在

---

① 刘鄂培主编：《综合创新 —— 张岱年先生学记》，清华大学出版社 2002 年版。

张先生的哲学"五论"和两篇札记之中。从 1988 年首次出版的《真与善的探索》来看，该书虽然收录了以上文章，但书名没有采取"天人"的形式，书中七章的篇名，只有两个采取了与自然与人相关的问题框架，即《天人简论》和《宇宙观与人生观》。但是，在清华大学出版社从 1989 年开始出版《张岱年文集》中，原札记之一的《宇宙观与人生观》已经改题为《人与世界 —— 宇宙观与人生观》，并被编入第一集（1989 年）；而"五论"则作为"天人五论"，被编入第三集（1992 年）。[①] 这样，从直观上看，张岱年的哲学理论探索，整体上就显示出围绕"天人"这一根本性问题而展开的特征。这样的安排，并不是张先生后来才意识并做出的。按照张先生晚年的回忆，他当时有一个范围很广的写作计划，这个计划原拟撰写的哲学著作就题为"天人新论"。由于"遭时艰辛"，该书没有全部完成，所以后来他就把"天人新论"改为"天人五论"。[②] 从 20 世纪 80 年代后期开始，张岱年一直希望再撰写一部哲学著作，他拟做讨论的中心问题仍是"人与自然"。[③] 这一点也许有令人不解之处。我想张先生之所以产生这样的意图，主要是因为"天人五论"可能有些"简要" —— 正如张先生所说，他是一种"概述"和"基本构想"，没有详细展开而且也没有全部完成；同时也因为张先生在这一问题上有了更多的思索。虽然由于各种因素的影响张先生没有实现这一意图，但他一直以"天人之际"作为他的哲学的根本问题这一点是可以肯定的。另外，在张先生的中国哲学史研究中，从其代表性著

---

① 《张岱年全集》沿用了这种方式。参见《张岱年全集》第三卷，河北人民出版社 1996 年版。

② 参见刘鄂培主编：《综合创新 —— 张岱年先生学记》，第 326—327 页。张先生说："当时确是想以'天人新论'为题提出自己的以综合创新为宗旨的思想观点，可惜只写了五章，未能完成原定的计划。所以将原题'天人新论'改为'天人五论'。但是'天人五论'中已将我的宗旨和思想做出了概述。"（刘鄂培主编：《综合创新 —— 张岱年先生学记》，第 327 页）

③ 可以补充一个这方面的事实。1986 年夏，笔者有关金岳霖知识论研究的硕士论文进入答辩，当时参加答辩的张先生和周礼全先生似乎以互勉之意分别表明了他们晚年想从事的一件重要哲学工作。张先生说他的愿望是写一部有关"自然与人"的哲学著作，周先生说他的愿望是想写一部有关伦理学的著作。

作《中国哲学大纲》来看，他的理论也是围绕着"自然与人"或"天与人"这一基本问题展开的——构成这部著作三大部分的第一部分是"宇宙论"，第二部分是"人生论"，第三部分是"致知论"。20世纪80年代以来，张先生除了在有关著作（如《中国伦理思想研究》）中继续讨论这一问题外，还撰写了从不同侧面讨论中国哲学中"天人关系"的论文。[①] 这也说明，张先生对自然与人这一问题的持续关注。

在张先生那里，自然与人的关系作为他的哲学的根本主题，类似于天与人、宇宙与人、客观世界与人或客体与主体、思维与存在的关系问题。从欧洲哲学的历程来看，思维与存在、主体与客体的关系作为哲学的基本问题，往往更具有认识论意义上的色彩。但对张先生来说，它们作为类似于自然与人的关系问题，则是"哲学整体"意义上的基本问题，是要用中国哲学中的"天人关系"来理解的问题。张先生之所以具有这种哲学"整体性"的问题意识，与他所具有的建立统一的哲学世界观和奠基于这种世界观之上的人类观和人间观的期望是分不开的。从20世纪开始，朝着不同方向日益分化的西方哲学，其建构统一世界观和形而上学体系的愿望和热情明显降低了，但中国哲学却在朝着这一方向积极展开。张先生以"自然与人"为哲学整体问题而进行的哲学世界观和人生观建构，就是这一方向上的合力的一部分。据张先生回忆，1936年，在清华哲学系两周一次的讨论会上，他谈到了哲学不同流派中注重语言分析和注重统一世界观的分

---

① 主要有《简评中国哲学史上关于人的价值的学说》（1983年，见《张岱年全集》第五卷，河北人民出版社1996年版，第407—417页）、《中国哲学中"天人合一"思想的剖析》（1985年，见《张岱年全集》第五卷，第610—625页）、《中国哲学关于人生价值的思想》（1987年，见《张岱年全集》第六卷，河北人民出版社1996年版，第233—238页）、《论中国传统哲学中"人"的观念》（1988年，见《张岱年全集》第六卷，第395—404页）、《中国哲学中关于人与自然的学说》（1991年，见《张岱年全集》第七卷，河北人民出版社1996年版，第90—97页）、《中国古代的人学思想》（1991年，见《张岱年全集》第七卷，第108—118页）、《论心性与天道——中国哲学中"性与天道"学说评析》（1993年，见《张岱年全集》第七卷，第438—448页）、《天人合一评议》（1998年，《社会科学战线》第3期，第68—70页）、《天人之道辨析》（1998年，《中国文化研究》秋之卷，第2—6页）等。

化趋势。接着这一话题，金岳霖明确地宣称"现在我就是要搞统一的世界观"。张先生原来以为金先生是专讲分析，那时他才知道金先生要建立一个本体论的体系。① 此时的张先生，也已经具有了重建中国哲学的明确目标和方法论原则。

这是由时代的使命和理想的感召共同促成的。经过以重估传统文化价值为主要特征的"五四"新文化运动，20 世纪 30 年代发生的与西化论对立的"中国本位文化建设"意识，至少从强调文化主体和文化建构的意义上看，就显得更为合理。事实上，这也正符合了许多中国知识分子通过复兴中国文化进而复兴民族的强烈愿望。哲学家们也在为此进行着各种准备并迈上了理智探险之路。张先生基于"自然与人"这一主题的哲学创新意识，恰恰就处在这一理智的共同战线上，并与此相呼应。我们看到，张先生非常迅速地对当时的文化建构和哲学创新意识做出了反应。1935 年 3 月张先生先后发表的《关于中国本位的文化建设》、《论现在中国所需要的哲学》就是这种反应的产物。前者是对上面提到的那场辩论中的一方提出的主题的积极回应，后者则是受吴俊生的《中国教育需要一种哲学》和张东荪的《中国新哲学之创造》的启发撰写的。在这两篇文章中，张先生都表明了中国文化建构和哲学创新的立场和原则。当然，在此前的1933 年，张先生就具有了这种意识。同年 4 月和 6 月他发表了《关于新唯物论》和《世界文化和中国文化》，提出了"新唯物论"和中西文化结合及中国新文化建设的构想。正如人们现在所强调的那样，张先生的中国哲学和文化建构的期望，始终坚持"综合创新"的方法论原则。张先生重视分析方法，但他不像分析哲学（特别是语言分析）那样，把分析变成解构"整体主义"思维的武器，他把分析限于辨名析理，排除模糊不清的思想和观念，使概念、命题和思想达到清晰和明白。这样，分析恰恰又能为综合提供帮助。严格来说，"综合"并不是目的，它是服

---

① 参见张岱年：《哲苑絮语》，《张岱年全集》第八卷，河北人民出版社 1996 年版，第 371—375 页。代表金先生哲学本体论的著作《论道》，于 1938 年差不多完成，并于 1940 年出版（参见金岳霖：《论道》，商务印书馆 1940 年初版）。

务于张先生所期望的"创新"的一种方法。"综合"不是杂凑，而是经过认真严格的选择，把那些充满活力的因素结合起来，使之具有再生作用。通过观察晚清以来中西哲学和文化的各种"两极性"对立和冲突，张先生相信，只有哲学和文化的"综合"立场才是合理的，因为它能够在理性的选择之下使合理性的东西达到一种最优的组合，并能通向创新之路。我们知道，张先生的哲学创新主要体现在自然与人的建构中，这种创新是通过将唯物主义、理想主义和解析法综合起来，或者说，把广义的中西哲学和文化综合起来而展开的，他对自然与人的整体性思索和把握就贯穿着这种综合的方法。

张先生的哲学综合创新，不仅是哲学理智和精神上的探险，而且也是通过这种探险形成一股拯救中国和复兴民族的力量的尝试。为中华民族生存危机而忧虑的中国哲学家，不可能把哲学活动只当成满足他们理智需要的自由世界，他们怀着强烈的意识将自己的哲学研究与复兴国家、民族和文化的理想结合起来。冯友兰回忆他写作《新理学》和金岳霖写作《论道》的动机说："从表面上看，我们好像是不顾困难，躲入了'象牙之塔'。其实我们都是怀着满腔悲愤无处发泄。那个悲愤是我们那样做的动力，金先生的书名为《论道》，有人问他为什么要用这个陈旧的名字，金先生说，要使它有中国味。那时我们想，哪怕只是一点中国味，也许是对抗战有利的。"[1]青年时代也同样焦虑国家和民族命运的张岱年，"为了谋求救国之道"，"决定走学术救国的道路"。[2]张先生在哲学上的创新愿望和抱负同他的国家民族理想的紧密关系，看看他的《论现在中国所需要的哲学》即可明白。他在这篇文章中写道："尤其在中国现在，国家与文化都在存亡绝续之交，人们或失其信心，或甘于萎堕，最大的一国竟若不成国，最多的人民竟若无一人。在此时，如企图民族复兴，文化再生，更必须国人对于世

---

① 冯友兰：《怀念金岳霖先生》，见中国社会科学院哲学研究所编著：《金岳霖学术思想研究》，第29页。

② 张岱年：《张岱年全集·自序》，见《张岱年全集》第一卷，河北人民出版社1996年版，第2页。

界对于人生都有明切的认识，共同统会于一个大理想之下，勇猛奋斗，精进不息。"① 张先生这种把学术使命与复兴国家的理想紧密结合在一起的强烈愿望，一直伴随着他的整个哲学活动。因此可以说，在张先生以自然与人为根本问题的哲学建构中，我们看到的不仅是一个纯粹的理性化主题，而且也是一个与国家和民族理想息息相关的主题。

二、历程、创生和秩序 —— 宇宙观和自然观

有关宇宙、自然和天，哲学家有许多不同的设定，在这些设定里我们可以看到诸如机械主义对有机主义、唯物主义对唯心主义、自然主义对神秘主义等从出发点到结论都相互冲突的看法。从原则上说，张先生选择了唯物主义和自然主义立场来观察宇宙和自然，并形成了以物质为宇宙和自然万物的基质、以进化为宇宙和自然的历程的自然主义和非本体主义的宇宙观与自然观。张先生的这种唯物主义和自然主义，正如他所强调的那样，是在综合已有哲学理论的基础之上形成的一种"新形态"，他称之为"新唯物论"。这种新唯物论所要区别的不仅是机械唯物论，而且也是有机论；不仅是以"心"为本的唯心论，而且也是以"理"为本的观念论。机械唯物论肯定物质的实在性，抵制神学的自然观，反对有机论和活力论，虽然这些都具有合理性，但机械唯物论完全用物质及力的机械性原理来解释宇宙和自然，把宇宙和自然视为一架巨大的机器，把人看成是精妙的小机器，把生物的机能还原为物理和化学过程，这又是张先生所不能接受的。同样，与之相反的有机论，把宇宙和自然视为像生物一样的有机体，张先生也不赞成，因为有机体只是物质演化到高级阶段的产物。其他诸如"以心为本"和"以理为本"的哲学，更是张先生所批评的。

张先生的宇宙观和自然观，具有"非本质主义"或"非本体主义"的特性。怀特海反对西方本体论哲学中根深蒂固的所谓"自然之两岔"的观

---

① 张岱年：《论现在中国所需要的哲学》，《张岱年全集》第一卷，河北人民出版社1996年版，第237页。

念。按照这种观念，作为绝对实在的本体是不显现的，而显现的现象则是不实在的。张先生发现，怀特海反对的西方哲学"自然之两岔"观念，在中国哲学中是非常稀薄的，中国哲学家往往主张"事物亦实，本根亦现；于现象即见本根，于本根即含现象"①。张先生不接受否认物质和具体事物的真实性、分裂宇宙和自然统一性的观念。他通过怀特海哲学与中国哲学的相互理解，超越了"本体主义"而走向了宇宙生成论和演化论的基本理路。张先生没有放弃"本体"概念，但他把它改造为物质材料和质料的意义，使之成为万物的统一性基础（即"一本"），他相信这个意义上的"本体"，也就是中国哲学所说的"本根"。正是在这一主要意义上，我们可以说，张先生的宇宙观是唯物论的。

为了区别于其他唯物论特别是机械唯物论，张先生把他的唯物论称为"新唯物论"。其中的一个"新"，是他非常注重"事"的观念。"事"是中国哲学的固有范畴，张先生认为它与罗素和怀特海的"事"（有"事态"、"事件"、"事体"和"事素"等不同译法）相类似。怀特海的"事"观念，前后有所变化。② 在他的早期哲学中，"事件"（event）是一个主要的概念，意指"自然事物的终极单位"，它起着类似于后期著作中"现实体"（actual entity）这一概念的作用③。"现实体"被作为构成世界的最终的现实事物，在现实实体之外没有其他现实事物存在。一个"现实体"，一方面要与其他事态处在相互依存的关系之中，另一方面它还由它自身的建构活动所决定。罗素在相对论和量子力学影响下而使用的"事素"观念，是指构成物理世界及其现象的基本单位。不管是怀特海还是罗素，他们运用"事态"观念，都意在消除物质与精神、主体与客体这种二元划分。例如罗素的"中立一元论"就是要以"事态"代替用单纯的物质或单纯的精神构造世界的主张。

---

① 张岱年：《中国哲学大纲》，第 15 页。
② 有关怀特海的"事态"观念，参见［英］怀特海：《观念的冒险》，贵州人民出版社 2000 年版，第 234—236 页；［英］怀特海：《过程与实在》，中国城市出版社 2003 年版，第 148 页；［美］菲利浦·罗斯：《怀特海》，中华书局 2002 年版，第 25—30 页；曲跃厚：《怀特海哲学若干术语简释》，《世界哲学》2003 年第 1 期。
③ 曲跃厚：《怀特海哲学若干术语简释》，《世界哲学》2003 年第 1 期。

张岱年坦率地承认，他的"事"观念取诸怀特海和罗素。但是，张先生是在把物质设定为一切"事"的基础这一前提之下引入事态观念的。换言之，他把罗素和怀特海所要取消的"物质"实体与罗素和怀特海用以取消物质实体的"事态"观念结合到了一起。对张先生来说，这是一种有益的综合，虽然这是罗素和怀特海所完全意想不到的。通过这种结合，张先生断定"一切皆事"。这里的"事"就是"起"和"过"，也就是"生出"和"逝去"。不断的生出和不断的逝去，构成了一个过去、现在和未来的不间断的连续性链条。这种"起起不已，过过不已，事事相续"的事态，就构成了宇宙和自然的无限"历程"。

　　"历程"是张先生宇宙观和自然观的一个"整体性"概念。这个概念来源于怀特海所说的process，一般译为"过程"。通过"历程"，张先生将"事物"解释为"事态"，从而更加突出了其中包含的"经历性"的意义：立足于现在正在经历的事物，上承过去，下启未来，连续不已。每一事物和时空的前后相续都是一个小历程，而所有事物和时空的前后相续就是一个大历程。至此，张先生的"历程"观念与怀特海所说的process基本上是一致的。但是，怀特海的"过程"观念与"机体"观念和与"机体"观念密切相关的"创造性"观念密不可分，这就是为什么他的哲学有时也被称为"机体"哲学的原因。我们看看他是如何说明过程与机体的密切关系的："'机体'的概念与'过程'的概念以双重方式相关。现实事物的共同体是一个机体，但它又不是一个静止的机体，它乃是生产的过程中的一种不甚完善的状态。因此，与现实事物相关的宇宙的扩张是'过程'的首要意义，而其扩张的任一阶段上的宇宙则是'机体'的首要意义。在这个意义上，一个机体就是一种关联。其次，每一个现实体本身都只能描述为一个机体过程，它在微观中重复了宏观中的宇宙，它乃是从一个阶段进展到另一个阶段的过程，其中每一个阶段都是其后继阶段走向完善的现实基础。"[1] "创造性"是"事态"自我组织和自我超越的力量，它产生了自然的超越性进展。怀特海把"机体"及其"创造性"赋予宇宙和自然过程，旨在克服机

---

[1]　曲跃厚：《怀特海哲学若干术语简释》，《世界哲学》2003年第1期。

械论的死的宇宙和死的物质，以解释宇宙和自然何以能够"进展"，这就在一种新的形式之下复活了有机宇宙观和自然观。就像不接受机械的世界观一样，张先生也不接受怀特海的有机宇宙观。在他看来，宇宙和自然在整体上并不是"有机体"及其创新的过程，因为有机体是宇宙"大化"或进化历程达到一个高级阶段之时的产物。张先生肯定宇宙和自然是一个进化和演进的历程，肯定事物的生生过程也就是"日新"或新类型事物的"创造"过程，这在很大程度上使宇宙和自然具有了"进步"的色彩。但是，促成事物进化和创新的动力，既不是外力的推动，也不是事物作为机体所具有的自我扩张和完善的能力。按照张先生的看法，两极性或正反因素的对立和相互作用，是事物化生和转化的根源。张先生一直坚持用唯物辩证法的矛盾观来解释宇宙和自然的"变化"和"演进"历程（他认为矛盾的对立统一也是中国哲学的一个基本思想）。在这种矛盾观之下，宇宙和自然虽然是进化的，但却是带着"残酷性"的进化。张先生没有想象一个完全温馨和温顺的宇宙和自然。虽然他肯定事物之间存在着"和谐"的一面。中国不断遭受"强权"侵略的痛苦记忆，很难使人把现实世界看得很美好。如果不回避事实的话，我们常常能够看到事物之间的矛盾和冲突。正是因为这样，张先生曾经把《中庸》所说的"万物并育而不相害，道并行而不相悖"，改为"万物并育而实相害，道并行而亦相悖"（后来他又加以修正），把张载所说的"仇必和而解"的"和"看作一种暂时的状态。客观地讲，万物既相利又相害，道既相合又相悖，我们的世界不可能是单一的状态。正是错综复杂的矛盾冲突与和谐通顺共同构成了宇宙和自然的进化历程。张先生肯定事物因得到"平衡"而达到的"和谐"，但这种平衡的"和谐"，只是相异之物或对立之物相成相济的结果。

　　尽管宇宙和自然存在着混沌和无序现象，但张先生认为，在宇宙和自然的历程中贯穿着恒常的"理"和"秩序"，也就是一般所说的"自然的齐一性"。照张先生的说法，"变中之常谓之理"。"变"是"事"变。但若仅有一"事"，就没有不变之"常"，只有多"事"，才有同异，也才有恒常和共通。张先生说："理为事事相续中之恒常，亦为多事同有之共通。是

故理亦曰常相，亦曰共相。"[①] 据此，"理"就没有独立于"事"的实在性，
"理"只能贯通于"事"中。按照理本论的观念，"理"是先于事物而存在
的，它比具体的事物更实在，因为它是超越时空的，而且不随着具体事物
的消逝而消逝。冯友兰先生的"新理学"就属于"理本论"。他区分"真
际"与"实际"，认为"真际"具有独立的实在性，"理"先于"气"和
"器"。张先生指出，他的"事理论"与冯先生所承继的程朱理学所说的
"理在事先"不同，而是接近于王夫之所说的"天下惟器"和李恕谷所说的
"理在事中"。张先生又指出，他的"理"也就是怀特海所说的"恒常物"
（eternal object）。但他与怀特海不同的是，怀特海将共相与物合而为一，而
张先生则别而为二。怀特海想完全消除本体观念，但在张先生看来，本体
或质体，如加以适当的解释仍然可以使用。

　　张先生肯定"理"在"事"中，同时也就排斥了前定论，也就是决定
论的观念。前定论有不同的类型，如主张有神论的前定、唯理论的前定、
机械论的前定和目的论的前定，等等。在张先生看来，唯理论的前定论是
其他前定论的观念基础。因为前定论需要以"理先于事"为前提。被前定
的是事，能决定的是理，先在之理决定后有之事。如果一类事物已经存在，
那么后有的属于这类事物的一事，可以说是前定的，但不能说先于一切事
的理决定了一切事。因为宇宙有创造的"新类"出现，"新类"所表现的理
是新有的，是前所未有之理。既然如此，这一类的事，在它出现之前就不
是理先定的。从这种意义上消解前定论，同时也就是肯定某类事物的出现
具有"不可测度性"（不测）和"偶发性"。但是，前定论并不限于一类事
物的出现。实际上，作为体现某一"新类"的"某事物"的出现，并不是
"经常性"的，经常性出现的"事事"相续的事物，恰恰都是某一类事物之
下的某一"新个体"，这些"新个体"，按照决定论的观点就是由"理"的
必然性事先决定的。因此，仅从"类"上解除前定论，仍然为前定论留下
了许多空间。按照金岳霖提出的"理有固然，势无必至"这一命题，"理"
作为普遍的原则或原理，它是具有因果必然性的；但是，作为现实的具体

---

① 张岱年：《真与善的探索》，齐鲁书社 1988 年版，第 122 页。

事物的"势"，它如何"具体"表现、它"是否"一定表现，就不是必然的，也不是"理"所能决定的，它的出现和表现，都是偶然的和不确定的。[①] 这样，理的必然性与势的偶然性，就变成了一个二元性结构，从根本上消除了决定论。与人类行为的动机和结果联系起来理解，我们的行为常常是有计划的，并要求严格遵循自然的法则，因此，我们有理由、有根据对行为的结果抱有充分的信心，但这仍然不能"完全保证"结果一定实现。因为行为常常会受到外界各种因素的影响，一旦没有预测到的因素严重影响了行为，就可能达不到预期的结果。可以说，不遵循自然法则，行为肯定不能达到预期的结果；但遵循自然法则，也并非必然能达到预期的结果。这说明，我们在对待重大行为时，需要格外小心。

三、人类观和人间生活理想建构

在西方世界，关于人类的起源问题长期占主导性的解释是把人看成是上帝的杰作。给予这种宗教性解释致命一击的是科学意义上的生物进化论，它把人类看成是自然演化的结果。与宗教和科学这两种解释不同的是哲学的解释。按照中国哲学家的立场，人是天地阴阳合气的结果，是自然的造化。这种解释实际上排除了神学的解释方式，但与进化论的解释也不同。张先生当然不接受人类起源的神学解释，这是与他的新唯物论不相容的。在一定意义上，他受到了进化论的影响，他把人类看作宇宙和自然演化的结果。他说："宇宙演化之大历程是由物质（一般物质）而生物（有生命的物质）而有心物（有心知的有生物质）。物为基本，生命心知为物质演化而有之较高级的形态。"[②] 不用说，这种进化论与达尔文的生物进化论相距甚远，它类似于斯宾塞或海克尔（Ernst Haeckel）的"普遍进化论"。在不同程度上，进化论都隐含了某种意义上的"进步论"和"合理论"。张先生的自然主义"人类"进化观，把人类的出现视为物质从低级到高级的等级

---

① 参见王中江：《理性与浪漫——金岳霖的生活及其哲学》，第114—117页。
② 张岱年：《真与善的探索》，第221页。

性进化的最高成就，认为人是进化之"至极"，是宇宙和自然的圆满境界。张先生具有一种从价值上区分宇宙和自然事物的突出倾向，事物被以高卑、精粗划分为不同的等级。他赞成荀子提出的"水火有气而无生，草木有生而无知，禽兽有知而无义，人有气有生有知亦且有义，故最为天下贵也"[①]的论断，肯定人是进化等级中最高的等级，是最优异的生物。他对事物进化等级所做出的具体划分——物质、生命和人类三种等级——类似于摩根的突创进化论所说的三级论——物质、生命和心识。许多中国哲学家所具有的人是"万物之灵"的观念，就像古希腊哲学家所说的"人是万物的尺度"那样，常常使人类具有一种优越和优等意识，这与庄子等哲学家尽量把人类与万物拉平的那种万物齐一观和平等观，与佛教的虚幻人生观和叔本华等哲学家的人类虚无主义，都形成了鲜明的反差。张先生断定人为进化之"至"，认为人类在宇宙中具有"特殊的卓越的位置"和最高的"价值"，主要是基于人类具有自觉意识和建立在这种自觉意识之上的理想生活追求，他说："人可谓有自觉且有理想之动物。人自知其存在，且知人与他物之关系，是谓自觉。人常悬拟尽美尽善合于当然之境界，以为行动之归趋，是谓理想。"[②]据此，张先生的这种人类观当然也与万物平等观和虚无的人类观形成了不同的对照。

需要指出的是，张先生把作为宇宙和自然"本根"的"本"与进化多极之下的"至"严格加以区分，这又使他的人类观与"宇宙即吾心，吾心即宇宙"这种过分膨胀自我、夸大其词的"心本论"或唯心主义一刀两断。按照"一本多极"和"物源心流"的命题，不管人类多么优越、多么特殊，他"只是"无限宇宙和自然中不同种类事物中（从种类上讲）的"一种"事物和（从数量上讲）的"一部分"事物；特别是从量上来说，人类只占一个非常小的部分。[③]由此而言，人类必须具有能够克服傲慢的自知之明之心，必须对宇宙和自然保持一种谦虚的姿态。在维护生态和环境的强烈意

① 荀子：《王制》，见北京大学《荀子》注释组：《荀子新注》，第127页。
② 张岱年：《真与善的探索》，211页。
③ 参见张岱年：《真与善的探索》，269页。

识之下，中国的"天人合一"思想现在被人们反复强调。大家相信，这一思想为解决我们的生态和环境危机提供了一个重要的传统资源。原则上说，这是可以成立的。但是，这一思想已经被过于简化了，以至于谈到它，人们意识中所浮现的就只是维护自然和环境的图像，仿佛它原来的意义就是这样。

在宇宙观和人类观的基础之上，张先生对"天人合一"的解释和处理方式，是由两个相互联系的方面构成的。他首先是梳理这一思想在中国哲学演变中的来龙去脉及其意义，并清楚地告诉我们：中国哲学中的"天人合一"具有人性与天性同一、人的道德与天德相合、万物一体、人的形态与天的形态在结构上具有类似性等多重内涵；[①] 其次，它旨在强调，人是自然的一部分（当然常常被看成是非常优异的部分），人必须服从自然界的普遍法则，人类社会的道德原则与自然理性是一致的，人要调适与自然的关系，等等。在这一传统思想资源的转化中，张先生肯定"天人合一"包含着人与自然相统一、人类的活动需要遵循自然法则、人要调适与自然的关系等重要内涵，他的这一见解，对我们来说，今天仍然是有效的和合理的。特别是在我们生存于其中的自然和环境状态严重恶化的情况下，我们确实需要调适与自然的关系，达到同自然及环境的和谐。人类再不能在对自然的索取中，继续破坏自然和环境，使自然成为人类的残酷报复者。但是，张先生认为"天人合一"中所包含的人类道德原则与自然规律、人性与天道相统一的思想，需要通过不同层次的分析来认识，不能简单地加以肯定或否定。

作为"天人合一"思想一个方面的"万物一体"观念，现在常常受到我们的推崇。但张先生对这一观念一直采取二重性的辨别立场。1933 年，他发表在《大公报》上的《辟"万物一体"》，对把"万物一体"的体验视为人生最高境界的看法提出质疑。非常有趣的是，张先生曾尝试体验过这种境界："我自己在以前也曾为一种兴趣所驱，尝试着致此种经验。后来也偶有几次，于适宜的境地下，在二三分钟的短时中，得到稍微有点类似的

---

① 参见张岱年：《中国伦理思想研究》，《张岱年全集》第三卷，第 637—646 页。

经验：觉得小我消失了，与天地好像通气了，混然与外物不分，觉得面前的树木等好似我的手足；同时也感到一种莫名其妙的愉快。"①与王阳明用朱子学"格物致知"的方法去格竹子之理遭受挫折不同，张先生体验到了万物一体的美妙和愉悦，并相信"万物一体的境界，自也有好处，让人心境扩大，让人不为目前的小烦苦所缚所困，让人充满好生的仁意"②。"万物一体"观念的意义，后来还被张先生扩展到生态和环境领域，以增强人类对自然和万物的情感和爱护之心。然而，张先生不赞成把这种境界看作人生的"最高境界"，因为这种带有触景生情或冥想性的个人美妙体验不是持续性的，在客观上对人的行动的影响也是有限的；况且人与万物之间同时也存在着冲突和矛盾，人们不能期待自然和万物总是人的亲密伙伴。由此我们也许能够理解何以穆勒从"权能"的意义上看待自然，并认为"遵循自然"或把自然伦理化是无意义的。③但是，现在看来，穆勒走得太远了，他那种代表了许多人的用人类的权能征服自然的权能的立场，恰恰导致了自然和环境恶化，因而是需要反省的立场。

问题的关键是，在什么意义上我们仍然需要改造自然，并通过这种改造既使之满足人类的需要同时又不导致对它的破坏。彻底的"天人合一"，特别是庄子那种"蔽于天而不知人"的一味因任自然的立场，在需要爱护自然和环境的今天反而更不现实。"天人合一"一如既往地需要"天人相分"和"天人相胜"来补充。张先生从来不要求人类放弃改造自然的立场，因为自然并不能赐予我们一切。我们需要改造的不仅是外在于我们的客观的自然，而且还有我们自身的动物性自然，而后者的改造更为困难。人类改造外在自然的惊人进步有目共睹，但说到我们在改造人的动物性自然方

---

① 张岱年：《辟"万物一体"》，见《张岱年全集》第一卷，第81页。

② 张岱年：《辟"万物一体"》，见《张岱年全集》第一卷，第82页。张先生曾就缠绕他并使他感到困惑的"万物一体"问题请教过熊十力。熊先生回答说："万物一体是一句老实话，如果达到那个境界，就自然懂得；如果没有达到那个境界，说也说不明白。哑子吃黄莲，有苦说不出。要有那个境界才能理解。"（张岱年：《哲苑絮语》，见《张岱年全集》第八卷，第372页）

③ 参见［英］穆勒：《论自然》，见吴国盛主编：《自然哲学》第2辑，第528—566页。

面有多少的进步，情况就不容乐观了。比起对自然的改造，中国哲学家大都更关注对人的动物性自然的调适和对人的善性的提升，不管是孟子的扩充善性和尽心尽性、荀子的"化性起伪"，还是宋代程朱的穷理尽性，它们都渴望人性的提升和完美。张先生刚健有为的人生观基本上就体现在他所说的对客观自然和人性的自然的双重改造之中，例如他在谈到人性的改造（所谓"化性"）时说："人性常在改进之中，亦常在创造之中，人不惟应改造物质自然，更应改造其自己的自然。人类不惟是自然的创造物，且应是自己的创造物。人所以异于禽兽，在于能自觉的创造自己的生活。"[①] 张先生希望通过对自然的改造和对人性的提升，既达到人与自然的和谐，又达到人的身心的和谐。他区别了"动的天人合一"与"静的天人合一"，旨在克服那种消极的完全被动适应自然和天的无所作为的人生观，使人积极地参与到自然和天地的大化之中，与自然和天地良性互动，建立起一种创造性的生活。例如张先生这样说："在行动上改造天使合于人的理想，以至天人相合无间，达到天人的谐和，即动的天人合一。……人之作用在自觉地加入自然创造历程中，调整自然，参赞化育。"[②] 张先生特别欣赏《易传》所主张的"裁成天地之道，辅相天地之宜"和"范围天地之化而不过，曲成万物而不遗"，认为这是一种对自然采取既改造又遵循态度的最为合理的主张。对张先生来说，这种动的"天人合一"，也就是人自身生命力的扩充与道德境界的合一，是个人与群体（社会）的合一，用他的说法就是"充生以达理，胜乖以达和"和"群己一体，与群为一"。生命为了维持生存，既要主动地适应环境，又要改造环境，克服环境的压力。充实人类的生命，也就是充实人类维持自身生存的能力和力量；如果缺乏这种能力和力量，人类就难以在生存竞争中获得生存权。张先生相信，人类生存在一个充满矛盾和冲突的世界中，在生物与生物之间、在个人生活之中、在人与人及群与群之间，都存在着生存的矛盾，只有克服和解决这些矛盾，人类才能生存下来。但是克服和解决矛盾的方式，不是社会达尔文主义者所说的弱

---

① 张岱年：《真与善的探索》，第278页。
② 张岱年：《真与善的探索》，第283页。

肉强食的残酷生存斗争，而是通过遵循理性和道德原则达到一种生的圆满，这既是理与生的统一，也是义与利的统一。张先生力求克服重生、唯利与道德、道义互不相容的两极性思维，因为二者都不是圆满和理想的人间生活方式。例如，张先生说："理生一致，即一方重生，注重生命力之发挥，生活之扩展；一方更重理，注重生命之和洽与调谐。如唯贵生而忘理，则世界将成为冲突争杀的世界；如唯崇理而忘生，则生命力将萎弱而不充，理亦成为虚空。由生趋理，以理律生，发挥生命力，更克服生之矛盾以达到生之圆满。"[①]这再次体现了张先生的辩证理性，也体现了张先生价值理性的综合建构方式。一般来说，张先生的"群己一体"和"与群合一"，同样也要求个人与社会的统一，要求个人价值与社会理想的统一。在这种统一之中，"群即是我，我即是群"。但是，张先生最终把作为社会共同体的群体的价值理想和生活理想看作个体的归宿，这就使他的生活理想具有了群体主义的特点。

结　语

总而言之，张岱年的"天人观"或人与自然观的根本旨趣，是在人与自然之间创造出一种最高的"平衡性"和谐。他的早期哲学探索，就已开始追求人与自然的和谐，但他也强调人与自然之间、人类不同群体之间存在的冲突不能完全避免，而且为了克服冲突还需要有一定的斗争。比较起来，这种以冲突和斗争为前提的征服观念，在张先生的晚年减弱了。这使我们重新想起了张先生对"万物一体"和"万物并育而不相害，道并行而不相悖"的思考。我们看到，他赋予"万物一体"观念越来越多积极的意义，他把他所改的"万物并育而实相害，道并行而亦相悖"又改为"万物并育，虽相害而不相灭；道并行，虽相悖而亦相成"，最终，他又重新接受了"万物并育而不相害，道并行而不相悖"这一古老信条的真理。引起我们注意的还有他提出的"兼和"观念，刘鄂培把它看作张先生哲学思想

---

① 张岱年：《真与善的探索》，273 页。

的精髓。[①] 张先生在他 1948 年撰写的《天人简论》中明确提出"兼和"，以代替中国传统思想中历史悠久的"中庸"观念。因为在张先生看来，这一概念容易使事物陷入停滞的状态，而他所要求的乃是结合各种"不同"因素的积极创造以及由此而达到的平衡性和谐。为了更好地表达这一意义，张先生相信用"兼和"取代"中庸"是合适的。由于更加注重多样性的和谐，张先生当然也会进一步强化这一观念的意义。张先生晚年越来越重视统一意义上的"天人合一"和"天人和谐"，其根本缘由是人类过分"征服自然"而导致的自然和环境危机成了我们时代的主题。实际上，张先生从来没有把人与自然完全对立起来并把这种对立完全合理化，因为他的价值理想始终是创造人与自然的平衡性和谐，创造人类社会的和谐。但是，矛盾和冲突观念、征服和斗争观念，在他早期的天人论中则更容易看到。在这些观念背后，我们可以看到那个时代对他造成的影响。如今，时代已经发生了许多变化，我们从过去注重的斗争观念中走了出来，又面对着征服自然和环境的旧观念所带来的严重危机。如果在这种情况下，我们不更加注重人与自然的统一或天人的合一或和谐，那倒是令人奇怪的了。

---

① 参见刘鄂培主编：《综合创新 —— 张岱年先生学记》，第 104—110 页。

第五篇

自然、文明和人

第十二章

辜鸿铭儒家道德理想主义视野下的
救世论、文明观和信仰

引　言

辜鸿铭是一位典型的保守主义者，甚至是顽固不化的保守主义者，这就是他的一般身份和画像。他的一些"反常"言论和行为，使他的保守主义性格如此鲜明和特别，以至于我们在当时以及之前和之后都找不到第二个。艾恺说辜鸿铭的文化哲学与其他人特别是梁漱溟的观点"无大差异"，这样说是不恰当的，其实他们的差异是很大的。辜鸿铭的保守主义（亦被称为"守成主义"），在艾恺那里，又是"反现代化"的同义语。在艾恺看来，这种反现代化的保守主义不是局部现象和孤立性的事件，它是"世界范围内"的一种思潮。这样，作为其中之一的辜鸿铭的所作所为，也具有了超出"个人性"的、普遍的类型的意义。① 不过，问题的复杂性之一在于，保守主义这一用语本身，让人感到不安。仅就一个地域来看，保守主义就呈现出多样的色彩；从世界范围来看，保守主义的复杂情调和歧义更是可想而知。② 在现代化作为主流意识形态和主导性价值观的时代，"反现

---

① 有关辜鸿铭的保守主义和反现代化问题，参见 ［美］艾恺：《世界范围内的反现代化思潮——论文化守成主义》，贵州人民出版社 1991 年版，第 145—154 页。

② 有关保守主义问题，参见 ［英］弗里德利希·冯·哈耶克：《我为什么不是一个保

代化"自然容易被作为"否定性"的东西来看待。艾恺根据他对"现代化"
的理解而提出的"反现代化"用语，说起来相当清晰，而且他也不是简单
地把它作为"否定性"用语或贬义词来使用的。但这个用语，还是给人一
种"消极性"的感觉。如果现代化不是一种纯然的"好东西"，那么，对
它的质疑和反省，在客观上就起到了医治现代化带来的病态性缺陷的作用。
而且，"现代化"一个是对一些新出现的相互联系的事物及其趋势进行描述
和解释的术语，并不是这些事物一开始就是在"现代化"的意识之下展开
的，因此对于新事物造成的不良状态和结果进行批评，自然也不是以"反
现代化"意识展开的。在所谓的世界范围内的"反现代化"思潮中，欧洲
一般不把欧洲自己对现代化的批评和反思称为"反现代化"，而是称为"浪
漫主义"，特别是罗素和怀特海，他们把主张这一种思想观念的哲人描述为
浪漫主义人物。①

一、辜鸿铭的道德救世论和文明观

我们对有的研究者加给辜鸿铭的保守主义和反现代化的定性产生疑
问。严格而论，我们并不是要提出一个他不是保守主义者或并不反现代化
的命题，而是认为这样的化约容易掩盖他的思想的内在实质。中文"保守"
一词的字面含义就是保持和守护过去的事物。辜鸿铭主要不是出于事物是
"过去的"而去保守它，不是出于事事要有先例可循而去守护过去。实际
上，这正是保守主义的一种表现，或者说是保守主义的一种形态，例如慈
禧痛斥光绪皇帝改变"祖宗之法"，就是因为，在她看来，仅凭法是祖宗
所拟这一点，法就不能改。然而，辜鸿铭的保守性，却是立足于传统文化

<hr/>

（接上页）守主义者》，见《自由秩序原理》下，邓正来译，生活·读书·新知三联书店
1997年版；[美]本杰明·史华慈：《论五四前后的文化保守主义》，见王跃、高力克编：
《五四：文化的阐释与评价——西方学者论五四》，山西人民出版社1989年版；刘军宁：
《保守主义》，中国社会科学出版社1998年版。
　　① 参见[英]伯特兰·罗素：《西方哲学史》下卷，马元德译，商务印书馆1976年
版；[英]A.N.怀特海：《科学与近代世界》，何钦译，商务印书馆1959年版。

的普遍意义和普遍价值。① 从形式上看，辜鸿铭好像事事处处都要为传统的或已经存在的事物进行辩护，我们常常举出的那些例子，不仅能够证明他的顽固不化，而且也能够证明他的古怪。因为那些过去的事物，在"新学"看来，早已是不言自明应该抛弃的东西。从这种意义上说，辜鸿铭确实"古怪"，加上他的才华，他就成了"杰出"的"怪人"。② 但是，他并非不可理解，关键是我们如何理解他。艾恺试图对辜鸿铭"激烈的偏袒中国文化的每一个方面"提出解释，认为这是由于辜鸿铭的非西方亦非东方的背景，他一心一意想证明他是真正的中国人，而不是被当作"外人"的"假洋鬼子"。③ 这个解释过于"外在化"或表面化。如果是这样，我们就很难想象在一个时期中他会受到欧洲的欢迎，被一些欧洲人士奉若神明。问题的关键是，在他常常受到批评的对中国人的一些行为习尚几乎是偏执性的申辩之外，或者说，在他的那些愤世嫉俗和与众不同的举止之外，辜鸿铭为我们提供了什么深层次的东西和内在的力量。

贯穿在辜鸿铭的整个著述之中被他执着关心的主题，是他为"东西方"，更宏观地说，为人类寻求"道德"上的出路。辜鸿铭的前半生生活在弊端越来越暴露的西方资本主义世界，而且他在西方文学和思想世界中所接受的恰恰又主要是抵制"机械性"、"商业性"、"实用性"和"物质性"的浪漫主义思潮的洗礼，这激发和培养了他观察西方近代文明及社会的冷峻目光和批判性立场。在他的后半生中，他受到了人类历史上最残酷的、爆发于欧洲的第一次世界大战的强烈刺激。事实上，这场旷日持久、触目惊心的大战，令整个世界震惊和悲哀，西方人笼罩在悲观甚至是绝望的情

---

① 史华慈指出，以是"传统的"和"过去的"就是"权威的"这种方式为自己辩护的人实际上很少，"大多数思想家、预言家和圣贤们即使证明'现存事物'，也还是用揭示事物普遍永恒的规范真理的启示、直觉或推理来为自己辩解。他们以普遍性规范来证实现存的传统，绝少说传统因为在继续和发展就证明其是正确的。"（［美］本杰明·史华慈：《论五四前后的文化保守主义》，见王跃、高力克编：《五四：文化的阐释与评价 —— 西方学者论五四》，第 150 页）

② 比如，黄兴涛讨论辜鸿铭的著作书名就叫《文化怪杰辜鸿铭》（中华书局 1995 年版）。

③ 参见 ［美］艾恺：《世界范围内的反现代化思潮 —— 论文化守成主义》，第 153 页。

绪之中。本来就对西方近代文明持怀疑和批评立场的辜鸿铭，对第一次世界大战做出的反应，与其说是悲观和绝望，不如说是感叹和感慨，因为他原本就不是西方近代文明的进步论者和乐观论者。第一次世界大战的悲惨性超出了人类对战争的想象；如果有人还能对人类文明保持真正的信心，那他就需要异乎寻常的勇气。西方文明的怀疑论者和批评论者，特别是浪漫主义者，比如辜鸿铭津津乐道的卡莱尔（Thomas Carlyle，1795—1881年）、阿诺德（Matthew Amold，1822—1888 年）、爱默生（Ralph Waldo Emerson，1803—1882 年）、罗斯金（Ruskin，1819—1900 年）等，他们恐怕想象不到西方文明竟会演变出第一次世界大战那样的"大惨剧"。经受了这场大战的辜鸿铭和他引以为同道的迪金逊（Lowes Dickinson，1862—1932 年），也未必能够预测到西方文明会有如此的"巨大变故"。那些在第一次世界大战之前去世的辜鸿铭的前辈和朋友，当然没有机会去反思西方文明的"恶果"，这是辜鸿铭的历史使命。

对在感受力最强之时生活在西方而且又深受浪漫主义熏陶的辜鸿铭来说，第一次世界大战对他意味着更多的东西。它不仅意味着为辜鸿铭对西方文明慢性病做出的"诊断"提供了决定性的证明，而且更意味着西方近代文明与第一次世界大战之间存在着"因果关系"。辜鸿铭当然不愿意看到由这种巨大的不幸来证明以往文明的病态。但事实无法回避，人们必须敢于面对。辜鸿铭花了很多心思去寻找近代西方文明的前因后果，尤其是第一次世界大战的根源，寻找那个时代世界其他地方严重冲突的原因。但这只是问题的一个方面，更重要的是，悲天悯人的辜鸿铭主动地承担起了救治人类特别是西方的使命。人类和"西方"的出路何在？救治人类和西方没落的方案何在？雄心勃勃的辜鸿铭，当仁不让地开出了一张药方，这就是他的"道德救世论"。辜鸿铭的思路并不复杂，他把西方文明的危机和困境都归结为"道德"问题，相应地，解决问题的方式自然也只能从道德入手。在辜鸿铭看来，西方的整个病症是追逐功利和追求物质而荒废了道德，那么对症下药，就是重新确立道德的感召力和震撼力。但是，对辜鸿铭来说，能够救治人类和西方的"道德资源"已经不能通过西方来提供了，因为曾经是西方传统道德之源的基督教似乎已经一筹莫展，或者说，它已经没有勇气去医治西方的严重疾病。对西方文明产生了近似绝望和幻灭感的西方人，也不再指望从西方传统文明寻找出路了，他们把目光转向了西方之外的文明，他们对中国古老文明的兴趣陡然增加。这当然不是西方人的唯一选择，从哪里毁灭就从哪里建立，西方人整体上仍然希望从自身寻找力量，他们希望通过基督教重新鼓起勇气。辜鸿铭提供了一个例子，即梭尔白斯（Alfred Sowerbys）对问题的回答。辜鸿铭指出了欧洲所遇灾难的严重性，也提出了需要回答的问题："鉴于可怕的灾难性的变故 —— 由一亿七千万人的激情挑起，并用科学的精巧的屠杀和毁灭性工具武装起来的战争 —— 人们几乎失掉了勇气。此时，如果人们在心中自问：整个世界、文明和人类还有一线希望吗？"[1] 梭尔白斯的回答是："有"。他不相信基督教在欧洲失败了，他鼓励基督教士们加倍努力，"让基督的福音和意志控制和化解人类的激情和刚愎自用"，他劝告人们"不要鲁莽地遽下结论，静心观之，你们会看到主的力量"。[2] 然而，辜鸿铭并不满意梭尔白斯的回答，他认为，梭尔白斯的说法很美妙，却又含糊其辞和飘忽不定。辜鸿铭认为，处在迷茫之中的人类需要更为确定性的东西。欧洲的灾难和梭尔白斯的回答，证明基督教道德苍白无力。但是，基督的失效并不表明人类就没有希望了。人类是幸运的，在欧洲之外，还有其他能够履行道德功能的体系，这就是中国的"君子之道"，就是中国的"良民宗教"和"孔教"。不管人们是否相信辜鸿铭的承诺，但可以肯定的是，辜鸿铭把人类特别是欧洲的希望，都寄托在了中国的儒家身上。他翻译儒家经典（他实际翻译出的有《论语》、《中庸》和《大学》，正式出版的只有前两种）的动机，主要不是为了向西方人证明中国具有一种真正的文明，以打消西方人对中国的轻视，为中国人挽回面子，满足中国人的自豪感，而是真诚地为人类和欧洲寻找出路。我们相信辜鸿铭在此根本问题上是真诚的，这也是他的可贵之处。

---

[1] 辜鸿铭：《君子之道 —— 给"京报"出版商的一封信》，见《辜鸿铭文集》上卷，黄兴涛等译，海南出版社 1996 年版，第 569 页。

[2] 辜鸿铭：《君子之道 —— 给"京报"出版商的一封信》，见《辜鸿铭文集》上卷，黄兴涛等译，第 569 页。

正因为如此，他曾经受到了欧洲人的欢迎和敬重。

人类文明的危机不限于欧洲和西方，实际上危机已蔓延到了世界的其他地区。对辜鸿铭来说，欧洲和西方的近代文明，不仅导致了它自身的内在困境，而且由于它向世界其他地区的扩散，它已经和正在为那些地区带来不幸的后果。中国是受到这种影响的东方国家之一，它对西方近代文明的效法正在为自己带来许多不良的东西。自从进入张之洞的幕府之后，辜鸿铭就竭力要成为一位"真正的"中国人，成为拥有中国文明和教养的中国人。他对中国古典文明的日益倾心和向往，与他对近代以来中国革新过程的日益不满呈正比。他身为张之洞的幕僚，却每每不赞成张之洞奉行的"新政"政策。对于中国所遭遇的西方的挑战，辜鸿铭有他自己的考虑和应对方式。纽曼（John Newman，1801—1890 年）等人在牛津发起的复兴基督教传统教义和礼仪的运动，他记忆犹新。他在中国找到了类似物，以至于他把近代中国早期抵制西方自由主义和物质实利主义的要求和行动与之相提并论，称为中国的"牛津运动"。不过，真正合乎辜鸿铭中国"牛津运动"意义标准的只是晚清政治生活中昙花一现的"清流党"或者"清流派"，而且主要限于"前清流"，即以李鸿藻为首，以张之洞、张佩纶、陈宝琛和黄体芳（一说是宝廷）为主将（也被称为"翰林四谏"）的一些政治人物。他们被称为"清流"，一是因为他们标榜道义和气节，要求纯化官僚作风，严肃纪律和整顿秩序，不顾自身利害、义正辞严地揭露达官贵族的腐败；二是因为他们不愿向西方妥协，坚持"华夷之辨"，拒绝接受西方的器物文明，主张对西方采取强硬的政策。简言之，清流派是一个以纯洁和严正的风气议论和批评时政并引导社会舆论的松散性政治小团体。辜鸿铭接受了在牛津优雅环境中受过教育的马太·阿诺德的说法，认为纽曼领导的牛津运动的目标是"反对自由主义"，反对标榜"进步"和"新学"的自由主义。对辜鸿铭来说，中国的"牛津运动"恰恰也是抵制和反抗以"进步"和"新学"为主要特征的自由主义。辜鸿铭常常把这种自由主义等同于"物质主义"（或"实利主义"），这些外国的新方法正在作为中国改革的目标被引进。现在，中国的"牛津运动"反过来又得到了生活在牛津和英格兰的高贵人士的同情和声援，辜鸿铭对以下这段他们发自内心的自言自语心领神会："我们实在同情正在与进步和新学战斗的中国人。这种进步和新学使得他们唯利是图，道德沦丧，为了帮助他们更为有效地战斗并赢得胜利，我们将给他们提供武器。的确，这些武器都取自于进步和新学的武库，但是，我们却用追求美丽和优雅的牛津情感对之加以了调剂，如果可能，用那基督教神圣的优雅和芳香来加以调剂就更好了。"①

　　但是，辜鸿铭赞扬和支持的中国"牛津运动"却是短暂的。在中法战争中，张佩伦已经声名狼藉，辜鸿铭回避了他在战争中的逃跑行为。中国"牛津运动"的原则在中法战争之后明显地被动摇了，张之洞是一个象征，后来他反而成为中国改革的主要领导者之一。辜鸿铭分析了张之洞变化的原因并表现出了很大的同情和理解。他说："张之洞和所有牛津运动的成员，最初都坚决反对引进外国方法，因为他看到了伴随这些方法而来的粗俗和丑陋。但中法战争之后，他认识到，单是用严正的儒教原则，要对付诸如法国舰队司令孤拔那配备有可怕大炮的丑陋而骇人的战舰一类的东西，是无济于事的。于是他开始调和折中。他一方面感到采用这些丑陋可怕的外国办法迫不得已，不可避免。又认为在采用这些方法的同时，能够尽可能地消除其中的庸俗丑陋成分。在此，我想指出，这样一个事实可以作为张之洞纯洁动机和高尚爱国精神的证据。"②在辜鸿铭看来，转向改革的张之洞，天真地试图把儒教的理想同欧洲的新学结合起来，用当时流行的说法就是把"中体"与"西用"结合起来。这样的结合，实际上是要求一个人遵循双重的道德标准。从个人来说，他必须严格奉行儒教的原则；但从国家和民族来说，他又必须放弃儒家的道德原则而接受欧洲新学的原则，即物质和武力的原则。"简而言之，在张之洞看来，中国人就个人而言必须继续当中国人，做儒门'君子'；但中华民族 —— 中国国民 —— 则必须欧化，变成食肉野兽。"③

　　我们知道，作为国家和民族的目标，"自强"和"富强"演生为中国

---

① 辜鸿铭：《中国牛津运动故事》，见《辜鸿铭文集》上卷，黄兴涛等译，第295页。
② 辜鸿铭：《中国牛津运动故事》，见《辜鸿铭文集》上卷，黄兴涛等译，第315页。
③ 辜鸿铭：《中国牛津运动故事》，见《辜鸿铭文集》上卷，黄兴涛等译，第321页。

近代以来主导性的意识形态，这种意识形态与社会达尔文主义结合在一起，表现出强烈的实力主义和强权主义色彩。辜鸿铭抱怨严复宣扬"物竞天择"，使国人只知道生存竞争而不知道有"公理"。[①] 张之洞主张引进新学来武装国家和民族，他投入到了自强主义运动（亦称"自强新政"或"洋务运动"）中。他同其他不少人一样，都肯定一个基本事实：中国正处在强权的威胁之下，面临着生死存亡的巨大危险，为了国家和民族的安全、利益，必须超越一般的道德原则。作为一位道德主义者，辜鸿铭只能在特定的意义上同情张之洞的折中调和路线。辜鸿铭直言不讳地称张之洞的调和方式是奇特而又荒唐的。按照辜鸿铭信奉的原则，"你不能既侍奉上帝，又供奉财神"。在越来越世俗的社会情势之下，上帝已经变成了财神，或者说上帝的作用就是帮助我们发财。对于辜鸿铭来说，这既不能想象，也绝对不能容忍。辜鸿铭的道德原则是，只能供奉上帝，不能追求物质利益和财富，因为这些东西都是人类心灵的腐蚀剂。不过，由于张之洞品格高尚、动机纯洁，他对儒教与新学的调和，使新学成为维护国家安全和利益的手段，进而也成为保护儒教的手段，因此，他的调和又是可以容忍的。

但是，像李鸿章、袁世凯这种品性低劣的人，他们不能善于运用张之洞的调和，造成了中国的庸俗和腐败，使国民连一般的道德水准都不能保持。我们不妨看一下辜鸿铭对袁世凯和李鸿章的谴责："在中国，张之洞向文人学士和统治阶层所传授的这种马基雅维里主义，当被那些品德不如他高尚、心地不如他纯洁的人所采纳，诸如被袁世凯这种天生的卑鄙无耻之徒所采纳的时候，它对中国所产生的危害，甚至比李鸿章的庸俗和腐败所产生的危害还要大。"[②] 辜鸿铭引用一位法国作家的看法指出，一切文明赖以存在的最终基础，是民众具有基本的道德。辜鸿铭指出，袁世凯的所作所为都是在破坏民众的基本道德。他先是背叛了满清政府，然后又很快地背叛了革命共和，他不具备基本的道德品质，连起码的廉耻和责任心都没有，

---

① 参见黄兴涛：《文化怪杰辜鸿铭》，中华书局 1995 年版，第 310 页。实际上，如前所述，严复是相信"公理"的。

② 辜鸿铭：《中国牛津运动故事》，见《辜鸿铭文集》上卷，黄兴涛等译，第 291 页。

他甚至还不如小偷和赌徒。他破坏了道德，败坏了人心。

辜鸿铭痛恨的不仅是袁世凯和李鸿章这样的十足的实利主义者，他还痛恨近代以来那些来到中国的商人和传教士。商人唯利是图，传教士不断挑起事端，他们在中国都没有起到好的作用。甚至那位接管中国海关每年为中国政府增加关税收入的赫德（Robert Hart，1835—1911年），在辜鸿铭的眼中，也是比李光鸿章更加狭隘、卑鄙和无耻，因为赫德坚持认为，拯救中国的最重要方法是高额的国家税收。辜鸿铭声称他赞成开放，也赞成扩展，但不是政治上和物质上的开放及扩展，而是知识和心灵上的开放和扩展，并且，他认为知识上的开放和扩展是心灵开放和扩展的前提。辜鸿铭没有指出他所说的"知识"是什么，不过根据他的原则，它不可能是有关实用方面的知识，而应该是有关教养和修养方面的知识。

辜鸿铭所颂扬的中国"牛津运动"最终失败了，就连张之洞的调和变通之路最终也走不通。辜鸿铭讲述的牛津故事前后两次都提到，当他在北京再次见到曾经领导他"战斗"的张之洞的时候，他的这位指挥官已经完全绝望了。辜鸿铭还竭力地安慰他，希望继续在他的领导下重返"战场"。但辜鸿铭不久就失去了这位他所尊敬的、20多年来一直关心他的保护人，这对辜鸿铭无疑是一个打击。辜鸿铭深知他的事业困难重重，但作为道德理想主义，他依然没有绝望，他倔强地守护着他的道德信念，坚定不移地用道德的力量继续抵制新学，抵制模仿和效法西方物质实利主义的改革。

我们必须再次强调，辜鸿铭的信念与近代中国追求富强和自强的主流观念格格不入。面对西方列强对华的枪炮政策，中国朝野上下都相信只有通过自强和富强才能实现自我保存。近代早期魏源提出的非常质朴的思想——"师夷以制夷"，实际上贯穿在晚清整个国家的发展战略中，只是说法有所不同而已。这种立足于追求自强、富强的改革和发展战略，整体上背离了儒家传统中的人文教化和道德治理路线。对晚清人士来说，这是无奈和被迫的，他们实在不甘心屈服于帝国主义的强权之下。但是，辜鸿铭则以全然不同的方式考虑问题。第一，按照道德主义，任何强权都是不允许的。因此，即便一种非正义的强权，也不能用强权去反对它，因为这样就会陷入另一个强权，只能选择用道德的力量去对付强权，或者采取非暴力性的不抵抗主义。第二，即使撇开道德，根据中国国力十分虚弱的现状，走强权的道路也行不通，很难通过效法西方而变得强大起来。人们很难耐心地倾听辜鸿铭的逻辑，他们可能会辩解说，道德与国家的强大并不矛盾，国家的强大恰恰为正义提供了保障，但这里面同样存在着破绽。谁都可以这样声称，结果却是强大成了国家的根本目标。相比之下，辜鸿铭的"道德的决定论"，反而是一贯的。

　　"五四"时期，陈独秀等人引导的新文化运动，也有很强的道德主义味道，例如陈独秀认为，道德自觉是中国最后的自觉。不过，他们声称，他们自觉到的"道德"和"伦理"，是适合现代生活的"新道德"和"新伦理"，它是与"旧道德"和"旧伦理"完全对立的。因此，他们很自然地认为，辜鸿铭顽固坚持的道德就是他们所要反对的"旧道德"和"旧伦理"。一般认为，自强新政、变法维新和革命共和，都没有触及中国的真正问题，"五四"新文化运动中的知识分子通过道德和伦理的"革命"来拯救中国，把问题深化到了根本的方面。不管这种看法是否准确，"五四"新文化运动中的知识分子，确实用"时间上"的"过去"，断定传统道德和伦理过时了，断定它们不能适应现代生活的需要。然而，辜鸿铭走的是相反的路线，就像他对西方世界做出的承诺那样，他把中国的希望也寄托在传统道德和伦理的复兴上。他相信，孔子儒家所代表的道德文明虽然是过去的创造，但它的精神和意义是普遍和永恒的，整个世界都需要通过它的复兴而得到拯救。我们不否认"五四"新文化运动的意义，也不轻率地袒护辜鸿铭，在我们看来，"五四"新文化运动中的知识分子反叛传统，把孔子儒家的教义和道德都看成过时的产物，试图完全摆脱传统建立全新的道德生活，这些做法确实有草率性和幼稚性；而辜鸿铭一味通过传统的力量来解决问题，对新的事物和方法表现出近乎生理上的厌恶，也不符合儒家的中庸之道。

　　话说回来，上面我们考察了辜鸿铭对当时欧洲和中国的前途的认识和关切，我们也看到了他提出的解决方案。按照这个方案，只有通过道德才能医治东西方的严重创伤和病态。他所说的道德不是来源于基督教或者其他传统，而只能是来源于孔子儒家的教义和信念。这里牵涉两个问题：为什么不是别的东西而唯有道德才是东西方的救世法宝呢？为什么这种救世道德又只能是儒家的道德呢？就第一个问题来说，辜鸿铭以道德为救世的法宝，这是基于他的一贯的"文明观"。

20 世纪以来，"文化"是中国最富有魅力的一个词汇，特别是"五四"时期和 20 世纪 80 年代，谈论"文化"和"中西文化"十分流行和时髦。也许是因为在中国人看来，"文明"这个词包含了更多物质方面的含义，所以它不像既包括了物质含义更包括了习俗、精神和信念等含义的"文化"那样被广泛使用。不过，辜鸿铭喜欢使用"文明"，而且与侧重于从物质层面上来看待"文明"不同，他主要从精神和道德上理解"文明"。换言之，在辜鸿铭看来，"文明"的核心或者真正属于"文明"的东西是"道德"和"精神"。辜鸿铭告诉我们说："文明的真正涵义，也就是文明的基础是一种精神的圣典。我所说的'道德标准'，指的就是这个。像道德标准这样的东西，一国之民，如果是紧密团结的，那么，他们所创造的文明就应该达到——制定并发展上述圣典——也就是道德标准的地步。"[1] 按照这种说法，判断文明及其进步的标准只是道德，而不在于物质和技术方面的成就。对此，辜鸿铭有更清楚地说："在我看来，要估价一个文明，我们最终必须问的问题，不在于它是否修建了和能够修建巨大的城市、宏伟壮丽的建筑和宽广平坦的马路；也不在于它是否制造了和能够造出漂亮舒适的农具、精致实用的工具、器具和仪器，甚至不在于学院的建立、艺术的创造和科学的发明。"[2] 事实上，辜鸿铭所说的这些东西，恰恰被人们认为是西方近代文明的杰出成就，是人类文明历程中引以为豪的惊人进步。辜鸿铭也承认，西方近代在工业技术和征服自然方面的成就无与伦比。然而，辜鸿铭的兴趣不在这里，他倾心的文明是培养一种什么样的人。他接着说："要估价一个文明，我们必须问的问题是，它能够生产什么样子的人（What type of humanity），什么样的男人和女人。事实上，一种文明所生产的男人和女人——人的类型，正好显示出该文明的本质和个性，也即显示出该文明的

---

[1]　辜鸿铭：《中国文明的复兴与日本》，见《辜鸿铭文集》下卷，黄兴涛等译，海南出版社 1996 年版，第 280 页。

[2]　辜鸿铭：《中国人的精神》，见《辜鸿铭文集》下卷，黄兴涛等译，第 5 页。

灵魂。"①

认为文明的灵魂是培养一种类型的人，认为判断文明的标准在于道德，这样的"文明观"确实与众不同。问题是，人类必须生存，而生存就必须拥有一定的生活条件和获得生活条件的方式，这恰恰构成了人类文明的一个基本方面，也是人类创造性的集中体现之一。辜鸿铭对物质、技术和利益如此轻视，不难想象人们会如何反应。老实说，辜鸿铭没有"完全"拒绝西方近代的物质文明和技术，他还没有激进到这种程度。如在日本的一次演讲中，为了澄清他的立场，他郑重地声明说："有人问我为什么这样讨厌西方文明。我在这里公开声明一下，我讨厌的东西不是现代西方文明，而是今日的西方人士滥用他们的现代文明的利器这一点。欧美人在现代科学上的进步确实值得称道。但就我之所见，欧美人使用高度发达的科技成果的途径，是完全错误的，是无法给予赞誉的。……我对西方文明的厌弃，不是厌弃其文明所表现出来的物，而是讨厌所有的欧洲人而不仅仅是德国人滥用现代文明的利器这一点。我认为欧洲并未在发现和理解真正的文明、文明的基础、意义上下多少功夫，而是倾全力于增加文明利器，就像《圣经》里所记载的建造巴比伦塔的人一样。欧美人只顾将其文明一个劲地加高，而不顾其基础是否牢固。因此，欧洲的现代文明虽然确实是一个让人叹为观止的庞大建筑物，但他就像巴比伦塔一样面临着即将倾覆崩溃的命运。"② 这里，辜鸿铭说得很清楚，他不是一般地厌恶物质和技术，而只是厌恶对物质和技术的滥用，特别是被用于战争之中，导致人类互相残杀。按照辜鸿铭的思考，物质和技术必须以道德和正义为基础，才能得到合理和正当地运用，否则，它就会被误用和滥用，第一次世界大战是人类滥用技术和物质的再惨痛不过的例证了。在此，辜鸿铭可谓是理直气壮。由于用第一次世界大战来衡量西方近代文明，辜鸿铭很自然地判定，西方近代文明的方向根本上是错误的，它充分发展了物质和技术的力量而不知道如

---

① 辜鸿铭：《中国人的精神》，见《辜鸿铭文集》下卷，黄兴涛等译，第5页。
② 辜鸿铭：《中国文明的复兴与日本》，见《辜鸿铭文集》下卷，黄兴涛等译，第279—280页。

何驾驭这种力量，因为它没有把文明建立在"道德"和"公理"的基础之上。照此逻辑，西方近代以来的文明演进，对辜鸿铭来说，恰恰就成了一个"反文明"的过程："所谓文明，就是美和聪慧。然而欧洲文明是把制作更好的机器作为自己的目的，而东洋则把教育出更好的人作为自己的目的。这就是东洋文明和西洋文明的差别。常有人说，欧洲文明是物质文明，其实欧洲文明是比物质文明还要次要的机械文明。虽然，罗马时代的文明是物质文明，但现在的欧洲文明则是纯粹的机械文明，而没有精神的东西。"①

　　辜鸿铭以道德和人格的培养作为文明的本质和灵魂，而不把物质和技术方面的成就作为判断文明的标准，这一点在他的义利观中也有明显的表现。"义利之辨"是儒家传统中围绕正义和利益的关系而展开的一个论题。②仔细考察的话，儒家的义利观有不可以偏概全的复杂性。例如孔子并不反对利益，他主张人们首先要过上富裕的生活，然后再对他进行道德教化；孟子倡导的仁政，核心内容也是通过一种土地制度让家家都过上安居乐业有保障的生活。儒家义利之辨的核心是，把正义放在第一位，主张利益的获得必须合乎正义，在出现正义和利益不可兼得的情况下，要毫不犹豫地选择正义而放弃利益。相比于儒家传统，在西方中世纪基督教传统中，财富和利益受到了更多的抑制，人们被要求过一种清贫和艰苦的生活。从鼓励和推动人们发财致富、追求利益，从满足这种需要而发展起来的经济制度和商业制度看，近代社会是朝着与中世纪相反的方向演进的。正是根据这一明显特征，滕尼斯把中世纪到近代社会的变迁概括为从封建的"共同社会"到"利益社会"转变。③"利益"是新兴资产阶级的最亲密伙伴，也是近代社会的主导性价值。在这种以经济和商业利益为动力的社会中，道德不再是目的，诚信被人们实践不是因为它自身具有内在的价值，而是因

---

① 辜鸿铭：《东西文明异同论》，见《辜鸿铭文集》下卷，黄兴涛等译，第309页。

② 从一些说法来看，儒家有重义轻利、舍利取义的主张，例如大家熟悉的孟子回答梁惠王时所说的"何必曰利，唯有义而可"和董仲舒的名言"正其谊不谋其利，明其道不计其功"就是例子。

③ 参见［德］斐迪南·滕尼斯：《共同体与社会：纯粹社会学的基本概念》，林荣远译，商务印书馆1999年版。

为它能够促进和赢得商业利益。在近代中国社会的变迁中，人们为了把追求富强和发展商业利益合理化而展开的一项思想工作，就是消除"义利"之间的紧张关系，相信真正的和长远意义上的利益，恰恰合乎"正义"，如果不合乎"正义"，就没有利益可言，如严复就如此认为。①

回过头来再看辜鸿铭的义利观，他的思考同样与中西方的新思维格格不入。辜鸿铭不满意张之洞对洋务新政的妥协，因为新政把国家引向对财富和利益的追求中。辜鸿铭非常尊重张之洞，不过他并不隐讳他与张之洞之间的分歧。辜鸿铭坦承他作为张之洞的幕僚，他的意见从未被张之洞采纳过。张之洞的另一位幕僚告诉辜鸿铭说，你是言之以是非，而襄帅则是言之以利害。张之洞对这个说法十分不满，他告诉辜鸿铭说，他追求的利不是"私利"而是"公利"，"公利"是必须讲求的。但辜鸿铭举出孔子"罕言利"和《大学》所说的"长国家而务财用者，必自小人矣"，坚持认为"公利"也不能作为国家的目标来追求。辜鸿铭还指出，荀子批评墨子"蔽于用而不知文"，但荀子自己就陷入功利之中而不自知（例证是荀子说"我欲贱而贵，愚而智，贫而富，可乎？曰：其唯学乎？"）。在辜鸿铭看来，追求学问更不能以功利为目的，学问本身就是目的，他这样说："夫明道者明理也，理有未明而欲求以明之。此君子所以有事于学焉。当此求理之时，吾心只知有理，虽尧舜之功不暇计，况荣辱贫富贵贱乎！盖凡事无所为而为，则诚；有所为而为，则不诚，不诚则伪矣。为学而不诚，焉得有学？"②在这一点上，辜鸿铭也对张之洞提出了批评。张之洞曾向那些前来辞别的湖北留学生赠言说："生等到西洋，宜努力求学，将来学成归国，代国家效力，带红顶，作大官，可操券而获，生等其勉之。"辜鸿铭说，受荀子之学影响的张之洞，他的这种务外和务功利的倾向，不是治学的真正态度。辜鸿铭写过一篇《是义还是利？》的英文文章，此文收入到了德文版的《呐喊》之中。可能是重视这篇文章，辜鸿铭自己把它译成中文，题为《义利辨》，收入他的《读易草堂文集》中。这篇从义利

---

① 严复转化儒家观念而提出的"开明利己主义"，认为义必利、利必义，对义利统一抱有非常乐观的看法。参见王中江：《严复》，台北东大图书公司1997年版，第159—171页。

② 辜鸿铭：《张文襄幕府纪闻》，见《辜鸿铭文集》上卷，黄兴涛等译，第423页。

关系来反思现代东西方文明冲突和战争的文章认为，现代东西方的冲突、西方列强在中国的行径、中国采取的对策、乃至第一次世界大战的灾难，都是追逐利益而遗忘了正义的后果。他再次引用他非常赞赏的当时已故的一位将军戈登（Charles George Gorden，1833—1885 年）的话，要求人们照他所说的那样，（"在远东，如果我们在黑暗中摸索，最好的道路是按公平和正义行事"），按照公平和正义的原则去行动，而不是照辛博森（B. L. Simpson，1877—1930 年）所说的那样，按照如何有利或者有好处去做。不幸的是，各国都从利益和好处出发行事，即使是虚弱的中国也效法西方谋求富强以此对抗西方，忘记甚至抛弃了固有的处理国际关系的"正义"原则。

在辜鸿铭看来，作为拯救中国的最好方式，唯一能做的或者值得去做的，就是向西方证明自己是一个君子国，是一个以正义来行动的国家。如果真正这样做了，还可以成为表率，以此来拯救衰败的世界文明。辜鸿铭语重心长地说："我的观点依然是，如果中国能表明自己是一个君子之国，她就能赢得世界的敬重并能藉此拯救自己。进而，我宣告，如果中国现在能展示其为一个君子之国，并能将友谊、法律、正义置于有用、利益甚至于个人的安危之上，那么，她不仅能拯救自己，甚至可以拯救世界和目前世界的文明。因为在我看来，从根本上来讲，现在欧洲盛行的可怕战争的最主要的道德原因正在于：欧美各民族的国务活动家和政客们忘记了'君子之道'，他们的行为即是孟子所谓'先利而后义'，依据孟子的意思：'苟为先利而后义'，是'不夺不餍'的。"①

对辜鸿铭来说，把正义放在第一位，正是中国文明的高明之处，而不像西方文明那样首先考虑"利益"。② 辜鸿铭有一个大胆的判断，按照这个

---

①　辜鸿铭：《呐喊》，见《辜鸿铭文集》上卷，黄兴涛等译，第 524 页。

②　辜鸿铭以迥然对立的方式比较说："我们中国所拥有的真正的文明与欧洲错误的不道德的文明是根本不同的，其区别在于：后者以'新学'教导人们把有用的和利益置于第一位，把廉耻、法律和正义置于末位；而中国真正的文明却以旧学教育和引导人们把廉耻、法律和正义置于任何有用与利益之上。"（辜鸿铭：《呐喊》，见《辜鸿铭文集》上卷，黄兴涛等译，第 525 页）

判断，西方从亚里士多德到霍布斯、洛克再到卢梭和斯宾塞，他们提出的政治学原理都是错误的，错就错在他们都把国家的起源和存在归结为对物质利益的渴望。不管辜鸿铭的这个判断是否恰当，他借此要说明的是，国家存在的真正基础和根据在于道德，而不在于功利和利益。他说他看到，所有人类社会，从家庭到国家都是起源于爱和人类的亲情，而不是利益。如果没有爱，就不可能有各种社会共同体的和睦相处。辜鸿铭举出穿衣的例子，认为人类穿衣也不是纯粹出于实用和功利的考虑，人们穿衣还讲究美感和体面。如果不讲究美感和道德，那么人们在炎热的夏天或在北京饭店灼热的舞厅中，就不必穿衣服了。从衣着的美感性和道德性的角度，他抨击共和分子以功利和便利为由要求人们剪掉辫子和改穿吸烟服。按说，政治经济学这门学问，本来就是研究如何谋求利益的最大化，但"以义为本位"的辜鸿铭认为，西方政治经济学假定人是自私自利的动物，把满足人们对金钱的欲望当作经济学的目的，这是对政治经济学的根本性误解。辜鸿铭追溯了"政治"和"经济"在希腊语的起源，他指出，在西方，政治是源于"城镇"，经济是源于如何治家的"家道"，政治经济学所讲求的是始于家进而至城镇最终到国家的学问。政治经济学绝不只是有关国家财政和理财的学问，不只是关注人们的利益关系，它也必须处理有关道德的事情，必须坚持人的情义。

总之，从辜鸿铭的"义本位"和经济观可以看出他的文明观的"道德理想主义"特质。不限于义利观和政治经济学，辜鸿铭的文明观也是基于道德理想主义，从他严厉批判近代西方新兴的一系列新事物中同样可以看出。作为公众普遍参与政治生活的"民主"制度、普及性的"教育"和大众传媒的"报纸"等，一般都认为这是近代西方文明的典型体现，但是，在辜鸿铭看来，这些被称为"文明"的新事物，弊病重重，甚至根本就算不上是什么文明。在辜鸿铭的视野中，以选举和多数决定为主要特征的"民主"，恰恰是造成现代社会无序和混乱的主要原因。民主把决定权都交给了"乌合之众"，使政治和国家丧失了权威。被多数人选择的政治家，反过来又成了迎合大众的应声虫，他们不敢承担责任，只知附和不知何为正

义的多数人。民主走向暴政和独裁，再自然不过了。① 辜鸿铭向往的是自称
"寡人"和"孤家"的中国式帝王和精英分子士人阶层的统治，他们造就了
秩序和权威，避免了无政府主义。由此也可以理解，辜鸿铭为什么把第一
次世界大战的灾难归结为英国的"群氓"政治和德国的强权。不知正义的
"群氓"滥用权力、破坏秩序，而德国又滥用强权去恢复和建立秩序，这是
辜鸿铭对第一次世界大战根源的基本论断之一。相对于自豪和自夸于"民
主"的人，辜鸿铭则是不折不扣的"民主制度"的诅咒者。辜鸿铭对现代
教育的批判，集中在现代教育把授课和宗教人生的教育分开，而不像中国
传统那样，把教育和宗教合二为一。现代教育不断向人们灌输只为自己祖
国利益考虑的爱国主义②，不断向人们灌输在战场上为祖国献身的光荣"精
神"。青年人不懂得战争的严肃和可怕性，他们在战场上只会无情地屠杀，
而不知道战争的真正意义是为"正义"而战。为正义而战的战争，不是为
了屠杀和破坏，不是杀敌立功，而只是为了解除武装，多多俘虏敌人。因
受到侮辱和攻击而施以反击，这是人类争端和战争的最主要的原因。从肯
定正义战争这点来看，辜鸿铭反对以暴易暴、要求宽容、要求以彬彬有礼
还报不礼、要求以德服人和不抵抗主义的立场还不够彻底。说到现代报纸，
辜鸿铭认为，它已经成了新的宗教和新的教会，但却是不道德、不分是非
的宗教和教会，因为它蜕化成了商业性的"交易"。辜鸿铭以著名的《泰
晤士报》对德国在中国的强权辩护为例，说明现代报纸是如何的不道德。

---

① 辜鸿铭说："对民主作为无王权状态的错误理解，一方面不但打消了现代大多数人
对王权统治的信念，而且也打消了对王权本身及人的价值的信念；另一方面，对民主的这种
错误的理解，也导致了现在欧洲各国的当政的政治家把权力完全交给一帮乌合之众——一
帮现代的对爱国主义带有错误的和颠倒观念的乌合之众。这种观点是他们通过现代教育得到
的。"（辜鸿铭：《呐喊》，见《辜鸿铭文集》上卷，黄兴涛等译，第504页）
② 辜鸿铭这样概括说："简而言之，从现代教育的意义上讲，就是高扬祖国的大旗，
大谈热爱与赞美本民族人民。基督教的经典中说：'人类的主要任务就是热爱上帝。'可是在
现代学校中，爱国主义的新宗教取代了基督教及其它旧宗教的体系，其经典中云：'人类的
首要任务就是为英国人，为大英帝国；为日尔曼人，为德意志帝国；为日本人，为大日本帝
国；为现代中国人，为光荣而伟大的中华民国大唱赞歌。'"（辜鸿铭：《呐喊》，见《辜鸿铭
文集》上卷，黄兴涛等译，第499—500页）

1897 年，德国人以武力在山东攫取了自己的势力范围。只要具有正义感和道德良知，都会谴责这种强权行为。但《泰晤士报》在它的社论中却大加赞赏，毫不掩饰地称赞说"干得好，伟大的德意志！这是对待中国人唯一的办法"。可是到了 1914 年，当英国与德国开战之后，当英国的盟国日本在山东又去抢夺德国的势力范围时，《泰晤士报》以几乎同样的逻辑称颂日本的行为："干得好，大日本帝国！如果想进行报复，日本完全有权利把这个国际小偷和强盗赶出中国！"对此，辜鸿铭评论说，世界上有哪一个道德的人会如此不分是非的见风使舵呢！我们知道，对于《泰晤士报》为德国强权行为的辩护，也让欣赏英国文明的严复不能容忍，他认为这是与英国文明不相称的。

可以说，与处处赞赏中国"旧文明"遥相呼应，辜鸿铭处处质疑西方近代以来的"新文明"。按照近代的进步历史观和国家民族观，辜鸿铭的思维，看上去不仅具有文化保守主义特征，而且也具有文化民族主义特征。但这只是问题的一个方面，甚至是一个比较表面的方面。进一步来说，辜鸿铭的思维是非常典型的"文化普遍主义"。因为他衡量东西方事物使用的是"文明"这种普遍标准，而不是用"东方的"或者是"西方的"这种地域性标准；他所说的"文明"又以普遍的"道德"为基础。但道德为什么又只能是儒家的道德呢？从时空上说，他心目中的普遍道德源于儒家，源于中国，但他赞美儒家君子之道和道德，他肯定中国古代文明，同样不是因为这是属于儒家的或者是属于中国的，而是因为它代表和体现了人类的真正的道德和真正的文明。我们固然可以认为，辜鸿铭的"道德理想主义"把中国古典道德理想化了，但儒家道德本身具有的普世性，又正是辜鸿铭坚持把中国古代文明和儒家道德推广到全人类的根据。

正如我们已经指出的那样，整体上看，近代以来中国追求自强和富强的过程，往往又表现为保卫中国文明和文化（教化过程）的过程。但反过来说，它又是传统文化和文明失落的过程，是像"五四"新文化运动那样把传统文化"蛮野化"的过程。随着自强运动的挫折，随着技术救国和政治救国的失效，人们把问题归咎到传统文明和文化身上，结果，问题就变成了为了富强和自强，首先就要抛弃和破除传统的文明和文化。但对于辜鸿铭来说，近代以来中国的困局，恰恰是背离传统文明、背离儒家的君子之道和道德理性所导致的严重后果。

二、道德信仰世界——"良民宗教论"和"孔教观"

根据上面的讨论可知，不管是辜鸿铭的"救世论"，还是他的"文明观"，都建立在其道德理想主义之上，而这种道德理想主义，整体上又是来自儒家传统中的道德。在类似于"儒家道德"的意义上，辜鸿铭同时还使用了"中国人的精神"、"君子之道"、"良民宗教"和"孔教"等术语；而且，他的儒家道德理想主义信仰，又是在与其他宗教特别是基督教的比较之中展开的。因此，讨论辜鸿铭如何认识和理解儒家道德，追问辜鸿铭视野中的儒家道德的具体内涵和本质，同时也就是讨论他所说的"中国人的精神"、"君子之道"、"良民宗教"和"孔教"的意义，讨论他所说的基督教和宗教的意义。辜鸿铭对这些彼此缠绕在一起的问题的解答，可以说既是对儒家道德传统进行的一种重新理解和建构，也是对东西方精神和信仰进行的一种重新理解和建构。

在辜鸿铭论说他的儒家道德理想主义和君子之道的时候，康有为建立孔教的要求以及由此引起的儒家与宗教关系的讨论，已经引起了人们的关注。辜鸿铭曾以调侃的口吻说，当时在中国谈论宗教，如同剪辫子、戴礼帽和吸烟一样流行。但他没有刻意避开宗教，也没有避开孔教与宗教的关系。他接受和使用当时流行起来的"孔教"一语，但他对制度化和教会化的宗教不感兴趣，更准确地说，他反对这样做，理由是制度化的宗教容易导致僵硬和教条，人们飘浮在仪式和大庭广众之中而没有让自己的灵魂得到真正的洗礼和陶冶。在辜鸿铭看来，实现宗教信仰和精神生活的最佳途径是自我修养和自我陶醉于快乐之中。他从这一角度独出心裁地发挥了大家都熟悉的《论语·学而》开头的那三句著名的话（即："学而时习之，不亦乐乎！有朋自远方来，不亦乐乎！人不知而不愠，不亦君子乎！"），认为一名君子型的儒生，"首先，他必须对其所学怀有无私的爱心，由此他从中得到真正的乐趣；其次，他必须在与那些志同道合的朋友的交往中找到快乐，而不是在有茶、有点心和饮料的大型聚会厅里找到快乐；再次，当人们不认识他或对他一无所知时，他不会抱怨"①。辜鸿铭也正是在他所说的意义上，用英文来翻译这三句话。辜鸿铭相信，中国古代具有高雅情趣的饱学之士和儒生，都是由此而进行修养的："他们却并不想建立孔教会，并不会自己高呼并试图使别人也一道高呼'孔子！孔子！'。在古学馆的儒生们看来，儒教是一种宗教，就像一位英国绅士在回答一位太太问他皈依何种宗教时说的'所有有理性的人的宗教。''可是，请问，这样的宗教是什么呢？'那位太太又道，绅士回答说：'就是一种所有有理性的人对此达成默契、决不谈论的宗教。'"② 但是，改革者的"新学"——康有为等试图建立体制性的孔教——则完全与古学馆的儒生的学习方式相背离。体制性孔教的倡导者们热衷于孔教会的组织和华丽的仪式，他们不知道自己去学习，而只知道去教育别人③，就像瞎子引导瘸子那样，他们"以其昏昏"却想"使人昭昭"。辜鸿铭也使用"国教"一词，但它同样不是康有为所说的"制度性"的意义，不是要通过国家的力量来维持和推行的国家宗教（它指的是什么，我们后面再谈）。既然不需要体制化的孔教，那么孔教如何深入人心？辜鸿铭认为，中国古代的学校和家庭，就发挥和起到了教会教堂的作用。因此，当许多人都加入到建立孔教会、立孔教为国教的行列中时，辜鸿铭这位孔子的敬仰者，却不为所动地独自从事着阐发孔教精义的事业。

清末民初人们对儒家、儒教或孔教（这里，"教"字不是判断它是不是宗教的标准）是否是宗教的看法，呈现出了耐人寻味的分歧。就连那些主张立孔教为国教的人，也未必都完全一致地认为孔教就是宗教；那些不以儒教和孔教为宗教的人，也绝非都是儒家和孔教的否定派。例如，梁漱溟

---

① 辜鸿铭：《呐喊》，见《辜鸿铭文集》上卷，黄兴涛等译，第 537—538 页。

② 辜鸿铭：《呐喊》，见《辜鸿铭文集》上卷，黄兴涛等译，第 535 页。

③ 辜鸿铭批评说："'新学'下的学生……不是三更灯火五更眠，就着油灯研习古往的智慧和美德，而是以各种各样的方式涌向电灯明亮的孔教会大厅，慷慨激昂地向人们讲述怎样建立一个完美的儒家教育制。"（辜鸿铭：《呐喊》，见《辜鸿铭文集》上卷，黄兴涛等译，第 536 页）辜鸿铭趁机批评了民国成立之后把"学部"改成为专以"教育"别人为务的"教育部"。也许辜鸿铭是对的，"学部"这一名称确实有它的优点。

等人认为儒家不是宗教，就是基于他们对宗教性质和宗教价值的比较消极的理解，将儒家与宗教划清界限，这样做反而是为了彰显儒家和儒教的高明性和优越性。从宗教观上说，蔡元培、陈独秀等人与梁漱溟具有共同的地方，但蔡、陈等反对以儒家为宗教，完全没有梁漱溟那种提升儒家地位的意愿，他们是直接抵制把孔教国教化。

　　比较起来，辜鸿铭的宗教观和孔教观富有弹性，这使他能有宽阔的空间可以灵活地处理不同地域的宗教和信仰。他没有执拗于儒家究竟是不是宗教的问题。很明显，有关儒家与宗教关系的争论，有关儒教是不是宗教的问题，在很大程度上取决于我们如何理解宗教。辜鸿铭对儒教是否是宗教，就有两种不同的回答。在他主要以基督教为参照物、以狭义的宗教为尺度来衡量儒教时，他的回答是，儒教不是宗教。这不是辜鸿铭一个人的看法，这是包括西方人在内的一个一般性看法。[①] 这种看法甚至以儒家不是宗教而放大成中国没有宗教、中国人不需要宗教的看法。为什么中国没有宗教，为什么中国人不需要宗教，辜鸿铭引用了曾在中国担任过英国领事官的道格拉斯（R. K. Douglas，1836—1913 年）的说法来回答。按照他的说法，孔子阐发的简明易懂的道德规范，非常符合中国人的本性。中国人来源于蒙古人种，他们的粘液质头脑不善于思辨，他们对超验的和未来的事物及生活不感兴趣。辜鸿铭同意儒学满足了中国人的精神需要的说法，但不赞成这是由于他们的粘液质头脑造成的。他的理由是，人类有心灵，有感情和激情的需要，宗教恰恰是一种充满感情和激情的东西，能够满足人的需要，除非有别的东西能够代替它。在中国，儒教就代替了宗教。辜鸿铭承认佛教是宗教，但他似乎不承认佛教也是中国人的宗教，他以儒家为中国和中国人信仰的唯一基础。辜鸿铭说："实质上，中国人之所以没有对于宗教的需要，是因为他们拥有一套儒家的哲学和伦理体系，是这种人类社会和文明的综合体儒学取代了宗教。人们说儒学不是宗教，的确，儒学不是欧洲人通常所指的那种宗教。但是，我认为儒学的伟大之处也就在于

----

① 非常吊诡的是，也有人正是以基督教背景下的一神论宗教为尺度，得出了儒家是不折不扣的宗教的看法。

此。儒学不是宗教却能取代宗教，使人们不再需要宗教。"①

问题是儒学不是宗教为什么又能够起到宗教的作用？这是一个问题。上面谈到，辜鸿铭断定人类需要宗教生活，根据是人类有心灵，宗教为人类提供了感情和激情的满足。那么人类的心灵和情感究竟是一种什么要求呢？辜鸿铭认为，人类需要宗教，就像他们需要科学、哲学和艺术一样。科学、哲学和文艺，都能够从不同侧面满足人的心灵的需要。人类对自然的神秘充满着好奇心，他们因对宇宙和世界奥秘的无知而感到压抑甚至是恐惧。科学、哲学和艺术以不同方式寻求对自然的理解，从而减轻来自大自然的压力。但是，对于普通大众来说，要减轻来自大自然、来自社会的各种恐惧和压力，就只能求助于宗教。宗教能够满足人的情感需要，是因为它能够给人一种"安全感"和"永恒感"。儒学虽然不是宗教但又具有替代作用，就是因为它同样能够给人一种安全感和永恒感。这是孔子对中国人的贡献，这个贡献"是按照文明的蓝图做了新的综合与阐发。经过他的阐发，中国人民拥有了一个真正的国家观念——为国家奠定了一个真实的、合理的、永久的、绝对的基础"②。宗教往往意味着对个人的安慰和拯救，孔子为国家奠定的永恒基础怎么又能化为个人的安全感和永恒感呢？在辜鸿铭看来，这正是儒学的魅力所在，也是中国"良民宗教"的独特性所在（后面再谈）。

辜鸿铭没有拘泥于儒学不是宗教以及由此而来的中国没有宗教、中国人不需要宗教的说法，总的来说，他更愿意把儒学看作一种宗教，或者更倾向于从宗教的意义上去看待儒学，并形成了他的"良民宗教论"和"孔教观"。辜鸿铭当时所处的知识界，对宗教抱有的看法大多是认为宗教是非理性、迷信和落后的，相信宗教将随着科学等的进步而被淘汰，科学、美育和哲学都将是可供选择的有力替代者。然而，辜鸿铭对宗教没有来自"进步历史观"的偏见，也不相信宗教将被替代。按照辜鸿铭的上述说法，儒学已经替代了宗教，根本就不需要未来由别的什么来取代。但在这

① 辜鸿铭：《中国人的精神》，见《辜鸿铭文集》下卷，黄兴涛等译，第37—38页。
② 辜鸿铭：《中国人的精神》，见《辜鸿铭文集》下卷，黄兴涛等译，第42页。

里，辜鸿铭变换了理解和解释儒学的方式，即把儒学纳入宗教框架中来观察。从儒学不是宗教到儒学是宗教，表面上看起来有矛盾，但在辜鸿铭那里，这两个说法并行不悖。因为在这两种说法中，他的判定标准发生了变化。说儒学不是宗教，他是以基督教和狭义的宗教为标准；说儒学是宗教，他用的是"广义宗教"的尺度。广义的宗教尺度能够涵盖更多的人类信仰方式，这同时也意味着更大的宗教多样性。辜鸿铭的所说的广义宗教的范围确实宽广："就广义而言，我们所说的宗教是指带有行为规范的教育系统，它是被许多人所接受并遵守的准则，或者说至少是为一个民族中的大多数人所接受并遵守的准则。就此而言，基督教、佛教是宗教，儒学也是宗教。"① 如果以狭义宗教为尺度把儒学纳入宗教之中，需要做的就是努力找出儒学与狭义宗教相同的东西；但在广义的宗教尺度之下，儒学作为宗教已不是问题，问题是发现它与其他宗教的差异性。在狭义宗教之下，儒学因不是宗教而与基督教和佛教不同；但在广义宗教之下，儒学虽然和基督教和佛教一样都是宗教，但它们作为宗教又各自不同。辜鸿铭真正关心的是，儒学作为一种宗教所具有的不同于其他宗教特别是基督教的独特性。下面，我们就来看看宗教儒学或者辜鸿铭所说的"良民宗教"或孔教的一些重要特征。

在辜鸿铭看来，基督教和佛教大都把完善自我、拯救个人作为最重要的目标，而这往往又表现为否定现世、肯定来生和来世。与此明显不同，孔教是有关现世的宗教，它关心的是今生今世的人，它不把人生的希望寄托在来生和来世，也可以说，它根本就没有来生来世的观念。在现实生活中，孔教要求人做一个"好公民"，而不是像基督教和佛教那样，要求人做一个"好人"。对辜鸿铭来说，这一点非常根本，以至于它成了孔教区别于基督教和佛教的基本特征。我们来看看辜鸿铭的原话："佛教和基督教的宗旨之一，是教导人们怎样成为一个好人。而孔子的学说则更进一步，教导人们：怎样成为一个好的社会公民。佛教和基督教告诉人们，如果人们想成为一名好人，一名上帝之子，人们只需思索灵魂的状态及对上帝的义务，

---

① 辜鸿铭：《中国人的精神》，见《辜鸿铭文集》下卷，黄兴涛等译，第42页。

而不必思考现实世界。作为另一种学说的儒教认为，为了保持良好的心境，思考灵魂的状态是很有必要的，但同时还必须思考上帝把人类置于其间的人世，以根据上帝的意愿完成其功业。……事实上，本来意义上的宗教，如佛教和基督教是告诉人们，当人们作为公民居于斯世时，就不能成为好人。因此，要想成为好人就要下决心离开现实世界，不再做一个公民。换言之，本来意义上宗教如佛教和基督教是一种为人们谋划怎样隐迹于山林荒野，以及为那些在北戴河避暑的小屋里，不干别事，只对其灵魂之状态和对上帝之义务进行思索的人设立的宗教。孔子学说的精义却与此大相径庭。如果人们乐意，可以称之为宗教，也可以称之为道德体系，它告诉人们作为公民应如何生活，即是为那些卡莱尔说的'要纳税、付租金和有烦恼'的人所设的宗教。"[①] 与其他具有"出世"和"来世"特性的宗教相比，儒教确实具有一般所说的"入世"和立足于"今世"亲证自我和社会的特征。与个人主义者一味要求个人独立于社会不同，儒教坚持个人同社会和国家之间的不可分的纽带关系。儒教这一思想曾受到个人主义和自由主义者的批评，他们认为儒教抹杀了个性，个人被约束、捆绑在社会和国家整体之中失去了自我的权利和独立。然而，对于辜鸿铭来说，儒教的强烈"社会性"和"国家性"特征，恰恰是它的优点。他一心要努力证明的就是儒教不是一种"个人性"的宗教，而是一种"社会化"的宗教，因此，可以称之为"国教"、"政治宗教"。需要指出的是，辜鸿铭所说的国教和政治宗教，基本不具有"体制性"和"制度"的意义，而是指人们对国家和王权的信仰，是一种把个人的命运同国家和政治生活统一起来的价值观。在辜鸿铭看来，儒教以国家和王权为最高的权威，谆谆教导人们服从和效忠国家和王权。儒家这样要求人们，是基于这样一种考虑，即：只有国家和王权才能保证和平、秩序和安全；人们通过对国家和王权忠诚不二的认同，能够获得安全感和永恒感。《春秋》是孔子晚年为中国确立的典型的政治宗教，它不啻中华民族的一部大宪章或真正的宪法。辜鸿铭崇尚《春秋》的"名分大义"是很自然的，《春秋》是"有关名誉和责任的重大原则"，

---

①　辜鸿铭：《呐喊》，见《辜鸿铭文集》上卷，黄兴涛等译，第540页。

这个原则的实质是要求政治忠诚。对辜鸿铭来说，一位好公民的最重要的品德就是对社会和国家的责任心和义务感，儒教的精义就是要求人们成为一个好的百姓、一个孝子和良民，因此它也可以被称为"良民宗教"。辜鸿铭阐述说："首先，和平、秩序与安宁乃至国家本身的存在，不是依赖于法律和宪法，而是仰赖于中国的每个臣民都尽自己最大的努力，去过一种真正虔诚的生活，或时髦地说，一种道德的生活；其次，孝弟应作为道德生活或虔诚生活之本；再次，良民宗教的秘密是人们尽义务而不是争权利。人们不对权威表现出不信任和怀疑，而表现出对它的尊崇。孟子用一句话概括了这种良民宗教：'爱其亲，畏其上，世永昌'。"[①] 照这里所说，所谓"良民"就是以孝悌为根本，热爱国家，无私地为国家尽义务。正是由于这种"良民宗教"的作用，中国社会的和平及秩序就不需要像西方那样凭借外在的强制性的法律和警察来维持。如果说中国因有这种"良民宗教"而是幸运的，那么西方则因没有这种宗教而是不幸的。

"五四"启蒙新文化的倡导者们，特别是吴虞和易白沙[②]，激烈地抨击儒家以"名分"为中心的"名教"和以"礼仪"为中心的"礼教"，但在辜鸿铭看来，名教和礼教恰恰是儒教的核心价值。儒家的"孝"、"家庭"和"祖先"信仰，整体上也是与"国家"信仰联系在一起的。从孝到忠，从祖先崇拜到圣王崇拜，从齐家到治国，对儒家来说，都是顺理成章的。正是在儒教所包含的这些彼此关联的信仰中，中国人获得了永恒和不朽。辜鸿铭告诉我们，儒教的家庭信仰和国家信仰是在历史演变中先后出现的。周公建立了家庭制度和伦理，从而稳定地维系了家庭的持久性，也使家庭成为中国人的安全港湾。他称之为家庭宗教或中华民族的旧制宗教。国教是后来孔子创立的，这是孔子对中华民族的最大贡献。辜鸿铭阐述这两种宗教的意义说："在这个世界上，如果说首创家庭宗教、确立神圣的婚姻制

① 辜鸿铭：《呐喊》，见《辜鸿铭文集》上卷，黄兴涛等译，第546页。
② 吴虞是"五四"新文化运动时期批评儒家礼教的典型代表（参见赵清、郑城编：《吴虞集》，四川人民出版社1985年版）。易白沙对帝王的批判和辜鸿铭把"王权政治"理想化，形成了鲜明的对比（参见易白沙：《帝王春秋》，岳麓书社1984年版）。

度，可以被认为是对人类和文明事业的伟大贡献，那么，我认为你就会理解，孔子创立国家宗教、确立忠诚之道是一项多么伟大的工作。神圣的婚姻巩固了家庭，使之得到长久的维系，没有了它，人类便会灭绝。忠诚之道则巩固了国家，使之长存不朽，没有了它，人类社会和文明都将遭到毁灭，人类自身也将退化成野蛮人或是动物。"① 按照启蒙新学的观念，中国传统婚姻生活中作为处于屈从地位一方的"女性"是迫切需要被解放的对象，因为礼教和名教对她们规定了许多片面性的义务，严重地束缚了她们的身心。相反，辜鸿铭则理直气壮地为中国传统女性的生活进行了辩护（包括他调侃性地把女性比喻为围绕着"茶壶"转的"杯子"），这是人们不能接受他的原因之一。在为证明中国女性的生活的完美而写的《中国妇女》中，辜鸿铭高度赞美了中国传统女性的许多美德，如对丈夫忠诚、无私和忍耐。他认为，因为中国传统女性的无私，在中国纳妾才成为可能，但同时男子也承担了供养和保护她们的义务和责任。而且由于中国女性的无私和无我，一个男子能够非常和谐结同他的妻子和许多妾室生活在一起。中国女性值得赞扬的美德，都是儒教熏陶的结果。在辜鸿铭的眼里，中国女性还有优美、恬静、温柔、幽娴之美。他总结说："真正或真实的中国女人是贞洁的，是羞涩腼腆而有廉耻的，是轻松快活而迷人、殷勤有礼而优雅的。只有具备了这三个特征的女人，才配称中国的女性理想形象，——才配称作真正的'中国妇女'。"② 中国女性原本具有的这种美妙形象，在礼教和名教的束缚下是难以想象的。辜鸿铭指出，只是在宋明理学家用禁欲主义把孔教狭隘化了以后，中国女性才失去了许多优雅和妩媚的审美性。

辜鸿铭所说的良民宗教或者国教，所谓忠诚和服从，所谓责任和义务，乍看起来好像都是来自外在方面的对人的要求和规制，人似乎都成了被动性的存在。但是按照辜鸿铭的孔教观，尊王、名分大义、忠孝、礼义等道德原则和规范，都不是强加给人的。那么，儒教是根据什么来保证它的道德体系和道德规范及其实践呢？辜鸿铭指出，在欧洲，人们不是通过基督

---

① 辜鸿铭：《中国人的精神》，见《辜鸿铭文集》下卷，黄兴涛等译，第51页。
② 辜鸿铭：《中国人的精神》，见《辜鸿铭文集》下卷，黄兴涛等译，第88页。

教和上帝的外在权威来遵守道德规范的；同样，在中国也不是通过外在权威要求人们遵守儒教的道德规范。从根本上说，人们遵守道德原则和规范的根源在于的人的道德感和廉耻心，在于人类的爱和人性的善良。

辜鸿铭承认，宗教都有一种感染力，它能够燃起人们的激情。问题是宗教靠什么产生出对人的感染力，靠什么来点燃人们的激情。一般认为，这是通过对上帝的信仰，或者通过教堂的气氛和仪式。但在辜鸿铭看来，宗教的感染力和激情主要不是来自对上帝的信仰和教堂的仪式，它主要是来自于伟大创教者的人格力量和超凡情感。宗教的伟大创教者，所受的教育并不多，但他们都是"性格特殊、感情强烈的人"，是想象力非常丰富的人。他们往往以独特方式感受或体验到一种强烈的爱，受到一种神圣的启示而大彻大悟，这使他们把道德规范与所想象的超自然的、全能的和人格化的神联系了起来，使他们把所感受的爱与上帝联系起来。由此就产生出了宗教的感染力和激情。通过这种激情和感染力的作用，就能唤起人们的宗教情感和信仰。教堂是一个桥梁，它的作用是通过仪式来激发和感染人们的情感。不管是伊斯兰教的先知，还是基督教的耶稣，创教教主的超凡性，他们的人格和所行奇迹，都具有无限的感染力。教堂不断以此来激发人们对教主的崇拜，唤起人们对上帝的信仰。由此来说，教堂本身并不具有宗教的感染力和激情，宗教的感染力和激情主要是来源于"教主"的人格魅力，教堂只是用教主的感染力和激情来感染和激发人们情感的地方。[①]同样，辜鸿铭也不承认人们的宗教情感是来源于信仰上帝和上帝的权威，不承认道德规范是通过上帝来保证的。在他看来，上帝同样是宗教的外在形式，或者说是一种象征，这实际上剥夺了上帝的"全能性"和"越自然"的意义，把上帝的神圣性淡化了。但是，辜鸿铭又批评怀疑论者（如伏尔泰等人）把信仰上帝看作宗教创始人和神甫们的"欺诈"行为的看法，认

[①]　辜鸿铭说："教堂真正的功能不在于劝善，而在于激发人们的为善之念。事实上，教堂是用一种激情来感动人们，使之为善。换句话说，在世界上所有伟大的宗教中，教堂只是一种机构，以它的感染力和激情来唤醒人们，使之服从道德规范。"（辜鸿铭：《中国人的精神》，见《辜鸿铭文集》下卷，黄兴涛等译，第61页）

为这是一种下流和荒谬的诽谤。因为在辜鸿铭看来，信仰上帝虽然不是人
们服从道德规范的"必要条件"，但它对人们认识道德规范又是绝对需要
的。辜鸿铭指出，除了傻瓜，具有理性和智慧的人，都信仰上帝："所有伟
人，所有富有智慧的人们，通常都信仰上帝。孔子也信奉上帝，虽然他很
少提及它。甚至像拿破仑这样富于智慧的豪杰，也同样信奉上帝。"[1] 但是，
富于智慧的人的上帝信仰有别于普通人的上帝信仰。辜鸿铭没有说普通人
的上帝信仰是什么样，不过，他明确指出，富于智慧的人所信仰的上帝并
不是一个"人格神"，他们的信仰只是对神圣宇宙秩序的信仰，孔子、斯
宾诺莎、费希特等所信奉的上帝就是这种神圣的宇宙秩序，不管他们如何
称呼它。[2] 在辜鸿铭那里，这种神圣的宇宙秩序不是外在于人的，它就是
人心中的忠诚、信义、希望和慈爱；有了它们，人心中的上帝就是真实的，
否则就是虚幻的。基督教通过教主的感染力、人们的上帝信仰以及教堂的
烘托作用来唤醒和激发人们的宗教情感，促使人们服从道德规范。儒教与
此不同，它没有教主，也没有教堂。孔子不是创教教主，因为他没有强烈
的、奇特的个性特征。孔子是商王朝贵族的后裔，商人富于激情，但孔子
生活在周王朝，周人富于完美的理智。孔子富于文化修养，他是完美的理
智人格的典型。他在世时，以理智教育引导他的弟子们；他去世后，被信
奉为至圣先师。实际上，他是一位最伟大的教师，虽然他也有被神化的情
形。孔子不具有一般创教教主的感染力，儒教靠什么来激发人们的道德情
感呢？它不是通过激发人们对孔子的崇拜，而是通过孔子所说的"兴于诗，
立于礼，成于乐"来教育和激发人。辜鸿铭把这三句话解释为"通过《诗》
进行情感教育，以《礼》进行是非教育，以《乐》完美人的品性"。培养和
激发人服从道德规范的场所则是学校和家庭。在中国，学校履行了类似于
基督教教堂的作用："在学校 —— 中国国教的教堂里，一切文雅、有价值
的美好东西都得到了传授。学校让学生不断想着这些美好的事物，自然激
发出人之向善的情感，从而自觉地遵守道德规范。"[3] 在中国，家庭是培养和

---

① 辜鸿铭：《中国人的精神》，见《辜鸿铭文集》下卷，黄兴涛等译，第54页。
② 这也是爱因斯坦所信仰的上帝。
③ 辜鸿铭：《中国人的精神》，见《辜鸿铭文集》下卷，黄兴涛等译，第64页。

激发人的道德情感的另一个类似教堂的场所，甚至是更重要的场所，因为供奉着祖先牌位的家庭，不断地培养和激发着人们对父母的爱和孝以及对祖先的崇拜。

基督教通过教堂激发人们的上帝信仰和教主崇拜，儒教通过学校和家庭激发人们的孝和祖先崇拜，两者都是以不同的方式使人认同和实践道德。但这些方式之所以能够起作用，最终还是取决于人性的基础，取决于人类先天所禀受的"爱"，因此人类的道德生活根本上是由人的本性来保证的，它是人类道德的根源和根本动力。辜鸿铭没有把人性作为一个重要论题展开讨论，但他告诉我们，宗教和人类的一切经验，始终都在证明和教导我们，遵循自然本性而行动是人类的最好的选择，是人成就自己的最佳道路。这样的"自然本性"当然不是指肉体等方面的性情，事实上，基督教和儒教一般都要求控制人类这些方面的"本性"。人类应该遵循的"自然本性"是能够成就人格的道德本性。这样的自然本性当然应该是善良的。从这种意义上说，辜鸿铭的基本倾向是相信人的先天本性是善良的。他这样说："宗教教我们服从的人之性，是我们必须服从的人之真性。这种本性既不是圣·保罗所说的世俗或肉体之性，亦非奥古斯特·孔德的著名弟子利特（Littre）先生所说的人类自我保护和繁衍的本性。这种人之真性是圣·保罗所说的灵魂之性，也就是孔子所言的君子之道。……孔子的君子之道则同宗教一样，要求我们服从自己真正的本性。这种本性绝非庸众身上的粗俗、卑劣之性。它是爱默生所说的一种至诚之性。"① 在辜鸿铭的视野中，美好和善良的自然本性，不只是人类的禀赋，它是世界上所有有生命的东西甚至是无生命之物都具有的本性。② 这种本性构成了万物先在的单纯与平稳的状态，只要我们顺着它而行动，结果就是最好的。显然，人类善良本性意义

---

① 辜鸿铭：《中国人的精神》，见《辜鸿铭文集》下卷，黄兴涛等译，第 57 页。

② 辜鸿铭说："迄今为止，人类的一切经验都在教诲、证明和确认这样一个真理，即，在大千世界所有生物的存在与生命之中——人、兽、禽、鱼、虫、植物、花、草、石头、火、水、空气——当它按照其性之本然行动，遵循它正常的天命之性来指导和支配自己时，其行动取向便会产生最有效、最巨大、最有益和最好的结果。"（辜鸿铭：《英译〈中庸〉序》，见《辜鸿铭文集》下卷，黄兴涛等译，第 519 页）

上的"自然"和"先天"，不可能是无神论和粗俗物质主义之下的"自然"和"先天"，而只能是"神性"和"理性"意义的"自然"和"先天"。辜鸿铭把它们理解为孔子所说的"天命"，也把它们理解为基督教所说的"上帝"。例如，他以"上帝"来翻译《中庸》开篇的"天命之谓性"的"天命"。① 也正是在这种意义上，神圣的宇宙秩序就与人的自然本性统一了起来，人对神圣宇宙秩序的信仰，也就是相信自己内心的正义、善良和爱，也就是把自己的真实本性充分地表现出来。辜鸿铭说："要正确地思考并找到道德上的正确与真实，我们必须首先将我们的整个天性或自我保持在一种适度的、完好有序的状态之中。我们整个的天性或自我发展得越充分，其被保持在适度的、完好有序的状态中越完善，其平稳状态越精确，我们思考的结果就越正确和真实。即，我们心中的观念或我们思考的结果，越接近于我们所认为的、按照其本性存在的事物之真实状态，从而使我们的行为更接近于同普遍秩序及宇宙中万事万物的法则保持谐和一致。"② 可以看出，辜鸿铭十分注重人的平衡及其和谐发展，这是人的自然本性与神圣宇宙秩序的高度统一。

　　辜鸿铭相信人先天本性善良，于是他就不能从人的自然本性中去寻找"恶"的来源。在他看来，恶只是人性不平衡和片面发展的结果。他根据孔子赞颂舜的美德 —— "隐恶而扬善" —— 及莎士比亚的戏剧和歌德的

---

① 原文为：The ordinance of God is what we call the law of our being（性）. 见《辜鸿铭文集》下卷，黄兴涛等译，第 526 页。

② 辜鸿铭：《英译〈中庸〉序》，见《辜鸿铭文集》下卷，黄兴涛等译，第 516—517 页。辜鸿铭非常注重人性和心灵的和谐及平稳状态。在谈到克服人类面临的危机困境时，他指出这是唯一一条正确的道路，这条路，"用简明的话说就是：恢复你性情的平和状态、保持你判断的冷静公正；回复你真实的自我，或用孔子的话说，致中和（找到你道德本性的中心线索和平衡状态）。……实际上，也就是去做人们称之为符合道义的事情。当一个人把握住了其真实的自我，使他能够看到并去做符合道义的事情，那么，不仅那个人和事物，而且整个的宇宙，那被同样的道德秩序统治，被同样的事物秩序和体系统治的宇宙，都将为之响应和顺从；并且关于和围绕着这样一个人的一切事情，也都会立刻再次回复到和谐与无限的广阔的秩序中去。"（辜鸿铭：《呐喊》，见《辜鸿铭文集》上卷，黄兴涛等译，第 553—554 页）

思想，认为伟大智慧的基本特征就是能够从事物的本性中发现善而不是恶。如莎士比亚戏剧中的人物，没有一个人本质上是坏的，即使是被臣民们以为是恶鬼的理查德国王，也不是生性就恶，只是由于他勇敢的、英雄般的灵魂被强烈的情绪所驱使使他做出了可怕的残忍行为。莎士比亚的伟大之处在于，他把人的恶行看作是由人内心失控的情绪造成的，而不是把它归结为人的本性。在歌德的笔下，即使魔鬼也不是由火和硫黄构成的，它只不过是一个不断否定一切的否定性灵魂。辜鸿铭引用了歌德的一段话，这段话说："我们所谓人性中的恶，不过是一种不完善的发展，一种畸形或变态 —— 某种道德品质的缺失或不足，而不是什么绝对的恶。"① 辜鸿铭还引用了罗斯金的说法来解释恶的发生。照罗斯金的说法，一切邪恶的东西都在于缺乏感觉，缺乏同情应变的能力。辜鸿铭的看法与神学者斯汤朴（Stump）和克劳茨曼（Kretzman）的说法比较接近，他们认为，在人性中，恶并没有独立和确定性的实体，它的存在是"因为人类本性的发展和完善形态遭到了破坏"。② 辜鸿铭批评西方的人生观，这种人生观认为人都是贪婪的，否定了人的爱的本性。我们上面谈到，辜鸿铭批评西方政治经济学的一个原因，就是因为它假定了人性是自私自利的。这都表明，辜鸿铭排除了人的先天本性的恶的来源。人们常常以基督教所说的"人的原罪"为据，认为西方是一种人性恶的传统。但根据辜鸿铭的看法，西方真正的智慧之士都相信人性是善良的。③

　　人的先天自然本性是善良的，它是人的道德根源和服从道德规范的保证。在辜鸿铭那里，这种善良本性的最根本的特质就是"爱"和"仁"。辜鸿铭告诉我们，人类首先是从男女之间学到了爱，但人类之爱绝不限于男女之爱 —— 从亲情之爱到对万物的慈爱、怜悯、同情，人类先天存在的爱心非常广泛。这种普遍之爱就是儒教的"仁"，它类似于基督教的"神

---

① 辜鸿铭：《呐喊》，见《辜鸿铭文集》上卷，黄兴涛等译，第549页。

② 参见单纯：《宗教哲学》，中国社会科学出版社2003年版，第341—342页。

③ 根据丸山真男的看法，在马基雅维利和霍布斯等人那里，所谓"人性恶"，并不是一个严格的说法，它只是强调人是一个有问题性的存在。参见［日］丸山真男：《人间と政治》，见［日］丸山真男：《现代政治の思想と行動》，未来社1964年版。

性"，它是人具有的神圣的、超凡的品质。在此，辜鸿铭再次把人性与超越的宇宙秩序贯通了起来。辜鸿铭说："在现代术语中，'仁'相当于仁慈、人类之爱，或简称爱。简言之，宗教的灵魂、宗教的感化力的源泉便来自于这个中国字：'仁'，来自爱——不管你如何称呼它，在这个世界上，这种爱最初是起自夫妇。宗教的感化力就在于此，这也是宗教中的至上之德。"[1] 辜鸿铭指出，理雅各曾把"仁"译为"德行"（perfect virtue），他的一位朋友不同意，而是主张译为"爱"（love），阿查立爵士则把"仁"称为基督的品性。辜鸿铭曾把"仁"译为"道德感"（moral sense），他赞成他的朋友把它翻译为"爱"，此外他还主张译"仁"为"神性"。"道德感"、"爱"和"神性"，这三者当然是相通的，但"神性"突出了仁爱本性的神圣性和崇高性。

结　语

至此，关于人类为什么要服从道德规范和道德如何得到保证的问题，辜鸿铭就为我们提供了一个明确的答案。所谓忠诚于国家的国教，所谓以社会为本位的社会教，所谓以秩序和礼义为中心的礼教，所谓不要求权利的"良民宗教"，等等，这些称谓不同的儒家宗教理念，看起来似乎都是外在于人的规范、秩序和制度，但在辜鸿铭那里，它们作为道德，都根源于人的善良本性，根源于人类先天的普遍之爱，也就是"仁"。中国人的精神生活就是由善良本性和普遍爱心的平衡、和谐发展起来的，它也是一种心灵状态和灵魂趋向，是"一种恬静如沐天恩的心境"。华兹华斯（Wordsworth）关于廷腾（Tintern）修道院的诗句[2] 所展现的就是这种"恬静"和"如沐天恩"的心境。由此，我们就可以理解辜鸿铭为什么说道德教育的目的不是用道德教条去约束人，甚至不是让人去实践特定的道德品德，而是培养人的性情、精神和心灵，是"将其置于世上那些伟大的创教

---

① 辜鸿铭：《中国人的精神》，见《辜鸿铭文集》下卷，黄兴涛等译，第59页。
② 参见辜鸿铭：《中国人的精神》，见《辜鸿铭文集》下卷，黄兴涛等译，第68页。

者那样的宗教天才的影响之下，学习和理解他的生活、行为与诫条，乃至他的情感和思维方式：即他的性情、精神和心灵的状态，实际上就是我们中国人所说的'道'——他的生存或生活方式"①。由此也就可以理解辜鸿铭为什么不把自由理解为政治上的自由和自由的人，而是理解为道德的自由和自由的灵魂，即中国人所理解的自由 —— 实现人生的本质法则。

① 辜鸿铭：《呐喊》，见《辜鸿铭文集》上卷，黄兴涛等译，第559页。

第十三章
殷海光的终极关怀、文明反思与“人”的理念

引　言

正如殷海光生前自己已经意识到的那样，他一生的学术和思想不能用严格意义上的专业标准来衡量，他曾将自己同他的西南联大同学王浩作过对比，这是大家知道的。[①] 另外，殷海光对威权政治的反抗，对自由民主制度和价值的争取和宣扬，已经和他的思想一起变成了历史研究的一部分。有人也许会这样想，殷海光离我们的时代很远了。如果真是这样，殷海光的精神生命就会像他的自然生命一样短暂，他就没有为我们留下恒久的遗产，他对我们当代就不再具有意义和典范性，更别说是对于未来了。但我强烈地意识到，殷海光不是那种伴随一个时代的到来而出现又伴随一个时代的过去而消逝的人物，他一生的奋斗具有超越具体历史空间和时间的不朽性。

从他的超越面上而论，他距离我们一直很近，他对我们的意义没有丝毫减少。那么，他的“超越性”究竟在哪里呢？对此，我们可能会有不同的认识和答案。林毓生在纪念殷海光的文章中认为，殷海光一生奋斗所具

---

① 林毓生先生也注意到了这类批评，并做了回应。参见林毓生：《论台湾民主发展的形式、实质、与前景：纪念殷海光先生逝世三十周年》，见瞿海源、顾忠华、钱永祥主编：《自由主义的发展及问题》，台湾桂冠图书股份有限公司 2002 年版，第 4 页。

有的永恒意义，是他那执着的"道德热情"。^① 在纪念殷海光逝世三十周年
之际，林毓生又指出，殷海光留给我们的精神遗产是在理想与生活之间始
终努力保持一致的人格（即韦伯所说的"终极价值与其生命意义的内在关
联的坚定不渝"）^②，是内心不可遏制的"公共关怀"。张灏强调，殷海光一
生的生命基调是在任何挫折之下都坚守"理想主义精神"，尽管他所抱持
的理想前后有所变化，但朝向未来的不断的"摸索"、"焦虑的思考"、对
新的境界永不满足的追求贯穿了殷海光的一生，这是"一条没有走完的
路"。^③ 不管是林毓生说的"道德热情"、"公共关怀"，还是张灏说的"理
想主义精神"，它们所揭示的都是殷海光在他那复杂而又不平凡的思想历
程中所追求和为之奋斗的"超越性"的意义。我想提出讨论的是殷海光对
"人"的终极关怀。在我所掌握的材料和认识所及的程度上，我相信这是殷
海光一生的最高关怀，而且就其一般意义而论，这也是整个人类的永恒的
关怀之一。在我们想为人类服务的工作和目标中，有一类属于短期性的工
作和目标，有一类则属于长期性的工作和目标。殷海光探讨和追求的"人"
的理念，就属于人类的长远性工作和目标。正是在这一长远目标的追求中，
殷海光为我们昭示了人之为人的条件、目标和崇高价值，也正是由此，他
的奋斗具有了超凡的意义。

一、精神苦旅、"人类关怀"与"人"的理念

毋庸讳言，殷海光不是我们所说的体系化的哲学家。这不是说殷海光

---

① 参见林毓生：《殷海光先生一生奋斗的永恒意义》，见《殷海光全集》第拾捌卷，
台湾桂冠图书股份有限公司1990年版。
② 参见林毓生：《论台湾民主发展的形式、实质、与前景：纪念殷海光先生逝世三十
周年》，见瞿海源、顾忠华、钱永祥主编：《自由主义的发展及问题》，第3页。林毓生说：
"殷海光的躯体虽然已经消逝三十年了；但，他的精神却持续长存于天地之间。具体而言，
他的精神展现于他追求的理想，以及他在追求这些理想的时候所秉持的，在公共领域中的情
怀与人格。"（瞿海源、顾忠华、钱永祥主编：《自由主义的发展及问题》，第1页）
③ 参见张灏：《一条没有走完的路——为纪念先师殷海光先生逝世两周年而作》，见
殷夏君璐等著：《殷海光学记》，上海三联书店2004年版，第151—158页。

的哲学思想没有内在的逻辑和实质上的系统①，而是说殷海光没有通过严密的、有组织的形式上的结构和体系向我们系统地展示他的哲学思想。殷海光在哲学和思想上的思考、体悟、认知和研究，是通过一系列长短不等的论文、文章表现出来的，这一点也同样适用于他对人的问题的思考和讨论。在殷海光短短五十年的生涯中，他早就对工业文明造成的人的价值和意义的失落深感忧虑，尽管他的"人"的理念主要是在他人生的最后几年才明确提出的。1965年，殷海光在《思想与方法·再版序言》中回顾了他的精神之旅，并对人的问题展开更多的思考：

> 在各行职业中，我是以思想为职业的人。……我不独以思想为职业，而且以思想为生活。……我思想的问题，从前多半是哲学上比较专门的问题；近年来多半应用哲学的技术来思考近代中国的问题和我们所处时代与环境的大问题。在我思索这些问题的时候，我是从两个不同但在我又关联在一起的目标出发：从前我思想的时候一直是以追求真理为目标的。近年来我又增加了一个题目，就是"人该怎样活下去才好"。这真是一个重大的难题，我相当为这个问题而苦恼。对于这个问题，我想出的端绪是，人除了致知以求真外，尚须藉一种道德原理来锻炼心灵以肯定这种道德原理。②

从原来比较多地关注知识问题，到后来比较多地关注人生问题，这确实反映了殷海光思想前后期发生的变化。

不同的思想家往往有不同的思想经历，有的似乎不爱变化，一直坚持

---

① 殷海光在《海光文选·自叙》中总结说："这些文章所论列的方面固然不同，但是它发展的轨迹却是有明显的线索和条理的。在一方面，我向反理性主义、蒙昧主义（obscurantism）、褊狭主义、独断的教条毫无保留的奋战；在另一方面，我肯定了理性、自由、民主、仁爱的积极价值——而且我相信这是人类生存的永久价值。"（《殷海光选集》第1卷《社会政治言论》，友联出版社有限公司1971年版，第ii页）

② 殷海光著，贺照田编：《思想与方法：殷海光选集》，上海三联书店2004年版，第648—649页。

固有的格调和节奏；有的似乎又太爱变化，在其思想中没有什么是确定不移的。① 我不想夸大殷海光思想前后的变化，尤其不想把这种变化视为原来是一个样后来完全是另一个样的整体自我革命。我们是从不变中的变和变中的不变来看待殷海光思想的前后关系的，哪怕是在变化很大的方面。在有的方面，殷海光一直没有变，例如他坚信科学、理性、自由、平等和正义的信念就是始终一贯的。但在有的方面，他的思想确实有所变化，而且变化还不小。例如：后期他对中国传统文化的态度变得温和了，这是其一；他更加关注人的问题，提出"科学的人本主义"和"道德的重建"，这是其二；在同疾病的顽强战斗中，他寻找到了超越性的力量和价值，信仰绝对根源性的上帝，这是其三。最后这一点就连他的部分弟子也大惑不解，甚至怀疑其真实性。一直拒斥宗教和玄学、信奉科学和逻辑经验主义的殷海光，怎么可能加入教会、皈依上帝呢？事实上，殷海光也意识到了他的这一变化的巨大性：

> 不知怎的，我本来不太欢迎上帝的，但是上帝的灵光却辐射到我心灵深处。我近来考虑加入一种教会。天主教，还是基督教？人的变化，他自己也不能预料啊！愿主与我们同在。②

一个人思想上的变化，对他意味着什么，对他人意味着什么，不可一概而论。殷海光思想后期的变化，对他、对我们来说都意味深长。殷海光的变化，既是对新知的不断渴望，对未知领域的不断探讨，也是对自己矛盾性格的不断调整。它不是简单性的自我否定，而是一次又一次的自我超越。他要为人类寻找一个新的方向——心灵的超越和道德价值的重建。金岳霖有一

---

① 我们知道康有为和他的弟子梁启超就是这两种情况的典型代表。康有为自称他的学术三十岁已成，此后不会变化，亦不必有变化；梁启超则自称，他始终不惜"以今日之我向昨日之我宣战"。罗素说他"对爱情的渴望，对知识的追求，对人类苦难不可遏制的同情心，这三种纯洁但无比强烈的激情支配着"（［英］伯特兰·罗素：《罗素自传》第一卷，胡作玄、赵慧琪译，第1页）他的一生，但他对知识的看法则一直在变。

② 殷海光：《致家门》，见王中江的《炼狱——殷海光评传》，第263页。

段描写中国哲学家特性的话，用在他的弟子殷海光身上也是非常合适的：

> 中国哲学家都是不同程度的苏格拉底式人物。其所以如此，是因为伦理、政治、反思和认识集于哲学家一身，在他那里知识和美德是不可分的一体。他的哲学要求他身体力行，他本人是实行他的哲学的工具。按照自己的哲学信念生活，是他的哲学的一部分。……因此，在认识上，他永远在探索；在意愿上，则永远在行动或者试图行动。这两方面是不能分开的，所以在他身上你可以综合起来看到那本来意义的"哲学家"。他同苏格拉底一样，跟他的哲学不讲办公时间。他也不是一个深居简出、端坐在生活以外的哲学家。在他那里，哲学从来不单是一个提供人们理解的观念模式，它同时是哲学家内心中的一个信条体系，在极端情况下，甚至可以说就是他的自传。①

一个人为什么在思想上会发生变化？是客观因素促成的，还是主观上要求的，抑或两者共同起作用？原因常常是因人而异的。对于殷海光思想后期的变化，我们可以从外在与内在两方面来理解。外在的原因首先是，1960 年国民党查封《自由中国》杂志和"雷震案"的发生。这一事件对殷海光的触动很大，事实上，他自己的人身安全也直接受到了威胁。第二，1966 年他被迫停止在台湾大学的授课，次年他不得不完全同台大脱离关系。他丧失了基本的生活来源，个人的实际处境变得更加恶劣。他还处在被监视之中，失去了人身自由，直接感受到了威权政治和当局的不择手段。他的活动空间受到了很大的限制，他需要调整抗争的策略。第三，他身患癌症，生命受到了致命的威胁。这些来自内外两个方面的重大打击一一袭来，对无权无势的殷海光来说，既使他感到悲愤、无奈和痛苦，又促使他寻找新的方向以求对现实的超越。显然，殷海光对外在客观情势和状况的直接抗争，已经变得非常困难，更别说是直接改变残酷的

---

① 参见金岳霖：《中国哲学》，见金岳霖学术基金会学术委员会编：《金岳霖学术论文选》，中国社会科学出版社 1990 年版，第 361—362 页。

现实了。① 既然这样，殷海光能够做的就是反省人类面临的更深刻的问题了。在殷海光经受的挫折和困厄中，他越来越意识到，更深层次的问题是"人"的问题，是人类道德价值和意义的失落问题。

改造社会是从改变制度入手，还是从改变人心入手，这是两种不同的思考方式。罗素指出：

> 有些人认为，一切取决于制度，好的制度必将带来太平盛世。而另一方面，有些人相信这个世界需要的是人心的改变，相形之下，制度算不了什么。②

罗素不同意这两种看法。他的看法是，制度的改变与人心的改变需要同时进行，因为两者相互影响：

> 这两种看法，我都无法接受。制度塑造性格，性格改变制度。这两者的改革必须携手同进。③

殷海光不是制度决定论者，也不是人心决定论者，对他来说，这两者都是重要的，它们彼此相对而又相互依赖。1954 年，殷海光以雷震的名义给徐复观回信说：

> 从"自内而外"言，道德先于民主；但从"自外而内"言，则民主先于道德。二者孰先孰后，全系相对的。④

---

①　出国研究既是出于谋生考虑，也是为了摆脱当局的控制，这一设想和计划自然遭到了台湾当局的阻挠。

②　［英］伯特兰·罗素：《罗素自传》第三卷，徐奕春译，商务印书馆 2004 年版，第 323 页。

③　［英］伯特兰·罗素：《罗素自传》第三卷，徐奕春译，第 323 页。

④　殷海光：《致徐复观》，见贺照田编：《殷海光书信集》，上海三联书店 2005 年版，第 16 页。

　　但到了思想后期，他选择了"自内而外"的方式。他从对外在政治和制度的改变转向对人的内在自我的改变，转向对人的道德理性和价值的建设。他的逻辑是，再好的制度如果没有人的道德基础，也会变质。在《海光文选·自叙》中他说：

　　　　我近来更痛切地感受到任何好的有关人的学说和制度，包括自由民主在内，如果没有道德理想作为原动力，如果不受伦理规范的制约，都会被利用的，都是非常危险的，都可以变成它的反面。民主可以变成极权，自由可以成为暴乱。①

殷海光甚至在一般的意义上认为，人的言行取决于他的人生观和价值观：

　　　　人的言论和行动趋向，说到究极处，无论是有意或无意［的，总］是取决于内心深处所藏的人生观和价值观念和基本情感。②

但此前他认为，政治问题的解决，必须是实行民主，此外别无他法。为了实现民主，他对不允许"反对性"关心的政治予以了高度关心和强烈批评：

　　　　中国目前底的一切政治问题，根本上都辐凑到民主问题上。不真正实行民主，则条条路都是死巷子。③

对比一下上述引文，我们可以清楚地看到殷海光对制度和人心关系看法的变化。

　　从改变外在世界转到改变内在主体世界，殷海光有明确的自我意识，

---

　　① 殷海光：《海光文选》第 1 卷《社会政治言论》，第 i 页。
　　② 殷海光：《致朱一鸣》，《殷海光全集》第拾卷，台湾桂冠图书股份有限公司 1990 年版，第 18 页。
　　③ 殷海光：《这是国民党反省的时候》，见《海光文选》第 1 卷《社会政治言论》，第 230 页。

他称之为"隔离的智慧"。殷海光的"隔离的智慧"有以下方面的意义：第一，它是一种新的关怀方式和责任承诺；第二，它是同喧哗的世界保持距离；第三，它是心灵的自我超越。在殷海光那里，"隔离"不是逃避和放弃责任，也不是古代隐士阶层的"洁身自好"和"独善其身"，它是承担责任和使命的另一种方式。殷海光是"公共知识人"，他在直接要求改变现实政治的时候，对获得权力和参与实际政治生活并没有兴趣，即便权力是实现政治自由和民主的手段。按照林毓生的说法，殷海光对政治的关怀是"亚里斯多德式"的，这是一位公民因对公共政治的责任感而产生的勇敢担当。[①] 确实，殷海光不是纯粹的学院化知识人，他是公共的知识人：

> 唯有对同族，对国家，对当前的危局抱有严重的责任感者，才不辞冒险犯难，据理直言，据事直陈。[②]

主张"隔离的"殷海光，绝没有放弃他的"公共知识人"角色，他只是将对"政治公共性"的关怀调整为对"人类公共性"的关怀。殷海光在《病中语录》中说：

> 知识分子要有人类的关切心为其推动力，如果没有人类的关切心，就如同没有情感的机械。[③]

殷海光的"隔离的智慧"如果说是一种"退却"的话，那么他是在为积蓄能量和担当新使命而进行退却：

> 隔离的第一个方式是 withdraw，这不是萎缩，乃是保存能力，培

---

① 参见林毓生：《论台湾民主发展的形式、实质、与前景：纪念殷海光先生逝世三十周年》，见瞿海源、顾忠华、钱永祥主编：《自由主义的发展及问题》，第5—6页。

② 殷海光：《言论自由的认识及其基本条件》，见张斌峰编：《殷海光文集》，第一卷《政论篇》，湖北人民出版社2001年出版，第57页。

③ 陈鼓应编：《春蚕吐丝：殷海光最后的话语》，第81页。

养工作的力量。①

殷海光与之保持隔离的世界是喧哗的世界，类似于培根所说的"市场假象"的世界。在此，聚集着许多没有信念和无原则的人，他们被现实的各种利益所腐蚀，不择手段地捞取各种功名。对这种世界的"隔离"，是对它进行无声的抗议。殷海光说：

> 现代的人，在这市场文化中的人，深怕自己不重要，惟恐自己失去价值；深怕自己不为人所知，所以要叫喊。笛卡乐说："我思故我在。"市场文化中的人却"我叫故我在"。其实，这种人不知道沉默的伟大，沉默的力量。……不要以为你沉默就不存在了，不要以为你沉默就渺小了。正因为你的沉默而更伟大。让我们从沉默中培蓄力量，锻炼自己。②
>
> 真正需要隔离的智慧。要和别人隔离，必须先学习自己和别人隔离。③

对混乱、纷扰社会中的世俗功名、功利的隔离，是追求心灵的自我超越。1968 年 8 月 24 日，殷海光在生命的最后时光给徐复观的回信中说：

> 今日有心人最重要的事，在于树立一超越现实的自我，对外界的成败毁誉，颇可不必计较。际此是非难辨之世，吾人必须学习隔离的智慧，抖落一切渣滓，净化心灵，然后跨大鹏之背，极目千里神驰古今。④

通过对外在世界的"隔离"，殷海光集中思考人的道德和价值问题。在

---

① 陈鼓应编：《春蚕吐丝：殷海光最后的话语》，第 72—73 页。
② 陈鼓应编：《春蚕吐丝：殷海光最后的话语》，第 45 页。
③ 陈鼓应编：《春蚕吐丝：殷海光最后的话语》，第 82 页。
④ 殷海光：《致徐复观》，《殷海光全集》第拾卷，第 4 页。

哲学上，殷海光以信奉逻辑经验论而知名，他对知识和真理的看法，都建立在逻辑、经验和实证的基础之上。但是到了他的思想后期，他开始反思和批评"逻辑经验论"：

> 逻辑经验论最使人不满的是：以为解决了大脑的问题，就可以解决人生的问题。其实人的问题并不止于此。人最重要的问题是心灵的问题。[①]

在精神世界中，殷海光提出了"大脑"与"心灵"的二分，说一个人"头脑要复杂，心志要单纯"，自称"我是一个头脑复杂而心思单纯的人"。[②] 殷海光承认"大脑与心灵"两者不能截然分开。我们意识的载体，不管是称之为心还是称之为脑，整体上只是一，但不同的区域有不同的分工。殷海光区分大脑与心灵，想强调的是，在我们的意识世界中，我们有不同的面向，作为意识一部分的大脑是面向事实、是非等知识性的方面；而另一部分则是面向情感、价值和意义的方面。殷海光区分两者说：

> 我深深地体悟到大脑的要求和心灵的要求不一样。大脑的要求是精确、明晰、严格；要求对客观经验世界的认知作系统化。……大脑的要求是一致的，所以它的成就可以标准化，最能显示这种征象的，便是科学与技术。然而心灵的要求根本上是另外一回事；心灵是价值的主司，是感情的泉源，是信仰的力量，是人类融为一体的基础。人类要有前途，必须大脑与心灵之间有一种制衡，而制衡于大脑与心灵之间的主体便是理性。[③]

在殷海光看来，人的这两个面向本来是应该统一和平衡的，但在现代文明

---

① 陈鼓应编：《春蚕吐丝：殷海光最后的话语》，第49页。
② 陈鼓应编：《春蚕吐丝：殷海光最后的话语》，第68页。
③ 陈鼓应编：《春蚕吐丝：殷海光最后的话语》，第51页。

中，我们充分发展了我们的大脑，而我们的心灵却惊人地萎缩了。下面我们要讨论的就是这个问题，即现代工业文明导致了人类心灵的萎缩和人的意义的失落。

二、现代文明反思和"现代人"批判

我们可能为一个问题感到困惑和好奇，那就是殷海光的西化倾向问题。殷海光给大家的一个形象和印象是，他有比较明显的西化倾向和相应的反传统倾向，这是他自己也承认的。1968 年 10 月 9 日，他在给林毓生的信中回忆说："我自己在几年以前有西化和现代化的倾向。"[1] 但与此同时，我们还能看到一个对现代技术文明不满和留恋往昔情调的殷海光，这使得他的西化倾向和现代性要求表现出了复杂的格调。他不同于胡适，更不同于陈序经。胡适对西方现代技术文明是高度赞赏的，陈序经认为西化必须是整体性的。西化与反西化、传统与反传统，在殷海光一个人身上"矛盾"地存在着，这一点不能完全用前后期思想变化来解释。正如钱永祥注意到的，殷海光对现代技术文明的不满和反省，在 20 世纪 50 年代初就表现了出来，这是他一生的课题。[2] 如果说殷海光追求的是"现代性"的事物，那么他追求的首先是自由、民主的理念和政治，其次是作为现代知识典范的科学理性。在大方向上，他走的是一条陈独秀所坚持的科学与民主之路，追随和继承"五四"的精神和遗产，这也许就是殷海光自认为是"五四"之子的原因吧。但问题的复杂性在于，殷海光对于作为科学结果的现代技术文明和工业化，却没有表现出热情，反而对它们保持了高度的警惕和反省。这样，在他的"西化"或"现代性"立场中，又包含着反省和批判"技术"和"工业化"的立场。他的这种立场，越到后来表现得就越突出。

---

① 殷海光、林毓生：《殷海光·林毓生书信录》，上海远东出版社 1994 年版，第 160 页。

② 参见钱永祥：《道德人与自由社会》，见殷海光基金会编：《自由主义与新世纪台湾》，台湾允晨文化实业股份有限公司 2007 年版，第 119—120 页。

1952 年，在《自由人底反省与再建》中，殷海光对作为科学副产品的技术和工业化给群体和个人带来的广泛"支配力"表示了不满和忧虑：

> 这一种世变，是最可怕的基本世变。在这一世变之下，道德伦理动摇了，美丽成霓红灯了。机器支配着现实，现实支配着人，于是人慑伏于现实之下，过着没有价值的岁月。[①]

世界范围内反省和批判技术和工业文明的声音已经不少了，罗素和马尔库塞是其中的一部分，他们都对技术文明和工业化进行了深刻的反思。罗素一再强调，在科学基础之上形成的现代技术和工业文明，增加了人类无限的"权能感"。科学本身不能左右技术和机器的使用方向，居于领导地位的那些掌权者不仅将广大的自然纳入人类的支配范围，而且也将人变成了待加工的材料。技术的运用和机器生产，是通过大规模组织起来的人协作完成的，人在这种组织中被固定化而成为俯首帖耳的人。[②] 马尔库塞以造就了"无数单向度的人"为主题检讨发达工业社会的意识形态。他认为，按照这种意识形态，社会通过技术和组织，将人控制在被制造出来的各种需求之下。[③] 与马尔库塞不同，殷海光对技术和工业文明的反思是散文式的。在 20 世纪 50 年代，他的反思主要表现在他游学美国的观感中。

1955 年，他以哈佛大学哈佛—燕京学人身份赴美，为期一年。但是，他只在美国待了半年就返回了台湾，原因是他不习惯美国的生活，为此我求证过他的夫人夏君璐女士。半年的经历，使殷海光对第二次世界大战之后世界头号技术和工业化强国 —— 美国 —— 感到失望。他很快写出了观感，并以"西行漫记"之名发表于《自由中国》（第 12 卷第 8 期，1955 年 4 月）。根据他的观察，美国人以精确计算的时间和高速度、高效率来衡量

---

① 《殷海光全集》第拾叁卷，台湾桂冠图书股份有限公司 1990 年版，第 163 页。

② 参见［英］伯特兰·罗素：《西方哲学史》下卷，马元德译，第 6—7、273—275 页；［英］伯特兰·罗素：《罗素自选文集》，商务印书馆 2006 年版，第 194—233 页。

③ 参见［美］赫伯特·马尔库塞：《单向度的人 —— 发达工业社会意识形态研究》，张峰、吕世平译，重庆出版社 1988 年版。

一切，与人晤面时也不停地看表。这一点让他无法忍受。他认为，作为技术化、工业化和经济化结果，这种以速度、效率来计算一切的思维方式、工作方式和生活方式，使美国人的生活失去了情调、多样性、优雅和情趣，人们所能看到的只是机械、单调和整齐划一。《西行漫记》中有两篇文章，名为"究竟为消费而生产，还是为生产而消费？"和"快！更快！"。从这两篇的篇名就能直观地看出殷海光是直面美国人的效率和速度而提出质疑的。殷海光没有说效率完全要不得。在他看来，适当的效率是需要的，但要弄清楚追求效率究竟是为了什么。效率本身不是目的，它原本应该服务于人，但在效率主义之下，人反而变成了效率的手段，人为效率而活着。他写道：

> 效率应为人所控制，人不应为效率所控制。人为效率所控制，病态百出。这样的人生，纵然天天吃鱼吃肉，不见得是幸福的。然而，人群的活动常为各种盲力所支配：在古代为迷信，为生物学的力量；在美国的当前，显然为利润追逐，为机械力，而助桀为虐者则为效率。[①]

在20世纪60年代中后期，在他的思想的调整和转变的时期，他对技术和工业化的不满和忧虑加深了。当这一问题同他这一时期的思想主题——道德重建和"人本主义"——结合在一起时，他对技术化和工业文明就给予了更多的抨击。他有一篇名为"我们守住那一层楼？"的随笔，这篇随笔没有单独发表，它同《中国文化的展望》中的部分内容相同，应该是在《中国文化的展望》的基础上改写出来的。殷海光要"守住"的"那一层楼"，就是他思想后期凸显出来的"道德价值"和人生的意义。为什么最基本的道德价值会处在守不住的危机之中呢？在殷海光看来，部分原因来自技术和工业化本身，部分原因来自掌握技术力量的权力者（主要指威权政治）对人的"生物逻辑"的控制：

[①] 殷海光：《杂忆与随笔》，《殷海光全集》第玖卷，台湾桂冠图书股份有限公司1990年版，第72页。

我们面临一个重大的选择：如果我们要求动物性的生存，那么就得牺牲崇高的理想，牺牲纯洁的心志，牺牲道德价值和做人的原则。如果我们要保持崇高的理想，保持纯洁的心志，保持道德价值和做人的原则，那么就难以活下去。这种情形正好是古人所说的：“生我所欲也，义我所欲也，二者不可得兼。”在这种情形之下，我们做怎样的抉择呢？是“舍生而取义”？还是“舍义而取生”？①

掌握技术的权力者制造的这种分裂，对殷海光个人来说，就是一个“残酷”的现实。他正处在威权政治的迫害之中，他因为坚持做人的原则和道德价值几乎被剥夺了生存权。《我们守住那一层楼？》是作为“公共知识人”的殷海光以抽象的方式对技术及其掌握者提出的抗议。1966 年，殷海光对《西行漫记》进行了他所说的“彻底修订”，因为在原来的感想的基础上，他又产生了新的感想。他引用波普尔的“开放社会”与“封闭社会”的对比，认为这两种社会的不同，就在于人有没有尊严和个人是否具有独立价值。他指出，技术文明和经济的飞速进步同“人理价值”已严重失衡。直到他生命的最后，殷海光都在忧虑技术文明和工业化对人的道德和人心造成的摧残。在《病中语录》中，他感叹说：

　　现在最令我焦虑的问题是：这个世界技术化越来越强，而人的道德理想却越来越败坏，人的心灵却越来越萎缩。唉！真令人焦虑。②
　　第二次世界大战以来的世界，真是“人心浮动”的世界。人类的器用生活相对的高度发展，而人类学家所说的人类的超自然生活却相对的萎缩。无论怎样科学知识代替不了“credo”[信仰]。时至今日，人类心灵上的自律力真是脆弱得可怜。科学的技术之空前发展，给我们置身于“新洪水猛兽”时期的边沿。③

①　殷海光：《杂忆与随笔》，见《殷海光全集》第玖卷，第 150 页。
②　陈鼓应编：《春蚕吐丝：殷海光最后的话语》，第 75 页。
③　殷海光、林毓生：《殷海光·林毓生书信录》，第 152—153 页。

在殷海光对技术文明和工业化造成的后果的反思中，他特别批判了作为其结果的"现代人"。

追问人是什么和人应该是什么而不应该是什么，是两种不同的问题。前者是对人事实上如何的揭示，后者是对人应该如何而不应该如何的价值上的期望。殷海光批判的"现代人"，就像马尔库塞批评的"单向度的人"（或小说家眼中的"套中人"）一样，是价值上负面的、不应该如此的"人"。殷海光说：

> 第二次世界大战之后，普遍出现了一种"现代人"。用我爱用的言词来说，这种人就是"无原则的人"。他自己只有基于生物欲求的价值系统，只要享用现代器用文明舒适的活着，此外无所坚持。于是，社会是怎样的动向，他便去适应。这是一种现代化的"顺民"。[1]
>
> 时至今日，我们已经很难看到"文艺复兴人"了。我们只看见大批"组织人"，"工业人"，"经济人"，纷纷出笼。他们不是被归队于公司，就是被束缚于工厂。[2]

在殷海光看来，"现代人"有一些共同的特征：第一，"现代人"是只注重物质利益、物质生活和物质享受的"经济人"和"物质人"，是忽略精神生活和道德生活、心灵萎缩而四肢发达的人，是物质生活与精神和道德生活相分裂的人。物质生活条件和利益原本是为了满足人的基本生存需要，但在现代技术带动之下的经济活动，则以追求无限的利润为目标，于是人变成了工具和手段。第二，"现代人"是在各种组织和机构中被同化和统一化的整齐划一的人。在殷海光所赞美的人的诸多价值中，有一个价值是人的独特性和差异性。但在高度组织化的团体中，在高效率的机器化工厂中，人的个性越来越少，人成了机器中固定化的一个零件。组织使人一致，生产使人都变成了相同型号的产品。殷海光说：

---

[1] 殷海光：《致铁名》，见贺照田编：《殷海光书信集》，第353页。

[2] 殷海光、林毓生：《殷海光·林毓生书信录》，第131页。

　　我们的灵魂一落入尘埃，便被机器轧掉了，便被公文程序刷掉了，便被巨灵（Leviathan）吞噬了。这个时代所需要于我们的是我们一堆一堆的细胞，一堆一堆的肉；灵魂是多余的，甚至是碍事的。这个时代要把我们塑成只会立即直接反应的呼吸机。这个时代要配给我们每个人一式一律的基本价值观念，一式一律的人生目的，和一式一律的历史性的世界观。我们从里到外，从观念活动到肌肉活动，必须毫无保留地投掷到那些浪费性的空大目标上。然后，我们所得到的，是整齐划一的鼓舞词令和拍空气的掌声。①

第三，"现代人"是失去了传统的血缘纽带、人的自然情感、人的原始性快乐的寂寞的人。人不是没有情感的机器，也不是孤立的原子，人的基本情感是血缘亲情，是喜怒哀乐，人的原始快乐是基本的快乐，但"现代人"失去了人性的这些基本东西和价值：

　　现代人，正是"寂寞群众里的寂寞个人"。个人与个人之间被分离了，传统及血缘的纽带逐渐被工业文明割断了。人，被原子化了。……在经济发展的程序里，技术当先，资源第一，功效领头，齐一为成功的快捷方式，一切从属于生产制度。于是，在工业社会里，个性差异压平了，人的尊严矮化了，人际关系受"利害原则"的主导了。于是，人失去了原始的快乐。人的存在，几乎完全被束缚在人自己用工业与经济创造而成的"佳境（habitat）"里面。于是，人的"自由"逐渐消失了。②

　　罗素说他一生都不缺少三种激情，其中一种是"对人类苦难不可遏制的同情心"。同样，殷海光对人类的前途和命运也有一种"不可遏制"的忧虑和深度关怀：

①　殷海光：《杂忆与随笔》，见《殷海光全集》第玖卷，第150页
②　殷海光：《致卢鸿材》，见贺照田编：《殷海光书信集》，第301页。

　　在这样一个动乱的岁月，个人的幸与不幸，又算得了什么？我真
正关心的是整个人类前途自由的明暗。[①]

　　整体而言，殷海光一生致力于"人"的两种解放，一种是从威权政治
的控制中解放出来；一种是从技术、工业化和经济的控制中解放出来。这
是贯穿在殷海光一生中的两个课题。他在前期侧重于批判威权政治，为争
取自由和民主而运用自己的理智和理性；后期他主要是为克服人的意义危
机和价值失落、为重建人类的道德理想而忧思和筹划。如果说殷海光是一
个启蒙主义者，那么他的启蒙是对"现代化"带来的严重弊端和缺陷加以
批判的"启蒙"，是对韦伯的精于计算、精于操纵的技术化、专门化和合理
化精神进行反思的启蒙。也许是悖论，17、18 世纪的启蒙主义者乐观地相
信和标榜，理性为人类指明了进步的方向，人类的一切都将在理性的光照
之下变得美好。但技术和工业文明不仅给人类现实生活蒙上了一层浓浓的
阴影，而且也使未来变得不可知。殷海光诊断说，现代文明的发展已经被
"盲目"的力量所左右，人类越陷越深，不可自拔：

　　　　作者在这几年中，常常默察近半个世纪以来某些地区之政治与社
　　会发展。我总觉得，这些发展，在最大程度以内，实在没有什么"理
　　性"可言；而系受"盲力"底支配。我只看见几股盲力在那里相激相
　　荡，像开足马力同时又失去控制的火车一样。即使有人看出这种趋向
　　的危险，但是，这样的盲力之本身已经"欲罢不能"。好像滚下山的
　　石块，一定要等到它底"势能"（potential energy）耗竭，才会自己停
　　止。……近来，我登临新大陆，我立刻嗅出，原来这块土地上的人
　　民生活之主导方程式，也并不是全然的理性的，似乎也正在受着一种
　　"欲罢不能"的盲力之支配。[②]

---

① 殷海光、林毓生：《殷海光·林毓生书信录》，第 131 页。
② 殷海光：《杂忆与随笔》，见《殷海光全集》第玖卷，第 23—24 页。

正如我们上面已经谈到的，对技术化和工业化的反思和批判由来已久，欧洲的浪漫主义运动、马克思主义、法兰克福学派等等，都曾从不同的角度和立场反思和批判技术文明、工业化。艾恺概括的"世界范围内的反现代化思潮"，主要是来自东西方的文化守成主义者立场。[①] 殷海光不是从文化守成主义立场批判现代化。他认为，古代的许多东西不适合现代的需要，复古解决不了现代的问题。殷海光是用现代文明中的科学、自由、平等、社会正义、开放等观念去批判现代文明中的技术化、工业化和效率化。在殷海光的时代，技术化和工业化活动对自然生态和人类生活环境产生的不良影响，还没有达到"全球性"的规模。殷海光的批判主要限于现代化对于人的意义、道德价值造成的影响，目的是克服现代文明的弊病，拯救失落的人本主义和道德价值。现在我们有目共睹的情况是，技术化和工业化已造成了全球生态的严重失衡和人类生存环境的破坏。为了解决人类面临的生存危机，一个可能的战略思考是提出取代工业文化的"生态文明"概念。但问题是，如果生态文明仍然是被经济利益驱动的，是受技术支配的，这种文明造成的危害也许更为可怕。人类会高度控制人类的自然生态（如基因、器官和生命），人类的自由、伦理和道德价值的沦落程度可能会更深。这样，问题又回到了人自身。限制人的自然欲望和利益心也许是可能的，但要真正能够限制它们，人类不仅需要共同的良知和共同的道德勇气，而且还需要改变以利益和市场为主导的社会组织和价值观。

三、建设性的"人"的理念

上面我们讨论了"人"的问题为什么会成为殷海光关注和思考的中心，讨论了殷海光对"现代人"的批判和对现代文明的反思。面对一般化的"现代人"，面对人的意义、道德价值的失落和危机，殷海光一方面抵

---

① 参见［美］艾恺：《世界范围内的反现代化思潮——论文化守成主义》，贵州人民出版社1991年版。

制和批判，另一方面提出了建设性的"人"的理念。《自由的伦理基础》、《中国文化的展望》中第十四章"道德的重建"、他的两次演讲及后来发表的文章《人生的意义》、《人生的基石》等，都集中体现了他思想后期对"人"的理念的建设性思考。这种思考当然不是纯粹"理智性"的构想。我们已经指出，殷海光不是单纯的学院派的专业学者，他是带着强烈"公共关怀"（后期主要表现为对人的意义、人类道德和命运的关怀）的"公共知识人"，是苏格拉底式的人物。这就决定了殷海光的"人"的理念，既是他思考的结果，同时又是他人生之路和道德信念的亲证，是他超凡心路历程的写照：

> 这种岁月，有心灵自觉的知识分子要想照着自己的生活原理与价值观念生活下去，真是颇不容易。回忆我三十年来的生活历程，可以说是为着寻找自己的生活原理与价值观念并且依之而生活的奋斗历程。①

我这里使用的"人"的理念，相当于殷海光在上面的引文中所说的人的"生活原理"和"价值观念"，更类似于他使用的"人理"这一概念。我想从这个观念入手具体讨论殷海光对"人"的问题的建设性思考。殷海光使用的"人理"这个概念，可以理解为"人的原理"。1965 年 12 月，殷海光在《中国文化的展望·序言》中说：

> 最近五年来，我对人理学（humanics）也发生兴趣。由这一兴趣，导引我接近海耶克（F. A. Hayek）和波柏尔（K. R. Popper）的学说。②

"humanics"可译为"人学"。殷海光使用的"人理"也就是"人道"、"人本主义"的概念。殷海光感叹第二次世界大战以来是"人理模糊的时代"，是"人本主义"被吞没的时代。他是在类似的意义上使用"人理"和"人

---

① 殷海光：《致张伟祥》，《殷海光全集》第拾卷，第 287 页。
② 《殷海光全集》第陆卷，台湾桂冠图书股份有限公司 1990 年版，第 1 页。

本主义"的。殷海光在《到奴役之路·自序》中说的两段话，可以帮助我们具体地理解他所说的"人理学"是指什么：

> 自由主义之最中心的要旨是一种人生哲学、一种生活原理，及人际互动的一组价值观念，或对人对事的态度。它是人本主义的，认为个人是人生一切建构和一切活动的始原起点。[①]

又说：

> （《到奴隶之路》）实实在在，它展示了一组生活的基本原理，因而也就指出了一条生活的大道。至少，依我的人生理想而论，有而且只有跟着这条大道走下去，人才能算是人，才不致变成蜜蜂、蚂蚁、牛群、马群、农奴、政奴，或一架大机器里的小零件。

殷海光所说的"人理"，比一般所说的"人本主义"更复杂，这就是为什么他将他的"人本主义"称为"新人本主义"的原因。"新人本主义"之"新"，在殷海光那里，主要是把"人本主义"同"科学"结合起来。欧洲文艺复兴的人本主义，经过启蒙运动，越往后延伸就越同知识理性和科学主义距离越远。人们越来越倾向于认为"人本"、"人文"与"科学"是两个领域，主张要划清两者的界限，反对科学方法主导人本和人文领域。殷海光原则上承认人本、人文特别是道德同科学之间有界限，但他决不认为人本、人文、道德同科学是彼此不发生关联和相互影响的。他的一个基本判断是，人本主义和科学在西方一开始是同步发展的，但后来科学和技术得到了高度发展，淹没了人本主义：

> 人本主义（humanism）及科学本是近代西方互相成长的一对双生子。可是，西方文明发展到了现代，科学通过技术同经济的要求，几

---

① 《殷海光全集》第陆卷，第1页。

乎完全吞没了人本主义。①

我们上面谈到，殷海光主张，复兴人本主义不是通过对科学和技术的
"完全"拒斥来实现的。他反对的只是科学技术和经济的绝对"强势"，只
是科学技术、工业化的发展同人本主义、道德价值之间的失衡。殷海光对
待科学与人生和道德的关系，同20世纪20年代初中国"科学与人生观"
论战的任何一方都不同。这两方之间的辩论，整体上反映了将科学与人生
观完全对立起来的一元主义思维。信奉"科学万能"，认为科学万能、科
学完全能够解决人生观问题，同认为人生观自外于科学、科学对解决人生
观没有作用这两种看法，对殷海光来说，都是不能成立的（虽然殷海光早
期的思想，也有科学主义的色彩）。在殷海思想的后期，人本主义、道德
和价值的重建变成了他思考的主题，但在他看来，科学仍是不可或缺的。
他说：

　　时至今日，我们所需要的道德是以科学知识和技术作必要条件，
配合现代社会文化的发展之道德。②

殷海光将科学同人本主义结合起来的"新人本主义"，试图通过科学
与人本主义的统一和相互作用来重建道德价值和人生的意义。因此，"新人
本主义"在他那里同时又被称为"科学的人本主义"（scientific humanism）。
罗素在《我相信什么》中曾说："良好的生活是为爱所激发并为知识所指导
的生活。"殷海光认为，罗素的说法很好地表达了"科学人本主义"的主
旨，即我们的人生既需要爱的崇高道德价值，也需要知识的指导。对于那
些认为人本、人文自立于科学之外的人来说，殷海光的"科学的人本主义"
直观上就显示了他与他们的不同。让科学同人本主义联姻，这是殷海光的
一个主见，也是他的一个情结。1955年，他翻译了菲格（Herbert Feigl）的

---

① 殷海光、林毓生：《殷海光·林毓生书信录》，第131页。
② 殷海光：《思想与方法·再版序言》，见贺照田编：《思想与方法》，第649页。

Naturalism and Humanism（《自然思想与人文思想》），在为译文写的“译者的话”中，殷海光就表达了他的这种看法。[1] 1966 年，殷海光在《思想与方法·再版序言》中强调，只有道德而无知识是盲目的，盲目的道德不能令人信服。科学和知识能使我们的道德建立在牢固的基础之上：

> 在纯致知的部门里衍生不出任何道德。但是，纯致知的学问可以使我们对于“人理”有一个比较真切而确实的了解。它使我们知道人的“生物逻辑”的内容和限度。我们要藉肯定道德来重建人生，怎可撇开这一认知层不谈而执着那些空中楼阁的道德玄学呢？[2]

殷海光加在“人本主义”之上的修饰词“科学”，对于拒斥科学的人文主义者来说是行不通的，但对他来说，这不仅是必要的，而且也是正当合理的。殷海光的科学观，使他对“主义”话语保持警惕。他特意提醒大家注意，他对“主义”的使用完全是基于语言上的“偶然性”，也不带有强迫和权威性，它只是指示“一个价值系统，一个观念系统，一个理想系统”。[3] 殷海光对“主义”的警惕，首先是要同政治意识形态划清界限，其次则是同玄学和形而上学保持距离。[4] 殷海光为了使自己的“人本主义”保持纯洁，避免产生其他联想，他有时直接将 humanism 译成“人本思想”。

那么，殷海光的“科学的人本主义”的“科学”具体是指什么呢？科学对人生、人本和道德价值的重建能提供什么具体的指导呢？殷海光所说的“科学”，主要是指物理学、生物学和行为科学，他认为这是近代科学的三个层级。这个分类法本身是否科学，不是我们这里要讨论的问题。其中殷海光所说的行为科学又包括心理学、社会学、经济学和文化人类学等。

---

① 参见殷海光：《学术与思想》（一），见《殷海光全集》第拾叁卷，台湾桂冠图书股份有限公司 1990 年版，第 324 页。

② 殷海光：《思想与方法·再版序言》，见贺照田编：《思想与方法》，第 649—650 页。

③ 殷海光：《中国文化的展望（下）》，见《殷海光全集》第捌卷，第 713 页。

④ 对“主义”的警惕，又见之于《到奴役之路·自序》，见《殷海光全集》第陆卷，第 2—3 页。

在心理学中，他尤其强调了弗洛伊德的精神分析和精神病理学。殷海光认为欧洲历史上对人的看法主要有三种：第一种是希腊罗马人的看法，认为"人是理性的动物"；第二种是犹太基督教对人的看法，认为人是上帝创造的，人是万物之灵；第三种就是近代科学对人的看法。殷海光指出，科学的看法同前两种不同，它不做价值判断，也没有道德色彩，它只是揭示人是什么的事实，对人"是什么就说什么"。他的这种概括是否准确和恰当，也不是我们这里要讨论的问题。我们这里关注的是，这些"科学"如何为人生提供指导。殷海光告诉我们，按照物理学，人是物理世界的一部分，像其他有机体那样，要受物理学法则的支配；按照生物学，人是生物之一，要受生物学原理的支配。在殷海光对人生所划分的不同层次中，最下的两层分别是"物理层"和"生物逻辑层"，它们所对应的正是物理学和生物学。① 这样，物理学和生物学对人生的指导，在殷海光的观念中，就是对人生最下两层的指导。

但是，在现代物理学、生物学诞生之前，人类早就知道，人要生存就不能违背一些自然法则，也不能违背必须吃东西的法则。殷海光真正想让物理学和生物学告诉我们的比这更多，那就是，人生的意义和道德价值必须建立在人的基本生活条件得到满足、人首先要生存下来的基础之上；中国传统文化不注重人的生物层和生物文化层、压抑人性的自然需求，这只会造成人生的低层次同更高层次（精神和道德生活）的矛盾和分裂：

> 我们的传统文化价值取向把重点放在名教、仪制、伦序、德目的维系这一层次上，而不太注重生物文化层。于是精神文化和现实生活脱了节。到头来，我们的文化发展，像一座高楼似的，上一层的人在吹笙箫，底下一层劳动终日难得一饱，于是空了。整个文化建构都发生问题。这一历史的教训是值得今日的我们留意的。……我们的肚子

---

① 第三层是"生物文化层"，它对应于什么科学，殷海光没有具体说。如果它是指人以不同于动物的方式来满足"生物逻辑"，那么这种方式就很多，技术是一种，"饮食文化"又是一种。

被人控制，很多志气便无法伸张，人的尊严便很难维持。[①]

不同的宗教传统、道德文化传统，程度不同地都存在着抑制人的物质生活欲望的人生观和价值观，例如清教徒式的清贫和清苦、佛教的苦行、儒家的君子忧道不忧贫，它们同近代以来的世俗化过程生成的消费主义和物质享受主义形成了强烈的对比。后者造成了物质生活同道德和精神生活的失衡、分裂。这样，问题就变成了如何重新调整对人的生物逻辑的满足，而不是批判传统观念对人的自然欲望的限制。但是，殷海光对中国传统文化仍然表现出批判的倾向。另外，殷海光将目光更多地投向不发达地区，在那里人们的生活还非常困难；投向威权政治对人的生物逻辑的控制，在这种控制下，坚持自由、权利和尊严的人面临着被剥夺其生物逻辑的危险。

在殷海光那里，行为科学对人生的指导被看作对人的事实真相的揭示，但它们揭示的主要是人的心理、意识方面的事实真相。达尔文的进化论将人是上帝的创造变成了人从猴子进化而来；弗洛伊德把人还原为性欲的存在，认为人的意识内容取决于他的性欲是否被压抑。殷海光认为，这些新的行为科学对人的真相的揭示，对传统的宗教和道德观念"起了哥白尼式的革命"的作用，传统的"性善"、"性恶"等玄学的幻想被打破了，以往建立在这些不真实基础之上的宗教和道德价值也随之破灭：

> 科学戳穿了传统的迷雾，揭开了人类在事实层的真相。于是，建立在传统宗教与道德宫殿里的人生观念破灭，人被人自己的知识之光照出他赤裸裸的一面。人建立于迷雾宫殿里的人生目的、价值、意义、和尊严一起消散。人被剥除了他高贵的人文外衣。齐克果（Kierkegaard）更击碎了黑格尔式的玄学程序，脱掉了黑格尔式的紧身夹克了。几乎每一个人赤裸裸地基于现实利害出发点来和别人

---

① 殷海光：《人生的意义》，见陈鼓应编：《春蚕吐丝：殷海光最后的话语》，第147—148页。

周旋。在广大的群众集团里，人像分子似的作布朗运动（Brownian Movement）。①

　　行为科学可能并不像殷海光认为的那样，能够证明每一个人赤裸裸地都是从利害关系出发与人打交道的。人们之间超出利害之上的友情和友谊，同样是存在的。不过，现代科学的重大革命，对人类的自信和自尊的冲击确实非常巨大。弗洛伊德总结说，哥白尼的"地动说"、达尔文的"进化论"和他自己的"无意识"是三个革命。这三个革命的共同特征是，瓦解了人类自我中心的旧有信念。古尔德（Stephen Jay Gould）说：

　　　　从把自己视为根据上帝形象所造、"仅略低于天使"，且是塑造与征服地球的自然统治者，到仅为"代代相传"、"略有差异"此一普遍过程中的自然产物（也因此与其他生物都有血缘关系），同时，终究说来，人不过是茂密的生命树上转瞬即逝的新绽枝芽，而不是进化阶层上命定的顶峰。还有什么事实比这更能挫人锐气，也因此更能使人自由？挥别自满的确定，点亮知识的火把吧。②

殷海光和古尔德的描述，有很强的可比性，但殷海光还有从此出发建立切实道德价值的要求。殷海光的逻辑是这样的：科学只是消除过去人们对人的不真实设想以及建立在它上面的道德价值，从而为建立合乎人情的、适合人的需要的新道德提供了坚实的基础。殷海光强调，科学虽然揭示了人的真相，但它并不导致对道德价值和人生意义的否定。从人是一种动物，推论不出人一定没有崇高的价值。

　　殷海光的"科学的人本主义"，让我们联想到了胡适的"科学人生观"（"新十诚"）。相信科学万能的胡适，直接说明了科学如何把我们引向一种

　　① 殷海光：《人生的意义》，见陈鼓应编：《春蚕吐丝：殷海光最后的话语》，第155—156页。
　　② ［美］斯蒂芬·杰·古尔德：《为何要关心演化论？》，见布洛克曼、马逊编：《我们这样想世界》，台湾商务印书馆2007年版，第86页。

新的人生观和价值观。[①] 相比之下，殷海光更多的是将科学看成清道夫。两人的不同源自他们的科学观的不同。胡适已将科学道德化了。在胡适那里，科学不仅提供事实判断，也提供道德价值判断。但在殷海光那里，科学只提供事实判断，而不能导出道德上的价值。因此，当殷海光说"科学的人本主义是依自然论的观点来解释人的存在"、"人本主义认为我们可以在科学的基础上找到一些解释"的时候，其象征性意义远远大于实质性意义。这种情况，在人生的最高层次被他界定为精神和道德理想时，就更是如此了。按照殷海光的人生阶梯模式，人生的最高层次建立在人的生物基本需要满足的层次之上，这应该就是"仓廪实而知礼节，衣食足而知荣辱"这一古老训言的意义。按照这种逻辑，殷海光进一步推论说，只要我们有基本的生存条件，我们就不能轻易违背和牺牲道德原则。但这个推论很危险，它的言外之意是，在我们的基本生存条件遇到困难的时候，违背或者牺牲道德就是被允许的。殷海光马上意识到了这一点，他补充说这一逻辑不能反推。他质疑说：在经济困难、生活条件艰苦的情况下，我们难道就应该违背和放弃道德原则吗？经济生活条件的好坏会对人的道德水平有一定的影响，但这种影响不是决定性的。我们不能说，经济条件好的人，他的道德水平就一定高；经济条件不好的人，他的道德水平就一定低。可见，角度一转，人的道德水平同他的物质生活条件之间的关系马上就变得疏离了。殷海光又从人的内在心灵来为道德价值寻求基础：

> 实在，人的品质和他所享受的器用之繁简无关。现代器用这样高度发达，人的品质是否相应地高度发达，实在大成问题。我们只能说，器用低落或缺乏到某种程度时，人的品质即无法维持原有的程度。但是，由这推论不出，人的器用生活越提高，那末人的品质即相应地提高。贫困常陷人于罪恶，但富裕不即使人道义高尚。道义另有来源。富裕可从工厂里出，但工厂制不出道义。道义发自人的心灵，也须自

---

① 参见王中江：《视域变化中的中国人文与思想世界》，中州古籍出版社2005年版，第511—529页。

心灵流出。①

　　按照存在决定意识、经济基础决定上层建筑的唯物主义立场，人的道德是由他的物质和经济生活条件决定的。殷海光关心人的生存条件对"道德"的影响，但他拒绝道德的唯物主义决定论解释，他还拿韦伯的"新教伦理"来反驳唯物主义。自从殷海光关注人如何更好地生活和重建道德价值起，他相应地也开始关注有别于大脑的心灵、灵魂和良知，把心灵和良知作为道德价值的内在基础和动力。这是殷海光亲证的——他遭到了政治上的迫害，失去了基本的生活条件，失去了人身自由，但他的心灵和良知使他坚守人的尊严和道德价值。他语重心长地向他的妻子说了他为什么能做出独特的选择并表现出连他自己都吃惊的道德勇气：

　　　　我也不是那么笨，要吹牛拍马、说歌功颂德的话，混到一官半职，然后出国一走了之，谁不会？只是我的良知和个性使我做不出来。②

　　殷海光亲证的人生道德选择，在某种意义上割断了人的生物逻辑满足与道德之间的纽带。我们的心灵和良知，能够让我们不受物的控制、不受利害的控制，让我们在困难的生活和不利的条件下反而更显示出道德力量。权力容易使人腐化，优越的物质条件也容易使人腐化。然而，在殷海光那里，道德价值的来源并不只是限于人的心灵。宗教通常将道德价值的根源归结到超越性的绝对神那里，不管是基督教的上帝，还是儒教的"天"。对于信奉科学和经验实证理性的殷海光来说，他一时无法认同。罗素能说出他不信基督教的理由，同样，殷海光也能说出他不接受上帝的理由。但命运最终使殷海光又超越了自己，他在超越的伟大力量中亲证了道德和正义的根源，即使他认为这种根源性力量不是一般世俗意义上的"上帝"：

① 殷海光：《人生的意义》，陈鼓应编：《春蚕吐丝：殷海光最后的话语》，第159页。
② 殷夏君璐：《殷海光全集·序》，见《殷海光全集》第拾捌卷，第2页。

上帝是"止于至善"的范则和终极。需要有灵魂的人去趋进。人生的意义就是依这范则和终极来完成自己。上帝是善的根源，是正义的基本，是爱的渊海。……这是我的宗教化的人本主义思想。①

我常月下散步，感觉造物主之伟大，人生之奇妙。追索之情，油然而生。心灵升华，超越一切。一种接近根源（the Great Origin that may be the Great Greator）的情愫不知从何泌出。人是有灵魂的。这也许就是一个绝对性的赐与。一切价值的权衡，目的之定律，好恶的分别，善恶的取舍，都由此源流出。②

至此，最内在的心灵、良知和灵魂，又同最外在的根源性超越力量联系了起来。"科学的人本主义"，一转又成为"宗教化的人本主义"。"科学"不是固定不变的存在，"宗教"同样也如此。曾经拒斥宗教的殷海光，最终因自己的生活经历和超凡体验认同了他心目中的"宗教"③，进而又在宗教和信仰的意义上诠释和亲证了他的"人本主义"。

殷海光的人本主义、人理学包含的内容比一般所说的"道德价值"要广，虽然它是其中的重要部分。殷海光信奉自由和人权，信奉民主和社会的开放，并以此作为人的伦理和道德的基础，作为"把人当人"的条件④，因此，在他的人本主义和人理学中，"自由"、"人权"、"民主"、"开放"都是基本性的东西，这从下面的两段话中可以看出：

---

①　殷海光：《致家门》，见王中江：《炼狱 —— 殷海光评传》，第263页。

②　殷海光：《致家门》，见王中江：《炼狱 —— 殷海光评传》，第264页。

③　说起来，殷海光对超验上帝的接近，在1955年就发生了。这一年，他在同爱因斯坦通信之后，结合他对爱因斯坦有关宗教看法的了解，他向妻子谈了他对上帝的感受："我现在所感觉到的，就是，人面（"面"字当为"而"字之误 —— 引者）无对上帝的信仰，犹如水上浮萍。他的生命是没有根的。"（殷海光：《致夏君璐》，见王中江：《炼狱 —— 殷海光评传》，第262页）殷海光特意解释，他信仰的"神"是"爱"、"同情"及"与自然的和谐"（《病中语录》，见陈鼓应编：《春蚕吐丝：殷海光最后的话语》，第87页）。

④　这一问题，殷海光在1958年发表的《你要不要做人？》一文中，根据《世界人权宣言》做了讨论（见《殷海光全集》第拾贰卷，台湾桂冠图书股份有限公司1990年版，第749—762页）。

　　我在这里所说的人理价值，系指这些项目而言：社会正义、对人
的疾苦之关怀、人的尊严、求知的自由、思想言论自由、旅行的自由、
谋生的自由，种种等等。[①]

　　人本主义的架构是对个人生存权利的肯定，对人的尊严的肯定，
对道德价值的肯定，对自由的肯定，以及因此对开放的心灵和开放的
社会之趋进。[②]

其中，"社会正义"、"人的尊严"、"人的疾苦之关怀"属于道德价值（"对
道德价值的肯定"这一项自不待言）。但其他的项目，严格来说，都不属于
道德的范畴。殷光海的人本主义和人理学内容比伦理道德价值更广泛，还
表现在他对人的个性、差异、质量、品味、情感和自然的赞赏以及他的审
美主义立场方面。他欣赏的"情感"，有的具有道德价值，如为人真诚，为
人真实；但有的则是个人化的非道德性的情感。例如1955年，在美国的时
候，他在给夏君璐的信中说：

　　我认为人为事业学问不必弄得太紧张，最重要的是情感生活。人
而无情感，犹鱼之无水。如何活得下去？台湾那样的气氛和街上的乱糟
糟，我固然厌恶之至；但美国这种生活方式，我实在一点也不羡慕。[③]

殷海光出生在农村，农村的自然风光和山水在他的心灵和意识中留下了深
刻的印象。他对机械化的、繁华的都市生活的格格不入的感受，同他的这
种心理意识大概有密切的关系。相反，每当他步入大自然中，他都抑制不
住内心的兴奋之情：

　　我看见长满了青苔的庭院，忆见古城落日，常怅怅惘惘者久之。
我是深恶美国那种忙乱，工厂、汽车……所表现的什么；我深喜那寂

---

①　殷海光：《旅人小记·自序》，见贺照田编：《思想与方法》，第668页。
②　殷海光：《中国文化的展望（下）》，《殷海光全集》第捌卷，第710页。
③　殷海光：《致夏君璐》，见贺照田编：《殷海光书信集》，第121页。

静，闲散，宽舒的东方情调。愿我能浸润于其中一辈子吧！因为，只有在那种气氛里，我才会是个真真实实的独立自由的人。"庭院深深深几许"，多够我低首徘徊啊！①

殷海光强调人的品质的重要，这些品质包括人的差异、格调、情调和情趣。在赫胥黎看来，文化的多样性使人的品质丰富多彩，而整齐划一则使人单调。殷海光接受了赫胥黎的看法。殷海光之所以喜欢"狂飙式人物"甚至是独裁者，就是因为他们最有个性。这样，殷海光的理性主义一下子又走向了非理性主义。在《自由的伦理基础》中，殷海光说：

> 人之可贵，贵在差异。……人和人之间的差异，是自由之所本，也是追求自由的重要理由。②

殷海光认为，人的差异的重要表现，就是人的性情不同：

> 宇宙是森罗万象的，人生原是复杂的。没有人应该强人与己同好，尤其不应该使人牺牲各自底性情。性情正是各人可贵的特点，正像各人底面貌不同一样。没有了各人底这一特点，人生该会多么乏味！③

人本主义中真正属于道德价值方面的东西，在殷海光那里，有爱、正义、尊严、真诚，等等。在这一方面，殷海光对中西传统道德和来自宗教中的伟大道德价值进行了分析和整合。他设想孔孟的"仁义"、基督教的"博爱"和佛教的"慈悲"在保持着各自特性的同时又具有共同之处，而科学和民主则能够对不同道德的适用范围做出动态性的调整。殷海光区分了

① 殷海光：《致王道》，《殷海光全集》第拾卷，第8—9页。
② 殷海光：《学术与思想（三）》，见《殷海光全集》第拾伍卷，台湾桂冠图书股份有限公司1990年版，第1159—1160页。
③ 殷海光：《致夏君璐》，见贺照田编：《殷海光书信集》，第119页。

道德原理和具体的道德条目。他认为，有的中国传统的德目不符合科学和民主的标准，应该放弃；但有的则需要继承，例如"信"和"诚"等。殷海光认为，在人类文化和价值整合的趋势中，我们需要的主要德目有自由、平等、幸福、友善、正义、合作、增进人群利乐、尊重个人生命与尊严等。殷海光并未严格区分道德原理和道德条目。如果说"别善恶"由于没有指涉具体的善恶而属于道德原理的话，那么仁、义因有具体的指涉则应该称之为"德目"。但是，在殷海光所整合的世界的伟大道德原理中，包含有孔孟的仁义、基督的博爱和佛家的慈悲等具体的德目。在殷海光这里，这些伟大的道德原理因彼此的共性而有交叉性，又因彼此的差异而保留其独立的领地。

结　　语

殷海光的新人本主义，从整体构成来说，是政治理念、社会理念和道德理念的高度统一体，而作为活动主体的"人"则是其承担者；从传统与现代的关系来说，它既是现代的又不是现代的，既是传统的又不是传统的，它是介于传统与现代之间的选择融合，但又超越传统与现代，毋宁说是"后现代的"。

第六篇

自然、生命和心灵

第十四章

生命的创造和灵性化

——梁漱溟的伦理生命主义

引　言

梁漱溟的思想整体上可以说是生命主义[1]，而且在现代中国的生命主义谱系中占据着显要的位置。这是研究他思想的人大体上都会有的看法吧。但我们需要进一步追问的是：它是一种什么样的生命主义？近代以来，东西方有各种各样的生命主义[2]，梁漱溟的生命主义是其中的一种[3]。它的最大特点是，它不仅是生命主义的，而且是伦理主义的，我想称它为"伦理生命主义"。这是梁漱溟通过生命、人心、人生、生活、直觉、理性、道德等观念建立起来和亲证的生命主义，也是梁漱溟一生都在追求的真理。梁漱溟将他晚年出版的《人心与人生》这部书看成是他自己一生中最重要的思

---

[1]　有关梁漱溟思想的某种整体性讨论，参见［美］艾恺：《最后的儒家：梁漱溟与中国现代化的两难》，王宗昱、冀建中译，外语教学与研究出版社 2013 年版，第 1—338 页；景海峰、黎业明：《梁漱溟评传》，人民出版社 1999 年版，第 1—249 页。

[2]　有关梁漱溟的"生命主义"，参见李昕：《梁漱溟的生命哲学》，清华大学 2013 年哲学博士论文。

[3]　有关西方生命主义哲学，参见［德］费迪南·费尔曼：《生命哲学》，李健鸣译，华夏出版社 2000 年版，第 1—256 页。

想著作。从他打算写这部书到他最后完成这部书，中间的过程很长。但是不能因此就认为书中的思想都是他到了晚年才形成的，其中的一些重要思想是他的思想不断发展的结果，有的思想在《东西文化及其哲学》中就已提出，有的在 20 世纪 30 年代就开始形成。他将他一生对生命、人心和人生的思考都凝聚到这本书中了。

梁漱溟的生命主义，不同于有的生命主义，它一直通过生命的进化过程和创造过程来解释生命，解释人的心灵，它是进化论意义上的生命主义。[①] 它又是伦理生命主义，而且是儒家伦理生命主义。梁漱溟探讨生命的进化，探讨生命的不同创造，探讨生命的不同层次，关注的主要是人的伦理生命和伦理价值，并且将之同儒家伦理结合到一起。从早期强调本能和直觉之仁到后来强调情理的、理性的"廓然大公"和"无私的情感"之仁，他为本能直觉和理性等概念赋予了儒家的伦理价值。梁漱溟是一位深思明辨的思想家，一生在不同的著述中一直以不同方式讲述着同一个故事；同时，他又是一位行动的儒家，一生都努力将自己的生活同伦理生命主义融合到一起。下面，我们就从梁漱溟的生命主义和他的儒家伦理价值这两个方面来考察一下他的伦理生命主义图像。

一、进化和创造 —— 从宇宙生命到人的生命

不管是什么样的生命主义，它首先要以生命概念为出发点，这是生命主义的一个基本的共同特征。同样，梁漱溟的生命主义也是以生命的概念为出发点。机械主义世界观忽视世界中的生命，将一切事物都化约或还原为数量关系；生命主义者反其道而行之，他们将一切事物都看作有机的和生命的存在。在他们的视野中，没有什么东西是没有生命的纯粹的物质或机械。梁漱溟的生命主义整体上也是反对物质主义和机械主义的。20 世纪 20 年代前后，中国的科学技术和工业文明还处在起始阶段，因此，他主张

---

① 有关梁漱溟的生命进化论，参阅王中江：《进化主义在中国的兴起 —— 一个新的全能式世界观》（增订版），第 246—261 页。

接受西方近代以来发展起来的科学和技术，以使国家富强起来并让人民过上好的物质生活。正如主张发展科学和技术，并不等于主张科学主义、物质主义和机械主义的世界观一样，梁漱溟的生命主义在批判机械主义的同时又主张发展科学和技术，也并不自相矛盾，因为梁漱溟把它们看成是体和用、本和末的关系。梁漱溟指出，科学主义和机械主义世界观的根本缺陷是将用和末变成了体和本。

梁漱溟伦理生命主义的前提，是以生命为宇宙万物的本体。他批评熊十力设置本体，说熊十力的哲学失败就失败在他的本体论上。这说明梁漱溟受到了西方现代哲学中反形而上学倾向的影响并对本体论保持了警惕。[①]但正如在表面的简单性之下往往包含着复杂性一样，实际上，梁漱溟的哲学还是相信宇宙万物具有统一的本质。早在《究元决疑论》（1916 年）中，他就表现出了对形而上学的意识，认为形而上学言说的都是不可思议的"终极性"的东西。梁漱溟称它为"元"，他还将他的这种"元"类比为达尔文、斯宾塞、叔本华和柏格森等人的进化、生存意志和生活等概念。在此，我们已经可以看出梁漱溟以"宇宙生命"（如"生存意志"）为本体的哲学主张。在这之后，"宇宙生命"概念就成为梁漱溟生命主义中的一个根本性和前提性的概念。

我们知道，柏格森和怀特海都是哲学上的有机主义者，他们相信宇宙和万物整体上都是有机体和生命体。受到了柏格森生命哲学不少影响的梁漱溟，非常明确地认为，宇宙是生命体：

> 宇宙是一个大生命。从生物的进化史，一直到人类社会的进化史，一脉下来，都是这个大生命无尽无已的创造。一切生物，自然都是这大生命的表现。[②]

"宇宙是生命体"，这是梁漱溟一生的一个信念（虽然他受到唯物论的影响

---

① 参见梁漱溟：《读熊著各书书后》，《熊十力全集》（附卷，上），湖北教育出版社2001 年版，第 745—754 页。

② 梁漱溟：《朝话》，第 72 页。

而又增加了问题的复杂性）。从宇宙是一个大生命出发，梁漱溟进而去解释生物和人类生命的产生和创造。

"宇宙生命"又被梁漱溟称为"宇宙的心"：

> 此心即心之本义，换言之，即宇宙之本体，即宇宙本体与物质之间有精神。物质本不在心之外，物质就是心 —— 宇宙本体 —— 所化成。①
>
> 应当说：**心与生命同义**；又不妨说：**一切含生莫不有心**。②
>
> 人类之有人心活动，同于其他生物之有生命表现，虽优劣不等，只是一事。③

这里有两个概念需要关注：一是"心"；一是"本体"。梁漱溟说的"本体"，也就是"本性"，两者的意义具有一致性。④ 梁漱溟以"心"为宇宙的本体，将"心"作为"生命"的同义语，一方面说明他传承了儒家心学尤其是王阳明的"心学"传统，把"心"看成是万物的本体，以"心"为宇宙万物的根本；另一方面说明他将西方的生命哲学中的"生命"概念同"心"的概念融合了起来，使"心本体"和"生命本体（本性）"成为合二而一的概念。

在梁漱溟那里，"宇宙生命"或"心"作为本体，是指宇宙中所有的存在者都具有共同的生命本质或根据。在《人心与人生》中，他这样说：

> 简捷地一句话：人心正是宇宙生命本原的最大透露而已。生命本原是共同的，从而一切含生之物，就自然是都息息相通的。⑤

---

① 梁漱溟：《人心与人生》，见《梁漱溟全集》第七卷（附录），山东人民出版社 1989 年版，第 990 页。

② 梁漱溟：《人心与人生》，学林出版社 1984 年版，第 18 页。

③ 梁漱溟：《人心与人生》，学林出版社 1984 年版，第 18 页。

④ 如他说："而生命**本体（本性）乃得以透露**，不复为所障蔽。"（《人心与人生》，学林出版社 1984 年版，第 89 页）

⑤ 梁漱溟：《人心与人生》，学林出版社 1984 年版，第 123 页。

为什么生命的本原是共同的，按照梁漱溟的解释，这是因为所有的生命都源于"宇宙生命"或"心"：

> 在生物界千态万变，数之不尽，而实一源所出。看上去若此一生命彼一生命者，**其间可分而不可分**。说宇宙大生命者，是说生命**通乎宇宙万有而为一体也**。①

同样，正因为所有的生命都源于共同的宇宙生命，所以它们就具有了统一的生命本质，整个生命自然"息息相通"，通贯"一体"。梁漱溟把两者的关系称为"一本"与"万殊"的关系：

> 宇宙间森然万象，莫不异中有同，同中有异。自其异者而言之，显有区分，一若鸿沟不可逾越；而实则**万殊同出一本**。其异也，不过自微之著，由隐而显，不断变化发展而来；追踪原始，界划不立。②

众多生命出于"一本"，这个"本"是微而不显的根源性的东西，是生命的共同本质。不同的多样的生命，则是最初微隐的"一本""显明"的结果，是不断变化发展的结果。

可以肯定，梁漱溟的"宇宙生命本体"或"心本体"的理论，就是形而上学，就是本体论。由于熊十力也强调生命本体、心本体，所以他们两人的本体论在某种程度上又具有类似性。如上所述，机械主义者相信一切事物都可以还原为数量关系，一切现象都是有待人去分析和计算的材料，这就意味着他们习惯于从静止和不变的立场上去看事物。对于生命主义者来说，没有死的物质和静止不动的现象，一切事物都是生命性的存在，都是活的存在，它们都有独特的变化和进化。东西方传统的生命观往往认为一切事物都有生命，相信一切事物都是生命性的存在，

---

① 梁漱溟：《人心与人生》，学林出版社 1984 年版，第 51 页。
② 梁漱溟：《人心与人生》，学林出版社 1984 年版，第 18 页。

但它们又往往将生命看成一次性完成了的和定型了的存在。否定这种看法，是近代西方诞生的生物进化论、宇宙演化论的主要立场。近代中国引进和发展起来的生物进化论和宇宙演化论同样如此。这也是梁漱溟生命主义的一个根本性立场。

梁漱溟批评机械主义，坚持万物的有机观和生命观。[①] 他不仅相信宇宙万物都具有统一的生命本质，而且相信一切事物都是变化的，万物的生命都是一个不断进化和创造的过程。在他那里，所谓事物都是指有生命的事物，所谓变化和流行指都是生命的变化和流行，是指生命的进化和创造。万有具有生命，而生命从来都不是一成不变的固定性存在，它是不断进化的生命，是不断创造的生命。梁漱溟认为，生命本体和生命变化是宇宙生命统一体的两个方面：

> 不妨分开宇宙生命变化流行之体与其清静无为不生不灭之体的两面；两面非一非异，二而一，一而二。[②]

在《人生的意义》[③]中，梁漱溟说：

> 整个宇宙是逐渐发展起来的。天，地，山，水，各种生物，形形色色慢慢展开，最后才有人类，有我。……宇宙是一大生命，从古到今不断创造，花样翻新造成千奇百样的大世界。这是从生物进化史到人类文化史一直演下来没有停的。[④]

宇宙生命是进化的、向上的、奋进的和创造的，这是梁漱溟生命主义

---

① 梁漱溟后来受到了唯物主义的某种影响，他又认为生命的进化，是从无机到有机的过程。参见《人心与人生》，学林出版社 1984 年版，第 125 页。

② 梁漱溟：《人心与人生》，学林出版社 1984 年版，第 150 页。梁漱溟说，儒家之学注重的是前者，佛家之学以后者为最高，这是他从两家的教义中领会到的。但他补充说，这又是虚证，不是实证性的东西。如果说得太多，就会产生错误。

③ 此文是 1942 年 12 月梁漱溟在广西兴安初中的一次讲话稿。

④ 梁漱溟：《朝话》，第 140—141 页。

的又一个重要立场。向上创造是灵活创造，它既是向上翻高，又是往广阔
开展："生命本性可以说就是**莫知其所以然的无止境的向上奋进，不断翻
新**。"① 梁漱溟用"生活"这个词来说明生命的自动和活动。他说生命的本性
就在于"生"和"活"，它同"生活"是一回事：

> 惟"生""活"与"动"则有别。车轮转，"动"也，但不能谓之
> "生"或"活"。所谓"生活"者，就是自动的意思。②
> 生命是什么？就是活的相续。"活"就是"向上创造"。向上就是
> 有类于自己自动地振作，就是活。③

梁漱溟又将"生命"的概念同"自然"的概念统一起来，相信"自然"
是"活"的（自动的和创造的）生命，并认为这是他思想中的根本观念：
"在我思想中的根本观念是'生命''自然'，看宇宙是活的，一切以自然
为宗。"④

机械论者或决定论者认为，未来所有的变化和状态都是可以事先预知
的，甚至可以被事先决定；一些目的论者认为，进化是朝着某种固有目标
进行的。强调生命的进化和创造，容易走向目的论和决定论。但达尔文的
生物进化论，强调生物的进化只是不断增强自己的适应性，它并不为生物
进化假定一个终极目标或目的；与此不同，斯宾塞的哲学进化论，则相信
宇宙的演化是朝着一个更加合理的和善的方向发展（严复很喜欢斯宾塞的
这种进步性的、向善的进化论）。但对柏格森来说，决定论和目的论都不正
确。他认为，进化只有起点，没有终点；进化既没有固定的方向，也不可
能事先预知。⑤ 在柏格森的影响下，梁漱溟既反对机械论的决定论，也反对

---

① 梁漱溟：《人心与人生》学林出版社1984年版，第22页。
② 梁漱溟：《朝话》，第69页。
③ 梁漱溟：《朝话》，第69页。
④ 梁漱溟：《朝话》，第106页。
⑤ 参见［法］约瑟夫·祈雅理：《二十世纪法国思潮：从柏格森到莱维-施特劳斯》，吴永泉、陈京璇等译，商务印书馆1987年版，第26—29页。

目的论的目的说，认为宇宙进化没有固定的方向，没有终点，也不可预测，生命只是在不断创造：

> 本来把宇宙或生命看成一个大目的或是一个机械都不对。所谓宇宙或生命仅仅是一个变化活动，愈变化活动而愈不同。究竟变化活动到怎样为止，完全不知道。我们若用一个不好的名词，就说生命是一个盲目的追求；要用一个好的名词，则生命是无目的的向上奋进。因生命进化到何处为止，不得而知，故说它是无目的的。①

生命进化和创造没有固定的方向，没有目的，并不意味着它是盲目的和杂乱无章的。柏格森说，它是在游移不决中进行自由的创造、成长和发展；梁漱溟说，它是在不同的可能中因内外不同因素的作用而不断产生分化。如动物和植物的分化，如人与其他动物的分化。它们既有选择上的偶然性（也有误入歧途的情形），又表现出不同的向上趋势。人类生命的进化同其他生物的进化有共同的地方，又有很大的不同。作为生命和生物的一部分，人类整体上是在生物进化中诞生的，人类的进化也遵循着生物进化的一般途径和方式。但人类进化又有自己的独特性。其他生物进化到某一个阶段上都打住了，只有高等动物仍然在继续进化，人类则代表了宇宙生命进化的最高阶段。② 梁漱溟真正关注的是人类的生命和人心的进化。这就是梁漱溟把心灵的进化看成是真正意义上的进化的原因。据此我们也可以说，他的进化论根本上是人的心灵进化论和创造论。

生命向上、奋进和创造必须有动力。柏格森认为生命的创造源于生命冲动，叔本华认为生命都有自己的意志。梁漱溟认为，生命创造的动力源于"生命本性"的活力。他说生物进化有两种基本的冲动：一种是争取生

---

① 《梁漱溟全集》第七卷（附录），第965页。有关《孔家思想史》，根据李渊庭和阎秉华整理后记，根据梁培宽的平实说明，也根据同梁漱溟其他地方的思想之间的对照，虽然他说了"全不足凭"，但我们认为它还是可以作为梁漱溟思想发展阶段上的资料来使用。

② 有关梁漱溟对生物、植物、动物和人的进化过程及其不同的具体说法，参见王中江：《进化主义在中国的兴起——一个新的全能式世界观》（增补版），中国人民大学出版社2010年版，第249—258页。

存的冲动，一种是繁衍后代的冲动。在这两种冲动的支配下，生物都朝向外部世界以获得生存的条件，并为此而进行竞争。就此而言，梁漱溟接受了达尔文的生存竞争论：

> 争执、斗争是事实，是生物界有的，不单是人类如此。生存竞争，不是有"大鱼吃小鱼"这话吗？弱肉强食，所以这个是一个不可否认的事实，生物界处处可以看出来这种彼此之间的斗争啊，残杀啊，你死我活。[①]

晚年梁漱溟接受了马克思的矛盾和斗争概念之后，他也用矛盾概念来解释生命创造的动力："生命本原非他，即**宇宙内在矛盾**耳；生命现象非他，即宇宙内在**矛盾之争持**也。"[②] 正是因为生命具有内在的动力，所以它能无穷无尽地向上奋进和创造，同时也能够不断克服盘旋不前和向下的坠力。梁漱溟的这一说法也受到了柏格森的影响。

二、灵性和伦理化 —— 人心的进化和创造

为什么说梁漱溟的哲学是生命主义，这是上面我们讨论并回答的问题。正如一开始我们就指出的那样，梁漱溟的生命主义又是伦理生命主义，这是它不同于其他一些生命主义的地方，它既是生命性的，又是伦理性的。为什么梁漱溟的生命主义又是伦理的和道德的？这是我们需要讨论和回答的另一个问题。但讨论回答这个问题同讨论梁漱溟的伦理学是什么有所不同。很明显，后者的范围要广。梁漱溟被称为现代新儒家，他不仅努力对儒家伦理传统做出新的解释，使儒家伦理以新的姿态和面貌再现出来，而且他信仰儒家，并努力实践儒家的伦理。讨论梁漱溟这两种意义上的伦理

---

① 梁漱溟：《这个世界会好吗：梁漱溟晚年口述》，艾恺采访、梁漱溟口译，一耽学堂整理，东方出版中心 2006 年版，第 164 页。

② 梁漱溟：《人心与人生》，学林出版社 1984 年版，第 126 页。

是对梁漱溟伦理学整体的讨论。但梁漱溟伦理生命主义中的伦理，是梁漱溟伦理学整体中的一部分，对它的讨论主要限于梁漱溟的伦理学整体同他的生命主义结合在一起的部分。这是需要加以区分的。

另外，梁漱溟的伦理生命主义是他不断思考和建构的产物。广义上，它是梁漱溟从宇宙生命整体的不同进化和创造出发而提出的；狭义上，它是梁漱溟从人的生命的进化和创造出发来建立的。一方面，它是在具体的生物进化论、动物进化论和人类进化论中展开的；另一方面，它是在生命、本能、直觉、理性、情理、无对、通、心等这些看上去并不属于伦理范畴的概念中发展的。在梁漱溟那里，这些概念对应于物质（物、机械）、理智、物理、有对、身、隔等观念。前者的确立同时就意味着对后者的超越。因此，讨论梁漱溟的伦理生命主义，又离不开这种关系。再者，梁漱溟的伦理生命主义的伦理，也不是一下子就确定下来的，它经历了演变的过程。梁漱溟的《人心与人生》这本书的第七章讲的是他一生思想前后的变化，其中就涉及这方面的变化。艾恺的采访录《这个世界会好吗：梁漱溟晚年口述》，也有梁漱溟在这方面的回忆。这里的讨论主要以结构性的方式来看看梁漱溟的伦理生命主义的伦理都有什么东西，都包括了哪些方面。

我们不妨从梁漱溟回忆他的思想前后的一个变化入手。在《这个世界会好吗：梁漱溟晚年口述》这一完整本的采访录中，梁漱溟回忆说，他在《东西文化及其哲学》中，受柏格森对本能与理智所做的区分的影响，将孔子和儒家的"仁"看成人先天本能直觉的产物，将理智看成服务于人的生活的工具。他说，当时他在书中已经引用了罗素做出的占有冲动、创造冲动和灵性这种三分法，但他没有接受。理由是他觉得本能与理智的二分法就很合适，用本能或直觉概念就能解释伦理和道德的根据①，不需要再有一个"灵性"的概念。但之后他发现本能与理智的二分法有问题。问题主要在于人的理智是工具性的，人的本能也是。只不过理智是更高级的工

① 与他不同，熊十力一开始就不接受柏格森的"本能"概念（参见王中江：《进化主义在中国的兴起——一个新的全能式世界观》（增补版），第281—282页）。

具，它能对本能的工具进行调节和控制。因此，人的本能和理智两者均不是伦理和道德的根源，它们产生不出伦理和道德价值。对罗素来说，宗教和道德都属于灵性的东西，两者高于本能和理智，不能用后者来说明宗教和道德的起源。梁漱溟说，当他认识到罗素的说法有道理之后，他就开始接受罗素的"灵性"概念，放弃了本能与理智的二分，并建立了他的三分法——本能、理智和理性。其中，他的"理性"概念对应于罗素的"灵性"概念。

接受罗素的"灵性"概念并采取本能、理智和理性的三分法之后，梁漱溟就一直坚持这种分法，并始终围绕着三者（人的心灵细分为三）特别是理智与理性（人的心灵粗分为二）两者去论说人的心灵的特征。梁漱溟倾心和向往的是人的理性心灵的创造，更具体地说，是一颗伦理的、德性的心灵的创造。这是他的"人心说"的根本方面。梁漱溟对人的伦理心灵的塑造，采取了不同的叙事方式，并在前后不同的著述中呈现出来。归纳起来，主要有三种：一是进化论（生物学上的和哲学上的）和心理学的叙事方式；二是跨文化比较中的叙事方式；三是义理结构的叙事方式。

就第一种叙事方式而言，梁漱溟对生命，对人的心灵和伦理心灵做出的解释，既依据了进化论，也依据了心理学，它是哲学上的，也是科学上的。如同上述，梁漱溟认为，生命是进化和创造的产物。从低等的生命到高一级的生命再到最高的生命，从生物到植物，从动物再到人，它们既是循序进化的，又是不断分化的。在说明生命、生物的具体进化时，梁漱溟运用了生物进化论的理论。不管他运用得如何，他确实掌握了一定的生物进化论的知识。也正是因为如此，他能够非常自信地批评熊十力的观点。按照熊十力的说法，动物是从植物进化过来的（即植物能够进化出动物）。梁漱溟指出，熊十力的这一说法完全是无稽之谈。梁漱溟说，植物在进化过程中早已同动物分化出不同方向，它们之间根本没有前者演化出后者的事情。①

梁漱溟解释不同生命的进化过程，认为其他动物没有进化成人类，是

---

① 参见梁漱溟：《读熊著各书书后》，见《熊十力全集》（附卷，上），第719页。

因为它们都没有超出本能，它们都被本能限制住了。人之所以能够高于其他动物，是因为人类超出了他的本能。人类不仅有本能，而且还进化出了理智，更重要的是他创造出了理性和灵性。这是人的生命进化根本上不同于其他生命特别是其他动物进化的地方，这也是把人的生命进化当作最高进化的原因。梁漱溟说，人类"自然向善"的倾向是来自宇宙不断向上的"生命本性"。在梁漱溟那里，两者都具有伦理价值。由于它们都是在进化之中展开的，故而它们又都是进化的"事实"。正是在这种意义上，梁漱溟提出了**"理想要必归合乎事实"**的说法。[①]

按照梁漱溟的说法，人心的进化是生命之心的最高创造。上面我们谈到，梁漱溟的"宇宙生命"本体也是"心本体"。虽然不同的生命和心都有一种不断向上发展和创造的趋势，但由于其他生物的心都被压抑了，它们的生命进化就中止了：

> 生命发展至此，人类乃与现存一切物类根本不同。现存物类陷入本能生活中，整个生命沦为两大问题的一种方法手段，一种机械工具，寝失其生命本性，与宇宙大生命不免有隔。[②]

在这段引文中，压抑生物之心进化的东西，梁漱溟叫作"机械工具"。这种工具只服务于人的本能，而又被人的本能所限制。因此，两者都阻碍了生命之心的创造。这种东西又被梁漱溟叫作"物质化"。生物之心只有抗拒物质化，只有避免被完全物质化，它才能产生出精神：

> 心之本体会物质化；已化大半，余剩未化者，即化不了之一缕，

---

① 参见梁漱溟：《人心与人生》，学林出版社1984年版，第4页。

② 参见梁漱溟：《人心与人生》，学林出版社1984年版，第51页。梁漱溟又说："当其所向之偏也，果谁使之？——谁使其发展之失乎中耶？发展是它自己发展，失中是它自己失中，无可归咎于外。窃以为是必其耽溺于现前方法便利，不自禁地失中耳。质言之，是**其所趋重转落在图存传种之两事，而浑忘其更向上之争取也**（参见梁漱溟：《人心与人生》，学林出版社1984年版，第54—55页）。

有不安之状，有争持之状，就是精神。所谓生命，所谓精神，就是此一缝之争持。[1]

减之又减而理性即不期而然地从以出现。[2]

人心、人的理性是生物之心克服物质化的产物，也是生命进化的最高形态：

> 人心非他，即从原始生物所萌露之一点生命现象，经过难计其数的年代不断地发展，卒乃有此一伟大展现而已。[3]
>
> 而唯人类则上承生物进化以来之形势，而不拘拘于两大问题，得继续发扬生命本性，至今奋进未已，巍然为宇宙大生命之顶峰。[4]

在梁漱溟那里，他还用"局"和"通"来说明生物进化中的分化和人心的创造。"局"是"局限"，"通"是"相通"。生物之心的进化，总体上是从"局"向"通"的进化。其他生物由于懈怠而停滞了进化，最后陷入了局隔之中，只有人类朝着"相通"而一直进化，并达到了进化的最高阶段：

> 生物进化即是从局向通而发展；**其懈者，滞于局也。滞于局者，失其通**。吾故谓现存生物于宇宙大生命之一体性都不免有隔。盖自一面看，一切生物说，通都是通的；而另一面看，则**其通的灵敏度大为不等**。人类而外各视其在进化程中所进之度可以决定其通灵之度。唯

---

① 梁漱溟：《人心与人生》，见《梁漱溟全集》第七卷（附录），第990页。

② 梁漱溟：《人心与人生》，学林出版社1984年版，第256页。

③ 梁漱溟：《人心与人生》，学林出版社1984年版，第18页。

④ 梁漱溟：《人心与人生》，学林出版社1984年版，第51页。梁漱溟又说："当其所向之偏也，果谁使之？——谁使其发展之失乎中耶？发展是它自己发展，失中是它自己失中，无可归咎于外。窃以为是必其耽溺于现前方法便利，不自禁地失中耳。质言之，是**其所趋重转落在图存传种之两事，而浑忘其更向上之争取也**（梁漱溟：《人心与人生》，学林出版社1984年版，第54—55页）。

人类生命根本不同，只见其进未见其止，其通灵之高度谁得而限定之
耶。其独得亲切体认一体性者在此矣。①

　　梁漱溟伦理生命主义的第二种叙事，是在东西跨文化的对话和比较中
展开的。从梁漱溟的许多论述中，我们不难看出这一点。近代以来的中国
思想家们津津乐道东西、中西文化之不同。梁漱溟的跨文化比较的特殊之
处在于，他用来和西方比较的东方除了中国还包括印度。而且，他比较的
结果不是简单的东西文化的优劣二分。文化非常复杂，人们对它有各种各
样的定义。照梁漱溟的界定，文化就是人类不同的生活方式。这是大家都
熟悉的，这里我们根据需要对它做有限的说明。人类不同的生活方式，根
本上取决于人类实现"意欲"的不同方式。东西方或中西印文化和生活方
式的不同，主要是它们满足意欲的方式不同。在中国文化中，人们的生活
方式主要以意欲向内、意欲适中为路径，人主要面对自己和面对他人，他
们在人与人之间的关系中，随遇而安。意欲向内和适中发展起来的是人的
灵性和理性，它们也是一种伦理价值和道德价值。它不同于西方文化的生
活方式，西方的生活方式主要是意欲向外，人主要是面对物，认识物、掌
握物和追逐物，它发展出来的主要是科学和技术。中国文化的生活方式也
不同于印度文化的生活方式。在印度的方式中，人们的意欲既不向内，也
不向外，它是取消人的意欲，由此发展出来的是比一般伦常更高的带有宗
教性的心灵。按照以上这种比较，梁漱溟所说的伦理生命，主要存在于中
国文化中，更具体说是存在于儒家文化中。

　　三种文化虽然发生在三种不同的地理空间中，但梁漱溟没有将它们归
结为东西不同空间的产物，而是用时间坐标和历史先后的图式来解释（虽
然他的解释很难成立）。对梁漱溟来说，人类文化和生活方式的产生和出
现，就像人的生命进化有一个从低到高的不同阶段那样，也有先后不同的
进化阶段。第一阶段上产生的人类文化应该主要是处理人与物的关系，它
主要通过人对外物的认识和利用，充分发展人的意欲向外的生活方式，充

---

　　① 梁漱溟：《人心与人生》，学林出版社 1984 年版，第 55 页。

分满足人们的基本生活需求和愿望。在第二阶段基础上产生的人类文化和生活方式，主要在于认识人与人的关系，主要通过处理人与人的关系来调和人的意欲，使之向内发展，以成就人的美德和人格。这是第二阶段上应该发展的文化。最后，在前两个阶段的基础上产生的人类的文化和生活方式，主要是认识人的意欲的空和不实，主要是消除人的意欲，从世间进入到出世间。依据这种预设，梁漱溟认为西方文化正好处在人类文化和生活方式进化的第一个阶段上。在这一阶段上，它已经得到了高度的发展，但又产生了许多问题和矛盾，因此，它应该进入到人类文化和生活方式的第二个阶段上，但它还没有。中国文化没有按照第一阶段来进化，它越过了第一阶段直接进入到了第二阶段。因此，梁漱溟断定中国文化是"早熟"。也正是据此，梁漱溟认为中国文化应该进行补课，应该回过头来发展科学和技术文明，以解决好人与物的关系。印度文化直接从前两个阶段跳到了第三阶段上，它更应该回头来发展前两个阶段的文化和生活方式。

梁漱溟批评进化的预定论和目的论，但他恰恰为人类文化和生活方式的进化预设了固定的不同阶段，为进化确立了目标。对于中西印三种文化和生活方式及其不同，人们当然可以有不同的说明和解释。但说这些不同是历史的不同阶段，那就是将中西印三个地域的"历史"过程硬是套进了一个非历史的框架中。有趣的是，人类文化和生活方式的三种类型和三个阶段，又被梁漱溟看成三种人生态度，而且他自己的人生就经历了这三种生活方式。[①] 这是将个体的生命史类比为人类的文化史。个人的自我史，也许最初主要是身体和自然意欲的发展和满足，但很难说之后它主要是意欲向内，再之后主要是意欲消除。人的生命和自我发展到一定阶段可能有"心如死灰"的状态，但也可能对外、对物更加乐而忘返，乐而忘志。

最后，梁漱溟伦理生命主义的第三种叙事是以伦理的义理结构和价值来呈现的。这里说的义理结构，是指梁漱溟的灵性等概念是相对于反面概念被界定的。这些概念大体上可以列举如下：

---

① 参见梁漱溟：《朝话》，第 55—57 页。

梁漱溟人心进化从低到高主要概念对照表

下降	上升
物质	反物质
物理	情理
身	心
本能	性
理智	理性
有所为	无所为
隔	不隔
局	通
有对	无对

　　人心在进化和创造中，有正反两种不同的力量：一种力量整体上是前进的，另一种基本是阻力。前者在不断克服后者的阻力中使人的生命灵性化和伦理化。上表所列出的正方，属于梁漱溟所强调的心灵向上的力量和伦理价值，反方则是消极性的反作用力。但对比起来，属于正反两方的这些概念，并不像善恶、苦乐那样，是一般意义上的伦理学范畴，比如理智与理性。梁漱溟辨别说，理智与理性面对的对象不同。理性关心的是人心的情理，而理智关注的则是事物的物理。关注事物物理的研究，成就的是知识和科学；关注内在于人心的情理，成就的则是人的道德。在东西伦理学中，情理特别是理性一般不是指伦理和价值道德，但梁漱溟却为它们赋予了伦理道德价值的内涵：

　　　　理智者人心之妙用；理性者人心之美德。后者为体，前者为用。[1]
　　　　盖理智必造乎"无所为"的冷静地步，而后得尽其用；就从这里不期而开出了无所私的感情 —— 这便是理性。[2]

---

[1]　梁漱溟：《人心与人生》，学林出版社 1984 年版，第 85 页。
[2]　梁漱溟：《中国文化要义》，见《梁漱溟全集》第三卷，第 125 页。

这是梁漱溟"伦理生命主义"概念的一个特别之处。

梁漱溟主张和追求的正面的伦理生命价值，概括起来主要有以下一些方面。其一，人的伦理生命在于自由、灵活性、自觉性和主动性等。按照一般的用法，这些都不算是伦理价值。但在梁漱溟这里，它们至少是伦理和道德价值的基础。伦理和道德价值以人的意志自由和行为自由为前提，以人的心灵的灵活性、自觉性、主动性为基础，它是人自由选择和自由实践的结果。梁漱溟说，人的生命无止境的向上和奋进就是朝着人的生命的自由、朝着人的生命的灵活性进化：

> 生命本性是在无止境地向上奋进；是在争取生命力之扩大，再扩大（图存、传种，盖所以不断扩大）；争取灵活，再灵活；争取自由，再自由。①

人心从本能中解放出来，是人心作用的不断扩大，是人的身体同外物越来越减少特定的关系，越来越疏远外物而达到心灵的解脱、自由和自觉。

其二，伦理生命是人与人之间彼此的相喻、相通、合作和友善。人一生下来，他就处在人与人之间的相互关系之中。人们在身体上需求的，彼此不好分享，甲用了乙就不能用，但人的精神和情理可以相喻和分享。人需要合作，合作的基础在于相互需要。人只有合作才会有成就；小的合作有小的成就，大的合作有大的成就，没有合作就一无成就。在合作中，人们一方面考虑自己，同时也需要考虑别人，特别是要能替别人着想，彼此相互尊重。人能够合作的根本是人与人之间的"情谊相通"。这种"相通"的情感，不是人的本能，而是人心高度进化的产物。它是人的理性，又是道德价值。

其三，伦理生命是"万物一体"和"无私的情感"。人的心灵的自由化、灵活化的无限进化过程，是人克服心灵的狭隘，打破事物的界限，从有界限、有对而向无隔、无对方向进化的过程。在物质世界，在物理世界，

---

① 梁漱溟：《人心与人生》，学林出版社 1984 年版，第 49—50 页。

事物都有界限，都有分别。物理学和理智等是认识它们的分，处理它们的界限。人为了活下来，也需要分。理智扮演的就是这种角色。它使人善于计算，计较利害得失。但人的情理和理性，人的自觉、觉悟则使人超出利害之心、计较之心和计算之心，使自己同他人具有一体性。"一体"是人高尚的"无私的情感"，是"廓然大公"，是"利害得失，在所不计"："体认道德，必当体认'廓然大公'，体认'无私的情感'始得"。① 沉浸在艺术和戏剧中的人，就具有超越利害得失的精神境界。俗语中有两句话，说"唱戏的是疯子，看戏的是傻子"。梁漱溟认为这是戏剧的最大特征，它使人心情激动，使人进入真正的化境，使人忘怀一切：

> 能入化境，这是人的生命顶活泼的时候。化是什么？化就是生命与宇宙的合一，不分家，没彼此，这真是人生最理想的境界。②

其四，伦理生命是人自然而然的情感，是人无所为而为、无意识的美德。人的是非之心、真伪好恶之心和正义感，都是合乎情理的价值，它们同客观的物理不同。物理不管人们喜欢不喜欢它，它都是物理。但情理是主观性的，它是自然而然的情感：

> 行止之间于内有自觉（不糊涂），于外非有所为而为，斯谓道德。说"无所为而为者，在生命自然地向上之外，在争取自由灵活之外，他无所为也。③

梁漱溟批评人们对道德的三种误解：一是将伦理和道德看成外在的约束，看成满足社会秩序的需要，看成避免社会舆论的批评等；二是将道德看成枯燥没有情调和趣味的教条；三是将道德看成超出人伦日常生活的高

---

① 梁漱溟：《人心与人生》，学林出版社 1984 年版，第 222 页。
② 梁漱溟：《朝话》，第 99 页。
③ 梁漱溟：《人心与人生》，学林出版社 1984 年版，第 222 页。

远的事情。梁漱溟说，道德不是外在的东西，不是枯燥无味的东西：

> 道德是生命的精彩，生命发光的地方，生命动人的地方，让人看着很痛快、很舒服的地方。①

人的"情感要求越直接，越有力量；情感要求越深细，越有味道"。② 人格高的人，他的趣味也非常高：

> 道德是最深最永的趣味，因为道德乃是生命的和谐，也就是人生的艺术。所谓生命的和谐，即人生生理心理 —— 知、情、意 —— 的和谐；同时亦是我的生命与社会其他的人的生命的和谐。所谓人生的艺术，就是会让生命和谐，会做人，做得痛快漂亮。③

同样，道德也不是脱离人伦日常生活的高远的东西，相反，它让人在平凡的生活中就能实现生命的和谐和精彩。

结　语

通过考察梁漱溟的伦理生命主义我们可以看出，它是中西广义的生命主义相互结合和融合的产物。一方面，它强烈地受到了柏格森的影响（当然包括最基本的"生命"这个术语），受到了近代西方生物学、心理学和哲学的影响；另一方面，它还受到了儒家传统和佛教的影响。但思想的来源和思想本身不是一回事，后者传承了前者但它是一个新的创造。食物只有消化了才能转化为能量，材料只有在新的创意下好好加工才能制造出新产品，同理，梁漱溟的生命主义是东西哲学融会贯通的结晶。

---

① 梁漱溟：《朝话》，第 61 页。
② 梁漱溟：《朝话》，第 61 页。
③ 梁漱溟：《朝话》，第 61—62 页。

　　梁漱溟的生命主义是进化论意义上的生命主义。梁漱溟对生命、伦理生命和人心的思考，哪怕是他对心理学之心理的思考，始终不是将它们单纯放在一个横向的平面上看待，而是放在纵向的时间长河中来把握。生命、心灵和精神之道是什么的问题对梁漱溟来说，就是生命、心灵和精神之道如何进化的问题。这使得他的生命观和心灵观同进化论具有了密切的联系。这种联系如此重要，以至于一旦我们忽视它，就不能把握他探求生命和心灵的真正理路。但我们在很大程度上却忽视了这种联系，仿佛在他的生命主义哲学中，进化论似乎可有可无。注重概念抽象分析的金岳霖，批评柏格森的直觉主义，主张把一个观念的形成和它是什么区分开，他说"观念是怎样演变而成的和它们是什么样的观念是不同的两个问题"。[①] 但在注重生活和生命过程的梁漱溟的生命主义哲学中，观念是如何形成的和它是什么样的观念是一个问题的两个方面，或从两个方面谈的同一个问题。

　　尤其值得注意的是，梁漱溟的生命主义是伦理的生命主义，而且还主要是儒家的伦理生命主义。为了对抗机械主义、物质主义，西方近代以来产生了各种各样的有机主义和生命主义，但它们都没有明显的伦理和道德主义色彩。梁漱溟探讨生命的进化，探讨生命的不同创造，探讨人的生命的不同层次，根本上关注的是人的伦理生命和伦理价值。这是他区别于其他一些生命主义者的主要地方。梁漱溟一再强调，他受到了佛教的影响，甚至信仰佛教。吃斋是他实践佛教的一个方面。因此，佛教理念的某些方面也被他融入他的伦理生命主义中，例如"出世间法"，就是他对人类遥远未来的一个承诺。但他的伦理生命主义的"伦理"，主要是儒家式的，是"世间法"。现代中国的生命主义受到了西方生命主义和有机主义哲学的影响，但它们的底色程度不同地都有儒家的背景，它们恰恰也是要在现代的境况下使儒家的伦理焕发出新的生命力。

---

　　① 金岳霖：《道、自然与人》，见刘培育编：《道、自然与人 —— 金岳霖英文论著全译》，第 149 页。

第十五章

"拒外守内"

—— 马一浮的反功利与自我体认之学

引　言

在现代新儒家中，马一浮的新儒学有着自己的突出个性。[①] 这一个性主要不在于他受到了佛学的影响，也不在于他强调心灵和自我的体证，因为梁漱溟、熊十力也同样如此。马一浮新儒学的个性主要在于他对西学、对工具理性带有整体上的排斥，在于他具有调和程朱理学和陆王心学的融通性。这使他有别于梁漱溟和熊十力。梁漱溟和熊十力对西学和工具理性保持了一定程度上的包容性和开放性，他们两人主要是传承和光大儒家传统中的心学。探讨马一浮的新儒学和他的天人观需要有大的眼光和视野，不能限于他对儒家传承了什么和光大了什么，还要知道他为什么这样做——其中一个重要原因是他对西学，对新知识、功利和工具理性的强烈抗拒。马一浮的新儒学和天人观同西学和工具理性是一正一反的两个方面。后者基本上是他反思和批评的对象，他的反思性言论散见于不同的地方。他的生命学问以传承和复兴儒学的人文传统为唯一目标，以成就自我的道德价值为核心任务，既是对功利主义和实用的工具理性的抵制，也是这种抵制

---

① 有关马一浮的新儒学思想，参见滕复：《马一浮思想研究》，中华书局 2001 年版。

的产物，具有浓厚的文化保守主义色彩。

一、拒斥"外在性"——批判功利和实用理性

在如何对待认识自然的新知识和利用自然的新技术的问题上，近代中国有着不同的看法和立场。其中一种是主流。持这种看法的人，或者怀着对抗外来强权、实现国家强大的目的，或者出于改变传统生活方式、追求富足的物质生活的要求，对现代新知识和技术给予了高度的肯定。还有一种是非主流性的立场。这种立场关注的主要是知识和技术的负面因素，对它们主要持反思和批评的态度，甚至整体上加以排斥。近代中国的新儒家文化保守主义者，都程度不同地持有这种立场。其中辜鸿铭整体上采取了排斥的立场。在这一点上，马一浮可以同他相提并论。为了批评西方的物质文明，辜鸿铭还借用了近代西方浪漫主义的资源，但对马一浮来说，西方基本上没有什么东西可以借用，它提供的主要是批判和反思的对象。

说起来，早年他在美国和日本的游学中，接触到了许多西方现代的事物和思想。他的日记记载了他阅读过的现代西方思想的著作，自由、科学和哲学的观念也被他提及。但在他后来的主要著述中，我们所能看到的都是传统儒家的东西（当然这里有着他自己的理解和解释），他获得的西学资源和学问在他那里几乎没有得到什么正面意义上的展现，这确实令人惊讶。不管是变法派的康有为、谭嗣同——更别说梁启超，还是之后的梁漱溟、熊十力、张君劢等，他们都或多或少接受和吸取了西方的思想和观念，并使之变成了自己思想的一部分，但在马一浮的思想中我们很难找到这类东西。如果有的话，那也主要是作为"外在"的东西被用来反思和批评的，它们都是儒家"内在价值"的反衬者。从这种意义上说，他是一位自我隔离的真正的隐士。

马一浮所抵制的"外在"的东西，包括知识、实用性的技术、功利、物质和经济利益等。在他看来，这些东西对人生的意义和价值来说作用有限。但是人们却误入歧途，不遗余力地追求它们。就知识来说，马一浮认为，知识从根本上讲不值得追求，或者不值得首先追求，但人们忘记了这

一点，他们只为求得对外物的认识和闻见，不关心道德价值和自我人格的发展。他说：

> 今日学子只知求知，以物为外，其结果为徇物忘己。[①]

又说：

> 如今一般为学方法，只知向外求事物上之知识，不知向内求自心之义理。不能明体，焉能达用？[②]

人们对外界自然和客体的认知，不仅可以满足人类理智和好奇心，还能够指导人们在面对自然时做出好的选择；随着近代以来科学的发展，人类能够更加充分地认识和掌握自然的奥秘，知识既满足了人们的好奇心，也丰富了人们的精神生活，还在不同程度上促进了人们道德的发展。

但马一浮不这样想。他认为，知识只是一种外在之物，只是一种同人的精神生命无关的"逐物"之学，它不是真正的学问。真正的学问是道德生命的学问，人们首先要做的是"明体"之学的工夫。有人提出为学的途径有三种：一是用博览的方法搜集；二是用融化的方法摄取；三是由于深切的体究而从内心流露出来。对此，马一浮借用张载的说法回答说，前两者是"闻见之知"，后者是"德性之知"。[③] 对于人的完整发展来说，道德是需要的，知识肯定也是不可缺少的，它们都是学问，各自有它们的重要性。但马一浮认为，学问不在知识和闻见，学问的根本是追求自我的道德完善。马一浮深切地感到传统儒家的道德之学衰落了，人们一味地追求知识，遗忘了道德价值。为了对抗这种现实，他反其道而行之，将知识与道德二分化：

[①] 马一浮：《泰和宜山会语·宜山会语》，见《马一浮全集》第一册（上），浙江古籍出版社 2013 年版，第 45 页。

[②] 马一浮：《泰和宜山会语·宜山会语》，见《马一浮全集》第一册（上），第 46 页。

[③] 马一浮：《语录类编（一卷）·教学篇》，见《马一浮全集》第一册（下），浙江古籍出版社 2013 年版，第 710 页。

　　圣贤之学乃以求道会物归己，其结果为成己成物。一则向外驰求，往而不反；一则归其有极，言不离宗。①

　　心中有一毫求急效之心，便是功利，便是私心，便小了。②

　　如同知识是外在的，实用性的机械和技术、物质功利和经济利益等同样也是外在的东西，它们都是人的私欲的表现，它们同成就人的自我道德价值没有什么关系。客观而论，机械和技术等工具和文明，确实改善了人的物质生活条件，丰富了人们的生活，也能对人的伦理发展起到一定的促进作用，尽管它们强大的力量如果得不到正当的运用会给人类带来伤害，就像治病的药物那样。马一浮承认科学技术带来了日用所需和武器上的进步，但他区分了裁成、辅助自然与征服自然的不同，因为"事固有不可以强为者"③，他特别批判技术被错误地运用：

　　科学若不应理，则不成其为科学。彼发明家亦精思以得之，但是一偏一曲之知耳。科学本身安有过咎，制器尚象，若以利民，亦冬官之守也。今用以杀人，则成大恶，恶在用之不当耳。④

　　儒家的"义利之辨"、"富仁之辨"，一方面强调正义、仁爱的价值及其首要性，另一方面也主张"富民利民"、"利用厚生"，只要利是合乎伦理价值的，就可以与仁一起同时发展。马一浮的看法与此类似，他认为人们求事功，要先确立起义理之本，并以事功服从之：

　　义理是本，事功是迹；义理是体，事功是用。迹自本出，用由体发，未有无本之迹，亦未有无体之用。时人专尚事功，而不知讲求义

① 马一浮：《泰和宜山会语·宜山会语》，见《马一浮全集》第一册（上），第45页。
② 马一浮：《问学私记》，见《马一浮全集》第一册（下），第744页。
③ 马一浮：《语录类编（卷一）·儒佛篇》，见《马一浮全集》第一册（下），第668页。
④ 马一浮：《语录类编（卷一）·诸子篇》，见《马一浮全集》第一册（下），第600页。

理，正是不揣其本而齐其末。①

以义理为"本"和"体"，以事功为"迹"和"用"，这可以说是马一浮对事功的一种肯定。但有时他连这种意义上的肯定也没有，甚至认为事功是虚幻不实的东西：

> 心性义理本是切实，而人以为空虚，事功本是虚幻，而人以为真实，正是颠倒见。②

联系第一次世界大战的残酷性和它给人类造成的伤害来看马一浮的说法，可以发现它是一种痛心之言："战祸愈扩愈大，将来一切机械多归破灭，人之好杀或倦而知返。"③ 马一浮不只是谴责这场战争，他更进一步去反思现代西方文明为什么会造成这样的恶果。他将之主要归因于西方的机械文明，归因于西方现代好利的倾向。因此，实用和功利性的东西已异化为文明的大敌，异化为人生的大敌，异化为道德的腐蚀剂。有人问，爆发于欧洲的这场战争是不是达尔文的生存竞争学说造成的。马一浮回答说，它不过是推波助澜而已；即使没有达尔文的学说情况仍会如此，因为战争的根本的原因在于"处处从利上着想"④：

> 今天下大患，惟在徇物肆欲而不知率性循理。此战祸之所由来，不独系于一国家、一民族也。⑤

---

① 马一浮：《问学私记》，见《马一浮全集》第一册（下），第763页。
② 马一浮：《问学私记》，见《马一浮全集》第一册（下），第763页。马一浮类似的说法还有："今之人或任刑法，或尚经济，求以易天下。不知刑法、经济皆建立在习气上，是虚幻不实的。故以刑法、功利治天下者，虽能勉强把持于一时，不久即归崩坏。"（马一浮：《问学私记》，见《马一浮全集》第一册（下），第739页）
③ 马一浮：《语录类编（卷一）·政事篇》，见《马一浮全集》第一册（下），第676页。
④ 马一浮：《语录类编（卷一）·政事篇》，见《马一浮全集》第一册（下），第676页。
⑤ 马一浮：《书札·袁心粲》，见《马一浮全集》第二册（下），浙江古籍出版社2013年版，第845页。

当时，美国的亚力山大教授（Hartlay B. Alexander）在浙江大学做了一个演讲。他像当时其他反思西方文明的人（比如罗素等）一样，认为中国虽然需要机械文明，但机械文明实在不足以满足人生的需要。西方人对于人生，往往不见其全，中国人所见远过欧美，以其能求真、善、美之生活也。马一浮肯定亚力山大的看法确有所见，并指出：

> 特彼所谓真、善、美之生活，既当作一件物事，向外求取，便无从得。性者，真、善、美兼具者也。然而合下现成，不待外求之义，恐非所及知耳。①

马一浮同近代以来的人们一样喜欢比较中西古今文化，只是他比较的结果是中国文化整体上比西方文化优越。过去的中国人对比古今，往往认为今不如古、好古非今；新文化运动中的人比较古今，实际上是比较中西（他们以古为中，以今为西），得出的好坏、优劣的结论常常有两极性。马一浮是站在古和中优于今和西的立场上的。马一浮对实用和功利的批评，对人的道德价值的赞扬，采取了"古今之别"、"中西之别"的叙事方式。我们先看看他的"古今之别"叙事。

在马一浮看来，追求实用和功利同追求道德的不同和矛盾，实际上反映了"古今"时代的不同。在前文提到的"今日学子"、"如今一般为学方法"中，马一浮提到了"今"，虽然他没有明确将"今"同"古"相对，但实际上暗含着"古"不是这样的判断。马一浮在说到人的分内事时用的也是"今之人"。马一浮说，人的性就是人的分，人的分就是人的事，离开"人的本性"没有人的"分"，也没有人的"事"，但"今人只是求分外事，何尝知有分内事"②。马一浮在"古今之别"的对比中明确采用了批评"当今"的工具理性的叙事方式，就此可以试举几个例子。第一个例子是，马一浮在古之彰明心性与今之彰明物质的二分中批评今不如古：

① 马一浮：《语录类编（卷一）·政事篇》，见《马一浮全集》第一册（下），第 676 页。
② 马一浮：《尔雅台答问·答云颂天》，见《马一全浮集》第一册（下），第 415 页。

古人求发明自己之心性，今人则求发明外界之物质，与古人相较，正是颠倒。①

第二个例子是，马一浮在"己事"与"非己事"的二分中批评"今者"：

今之所谓事者，皆受之于人，若无与于己。然古之所谓事者，皆就己言，自一身而推之天下，皆己事也。凡言事者，皆尽己之事也。②

第三个例子是，马一浮在古之国与今之国、古之霸道与今之帝国主义之二分中批评现在的国家和帝国主义，认为现在的国家和帝国主义远远无法同古代的国家和"霸权"相比：

古之所谓国，与今之所谓国不同。古之所谓夷狄、中国，以有礼、无礼为标准；今之所谓国，则完全在利害冲突上，其势不能并立。所谓为民族谋出路者，求生而已。③

古之霸者，不利人之土地，不毁人之文物，惟取得盟主之权而已。今之帝国主义则不然，灭人邦国，毁人文物，劫人玉帛子女，直是盗贼。④

马一浮说的古代"霸权"国家，应该只是春秋时期的部分国家，战国时期的霸权国家整体上都是当时的帝国主义国家。

"古今之别"在古代中国的思想和文化中，是将中国每一时期的当下同中国的过去特别是被儒家理想化的"三代"相比较，但近代中国的"古今之别"则发生了实质性的变化。马一浮的"古今之别"，实际上是指中国与

---

① 马一浮：《问学私记》，见《马一浮全集》第一册（下），第 737 页。
② 马一浮：《复性书院讲录·洪范约义》，见《马一浮全集》第一册（上），第 281—282 页。
③ 马一浮：《问学私记》，见《马一浮全集》第一册（下），第 775 页。
④ 马一浮：《问学私记》，见《马一浮全集》第一册（下），第 737 页。

西方之别；他所说的过去的好与现在的不好、过去的优与现在的劣，实际上指的是古之中国的好和优与今之西方的差和劣。这类对比还有一些例子，我们再举出一些。首先，最宽泛的对比是用中国、东方同西方比较，例如："东方文化是率性，西方文化是循习。"[①] "率性"是指遵从自己的道德本性和良知而行动，"循习"是指因循自己的好利之心和私欲而行动。其次，马一浮又用"中土圣贤之学"与"古希腊以来"的西学进行对比：

> 中土圣贤之学，道理只是一贯，故体用一源，显微无间，二之则不是。西方自希腊以来，其学无不以分析为能事，正是二体之学。然立说亦有权实，中国以权说显真教，西方则以权说为实体，是他的病痛所在。[②]

按照这一对比，中国的圣贤之学是体用统一之学，西方自希腊以来则是分裂的"二体"之学；中国以权宜的东西显示真教、实教，西方则以权宜的东西为实教、真教本身。

第三，马一浮还用"中国圣贤"与"西方学者"作为对比的对象。马一浮认为两者的高下、优劣在于，前者以追求和实践仁义为目的，后者则以欲望的满足、以追求物质享受和争夺为人生的目的。马一浮说：

> 西方学者以满足欲望为人生之最高境界，故贪求物质享受而至于争夺残杀。中土圣贤教人则以行仁由义为人生之最高境界，故不重视物质。[③]

这里我们看一下马一浮是如何辨别合理的与不合理的欲求的。对于人的欲望，马一浮不是一概否定。他说关键是欲什么、求什么。在他看来，

---

① 马一浮：《问学私记》，见《马一浮全集》第一册（下），第 738 页。
② 马一浮：《问学私记》，见《马一浮全集》第一册（下），第 730 页。
③ 马一浮：《问学私记》，见《马一浮全集》第一册（下），第 725 页。

人们应该欲求的是人格升华和道德价值，其他的都不能成为人生追求的主要价值。人为了活下来，当然需要食物，如饥渴需要饮食。马一浮说，这是人的正当的欲和求；但如果老想着"饮食"，那就是欲望。这类似于程朱理学的说法：人要吃饭，这是人的正当的欲求；但想吃好吃的，就是不正当的欲求。要在满足人的基本需求与丰富人的需求之间划一条截然分明的界线并不容易。马一浮大概认为人的生活有了基本的需求就可以了，或者说，人只要能活下来就可以了，不要想着好的物质生活。近代以来的西方文明却以丰富人的物质生活为目标，这种追求确实同人们要求改善物质生活的欲望分不开。其结果是导致了消费主义和享受主义，导致人的精神的失落，导致了价值理性的危机。但马一浮对人的生活条件的标准又设想得过低，甚至很苛刻。因为按照儒家孔子和孟子的仁爱观念，让百姓过上富裕的生活乃是执政者的责任和使命之一，在此基础上执政还要对百姓进行伦理价值的教化。

第四，马一浮还用"今人"（或"今之人"）与"中土圣贤"比较中西文化：

> 今人所谓探求真理，全是向外寻求，如此求真得不到，即有所得，亦不真实。中土圣贤所谓性，即今世所谓真理。此乃人性本具，最为切近简易，反身而求，当下即是。今之人驰心务外，正是舍本逐末、舍近求远，可谓枉费工夫。①

马一浮这里说的"今人"、"今之人"，事实上是指西方人，就像他说的"近世"事实上是指西方的近代一样：

> 近世所谓文明，祇务宫室车服之美、游乐之娱而已。然上下凌夷、争斗劫夺，无所不为。不知此正是草昧，岂得谓之文明。自近世以此为文明，遂使人群日陷于草昧而不自知，真可浩叹……近世人伦

---

① 马一浮：《问学私记》，见《马一浮全集》第一册（下），第740页。

失常，昏迷颠倒，正是草昧。①

马一浮这里说的"近世及其文明"，就是近代以来的西方文明，马一浮说，中国人都称它为文明，实际上它不是文明：

> 国人率皆以西方社会为文明，不知西方正是一部草昧史，岂得谓之文明。②

基本上是从新文化运动开始，中国人的华夏与夷狄的二分发生了颠覆性的变化。当它同文明与野蛮的二分结合起来之后，许多人认为，中国已变成了夷狄，西方则变成了华夏；中国还是野蛮，西方早已是文明。马一浮的对比恰恰相反。这基于他对什么是文明、什么是草昧的界定：

> 文就人伦言，明就心理说。人伦有序谓之文，心中不昧谓之明。文明与草昧相对，草者杂乱之谓，昧者昏迷之称。③

马一浮考察了 civilization 一词的来源。他说，它由 civie 演变而来。他指出，西方文化源于希腊文化。在希腊有两种人占了多数：一是武士，一是海贾。前者好斗，后者尚利，于是希腊的风俗充满了争斗和游乐。这种文化没有什么可贵之处，因此源于此的西方文化当然也不足挂齿了。马一浮的概括和推论的片面，就像新文化运动做出的相反的概括和推论一样，都是非常明显的。

这样去概括东西文化的二分对立，很容易露出破绽，甚至其逻辑会被完全颠倒过来。西方文明不是纯粹的物质文明，且不说希腊文明、中世纪文明不是，就是西方的近代文明也不是。中国文明也不是纯然的伦理文明，

---

① 马一浮：《问学私记》，见《马一浮全集》第一册（下），第 755 页。
② 马一浮：《问学私记》，见《马一浮全集》第一册（下），第 755 页。
③ 马一浮：《问学私记》，见《马一浮全集》第一册（下），第 755 页。

不是纯粹反物质和利益的文明。马一浮也许没有意识到他的二分法的危险，实际上他自己就为自己找到了反证。这种反证不仅存在于法家和墨家的思想和行为中，也存在于他的同道——儒家内部——如明代的王阳明、现代的梁漱溟那里。

马一浮将墨子的思想完全归结为追求功利而给予非常低的评价：

> 墨子矫世之敝，急于求效，还是功利。后人多谓墨子之学出于禹，不知禹之治水，行其所无事，毫无急功近利之心。故禹是儒家，是圣人，若墨子摩顶放踵，急于救人，全是功利，故谓之才士则可，非闻道者也。[1]

有关王阳明的功利之心问题是由别人提出的。有人询问他，阳明平宸濠之乱使用奇谋，并将派遣的亲信置于死地，这同孟子主张的杀无辜之人即使能得到天下也不能去做的精神相违背。对此，马一浮补充说，人们以王阳明平宸濠之乱为大功，实际上这是"盛德之累"。他早年任侠驰马、修习兵法，晚年以奇用兵，"未免见猎心喜"。他虽无功利之心，也有欲速之意，不像舜"舞干羽而有苗格"和周公的东征。[2] 对于梁漱溟，马一浮评论说，梁先生对中国伦理特色看法有精致之处，如认为中国伦理是复式的而不是单行的，是交互的而非直线的；中国人是为人而存，非为自己而存。但他认为，梁漱溟主持乡村建设"偏重功利，则未敢苟同"[3]。

可以看出，马一浮对以物质文明为中心的功利和实用几乎给予了彻底的否定。他的做法比传统孔孟的立场还极端。他认为，西方的富有强大不足惧，自己的贫弱也不是祸患，真正要担忧的是失去伦理价值和道德教化。他批评追求国家富强的人都是在将自己"夷狄化"：

① 马一浮：《问学私记》，见《马一浮全集》第一册（下），第 747 页。
② 参见马一浮：《问学私记》，见《马一浮全集》第一册（下），第 755 页。
③ 马一浮：《问学私记》，见《马一浮全集》第一册（下），第 726 页。

　　所惧者，近世朝野上下，诸事从人，沉溺功利，不知义理，则是
自己已沦为夷狄，又焉能不为夷狄所欺耶？士大夫趋利避害，苟安偷
生，则是自甘奴虏，又焉能有至大至刚之气？中国可忧的在此，真病
痛亦在此，固不在国之强弱也。学者若能于义利之辨见得分明，行得
笃实，则天下虽不幸尽沦为夷狄，而自己还是中国。否则陷溺利欲，
自己已沦为夷狄，尚何言！ ①

　　人们对现代性有不同的解释。亨廷顿认为，它主要表现为人从环境及
社会中获得解放。人类从自然中解放出来，主要表现为人对自然的认识、
掌握和利用，这就是现代科学和技术所扮演的角色、所发挥的作用。人们
以不同方式反思现代性带来的各种负面性，甚至产生出强烈排斥现代性的
呼声，其主要原因就是对科学和技术文明的反思。科学和技术确实冲击了
价值理性，削弱了价值理性，借用韦伯的话来说，它们"总是在追求善却
又总是在创造恶的力量"②。按照艾恺的说法，新儒家或广义的文化保守主义
者都是"反现代"的。他们反抗的现代主要也是指科学和技术等所代表的
工具理性。从以上的讨论可知，马一浮反抗功利、知识、科学和技术的做
法非常激进。它虽然是对现代技术文明的过分膨胀做出的反应，有其合理
之处，但它还是太片面了。

二、从"外"到"内"——心性和自我的体认

　　一开始我们就指出，马一浮对外在功利等工具理性的激烈抵制，同他
对人的内在自我伦理价值的一味强调是一个硬币的两个方面。从上面的讨
论中我们知道了马一浮对知识、功利价值和实用性东西的强烈拒斥，现在
我们就来看看他如何论证被他过分理想化了的人的内在自我伦理价值。这

---

① 马一浮：《问学私记》，见《马一浮全集》第一册（下），第 757 页。
② ［德］马克斯·韦伯：《新教伦理与资本主义精神》，于晓、陈维纲等译，生活·读
书·新知三联书店 1987 年版，第 135 页。

个问题首先涉及的是马一浮对人的本性的看法。他的这种看法,在很大程度上是对程朱理学和陆王心学的折中和融合。

马一浮相信,人的本质就是人天生内在具有的"义理之性"或纯粹善良的道德本性。他这里说的"义理之性"类似于一些理学家所称的"性"("天理之性"):

> 仁是性德,人所同具。①
>
> 德是自性所具之实理,道即人伦日用之当行。德是人人本有之良知,道即人人共有之大路,人自不知不行耳。知德即是知性,由道即是率性,成德即是成性,行道即是由仁为仁。德即是性,故曰性德,亦曰德性。②

但马一浮又在另一种意义上将人的本质看成是人的"心":"此心本是鉴空衡平,著一物不得。"③,"虚静无欲乃心之本然"④。这样,马一浮所说的"性"就同所说的"心"具有了统一性。由此马一浮所说的"心"同朱熹所说的"心"又有了不同。朱熹所说的"心"有两重性,一是"道心",一是"人心"。"道心"是纯粹的善,它是马一浮所说的"性",也是他说的"心"的一个重要方面(理之体)。也正是由此,马一浮所说的"心"同王阳明所说的"本心"和"良知"有一致之处。⑤

在儒家传统中,孟子的心性论、性善论、良知论影响深远,陆王心学是它的主要光大者。马一浮以善良的道德为人的本性或心的重要本质,这使它的思想有接近孟子之处,也有接近于陆王心学之处。但人的心性先天

---

① 马一浮:《尔雅台答问·答杨君》,见《马一浮全集》第一册(下),第434页。

② 马一浮:《复性书院讲录》,见《马一浮全集》第一册(上),第185—186页。

③ 马一浮:《尔雅台答问续编·示语二》,见《马一浮全集》第一册(下),第504页。

④ 马一浮:《书札·与学生晚辈》,见《马一浮全集》第二册(下),第790页。

⑤ 正是强调这一点,刘又铭认为马一浮所说的"心",实质上类似于陆王(参见刘又铭:《马浮的哲学典范及其定位》,见《马一浮全集·附录》第六册(下),浙江古籍出版社2013年版,第529—533页)。

的善良本质根源于何处？虽然孟子说到了人心所同者在于"理"，但由于孟子的超越性的天和命的概念不突出，他并没有给出太明确的说明。陆王心学反抗程朱理学的超越于人之外的"天理"，将人的"本心"和"良知"本体化，甚至将它放大为宇宙万物的本体，从而不需要为人的"良知"寻找其他的根源。在这一点上，马一浮同陆王心学不同，他为人的心性寻找了"理"和"天理"的根据。

在程朱理学的影响下，马一浮也以"理"（或"天理"）为宇宙根本的道德实体和价值，认为"理"同宇宙中作为"活动者"的"气"具有隐显、体用、动静的相互关系：

> 未见气，即是理，犹程子所谓"冲漠无朕"。理气未分，可说是纯乎理，然非是无气，只是未见。故程子曰："万象森然已具"。理本是寂然的，及动而后始见气，故曰："气之始"。……气见而理即行乎其中。故曰："体用一原，显微无间。"不是元初有此两个物事相对出来也。[①]

对马一浮来说，理气既非一，亦非二，气中有理，理在气中，两者不能被二元化，也没有先后。对于邵康节说的"理气同时而具，本无先后，因言说乃有先后"等，马一浮解释说：

> 就其流行之用而言谓之气，就其所以为流行之体而言，谓之理。用显而体微，言说可分，实际不可分也。[②]

理气是体用、显微的统一、合一的关系（所谓"体用一原"、"体用合一"）。在原本的宇宙中，全理是全气，全气也是全理，两者都是纯然的善。但理气落实在人身上之后，就有了复杂性。

---

① 马一浮：《泰和宜山会语·泰和会语》，见《马一浮全集》第一册（上），第32页。
② 马一浮：《泰和宜山会语·泰和会语》，见《马一浮全集》第一册（上），第32页。

　　首先，马一浮一方面将人的先天本性和"心"同"天理"连接起来，认为人的心性或"心"根源于宇宙纯粹道德性的"理"或"天理"；另一方面又将人的"心"同"气"结合起来，使他所说的"心"又具有了"情"的意义。在下面的这段话中，马一浮对他的心性与天、命、理的关系做出一个概括：

> 就其普遍言之，谓之天；就其禀赋言之，谓之命；就其体用之全言之，谓之心；就其纯乎理者言之，谓之性；就其自然而有分理言之，谓之理。①

　　同这种概括相一致，马一浮对"心"、"性"与"理气"和"情"的关系得出的结论是："心兼理气，统性情"②，"心统性情，兼理气"③。由此，马一浮所说的"心"又同王阳明所说的"心"有了不同。这也正是他批评王阳明的一个地方：

> 阳明"心即理"说得太快，末流之弊便至误认人欲为天理。心统性情、合理气，言具理则可，言即理则不可。④

　　其次，人的本性、本心之体根源于"理"，它是纯粹的理和德性，而作为"心"之"用"的"气禀"和"情"则有善与不善两种可能。如马一浮说："性是纯理，无有不善，气则有善有不善。"⑤又说："性为纯理，无有不善；情杂气质，有善有不善。气顺性为善，气悖性则为恶。"⑥既然如

---

① 马一浮：《复性书院讲录·复性书院学规》，见《马一浮全集》第一册（上），第92页。
② 马一浮：《问学私记》，见《马一浮全集》第一册（下），第732页。
③ 马一浮：《问学私记》，见《马一浮全集》第一册（下），第738页。
④ 马一浮：《尔雅台答问续篇·示语二》，见《马一浮全集》第一册（下），第475页。
⑤ 马一浮：《问学私记》，见《马一浮全集》第一册（下），第732。
⑥ 马一浮：《问学私记》，见《马一浮全集》第一册（下），第738页。

此，人心之"气"中的"不善"和"情"中的"杂质"，在人的现实生活中就会有遮人的性体和心体的可能。他说"用"上有偏差，是因为"体上"有遮蔽："体用本是一事。用不离体，有体必有用。用上有差式，正因体上有障蔽在。"① 由此来说，"心"本身先天又有了同"理"和"性"不完全一样的"不善"的禀赋。这样的"心"是人的"气质"的一部分东西，也是人的"情"的一部分东西。柏拉图和亚里士多德都将灵魂分成三部分：一是欲望的部分，二是情感的部分，三是理性的部分。他们都以灵魂的"理性"部分为最高的善。弗洛伊德将"我"分成本我、自我和超我，以超我为最高的善。② 马一浮的"性"大致上相对于柏拉图和亚里士多德的"理性"、弗洛伊德的"超我"，他的"心"同前者的"情感"和后者的"自我"类似，它不是纯然单一的东西。相比于宋明理学的"义理之性"与"气质之性"，马一浮的"性"只是"义理之性"，他的"心"之体类似于"性"，但他所说的"心"则是"义理之性"和"气质之性"的混合本体。③

但马一浮似乎又强调气质本身没有问题，问题在于它在现实中表现得是否恰当和合适：

> 然气质之性亦不一向是恶，恶只是个过不及之名。④
>
> 当气发动时，尚不得谓之恶，发而有差谬，有过与不及，方是恶。⑤

---

① 马一浮：《问学私记》，见《马一浮全集》第一册（下），第727页。
② 有关弗洛伊德的"本我"、"自我"和"超我"概念，参见［奥］西格蒙德·弗洛伊德：《自我与本我》，林尘等译，上海译文出版社2011年版。马一浮曾接触过弗洛伊德的精神分析论，他完全否定弗洛伊德用"本我"去解释艺术和宗教的产生。
③ 参见林安悟：《马浮经学的本体诠释学探源》，见吴光主编：《马一浮思想新探——纪念马一浮先生诞辰125周年暨国际学术研讨会论文集》，上海古籍出版社2010年版，第119页。
④ 马一浮：《泰和宜山会语·泰和会语》，见《马一浮全集》第一册（上），第16页。
⑤ 马一浮：《问学私记》，见《马一浮全集》第一册（下），第743页。

荒木见悟通过研究佛教华严学、朱子学和阳明学提出一个说法。他认为，儒佛为实践、工夫奠定的基础，是主张人本具佛性、本具天理的"本来性"。这种"本来性"作为人"内在"的本性是无论如何都存在着的，但它又有随时随地被各种"现实性"掩盖和遮蔽的可能性。这两者之间的张力和矛盾就是"现实性"对"本来性"的干扰和"本来性"对"现实性"的克服。[①] 按照荒木见悟的说法，人的问题性主要是出在人的"现实性"上。按照马一浮的解释，人的问题性主要在于人的"气"之"用"上，而这个"用"又主要是指"气质发动"之后的事情。这样的话，他的人心的问题，也主要是发生在"现实性"中。

马一浮所说的人在"现实性"中产生的同人的"本来性"的矛盾和不统一，主要在于人后天的"心"的放松和人的"习气"：

> 心外无物，事外无理，事虽万殊，不离一理。理具于心，心能应理，心存则理存，然后性情得其正。心不在焉则理隐，汩其性而纵其情者有之。[②]

"心不在焉"就是"不用心"，"不用心"当然是不用作为性之"体"的心和"气"之用的"善心"。如果持续这样，它就会成为一种"习"："性为人所同具，是公共之物；习为后天所起，则人各不同。"[③] 马一浮这里所说的"习"类似于孔子说的"习相远"的"习"。久而久之，"习"就成了人的不良"习气"、"习染"：

> 性即体也，本来湛然虚明，只有气质之偏、习染之蔽障碍此性体，故不能发用流行。有时陷于不善，此非性有不善，私欲蔽之，然后有

① 有关荒木见悟所说的"本来性"与"现实性"，参见［日］荒木见悟：《儒教与佛教》，杜勤、舒志田等译，中州古籍出版社 2005 年版。

② 马一浮：《语录类编（卷一）·教学篇》，见《马一浮全集》第一册（下），第 711 页。

③ 马一浮：《问学私记》，见《马一浮全集》第一册（下），第 738 页。

不善也。①

习气、习染严重的话，人就会失去自己的"本心"，产生"恶"：

> 凡夫蔽于物役，致言行颠倒，正是非常。故复其本心者，是常态；失其本心者，是变态也。②
>
> 人之初念未有不善，所以流于不善者，习气锢蔽使之然也。锢蔽浅者，初念有时发露，但不能久。及锢蔽日深，发露亦不能，则役于形体，溺于习气，以致颠倒失常，展转为恶，此最可惧。③

由于人的不善主要出乎人的气质，特别是人的后天的习染、习气等，因此，人要实现自我的本性，实现自己的本心，要做的就是"变化气质"，破除各种习气、习染等东西。他说：

> 学问之道无他，在变化气质，去其习染而已矣。④
>
> 学者用力，要在去蔽复初，古人所谓变化气质是也。气质不善的，变化他可使为善；善的扩充他，不致流于不善。至于义理之性，本来至善，无须变化，亦不能变化也。⑤

---

① 马一浮：《问学私记》，见《马一浮全集》第一册（下），第 727 页。类似的说法还有："气质之偏，物欲之蔽，皆非其性然也，杂于气、染于习而后有。"（马一浮：《问学私记》，见《马一浮全集》第一册［上］，第 87 页）儒家一般认为，人性不管是善是恶，对所有的人都是一样的。但马一浮似乎又认为，人的心性也有因人而异的地方："气质之性，人各有偏正，须学习变化以复其初，故荀子主性恶亦无碍。"（马一浮：《问学私记》，见《马一浮全集》第一册［下］，第 731 页）但他不赞成用"恶根"去表示人的不同，他说恶根这两个字不好。（参见马一浮：《语录类编（卷一）·教学篇》，见《马一浮全集》第一册［下］，第 710 页）

② 马一浮：《问学私记》，见《马一浮全集》第一册（下），第 733 页。

③ 马一浮：《问学私记》，见《马一浮全集》第一册（下），第 728 页。

④ 马一浮：《复原性书院讲录·复性书院学规》，见《马一浮全集》第一册（上），第 87 页。

⑤ 马一浮：《问学私记》，见《马一浮全集》第一册（下），第 726 页。

可以看出，马一浮所说的"学问"与一般所谓的"学问"不同，它不在于你学习了多少知识，而在于对自己气质的改变，这也是"克己"的工夫，是复归自我性的本性：

> 故学者用力，要在克己。克己便是去蔽工夫，蔽去自能复其初也。^①

"变化气质"也好，"克己"也好，这都是让自我的善良本性得到实现。这是马一浮"学问观"的核心，它是成己、成人、成物之学。儒家的"六艺之学"正是这样的学问。有志于这样的学问，当然要读经，要格物致知，要穷理，要有察识。但切记它不是表面上的文字、言论之学，它是切己之学，是体认、体究之学和实践之学：

> 六艺之道不是空言，须求实践。实践如何做起？要学者知道自己求端致力之方，只能将圣人吃紧为人处尽力拈提出来，使合下便可用力。^②
>
> 义理之学，须自己向内体究方有入处，若祇从文义上寻求，即是全盘讲究明了，还是不相干。^③

学问和为学到了体认、体证和实践的阶段，是比"变化气质"、比"克己"更主动的学问，它一开始就让人能够朝着实现自我善良本性的正确方

---

① 马一浮：《问学私记》，见《马一浮全集》第一册（下），第727页。

② 马一浮：《泰和宜山会语·宜山会语》，见《马一浮全集》第一册（上），第46页。"知是知此理唯是自觉自证境界，拈似人不得，如人饮水，冷暖自知。一切名言诠表，只是勉强描模一个体段，到得此理显现之时，始名为知。"（马一浮：《复性书院讲录·复性书院学规》，见《马一浮全集》第一册［上］，第91页）

③ 马一浮：《问学私记》，见《马一浮全集》第一册（下），第724页。"学问却要自心体验而后得，不专恃闻见；要变化气质而后成，不偏重才能。"（马一浮：《泰和宜山会语·宜山会语》，见《马一浮全集》第一册［上］，第48页）

向展开，让人在现实中使自己的善良道德本性能够充分发挥作用。程朱理学特别强调为学中的"涵养"和"敬"的体认，儒家一直强调学习要到了"行"才算落实到实处，同样，马一浮也特别强调自我证成中的"涵养"和"敬"，也强调道德实践和道德行为。他在《复性书院学规》中，将"主敬"、"穷理"、"博文"、"笃行"作为学问的真正路径，提出"主敬为涵养之要，穷理为致知之要，博文为立事之要，笃行为进德之要"四条。上述马一浮的"六艺之学"的一个重要方面就是，它是"穷理"和"博文"之学。这里简要说明一下马一浮的"主敬"和"涵养"、"笃行"和"进德"。正如程颐强调"涵养须用敬"一样，马一浮也将"敬"看成是获得"涵养"的纲领：

> 以率气言，谓之主敬；以不迁言，谓之居敬；以守之有恒言，谓之持敬。[1]
>
> 敬则此心常存，义理昭著；不敬则此心放失，私欲萌生。敬则气之昏者可明，浊者可清。气既清明，义理自显，自心能为主宰。[2]

"敬"既是坚持自我道德的主体性，又是防止私欲的萌发；既是坚持不懈地守护自我的道德良知，又是克服心灵的松懈和懈怠。"进德"最终要落实在"笃行"，落实在行动上：

> 德行为内外之名，在心为德，践之于身为行；德是其所存，行是其所发。自其得于理者言之，则谓之德；自其见于事者言之，则谓之行。[3]

从孔孟荀的"学"和"行"到宋明理学的"知"和"行"，儒家的学问和真

---

① 马一浮：《复性书院讲录·复性书院学规》，《马一浮全集》，第一册（上），第88页。
② 马一浮：《复性书院讲录·复性书院学规》，《马一浮全集》，第一册（上），第89页。
③ 马一浮：《复性书院讲录·复性书院学规》，《马一浮全集》，第一册（上），第98页。

理，始终都要在"行"上见分晓。①

正如马一浮一再强调的那样，儒家的学问不是口耳之学，它是身体力行的学问。他是一位特立独行的人，他特立的是儒家的切己的生命之学，独行的是儒家道德价值。作为他的学问的最忠实的实践者，他是在现代社会中力求按照儒家道德理想来生活的人。曾有人问他"养生之道"，他说儒家不说养生，只说养心；不从事静坐，只从事存养。②他自己就是"养心"和"存养"的见证者。

结　　语

马一浮对现代知识、科学、实用性技术和功利等所代表的工具理性的抵制和抗议非常激进。对他来说，这些东西都是儒家伦理和道德价值的腐化剂。被他截然对立起来的这两种东西，又被他归属于西方和中国两种完全不同的文化和文明。在他看来，复兴中国儒家的伦理和"六艺之学"，就要抗拒西方的工具理性。这是根本的目标，也是首要的任务。

---

① 有关马一浮的自我证成，参见王宇：《试论马一浮理学功夫论的展开》，见吴光主编：《马一浮思想新探 ——纪念马一浮先生诞辰 125 周年暨国际学术研讨会论文集》，第 265—279 页。

② 马一浮：《问学私记》，参见《马一浮全集》第一册（下），第 768 页。

全书结束语

不时有人抱怨观念和概念的抽象性，说它们不像现实世界那样生动具体，活灵活现。这样的说法固然有一定道理，但同时我们不要忘记，只要我们进行思考和思想创造，犹如宿命一般，我们就必须运用各种不同的术语、概念和观念，就像我们只要从事建筑就必须使用各种不同的材料一样。一般而言，观念史研究就是去探寻人类过去在不同时空中创造出来的概念、观念及其演变的链条。①

不管是用新造汉语词汇或用已有的词汇去表示外来的大量新术语和新观念，还是对古老传统中固有的术语和概念加以重新解释和运用，在近代中国思想文化的转变中，一道同过去非常不同的观念史新链条和风景线确实形成了。在关于近代中国思想文化的变化、转变或者干脆叫作转型的各种研究中，有一种研究是从各种不同的角度对构成近代中国思想文化要素的关键词、新术语和新观念进行探讨。这种探讨整体上可以称为近代中国的观念史研究。我们发现，近代中国的一个重要观念或关键词 ——"自然"——还处在我们的视野之外（同它高度关联的"天"也只是被轻描淡

---

① 追溯起来，在中国，汉代的《白虎通义》就是一部观念史著作；此外，北宋陈淳的《北溪字义》专门研究过一些理学的概念和观念。现代中国从事中国哲学概念和观念研究的典范性工作是张岱年奠定的。参见张岱年：《中国哲学大纲》，中国社会科学出版社 1982 年版；《中国古典哲学概念范畴要论》，中国社会科学出版社 1989 年版。在西方，开创观念史研究的是拉夫乔伊，参见［美］拉夫乔伊：《存在巨链：对一个观念的历史的研究》，张传有、高秉江译，江西教育出版社 2002 年版；《观念史论文集》，吴相译，江苏教育出版社 2005 年版。

写地讨论）；对于同"自然"和"天"相对的"人"的观念，虽然我们从个人、个性、民、国民性等角度进行了研究，但是对于他与"自然"和"天"相对的意义，我们的研究同样很稀少和缺乏。本项研究就是笔者为改变这种状况而做出的一部分努力，它是我们直面近代中国的"自然"和"人"的观念以及它们的相互关系和相互作用的结果。

现在一般所说的"自然"与"人"的关系，在古代中国哲学和思想中主要表现为"天人关系"。探讨"天人"各自的特性及其相互关系的中国古代天人之学或者"究天人之际"（司马迁语）的传统，源远流长。面对东西方人类生存环境的恶化和生态危机，从古代中国哲学和思想中寻找良方和智慧的人们，最津津乐道的就是"天人合一"的信念和价值。严格来说，这样的传统在近代中国并没有中断，它只是以不同的方式和面貌呈现了出来。直观上说，"自然"与"人"的表达方式，就是近代中国的产物。探讨"自然"与"人"的不同、统一及和谐，是不少近代中国哲学家、思想家们的主要工作之一，他们在这方面留下了许多新的创见。所以当代的人们如果要追寻中国的天人关系，谈论"自然"与"人"的关系，就不能只顾或只是一味地诉诸老传统了，也要去关心近代中国所形成的新传统。这就要求我们回答这是一个什么样的新传统。

回答这样一个问题，也就是详细地说明"自然"、"天"和"人"的观念在近代中国的哲学和思想中是如何被认知的，它们的关系是如何被把握的。首先我们要记住一个关键的事实，那就是：如同近代中国的许多新事物一样，近代中国的"自然"和"人"的观念及其相互关系是东西方哲学和思想相互接触、相互融合的产物，它不是固有的传统或是外来西方观念任何一方单独起作用的结果。在解释近代中国发生转变的动力方面，如果说主张外部冲击和内部反应的外发说有问题，那么完全用内在动力来解释转变的内发说同样不能成立。[①] 事实上，内在和外在因素都在起作用，它们

---

① 有关这方面的讨论，参见［美］柯文（Paul A. Cohen）：《在中国发现历史：中国中心观在美国的兴起》，林同奇译，中华书局2002年版；［日］三石善吉：《传统中国的内发性发展》，余项科译，中央编译出版社1999年版。

不是非此即彼的关系，而只是在不同的地方、在不同的时候发挥作用的程度大小不同罢了，具体到近代中国"自然"和"人"的观念的意义转变而言，情况同样如此。

近代中国的"自然"观念同它在中国古代历史上的一个主要不同，在于它成了 nature 的译名，并且作为科学和技术的对象而被实体化了，被用来指称外界的一切客体和现象。这是现在人们一说到"自然"这个概念时，首先会想到的意义。这种意义，主要是在近代中国形成的。从近代开始，人们心目中的"自然"不断变化，或者是物和理，或者是声光化电，或者是以太、质力，或者是物质，等等。但是，它们最后都被归到了"自然"这一符号中，"自然"成了外界一切实物和现象的统一的代言者。

实体的自然观念使"人"的观念也发生了变化，人的目光和兴趣被引向了"自然"，人的心智被引向了有关自然的知识。这一方面促成了人与自然的紧密联系，另一方面又促成了人与自然的高度分化。不少近代的中国哲学家们不断呼吁和动员人们关注"自然"这部最大的无字之书，他们普遍相信，有关自然的新知识和新科学才是最可信的，有关加工、利用自然的新方法、新技术才是最可依赖的。这就是胡适为什么信仰"科学万能"的原因所在。与此相关，人们开始转向主要从认识自然和驾驭自然的程度来衡量人，转向主要从掌握有关自然的知识和技术的多少来评判人，而不再简单地以道德能力和道德表现来理解人。比如，严复一直坚持要启发"民智"，胡适一直坚持人要学习知识和技术。最后，在科学主义者、技术主义者那里，在信奉工具理性的人那里，一种不同于传统的"人"观念的新的作为知识人、科学人和技术人的"人"观念诞生了。

作为科学和技术对象的"自然"和作为这种自然的研究者和利用者的"人"紧紧地结合在一起，但同时两者又达到了空前的分化。这是近代中国哲学和思想中"自然"和"人"的观念同过去中国的"天"、"人"观念最为突出的差别。这种差别在相当程度上也反映了传统社会与现代社会的不同。正如塞缪尔·P. 亨廷顿所说，两者"最重要的区别在于二者对人和环境之间的关系看法不同。在传统社会中，人将其所处的自然与社会环境看作是给定的，认为环境是奉神的意旨缔造的，改变永恒不变的自然和社会秩序，不仅是渎神的而且是徒劳的。传统社会很少变化，或有变化也不能被感知，因为人们不能想象到变化的存在。当人们意识到他们自己的能力，当他们开始认为自己能够理解并按自己的意志控制自然和社会之时，现代性才开始。现代化首先在于坚信人有能力通过理性行为去改变自然和社会环境。这意味着摒弃外界对人的制约，意味着普罗米修斯将人类从上帝、命运和天意的控制之中解放出来。"①

从亨廷顿的说法看来，人同自然或环境的关系的变化，可以说主要在于人从他过去一直相信的关于自然是稳固不变的恒常状态的看法中走了出来。人类对自然充满好奇和认识冲动，造就了近代的知识、科学以及应用性的技术和工业文明，这也使人类对自然的认知和利用达到了前所未有的程度。这种现代性首先发生于西欧，它是各种因素或相继或并行出现所成的整体合力的结果，有的方面甚至是预料之外的产物。但与此不同，对于中国来说，西方的这种现代性是已经发生的事实，它是我们事先可以知道的东西，这也使中国获得了一种所谓的"后来的特权"：可以事先对其进行选择取舍。在这种选择中，近代中国首先是在古老传统中寻求自我保护，但很快一转又变为寻求更高的理想。这看起来很奇特，一方面很保守，一方面又呈现出高度规划性和理想性的特征，这是因为对千年未有之变局的焦虑激扬了更高程度的期望。

这一点构成了近代中国思想中"自然"与"人"的观念及其相互关系的大背景。在这样的背景下，近代中国的思想家们在思考人与自然的关系时，不管是用格物穷理方法，还是用公理、逻辑和科学方法，他们的精神动力在很大程度上都是来自对于国家和民族的焦虑。如果说在近代欧洲，人与自然的关系首先是追求将人从自然的固定化状态中解放出来，那么在中国，这种解放主要是服务于将中国从帝国主义和强权主义的压迫下解放出来。自然的科学化和技术化，人的智力的知识化和科学化，在近代中国的场景中是抵制和对抗列强的有效方式。先行的西方用科学和技术武装了起来，促成了它们的对外征服、强权和殖民主义，而中国则利用它们来对

---

① ［美］塞缪尔·P.亨廷顿：《变化社会中的政治秩序》，王冠华等译，第92页。

抗强权和殖民主义。

当然，我们也看到，运用科学和技术的优长来改善中国人的物质生活从而也改善他们的精神生活的论说也被提出了，比如胡适就提出过。胡适激烈批评并否定以西方为物质文明、以东方为精神文明的二分法。他坚持认为，在贫穷、落后的中国，不能认识自然和利用自然来享有丰富物质生活的中国人，也不可能有丰富的精神文明和精神生活。只有科学和技术才能在自然和人之间建立一种新型的关系，也只有通过这种关系，个人才能获得真正的幸福和安乐。不靠努力来改变自己的生活，却去求助于天命，靠信佛和祈祷，并不能真正地改善生活。近代西方在认识自然和利用自然方面的巨大成就，为它带来了富强和福祉。除了个别的例外，当时的中国哲学家、思想家们都主张接受近代西方认识自然和利用自然的这一新遗产，不管是保守主义的新儒家梁漱溟，还是自由主义的金岳霖和新唯物论的张岱年。用韦伯的话来说，这是西方的工具理性；用中国传统的话来说，这是利用厚生。在这种新的"自然"与"人"的观念及其相互关系中，近代中国的机械的、实证的、科学的、唯物的、实在的世界观产生了。

按照亨廷顿的说法，现代人同环境关系发生的另一个变化，是人类要改变被固定化了的、对人产生束缚作用的社会环境。人类寻求从传统的社会常态中获得解放，这种努力促成了西方近代民族国家的产生，进而又促成个人的自由，促成了人权观念的兴起。在西方，这一方面的解放同人从自然环境中脱离出来、获得支配权的解放具有结构性的关系，但它主要是通过近代政治的发展，特别是自由、民主和宪政的发展建立起来的。与此类似，近代中国也受到近代西方政治发展的影响，人的自由和权利概念、民主和法治观念都是近代中国政治思想史的重要观念。但从"人"的观念与"自然"观念的相互关系来看待"人"的观念的变化，首先看到的是人自身的自然性在"人"的观念的变化中发挥的作用。当代批评现代性和启蒙的一个说法是，近代对人性的解放主要是对人的自然性的解放，它导致的严重后果是让人的自然本能和欲望得到了无限的释放，由此产生了一系列的问题。① 按照近代中国一些哲学家和思想家的看法，传统的伦理和道德观念对人的自然性过于压抑了。他们认为，人追求自己的利益和充分满足自己的物质生活需要是合理的；他们主张，建立符合人性的新伦理和新道德。这是近代中国（特别是新文化运动时期）要求人性解放的一种呼声。经历了"文革"的中国人，在 20 世纪 80 年代初又经历了一次类似的人性解放，当时叫作关于人性和人道主义问题的讨论。

在人与他自身这种狭义的自然关系之外，近代中国对于"自然"和"人"的观念及其相互关系的建构，还有一条从生命、人文和精神的角度来理解自然并由此建立人的意义和价值的路线。如果说前一种"自然"与"人"的观念及相互关系意味着人同自然的高度分化，那么这一路线注重的则是人与自然如何保持高度的统一和和谐。自然与人的分化，是通过科学、知识和技术将自然和天客体化和对象化并相应地将人作为认知和技术的担当者主体化而形成的结果。通过塑造，人从自然和天那里脱离分化了出来，获得一种自由和自主。有别于此，人与自然的统一，则是通过从形而上学和本体论上将自然和天生命化、人文化并以此使人从自然和天那里获得根源性的意义和价值而形成的结果。从人类的角度来说，这是人类从自然中寻找人的意义和价值；站在自然的角度看，这是自然被人生命化、人文化和精神化的过程。借用韦伯的说法大概可以这么说，如果人与自然的高度分化建立起来的是近代中国的"工具理性"，那么这条路线要建立的则主要是"价值理性"。

从一般意义来说，任何社会都需要具备实用的知识和解决人类实际生活困难的技艺。同样，任何社会也都需要维持社会秩序的伦理、道德价值，都需要满足人的精神生活的信念和信仰。但近代兴盛起来的科学、技术、经济等工具理性和工业文明在获得了主导和支配性的地位之后，不仅导致了人与自然的对立和冲突，而且使得人的精神生活和伦理道德发展也衰退了。后进的近代中国，一方面需要承继西方近代工具理性的遗产，另一方

---

① 参见杜维明、卢风：《现代性与物欲的释放——杜维明先生访谈录》，中国人民大学出版社 2009 年版。

面又认识到它在西方造成的新问题，这种处境促使她主动地思考避免这些问题的方法和途径。在这一点上，近代中国的哲学家和思想家们，一方面从西方先已兴起的批评工业文明的浪漫主义中，从批评机械主义的有机主义、生命主义中获得精神资源，另一方面又回头去复活中国传统中的"天人合一"理念。例如，张君劢、梁漱溟等人既受到了欧洲生命哲学的影响，同时他们也努力去复兴儒家的"天人合一"的信念，重建自然与人的统一和和谐。

实在主义哲学家金岳霖虽然没有接受生命主义哲学，但他对古代中国的"天人合一"信念也具有热情。在他的著名的《中国哲学》论文中，他谈到了"天人合一"。1943—1944年，他在访问美国期间用英文节译了之前出版的《论道》，他特地为它补充了"论自然和人"这一章。当时的中国仍然在顽强地反击日本的侵略和强权，当时的中国也正处在经济、物质的极度困难时期，但他站在人类的立场上，深刻反思科学和技术统治下人与自然的分裂，反思人与自然的冲突。他提出，用西方的英雄人生观来弥补东方人与自然浑然不分的朴素人生观，用东方自然与人的平衡和和谐观去化解西方英雄人生观造成的自然与人的过度分化和紧张。从金岳霖的这种新型的"天人合一"关系或者自然与人的统一中，我们感受到了他对东西文明反思的深刻性，也感受到了他的反思的前瞻性。面对工具理性，近代中国哲学家们在重建自然和人的统一和和谐的过程中，产生了生命主义的、有机主义的宇宙观和世界观。

从当前的实践来看，我们都清楚现代文明造成了自然与人的矛盾和冲突。改善人类的生存环境，阻止生态恶化，建立人与自然的良性互动，既是全球的问题，也是中国可持续发展的战略问题。近现代中国思想家们在融会贯通东西方文化的基础上重新认识自然和人的关系，提出了一系列新观念和新学说，为我们开创了一个新的传统，留下了一份宝贵的遗产。我们需要认真、严肃地认识它们，传承它们。

附录一

个人、理智和好的人生
——胡适的"科学人生观"

照新实用主义哲学家理查·罗蒂（Richard Rorty）的说法，哲学家有两种类型：一种是系统的哲学家（主流的），一种是教化的哲学家（外围的）。这两种类型的哲学家的认知方式、兴趣和目标都不相同。"伟大的系统哲学家是建设性的，并提供着论证。伟大的教化哲学家是反动性的，并提供着讽语、谐语与警句。……伟大的系统哲学家像伟大的科学家一样，是为千秋万代而营建。伟大的教化哲学家，是为他们自身的时代而摧毁。"[①]用这个尺度来衡量，在 20 世纪中国哲学中，胡适大致上是属于教化的或外围的哲学家那一类。不管在今天人们如何不满意他的哲学缺乏系统、深刻性和坚强的论证，但我们无法剥夺他的哲学在当时的广泛影响和所发挥的教化功能。胡适所关心的是当下直接的人的"存在"问题，在他那里就像在杜威那里一样，超越、绝对和本质等一类先验概念，都被抛到九霄云外。杜威批评以往的哲学把知识思想当成上等人的美术鉴赏力，与人生毫无关系，所以总走不出本体、外物等争论。他要求哲学的光复："哲学如果不弄那些'哲学家的问题'了，如果变成对付'人的问题'的哲学方法了，那

---

① ［美］理查·罗蒂：《哲学和自然之镜》，李幼蒸译，生活·读书·新知三联书店1987 版，第 322 页。

时候便是哲学光复的日子到了。"① 作为杜威的东方弟子，胡适则更干脆地把哲学与人生联系在一起："凡研究人生切要的问题，从根本上着想，要寻一个根本的解决，这种学问，叫做哲学。"② 面对人生问题，胡适提供了一个答案，这个答案是他在科学理性和思想启蒙时代之下的一种反应。

一、个人主义的理路

谈到胡适的人生哲学，要是不谈他的个人主义或自由主义，那是行不通的。但是，如果我们仍然停留在胡适是一位个人主义者和自由主义者这一常识性的判断上，那也令人扫兴。在此，我们不打算继续进行这方面的描述和论证，而是想具体梳理一下胡适个人主义和自由主义的发展理路，揭示他的思想的多种来源，以及他在个人和社会的关系问题上所表现出的伸缩性和微妙变化。

追溯起来，胡适的个人主义和自由主义，最初受到的影响来自严复翻译的穆勒的《群己权界论》（通译为《论自由》）。③ 但是，胡适此时除了兴奋和感动之外，并没有把他受到的影响及想法表达出来。胡适正式表达他的个人主义和自由主义观念，是于 1918 年发表的《易卜生主义》之中④。在其中，他传达的是易卜生作品中所体现的 19 世纪的从社会的锁链中解放出来的个人主义观念。胡适与易卜生一样，把社会看成是压迫、束缚和阻碍个人自由发展的根源，他说："易卜生的戏剧中，有一条极显而易见的学说，是说社会与个人互相损害；社会最爱专制，往往用强力摧折个人的个性，压制个人自由独立的精神。"⑤ 它的直接结果就是使社会丧失生气并停滞不前。欲改变这种状态，唯一的出路就是把个人解放和突出出来，使之成为社会的中心，通过个人的发展，取得社会的进步。胡适引述易卜生

---

① 胡适：《实验主义》，见《胡适文存》第一集，第 233 页。
② 胡适：《中国哲学史大纲》，华东师范大学出版社 2013 年版，第 2 页。
③ 参见胡适：《四十自述》、《我的信仰》，见曹伯言选编：《胡适自传》，第 47、89 页。
④ 英文稿写于 1914 年，并在康奈尔大学宣读过。
⑤ 胡适：《易卜生主义》，见《胡适文存》第一集，第 460 页。

的话说："我所最期望于你的是一种真益纯粹的为我主义，要使你有时觉得天下只有关于我的事最要紧，其余的都算不得什么……你要想有益于社会，最好的法子莫如把你自己这块材料铸造成器。……有的时候我真觉得全世界都像海上撞沉了船，最要紧的还是救出自己。"[1] 对易卜生这种以个人为中心和优先考虑对象的个人主义，胡适极为赞赏，他把它称为"最健全的个人主义"。加上"最健全"，可能是要表明易卜生并没有忘记"社会"。在胡适的意识中，社会仍是发展的最终目标。只是，要获得这种发展的动力，则必须从社会这一侧面移到个人这一侧面。对于"牺牲你们个人的自由，去求国家的自由"这种逻辑，胡适的逻辑是："争你们个人的自由，便是为国家争自由！争你们自己的人格，便是为国家争人格！**自由平等的国家不是一群奴才建造得起来的！**"[2] 可见，尽管把社会、国家看作最终目标，但是他强调的是把个人从社会和国家中解放出来，强调的是以个人为起点，并为此甘愿成为"国民公敌"和"最孤立的人"，所以他并不是在主张社会至上论。

1920 年，胡适发表了《非个人主义的新生活》。[3] 即便我们不能说这篇文章的主旨完全背离了他在《易卜生主义》中所传播的"个人主义"逻辑，但也得肯定，在此，胡适已对它作了重大的（不像有人说是有限的）修正，因为胡适此时的逻辑起点，已从"个人"转到了"社会"。他明确地强调，他所主张的"非个人主义"的新生活，就是"社会的"新生活。问题的产生和观点都与"新村运动"相关。胡适指出，新村的人不满意社会，但又无力改造社会，因而主张走出社会去发展自己的个性。这是一种"独善的个人主义"。既然根本上仍是"个人主义"，就不能完全"非"之，而所能"非"的只是走出社会这一点。但是回到社会，并不意味着不以个人为中心和起点。胡适的变化正在这里，他不但要求回到社会，而且还要在很大程度上把以个人为中心和起点置换为以社会为中心和起点。他不同意"改造

---

① 胡适：《易性主义》，见《胡适文存》第一集，第 465 页。
② 胡适：《介绍我自己的思想》，见《胡适文存》第四集，第 456 页。
③ 参见《胡适文存》第一集，第 539—547 页。

社会要从改造个人做起"的说法，而主张"改造社会即是改造个人"。这与他上面所说的"要有益于社会先要把自己铸造成器"和"先救出自己"的说法，显然是不同的。这种不同并不偶然，它标志着理论背景的变迁，即胡适此时已从19世纪易卜生的那种个人自由放任主义走到了被杜威大大修正过的个人主义。在杜威那里，自由主义和个人主义已不再通过从社会中解放出来来实现，而是恰恰相反，要通过社会和组织来保证；它也不是指在不妨害他人的条件下自由行使自由的权利，而是指每一个人都只能行使有利于发展自己的潜在能力和个性并且有益于社会福利的那部分有限的权利。美国学者伯恩斯（Burns）指出："对个人主义来说，考虑变革了的社会中的生活要求的时候已经到了。不能再听任一个公民游荡在一个陌生的世界里踽踽独行，茫无依傍，不知所措。必须用群体的集合智慧来使他摆脱恐惧和不安……杜威的所谓自由主义包含很大程度的组织化；实际上它所牵涉到的问题是把自由降到一个次要的地位，以期达到安全和经济机会平等的首要目的……杜威认为对个人主义有必要的组织化，大部分采取通常称作社会工程的形式。"① 胡适借用杜威的话所说的"真个人主义"，即个性主义（individuality），虽与个人主义是同一词根的派生词，但它的意思已成了发展自己的个性，同以争取个人自由独立和权利为主旨的"个人主义"和"自由主义"有了相当的距离。胡适这种使个人优先让位于社会优先的新倾向，在他对社会主义表示出的一时好感中表现得很清楚。他说："社会主义的理想只是更早的和更个人主义的民主观念的补充。它们历史性地构成了更大的民主运动的一部分。到十九世纪中叶，在高度组织化和集中化的经济制度下，自由放任政策不再是得到理想的平等、自由结果的有效手段了。因而社会主义运动的兴起，如果摆脱掉其混乱的经济决定论和阶级战争理论的话，就仅仅意味着对利用社会集体力量之必要性的重视，或对为最大多数人谋最大幸福的这种状况的必要性的强调。"② 胡适还给徐

① ［美］爱·麦·伯恩斯：《当代世界政治理论》，曾炳钧译，商务印书馆1983年版，第90—91页。

② 胡适：《东西方之文明》，转引自《人类向何处去：现代文明概观》，纽约朗曼公司出版1928年版；也参见胡适：《我们对于西洋近代文明的态度》，见《胡适文存》第三集，黄山书社1996年版，第8—9页。

志摩写信，把他的这种新自由和个人主义称之为"新自由主义"或"自由的社会主义"，并把它作为中国未来的目标。

此后，新的微妙的变化又出现了，这可以以 1935 年胡适发表的《个人自由与社会进步》为起点。此后，在 1948 年胡适连续发表了《自由主义》、《自由主义是什么》、《自由与进步》和《自由主义与中国》等文章，一直到1954 年发表《从〈到奴役之路〉说起》都可列入这一阶段。在这一阶段，胡适要求重新回到《易卜生主义》中的个人主义，他与杜威的个人主义实际上已有了距离，并忏悔他对社会主义曾有过的好感。当然，在《个人自由与社会进步》中，胡适也提到杜威的个人主义。但是，他又把个人自由作为社会进步的条件，并因此又强调个人的自由和解放，这自然就与要求通过加强社会化和组织化来保证个性发展的个人主义有了差别。在此，胡适还特意对把"易卜生主义"中的个人主义嘲笑为"维多利亚时代"过时的思想做了回应。他说："这种人根本就不懂得维多利亚时代是多么光华灿烂的一个伟大时代。马克思、恩格尔，都生死在这个时代里，都是这个时代的自由思想独立精神的产儿。他们都是终身为自由奋斗的人。我们去维多利亚时代还老远哩。我们如何配嘲笑维多利亚时代呢！"[1] 在《自由主义是什么》中，胡适除了继续强调个人自由是社会发展的基本条件这一点外，又突出了自由的解放意义："自由在历史上意义是'解缚'，解除了束缚，方可以自由自在。人类历史上的那个自由主义大运动实在是一大串'解缚'努力。"到了《从〈到奴役之路〉说起》，胡适完全认同哈耶克所说的一切社会主义都是反自由的观念，还忏悔说："在民国十五年六月的讲词中，我说：'十八世纪的新宗教信条是自由、平等、博爱。十九世纪中叶以后的新宗教信条是社会主义。'当时讲了许多话申述这个主张。现在想来，应该有个公开悔改。"[2] 此时，胡适的要求，在经济上和政治上都是彻底的自由主

---

① 胡适：《个人自由与社会进步》，见欧阳哲生编：《胡适文集》第 11 册，北京大学出版社 1998 年版，第 586 页。

② 胡适：《从〈到奴役之路〉说起》，见欧阳哲生编：《胡适文集》第 12 册，北京大学出版社 1998 年版，第 834 页。

义，而反对计划经济和政治极权。他郑重提出，"我们走的是到自由之路，还是到奴役之路"这一问题需要人们思考。

1959 年，胡适发表了《容忍与自由》。这可以说是胡适个人主义和自由主义移动的最后一个界标。对这篇文章，当时人们的评价就不一样。[①] 但我们仍然倾向于认为这是胡适自由主义的又一次变化。这次变化不能说是把社会提到个人之上，而是把向社会争取自由、摆脱社会束缚的强自由主义，变成了既要求社会容忍个人自由又要求个人容忍社会的弱自由主义。"容忍"这个词，在《易卜生主义》中它就已经出现了（所谓"易卜生一生的目的只是要社会极力容忍"），在《自由主义是什么》中它又多次被使用。不过在这两个地方，他是把容忍作为自由的一种意义，而不是把容忍看得比自由更根本或更重要。但是，现在他说："有时我竟觉得容忍是一切自由的根本：没有容忍，就没有自由。"[②] 对胡适的说法，殷海光当时就表示不满，他质疑胡适说，不应把容忍说给老百姓听，而应该对统治者和有权势者去讲。因为能容忍的总是老百姓，而难容忍的是统治者和有权势者。但殷海光的质疑似乎并没有抓住问题的核心。核心是，如果没有自由就应该去争自由，而不能靠容忍。因为人可以容忍，也可以不容忍。要是不容忍怎么办呢？同时，争取到的并通过法治保障的自由，就成为一种权利。行使自由，就是行使自己的权利。根本上就不再是容忍不容忍的问题，而是侵犯不侵犯人的权利的问题。胡适此时的问题就在于把政治自由降低到容忍这种实际上是心理素质和修养品性的层次上。

通过对胡适个人主义理路的大致浏览，我们可以看出，胡适的个人主义理路，来源于不同的时代和不同的人，而且前后也表现出或大或小的变化，这种变化与不断受到新的理论的影响有关，又与中国历史时空的变迁紧密相关。

---

① 参见张忠栋：《胡适、雷震、殷海光 —— 自由主义画像》，台湾自立晚报 1990 年版，第 27—34 页。

② 胡适：《容忍与自由》，见欧阳哲生编：《胡适文集》第 11 册，第 823 页。

二、人生的科学化和理性化

20 世纪中国哲学和思想的发展，带有浓厚的论战性格。20 年代初"科学与玄学"的论战，就是这种性格的表现之一。正如论者所指出的那样，这场论战涉及许多方面对立的问题。但是，如果我们把它们归结一下的话，可以说，它们主要表现为人生是否可以完全科学化和理性化这一科学主义和非科学主义的对立。作为中国科学主义的一位典型代表，胡适也参加了论战，不过他是最后杀出来的一员大将。他写出了一篇不短的文章《〈科学与人生观〉序》。这篇文章集中体现了胡适从为科学辩护出发而把人生观科学化和理性化的做法。

胡适首先指出："这三十年来，有一个名词在国内几乎做到了无上尊严的地位：无论懂不懂与不懂的人，无论守旧和维新的人，都不敢公然对他表示轻视或戏侮的态度。那个名词就是'科学'。"[1] 但是，梁启超在《欧游心影录》中却对科学提出挑战，而一些人也紧随其后，认为科学对人生无能为力。他们一齐向科学发起了攻击，使科学在中国的尊严受到了严重的影响。胡适说，这种攻击如果发生在欧洲，那就没有什么大的危险。因为科学在欧洲已获得了不可动摇的地位。但在中国情形就完全不同："中国此时还不曾享着科学的赐福，更谈不到科学带来的'灾难'"[2]。中国现在所需要的仍是大力提倡科学。然而一批玄学家，竟要把人生限制在科学之外，缩小科学在中国的影响，这不可不辩。胡适反问说："信仰科学的人看了这种现状，能不发愁吗？能不大声疾呼出来替科学辩护吗？"[3]

正是从这种竭力为科学辩护的动机出发，胡适对人生进行了科学化和理性化的操作。这集中表现为两个方面：第一，胡适把科学的精神、态度和方法作为人生的精神、态度和方法；第二，他要求以科学为基础来解决

---

① 胡适：《〈科学与人生观〉序》，见欧阳哲生编：《胡适文集》第 3 册，北京大学出版社 1998 年版，第 152 页。
② 胡适：《〈科学与人生观〉序》，见欧阳哲生编：《胡适文集》第 3 册，第 154 页。
③ 胡适：《〈科学与人生观〉序》，见欧阳哲生编：《胡适文集》第 3 册，第 154 页。

人生的各种问题。就第一点说，胡适认为，科学的精神、方法和态度主要是注重事实和证据，敢于怀疑和追求真理。把这推广到人生问题上，就是对人生的一切所作所为都要问个为什么，不能盲目地去服从或信仰一种东西。换言之，就是要把自己的思想和行为严格建立在事实和证据的基础之上。例如，有人让你信仰上帝，你就得让他拿出证据来。如果他拿不出证据，你就要拒绝接受。这样，你就不会上当。在胡适看来，人生的有意义、有思想的生活，就是在科学思想和理性指导下的生活。在 1919 年的《少年中国之精神》，1923 年的《哲学与人生》、1928 年的《人生有何意义》和《科学的人生观》等文章中，胡适都不断地强调这一点。例如在《少年中国之精神》中胡适说："我们如果发愿要造成少年的中国，第一步便须有一种批评的精神。批评的精神不是别的，就是随时随地都要问我为什么要这样做？为什么不那样做？"[①]另外，在《新生活》中，胡适也认为，所谓新生活，就是有意思的生活。"有意思的生活"是什么样的生活呢？就是自己做了事，又知道自己为什么这样做。这"为什么"三个字，趣味无穷无尽。[②]

就第二点来说，胡适以科学为依据，提出了一个所谓的"科学的人生观"，他又称之为"自然主义的人生观"，后来又把它称为"新十诫"。具体来说就是：空间是无穷的大，时间是无穷的长，宇宙间万物的运行变迁皆是自然的行动，生物界的竞争很激烈，人不过是动物的一种，根据科学可知人类演进的原因，心理受因果律的支配，道德、礼教是变迁的，物质是不灭的，人是不朽的，等等。需要注意的是，根据胡适的承诺，他的结论都是与所谓具体的科学联系在一起的，都有科学根据，而没有任何超越性的东西和缺乏科学根据的世界和宇宙预设。胡适要人们相信，"科学"这一真正的万能上帝，是完全能够解决人生问题的。他认为，玄学家们的怀疑难不倒科学。他极为乐观地说："空间之大只增加他对于宇宙的美感；时间之长只使他格外明了祖宗创业之艰难；天行之有常只增加他制裁自然界的能力。甚至于因果律的笼罩一切，也并不见得束缚他的自由，因为因果律的作用

---

① 胡适：《少年中国之精神》，见欧阳哲生编：《胡适文集》第 12 册，第 563 页。
② 参见胡适：《新生活》，见《胡适文存》第一集，第 525—526 页。

一方面使他可以由因求果，由果推因，解释过去，预测未来；一方面又使他可以运用他的智慧，创造新因以求新果。甚至于生存竞争的观念也并不见得就使他成为一个冷酷无情的畜生，也许还可以格外增加他对于同类的同情心，格外使他深信互助的重要，格外使他注重人为的努力以减免天然竞争的惨酷与浪费。——总而言之，这个自然主义的人生观里，未尝没有美，未尝没有诗意，未尝没有道德的责任，未尝没有充分运用'创造的智慧'的机会。"[①] 胡适描述的多好啊！有了科学，一切都有了，人间就是天堂，还愁什么，哪还用去找什么世外根本就不存在的上帝！

但是，胡适太乐观了，看起来科学已经够发达了，但我们的人生为什么还如此不美满？人类何以还有如此多的灾难？世界上为何至今都没有人生乐园？玄学家们正是由于对这些问题深感困惑才对科学提出怀疑的。胡适希望中国大力发展科学，这个要求在中国科学还极为落后、极不发展的情况下具有积极的价值。但这并不意味着必须通过肯定科学的万能来实现。胡适即便相信科学，即便要大力在中国推进科学，也不是不可以认真倾听玄学家的声音。但他一点都听不进，他用类似宗教的那种信仰来对待科学。他把宗教向人做的许诺都转移到了科学身上。这是一种科学独断论和科学乌托邦主义。在胡适把科学作为万能的上帝加以无限信仰的时候，他的思想内部暴露出破绽。胡适一贯以"怀疑"著称，但他对科学却最不怀疑。因而，他的怀疑论就不像他说的那样前后一贯。同时，把科学泛化，对科学并没有什么益处。胡适用科学对人生所做的解释，已使科学受到损害。例如他说："根据于生物学及社会学的知识，叫人知道个人——'小我'——是要死灭的，而人类——'大我'——是不死的，不朽的；叫人知道'为全种万世而生活'就是宗教，就是最高的宗教。"[②] 但是，生物学和社会学的知识都提供不了胡适所说的这种"大我"不朽的根据。结果，胡适所说的以科学为根据，就完全变成了形式上的东西，甚至是反科学的。20 世纪 60 年代，中国科学的大规模异化，就出现在"一切都以科学为指

[①]　胡适：《〈科学与人生观〉序》，见《胡适文存》第二集，第 152 页。
[②]　胡适：《〈科学与人生观〉序》，见《胡适文存》第二集，第 151 页。

导"这种美好的字眼之下。我们不是要把这种大规模的异化归罪于胡适头上，而只是说，科学的异化有共同的逻辑，即科学为万能。而且，在科学与人生观的关系中，胡适没有意识到，在他身上包含着绝对主义与相对主义这两个不相称因素。他对"科学律"的看法是极其相对主义的。他不承认所谓普遍的规律，认为"真"是一个不断变化着的假设，不断更替着的工具。这显然过分夸大了科学的相对性。但同时，胡适又绝对地说，科学能完全解决人生的问题。这显然是不能令人信服的。

一般来说，生活在理性和科学时代的人，忽视甚至排斥理性和科学是不明智的。理性和科学肯定能解决人生的不少问题，但是，它们决不能解决和满足人生所需要的一切。人是有感情的，他需要音乐，需要文学，需要戏剧，这是科学所不能代替的。这不是说，这些领域的问题不可以用科学的方法进行研究，而是说这些领域的东西本身都不是科学，但人却极为需要。人有一些超越性的要求，他不能只是生活在一个个事实和一个个证据面前。他需要冥想，需要绝对和永恒，而这些又离不开哲学和宗教。胡适的科学人生观，虽然照他所说也有诗意，但这只是科学的诗意，而不是文学、哲学、音乐和宗教中的那种诗意。如果说科学的诗意是人生需要的，那么后者的诗意也是人生所不可缺少的。

三、新的人格形象

1932 年，胡适在北京创办《独立评论》，刊名中的"独立"二字很惹人注意，它集中体现了胡适作为一个独立知识分子的自许和试图把国民都带到独立人格境地的努力。第一期的发刊词说："我们叫这刊物作《独立评论》，因为我们都希望永远保持一点独立的精神。不倚傍任何党派，不迷信任何成见，用负责任的言论来发表我们各人思考的结果；这是独立的精神。"[①] 在此，孤立地看，胡适主要是从言论自由这一点来强调"独立精神"的，但是如果我们把它扩展到胡适的人生哲学来看，那么，"独立精神"在很大程度上

---

① 胡适：《〈独立评论〉引言》，见欧阳哲生编：《胡适文集》第 11 册，第 201 页。

就是胡适所要求的新的人格形象的突出特性。在日本启蒙思想家福泽谕吉的影响下，梁启超已开始提升和强调"独立"观念。胡适自述他颇受梁启超思想的影响，由此我们也许可以推测胡适的独立人格精神与梁启超不无关系。

胡适所说的独立人格形象，首先意味着人必须具有一种崇高的道德境界，即做一个顶天立地的人，用胡适的话说就是："打破你的环境里的一切束缚。……天不怕，地不怕，堂堂地做一个人。"[①] 在社会生活中，人的存在自然要与各种世俗价值打交道。但作为一个人，他应该能够抵御住来自任何方向的诱惑，应该保持自己的独立人格，不能为了世俗的价值而失去自我的独立性和自主性。胡适的格言是："为要做人而钱有所不取，为要做人而官有所不做，为要做人而兽性的欲望有所不得不制裁，为要做人而饭碗有所不得不摔破。"这很容易使我们想起孟子论"大丈夫"人格所说的名言："富贵不能淫，贫贱不能移，威武不能屈"。仅仅由此来看，胡适的独立人格形象也许并不新鲜，作为一种理想它已为儒学传统所拥有。

但是，胡适的独立人格形象，并不局限在道德的层面上，他还具有更新的内容，其中之一是在政治上强调人的自由和自主权利，认为人拥有"不受外力拘束压迫的权利"，拥有"在某一方面的生活不受外力限制束缚的权利"。在胡适看来，奴隶是没有选择的自由的，他的一切都是给定的，所以在他那里没有独立人格可言。胡适说："世间只有奴隶的生活是不能自由选择的，是不用担干系的。个人若没有自由权，又不负责任，便和做奴隶一样，所以无论怎样好玩，无论怎样高兴，到底没有真正乐趣，到底不能发展个人的人格。"[②] 这就是说，独立的人格是与自由、自主的权利分不开的。

与人生的科学化有关，在胡适那里，独立人格形象又是智慧的拥有者和真理的追求者。在此，胡适强调的是理性化的人。他认为，人必须具有独立思考问题和独立做出自己决断的能力，对任何问题和事情都要问一个

① 胡适：《我们对西洋文明的态度》，见欧阳哲生编：《胡适文集》第 4 册，第 6 页。
② 胡适：《易卜生主义》，见《胡适文存》第一集，第 467 页。

为什么，这是人之作为人的基本特质。胡适说："人同畜生的分别，就在这个'为什么'上……畜生的生活只是糊涂，只是胡混，只是不晓得自己为什么如此做。一个人做的事应该件件事回得出一个'为什么'……回答得出，方才可算是一个人的生活。"[①] 对任何事情具有不断地提出"为什么"的态度，同时也就是对事物具有了"批评的态度"和"批评的精神"。胡适说："新思潮的根本意义只是一种新态度。这种新态度可叫做'评判的态度'。评判的态度，简单说来，只是凡事要重新分别一个好与不好。"[②] "一切习惯、风俗、制度的改良，都起于一点批评的眼光；……批评的精神不是别的，就是随时随地都要问我为什么要这样做？为什么不那样做？"[③] 胡适反对缺乏个人主见的人云亦云和亦步亦趋，主张在社会为"偏见"和"成见"所左右的情况下，要敢于"立异"和"不容忍"，为了坚持真理，决不向"成见"让步和屈服，宁愿成为"国民公敌"和"最孤立的人"。胡适这样说："不苟同流俗，不随波逐流，不人云亦云。非吾心所谓是，虽斧斤在颈，不谓之是。行吾心所安，虽举世非之而不顾。"[④]

塑造一种新的人格形象，同时就要超越传统对人格的一些扭曲。在胡适看来，中国传统的家族制度，最易于使人丧失独立性，养成一种强烈的依赖性。他说："吾国家庭，父母视子妇如一种养老存款（old age pension），以为子妇必须养亲，此一种依赖性也。子妇视父母遗产为固有，此又一依赖性也。甚至兄弟相倚依，以为兄弟有相助之责。再甚至一族一党，三亲六戚，无不相倚依。"[⑤] 尤其是传统的家族文化主张纲常名教，把妇女严格地约束在家庭中，使她们只能去做一个服服帖帖的"贤妻良母"，儿子对于父亲只能孝，不管父亲如何。这样，人在家庭中就已经失去了独立的人格；如果再加上来自社会和政治对人的束缚和抑制，那就更可想象人将是一种什么样的形象——恐怕就只是依赖、依附和唯命是从了。对胡适

---

① 胡适：《新生活》，见《胡适文存》第一集，第 526 页。

② 胡适：《新思潮的意义》，见《胡适文存》第一集，第 527—528 页。

③ 胡适：《少年中国之精神》，见欧阳哲生编：《胡适文集》第 12 册，第 563 页。

④ 胡适：《胡适留学日记》，上海书店 1990 年版，第 620 页。

⑤ 胡适：《胡适留学日记》，第 251 页。

来说，新的独立人格形象的确立，就为人从传统对人的设计中跳出来提供了一个值得追求的目标。

应指出的是，胡适要求独立人格形象并不是基于人本主义的观念，因为胡适尚未把独立人格本身视之为人的最终目的。在他看来，独立人格之所以重要，在于它能与国家和社会的富强对应起来，或者说在于它能服务于社会和群体的善。他说："社会国家没有自由独立的人格，如同酒里少了酒曲，面包里少了酵，人身上少了脑筋：那种社会国家决没有改良进步的希望。"[①] 又说："良善的社会决不是如今这些互相倚赖，不能'自立'的男女所能造成的。所以我所说那种'自立'精神，初看去，似乎完全是极端的个人主义，其实是善良社会绝不可少的条件。"[②] 对此，格里德（Jerome B. Grieder）曾分析说："从一开始胡适就说得很清楚，他并未把个体人格的发展看作是可以由自身判定的目的。虽然传统社会制度也许会迫使个人反对它以拯救自己，但是在他为独立而奋斗之背后的终极目的，却并不在于仅给他个人以任何利益，而在于它作为迈向创造一个新的、更自由的社会的一个步骤的重要性。"[③] 把独立人格与社会群体的进步和发展联系在一起，并不为胡适所仅有。在胡适之前，严复要求的具有"德"、"智"和"力"三种优秀品质的新国民和梁启超所主张的"新民"，都不是立足于人本主义，而是与国家和民族的富强联系在一起的。

四、人生的目的及其实现

1926 年，胡适发表了《我们对于西洋近代文明的态度》一文。在这篇文章中，胡适通过比较东西文明，为什么是人生的目的及其实现的途径提供了一个答案。在他看来，人生的根本目的在于追求幸福。尽管对幸福这

---

① 胡适：《易卜生主义》，见《胡适文存》第一集，第 467 页。
② 胡适：《美国的妇人》，见《胡适文存》第一集，第 480 页。
③ ［美］格里德：《胡适与中国的文艺复兴——中国革命中的自由主义（1917—1950）》，鲁奇译，江苏人民出版社 1989 年版，第 99—100 页。

个概念本身，胡适没有做出准确的界定，但他所说的幸福，主要是指人生基本欲望的满足。因为在胡适看来，只有人的物质生活得到了保证，他才能去发展精神生活。他说："我们深信，精神的文明必须建筑在物质的基础之上。提高人类物质上的享受，增加人类物质上的便利与安逸，这都是朝着**解放人类的能力**的方向走，使人们不至于把精力心思全抛在仅仅生存之上，使他们可以有余力去满足他们的精神上的要求。"① 在中国传统中有两句古训，即"仓廪实而知礼节，衣食足而知荣辱"和"正德利用厚生"。对此，胡适极为欣赏（也许是为了突出人的物质生活，他把其中的"正德"抽去了），认为二者都是强调要满足人类生存的基本需要，这是人类最低限度的幸福。如果连这一点都达不到，遑论其他。然而人类的悲剧恰恰就在这里，胡适几乎是带着控诉的口气说："人世的大悲剧是无数的人们终身做血汗的生活，而不能得着最低限度的人生幸福，不能避免冻与饿。人世的更大悲剧是人类的先知先觉者眼看无数人们的冻饿，不能设法增进他们的幸福，却把'乐天'、'安命'、'知足'、'安贫'种种催眠药给他们吃，叫他们自己欺骗自己，安慰自己。……从自欺自慰以至于自残自杀，人生观变成了人死观，都是从一条路上来的：这条路就是轻蔑人类的基本的欲望。朝这条路上走，逆天而拂性，必至于养成懒惰的社会，多数人不肯努力以求人生基本欲望的满足，也就不肯进一步以求心灵上与精神上的发展了。"②

正如胡适从不主张自私自利的"个人主义"一样，"幸福"在胡适那里，也不只是意味着"我自己"的幸福，而且还意味着"他人"的幸福。功利主义为了在个人幸福（或个人利益）与全体幸福（或全体利益）之间找到平衡和调和，主张"最大多数人的最大幸福"。胡适认为，这种观念超越了一己的狭隘幸福和利益，使幸福和利益朝向"社会整体"的方向扩展。他说："自己要享受幸福，同时便想到人的幸福。所以乐利主义（utilitarianism）的哲学家便提出'最大多数的最大幸福'的标准来做人类

① 胡适：《我们对于西洋近代文明的态度》，见《胡适文存》第三集，第2页。
② 胡适：《我们对于西洋近代文明的态度》，见《胡适文存》第三集，第2—3页。

社会的目的。这都是'社会化'趋势。"①

　　幸福既然是人生的目的，那么人如何得到幸福呢？胡适的回答是，幸福等不来，只能靠人去积极争取。他说："最大多数人的最大幸福，不是袖手念佛号可以得来的，是必须奋斗力争的。"② 胡适对人类的工业文明和"工具理性"充满着乐观态度，坚信人类只要不断地利用新的手段去改造自然，人类的幸福就一定能实现。胡适严厉批评消极退缩、无所作为的人生态度，强调人的积极进取精神，并认为这是"人化"的宗教。胡适兴奋地说："信任天不如信任人，靠上帝不如靠自己。我们现在不妄想什么天堂天国了，我们要在这个世界上建造'人的乐国'。我们不妄想做不死的神仙了，我们要在这个世界上做个活泼健全的人。我们不妄想什么四禅定六神通了，我们要在这个世界上做个有聪明智慧可以戡天缩地的人。我们也许不轻易信仰上帝的万能了，我们却信仰科学的方法是万能的，人的将来是不可限量的。"③ 很明显，这里所展现的完全是一种"浮士德精神"。

　　对胡适来说，肯定人生的目的是幸福，并通过人类自身的进取精神获得幸福，已不再是空想，它在西方近代文明中已经得到了充分的体现，已经成为西方近代文明的特征。在胡适看来，西方近代文明建立在三个基本的观念之上：第一，人生的目的是求幸福；第二，所以贫穷是一桩罪恶；第三，所以衰病是一种罪恶。胡适所说的这三个观念，严格说可以归结为一个观念，即"人生的目的是求幸福"，第二第三两个观念实际上都是第一个观念的延伸和具体化。在胡适看来，正是由于西方文化把幸福作为人生的目的，所以它发展出了丰富的物质文化和以物质文化为基础的精神文化，满足了人的需要。他说："这一系的文明建筑在'求人生幸福'的基础之上，确然替人类增进了不少的物质上的享受；然而他也确然很能满足人类的精神上的要求。他在理智的方面，用精密的方法，继续不断地寻求真理，探索自然界无穷的秘密。他在宗教道德的方面，推翻了迷信的宗教，建立

---

① 胡适：《我们对于西洋近代文明的态度》，见《胡适文存》第三集，第7—8页。
② 胡适：《我们对于西洋近代文明的态度》，见《胡适文存》第三集，第9页。
③ 胡适：《我们对于西洋近代文明的态度》，见《胡适文存》第三集，第6—7页。

合理的信仰；打倒了神权，建立人化的宗教；抛弃了那不可知的天堂净土，努力建设'人的乐国'、'人世的天堂'；丢开了那自称的个人灵魂的超拔，尽量用人的新想象力和新智力去推行那充分社会化了的新宗教与新道德，努力谋人类最大多数的最大幸福。"[①]

以西方的这种文明为模特儿，胡适对东方文明作了检讨。在胡适看来，东方文明忽略了人生的基本幸福，强调对人生欲望的抑制，一味地使人在心性上做工夫，向内收缩，形成了一种知足安分的人生态度，不仅导致物质生活贫乏，而且使得精神生活也得不到应有的发展。胡适说："知足的东方人自安于简陋的生活，故不求物质享受的提高；自安于愚昧，自安于'不识不知'，故不注意真理的发见与技艺器械的发明；自安于现成的环境与命运，故不想征服自然，只求乐天安命，不想改革制度，只图安分守己，不想革命，只做顺民。"[②]令胡适气愤的是，面对西方文明，我们本应努力学习，以使中国传统文明获得新生，但有人却背道而驰，寻找各种借口，阻碍学习西方文明，固守中国传统文明，并声称"西方是物质文明，东方是精神文明"。胡适说："这种议论，本来只是一时的病态的心理，却正投合东方民族的夸大狂；东方的旧势力就因此增加了不少的气焰。"[③]胡适把人生的目的确定为幸福，其动机是要在理论上为学习西方物质文明和建设中国新文明铺平道路。

五、道德和善的相对化

与在人生哲学的其他问题上一样，胡适关于道德和善的说法，也远离超越性、绝对性和本质性。道德和善不是先天、先验的最高立法、绝对命令和"常道"、"天理"，而只是相对于具体环境、一定历史时期和现实境遇的"习惯"、"有用的"选择。这种看法，无疑大大弱化了道德和善的神

---

① 胡适：《我们对于西洋近代文明的态度》，见《胡适文存》第三集，第9—10页。
② 胡适：《我们对于西洋近代文明的态度》，见《胡适文存》第三集，第10页。
③ 胡适：《我们对于西洋近代文明的态度》，见《胡适文存》第三集，第1页。

圣性、严肃性和给人造成的紧张性，使道德和善变得容易接近并能够轻松地被实践，但这同时也有导向非道德主义的危险。胡适关心的焦点在于，通过道德和善的相对化过程，打破中国传统的一些伦理道德规范，以造成一种新人和由这种新人组成的社会。

胡适使道德和善相对化的理论根据是杜威的真理相对主义、达尔文的进化论等科学的权威和易卜生笔下的个人解放思想。他一并接受了这些思想，并把它们简化为明快、简单的警句和格言。在杜威那里，真被相对化为有用，超越主观愿望的客观知识及其标准已不复存在。本身就属于价值领域的道德和善，更是与真一样，只能是时地性的有用的"工具"和方便之门。杜威不喜欢以往道德哲学把动机（内）和效果（外）、责任和兴趣二分化和抽象化，而是强调它们的不可分性和内在联系。杜威的方向，无疑给重新思考道德和善注入了一针兴奋剂，但他的结论，并不能令人信服。真当然有用，但有用的不等于真。同样，道德和善也有用，但有用的并不都是道德和善。动机和效果、责任和兴趣有统一性，但不总是对称的。善良的动机没有好的效果，没有兴趣而出于责任心的行为，都不是新鲜的事。通过赫胥黎的大脑而传达出来的达尔文的进化论，同斯宾塞的"普遍进化论"并不一致。斯宾塞肯定进化完全适应于社会的伦理道德，但赫胥黎对此却是否定的。斯宾塞认为，社会领域与自然领域一样亦是"任天为治"，并认为由此可以达到社会的至善理想。但赫胥黎则提倡"与天争胜"，并认为社会的演化，不是善单一演进，而是善恶俱演。易卜生要求超越社会道德规范对人的束缚，把道德视为一种"社会的习惯"和"虚伪"的象征。这种对道德的看法，也是偏激的。道德本身可以有很高的形而上学基础，它本身并不"虚伪"。

但是，对于上述观念，胡适似乎不加批评地就接受了下来，并且不愿对这些观念打折扣。他可能认为，如果打了折扣，它们的新鲜性和鼓动性就会大大减少。因此，他要以完全肯定的态度把这些观念解读给人们。他与杜威一样，把真和道德、善混为一谈，并把它们都相对化为时地性的假设、有用的工具和不断变化着的砝码。他说："科学的律令，就是事物变化的通则，从前的人以为科学律令是万世不变，差不多可以把中国古时'天不变，道亦不变'的二句话，再读一句'科学律令亦不变'，然而五十年来，这种观念大为改变了。大家把科学律令看作假设的，以为这些律令都是科学家的假设，用来解释事变的。所以，可以常常改变。"①"三纲五常从前在中国成为真理，就因为在宗法社会的时候，这个'纲常'的理论，实在可以被我们用作工具来范围人心，并且着实见些功效。到了现在社会的情形变了，这个'纲常'也好像是没用工具一般，只好丢去。"②同时，胡适又以科学为标准来论证道德和善的相对性。他说："道德者，亦循天演公理而演进者也"，"照生理学、社会学来讲，人类道德、礼教也变迁的。"③假如科学能作为道德立论的标准，那么至少也得把这些理论说得更清楚些，但胡适没有向人们展示最低限度的科学知识，这难免使人觉得他是在拿科学吓人。生物进化论是否真的适用于社会伦理，它在斯宾塞和赫胥黎那里是如何被处理和对待的，胡适也都没有追究。他看到"进化"、"适者生存"这些新的概念，感觉耳目一新，就赶紧把它们投放到他认为必要的地方，使之发挥作用。

我们不是一味地批评胡适，而是要揭示他处理理论的方式。这种方式在理论上是有问题的，但这种问题对于"外围"或"教化"的哲学家来说是不重要的。重要的是，在社会变革需要新的理论时，必须尽快提供。胡适无暇去认真思考他所接受的理论，他要使理论在社会改革上立即起作用。事实上，胡适正是把他的道德和善相对化理论，极快地运用到反叛中国传统伦理道德观念上，而且效果也极为明显。那些几千年来一直被视为神圣不可侵犯的观念，在被胡适相对化之后一下子就被摧毁了。说上去并不高明的理论，竟能发挥出如此惊人的作用，这是一个值得思考的问题。

但是，胡适还有具体的事需要从事，这就是确立一套新的伦理道德规范。因为，已有的规范已经被打破，必须用新的加以补充，否则，道德意识的真空会使社会和个人出现新伦理道德危机。而胡适在这一方面就拿不

---

① 胡适：《谈谈实验主义》，见欧阳哲生编：《胡适文集》第12册，第271页。
② 胡适：《谈谈实验主义》，见姚鹏、范桥编：《胡适讲演》，第328页。
③ 胡适：《科学的人生观》，见姚鹏、范桥编：《胡适讲演》，第374页。

出更多的东西。他与汪长禄关于父子伦理关系及由此而引出的道德问题的讨论是有象征性的。胡适在《我的儿子》中说出这样一个警句："我要你做一个堂堂的人，不要你做我的孝顺儿子。"① 这是对打破中国传统中一味要求儿子孝顺父亲的观念的肯定。但父子之间仍需要伦理道德的纽带。汪长禄认识到了这一点，因为他在肯定胡适这一警句的积极性的同时，希望把它修正为"我要你做一个堂堂的人。不单单是做一个孝顺的儿子"。汪长禄关心的是，父子之间不能没有伦理规范。即便不要孝顺观念，也总得要有其他概念来代替。但胡适却不管了，最后他把这种关系进一步淡化："至于我儿子将来怎样待我，那是他自己的事"。胡适这样讲，肯定是轻率的。与此相关，胡适为了对抗中国传统的伦理道德规范而把伦理道德规范完全相对化，这虽然能起到解放的作用，但同时也会导致非道德主义倾向。因为，既然我们可以从道德的相对化去反对传统的道德，那么我们当然也可以以此去反对任何新的道德。要避免这种危险，就应对道德的稳定性和连续性做出适当的肯定。对于那些要继续在中国传统中寻求道德的出发点和营养的人来说，对于那些强烈要求重建道德的人来说，胡适的方式都不讨他们欢心。如果胡适能使他的观念更高明些，而且不在反传统道德观念上"拼命走极端"，他就会赢得更多的合力，而这更有利于促进中国人的伦理道德发展。

① 胡适：《我的儿子》，见欧阳哲生编：《胡适文集》第 9 册，北京大学出版社 1998 年版，第 144 页。

"人类关怀"和"圣人人生观"

——从一个具体问题看金岳霖的《论道》与《道、自然与人》之间的不同

　　1995 年，由金岳霖学术基金会学术委员会编的四卷本《金岳霖文集》由甘肃人民出版社出版，文集首次公开了一些金先生的手稿，其中以英文的《道、自然与人》（收入文集第二卷）最为重要。后来，胡军教授把它译成了中文，刊载于《金岳霖集》（中国社会科学出版社，2000 年）。金先生说得很清楚，他写的这些篇章，大部分是《论道》（商务印书馆，1940 年初版）这部书的节译。他还说，《论道》这部书图书馆里很难找，他自己手头也没有。在节译之外，最后一部分"自然与人"（金先生称"《论自然和人》一章"）是他新写的。金先生为什么要节译《论道》呢？照金先生的说法，这是为了回报美国国务院对他的邀请。为什么要补充"自然与人"？金先生也有说明。他说："增加它的目的是使本书的思想多少易为人接受。"我不知道大家是如何理解这句话的。这个问题我觉得比较重要。为什么原书"不易"为人接受呢？我不知道大家有没有这样的感觉，或者有没有这样的问题。在此之前，我确实是存在这样的问题。我想给出一个说明和解释。

　　也许让人费解，《论道》这部书恰恰是金先生试图要使其最具有"中国味"的一部书。这部形而上学的书可以说与中国古代哲学发生了密切关系。与他的《知识论》和《逻辑》两书相比，《论道》使用了不少中国古代哲学

范畴，"道"是一个代表。在《论道》这部书的"绪论"的后面，金先生对"道"说了一些激动人心的话，这些话常被人引用。金先生也说了他对知识论与形而上学（元学）态度不同的话。他说他之所以使用"道"而不立别的"新名目"的原因在于："从情感方面说，另立名目之后，此新名目之所谓也许就不能动我底心，怡我底情。"①旧版《论道》中，金先生有一个序，可惜这个序没有保留在重印的新版（商务印书馆，1985 年）中。金先生谈到，他使用"论道"作为书名是接受了叶公超先生的建议："我也要感谢叶公超先生，他那论道两字使一本不容易亲近的书得到很容易亲近的面目。"②既然这样，《论道》还有什么不易为人接受的呢？其实，《论道》还使用了不少传统哲学的术语，诸如无极、太极、几、数、理、势、性、情、体、用等。虽然他说这是"旧瓶装新酒"，但至少从面目上这些术语能够让大家有亲近感，况且金先生对这些术语的用法，与传统又不是格格不入。那么，为什么它不易为人接受呢？

在《理性与浪漫——金岳霖的生活及其哲学》（河南人民出版社，1993 年）这部书中，我曾经对《论道》提出过批评，这个批评甚至相当严厉。这个批评的中心观点之一是说金先生对人类太悲观了，对人性太悲观了。充分尽性的人，很纯洁，很高尚，但他对于人类是多余，在他个人则是悲剧。金先生说："大多数的人以为人是万物之灵。这从短期的历史上着想，大概是这样。……我个人对于人类颇觉悲观。这问题似乎不是人类以后会进步不会底问题。人之所以为人似乎太不纯净。最近人性的人大都是孤独的人，在个人是悲剧，在社会是多余。所谓'至人'，或'圣人'或'真人'，不是我们敬而不敢近的人，就是喜怒哀乐爱恶……等等方面都冲淡因此而淡到毫无意味的人。这是从个体的人方面着想，若从人类着想，不满意的地方太多，简直无从说起。人类恐怕是会被淘汰的。"③结果就是，金先生的《论道》，几乎不谈人类的问题。不谈人类的问题，不意味着金先

① 金岳霖：《论道·绪论》，商务印书馆 1985 年版，第 16 页。
② 金岳霖：《论道·绪论》，重庆商务印书馆 1940 年版，第 1 页。
③ 金岳霖：《论道》，商务印书馆 1985 年版，第 203 页。

生没有理想。实际上，金先生不仅有理想，而且有"最崇高"和"最完美"的理想，这就是"道"从"无极"演变到"太极"时的情景。这里的情景用金先生的话说就是"至真"、"至美"、"至善"和"至如"。在绝对的真善美三合一之外金先生又加上了一个最自由的境界——"至如"。这是一个最美丽的乌托邦，也是一个终极的宇宙乌托邦。但其中没有人类的存在，因为人类在天演中已经被淘汰了。这种没有人类的乌托邦，大概是金先生独有的想象。

从积极性的意义上理解，金先生对人类的失望，对人类起到了警告的作用，或者说，他是用通常所谓的激将法让人类自觉；从消极的意义上来看，人们便可能因自己不可救药而破罐子破摔。像形而上学这样的题材，总需要对人类说几句鼓励的话，但金先生太泄气了，以至于他根本不愿意谈人类的问题。这种悲观性根源于金先生的"完美主义"，或者说根源于金先生的"柏拉图主义"。理、理念是完美无瑕的，现实的事物都是粗糙不堪的，人类更是麻烦。我对《论道》的意见，甚至是不满的情绪，就集中在这里。

金先生晚年曾回忆说，他一生写了三部书，最糟糕的是《逻辑》，费劲最大的是《知识论》，比较满意的是《论道》。他没有谈他不满意的地方。但他回忆到了别人的不满，这个别人就是他视为长者、非常尊重的林宰平先生。金先生的话是这样说的："我的《论道》那本书印出后，石沉大海。惟一表示意见的是宰平先生。他不赞成，认为中国哲学不是旧瓶，更无需洋酒，更不是一个形式逻辑体系。"金先生还说，林宰平是他遇见的唯一一个儒者或儒人："他自己当然没有说，可是按照他的生活看待，他仍然是一个极力要成为一个新时代的儒家。"[①] 根据这里所说，林宰平先生"不易接受"的原因，主要是金先生把形而上学逻辑化和用中国哲学的旧瓶装西洋哲学的新酒。这个问题是存在的，但我认为不是主要的。金先生补写的内容主要是有关人与自然的关系，或天人关系。补写这一部分，解决不了

① 刘培育主编：《金岳霖的回忆与回忆金岳霖》（增订本），四川教育出版社 2000 年版，第 29 页。

林宰平先生所提出的上述问题。林宰平先生当时还有别的感觉，即《论道》的"冷漠"，当然是指对人类的"冷漠"。从该书的出版到 1944 年金先生在美国写英文稿，中间没有多长时间，金先生所说的人们不易接受的地方，我想应该就是原书《论道》忽略了人类的问题。

在中国的形而上学或玄学中，宇宙和天道，都是社会和人道的背景，或者说是人类活动的舞台，人类是这个背景下的主角。可是金先生的宇宙和天道演变到太极的理想境界，比天堂还美丽，但却没有了主角。黑格尔曾说过："一个有文化的民族，竟没有形而上学 —— 就像一座寺庙，其他方面都装饰得富丽堂皇，却没有至圣的神那样。"[1] 照此而言，我们可以说，金先生的"太极至境"富丽堂皇，遗憾的是却没有了仙人。金先生正是想弥补一下不谈人类问题的不足，而且通过人与自然的关系来补充，显然这正是中国哲学讨论最多的天人关系问题。

金先生的《道、自然与人》保持了《论道》一书中对人类命运的看法。这个看法就是人类不可能是永恒的，在无限的宇宙演化和道演中，人类不管在这一过程中存在多久，最终都要消亡。人类出现在某一宇宙演化的某一个时期，他也将在未来的某一时刻消失在茫茫的宇宙之中。金先生对人类的这一宿命并不悲观，他不渴望人类能进入到一个永恒的最完美的黄金时代。金先生关心的是过程，不是目的。他这样说："如果任何东西持续存在下去直到永远，那么它们也同样是没有任何价值的。目标并不一定比过程更有价值，目的也并不一定比手段更重要。只有在过程中所需的工作已经做完，目标才会变得更有价值。整个人类的生命正像个体人的生命一样，盛大铺设的葬礼并不能给个人生命以尊严，真正给他以尊严的是他的生活方式。"[2]"过程"比最终的"结果"更重要的观点，使金先生对人类并不悲观。在金先生看来，人类作为具有目的和意识的动物出现在宇宙的某一时刻不是偶然的，他也不是最终的，恰恰因为是这样，人类才被赋予了必不

---

[1]　黑格尔：《逻辑学》上卷，杨一之译，商务印书馆 1966 年版，第 2 页。

[2]　中国社会科学院科研局组织编选：《金岳霖集》，中国社会科学出版社 2000 年版，第 139 页。

可少的尊严。追求人类生命的永恒存在，对金先生来说是不可能的，也是没有意义的，这是对道教不死信仰的一种根本性否定。金先生说："希望有一个不老的躯体的想法会夺取一个人应该具有的变化、成长和衰老所带来的种种乐趣。希望有一个永恒的心灵的想法实际上是惩罚一个人使他具有包括排遣上帝样的孤独和寂寞。想要上面的一个或想同时要上面的两个想法都不过是在追求别人所不能具有的一种特权。这样的企图是想要借助于下面的手段来保持自我中心的地位，这一手段就是扩大差异、忽视同一性。"①

　　人类是一个有限过程的观点，对人类来说是一个机会。但不是纵欲主义者及时享乐的机会，也不是禁欲主义者故意与自己过不去的机会。这是一个把人类的本质表现出来的机会，是尽到人类责任的机会。对个人而言，这个机会就是尽心尽性。金岳霖说："在人类生命的漫长历史中那些可以被叫作人的人必须活得像个人，他们必须去做孤独的努力和奋斗以完成所期待于他们的那些作用或角色。"② 又说："生活是现实的和能动的，生活方式的本质是按照被给予的或被分配的角色去发挥作用。一个活着的人应该朝着按照活着的人的本质去生活或去努力。亚里士多德就是向着亚里士多德德性而生活或努力的。"③ 这就向人提出了一个要求，他必须努力发挥出自己的本性，使自己真正作为一个人而生活。

　　按照人的本性而生活，在金先生那里，也就是按照一种理想的人生观而生活，这种人生观就是圣人的人生观，用中国哲学的术语来说，即是"天人合一"的人生观。金先生说："最高、最广意义的'天人合一'，就是主体融入客体，或者客体融入主体，坚持根本同一，泯除一切显著差别，从而达到个人与宇宙不二的状态。"④ 从人生观而不是从不同的人的类型来说，"圣人人生观"只是金先生提出的人生观的一种，此外他还区分了"朴

---

　　① 中国社会科学院科研局组织编选：《金岳霖集》，第 101 页。
　　② 中国社会科学院科研局组织编选：《金岳霖集》，第 139 页。
　　③ 中国社会科学院科研局组织编选：《金岳霖集》，第 168 页。
　　④ 金岳霖：《中国哲学》，见金岳霖学术基金会学术委员会编：《金岳霖学术论文选》，第 355 页。

素的人生观"和"英雄的人生观"。朴素的人生观，没有自我中心论，对自我与他人的分化和实在的两分化程度最低。具有这种人生观的人，具有孩子般的单纯性和质朴性，他有欲望但不被欲望所控制，他保持着心灵的平和的境界。用天人关系的术语来说，他处在朴素的"天人合一"状态之中。与朴素的人生观相反的人生观是"英雄人生观"。英雄的人生观，表现为自我中心论和人类中心论。这种人生观在实在的两分化中达到了最大的程度。坚持这种人生观的人，心中充满着改造和征服自然的热情，并强烈要求达到征服自然的目的；坚持这种人生观的人，也常常追求成为英雄和不同寻常的人。金先生认为，人类文明需要英雄，需要不同寻常的人，但仅有他们是不够的，因为他们往往是战争的胜利者，而不是和平的缔造者。英雄人生观是典型的"天人相分"的人生观。从一定意义上说，圣人人生观有点类似于朴素的人生观，因为具有圣人人生观的人看上去就像具有朴素人生观的人那样朴素；说起来，这种人生观也是"天人合一"的人生观，但这种人生观的朴素性和天人合一状态，不是来自自然，而是来自于高级的沉思和冥想。圣人的人生观既不是个人中心的，也不是人类中心的。具有这种人生观的人，懂得人类与万物的界限，也知道自我与他人的界限，但他同时又要求人类对万物的同情，自我对他人的同情。金先生分析说："我们不应该忘记的是一个人同时也是一个动物和一个客体。这是千真万确的。作为一个动物，人是不同于某些客体的，作为人，他又不同于某些动物。作为自我，他又不同于他人。但如果他认识到被认为是自我的东西是渗透于其他的人、其他的动物和其他的客体的时候，他就不会因为自己的特殊自我而异常兴奋。这一认识会引导他看到他自己与世界及其世界中的每一事物都是紧密相连的，他会因此而获得普遍同情。"[1]

从一方面说，金先生的三种人生观，也可以说是人生的三种不同境界，或者说是人生的三个阶段。当我们在幼年时，我们与自然和他人的分化程度最低，我们都具有与生俱来的朴素性和纯真性；随着我们的成长，我们与自然和他人的分化程度大大提高，我们不仅增加了控制周围环境的意识

[1] 中国社会科学院科研局组织编选：《金岳霖集》，第186页。

和能力，也产生了强烈的自我意识；在经过了前两个阶段之后，我们对人生的经验，对生活的理解，对我们与外部世界和他人关系的态度，都将变得宽容和达观。从这种意义上说，圣人人生观是一种更理想的人生观。但是，从另一方面来看，金先生的三种人生观，又是各有优点的人生观，特别是英雄人生观与圣人人生观相比。人类需要英雄的人生观，因为人类面临着许多生存的问题。在金先生看来，西方占主导地位的人生观一直是英雄的人生观，例如，人是万物的尺度和人根据我们自己的形象创造了上帝这两种说法，就是英雄人生观的表现。西方因近代工业文明和技术条件而获得的对自然的力量，只是英雄人生观的一种强有力的形态。英雄的人生观为西方带来了惊人的发展，这确实是它的长处。东方社会就需要这种人生观来补充，因为东方没有很好地解决人类的困难。但是，英雄的人生观也有它的问题，它鼓励人进行无限度的征服，纵容人完全从自己的欲望出发改造客体，使人不仅丧失了对自然的基本尊重，而且也使人成为自己欲望的奴隶，使自己成为被征服者。因此，金先生强调，英雄的人生观需要圣人的人生观来补充甚至是挽救："所需要的并不是一些圣人，而是一部分人们起着不同的作用，努力获得圣人观。社会方面和个人方面的麻烦不在于我们所生活于其中的星球，而在于我们自己，而且为了防止社会机体被即将要影响整个世界的英雄观所控制，很有必要以圣人观来救治英雄观。"[1]

正是由于对人类的关心和讨论，我们感觉到金先生的形而上学不仅与中国古典哲学水乳交融了，而且也与我们当下的关切息息相关了。

---

[1]　中国社会科学院科研局组织编选：《金岳霖集》，第 186 页。

张岱年先生的"天人新学"
—— 自然、人和价值

    2009 年是张岱年先生诞辰一百周年，为此而举行的纪念性学术会议又一次把我们的目光集中在张先生的学问、哲学和人生之路上。如果说纪念张先生的最好方式就是承继他的精神遗产，那么接下来我们要做的就是弄清楚他究竟给我们留下了哪些重要的精神遗产。对于这个问题，大家可以从不同的方面来看。整体而论，他是 20 世纪中国最后一位哲学家，他在哲学和人格上都为我们树立了典范。这里我想从他的哲学建构和学说上给予具体说明。

一、智慧的激情和一贯之道

    哲学的洞察和智慧是高度理智化的工作，情感常常为这种工作提供不懈的"热情"和"激情"。现代哲学家金岳霖先生曾说，世界上好像有不少哲学动物，他自己就是其中之一，即使把这样的人关在监牢里做苦工，他满脑子里仍然是哲学问题。[①]金岳霖的说法，指出了哲学家沉思哲学的入迷状态。如果没有这种痴迷的持久沉思，我们不能想象哲学如何能产生。张

---

    ① 参见金岳霖：《唯物哲学与科学》见金岳霖学术基金会学术委员会编：《金岳霖文集》第一卷，甘肃人民出版社 1995 年版，第 214 页。

岱年先生说，他"思考哲学问题，常至废寝忘食"①。

　　张先生的哲学建立于 20 世纪 30 至 40 年代，这是现代中国哲学的体系化时期，现代中国有创造性的哲学家都会聚在这一个时期。这一时期中国人的物质生活非常匮乏，但哲学家的精神生活却格外丰富。从清末西学东渐，经过新文化运动对西学的大规模引入和东西方哲学的双向互动，再经过 20 年代的哲学积累，到了 30 和 40 年代，哲学家从对西方哲学的翻译、移植和传播以及对古代中国哲学的反思中，自觉地转变到了对新的哲学理论和学说的创建中，纷纷构筑起了自己的体系化哲学，促成了一场划时代的"哲学运动"。张岱年先生的哲学，就是在这一哲学运动的整体氛围中建立起来的体系化哲学之一。对于建立自己的哲学体系和学说，张先生有明确的行动自觉和方法论意识。行动上的自觉是指，他志在成为一位哲学家，"默而好深湛之思"，追寻宇宙的奥妙和人生的真谛；方法论意识是指，他尝试通过对现代哲学的融会和综合创造一种新的哲学。张先生说："30 年代中期，有不少学者试图提出自己的哲学观点，我也不甘落后，于是写了《哲学上一个可能的综合》，试图提出自己关于哲学理论问题的系统观点。我大胆提出：'今后哲学之一新路，当是将唯物、理想、解析综合于一。'"②张先生说的当时的一些学者，其中就有熊十力、金岳霖和冯友兰。这三位现代中国著名哲学家从 30 年代到 40 年代，先后建立起了"新唯识论"、"新理学"和"新实在论"等哲学体系。

　　哲学家有不同的性格，不管他们是詹姆士（William James）所说的硬心肠的还是软心肠的；哲学也有不同的主题和类型，不管它们是以赛亚·伯林（Isaiah Berlin）所说的刺猬式的还是狐狸式的，或者是罗蒂（Richard Rorty）所说的系统化的还是教化的。按照柏格森（Henry Bergson）的说法，一位哲学家一生只说一个"主题"。《庄子·人间世》篇说："道不欲杂，杂则多，多则扰，扰则忧，忧而不救。"用孔子的说法是"吾道一以

---

　　① 张岱年：《真与善的探索》，齐鲁书社 1988 年版，"自序"。

　　② 张岱年：《八十自述》，见《张岱年全集》第八卷，河北人民出版社 1996 年版，第583 页。

贯之"。张先生哲学的主题和一贯之道是什么呢？张先生的哲学简洁而不模糊，分析而不烦琐，综合而不芜杂，目标是追寻宇宙万物的"最高原理"和"社会人生的最高价值"，围绕的基本问题是"天人之故"，也就是现代哲学所说的自然与人的关系。张先生在《真与善的探索·自序》中说："吾昔少时，好作'深沉之思'，不自量力，拟穷究'天人之故'。""究天人之际"是古代中国哲学的主题，这一主题在张岱年先生的哲学中重新被点燃了，但它是在东西方哲学融会和贯通之上的一次点燃。

　　张先生的《真与善的探索》这部著作，代表了他一生的哲学思想。其中的《哲学思维论》、《知实论》、《事理论》、《品德论》，整理和写成于1942年至1944年间；1948年，张先生又写出了《天人简论》。这"五论"在收入全集时，张先生将它们统称为"天人五论"。这说明在形式上张先生也要用"天人关系"来贯通自己的整个哲学。张先生到了晚年，仍然打算写一部以"自然与人"为主题的新的哲学著作。从20世纪30年代到90年代，中间经过了半个多世纪，张先生肯定会有新的考虑和看法。但由于诸多原因，张先生最终没有实现这一愿望。但他晚年仍撰写了不少讨论中国古代天人关系的论文。张先生的哲学不仅是"天人之学"，而且是一种新型的"天人之学"，称得上是"天人新学"（或"天人新义"）。新在什么地方？我想从以下几个方面来谈一谈。

二、非本体主义的"本"和线性过程

　　哲学是追根求源之学，这个学问一般称之为本体论和生成论。许多哲学家预设下最高的本体或最初的根源，以之作为万物的本质或万物的生成者。但张先生"天人新学"中的根源意识，既不是本体论意义上的，也不是生成论意义上的。张先生从东西方传统哲学的主流中走了出来，他主张"非本体性的"（类似于古代中国玄学的"崇有论"和西方实证主义哲学等）的根源，他称之为"天人本至"的"本"。这个"本"，在张先生那里，不是指最初的"生成者"，也不是指决定万物的"本质"，而只是"统一"和"包含"。从整体和至大无外的意义上说，"本"是"宇宙"、"天"

和"自然"，这三个概念在张先生那里是异名同谓。在中国古代哲学中，这三个概念特别是"自然"和"天"的意义是很复杂的。张先生选择了中国古典哲学中作为"物理客体"（即"自然界"）的"自然"（最早是阮籍的用法）的意义，同西方近代意义上的"自然"结合了起来，选择了总括一切事物的"天"（非主宰之天和最高原理之天）的意义，选择了作为时空和包含一切事物的"宇宙"的意义，用这三个概念共同指称万物之"本"。这是一个无限的、独立自存的客观实在世界之"本"，人和万物都统一于此、内含于此。张先生的这种非本体主义之"本"，否定了决定万物的绝对本体，也打破了西方主流哲学"自然之两分"的思维方式。张先生又进一步将这一客观世界之"本"，化约为"物质"和"气"，认为物质和气是客观世界中"最基本"的存在。在这一点上，张先生受到了科学的影响，认为最小的物质是质量和能量的统一，是粒和波的统一。据此，"天"和"自然"之"本"，更具体地说就是"物本"和"气本"。同样，这里的"本"是"统一"的意思，而不是"主宰"和"生成者"的意思。

现代哲学都程度不同地受到了进化世界观的影响。按照这种世界观，宇宙和万物都是演化的，而且是线性的，人类社会同样如此。张先生的"天人新学"反映了进化的世界观，也反映了怀特海的过程哲学。天、自然是以历程和过程来展现的，物和气以内在于自身的动力演化和进化。对于自然和社会的变化，哲学家有退化论的立场，也有循环论的观点。张先生拒绝循环论和退化论，认为自然和天、物质和气的演化是有方向的、不可逆的。在张先生的"天人新学"中，物和气虽然是最基本的存在，但却又是最低级的存在。如果自然和天的演化只是复制或重复性的活动，世界就不能进化。为了说明自然演化的方向性和进步性，张先生相信演化是一种创造性活动。作为创造性活动，演化是从低级到高级的过程，更具体地说，是从无机物到有机物、从有机物到生物、从生物到生命、从生命到人和人的心灵的发展。张先生称之为"一本而多极"、"一源而多流"。"流"和"极"是说世界向多样化（种类）的分化和展开过程，由此世界变得丰富多彩、千姿百态。同时，分化又是一个从粗到精、从卑到高的发展，这样万物比较起来就有了高低、等级之不同，张先生称之为"品级"。直到自然和天演化出人类，宇宙和世界中就有了最高的存在，张先生称之为"至"。但这个最高的存在，不等于就是最完满的存在。看得出来，张先生的普遍意义上的进化论和过程论，是同近代哲学思想中的进化、进步的整体精神气质相吻合的，而且又是对怀特海的过程哲学和创造观念的转化。张先生不接受怀特海的整体有机论，也没有把创造力委之于上帝。另外还看得出来，张先生的普遍进化论，否定了最初的东西就是最好的东西的原始自然主义的观点，也否定了最高的本质和生成者就是最高的价值和意义的主张。但张先生没有想象未来的超人，也没有想象终极性的进化目标。

三、人同自然的双重关系

人是自然和天演的产物，从这种意义上说，人统一于天和自然。但人不同于万物，他是宇宙和万物中最特异的存在。人的特异之处在于他有心灵和辨别能力，他不仅能够辨别万物的"自然"，也能够辨别人应该如何的"当然"。由此，根源意义上的天人统一，就变成了人类自我意识意义上的"天人之分"。张先生的这种"天人之分"，同荀子的"天人相分"有一定的可比性，而同庄子把"天人相分"看成是分裂、异化的观点不同。从动态上说，"天人相分"之中的"人"是主体性的人，是通过行动实现人的生活目标和价值的人。人的主体行动，主要有两个方面：一是人通过知识和技术认识自然、适应自然和改造自然，从中获得人类生活所需要的物质条件，满足人的生存需要；二是人对自身的自然人性进行改造，以成就自己的道德价值和人格。人的这两种主体行为，用中国传统哲学的术语说，是"利用厚生"和"正德"的统一；用韦伯的说法，是"工具理性"和"价值理性"的统一。

在东西方文明中都有程度不同地美化自然的自然主义者，例如古代中国的庄子和近代法国的卢梭，但张先生不是自然主义者。他不认为万物之间都是弱肉强食的关系，但他确实认为宇宙万物之间、生物之间、人与人之间，存在着矛盾和冲突，他称之为"乖违"。他认为，《中庸》说的"万物并育而不相害，道并行而不相悖"向我们描述了一个包含宇宙万物的

"广大而和谐的境界"①，但实际上并非如此。他说："就实际情状言之，万物并育而更相害，道并行而亦相悖。"② 面对世界的冲突和矛盾，人类的生存实际是争取生存，人类的生活实际是争取生活。为了争取生存，人类必须认识自然和天，认识万物，一方面遵循自然和天的法则，适应环境；另一方面又必须改变环境、改造自然和利用自然。近代以来发展起来的科学和技术，解决的就是这一个问题。人在改造外在客观自然的同时，也需要改造人自身的人性自然。张先生不主张性善论，也不主张性恶论。在他看来，人类由其他生物进化而来，既有好的性质，也有不好的性质。人要尽力发挥其善性，克服其不善性。他谈到这一点时说："人性常在改进之中，亦常在创造之中，人不惟应改造物质自然，更应改造其自己的自然。人类不惟是自然的创造物，且应是自己的创造物。人所以异于禽兽，在于能自觉的创造自己的生活。"③

　　张先生刚健有为的人生观主要就体现在他所说的对客观自然和人性自然的这种双重改造之中。张先生说："生之本性为健……健者胜物而不屈于物。"④ 改造自然的过程，是人的生命力充分发挥的过程，是人的理性与生命统一的过程。张先生希望通过人类对自然和对人性的双重改造，既达到人与自然的和谐，又达到人的身心的和谐，用张先生的说法就是"胜乖以达和"、"充生以达理"。张先生把他的这种"天人合一观"称之为"动的天人合一观"，以别于传统的静的天人合一。他这样说："所谓动的天人合一是对静的天人合一而言。静的天人合一指古代道家、儒家'与万物为一体'的神秘境界。动的天人合一是以行动调整自然以达到天人的和谐。"⑤ 人与自然、人类之间的冲突及克服冲突的战斗观念，在张先生后来思想的发展中有所调整，他先是把他早期所作的"万物并育而实相害，道并行而亦相悖"，改为"万物并育，虽相害而不相灭；道并行，虽相悖而亦相成"，

① 张岱年：《真与善的探索》，第199页。
② 张岱年：《真与善的探索》，第199页。
③ 张岱年：《真与善的探索》，第278页。
④ 张岱年：《我与中国20世纪》，见《张岱年全集》第八卷，第513页。
⑤ 张岱年：《我与中国20世纪》，见《张岱年全集》第八卷，第513页。

最终又接受"万物并育而不相害,道并行而不相悖"这一古老信条的真理性。对于"万物一体"同样如此,后来他更多地强调其正面的意义。张先生的这种变化在现代中国社会史中可以得到解释。他强调冲突和战斗观念的时候,正是世界处于第二次世界大战和中国处在日本帝国的强权践踏之时;他强调"万物并育而不相害"和"万物一体"意义的时候,正是中国的生态环境开始恶化的时候。

四、"合群"的"社群哲学"

对于个人与社会、群与己的关系,哲学家往往有原子式的以个人为本位的主张和整体性的以社会为本位的主张。古代哲学家多主张社会本位,而现代哲学家则更喜欢提倡个人本位,但张先生提倡"合群"的社会本位。从这种意义上说,他的哲学可以说是一种社群哲学。张先生相信,个人发展的最高意义和价值是同群体和社会合而为一。他认为,人类作为一个类,本来就是作为社会的一员而存在的。在自然世界中,人类以"群体"同其他万物区别开,人是合群性的存在。诚然,个人需要爱护自己的生命,需要发展自我,实现自我的价值,完善自己的人格,但人的最高发展是将一己之"小我"融入社会的"大我"之中,人的最高价值是与群为一。公就是"爱己而更爱群"[1]。人类以各种不同的共同体生活在一起。张先生所说的"群"有不同的层次,小至家庭、家乡、社团,大到国家、天下。张先生的"合群哲学",是对荀子"合群"思想的发展,也预示了社群主义哲学。

由于以"合群"("与群合一")为人生的最高意义和价值,张先生对"万物一体"的意义评价不高。他早年还专门写过《辟万物一体》一文,后也指出"万物一体"并非人生的最高境界。在他看来,"万物一体"作为个人的神秘性精神体验有美妙之处,它"能令人心境扩大,令人不为目前的小烦恼所缚所困,令人充满好生的仁意。可以说是一种内心修养术,然而

---

[1] 张岱年:《我与中国 20 世纪》,见《张岱年全集》第八卷,第 513 页。

非人生之鹄的"①。张先生的想法是，"万物一体"是一个人自我的内省经验，它反映的只是人的主观态度上的改变，而不是促成自然和世界客观上的变化，而且这种体验是短暂的。一个人真正努力的价值目标是更高也更困难的"与群一体"。他说："与别人感同一难，与万物感同一易；与人群感一体难，与天地感一体易。"②

人类追求社会本位的理想，走到极致就是设想各种各样的乌托邦或者大同世界。但张先生"与群一体"的理想，没有走向乌托邦。他是一位谨慎的乐观主义者，他认为人类社会最终圆满的理想是不可能的。一方面说变化和创造的生命力是不断追求完善，另一方面又说社会有一天会达到圆满，这是自相矛盾。世界中的冲突和矛盾，不可能完全消除，人类社会的发展只能追求到最大多数人的最大利益。人类通过改变自然、改变自我的人性、改变社会的不合理制度，实现的天人和谐也只能达到较高的程度，而不能达到彻底的完满。张先生合群哲学的朴实真理性，我们可以用一个小故事来说明。在一个小学的课堂上，一位信仰佛教的老师关心学生对"未来"的期望，他先是向同学们讲述了地狱的恐怖，然后问他的学生，将来想下地狱的请举手。当然没有一个学生举手，没有人愿意下地狱。然后老师又讲述了极乐世界的美妙，又问，将来想进极乐世界的请举手。可以想象，同学们一下子都举起了手。但有一个学生没有举手，老师深感不解。他把这位学生叫过来，问："为什么你既不想下地狱，也不想去极乐世界呢？"那个孩子很平静地回答：我妈妈说，放学后哪儿也不去，要直接回家。③张先生的合群哲学，很平实，就是"回家"的哲学 —— 回到家庭之中，回到社群之中，回到族群之中。从小家到大家，一层又一层，但始终是人类的同心圆。在大部分情况下，"回家"确实比下地狱好，也不比进天堂差。

---

① 张岱年：《人与世界》，见《张岱年全集》第一卷，第 393 页。
② 张岱年：《真与善的探索》，第 283 页。
③ 参见林清玄：《眼前的目光》，见《视野》2007 年第 1 期。

附录二
主要参考文献

［日］铃木修次：《日本汉语与中国》，东京：中央公论社，1981 年；

杨慧杰：《天人关系论 —— 中国文化一个基本特征的探讨》，台北：台湾大林出版社，1981 年；

［日］实藤惠秀：《中国人留学日本史》，谭汝谦、林启彦译，香港：香港中文大学出版社，1982 年；

［日］柳父章：『翻訳語成立事情』，東京：岩波书店，1982 年；

［日］笠原仲二：《中国の自然観と美意識》，东京：创文社，1982 年；

张岱年：《中国哲学大纲》，北京：中国社会科学出版社，1982 年；

［日］福永光司：《中国の自然観》，东京：岩波书店，1985 年；

［日］小尾郊一：《中国文学中所表现的自然与自然观》，上海：上海古籍出版社，1989 年；

贺麟：《五十年来的中国哲学》，沈阳：辽宁教育出版社，1989 年；

北京大学哲学系编：《人与自然》，北京：北京大学出版社，1989 年；

张岱年：《中国古典哲学概念范畴要论》，北京：中国社会科学出版社，1989 年；

［英］怀特海：《科学与近代世界》，何钦译，商务印书馆，1989 年；

［德］W. 顾彬（Wolfgang Kubin）：《中国文人的自然观》，马树德译，上海：上海人民出版社，1990 年；

［日］铃木喜一郎：《東洋における自然のにおける思想》，东京：创文

社，1992 年；

景海峰：《儒家思想与现代化》，北京：中国广播电视出版社，1992 年；

熊月之：《西学东渐与晚清社会》，上海：上海人民出版社，1994 年；

［美］郭颖颐：《中国现代思想中的唯科学主义》，雷颐译，南京：江苏人民出版社，1995 年；

张世英：《天人之际 —— 中西哲学的困惑与选择》，北京：人民出版社，1995 年；

［日］沟口雄三：《中国的思想》，赵士林译，北京：中国社会科学出版社，1995 年；

吴国盛主编：《自然哲学》第 2 辑，北京：中国社会科学出版社，1996 年；

杨国荣：《从严复到金岳霖：实证论与中国哲学》，北京：高等教育出版社，1996 年；

张立文主编：《中国哲学范畴精粹丛书（三）天》，台北：台北七略出版社，1996 年；

［日］栗田直躬：《中国思想における自然と人间》，东京：岩波书店，1996 年；

陈江风：《天人合一：观念与华夏文化传统》，北京：生活·读书·新知三联书店，1996 年；

［意］马西尼（Federico Masini）：《现代汉语词汇的形成 —— 十九世纪汉语外来词研究》，黄河清译，上海：汉语大辞典出版社，1997 年；

［日］金谷治：《中国古代自然观と人间观》，东京：平河出版社，1997 年；

［日］丸山真男：《日本近代思想家福泽谕吉》，区建英译，北京：世界知识世界出版社，1997 年；

李翔海：《寻求德性与理性的统一》，台北：台湾文史哲出版社，1998 年；

胡适：《中国的文艺复兴》，邹小站、尹飞舟等译，长沙：湖南人民出版社，1998 年；

［英］李约瑟：《中国古代科学思想史》，陈立夫等译，南昌：江西人

民出版社，1999 年；

[美] F. 卡普拉：《物理学之"道"——近代物理学与东方神秘主义》，朱润生译，北京：北京出版社，1999 年；

[英] 柯林伍德：《自然的观念》，吴国盛、柯映红译，北京：华夏出版社，1999 年；

冯友兰：《中国现代哲学史》，广州：广东人民出版社，1999 年；

高瑞泉：《中国现代精神传统》，上海：东方出版社中心，1999 年；

[英] 怀特海：《观念的冒险》，周邦宪译，贵阳：贵州人民出版社，2000 年；

[美] 理查德·S·韦斯特福尔（Richard S. Westfall）：《近代科学的建构：机械论与力学》，彭万华译，上海：复旦大学出版社，2000 年

陈来：《现代中国哲学的追寻——新理学与新心学》，北京：人民出版社，2001 年；

王中江：《道家形而上学》，上海：上海文化出版社，2001 年；

胡军：《道与真：金岳霖哲学思想研究》，北京：人民出版社，2002 年；

[英] 怀特海：《自然的观念》，张桂权译，北京：中国城市出版社，2002 年；

许纪霖：《中国知识分子十论》，上海：复旦大学出版社，2003 年；

王韬、顾燮光等编：《近代译书目》，北京：北京图书馆出版社，2003 年；

[日] 永田广志：《日本封建制意识形态》，刘绩生译，商务印书馆，2003 年；

蒙培元：《人与自然：中国哲学生态观》，北京：人民出版社，2004 年；

汪晖：《现代中国思想的兴起》，北京：生活·读书·新知三联书店，2004 年；

冯天瑜：《新语探源——中西日文化互动与近代汉字术语生成》，北京：中华书局，2004 年；

景海峰：《新儒学与二十世纪中国思想》，郑州：中州古籍出版社，2005 年；

胡军：《知识论》，北京：北京大学出版社，2006 年；

刘禾：《跨语际实践：文学，民族文化与被译介的现代性（中国，1900—1937）》（修订译本），北京：生活·读书·新知三联书店，2008 年；

张剑：《中国近代科学与科学体制化》，成都：四川人民出版社，2008 年；

王中江：《近代中国思维方式演变的趋势》，成都：四川人民出版社，2008 年；

李维武：《中国哲学的现代转型》，北京：中华书局，2008 年；

[日] 池田知久：《道家思想的新研究 —— 以〈庄子〉为中心》，郑州：中州古籍出版社，2009 年；

沈国威：《近代中日词汇交流研究：汉字新词的创制、容受与共享》，北京：中华书局，2010 年；

[美] 丁韪良：《汉学菁华 —— 中国人的精神世界及其影响力》，沈弘等译，北京：世界图书出版公司，2010 年，

[日] 丸山真男：《日本政治思想史研究》，王中江译，北京：生活·读书·新知三联书店，2010 年；

萧无陂：《自然的观念》，长沙：湖南人民出版社，2010 年；

沈国威编著：《新尔雅：附解题·索引》，上海：上海辞书出版社，2011 年；

[英] 以赛亚·伯林：《浪漫主义的根源》，吕梁等译，上海：译林出版社，2011 年；

张晓编著：《近代汉译西学书目提要：明末至 1919》，北京：北京大学出版社，2012 年；

干春松：《重归王道》，上海：华东师范大学出版社，2012 年；

[德] 郎宓榭等：《新词语新概念：西学译介与晚清汉语词汇之变迁》，赵兴胜等译，山东书画出版社，2012；

徐水生：《中国哲学与日本文化》，北京：中华书局，2012 年；

宋志明：《中国近现代哲学四论》，北京：中国社会科学出版社，2013 年；

附录三
索　引

E

二元 25，154，228，295，300，
302，375，379，488

二分 5，9，69，91，106，120，
153，155，159，162，203，205，
230，234，246，248—249，263，
270，289，313—314，318，325，
329，355，362，431，464—465，
468，477，480—481，484—485，
500，519

F

范缜 52，149，207

菲格（Herbert Feigl） 442

弗洛伊德（Sigmund Freud） 444—
446，490

福泽谕吉 32，87，513

富兰克林（Benjamin Franklin）
197

梵天 307

真如 161，168，307

非本体主义 374，531—532

非本质主义 374

符验 157

G

高一涵 104

哥白尼（Nikolaus Copernicus）
133，445—446

古尔德（Stephen Jay Gould） 446

郭象 52，127，151，179，289，
291，298—299，301

格物 4，18，26—28，30—32，93，
121—122，188—189，192，222，
230，382，493，499

格致 4—5，24—32，74，91—94，
129

个人主义 99，111—112，281，
305，412，504—508，515—516

公德 79，113

公例 35，49—50，74，79—80，
84，88，104，128—129，135—139，
309

功利主义 98，104，137，305，
321，475，516

共相 255—256，258，338，342—
344，378

H

海克尔（Ernst Haeckel） 74，379

贺麟 5，8，56，57，60—63，127

X

后　记

这一研究成果，从开始提出问题到立项为国家社会科学基金一般项目和教育部重大项目，从基本完成到结项，再到补充，前后经过了很长时间，它是磨炼我的耐心的一个很好的见证。其中的不少章节，在不同地方刊出过，有的则经过了压缩和改写。为了将它们统一起来变成一部著作的结构，我适当地将它们分成了"几篇"，并拟出了相应的"篇题"；每一篇的下面包括了不同的章节。现按照目录中的顺序来说明一下这些篇章的情况。

第一篇的"自然和人"有两章。其中作为第一章的"近代中国'自然'观念的诞生"原为参加方维规教授筹备召开的"思想与方法：近代中国的文化政治与知识建构"国际高端对话暨学术论坛（2014年）而作，后收入方维规教授主编的《思想与方法：近代中国的文化政治与知识建构》（北京大学出版社，2015年）；经田卫平主编大量压缩，并题为"'自然'观念在近代中国诞生的交互历程"，刊于《南国学术》2016年第1期；作为第二章的"近代中国'人'的观念建构"是我新写的。

第二篇的"自然、超自然和人"有三章。其中作为第三章的"严复的科学、进化视域与自然化的'天人观'"，原为参加山东大学《文史哲》杂志社主办的人文高端论坛之二"传统与现代：中国哲学话语体系的范式转换"而作，原题为"严复的'天'与近代中国哲学的言说方式"，后以现题刊于《文史哲》2011年第1期；作为第四章的"章太炎的近代祛魅与价值理性——从'自然'、'人性'到人的道德'自立'"，刊于《中山大学学报》（社会科学版）2013年第4期；作为第五章的"自然、人事和伦理——胡适东西语境中的自然主义立场"，刊于《哲学分析》2015年第2期。

第三篇的"自然、实在和人"有三章。其中作为第六章的"冯友兰的价值理性及其建构方式——'天地境界'与'天人之际'"，原题为《冯友兰的价值理性及其建构方式——'天地境界'与'天人之际'及文化普遍性思维和哲学理性》，刊于《中州学刊》2004 年第 6 期；作为第七章的"人类如何善待'自然'——金岳霖哲学中的'天人之际'和'天人合一'关怀"，原刊于台湾《哲学文化》2011 年第 5 期；作为第八章的"'天人合一'与'心灵境界'——现代哲学家的情怀与庄子的智慧"，是应陈鼓应先生之约而作，原题为"现代中国哲学家的情怀与庄子——透过金岳霖、冯友兰、方东美的回应来看"，刊于《道家文化研究》2010 年第 25 辑。

第四篇的"自然、物质和人"有三章。其中作为第九章的"多维度的'人'——陈独秀的刻画"是新写的；作为第十章的"实在、客观和价值——张申府的'唯实世界观'探析"，原为参加河北师范大学主办的"张申府先生诞辰 120 周年纪念会暨学术研讨会"而作，刊于《哲学分析》2013 年第 6 期；作为第十一章的"自然秩序与人间共同体生活理想——张岱年先生的'天人'会通"，原题为"自然秩序与人间共同体生活理想——张岱年先生的'天人'会通思想"，刊于《清华大学学报》（哲学社会科学版）2004 年第 2 期。

第五篇的"自然、文明和人"有两章。其中作为第十二章的"辜鸿铭儒家道德理想主义视野下的救世论、文明观和信仰"，原题为"儒家道德理想主义视野下的救世论、文明观和信仰——辜鸿铭的'良民宗教论'和'孔教观'"，刊于《中国儒学》2009 年 1 辑；作为第十三章的"殷海光的终极关怀、文明反思与'人'的理念"，原为参加殷海光基金会和台湾大学举办的"殷海光先生逝世四十周年、雷震先生逝世三十周年"国际学术会议而作，刊于《思与言》2011 年第 49 卷第 1 期。

最后的第六篇"自然、生命和心灵"有两章。其中作为第十四章的"生命的创造和灵性化——梁漱溟的伦理生命主义"和作为第十五章的"'拒外守内'"——马一浮的反功利与自我体认之学"都是新写的。

此外，作为附录之一的《个人、理智和好的人生——胡适的"科学人生观"》，原题为"胡适人生哲学要论"，刊于《胡适研究》丛刊第 1 辑

（北京大学出版社，1995 年）；《"人类关怀"和"圣人人生观"——从一个具体问题看金岳霖的〈论道〉与〈道、自然与人〉之间的不同》，原为参加中国社会科学院哲学研究所等主办的"金岳霖诞辰 110 周年纪念大会暨学术研讨会"而作，刊于《哲学研究》2005 年增刊；《张岱年先生的"天人新学"——自然、人和价值》，刊于《中共宁波市委党校学报》，2009 年第 6 期。

　　现在这项成果终于完成并将出版，让人有一种十足的轻松感。我要感谢一下我的妻子苑淑娅。感谢她对我的帮助。从她那里我深深知道了，有人帮助是多么重要；从她那里，我也知道了英国谚语中说的"凡事请教妻子"是多么好。

　　最后，我要感谢商务印书馆丁波先生对此书出版的支持，感谢李强先生为编辑此书付出的许多辛劳；并谢谢皮迷迷门生把目录翻译为英文，谢谢吕存凯、郝颖婷、常达、朱思婧、姚裕瑞等门生对引文的校订，谢谢朱思婧、张婉青、周淳等门生列出了此书的索引条目。

王中江

2017 年 11 月于北京集虚室

图书在版编目（CIP）数据

自然和人：近代中国两个观念的谱系探微 / 王中江
著. — 北京：商务印书馆，2018
（国家哲学社会科学成果文库）
ISBN 978－7－100－15927－2

I. ①自… II. ①王… III. ①近代哲学－研究－中国
IV. ①B250.5

中国版本图书馆CIP数据核字（2018）第044288号

自然和人：近代中国两个观念的谱系探微
王中江 著

商 务 印 书 馆 出 版
（北京王府井大街36号 邮政编码 100710）
商 务 印 书 馆 发 行
北 京 通 州 皇 家 印 刷 厂 印 刷
ISBN 978－7－100－15927－2

2018年3月第1版 开本 710×1000 1/16
2018年3月北京第1次印刷 印张 36 插页 3

定价：158.00元